新供给·PPP知识系列读本

政府和社会资本合作（PPP）最新法规释解

张冬梅　主编

毛依娜　韩晓威　副主编

中国财经出版传媒集团

中国财政经济出版社

图书在版编目（CIP）数据

政府和社会资本合作（PPP）最新法规释解 / 张冬梅主编．—北京：中国财政经济出版社，2018.5

（新供给·PPP知识系列读本）

ISBN 978-7-5095-8017-2

Ⅰ.①政… Ⅱ.①张… Ⅲ.①政府投资-合作-社会资本-法律-法律解释-中国 Ⅳ.①D922.280.5

中国版本图书馆CIP数据核字（2018）第004362号

责任编辑：付克华　　　　责任校对：徐艳丽

封面设计：孙俪铭

中国财政经济出版社出版

URL：http：//www.cfeph.cn

E-mail：cfeph@cfeph.cn

社址：北京市海淀区阜成路甲28号　邮政编码：100142

营销中心电话：010-88191537

北京财经印刷厂印刷　各地新华书店经销

787×1092毫米　16开　38印张　920 000字

2019年7月第1版　2019年7月北京第1次印刷

定价：110.00元

ISBN 978-7-5095-8017-2

本书编委会

序　言

中国特色社会主义进入新时代，党的十九大提出了建设社会主义现代化国家的战略目标，为加快建立现代财政制度的目标要求，国家在 2014 年大力推广政府和社会资本合作（PPP）模式，该模式在制度建设、政策扶持、示范引领、信息公开等方面都取得了一定的进展，对稳增长、促改革、惠民生方面发挥了积极作用。

在中国经济新常态下，体制机制的变革及政府转型的背景下，中国新型城镇化加速，基础设施建设和公共服务需求扩大，地方财政收支严峻，债务压力大，新《预算法》实施和地方融资平台转型，经济发展质量和效益更为优先，积极财政政策要长期平稳可持续。自 2014 年开始，按照党中央国务院的决策部署，中央各大部委印发了一系列重要的政策，鼓励推广 PPP 模式的发展，其中，《国务院关于加强地方政府性债务管理的意见》（国发〔2014〕43 号）、《关于推广运用政府和社会资本合作模式有关问题的通知》（财金〔2014〕76 号）、《关于印发政府和社会资本合作模式操作指南（试行）的通知》（财金〔2014〕113 号）、《关于印发传统基础设施领域实施政府和社会资本合作项目工作导则的通知》（发改投资〔2016〕2231 号）等指导性文件，对推出多批示范项目，推动各地 PPP 项目健康有序的发展起到积极的指引作用。

经过 4 年的发展，中国已成为全球最大的区域 PPP 市场，这是积极推进全面深化改革制度，统一化、标准化、透明化市场建设，稳定社会资本长期投资信心等一系列重要措施所取得的成就，但同时各个地方政府在推动 PPP 项目上也存在超出自身财力、固化政府支出责任、泛化运用范围、变相举债等问题，很多政策法规要求的项目前期工作都做得不扎实不深入，尤其是“两个论证”地方政府和社会资本方都没有实事求是地开展，项目实施不够规范，风险把控不到位。上述问题得到各级财政部门以及相关部门的高度重视、积极应对，为了促进 PPP 事业可持续发展，财政部等部门按照国务院的要求对 PPP 工作进行重点问题审核、严格监管、多方监督、规范管理、抓好落实，出台了一系列规范地方融资平台、政府投资基金、政府购买服务和 PPP 管理的文件，包括《关于进一步规范地方政府举债融资行为的通知》（财预〔2017〕50 号）、《关于坚决制止地方以政府购买服务名义违法违规融资的通知》（财预〔2017〕87 号）、《关于规范政府和社会资本合作（PPP）综合信息平台项目库管理的通知》（财办金〔2017〕92 号）、《关于加强中央企业 PPP 业务风险管控的通知》（国资发财管〔2017〕192号文）、《关于进一步加强政府和社会资本合作（PPP）示范项目规范管理的通知》（财金〔2018〕54号）、《关于推进政府和社会资本合作规范发展的实施意见》（财金〔2019〕10号）、《关于依法依规加强PPP项目投资和建设管理的通知（发改投资规〔2019〕1098号）》等，按照十九大整体部署和要求，此一系列针对实际情况的政策法规指出了乱象、重申了规矩、强化了管理，强调严守底线、狠抓规范、不碰红线，再次彰显了政府对PPP管理防风险的决心。同时，因地制宜、加大政策扶持力度，正确引导和支持地方政府和社会资本方规范参与项目，营造了PPP工作发展的良好环境。

政策法规的出台既要着眼未来又要立足当下，要贯彻“既要规范又要发展”的总体要求，对于规范的PPP项目，要坚定不移地大力推进；对于不规范的PPP项目，要限期整改完善，牢牢守住不新增地方政府隐性债务风险的底线。政策法规的出台是以习近平新时代中国特色社会主义思想为行动纲领，希望通过传递明确的政策信号，能够稳定市场预期，提振市场信心，努力开创PPP事业新局面。政策法规的出台也使得我国PPP事业的政策法规体系不断健全升级，有助于摸索出属于我国PPP工作自身发展的范式和路径，也同我国现代化治理手段的完善形成协同关系。世界银行《2018年度PPP采购报告》指出，在全球135个国家中，中国PPP改革制度和实践已处在全球中上等水平。中财经文化资产管理有限公司（以下简称“中财经”）便有幸成为了这一历史进程的参与者和推动者，积极地宣传和推动PPP政策法规的落地实施。

中财经按照国家供给侧结构性改革的战略要求，牢牢立足集团的“财经、财税、财会”——“三财”的专业领域，严格按照项目运行规范要求，以课题研究、项目咨询、投融资顾问等方式参与多个地方PPP项目，参与完成了中央深改办小组组织的《PPP政策改革评估》课题研究、福建省福清市财政局存量PPP项目研究、深圳市罗湖区发改局PPP项目研究、沈阳市铁西区发改局PPP项目研究等课题研究工作，成功参与完成湖南省常德市海绵城市PPP项目、福建省东山县羊角山生态公园PPP项目、深圳市交通委互联网共享单车停车设施与管理PPP项目等示范项目和重点项目，得到了国内相关主管部门、合作的地方政府和社会资本方的认可。

中财经因深入参与PPP工作而更加深刻了解PPP模式法制化建设的重要意义。自2013年开始，中财经联合中国国际经济交流中心、深圳市中财公私合作研究院、南开大学专家团队研究并编著出版了《政府和社会资本合作模式（PPP）在我国推广实施方案研究》和《政府和社会资本合作（PPP）理论与实践》，对PPP模式国内外发展历程、发展PPP模式的战略选择和发展路径、PPP产业引导基金、PPP项目管理等方面进行研究，内容丰富翔实，分析深刻到位，有很强的针对性和代表性，有助于读者加深对PPP问题的思考和理解。《政府和社会资本合作（PPP）最新法规释解》一书，围绕着国务院、财政部、国家发展和改革委员会等部门，对过去几年较为关键的PPP相关政策法规进行全方位搜集和梳理，形成一本具有政策法规指引性、系统性的参考书籍，也是我国 PPP 事业规范有序发展历程的见证和总结。

PPP 是一项需要长期坚持的事业，坚持不懈、合法合规地推进 PPP 工作离不开各项政策法规的高度支持与配合；各级财政部门遵循“规范运行、严格监管、公开透明、诚信履约”的原则，扎实推进 PPP 规范发展，更是离不开政策法规的指引。因此，本书是对我国不断健全完善的 PPP 政策法规体系的献礼，同时希望能够抛砖引玉，帮助 PPP 项目参与者更加深刻领会政策文件精神，凝心聚力，带动更多的人继续创新 PPP 新模式，推动各领域的 PPP 项目更加高质量、健康可持续地发展好，PPP 项目更加行稳志远，为社会提供更多更好的公共产品和服务做出新的更大的贡献。

编　者

2019 年 7 月 10 日

目　　录

第一部分 法律法规

1. 中华人民共和国政府采购法

【发文机关】全国人民代表大会常务委员会
【发布文号】主席令第 14 号
【发布日期】2014 年 8 月 31 日修订发布
【实施日期】2003 年 1 月 1 日
【时效性】现行有效

《中华人民共和国政府采购法》已由中华人民共和国第九届全国人民代表大会常务委员会第二十八次会议于 2002 年 6 月 29 日通过，现予公布，自 2003 年 1 月 1 日起施行。

中华人民共和国主席　江泽民
2002 年 6 月 29 日

第一章　总　　则

第一条　为了规范政府采购行为，提高政府采购资金的使用效益，维护国家利益和社会公共利益，保护政府采购当事人的合法权益，促进廉政建设，制定本法。

第二条　在中华人民共和国境内进行的政府采购适用本法。

本法所称政府采购，是指各级国家机关、事业单位和团体组织，使用财政性资金采购依法制定的集中采购目录以内的或者采购限额标准以上的货物、工程和服务的行为。

政府集中采购目录和采购限额标准依照本法规定的权限制定。

本法所称采购，是指以合同方式有偿取得货物、工程和服务的行为，包括购买、租赁、委托、雇用等。

本法所称货物，是指各种形态和种类的物品，包括原材料、燃料、设备、产品等。

本法所称工程，是指建设工程，包括建筑物和构筑物的新建、改建、扩建、装修、拆除、修缮等。

本法所称服务，是指除货物和工程以外的其他政府采购对象。

第三条　政府采购应当遵循公开透明原则、公平竞争原则、公正原则和诚实信用原则。

第四条 政府采购工程进行招标投标的，适用招标投标法。

第五条 任何单位和个人不得采用任何方式，阻挠和限制供应商自由进入本地区和本行业的政府采购市场。

第六条 政府采购应当严格按照批准的预算执行。

第七条 政府采购实行集中采购和分散采购相结合。集中采购的范围由省级以上人民政府公布的集中采购目录确定。

属于中央预算的政府采购项目，其集中采购目录由国务院确定并公布；属于地方预算的政府采购项目，其集中采购目录由省、自治区、直辖市人民政府或者其授权的机构确定并公布。

纳入集中采购目录的政府采购项目，应当实行集中采购。

第八条 政府采购限额标准，属于中央预算的政府采购项目，由国务院确定并公布；属于地方预算的政府采购项目，由省、自治区、直辖市人民政府或者其授权的机构确定并公布。

第九条 政府采购应当有助于实现国家的经济和社会发展政策目标，包括保护环境，扶持不发达地区和少数民族地区，促进中小企业发展等。

第十条 政府采购应当采购本国货物、工程和服务。但有下列情形之一的除外：

（一）需要采购的货物、工程或者服务在中国境内无法获取或者无法以合理的商业条件获取的；

（二）为在中国境外使用而进行采购的；

（三）其他法律、行政法规另有规定的。

前款所称本国货物、工程和服务的界定，依照国务院有关规定执行。

第十一条 政府采购的信息应当在政府采购监督管理部门指定的媒体上及时向社会公开发布，但涉及商业秘密的除外。

第十二条 在政府采购活动中，采购人员及相关人员与供应商有利害关系的，必须回避。供应商认为采购人员及相关人员与其他供应商有利害关系的，可以申请其回避。

前款所称相关人员，包括招标采购中评标委员会的组成人员，竞争性谈判采购中谈判小组的组成人员，询价采购中询价小组的组成人员等。

第十三条 各级人民政府财政部门是负责政府采购监督管理的部门，依法履行对政府采购活动的监督管理职责。

各级人民政府其他有关部门依法履行与政府采购活动有关的监督管理职责。

第二章 政府采购当事人

第十四条 政府采购当事人是指在政府采购活动中享有权利和承担义务的各类主体，包括采购人、供应商和采购代理机构等。

第十五条 采购人是指依法进行政府采购的国家机关、事业单位、团体组织。

第十六条 集中采购机构为采购代理机构。设区的市、自治州以上人民政府根据本级政府采购项目组织集中采购的需要设立集中采购机构。

集中采购机构是非营利事业法人，根据采购人的委托办理采购事宜。

第十七条　集中采购机构进行政府采购活动，应当符合采购价格低于市场平均价格、采购效率更高、采购质量优良和服务良好的要求。

第十八条　采购人采购纳入集中采购目录的政府采购项目，必须委托集中采购机构代理采购；采购未纳入集中采购目录的政府采购项目，可以自行采购，也可以委托集中采购机构在委托的范围内代理采购。

纳入集中采购目录属于通用的政府采购项目的，应当委托集中采购机构代理采购；属于本部门、本系统有特殊要求的项目，应当实行部门集中采购；属于本单位有特殊要求的项目，经省级以上人民政府批准，可以自行采购。

第十九条　采购人可以委托集中采购机构以外的采购代理机构，在委托的范围内办理政府采购事宜。

采购人有权自行选择采购代理机构，任何单位和个人不得以任何方式为采购人指定采购代理机构。

第二十条　采购人依法委托采购代理机构办理采购事宜的，应当由采购人与采购代理机构签订委托代理协议，依法确定委托代理的事项，约定双方的权利义务。

第二十一条　供应商是指向采购人提供货物、工程或者服务的法人、其他组织或者自然人。

第二十二条　供应商参加政府采购活动应当具备下列条件：

（一）具有独立承担民事责任的能力；

（二）具有良好的商业信誉和健全的财务会计制度；

（三）具有履行合同所必需的设备和专业技术能力；

（四）有依法缴纳税收和社会保障资金的良好记录；

（五）参加政府采购活动前 3 年内，在经营活动中没有重大违法记录；

（六）法律、行政法规规定的其他条件。

采购人可以根据采购项目的特殊要求，规定供应商的特定条件，但不得以不合理的条件对供应商实行差别待遇或者歧视待遇。

第二十三条　采购人可以要求参加政府采购的供应商提供有关资质证明文件和业绩情况，并根据本法规定的供应商条件和采购项目对供应商的特定要求，对供应商的资格进行审查。

第二十四条　两个以上的自然人、法人或者其他组织可以组成一个联合体，以一个供应商的身份共同参加政府采购。

以联合体形式进行政府采购的，参加联合体的供应商均应当具备本法第二十二条规定的条件，并应当向采购人提交联合协议，载明联合体各方承担的工作和义务。联合体各方应当共同与采购人签订采购合同，就采购合同约定的事项对采购人承担连带责任。

第二十五条　政府采购当事人不得相互串通损害国家利益、社会公共利益和其他当事人的合法权益；不得以任何手段排斥其他供应商参与竞争。

供应商不得以向采购人、采购代理机构、评标委员会的组成人员、竞争性谈判小组的组成人员、询价小组的组成人员行贿或者采取其他不正当手段谋取中标或者成交。

采购代理机构不得以向采购人行贿或者采取其他不正当手段谋取非法利益。

第三章　政府采购方式

第二十六条　政府采购采用以下方式：

（一）公开招标；

（二）邀请招标；

（三）竞争性谈判；

（四）单一来源采购；

（五）询价；

（六）国务院政府采购监督管理部门认定的其他采购方式。

公开招标应作为政府采购的主要采购方式。

第二十七条　采购人采购货物或者服务应当采用公开招标方式的，其具体数额标准，属于中央预算的政府采购项目，由国务院规定；属于地方预算的政府采购项目，由省、自治区、直辖市人民政府规定；因特殊情况需要采用公开招标以外的采购方式的，应当在采购活动开始前获得设区的市、自治州以上人民政府采购监督管理部门的批准。

第二十八条　采购人不得将应当以公开招标方式采购的货物或者服务化整为零或者以其他任何方式规避公开招标采购。

第二十九条　符合下列情形之一的货物或者服务，可以依照本法采用邀请招标方式采购：

（一）具有特殊性，只能从有限范围的供应商处采购的；

（二）采用公开招标方式的费用占政府采购项目总价值的比例过大的。

第三十条　符合下列情形之一的货物或者服务，可以依照本法采用竞争性谈判方式采购：

（一）招标后没有供应商投标或者没有合格标的或者重新招标未能成立的；

（二）技术复杂或者性质特殊，不能确定详细规格或者具体要求的；

（三）采用招标所需时间不能满足用户紧急需要的；

（四）不能事先计算出价格总额的。

第三十一条　符合下列情形之一的货物或者服务，可以依照本法采用单一来源方式采购：

（一）只能从唯一供应商处采购的；

（二）发生了不可预见的紧急情况不能从其他供应商处采购的；

（三）必须保证原有采购项目一致性或者服务配套的要求，需要继续从原供应商处添购，且添购资金总额不超过原合同采购金额10%的。

第三十二条　采购的货物规格、标准统一、现货货源充足且价格变化幅度小的政府采购项目，可以依照本法采用询价方式采购。

第四章　政府采购程序

第三十三条　负有编制部门预算职责的部门在编制下一财政年度部门预算时，应当将该财政年度政府采购的项目及资金预算列出，报本级财政部门汇总。部门预算的审批，按预算管理权限和程序进行。

第三十四条 货物或者服务项目采取邀请招标方式采购的，采购人应当从符合相应资格条件的供应商中，通过随机方式选择 3 家以上的供应商，并向其发出投标邀请书。

第三十五条 货物和服务项目实行招标方式采购的，自招标文件开始发出之日起至投标人提交投标文件截止之日止，不得少于 20 日。

第三十六条 在招标采购中，出现下列情形之一的，应予废标：

（一）符合专业条件的供应商或者对招标文件作实质响应的供应商不足 3 家的；

（二）出现影响采购公正的违法、违规行为的；

（三）投标人的报价均超过了采购预算，采购人不能支付的；

（四）因重大变故，采购任务取消的。

废标后，采购人应当将废标理由通知所有投标人。

第三十七条 废标后，除采购任务取消情形外，应当重新组织招标；需要采取其他方式采购的，应当在采购活动开始前获得设区的市、自治州以上人民政府采购监督管理部门或者政府有关部门批准。

第三十八条 采用竞争性谈判方式采购的，应当遵循下列程序：

（一）成立谈判小组。谈判小组由采购人的代表和有关专家共 3 人以上的单数组成，其中专家的人数不得少于成员总数的 2/3。

（二）制定谈判文件。谈判文件应当明确谈判程序、谈判内容、合同草案的条款以及评定成交的标准等事项。

（三）确定邀请参加谈判的供应商名单。谈判小组从符合相应资格条件的供应商名单中确定不少于 3 家的供应商参加谈判，并向其提供谈判文件。

（四）谈判。谈判小组所有成员集中与单一供应商分别进行谈判。在谈判中，谈判的任何一方不得透露与谈判有关的其他供应商的技术资料、价格和其他信息。谈判文件有实质性变动的，谈判小组应当以书面形式通知所有参加谈判的供应商。

（五）确定成交供应商。谈判结束后，谈判小组应当要求所有参加谈判的供应商在规定时间内进行最后报价，采购人从谈判小组提出的成交候选人中根据符合采购需求、质量和服务相等且报价最低的原则确定成交供应商，并将结果通知所有参加谈判的未成交的供应商。

第三十九条 采取单一来源方式采购的，采购人与供应商应当遵循本法规定的原则，在保证采购项目质量和双方商定合理价格的基础上进行采购。

第四十条 采取询价方式采购的，应当遵循下列程序：

（一）成立询价小组。询价小组由采购人的代表和有关专家共 3 人以上的单数组成，其中专家的人数不得少于成员总数的 2/3。询价小组应当对采购项目的价格构成和评定成交的标准等事项作出规定。

（二）确定被询价的供应商名单。询价小组根据采购需求，从符合相应资格条件的供应商名单中确定不少于 3 家的供应商，并向其发出询价通知书让其报价。

（三）询价。询价小组要求被询价的供应商一次报出不得更改的价格。

（四）确定成交供应商。采购人根据符合采购需求、质量和服务相等且报价最低的原则确定成交供应商，并将结果通知所有被询价的未成交的供应商。

第四十一条 采购人或者其委托的采购代理机构应当组织对供应商履约的验收。大型或者复杂的政府采购项目，应当邀请国家认可的质量检测机构参加验收工作。验收方成员应当在验收书上签字，并承担相应的法律责任。

第四十二条 采购人、采购代理机构对政府采购项目每项采购活动的采购文件应当妥善保存，不得伪造、变造、隐匿或者销毁。采购文件的保存期限为从采购结束之日起至少保存15年。

采购文件包括采购活动记录、采购预算、招标文件、投标文件、评标标准、评估报告、定标文件、合同文本、验收证明、质疑答复、投诉处理决定及其他有关文件、资料。

采购活动记录至少应当包括下列内容：

（一）采购项目类别、名称；

（二）采购项目预算、资金构成和合同价格；

（三）采购方式，采用公开招标以外的采购方式的，应当载明原因；

（四）邀请和选择供应商的条件及原因；

（五）评标标准及确定中标人的原因；

（六）废标的原因；

（七）采用招标以外采购方式的相应记载。

第五章 政府采购合同

第四十三条 政府采购合同适用合同法。采购人和供应商之间的权利和义务，应当按照平等、自愿的原则以合同方式约定。

采购人可以委托采购代理机构代表其与供应商签订政府采购合同。由采购代理机构以采购人名义签订合同的，应当提交采购人的授权委托书，作为合同附件。

第四十四条 政府采购合同应当采用书面形式。

第四十五条 国务院政府采购监督管理部门应当会同国务院有关部门，规定政府采购合同必须具备的条款。

第四十六条 采购人与中标、成交供应商应当在中标、成交通知书发出之日起30日内，按照采购文件确定的事项签订政府采购合同。

中标、成交通知书对采购人和中标、成交供应商均具有法律效力。中标、成交通知书发出后，采购人改变中标、成交结果的，或者中标、成交供应商放弃中标、成交项目的，应当依法承担法律责任。

第四十七条 政府采购项目的采购合同自签订之日起7个工作日内，采购人应当将合同副本报同级政府采购监督管理部门和有关部门备案。

第四十八条 经采购人同意，中标、成交供应商可以依法采取分包方式履行合同。

政府采购合同分包履行的，中标、成交供应商就采购项目和分包项目向采购人负责，分包供应商就分包项目承担责任。

第四十九条 政府采购合同履行中，采购人需追加与合同标的相同的货物、工程或者服务的，在不改变合同其他条款的前提下，可以与供应商协商签订补充合同，但所有补充合同的采购金额不得超过原合同采购金额的10%。

第五十条 政府采购合同的双方当事人不得擅自变更、中止或者终止合同。

政府采购合同继续履行将损害国家利益和社会公共利益的，双方当事人应当变更、中止或者终止合同。有过错的一方应当承担赔偿责任，双方都有过错的，各自承担相应的责任。

第六章 质疑与投诉

第五十一条 供应商对政府采购活动事项有疑问的，可以向采购人提出询问，采购人应当及时作出答复，但答复的内容不得涉及商业秘密。

第五十二条 供应商认为采购文件、采购过程和中标、成交结果使自己的权益受到损害的，可以在知道或者应知其权益受到损害之日起7个工作日内，以书面形式向采购人提出质疑。

第五十三条 采购人应当在收到供应商的书面质疑后7个工作日内做出答复，并以书面形式通知质疑供应商和其他有关供应商，但答复的内容不得涉及商业秘密。

第五十四条 采购人委托采购代理机构采购的，供应商可以向采购代理机构提出询问或者质疑，采购代理机构应当依照本法第五十一条、第五十三条的规定就采购人委托授权范围内的事项做出答复。

第五十五条 质疑供应商对采购人、采购代理机构的答复不满意或者采购人、采购代理机构未在规定的时间内做出答复的，可以在答复期满后15个工作日内向同级政府采购监督管理部门投诉。

第五十六条 政府采购监督管理部门应当在收到投诉后30个工作日内，对投诉事项作出处理决定，并以书面形式通知投诉人和与投诉事项有关的当事人。

第五十七条 政府采购监督管理部门在处理投诉事项期间，可以视具体情况书面通知采购人暂停采购活动，但暂停时间最长不得超过30日。

第五十八条 投诉人对政府采购监督管理部门的投诉处理决定不服或者政府采购监督管理部门逾期未作处理的，可以依法申请行政复议或者向人民法院提起行政诉讼。

第七章 监督检查

第五十九条 政府采购监督管理部门应当加强对政府采购活动及集中采购机构的监督检查。

监督检查的主要内容是：

（一）有关政府采购的法律、行政法规和规章的执行情况；

（二）采购范围、采购方式和采购程序的执行情况；

（三）政府采购人员的职业素质和专业技能。

第六十条 政府采购监督管理部门不得设置集中采购机构，不得参与政府采购项目的采购活动。

采购代理机构与行政机关不得存在隶属关系或者其他利益关系。

第六十一条 集中采购机构应当建立健全内部监督管理制度。采购活动的决策和执行程序应当明确，并相互监督、相互制约。经办采购的人员与负责采购合同审核、验收人员的职责权限应当明确，并相互分离。

第六十二条 集中采购机构的采购人员应当具有相关职业素质和专业技能，符合政府采购监督管理部门规定的专业岗位任职要求。

集中采购机构对其工作人员应当加强教育和培训；对采购人员的专业水平、工作实绩和职业道德状况定期进行考核。采购人员经考核不合格的，不得继续任职。

第六十三条 政府采购项目的采购标准应当公开。

采用本法规定的采购方式的，采购人在采购活动完成后，应当将采购结果予以公布。

第六十四条 采购人必须按照本法规定的采购方式和采购程序进行采购。

任何单位和个人不得违反本法规定，要求采购人或者采购工作人员向其指定的供应商进行采购。

第六十五条 政府采购监督管理部门应当对政府采购项目的采购活动进行检查，政府采购当事人应当如实反映情况，提供有关材料。

第六十六条 政府采购监督管理部门应当对集中采购机构的采购价格、节约资金效果、服务质量、信誉状况、有无违法行为等事项进行考核，并定期如实公布考核结果。

第六十七条 依照法律、行政法规的规定对政府采购负有行政监督职责的政府有关部门，应当按照其职责分工，加强对政府采购活动的监督。

第六十八条 审计机关应当对政府采购进行审计监督。政府采购监督管理部门、政府采购各当事人有关政府采购活动，应当接受审计机关的审计监督。

第六十九条 监察机关应当加强对参与政府采购活动的国家机关、国家公务员和国家行政机关任命的其他人员实施监察。

第七十条 任何单位和个人对政府采购活动中的违法行为，有权控告和检举，有关部门、机关应当依照各自职责及时处理。

第八章　法律责任

第七十一条 采购人、采购代理机构有下列情形之一的，责令限期改正，给予警告，可以并处罚款，对直接负责的主管人员和其他直接责任人员，由其行政主管部门或者有关机关给予处分，并予通报：

（一）应当采用公开招标方式而擅自采用其他方式采购的；

（二）擅自提高采购标准的；

（三）以不合理的条件对供应商实行差别待遇或者歧视待遇的；

（四）在招标采购过程中与投标人进行协商谈判的；

（五）中标、成交通知书发出后不与中标、成交供应商签订采购合同的；

（六）拒绝有关部门依法实施监督检查的。

第七十二条 采购人、采购代理机构及其工作人员有下列情形之一，构成犯罪的，依法追究刑事责任；尚不构成犯罪的，处以罚款，有违法所得的，并处没收违法所得，属于国家机关工作人员的，依法给予行政处分：

（一）与供应商或者采购代理机构恶意串通的；

（二）在采购过程中接受贿赂或者获取其他不正当利益的；

（三）在有关部门依法实施的监督检查中提供虚假情况的；

（四）开标前泄露标底的。

第七十三条 有前两条违法行为之一影响中标、成交结果或者可能影响中标、成交结果的，按下列情况分别处理：

（一）未确定中标、成交供应商的，终止采购活动；

（二）中标、成交供应商已经确定但采购合同尚未履行的，撤销合同，从合格的中标、成交候选人中另行确定中标、成交供应商；

（三）采购合同已经履行的，给采购人、供应商造成损失的，由责任人承担赔偿责任。

第七十四条 采购人对应当实行集中采购的政府采购项目，不委托集中采购机构实行集中采购的，由政府采购监督管理部门责令改正；拒不改正的，停止按预算向其支付资金，由其上级行政主管部门或者有关机关依法给予其直接负责的主管人员和其他直接责任人员处分。

第七十五条 采购人未依法公布政府采购项目的采购标准和采购结果的，责令改正，对直接负责的主管人员依法给予处分。

第七十六条 采购人、采购代理机构违反本法规定隐匿、销毁应当保存的采购文件或者伪造、变造采购文件的，由政府采购监督管理部门处以2万元以上10万元以下的罚款，对其直接负责的主管人员和其他直接责任人员依法给予处分；构成犯罪的，依法追究刑事责任。

第七十七条 供应商有下列情形之一的，处以采购金额5‰以上10‰以下的罚款，列入不良行为记录名单，在1～3年内禁止参加政府采购活动，有违法所得的，并处没收违法所得，情节严重的，由工商行政管理机关吊销营业执照；构成犯罪的，依法追究刑事责任：

（一）提供虚假材料谋取中标、成交的；

（二）采取不正当手段诋毁、排挤其他供应商的；

（三）与采购人、其他供应商或者采购代理机构恶意串通的；

（四）向采购人、采购代理机构行贿或者提供其他不正当利益的；

（五）在招标采购过程中与采购人进行协商谈判的；

（六）拒绝有关部门监督检查或者提供虚假情况的。

供应商有前款第（一）至（五）项情形之一的，中标、成交无效。

第七十八条 采购代理机构在代理政府采购业务中有违法行为的，按照有关法律规定处以罚款，可以在1～3年内禁止其代理政府采购业务，构成犯罪的，依法追究刑事责任。

第七十九条 政府采购当事人有本法第七十一条、第七十二条、第七十七条违法行为之一，给他人造成损失的，并应依照有关民事法律规定承担民事责任。

第八十条 政府采购监督管理部门的工作人员在实施监督检查中违反本法规定滥用职权，玩忽职守，徇私舞弊的，依法给予行政处分；构成犯罪的，依法追究刑事责任。

第八十一条 政府采购监督管理部门对供应商的投诉逾期未作处理的，给予直接负责的主管人员和其他直接责任人员行政处分。

第八十二条 政府采购监督管理部门对集中采购机构业绩的考核，有虚假陈述，隐瞒真实情况的，或者不作定期考核和公布考核结果的，应当及时纠正，由其上级机关或者监察机关对其负责人进行通报，并对直接负责的人员依法给予行政处分。

集中采购机构在政府采购监督管理部门考核中，虚报业绩，隐瞒真实情况的，处以2万元以上20万元以下的罚款，并予以通报；情节严重的，取消其代理采购的资格。

第八十三条 任何单位或者个人阻挠和限制供应商进入本地区或者本行业政府采购市场的，责令限期改正；拒不改正的，由该单位、个人的上级行政主管部门或者有关机关给予单位责任人或者个人处分。

第九章　附　　则

第八十四条 使用国际组织和外国政府贷款进行的政府采购，贷款方、资金提供方与中方达成的协议对采购的具体条件另有规定的，可以适用其规定，但不得损害国家利益和社会公共利益。

第八十五条 对因严重自然灾害和其他不可抗力事件所实施的紧急采购和涉及国家安全和秘密的采购，不适用本法。

第八十六条 军事采购法规由中央军事委员会另行制定。

第八十七条 本法实施的具体步骤和办法由国务院规定。

第八十八条 本法自2003年1月1日起施行。

2. 中华人民共和国政府采购法实施条例

【发文机关】国务院
【发布文号】国务院令第 658 号
【发布日期】2015 年 1 月 30 日
【实施日期】2015 年 3 月 1 日
【时效性】现行有效

《中华人民共和国政府采购法实施条例》已经 2014 年 12 月 31 日国务院第 75 次常务会议通过，现予公布，自 2015 年 3 月 1 日起施行。

国务院总理　李克强
2015 年 1 月 30 日

第一章　总　　则

第一条　根据《中华人民共和国政府采购法》（以下简称政府采购法），制定本条例。

第二条　政府采购法第二条所称财政性资金是指纳入预算管理的资金。

以财政性资金作为还款来源的借贷资金，视同财政性资金。

国家机关、事业单位和团体组织的采购项目既使用财政性资金又使用非财政性资金的，使用财政性资金采购的部分，适用政府采购法及本条例；财政性资金与非财政性资金无法分割采购的，统一适用政府采购法及本条例。

政府采购法第二条所称服务，包括政府自身需要的服务和政府向社会公众提供的公共服务。

第三条　集中采购目录包括集中采购机构采购项目和部门集中采购项目。

技术、服务等标准统一，采购人普遍使用的项目，列为集中采购机构采购项目；采购人本部门、本系统基于业务需要有特殊要求，可以统一采购的项目，列为部门集中采购项目。

第四条　政府采购法所称集中采购，是指采购人将列入集中采购目录的项目委托集中采购机构代理采购或者进行部门集中采购的行为；所称分散采购，是指采购人将采购限额标准以上的未列入集中采购目录的项目自行采购或者委托采购代理机构代理采购的行为。

第五条 省、自治区、直辖市人民政府或者其授权的机构根据实际情况，可以确定分别适用于本行政区域省级、设区的市级、县级的集中采购目录和采购限额标准。

第六条 国务院财政部门应当根据国家的经济和社会发展政策，会同国务院有关部门制定政府采购政策，通过制定采购需求标准、预留采购份额、价格评审优惠、优先采购等措施，实现节约能源、保护环境、扶持不发达地区和少数民族地区、促进中小企业发展等目标。

第七条 政府采购工程以及与工程建设有关的货物、服务，采用招标方式采购的，适用《中华人民共和国招标投标法》及其实施条例；采用其他方式采购的，适用政府采购法及本条例。

前款所称工程，是指建设工程，包括建筑物和构筑物的新建、改建、扩建及其相关的装修、拆除、修缮等；所称与工程建设有关的货物，是指构成工程不可分割的组成部分，且为实现工程基本功能所必需的设备、材料等；所称与工程建设有关的服务，是指为完成工程所需的勘察、设计、监理等服务。

政府采购工程以及与工程建设有关的货物、服务，应当执行政府采购政策。

第八条 政府采购项目信息应当在省级以上人民政府财政部门指定的媒体上发布。采购项目预算金额达到国务院财政部门规定标准的，政府采购项目信息应当在国务院财政部门指定的媒体上发布。

第九条 在政府采购活动中，采购人员及相关人员与供应商有下列利害关系之一的，应当回避：

（一）参加采购活动前 3 年内与供应商存在劳动关系；

（二）参加采购活动前 3 年内担任供应商的董事、监事；

（三）参加采购活动前 3 年内是供应商的控股股东或者实际控制人；

（四）与供应商的法定代表人或者负责人有夫妻、直系血亲、三代以内旁系血亲或者近姻亲关系；

（五）与供应商有其他可能影响政府采购活动公平、公正进行的关系。

供应商认为采购人员及相关人员与其他供应商有利害关系的，可以向采购人或者采购代理机构书面提出回避申请，并说明理由。采购人或者采购代理机构应当及时询问被申请回避人员，有利害关系的被申请回避人员应当回避。

第十条 国家实行统一的政府采购电子交易平台建设标准，推动利用信息网络进行电子化政府采购活动。

第二章 政府采购当事人

第十一条 采购人在政府采购活动中应当维护国家利益和社会公共利益，公正廉洁，诚实守信，执行政府采购政策，建立政府采购内部管理制度，厉行节约，科学合理确定采购需求。

采购人不得向供应商索要或者接受其给予的赠品、回扣或者与采购无关的其他商品、服务。

第十二条　政府采购法所称采购代理机构，是指集中采购机构和集中采购机构以外的采购代理机构。

集中采购机构是设区的市级以上人民政府依法设立的非营利事业法人，是代理集中采购项目的执行机构。集中采购机构应当根据采购人委托制定集中采购项目的实施方案，明确采购规程，组织政府采购活动，不得将集中采购项目转委托。集中采购机构以外的采购代理机构，是从事采购代理业务的社会中介机构。

第十三条　采购代理机构应当建立完善的政府采购内部监督管理制度，具备开展政府采购业务所需的评审条件和设施。

采购代理机构应当提高确定采购需求，编制招标文件、谈判文件、询价通知书，拟订合同文本和优化采购程序的专业化服务水平，根据采购人委托在规定的时间内及时组织采购人与中标或者成交供应商签订政府采购合同，及时协助采购人对采购项目进行验收。

第十四条　采购代理机构不得以不正当手段获取政府采购代理业务，不得与采购人、供应商恶意串通操纵政府采购活动。

采购代理机构工作人员不得接受采购人或者供应商组织的宴请、旅游、娱乐，不得收受礼品、现金、有价证券等，不得向采购人或者供应商报销应当由个人承担的费用。

第十五条　采购人、采购代理机构应当根据政府采购政策、采购预算、采购需求编制采购文件。

采购需求应当符合法律法规以及政府采购政策规定的技术、服务、安全等要求。政府向社会公众提供的公共服务项目，应当就确定采购需求征求社会公众的意见。除因技术复杂或者性质特殊，不能确定详细规格或者具体要求外，采购需求应当完整、明确。必要时，应当就确定采购需求征求相关供应商、专家的意见。

第十六条　政府采购法第二十条规定的委托代理协议，应当明确代理采购的范围、权限和期限等具体事项。

采购人和采购代理机构应当按照委托代理协议履行各自义务，采购代理机构不得超越代理权限。

第十七条　参加政府采购活动的供应商应当具备政府采购法第二十二条第一款规定的条件，提供下列材料：

（一）法人或者其他组织的营业执照等证明文件，自然人的身份证明；

（二）财务状况报告，依法缴纳税收和社会保障资金的相关材料；

（三）具备履行合同所必需的设备和专业技术能力的证明材料；

（四）参加政府采购活动前 3 年内在经营活动中没有重大违法记录的书面声明；

（五）具备法律、行政法规规定的其他条件的证明材料。

采购项目有特殊要求的，供应商还应当提供其符合特殊要求的证明材料或者情况说明。

第十八条　单位负责人为同一人或者存在直接控股、管理关系的不同供应商，不得参加同一合同项下的政府采购活动。

除单一来源采购项目外，为采购项目提供整体设计、规范编制或者项目管理、监理、检测等服务的供应商，不得再参加该采购项目的其他采购活动。

第十九条 政府采购法第二十二条第一款第五项所称重大违法记录，是指供应商因违法经营受到刑事处罚或者责令停产停业、吊销许可证或者执照、较大数额罚款等行政处罚。

供应商在参加政府采购活动前3年内因违法经营被禁止在一定期限内参加政府采购活动，期限届满的，可以参加政府采购活动。

第二十条 采购人或者采购代理机构有下列情形之一的，属于以不合理的条件对供应商实行差别待遇或者歧视待遇：

（一）就同一采购项目向供应商提供有差别的项目信息；

（二）设定的资格、技术、商务条件与采购项目的具体特点和实际需要不相适应或者与合同履行无关；

（三）采购需求中的技术、服务等要求指向特定供应商、特定产品；

（四）以特定行政区域或者特定行业的业绩、奖项作为加分条件或者中标、成交条件；

（五）对供应商采取不同的资格审查或者评审标准；

（六）限定或者指定特定的专利、商标、品牌或者供应商；

（七）非法限定供应商的所有制形式、组织形式或者所在地；

（八）以其他不合理条件限制或者排斥潜在供应商。

第二十一条 采购人或者采购代理机构对供应商进行资格预审的，资格预审公告应当在省级以上人民政府财政部门指定的媒体上发布。已进行资格预审的，评审阶段可以不再对供应商资格进行审查。资格预审合格的供应商在评审阶段资格发生变化的，应当通知采购人和采购代理机构。

资格预审公告应当包括采购人和采购项目名称、采购需求、对供应商的资格要求以及供应商提交资格预审申请文件的时间和地点。提交资格预审申请文件的时间自公告发布之日起不得少于5个工作日。

第二十二条 联合体中有同类资质的供应商按照联合体分工承担相同工作的，应当按照资质等级较低的供应商确定资质等级。

以联合体形式参加政府采购活动的，联合体各方不得再单独参加或者与其他供应商另外组成联合体参加同一合同项下的政府采购活动。

第三章 政府采购方式

第二十三条 采购人采购公开招标数额标准以上的货物或者服务，符合政府采购法第二十九条、第三十条、第三十一条、第三十二条规定情形或者有需要执行政府采购政策等特殊情况的，经设区的市级以上人民政府财政部门批准，可以依法采用公开招标以外的采购方式。

第二十四条 列入集中采购目录的项目，适合实行批量集中采购的，应当实行批量集中采购，但紧急的小额零星货物项目和有特殊要求的服务、工程项目除外。

第二十五条 政府采购工程依法不进行招标的，应当依照政府采购法和本条例规定的竞争性谈判或者单一来源采购方式采购。

第二十六条 政府采购法第三十条第三项规定的情形，应当是采购人不可预见的或者非因采购人拖延导致的；第四项规定的情形，是指因采购艺术品或者因专利、专有技术或者因服务的时间、数量事先不能确定等导致不能事先计算出价格总额。

第二十七条 政府采购法第三十一条第一项规定的情形，是指因货物或者服务使用不可替代的专利、专有技术，或者公共服务项目具有特殊要求，导致只能从某一特定供应商处采购。

第二十八条 在一个财政年度内，采购人将一个预算项目下的同一品目或者类别的货物、服务采用公开招标以外的方式多次采购，累计资金数额超过公开招标数额标准的，属于以化整为零方式规避公开招标，但项目预算调整或者经批准采用公开招标以外方式采购除外。

第四章 政府采购程序

第二十九条 采购人应当根据集中采购目录、采购限额标准和已批复的部门预算编制政府采购实施计划，报本级人民政府财政部门备案。

第三十条 采购人或者采购代理机构应当在招标文件、谈判文件、询价通知书中公开采购项目预算金额。

第三十一条 招标文件的提供期限自招标文件开始发出之日起不得少于5个工作日。

采购人或者采购代理机构可以对已发出的招标文件进行必要的澄清或者修改。澄清或者修改的内容可能影响投标文件编制的，采购人或者采购代理机构应当在投标截止时间至少15日前，以书面形式通知所有获取招标文件的潜在投标人；不足15日的，采购人或者采购代理机构应当顺延提交投标文件的截止时间。

第三十二条 采购人或者采购代理机构应当按照国务院财政部门制定的招标文件标准文本编制招标文件。

招标文件应当包括采购项目的商务条件、采购需求、投标人的资格条件、投标报价要求、评标方法、评标标准以及拟签订的合同文本等。

第三十三条 招标文件要求投标人提交投标保证金的，投标保证金不得超过采购项目预算金额的2%。投标保证金应当以支票、汇票、本票或者金融机构、担保机构出具的保函等非现金形式提交。投标人未按照招标文件要求提交投标保证金的，投标无效。

采购人或者采购代理机构应当自中标通知书发出之日起5个工作日内退还未中标供应商的投标保证金，自政府采购合同签订之日起5个工作日内退还中标供应商的投标保证金。

竞争性谈判或者询价采购中要求参加谈判或者询价的供应商提交保证金的，参照前两款的规定执行。

第三十四条 政府采购招标评标方法分为最低评标价法和综合评分法。

最低评标价法，是指投标文件满足招标文件全部实质性要求且投标报价最低的供应商为中标候选人的评标方法。综合评分法，是指投标文件满足招标文件全部实质性要求且按照评审因素的量化指标评审得分最高的供应商为中标候选人的评标方法。

技术、服务等标准统一的货物和服务项目，应当采用最低评标价法。

采用综合评分法的，评审标准中的分值设置应当与评审因素的量化指标相对应。

招标文件中没有规定的评标标准不得作为评审的依据。

第三十五条 谈判文件不能完整、明确列明采购需求，需要由供应商提供最终设计方案或者解决方案的，在谈判结束后，谈判小组应当按照少数服从多数的原则投票推荐3家以上供应商的设计方案或者解决方案，并要求其在规定时间内提交最后报价。

第三十六条 询价通知书应当根据采购需求确定政府采购合同条款。在询价过程中，询价小组不得改变询价通知书所确定的政府采购合同条款。

第三十七条 政府采购法第三十八条第五项、第四十条第四项所称质量和服务相等，是指供应商提供的产品质量和服务均能满足采购文件规定的实质性要求。

第三十八条 达到公开招标数额标准，符合政府采购法第三十一条第一项规定情形，只能从唯一供应商处采购的，采购人应当将采购项目信息和唯一供应商名称在省级以上人民政府财政部门指定的媒体上公示，公示期不得少于5个工作日。

第三十九条 除国务院财政部门规定的情形外，采购人或者采购代理机构应当从政府采购评审专家库中随机抽取评审专家。

第四十条 政府采购评审专家应当遵守评审工作纪律，不得泄露评审文件、评审情况和评审中获悉的商业秘密。

评标委员会、竞争性谈判小组或者询价小组在评审过程中发现供应商有行贿、提供虚假材料或者串通等违法行为的，应当及时向财政部门报告。

政府采购评审专家在评审过程中受到非法干预的，应当及时向财政、监察等部门举报。

第四十一条 评标委员会、竞争性谈判小组或者询价小组成员应当按照客观、公正、审慎的原则，根据采购文件规定的评审程序、评审方法和评审标准进行独立评审。采购文件内容违反国家有关强制性规定的，评标委员会、竞争性谈判小组或者询价小组应当停止评审并向采购人或者采购代理机构说明情况。

评标委员会、竞争性谈判小组或者询价小组成员应当在评审报告上签字，对自己的评审意见承担法律责任。对评审报告有异议的，应当在评审报告上签署不同意见，并说明理由，否则视为同意评审报告。

第四十二条 采购人、采购代理机构不得向评标委员会、竞争性谈判小组或者询价小组的评审专家作倾向性、误导性的解释或者说明。

第四十三条 采购代理机构应当自评审结束之日起2个工作日内将评审报告送交采购人。采购人应当自收到评审报告之日起5个工作日内在评审报告推荐的中标或者成交候选人中按顺序确定中标或者成交供应商。

采购人或者采购代理机构应当自中标、成交供应商确定之日起2个工作日内，发出中标、成交通知书，并在省级以上人民政府财政部门指定的媒体上公告中标、成交结果，招标文件、竞争性谈判文件、询价通知书随中标、成交结果同时公告。

中标、成交结果公告内容应当包括采购人和采购代理机构的名称、地址、联系方式，项目名称和项目编号，中标或者成交供应商名称、地址和中标或者成交金额，主要中标或者成交标的的名称、规格型号、数量、单价、服务要求以及评审专家名单。

第四十四条 除国务院财政部门规定的情形外，采购人、采购代理机构不得以任何理由组织重新评审。采购人、采购代理机构按照国务院财政部门的规定组织重新评审的，应当书面报告本级人民政府财政部门。

采购人或者采购代理机构不得通过对样品进行检测、对供应商进行考察等方式改变评审结果。

第四十五条　采购人或者采购代理机构应当按照政府采购合同规定的技术、服务、安全标准组织对供应商履约情况进行验收，并出具验收书。验收书应当包括每一项技术、服务、安全标准的履约情况。

政府向社会公众提供的公共服务项目，验收时应当邀请服务对象参与并出具意见，验收结果应当向社会公告。

第四十六条　政府采购法第四十二条规定的采购文件，可以用电子档案方式保存。

第五章　政府采购合同

第四十七条　国务院财政部门应当会同国务院有关部门制定政府采购合同标准文本。

第四十八条　采购文件要求中标或者成交供应商提交履约保证金的，供应商应当以支票、汇票、本票或者金融机构、担保机构出具的保函等非现金形式提交。履约保证金的数额不得超过政府采购合同金额的10%。

第四十九条　中标或者成交供应商拒绝与采购人签订合同的，采购人可以按照评审报告推荐的中标或者成交候选人名单排序，确定下一候选人为中标或者成交供应商，也可以重新开展政府采购活动。

第五十条　采购人应当自政府采购合同签订之日起2个工作日内，将政府采购合同在省级以上人民政府财政部门指定的媒体上公告，但政府采购合同中涉及国家秘密、商业秘密的内容除外。

第五十一条　采购人应当按照政府采购合同规定，及时向中标或者成交供应商支付采购资金。

政府采购项目资金支付程序，按照国家有关财政资金支付管理的规定执行。

第六章　质疑与投诉

第五十二条　采购人或者采购代理机构应当在3个工作日内对供应商依法提出的询问作出答复。

供应商提出的询问或者质疑超出采购人对采购代理机构委托授权范围的，采购代理机构应当告知供应商向采购人提出。

政府采购评审专家应当配合采购人或者采购代理机构答复供应商的询问和质疑。

第五十三条　政府采购法第五十二条规定的供应商应知其权益受到损害之日，是指：

（一）对可以质疑的采购文件提出质疑的，为收到采购文件之日或者采购文件公告期限届满之日；

（二）对采购过程提出质疑的，为各采购程序环节结束之日；

（三）对中标或者成交结果提出质疑的，为中标或者成交结果公告期限届满之日。

第五十四条　询问或者质疑事项可能影响中标、成交结果的，采购人应当暂停签订合同，已经签订合同的，应当中止履行合同。

第五十五条 供应商质疑、投诉应当有明确的请求和必要的证明材料。供应商投诉的事项不得超出已质疑事项的范围。

第五十六条 财政部门处理投诉事项采用书面审查的方式，必要时可以进行调查取证或者组织质证。

对财政部门依法进行的调查取证，投诉人和与投诉事项有关的当事人应当如实反映情况，并提供相关材料。

第五十七条 投诉人捏造事实、提供虚假材料或者以非法手段取得证明材料进行投诉的，财政部门应当予以驳回。

财政部门受理投诉后，投诉人书面申请撤回投诉的，财政部门应当终止投诉处理程序。

第五十八条 财政部门处理投诉事项，需要检验、检测、鉴定、专家评审以及需要投诉人补正材料的，所需时间不计算在投诉处理期限内。

财政部门对投诉事项做出的处理决定，应当在省级以上人民政府财政部门指定的媒体上公告。

第七章 监督检查

第五十九条 政府采购法第六十三条所称政府采购项目的采购标准，是指项目采购所依据的经费预算标准、资产配置标准和技术、服务标准等。

第六十条 除政府采购法第六十六条规定的考核事项外，财政部门对集中采购机构的考核事项还包括：

（一）政府采购政策的执行情况；

（二）采购文件编制水平；

（三）采购方式和采购程序的执行情况；

（四）询问、质疑答复情况；

（五）内部监督管理制度建设及执行情况；

（六）省级以上人民政府财政部门规定的其他事项。

财政部门应当制定考核计划，定期对集中采购机构进行考核，考核结果有重要情况的，应当向本级人民政府报告。

第六十一条 采购人发现采购代理机构有违法行为的，应当要求其改正。采购代理机构拒不改正的，采购人应当向本级人民政府财政部门报告，财政部门应当依法处理。

采购代理机构发现采购人的采购需求存在以不合理条件对供应商实行差别待遇、歧视待遇或者其他不符合法律、法规和政府采购政策规定内容，或者发现采购人有其他违法行为的，应当建议其改正。采购人拒不改正的，采购代理机构应当向采购人的本级人民政府财政部门报告，财政部门应当依法处理。

第六十二条 省级以上人民政府财政部门应当对政府采购评审专家库实行动态管理，具体管理办法由国务院财政部门制定。

采购人或者采购代理机构应当对评审专家在政府采购活动中的职责履行情况予以记

录，并及时向财政部门报告。

第六十三条　各级人民政府财政部门和其他有关部门应当加强对参加政府采购活动的供应商、采购代理机构、评审专家的监督管理，对其不良行为予以记录，并纳入统一的信用信息平台。

第六十四条　各级人民政府财政部门对政府采购活动进行监督检查，有权查阅、复制有关文件、资料，相关单位和人员应当予以配合。

第六十五条　审计机关、监察机关以及其他有关部门依法对政府采购活动实施监督，发现采购当事人有违法行为的，应当及时通报财政部门。

第八章　法律责任

第六十六条　政府采购法第七十一条规定的罚款，数额为10万元以下。

政府采购法第七十二条规定的罚款，数额为5万元以上25万元以下。

第六十七条　采购人有下列情形之一的，由财政部门责令限期改正，给予警告，对直接负责的主管人员和其他直接责任人员依法给予处分，并予以通报：

（一）未按照规定编制政府采购实施计划或者未按照规定将政府采购实施计划报本级人民政府财政部门备案；

（二）将应当进行公开招标的项目化整为零或者以其他任何方式规避公开招标；

（三）未按照规定在评标委员会、竞争性谈判小组或者询价小组推荐的中标或者成交候选人中确定中标或者成交供应商；

（四）未按照采购文件确定的事项签订政府采购合同；

（五）政府采购合同履行中追加与合同标的相同的货物、工程或者服务的采购金额超过原合同采购金额10%；

（六）擅自变更、中止或者终止政府采购合同；

（七）未按照规定公告政府采购合同；

（八）未按照规定时间将政府采购合同副本报本级人民政府财政部门和有关部门备案。

第六十八条　采购人、采购代理机构有下列情形之一的，依照政府采购法第七十一条、第七十八条的规定追究法律责任：

（一）未依照政府采购法和本条例规定的方式实施采购；

（二）未依法在指定的媒体上发布政府采购项目信息；

（三）未按照规定执行政府采购政策；

（四）违反本条例第十五条的规定导致无法组织对供应商履约情况进行验收或者国家财产遭受损失；

（五）未依法从政府采购评审专家库中抽取评审专家；

（六）非法干预采购评审活动；

（七）采用综合评分法时评审标准中的分值设置未与评审因素的量化指标相对应；

（八）对供应商的询问、质疑逾期未作处理；

（九）通过对样品进行检测、对供应商进行考察等方式改变评审结果；

（十）未按照规定组织对供应商履约情况进行验收。

第六十九条 集中采购机构有下列情形之一的，由财政部门责令限期改正，给予警告，有违法所得的，并处没收违法所得，对直接负责的主管人员和其他直接责任人员依法给予处分，并予以通报：

（一）内部监督管理制度不健全，对依法应当分设、分离的岗位、人员未分设、分离；

（二）将集中采购项目委托其他采购代理机构采购；

（三）从事营利活动。

第七十条 采购人员与供应商有利害关系而不依法回避的，由财政部门给予警告，并处2000元以上2万元以下的罚款。

第七十一条 有政府采购法第七十一条、第七十二条规定的违法行为之一，影响或者可能影响中标、成交结果的，依照下列规定处理：

（一）未确定中标或者成交供应商的，终止本次政府采购活动，重新开展政府采购活动；

（二）已确定中标或者成交供应商但尚未签订政府采购合同的，中标或者成交结果无效，从合格的中标或者成交候选人中另行确定中标或者成交供应商；没有合格的中标或者成交候选人的，重新开展政府采购活动；

（三）政府采购合同已签订但尚未履行的，撤销合同，从合格的中标或者成交候选人中另行确定中标或者成交供应商；没有合格的中标或者成交候选人的，重新开展政府采购活动；

（四）政府采购合同已经履行，给采购人、供应商造成损失的，由责任人承担赔偿责任。

政府采购当事人有其他违反政府采购法或者本条例规定的行为，经改正后仍然影响或者可能影响中标、成交结果或者依法被认定为中标、成交无效的，依照前款规定处理。

第七十二条 供应商有下列情形之一的，依照政府采购法第七十七条第一款的规定追究法律责任：

（一）向评标委员会、竞争性谈判小组或者询价小组成员行贿或者提供其他不正当利益；

（二）中标或者成交后无正当理由拒不与采购人签订政府采购合同；

（三）未按照采购文件确定的事项签订政府采购合同；

（四）将政府采购合同转包；

（五）提供假冒伪劣产品；

（六）擅自变更、中止或者终止政府采购合同。供应商有前款第一项规定情形的，中标、成交无效。评审阶段资格发生变化，供应商未依照本条例第二十一条的规定通知采购人和采购代理机构的，处以采购金额5‰的罚款，列入不良行为记录名单，中标、成交无效。

第七十三条 供应商捏造事实、提供虚假材料或者以非法手段取得证明材料进行投诉的，由财政部门列入不良行为记录名单，禁止其1至3年内参加政府采购活动。

第七十四条 有下列情形之一的，属于恶意串通，对供应商依照政府采购法第七十七条第一款的规定追究法律责任，对采购人、采购代理机构及其工作人员依照政府采购法第七十二条的规定追究法律责任：

（一）供应商直接或者间接从采购人或者采购代理机构处获得其他供应商的相关情况并修改其投标文件或者响应文件；

（二）供应商按照采购人或者采购代理机构的授意撤换、修改投标文件或者响应文件；

（三）供应商之间协商报价、技术方案等投标文件或者响应文件的实质性内容；

（四）属于同一集团、协会、商会等组织成员的供应商按照该组织要求协同参加政府采购活动；

（五）供应商之间事先约定由某一特定供应商中标、成交；

（六）供应商之间商定部分供应商放弃参加政府采购活动或者放弃中标、成交；

（七）供应商与采购人或者采购代理机构之间、供应商相互之间，为谋求特定供应商中标、成交或者排斥其他供应商的其他串通行为。

第七十五条 政府采购评审专家未按照采购文件规定的评审程序、评审方法和评审标准进行独立评审或者泄露评审文件、评审情况的，由财政部门给予警告，并处2000元以上2万元以下的罚款；影响中标、成交结果的，处2万元以上5万元以下的罚款，禁止其参加政府采购评审活动。

政府采购评审专家与供应商存在利害关系未回避的，处2万元以上5万元以下的罚款，禁止其参加政府采购评审活动。

政府采购评审专家收受采购人、采购代理机构、供应商贿赂或者获取其他不正当利益，构成犯罪的，依法追究刑事责任；尚不构成犯罪的，处2万元以上5万元以下的罚款，禁止其参加政府采购评审活动。

政府采购评审专家有上述违法行为的，其评审意见无效，不得获取评审费；有违法所得的，没收违法所得；给他人造成损失的，依法承担民事责任。

第七十六条 政府采购当事人违反政府采购法和本条例规定，给他人造成损失的，依法承担民事责任。

第七十七条 财政部门在履行政府采购监督管理职责中违反政府采购法和本条例规定，滥用职权、玩忽职守、徇私舞弊的，对直接负责的主管人员和其他直接责任人员依法给予处分；直接负责的主管人员和其他直接责任人员构成犯罪的，依法追究刑事责任。

第九章 附 则

第七十八条 财政管理实行省直接管理的县级人民政府可以根据需要并报经省级人民政府批准，行使政府采购法和本条例规定的设区的市级人民政府批准变更采购方式的职权。

第七十九条 本条例自2015年3月1日起施行。

3. 中华人民共和国招标投标法

【发文机关】全国人民代表大会常务委员会
【发布文号】主席令第 21 号
【发布日期】1999 年 8 月 30 日
【实施日期】2000 年 1 月 1 日
【时效性】现行有效

《中华人民共和国招标投标法》已由中华人民共和国第九届全国人民代表大会常务委员会第十一次会议于 1999 年 8 月 30 日通过，现予公布，自 2000 年 1 月 1 日起施行。

中华人民共和国主席　江泽民
1999 年 8 月 30 日

第一章　总　　则

第一条　为了规范招标投标活动，保护国家利益、社会公共利益和招标投标活动当事人的合法权益，提高经济效益，保证项目质量，制定本法。

第二条　在中华人民共和国境内进行招标投标活动，适用本法。

第三条　在中华人民共和国境内进行下列工程建设项目包括项目的勘察、设计、施工、监理以及与工程建设有关的重要设备、材料等的采购，必须进行招标：

（一）大型基础设施、公用事业等关系社会公共利益、公众安全的项目；

（二）全部或者部分使用国有资金投资或者国家融资的项目；

（三）使用国际组织或者外国政府贷款、援助资金的项目。

前款所列项目的具体范围和规模标准，由国务院发展计划部门会同国务院有关部门制订，报国务院批准。

法律或者国务院对必须进行招标的其他项目的范围有规定的，依照其规定。

第四条　任何单位和个人不得将依法必须进行招标的项目化整为零或者以其他任何方式规避招标。

第五条　招标投标活动应当遵循公开、公平、公正和诚实信用的原则。

第六条　依法必须进行招标的项目，其招标投标活动不受地区或者部门的限制。任何单位和个人不得违法限制或者排斥本地区、本系统以外的法人或者其他组织参加投标，不得以任何方式非法干涉招标投标活动。

第七条　招标投标活动及其当事人应当接受依法实施的监督。

有关行政监督部门依法对招标投标活动实施监督，依法查处招标投标活动中的违法行为。

对招标投标活动的行政监督及有关部门的具体职权划分，由国务院规定。

第二章　招　　标

第八条　招标人是依照本法规定提出招标项目、进行招标的法人或者其他组织。

第九条　招标项目按照国家有关规定需要履行项目审批手续的，应当先履行审批手续，取得批准。

招标人应当有进行招标项目的相应资金或者资金来源已经落实，并应当在招标文件中如实载明。

第十条　招标分为公开招标和邀请招标。

公开招标，是指招标人以招标公告的方式邀请不特定的法人或者其他组织投标。

邀请招标，是指招标人以投标邀请书的方式邀请特定的法人或者其他组织投标。

第十一条　国务院发展计划部门确定的国家重点项目和省、自治区、直辖市人民政府确定的地方重点项目不适宜公开招标的，经国务院发展计划部门或者省、自治区、直辖市人民政府批准，可以进行邀请招标。

第十二条　招标人有权自行选择招标代理机构，委托其办理招标事宜。任何单位和个人不得以任何方式为招标人指定招标代理机构。

招标人具有编制招标文件和组织评标能力的，可以自行办理招标事宜。任何单位和个人不得强制其委托招标代理机构办理招标事宜。

依法必须进行招标的项目，招标人自行办理招标事宜的，应当向有关行政监督部门备案。

第十三条　招标代理机构是依法设立、从事招标代理业务并提供相关服务的社会中介组织。

招标代理机构应当具备下列条件：

（一）有从事招标代理业务的营业场所和相应资金；

（二）有能够编制招标文件和组织评标的相应专业力量；

（三）有符合本法第三十七条第三款规定条件、可以作为评标委员会成员人选的技术、经济等方面的专家库。

第十四条　从事工程建设项目招标代理业务的招标代理机构，其资格由国务院或者省、自治区、直辖市人民政府的建设行政主管部门认定。具体办法由国务院建设行政主管部门会同国务院有关部门制定。从事其他招标代理业务的招标代理机构，其资格认定的主管部门由国务院规定。

招标代理机构与行政机关和其他国家机关不得存在隶属关系或者其他利益关系。

第十五条 招标代理机构应当在招标人委托的范围内办理招标事宜，并遵守本法关于招标人的规定。

第十六条 招标人采用公开招标方式的，应当发布招标公告。依法必须进行招标的项目的招标公告，应当通过国家指定的报刊、信息网络或者其他媒介发布。

招标公告应当载明招标人的名称和地址、招标项目的性质、数量、实施地点和时间以及获取招标文件的办法等事项。

第十七条 招标人采用邀请招标方式的，应当向 3 个以上具备承担招标项目的能力、资信良好的特定的法人或者其他组织发出投标邀请书。

投标邀请书应当载明本法第十六条第二款规定的事项。

第十八条 招标人可以根据招标项目本身的要求，在招标公告或者投标邀请书中，要求潜在投标人提供有关资质证明文件和业绩情况，并对潜在投标人进行资格审查；国家对投标人的资格条件有规定的，依照其规定。

招标人不得以不合理的条件限制或者排斥潜在投标人，不得对潜在投标人实行歧视待遇。

第十九条 招标人应当根据招标项目的特点和需要编制招标文件。招标文件应当包括招标项目的技术要求、对投标人资格审查的标准、投标报价要求和评标标准等所有实质性要求和条件以及拟签订合同的主要条款。

国家对招标项目的技术、标准有规定的，招标人应当按照其规定在招标文件中提出相应要求。

招标项目需要划分标段、确定工期的，招标人应当合理划分标段、确定工期，并在招标文件中载明。

第二十条 招标文件不得要求或者标明特定的生产供应者以及含有倾向或者排斥潜在投标人的其他内容。

第二十一条 招标人根据招标项目的具体情况，可以组织潜在投标人踏勘项目现场。

第二十二条 招标人不得向他人透露已获取招标文件的潜在投标人的名称、数量以及可能影响公平竞争的有关招标投标的其他情况。

招标人设有标底的，标底必须保密。

第二十三条 招标人对已发出的招标文件进行必要的澄清或者修改的，应当在招标文件要求提交投标文件截止时间至少 15 日前，以书面形式通知所有招标文件收受人。该澄清或者修改的内容为招标文件的组成部分。

第二十四条 招标人应当确定投标人编制投标文件所需要的合理时间；但是，依法必须进行招标的项目，自招标文件开始发出之日起至投标人提交投标文件截止之日止，最短不得少于 20 日。

第三章 投　　标

第二十五条 投标人是响应招标、参加投标竞争的法人或者其他组织。

依法招标的科研项目允许个人参加投标的，投标的个人适用本法有关投标人的规定。

第二十六条 投标人应当具备承担招标项目的能力；国家有关规定对投标人资格条件

或者招标文件对投标人资格条件有规定的，投标人应当具备规定的资格条件。

第二十七条 投标人应当按照招标文件的要求编制投标文件。投标文件应当对招标文件提出的实质性要求和条件做出响应。

招标项目属于建设施工的，投标文件的内容应当包括拟派出的项目负责人与主要技术人员的简历、业绩和拟用于完成招标项目的机械设备等。

第二十八条 投标人应当在招标文件要求提交投标文件的截止时间前，将投标文件送达投标地点。招标人收到投标文件后，应当签收保存，不得开启。投标人少于3个的，招标人应当依照本法重新招标。

在招标文件要求提交投标文件的截止时间后送达的投标文件，招标人应当拒收。

第二十九条 投标人在招标文件要求提交投标文件的截止时间前，可以补充、修改或者撤回已提交的投标文件，并书面通知招标人。补充、修改的内容为投标文件的组成部分。

第三十条 投标人根据招标文件载明的项目实际情况，拟在中标后将中标项目的部分非主体、非关键性工作进行分包的，应当在投标文件中载明。

第三十一条 两个以上法人或者其他组织可以组成一个联合体，以一个投标人的身份共同投标。

联合体各方均应当具备承担招标项目的相应能力；国家有关规定或者招标文件对投标人资格条件有规定的，联合体各方均应当具备规定的相应资格条件。由同一专业的单位组成的联合体，按照资质等级较低的单位确定资质等级。

联合体各方应当签订共同投标协议，明确约定各方拟承担的工作和责任，并将共同投标协议连同投标文件一并提交招标人。联合体中标的，联合体各方应当共同与招标人签订合同，就中标项目向招标人承担连带责任。

招标人不得强制投标人组成联合体共同投标，不得限制投标人之间的竞争。

第三十二条 投标人不得相互串通投标报价，不得排挤其他投标人的公平竞争，损害招标人或者其他投标人的合法权益。

投标人不得与招标人串通投标，损害国家利益、社会公共利益或者他人的合法权益。

禁止投标人以向招标人或者评标委员会成员行贿的手段谋取中标。

第三十三条 投标人不得以低于成本的报价竞标，也不得以他人名义投标或者以其他方式弄虚作假，骗取中标。

第四章 开标、评标和中标

第三十四条 开标应当在招标文件确定的提交投标文件截止时间的同一时间公开进行；开标地点应当为招标文件中预先确定的地点。

第三十五条 开标由招标人主持，邀请所有投标人参加。

第三十六条 开标时，由投标人或者其推选的代表检查投标文件的密封情况，也可以由招标人委托的公证机构检查并公证；经确认无误后，由工作人员当众拆封，宣读投标人名称、投标价格和投标文件的其他主要内容。

招标人在招标文件要求提交投标文件的截止时间前收到的所有投标文件，开标时都应当当众予以拆封、宣读。

开标过程应当记录，并存档备查。

第三十七条 评标由招标人依法组建的评标委员会负责。

依法必须进行招标的项目，其评标委员会由招标人的代表和有关技术、经济等方面的专家组成，成员人数为5人以上单数，其中技术、经济等方面的专家不得少于成员总数的2/3。

前款专家应当从事相关领域工作满8年并具有高级职称或者具有同等专业水平，由招标人从国务院有关部门或者省、自治区、直辖市人民政府有关部门提供的专家名册或者招标代理机构的专家库内的相关专业的专家名单中确定；一般招标项目可以采取随机抽取方式，特殊招标项目可以由招标人直接确定。

与投标人有利害关系的人不得进入相关项目的评标委员会；已经进入的应当更换。

评标委员会成员的名单在中标结果确定前应当保密。

第三十八条 招标人应当采取必要的措施，保证评标在严格保密的情况下进行。

任何单位和个人不得非法干预、影响评标的过程和结果。

第三十九条 评标委员会可以要求投标人对投标文件中含义不明确的内容作必要的澄清或者说明，但是澄清或者说明不得超出投标文件的范围或者改变投标文件的实质性内容。

第四十条 评标委员会应当按照招标文件确定的评标标准和方法，对投标文件进行评审和比较；设有标底的，应当参考标底。评标委员会完成评标后，应当向招标人提出书面评标报告，并推荐合格的中标候选人。

招标人根据评标委员会提出的书面评标报告和推荐的中标候选人确定中标人。招标人也可以授权评标委员会直接确定中标人。

国务院对特定招标项目的评标有特别规定的，从其规定。

第四十一条 中标人的投标应当符合下列条件之一：

（一）能够最大限度地满足招标文件中规定的各项综合评价标准；

（二）能够满足招标文件的实质性要求，并且经评审的投标价格最低；但是投标价格低于成本的除外。

第四十二条 评标委员会经评审，认为所有投标都不符合招标文件要求的，可以否决所有投标。

依法必须进行招标的项目的所有投标被否决的，招标人应当依照本法重新招标。

第四十三条 在确定中标人前，招标人不得与投标人就投标价格、投标方案等实质性内容进行谈判。

第四十四条 评标委员会成员应当客观、公正地履行职务，遵守职业道德，对所提出的评审意见承担个人责任。

评标委员会成员不得私下接触投标人，不得收受投标人的财物或者其他好处。

评标委员会成员和参与评标的有关工作人员不得透露对投标文件的评审和比较、中标候选人的推荐情况以及与评标有关的其他情况。

第四十五条 中标人确定后，招标人应当向中标人发出中标通知书，并同时将中标结果通知所有未中标的投标人。

中标通知书对招标人和中标人具有法律效力。中标通知书发出后，招标人改变中标结果的，或者中标人放弃中标项目的，应当依法承担法律责任。

第四十六条 招标人和中标人应当自中标通知书发出之日起30日内，按照招标文件和中标人的投标文件订立书面合同。招标人和中标人不得再行订立背离合同实质性内容的其他协议。

招标文件要求中标人提交履约保证金的，中标人应当提交。

第四十七条 依法必须进行招标的项目，招标人应当自确定中标人之日起15日内，向有关行政监督部门提交招标投标情况的书面报告。

第四十八条 中标人应当按照合同约定履行义务，完成中标项目。中标人不得向他人转让中标项目，也不得将中标项目肢解后分别向他人转让。

中标人按照合同约定或者经招标人同意，可以将中标项目的部分非主体、非关键性工作分包给他人完成。接受分包的人应当具备相应的资格条件，并不得再次分包。

中标人应当就分包项目向招标人负责，接受分包的人就分包项目承担连带责任。

第五章 法律责任

第四十九条 违反本法规定，必须进行招标的项目而不招标的，将必须进行招标的项目化整为零或者以其他任何方式规避招标的，责令限期改正，可以处项目合同金额5‰以上10‰以下的罚款；对全部或者部分使用国有资金的项目，可以暂停项目执行或者暂停资金拨付；对单位直接负责的主管人员和其他直接责任人员依法给予处分。

第五十条 招标代理机构违反本法规定，泄露应当保密的与招标投标活动有关的情况和资料的，或者与招标人、投标人串通损害国家利益、社会公共利益或者他人合法权益的，处5万元以上25万元以下的罚款，对单位直接负责的主管人员和其他直接责任人员处单位罚款数额5%以上10%以下的罚款；有违法所得的，并处没收违法所得；情节严重的，暂停直至取消招标代理资格；构成犯罪的，依法追究刑事责任。给他人造成损失的，依法承担赔偿责任。

前款所列行为影响中标结果的，中标无效。

第五十一条 招标人以不合理的条件限制或者排斥潜在投标人的，对潜在投标人实行歧视待遇的，强制要求投标人组成联合体共同投标的，或者限制投标人之间竞争的，责令改正，可以处1万元以上5万元以下的罚款。

第五十二条 依法必须进行招标的项目的招标人向他人透露已获取招标文件的潜在投标人的名称、数量或者可能影响公平竞争的有关招标投标的其他情况的，或者泄露标底的，给予警告，可以并处1万元以上10万元以下的罚款；对单位直接负责的主管人员和其他直接责任人员依法给予处分；构成犯罪的，依法追究刑事责任。

前款所列行为影响中标结果的，中标无效。

第五十三条 投标人相互串通投标或者与招标人串通投标的，投标人以向招标人或者评标委员会成员行贿的手段谋取中标的，中标无效，处中标项目金额5‰以上10‰以下的罚款，对单位直接负责的主管人员和其他直接责任人员处单位罚款数额5%以上10%以下的罚款；有违法所得的，并处没收违法所得；情节严重的，取消其1～2年内参加依法必须进行招标的项目的投标资格并予以公告，直至由工商行政管理机关吊销营业执照；构成犯罪的，依法追究刑事责任。给他人造成损失的，依法承担赔偿责任。

第五十四条 投标人以他人名义投标或者以其他方式弄虚作假，骗取中标的，中标无效，给招标人造成损失的，依法承担赔偿责任；构成犯罪的，依法追究刑事责任。

依法必须进行招标的项目的投标人有前款所列行为尚未构成犯罪的，处中标项目金额5‰以上10‰以下的罚款，对单位直接负责的主管人员和其他直接责任人员处单位罚款数额5%以上10%以下的罚款；有违法所得的，并处没收违法所得；情节严重的，取消其1～3年内参加依法必须进行招标的项目的投标资格并予以公告，直至由工商行政管理机关吊销营业执照。

第五十五条 依法必须进行招标的项目，招标人违反本法规定，与投标人就投标价格、投标方案等实质性内容进行谈判的，给予警告，对单位直接负责的主管人员和其他直接责任人员依法给予处分。

前款所列行为影响中标结果的，中标无效。

第五十六条 评标委员会成员收受投标人的财物或者其他好处的，评标委员会成员或者参加评标的有关工作人员向他人透露对投标文件的评审和比较、中标候选人的推荐以及与评标有关的其他情况的，给予警告，没收收受的财物，可以并处3千元以上5万元以下的罚款，对有所列违法行为的评标委员会成员取消担任评标委员会成员的资格，不得再参加任何依法必须进行招标的项目的评标；构成犯罪的，依法追究刑事责任。

第五十七条 招标人在评标委员会依法推荐的中标候选人以外确定中标人的，依法必须进行招标的项目在所有投标被评标委员会否决后自行确定中标人的，中标无效。责令改正，可以处中标项目金额5‰以上10‰以下的罚款；对单位直接负责的主管人员和其他直接责任人员依法给予处分。

第五十八条 中标人将中标项目转让给他人的，将中标项目肢解后分别转让给他人的，违反本法规定将中标项目的部分主体、关键性工作分包给他人的，或者分包人再次分包的，转让、分包无效，处转让、分包项目金额5‰以上10‰以下的罚款；有违法所得的，并处没收违法所得；可以责令停业整顿；情节严重的，由工商行政管理机关吊销营业执照。

第五十九条 招标人与中标人不按照招标文件和中标人的投标文件订立合同的，或者招标人、中标人订立背离合同实质性内容的协议的，责令改正；可以处中标项目金额5‰以上10‰以下的罚款。

第六十条 中标人不履行与招标人订立的合同的，履约保证金不予退还，给招标人造成的损失超过履约保证金数额的，还应当对超过部分予以赔偿；没有提交履约保证金的，应当对招标人的损失承担赔偿责任。

中标人不按照与招标人订立的合同履行义务，情节严重的，取消其2～5年内参加依法必须进行招标的项目的投标资格并予以公告，直至由工商行政管理机关吊销营业执照。

因不可抗力不能履行合同的，不适用前两款规定。

第六十一条 本章规定的行政处罚，由国务院规定的有关行政监督部门决定。本法已对实施行政处罚的机关作出规定的除外。

第六十二条　任何单位违反本法规定，限制或者排斥本地区、本系统以外的法人或者其他组织参加投标的，为招标人指定招标代理机构的，强制招标人委托招标代理机构办理招标事宜的，或者以其他方式干涉招标投标活动的，责令改正；对单位直接负责的主管人员和其他直接责任人员依法给予警告、记过、记大过的处分，情节较重的，依法给予降级、撤职、开除的处分。

个人利用职权进行前款违法行为的，依照前款规定追究责任。

第六十三条　对招标投标活动依法负有行政监督职责的国家机关工作人员徇私舞弊、滥用职权或者玩忽职守，构成犯罪的，依法追究刑事责任；不构成犯罪的，依法给予行政处分。

第六十四条　依法必须进行招标的项目违反本法规定，中标无效的，应当依照本法规定的中标条件从其余投标人中重新确定中标人或者依照本法重新进行招标。

第六章　附　　则

第六十五条　投标人和其他利害关系人认为招标投标活动不符合本法有关规定的，有权向招标人提出异议或者依法向有关行政监督部门投诉。

第六十六条　涉及国家安全、国家秘密、抢险救灾或者属于利用扶贫资金实行以工代赈、需要使用农民工等特殊情况，不适宜进行招标的项目，按照国家有关规定可以不进行招标。

第六十七条　使用国际组织或者外国政府贷款、援助资金的项目进行招标，贷款方、资金提供方对招标投标的具体条件和程序有不同规定的，可以适用其规定，但违背中华人民共和国的社会公共利益的除外。

第六十八条　本法自 2000 年 1 月 1 日起施行。

4. 中华人民共和国招标投标法实施条例

【发文机关】国务院
【发布文号】国务院令第613号
【发布日期】2017年3月1日
【实施日期】2012年2月1日
【时效性】现行有效

《中华人民共和国招标投标法实施条例》已经2011年11月30日国务院第183次常务会议通过，现予公布，自2012年2月1日起施行。

国务院总理　温家宝
2011年12月20日

（根据2017年3月1日《国务院关于修改和废止部分行政法规的决定》修订）

第一章　总　　则

第一条　为了规范招标投标活动，根据《中华人民共和国招标投标法》（以下简称招标投标法），制定本条例。

第二条　招标投标法第三条所称工程建设项目，是指工程以及与工程建设有关的货物、服务。

前款所称工程，是指建设工程，包括建筑物和构筑物的新建、改建、扩建及其相关的装修、拆除、修缮等；所称与工程建设有关的货物，是指构成工程不可分割的组成部分，且为实现工程基本功能所必需的设备、材料等；所称与工程建设有关的服务，是指为完成工程所需的勘察、设计、监理等服务。

第三条　依法必须进行招标的工程建设项目的具体范围和规模标准，由国务院发展改革部门会同国务院有关部门制订，报国务院批准后公布施行。

第四条　国务院发展改革部门指导和协调全国招标投标工作，对国家重大建设项目的工程招标投标活动实施监督检查。国务院工业和信息化、住房城乡建设、交通运输、铁道、水利、商务等部门，按照规定的职责分工对有关招标投标活动实施监督。

县级以上地方人民政府发展改革部门指导和协调本行政区域的招标投标工作。县级以上地方人民政府有关部门按照规定的职责分工，对招标投标活动实施监督，依法查处招标投标活动中的违法行为。县级以上地方人民政府对其所属部门有关招标投标活动的监督职责分工另有规定的，从其规定。

财政部门依法对实行招标投标的政府采购工程建设项目的预算执行情况和政府采购政策执行情况实施监督。

监察机关依法对与招标投标活动有关的监察对象实施监察。

第五条 设区的市级以上地方人民政府可以根据实际需要，建立统一规范的招标投标交易场所，为招标投标活动提供服务。招标投标交易场所不得与行政监督部门存在隶属关系，不得以营利为目的。

国家鼓励利用信息网络进行电子招标投标。

第六条 禁止国家工作人员以任何方式非法干涉招标投标活动。

第二章 招 标

第七条 按照国家有关规定需要履行项目审批、核准手续的依法必须进行招标的项目，其招标范围、招标方式、招标组织形式应当报项目审批、核准部门审批、核准。项目审批、核准部门应当及时将审批、核准确定的招标范围、招标方式、招标组织形式通报有关行政监督部门。

第八条 国有资金占控股或者主导地位的依法必须进行招标的项目，应当公开招标；但有下列情形之一的，可以邀请招标：

（一）技术复杂、有特殊要求或者受自然环境限制，只有少量潜在投标人可供选择；

（二）采用公开招标方式的费用占项目合同金额的比例过大。

有前款第二项所列情形，属于本条例第七条规定的项目，由项目审批、核准部门在审批、核准项目时做出认定；其他项目由招标人申请有关行政监督部门做出认定。

第九条 除招标投标法第六十六条规定的可以不进行招标的特殊情况外，有下列情形之一的，可以不进行招标：

（一）需要采用不可替代的专利或者专有技术；

（二）采购人依法能够自行建设、生产或者提供；

（三）已通过招标方式选定的特许经营项目投资人依法能够自行建设、生产或者提供；

（四）需要向原中标人采购工程、货物或者服务，否则将影响施工或者功能配套要求；

（五）国家规定的其他特殊情形。

招标人为适用前款规定弄虚作假的，属于招标投标法第四条规定的规避招标。

第十条 招标投标法第十二条第二款规定的招标人具有编制招标文件和组织评标能力，是指招标人具有与招标项目规模和复杂程度相适应的技术、经济等方面的专业人员。

第十一条 招标代理机构的资格依照法律和国务院的规定由有关部门认定。

国务院住房城乡建设、商务、发展改革、工业和信息化等部门，按照规定的职责分工对招标代理机构依法实施监督管理。

第十二条 招标代理机构应当拥有一定数量的取得招标职业资格的专业人员。取得招标职业资格的具体办法由国务院人力资源社会保障部门会同国务院发展改革部门制定。

第十三条 招标代理机构在其资格许可和招标人委托的范围内开展招标代理业务，任何单位和个人不得非法干涉。

招标代理机构代理招标业务，应当遵守招标投标法和本条例关于招标人的规定。招标代理机构不得在所代理的招标项目中投标或者代理投标，也不得为所代理的招标项目的投标人提供咨询。

招标代理机构不得涂改、出租、出借、转让资格证书。

第十四条 招标人应当与被委托的招标代理机构签订书面委托合同，合同约定的收费标准应当符合国家有关规定。

第十五条 公开招标的项目，应当依照招标投标法和本条例的规定发布招标公告、编制招标文件。

招标人采用资格预审办法对潜在投标人进行资格审查的，应当发布资格预审公告、编制资格预审文件。

依法必须进行招标的项目的资格预审公告和招标公告，应当在国务院发展改革部门依法指定的媒介发布。在不同媒介发布的同一招标项目的资格预审公告或者招标公告的内容应当一致。指定媒介发布依法必须进行招标的项目的境内资格预审公告、招标公告，不得收取费用。

编制依法必须进行招标的项目的资格预审文件和招标文件，应当使用国务院发展改革部门会同有关行政监督部门制定的标准文本。

第十六条 招标人应当按照资格预审公告、招标公告或者投标邀请书规定的时间、地点发售资格预审文件或者招标文件。资格预审文件或者招标文件的发售期不得少于5日。

招标人发售资格预审文件、招标文件收取的费用应当限于补偿印刷、邮寄的成本支出，不得以营利为目的。

第十七条 招标人应当合理确定提交资格预审申请文件的时间。依法必须进行招标的项目提交资格预审申请文件的时间，自资格预审文件停止发售之日起不得少于5日。

第十八条 资格预审应当按照资格预审文件载明的标准和方法进行。

国有资金占控股或者主导地位的依法必须进行招标的项目，招标人应当组建资格审查委员会审查资格预审申请文件。资格审查委员会及其成员应当遵守招标投标法和本条例有关评标委员会及其成员的规定。

第十九条 资格预审结束后，招标人应当及时向资格预审申请人发出资格预审结果通知书。未通过资格预审的申请人不具有投标资格。

通过资格预审的申请人少于3个的，应当重新招标。

第二十条 招标人采用资格后审办法对投标人进行资格审查的，应当在开标后由评标委员会按照招标文件规定的标准和方法对投标人的资格进行审查。

第二十一条 招标人可以对已发出的资格预审文件或者招标文件进行必要的澄清或者修改。澄清或者修改的内容可能影响资格预审申请文件或者投标文件编制的，招标人应当在提交资格预审申请文件截止时间至少3日前，或者投标截止时间至少15日前，以书面形式通知所有获取资格预审文件或者招标文件的潜在投标人；不足3日或者15日的，招标人应当顺延提交资格预审申请文件或者投标文件的截止时间。

第二十二条　潜在投标人或者其他利害关系人对资格预审文件有异议的，应当在提交资格预审申请文件截止时间 2 日前提出；对招标文件有异议的，应当在投标截止时间 10 日前提出。招标人应当自收到异议之日起 3 日内做出答复；做出答复前，应当暂停招标投标活动。

第二十三条　招标人编制的资格预审文件、招标文件的内容违反法律、行政法规的强制性规定，违反公开、公平、公正和诚实信用原则，影响资格预审结果或者潜在投标人投标的，依法必须进行招标的项目的招标人应当在修改资格预审文件或者招标文件后重新招标。

第二十四条　招标人对招标项目划分标段的，应当遵守招标投标法的有关规定，不得利用划分标段限制或者排斥潜在投标人。依法必须进行招标的项目的招标人不得利用划分标段规避招标。

第二十五条　招标人应当在招标文件中载明投标有效期。投标有效期从提交投标文件的截止之日起算。

第二十六条　招标人在招标文件中要求投标人提交投标保证金的，投标保证金不得超过招标项目估算价的 2%。投标保证金有效期应当与投标有效期一致。

依法必须进行招标的项目的境内投标单位，以现金或者支票形式提交的投标保证金应当从其基本账户转出。

招标人不得挪用投标保证金。

第二十七条　招标人可以自行决定是否编制标底。一个招标项目只能有一个标底。标底必须保密。

接受委托编制标底的中介机构不得参加受托编制标底项目的投标，也不得为该项目的投标人编制投标文件或者提供咨询。

招标人设有最高投标限价的，应当在招标文件中明确最高投标限价或者最高投标限价的计算方法。招标人不得规定最低投标限价。

第二十八条　招标人不得组织单个或者部分潜在投标人踏勘项目现场。

第二十九条　招标人可以依法对工程以及与工程建设有关的货物、服务全部或者部分实行总承包招标。以暂估价形式包括在总承包范围内的工程、货物、服务属于依法必须进行招标的项目范围且达到国家规定规模标准的，应当依法进行招标。

前款所称暂估价，是指总承包招标时不能确定价格而由招标人在招标文件中暂时估定的工程、货物、服务的金额。

第三十条　对技术复杂或者无法精确拟定技术规格的项目，招标人可以分两阶段进行招标。

第一阶段，投标人按照招标公告或者投标邀请书的要求提交不带报价的技术建议，招标人根据投标人提交的技术建议确定技术标准和要求，编制招标文件。

第二阶段，招标人向在第一阶段提交技术建议的投标人提供招标文件，投标人按照招标文件的要求提交包括最终技术方案和投标报价的投标文件。

招标人要求投标人提交投标保证金的，应当在第二阶段提出。

第三十一条 招标人终止招标的，应当及时发布公告，或者以书面形式通知被邀请的或者已经获取资格预审文件、招标文件的潜在投标人。已经发售资格预审文件、招标文件或者已经收取投标保证金的，招标人应当及时退还所收取的资格预审文件、招标文件的费用，以及所收取的投标保证金及银行同期存款利息。

第三十二条 招标人不得以不合理的条件限制、排斥潜在投标人或者投标人。

招标人有下列行为之一的，属于以不合理条件限制、排斥潜在投标人或者投标人：

（一）就同一招标项目向潜在投标人或者投标人提供有差别的项目信息；

（二）设定的资格、技术、商务条件与招标项目的具体特点和实际需要不相适应或者与合同履行无关；

（三）依法必须进行招标的项目以特定行政区域或者特定行业的业绩、奖项作为加分条件或者中标条件；

（四）对潜在投标人或者投标人采取不同的资格审查或者评标标准；

（五）限定或者指定特定的专利、商标、品牌、原产地或者供应商；

（六）依法必须进行招标的项目非法限定潜在投标人或者投标人的所有制形式或者组织形式；

（七）以其他不合理条件限制、排斥潜在投标人或者投标人。

第三章　投　　标

第三十三条 投标人参加依法必须进行招标的项目的投标，不受地区或者部门的限制，任何单位和个人不得非法干涉。

第三十四条 与招标人存在利害关系可能影响招标公正性的法人、其他组织或者个人，不得参加投标。

单位负责人为同一人或者存在控股、管理关系的不同单位，不得参加同一标段投标或者未划分标段的同一招标项目投标。

违反前两款规定的，相关投标均无效。

第三十五条 投标人撤回已提交的投标文件，应当在投标截止时间前书面通知招标人。招标人已收取投标保证金的，应当自收到投标人书面撤回通知之日起5日内退还。

投标截止后投标人撤销投标文件的，招标人可以不退还投标保证金。

第三十六条 未通过资格预审的申请人提交的投标文件，以及逾期送达或者不按照招标文件要求密封的投标文件，招标人应当拒收。

招标人应当如实记载投标文件的送达时间和密封情况，并存档备查。

第三十七条 招标人应当在资格预审公告、招标公告或者投标邀请书中载明是否接受联合体投标。

招标人接受联合体投标并进行资格预审的，联合体应当在提交资格预审申请文件前组成。资格预审后联合体增减、更换成员的，其投标无效。

联合体各方在同一招标项目中以自己名义单独投标或者参加其他联合体投标的，相关投标均无效。

第三十八条 投标人发生合并、分立、破产等重大变化的，应当及时书面告知招标人。投标人不再具备资格预审文件、招标文件规定的资格条件或者其投标影响招标公正性的，其投标无效。

第三十九条　禁止投标人相互串通投标。

有下列情形之一的，属于投标人相互串通投标：

（一）投标人之间协商投标报价等投标文件的实质性内容；

（二）投标人之间约定中标人；

（三）投标人之间约定部分投标人放弃投标或者中标；

（四）属于同一集团、协会、商会等组织成员的投标人按照该组织要求协同投标；

（五）投标人之间为谋取中标或者排斥特定投标人而采取的其他联合行动。

第四十条　有下列情形之一的，视为投标人相互串通投标：

（一）不同投标人的投标文件由同一单位或者个人编制；

（二）不同投标人委托同一单位或者个人办理投标事宜；

（三）不同投标人的投标文件载明的项目管理成员为同一人；

（四）不同投标人的投标文件异常一致或者投标报价呈规律性差异；

（五）不同投标人的投标文件相互混装；

（六）不同投标人的投标保证金从同一单位或者个人的账户转出。

第四十一条　禁止招标人与投标人串通投标。

有下列情形之一的，属于招标人与投标人串通投标：

（一）招标人在开标前开启投标文件并将有关信息泄露给其他投标人；

（二）招标人直接或者间接向投标人泄露标底、评标委员会成员等信息；

（三）招标人明示或者暗示投标人压低或者抬高投标报价；

（四）招标人授意投标人撤换、修改投标文件；

（五）招标人明示或者暗示投标人为特定投标人中标提供方便；

（六）招标人与投标人为谋求特定投标人中标而采取的其他串通行为。

第四十二条　使用通过受让或者租借等方式获取的资格、资质证书投标的，属于招标投标法第三十三条规定的以他人名义投标。

投标人有下列情形之一的，属于招标投标法第三十三条规定的以其他方式弄虚作假的行为：

（一）使用伪造、变造的许可证件；

（二）提供虚假的财务状况或者业绩；

（三）提供虚假的项目负责人或者主要技术人员简历、劳动关系证明；

（四）提供虚假的信用状况；

（五）其他弄虚作假的行为。

第四十三条　提交资格预审申请文件的申请人应当遵守招标投标法和本条例有关投标人的规定。

第四章　开标、评标和中标

第四十四条　招标人应当按照招标文件规定的时间、地点开标。

投标人少于3个的，不得开标；招标人应当重新招标。

投标人对开标有异议的，应当在开标现场提出，招标人应当当场做出答复，并制作记录。

第四十五条 国家实行统一的评标专家专业分类标准和管理办法。具体标准和办法由国务院发展改革部门会同国务院有关部门制定。

省级人民政府和国务院有关部门应当组建综合评标专家库。

第四十六条 除招标投标法第三十七条第三款规定的特殊招标项目外，依法必须进行招标的项目，其评标委员会的专家成员应当从评标专家库内相关专业的专家名单中以随机抽取方式确定。任何单位和个人不得以明示、暗示等任何方式指定或者变相指定参加评标委员会的专家成员。

依法必须进行招标的项目的招标人非因招标投标法和本条例规定的事由，不得更换依法确定的评标委员会成员。更换评标委员会的专家成员应当依照前款规定进行。

评标委员会成员与投标人有利害关系的，应当主动回避。

有关行政监督部门应当按照规定的职责分工，对评标委员会成员的确定方式、评标专家的抽取和评标活动进行监督。行政监督部门的工作人员不得担任本部门负责监督项目的评标委员会成员。

第四十七条 招标投标法第三十七条第三款所称特殊招标项目，是指技术复杂、专业性强或者国家有特殊要求，采取随机抽取方式确定的专家难以保证胜任评标工作的项目。

第四十八条 招标人应当向评标委员会提供评标所必需的信息，但不得明示或者暗示其倾向或者排斥特定投标人。

招标人应当根据项目规模和技术复杂程度等因素合理确定评标时间。超过1/3的评标委员会成员认为评标时间不够的，招标人应当适当延长。

评标过程中，评标委员会成员有回避事由、擅离职守或者因健康等原因不能继续评标的，应当及时更换。被更换的评标委员会成员做出的评审结论无效，由更换后的评标委员会成员重新进行评审。

第四十九条 评标委员会成员应当依照招标投标法和本条例的规定，按照招标文件规定的评标标准和方法，客观、公正地对投标文件提出评审意见。招标文件没有规定的评标标准和方法不得作为评标的依据。

评标委员会成员不得私下接触投标人，不得收受投标人给予的财物或者其他好处，不得向招标人征询确定中标人的意向，不得接受任何单位或者个人明示或者暗示提出的倾向或者排斥特定投标人的要求，不得有其他不客观、不公正履行职务的行为。

第五十条 招标项目设有标底的，招标人应当在开标时公布。标底只能作为评标的参考，不得以投标报价是否接近标底作为中标条件，也不得以投标报价超过标底上下浮动范围作为否决投标的条件。

第五十一条 有下列情形之一的，评标委员会应当否决其投标：

（一）投标文件未经投标单位盖章和单位负责人签字；

（二）投标联合体没有提交共同投标协议；

（三）投标人不符合国家或者招标文件规定的资格条件；

（四）同一投标人提交两个以上不同的投标文件或者投标报价，但招标文件要求提交备选投标的除外；

（五）投标报价低于成本或者高于招标文件设定的最高投标限价；

（六）投标文件没有对招标文件的实质性要求和条件做出响应；

（七）投标人有串通投标、弄虚作假、行贿等违法行为。

第五十二条　投标文件中有含义不明确的内容、明显文字或者计算错误，评标委员会认为需要投标人做出必要澄清、说明的，应当书面通知该投标人。投标人的澄清、说明应当采用书面形式，并不得超出投标文件的范围或者改变投标文件的实质性内容。

评标委员会不得暗示或者诱导投标人做出澄清、说明，不得接受投标人主动提出的澄清、说明。

第五十三条　评标完成后，评标委员会应当向招标人提交书面评标报告和中标候选人名单。中标候选人应当不超过3个，并标明排序。

评标报告应当由评标委员会全体成员签字。对评标结果有不同意见的评标委员会成员应当以书面形式说明其不同意见和理由，评标报告应当注明该不同意见。评标委员会成员拒绝在评标报告上签字又不书面说明其不同意见和理由的，视为同意评标结果。

第五十四条　依法必须进行招标的项目，招标人应当自收到评标报告之日起3日内公示中标候选人，公示期不得少于3日。

投标人或者其他利害关系人对依法必须进行招标的项目的评标结果有异议的，应当在中标候选人公示期间提出。招标人应当自收到异议之日起3日内做出答复；做出答复前，应当暂停招标投标活动。

第五十五条　国有资金占控股或者主导地位的依法必须进行招标的项目，招标人应当确定排名第一的中标候选人为中标人。排名第一的中标候选人放弃中标、因不可抗力不能履行合同、不按照招标文件要求提交履约保证金，或者被查实存在影响中标结果的违法行为等情形，不符合中标条件的，招标人可以按照评标委员会提出的中标候选人名单排序依次确定其他中标候选人为中标人，也可以重新招标。

第五十六条　中标候选人的经营、财务状况发生较大变化或者存在违法行为，招标人认为可能影响其履约能力的，应当在发出中标通知书前由原评标委员会按照招标文件规定的标准和方法审查确认。

第五十七条　招标人和中标人应当依照招标投标法和本条例的规定签订书面合同，合同的标的、价款、质量、履行期限等主要条款应当与招标文件和中标人的投标文件的内容一致。招标人和中标人不得再行订立背离合同实质性内容的其他协议。

招标人最迟应当在书面合同签订后5日内向中标人和未中标的投标人退还投标保证金及银行同期存款利息。

第五十八条　招标文件要求中标人提交履约保证金的，中标人应当按照招标文件的要求提交。履约保证金不得超过中标合同金额的10%。

第五十九条　中标人应当按照合同约定履行义务，完成中标项目。中标人不得向他人转让中标项目，也不得将中标项目肢解后分别向他人转让。

中标人按照合同约定或者经招标人同意，可以将中标项目的部分非主体、非关键性工作分包给他人完成。接受分包的人应当具备相应的资格条件，并不得再次分包。

中标人应当就分包项目向招标人负责，接受分包的人就分包项目承担连带责任。

第五章　投诉与处理

第六十条　投标人或者其他利害关系人认为招标投标活动不符合法律、行政法规规定的，可以自知道或者应当知道之日起10日内向有关行政监督部门投诉。投诉应当有明确的请求和必要的证明材料。

就本条例第二十二条、第四十四条、第五十四条规定事项投诉的，应当先向招标人提出异议，异议答复期间不计算在前款规定的期限内。

第六十一条　投诉人就同一事项向两个以上有权受理的行政监督部门投诉的，由最先收到投诉的行政监督部门负责处理。

行政监督部门应当自收到投诉之日起3个工作日内决定是否受理投诉，并自受理投诉之日起30个工作日内做出书面处理决定；需要检验、检测、鉴定、专家评审的，所需时间不计算在内。

投诉人捏造事实、伪造材料或者以非法手段取得证明材料进行投诉的，行政监督部门应当予以驳回。

第六十二条　行政监督部门处理投诉，有权查阅、复制有关文件、资料，调查有关情况，相关单位和人员应当予以配合。必要时，行政监督部门可以责令暂停招标投标活动。

行政监督部门的工作人员对监督检查过程中知悉的国家秘密、商业秘密，应当依法予以保密。

第六章　法律责任

第六十三条　招标人有下列限制或者排斥潜在投标人行为之一的，由有关行政监督部门依照招标投标法第五十一条的规定处罚：

（一）依法应当公开招标的项目不按照规定在指定媒介发布资格预审公告或者招标公告；

（二）在不同媒介发布的同一招标项目的资格预审公告或者招标公告的内容不一致，影响潜在投标人申请资格预审或者投标。

依法必须进行招标的项目的招标人不按照规定发布资格预审公告或者招标公告，构成规避招标的，依照招标投标法第四十九条的规定处罚。

第六十四条　招标人有下列情形之一的，由有关行政监督部门责令改正，可以处10万元以下的罚款：

（一）依法应当公开招标而采用邀请招标；

（二）招标文件、资格预审文件的发售、澄清、修改的时限，或者确定的提交资格预审申请文件、投标文件的时限不符合招标投标法和本条例规定；

（三）接受未通过资格预审的单位或者个人参加投标；

（四）接受应当拒收的投标文件。

招标人有前款第一项、第三项、第四项所列行为之一的，对单位直接负责的主管人员和其他直接责任人员依法给予处分。

第六十五条 招标代理机构在所代理的招标项目中投标、代理投标或者向该项目投标人提供咨询的，接受委托编制标底的中介机构参加受托编制标底项目的投标或者为该项目的投标人编制投标文件、提供咨询的，依照招标投标法第五十条的规定追究法律责任。

第六十六条 招标人超过本条例规定的比例收取投标保证金、履约保证金或者不按照规定退还投标保证金及银行同期存款利息的，由有关行政监督部门责令改正，可以处5万元以下的罚款；给他人造成损失的，依法承担赔偿责任。

第六十七条 投标人相互串通投标或者与招标人串通投标的，投标人向招标人或者评标委员会成员行贿谋取中标的，中标无效；构成犯罪的，依法追究刑事责任；尚不构成犯罪的，依照招标投标法第五十三条的规定处罚。投标人未中标的，对单位的罚款金额按照招标项目合同金额依照招标投标法规定的比例计算。

投标人有下列行为之一的，属于招标投标法第五十三条规定的情节严重行为，由有关行政监督部门取消其1~2年内参加依法必须进行招标的项目的投标资格：

（一）以行贿谋取中标；

（二）3年内2次以上串通投标；

（三）串通投标行为损害招标人、其他投标人或者国家、集体、公民的合法利益，造成直接经济损失30万元以上；

（四）其他串通投标情节严重的行为。

投标人自本条第二款规定的处罚执行期限届满之日起3年内又有该款所列违法行为之一的，或者串通投标、以行贿谋取中标情节特别严重的，由工商行政管理机关吊销营业执照。

法律、行政法规对串通投标报价行为的处罚另有规定的，从其规定。

第六十八条 投标人以他人名义投标或者以其他方式弄虚作假骗取中标的，中标无效；构成犯罪的，依法追究刑事责任；尚不构成犯罪的，依照招标投标法第五十四条的规定处罚。依法必须进行招标的项目的投标人未中标的，对单位的罚款金额按照招标项目合同金额依照招标投标法规定的比例计算。

投标人有下列行为之一的，属于招标投标法第五十四条规定的情节严重行为，由有关行政监督部门取消其1~3年内参加依法必须进行招标的项目的投标资格：

（一）伪造、变造资格、资质证书或者其他许可证件骗取中标；

（二）3年内2次以上使用他人名义投标；

（三）弄虚作假骗取中标给招标人造成直接经济损失30万元以上；

（四）其他弄虚作假骗取中标情节严重的行为。

投标人自本条第二款规定的处罚执行期限届满之日起3年内又有该款所列违法行为之一的，或者弄虚作假骗取中标情节特别严重的，由工商行政管理机关吊销营业执照。

第六十九条 出让或者出租资格、资质证书供他人投标的，依照法律、行政法规的规定给予行政处罚；构成犯罪的，依法追究刑事责任。

第七十条 依法必须进行招标的项目的招标人不按照规定组建评标委员会，或者确定、更换评标委员会成员违反招标投标法和本条例规定的，由有关行政监督部门责令改正，可以处10万元以下的罚款，对单位直接负责的主管人员和其他直接责任人员依法给予处分；违法确定或者更换的评标委员会成员做出的评审结论无效，依法重新进行评审。

国家工作人员以任何方式非法干涉选取评标委员会成员的，依照本条例第八十一条的规定追究法律责任。

第七十一条 评标委员会成员有下列行为之一的，由有关行政监督部门责令改正；情节严重的，禁止其在一定期限内参加依法必须进行招标的项目的评标；情节特别严重的，取消其担任评标委员会成员的资格：

（一）应当回避而不回避；

（二）擅离职守；

（三）不按照招标文件规定的评标标准和方法评标；

（四）私下接触投标人；

（五）向招标人征询确定中标人的意向或者接受任何单位或者个人明示或者暗示提出的倾向或者排斥特定投标人的要求；

（六）对依法应当否决的投标不提出否决意见；

（七）暗示或者诱导投标人做出澄清、说明或者接受投标人主动提出的澄清、说明；

（八）其他不客观、不公正履行职务的行为。

第七十二条 评标委员会成员收受投标人的财物或者其他好处的，没收收受的财物，处3000元以上5万元以下的罚款，取消担任评标委员会成员的资格，不得再参加依法必须进行招标的项目的评标；构成犯罪的，依法追究刑事责任。

第七十三条 依法必须进行招标的项目的招标人有下列情形之一的，由有关行政监督部门责令改正，可以处中标项目金额10‰以下的罚款；给他人造成损失的，依法承担赔偿责任；对单位直接负责的主管人员和其他直接责任人员依法给予处分：

（一）无正当理由不发出中标通知书；

（二）不按照规定确定中标人；

（三）中标通知书发出后无正当理由改变中标结果；

（四）无正当理由不与中标人订立合同；

（五）在订立合同时向中标人提出附加条件。

第七十四条 中标人无正当理由不与招标人订立合同，在签订合同时向招标人提出附加条件，或者不按照招标文件要求提交履约保证金的，取消其中标资格，投标保证金不予退还。对依法必须进行招标的项目的中标人，由有关行政监督部门责令改正，可以处中标项目金额10‰以下的罚款。

第七十五条 招标人和中标人不按照招标文件和中标人的投标文件订立合同，合同的主要条款与招标文件、中标人的投标文件的内容不一致，或者招标人、中标人订立背离合同实质性内容的协议的，由有关行政监督部门责令改正，可以处中标项目金额5‰以上10‰以下的罚款。

第七十六条 中标人将中标项目转让给他人的，将中标项目肢解后分别转让给他人的，违反招标投标法和本条例规定将中标项目的部分主体、关键性工作分包给他人的，或者分包人再次分包的，转让、分包无效，处转让、分包项目金额5‰以上10‰以下的罚款；有违法所得的，并处没收违法所得；可以责令停业整顿；情节严重的，由工商行政管理机关吊销营业执照。

第七十七条 投标人或者其他利害关系人捏造事实、伪造材料或者以非法手段取得证明材料进行投诉，给他人造成损失的，依法承担赔偿责任。

招标人不按照规定对异议做出答复，继续进行招标投标活动的，由有关行政监督部门责令改正，拒不改正或者不能改正并影响中标结果的，依照本条例第八十二条的规定处理。

第七十八条 取得招标职业资格的专业人员违反国家有关规定办理招标业务的，责令改正，给予警告；情节严重的，暂停一定期限内从事招标业务；情节特别严重的，取消招标职业资格。

第七十九条 国家建立招标投标信用制度。有关行政监督部门应当依法公告对招标人、招标代理机构、投标人、评标委员会成员等当事人违法行为的行政处理决定。

第八十条 项目审批、核准部门不依法审批、核准项目招标范围、招标方式、招标组织形式的，对单位直接负责的主管人员和其他直接责任人员依法给予处分。

有关行政监督部门不依法履行职责，对违反招标投标法和本条例规定的行为不依法查处，或者不按照规定处理投诉、不依法公告对招标投标当事人违法行为的行政处理决定的，对直接负责的主管人员和其他直接责任人员依法给予处分。

项目审批、核准部门和有关行政监督部门的工作人员徇私舞弊、滥用职权、玩忽职守，构成犯罪的，依法追究刑事责任。

第八十一条 国家工作人员利用职务便利，以直接或者间接、明示或者暗示等任何方式非法干涉招标投标活动，有下列情形之一的，依法给予记过或者记大过处分；情节严重的，依法给予降级或者撤职处分；情节特别严重的，依法给予开除处分；构成犯罪的，依法追究刑事责任：

（一）要求对依法必须进行招标的项目不招标，或者要求对依法应当公开招标的项目不公开招标；

（二）要求评标委员会成员或者招标人以其指定的投标人作为中标候选人或者中标人，或者以其他方式非法干涉评标活动，影响中标结果；

（三）以其他方式非法干涉招标投标活动。

第八十二条 依法必须进行招标的项目的招标投标活动违反招标投标法和本条例的规定，对中标结果造成实质性影响，且不能采取补救措施予以纠正的，招标、投标、中标无效，应当依法重新招标或者评标。

第七章 附 则

第八十三条 招标投标协会按照依法制定的章程开展活动，加强行业自律和服务。

第八十四条 政府采购的法律、行政法规对政府采购货物、服务的招标投标另有规定的，从其规定。

第八十五条 本条例自 2012 年 2 月 1 日起施行。

5. 中华人民共和国预算法（2014 年修正）

【发文机关】全国人民代表大会常务委员会
【发布文号】主席令第 21 号
【发布日期】2014 年 8 月 31 日
【实施日期】1995 年 1 月 1 日
【时效性】现行有效

《中华人民共和国预算法》已由中华人民共和国第八届全国人民代表大会第二次会议于 1994 年 3 月 22 日通过，现予公布，自 1995 年 1 月 1 日起施行。

中华人民共和国主席　江泽民
1994 年 3 月 22 日

（根据 2014 年 8 月 31 日第十二届全国人民代表大会常务委员会第十次会议《关于修改〈中华人民共和国预算法〉的决定》修正）

第一章　总　　则

第一条　为了规范政府收支行为，强化预算约束，加强对预算的管理和监督，建立健全全面规范、公开透明的预算制度，保障经济社会的健康发展，根据宪法，制定本法。

第二条　预算、决算的编制、审查、批准、监督，以及预算的执行和调整，依照本法规定执行。

第三条　国家实行一级政府一级预算，设立中央，省、自治区、直辖市，设区的市、自治州，县、自治县、不设区的市、市辖区，乡、民族乡、镇五级预算。

全国预算由中央预算和地方预算组成。地方预算由各省、自治区、直辖市总预算组成。

地方各级总预算由本级预算和汇总的下一级总预算组成；下一级只有本级预算的，下一级总预算即指下一级的本级预算。没有下一级预算的，总预算即指本级预算。

第四条　预算由预算收入和预算支出组成。

政府的全部收入和支出都应当纳入预算。

第五条　预算包括一般公共预算、政府性基金预算、国有资本经营预算、社会保险基金预算。

一般公共预算、政府性基金预算、国有资本经营预算、社会保险基金预算应当保持完整、独立。政府性基金预算、国有资本经营预算、社会保险基金预算应当与一般公共预算相衔接。

第六条　一般公共预算是对以税收为主体的财政收入，安排用于保障和改善民生、推动经济社会发展、维护国家安全、维持国家机构正常运转等方面的收支预算。

中央一般公共预算包括中央各部门（含直属单位，下同）的预算和中央对地方的税收返还、转移支付预算。

中央一般公共预算收入包括中央本级收入和地方向中央的上解收入。中央一般公共预算支出包括中央本级支出、中央对地方的税收返还和转移支付。

第七条　地方各级一般公共预算包括本级各部门（含直属单位，下同）的预算和税收返还、转移支付预算。

地方各级一般公共预算收入包括地方本级收入、上级政府对本级政府的税收返还和转移支付、下级政府的上解收入。地方各级一般公共预算支出包括地方本级支出、对上级政府的上解支出、对下级政府的税收返还和转移支付。

第八条　各部门预算由本部门及其所属各单位预算组成。

第九条　政府性基金预算是对依照法律、行政法规的规定在一定期限内向特定对象征收、收取或者以其他方式筹集的资金，专项用于特定公共事业发展的收支预算。

政府性基金预算应当根据基金项目收入情况和实际支出需要，按基金项目编制，做到以收定支。

第十条　国有资本经营预算是对国有资本收益做出支出安排的收支预算。

国有资本经营预算应当按照收支平衡的原则编制，不列赤字，并安排资金调入一般公共预算。

第十一条　社会保险基金预算是对社会保险缴款、一般公共预算安排和其他方式筹集的资金，专项用于社会保险的收支预算。

社会保险基金预算应当按照统筹层次和社会保险项目分别编制，做到收支平衡。

第十二条　各级预算应当遵循统筹兼顾、勤俭节约、量力而行、讲求绩效和收支平衡的原则。

各级政府应当建立跨年度预算平衡机制。

第十三条　经人民代表大会批准的预算，非经法定程序，不得调整。各级政府、各部门、各单位的支出必须以经批准的预算为依据，未列入预算的不得支出。

第十四条　经本级人民代表大会或者本级人民代表大会常务委员会批准的预算、预算调整、决算、预算执行情况的报告及报表，应当在批准后20日内由本级政府财政部门向社会公开，并对本级政府财政转移支付安排、执行的情况以及举借债务的情况等重要事项做出说明。

经本级政府财政部门批复的部门预算、决算及报表，应当在批复后20日内由各部门向社会公开，并对部门预算、决算中机关运行经费的安排、使用情况等重要事项做出说明。

各级政府、各部门、各单位应当将政府采购的情况及时向社会公开。

本条前三款规定的公开事项，涉及国家秘密的除外。

第十五条 国家实行中央和地方分税制。

第十六条 国家实行财政转移支付制度。财政转移支付应当规范、公平、公开，以推进地区间基本公共服务均等化为主要目标。

财政转移支付包括中央对地方的转移支付和地方上级政府对下级政府的转移支付，以为均衡地区间基本财力、由下级政府统筹安排使用的一般性转移支付为主体。

按照法律、行政法规和国务院的规定可以设立专项转移支付，用于办理特定事项。建立健全专项转移支付定期评估和退出机制。市场竞争机制能够有效调节的事项不得设立专项转移支付。

上级政府在安排专项转移支付时，不得要求下级政府承担配套资金。但是，按照国务院的规定应当由上下级政府共同承担的事项除外。

第十七条 各级预算的编制、执行应当建立健全相互制约、相互协调的机制。

第十八条 预算年度自公历1月1日起，至12月31日止。

第十九条 预算收入和预算支出以人民币元为计算单位。

第二章 预算管理职权

第二十条 全国人民代表大会审查中央和地方预算草案及中央和地方预算执行情况的报告；批准中央预算和中央预算执行情况的报告；改变或者撤销全国人民代表大会常务委员会关于预算、决算的不适当的决议。

全国人民代表大会常务委员会监督中央和地方预算的执行；审查和批准中央预算的调整方案；审查和批准中央决算；撤销国务院制定的同宪法、法律相抵触的关于预算、决算的行政法规、决定和命令；撤销省、自治区、直辖市人民代表大会及其常务委员会制定的同宪法、法律和行政法规相抵触的关于预算、决算的地方性法规和决议。

第二十一条 县级以上地方各级人民代表大会审查本级总预算草案及本级总预算执行情况的报告；批准本级预算和本级预算执行情况的报告；改变或者撤销本级人民代表大会常务委员会关于预算、决算的不适当的决议；撤销本级政府关于预算、决算的不适当的决定和命令。

县级以上地方各级人民代表大会常务委员会监督本级总预算的执行；审查和批准本级预算的调整方案；审查和批准本级决算；撤销本级政府和下一级人民代表大会及其常务委员会关于预算、决算的不适当的决定、命令和决议。

乡、民族乡、镇的人民代表大会审查和批准本级预算和本级预算执行情况的报告；监督本级预算的执行；审查和批准本级预算的调整方案；审查和批准本级决算；撤销本级政府关于预算、决算的不适当的决定和命令。

第二十二条 全国人民代表大会财政经济委员会对中央预算草案初步方案及上一年预算执行情况、中央预算调整初步方案和中央决算草案进行初步审查，提出初步审查意见。

省、自治区、直辖市人民代表大会有关专门委员会对本级预算草案初步方案及上一年预算执行情况、本级预算调整初步方案和本级决算草案进行初步审查，提出初步审查意见。

设区的市、自治州人民代表大会有关专门委员会对本级预算草案初步方案及上一年预算执行情况、本级预算调整初步方案和本级决算草案进行初步审查，提出初步审查意见，未设立专门委员会的，由本级人民代表大会常务委员会有关工作机构研究提出意见。

县、自治县、不设区的市、市辖区人民代表大会常务委员会对本级预算草案初步方案及上一年预算执行情况进行初步审查，提出初步审查意见。县、自治县、不设区的市、市辖区人民代表大会常务委员会有关工作机构对本级预算调整初步方案和本级决算草案研究提出意见。

设区的市、自治州以上各级人民代表大会有关专门委员会进行初步审查、常务委员会有关工作机构研究提出意见时，应当邀请本级人民代表大会代表参加。

对依照本条第一款至第四款规定提出的意见，本级政府财政部门应当将处理情况及时反馈。

依照本条第一款至第四款规定提出的意见以及本级政府财政部门反馈的处理情况报告，应当印发本级人民代表大会代表。

全国人民代表大会常务委员会和省、自治区、直辖市、设区的市、自治州人民代表大会常务委员会有关工作机构，依照本级人民代表大会常务委员会的决定，协助本级人民代表大会财政经济委员会或者有关专门委员会承担审查预算草案、预算调整方案、决算草案和监督预算执行等方面的具体工作。

第二十三条　国务院编制中央预算、决算草案；向全国人民代表大会作关于中央和地方预算草案的报告；将省、自治区、直辖市政府报送备案的预算汇总后报全国人民代表大会常务委员会备案；组织中央和地方预算的执行；决定中央预算预备费的动用；编制中央预算调整方案；监督中央各部门和地方政府的预算执行；改变或者撤销中央各部门和地方政府关于预算、决算的不适当的决定、命令；向全国人民代表大会、全国人民代表大会常务委员会报告中央和地方预算的执行情况。

第二十四条　县级以上地方各级政府编制本级预算、决算草案；向本级人民代表大会作关于本级总预算草案的报告；将下一级政府报送备案的预算汇总后报本级人民代表大会常务委员会备案；组织本级总预算的执行；决定本级预算预备费的动用；编制本级预算的调整方案；监督本级各部门和下级政府的预算执行；改变或者撤销本级各部门和下级政府关于预算、决算的不适当的决定、命令；向本级人民代表大会、本级人民代表大会常务委员会报告本级总预算的执行情况。

乡、民族乡、镇政府编制本级预算、决算草案；向本级人民代表大会作关于本级预算草案的报告；组织本级预算的执行；决定本级预算预备费的动用；编制本级预算的调整方案；向本级人民代表大会报告本级预算的执行情况。

经省、自治区、直辖市政府批准，乡、民族乡、镇本级预算草案、预算调整方案、决算草案，可以由上一级政府代编，并依照本法第二十一条的规定报乡、民族乡、镇的人民代表大会审查和批准。

第二十五条　国务院财政部门具体编制中央预算、决算草案；具体组织中央和地方预算的执行；提出中央预算预备费动用方案；具体编制中央预算的调整方案；定期向国务院报告中央和地方预算的执行情况。

地方各级政府财政部门具体编制本级预算、决算草案；具体组织本级总预算的执行；提出本级预算预备费动用方案；具体编制本级预算的调整方案；定期向本级政府和上一级政府财政部门报告本级总预算的执行情况。

第二十六条 各部门编制本部门预算、决算草案；组织和监督本部门预算的执行；定期向本级政府财政部门报告预算的执行情况。

各单位编制本单位预算、决算草案；按照国家规定上缴预算收入，安排预算支出，并接受国家有关部门的监督。

第三章 预算收支范围

第二十七条 一般公共预算收入包括各项税收收入、行政事业性收费收入、国有资源（资产）有偿使用收入、转移性收入和其他收入。

一般公共预算支出按照其功能分类，包括一般公共服务支出，外交、公共安全、国防支出，农业、环境保护支出，教育、科技、文化、卫生、体育支出，社会保障及就业支出和其他支出。

一般公共预算支出按照其经济性质分类，包括工资福利支出、商品和服务支出、资本性支出和其他支出。

第二十八条 政府性基金预算、国有资本经营预算和社会保险基金预算的收支范围，按照法律、行政法规和国务院的规定执行。

第二十九条 中央预算与地方预算有关收入和支出项目的划分、地方向中央上解收入、中央对地方税收返还或者转移支付的具体办法，由国务院规定，报全国人民代表大会常务委员会备案。

第三十条 上级政府不得在预算之外调用下级政府预算的资金。下级政府不得挤占或者截留属于上级政府预算的资金。

第四章 预算编制

第三十一条 国务院应当及时下达关于编制下一年预算草案的通知。编制预算草案的具体事项由国务院财政部门部署。

各级政府、各部门、各单位应当按照国务院规定的时间编制预算草案。

第三十二条 各级预算应当根据年度经济社会发展目标、国家宏观调控总体要求和跨年度预算平衡的需要，参考上一年预算执行情况、有关支出绩效评价结果和本年度收支预测，按照规定程序征求各方面意见后，进行编制。

各级政府依据法定权限做出决定或者制定行政措施，凡涉及增加或者减少财政收入或者支出的，应当在预算批准前提出并在预算草案中做出相应安排。

各部门、各单位应当按照国务院财政部门制定的政府收支分类科目、预算支出标准和要求，以及绩效目标管理等预算编制规定，根据其依法履行职能和事业发展的需要以及存量资产情况，编制本部门、本单位预算草案。

前款所称政府收支分类科目，收入分为类、款、项、目；支出按其功能分类分为类、款、项，按其经济性质分类分为类、款。

第三十三条 省、自治区、直辖市政府应当按照国务院规定的时间，将本级总预算草案报国务院审核汇总。

第三十四条 中央一般公共预算中必需的部分资金，可以通过举借国内和国外债务等方式筹措，举借债务应当控制适当的规模，保持合理的结构。

对中央一般公共预算中举借的债务实行余额管理，余额的规模不得超过全国人民代表大会批准的限额。

国务院财政部门具体负责对中央政府债务的统一管理。

第三十五条 地方各级预算按照量入为出、收支平衡的原则编制，除本法另有规定外，不列赤字。

经国务院批准的省、自治区、直辖市的预算中必需的建设投资的部分资金，可以在国务院确定的限额内，通过发行地方政府债券举借债务的方式筹措。举借债务的规模，由国务院报全国人民代表大会或者全国人民代表大会常务委员会批准。省、自治区、直辖市依照国务院下达的限额举借的债务，列入本级预算调整方案，报本级人民代表大会常务委员会批准。举借的债务应当有偿还计划和稳定的偿还资金来源，只能用于公益性资本支出，不得用于经常性支出。

除前款规定外，地方政府及其所属部门不得以任何方式举借债务。

除法律另有规定外，地方政府及其所属部门不得为任何单位和个人的债务以任何方式提供担保。

国务院建立地方政府债务风险评估和预警机制、应急处置机制以及责任追究制度。国务院财政部门对地方政府债务实施监督。

第三十六条 各级预算收入的编制，应当与经济社会发展水平相适应，与财政政策相衔接。

各级政府、各部门、各单位应当依照本法规定，将所有政府收入全部列入预算，不得隐瞒、少列。

第三十七条 各级预算支出应当依照本法规定，按其功能和经济性质分类编制。

各级预算支出的编制，应当贯彻勤俭节约的原则，严格控制各部门、各单位的机关运行经费和楼堂馆所等基本建设支出。

各级一般公共预算支出的编制，应当统筹兼顾，在保证基本公共服务合理需要的前提下，优先安排国家确定的重点支出。

第三十八条 一般性转移支付应当按照国务院规定的基本标准和计算方法编制。专项转移支付应当分地区、分项目编制。

县级以上各级政府应当将对下级政府的转移支付预计数提前下达下级政府。

地方各级政府应当将上级政府提前下达的转移支付预计数编入本级预算。

第三十九条 中央预算和有关地方预算中应当安排必要的资金，用于扶助革命老区、民族地区、边疆地区、贫困地区发展经济社会建设事业。

第四十条 各级一般公共预算应当按照本级一般公共预算支出额的1%～3%设置预备

费，用于当年预算执行中的自然灾害等突发事件处理增加的支出及其他难以预见的开支。

第四十一条 各级一般公共预算按照国务院的规定可以设置预算周转金，用于本级政府调剂预算年度内季节性收支差额。

各级一般公共预算按照国务院的规定可以设置预算稳定调节基金，用于弥补以后年度预算资金的不足。

第四十二条 各级政府上一年预算的结转资金，应当在下一年用于结转项目的支出；连续两年未用完的结转资金，应当作为结余资金管理。

各部门、各单位上一年预算的结转、结余资金按照国务院财政部门的规定办理。

第四十三条 中央预算由全国人民代表大会审查和批准。

地方各级预算由本级人民代表大会审查和批准。

第四十四条 国务院财政部门应当在每年全国人民代表大会会议举行的45日前，将中央预算草案的初步方案提交全国人民代表大会财政经济委员会进行初步审查。

省、自治区、直辖市政府财政部门应当在本级人民代表大会会议举行的30日前，将本级预算草案的初步方案提交本级人民代表大会有关专门委员会进行初步审查。

设区的市、自治州政府财政部门应当在本级人民代表大会会议举行的30日前，将本级预算草案的初步方案提交本级人民代表大会有关专门委员会进行初步审查，或者送交本级人民代表大会常务委员会有关工作机构征求意见。

县、自治县、不设区的市、市辖区政府应当在本级人民代表大会会议举行的30日前，将本级预算草案的初步方案提交本级人民代表大会常务委员会进行初步审查。

第四十五条 县、自治县、不设区的市、市辖区、乡、民族乡、镇的人民代表大会举行会议审查预算草案前，应当采用多种形式，组织本级人民代表大会代表，听取选民和社会各界的意见。

第四十六条 报送各级人民代表大会审查和批准的预算草案应当细化。本级一般公共预算支出，按其功能分类应当编列到项；按其经济性质分类，基本支出应当编列到款。本级政府性基金预算、国有资本经营预算、社会保险基金预算支出，按其功能分类应当编列到项。

第五章 预算审查和批准

第四十七条 国务院在全国人民代表大会举行会议时，向大会作关于中央和地方预算草案以及中央和地方预算执行情况的报告。

地方各级政府在本级人民代表大会举行会议时，向大会作关于总预算草案和总预算执行情况的报告。

第四十八条 全国人民代表大会和地方各级人民代表大会对预算草案及其报告、预算执行情况的报告重点审查下列内容：

（一）上一年预算执行情况是否符合本级人民代表大会预算决议的要求；

（二）预算安排是否符合本法的规定；

（三）预算安排是否贯彻国民经济和社会发展的方针政策，收支政策是否切实可行；

（四）重点支出和重大投资项目的预算安排是否适当；

（五）预算的编制是否完整，是否符合本法第四十六条的规定；

（六）对下级政府的转移性支出预算是否规范、适当；

（七）预算安排举借的债务是否合法、合理，是否有偿还计划和稳定的偿还资金来源；

（八）与预算有关重要事项的说明是否清晰。

第四十九条 全国人民代表大会财政经济委员会向全国人民代表大会主席团提出关于中央和地方预算草案及中央和地方预算执行情况的审查结果报告。

省、自治区、直辖市、设区的市、自治州人民代表大会有关专门委员会，县、自治县、不设区的市、市辖区人民代表大会常务委员会，向本级人民代表大会主席团提出关于总预算草案及上一年总预算执行情况的审查结果报告。

审查结果报告应当包括下列内容：

（一）对上一年预算执行和落实本级人民代表大会预算决议的情况做出评价；

（二）对本年度预算草案是否符合本法的规定，是否可行做出评价；

（三）对本级人民代表大会批准预算草案和预算报告提出建议；

（四）对执行年度预算、改进预算管理、提高预算绩效、加强预算监督等提出意见和建议。

第五十条 乡、民族乡、镇政府应当及时将经本级人民代表大会批准的本级预算报上一级政府备案。县级以上地方各级政府应当及时将经本级人民代表大会批准的本级预算及下一级政府报送备案的预算汇总，报上一级政府备案。

县级以上地方各级政府将下一级政府依照前款规定报送备案的预算汇总后，报本级人民代表大会常务委员会备案。国务院将省、自治区、直辖市政府依照前款规定报送备案的预算汇总后，报全国人民代表大会常务委员会备案。

第五十一条 国务院和县级以上地方各级政府对下一级政府依照本法第四十条规定报送备案的预算，认为有同法律、行政法规相抵触或者有其他不适当之处，需要撤销批准预算的决议的，应当提请本级人民代表大会常务委员会审议决定。

第五十二条 各级预算经本级人民代表大会批准后，本级政府财政部门应当在20日内向本级各部门批复预算。各部门应当在接到本级政府财政部门批复的本部门预算后15日内向所属各单位批复预算。

中央对地方的一般性转移支付应当在全国人民代表大会批准预算后30日内正式下达。中央对地方的专项转移支付应当在全国人民代表大会批准预算后90日内正式下达。

省、自治区、直辖市政府接到中央一般性转移支付和专项转移支付后，应当在30日内正式下达到本行政区域县级以上各级政府。

县级以上地方各级预算安排对下级政府的一般性转移支付和专项转移支付，应当分别在本级人民代表大会批准预算后的30日和60日内正式下达。

对自然灾害等突发事件处理的转移支付，应当及时下达预算；对据实结算等特殊项目的转移支付，可以分期下达预算，或者先预付后结算。

县级以上各级政府财政部门应当将批复本级各部门的预算和批复下级政府的转移支付预算，抄送本级人民代表大会财政经济委员会、有关专门委员会和常务委员会有关工作机构。

第六章　预算执行

第五十三条　各级预算由本级政府组织执行，具体工作由本级政府财政部门负责。

各部门、各单位是本部门、本单位的预算执行主体，负责本部门、本单位的预算执行，并对执行结果负责。

第五十四条　预算年度开始后，各级预算草案在本级人民代表大会批准前，可以安排下列支出：

（一）上一年度结转的支出；

（二）参照上一年同期的预算支出数额安排必须支付的本年度部门基本支出、项目支出，以及对下级政府的转移性支出；

（三）法律规定必须履行支付义务的支出，以及用于自然灾害等突发事件处理的支出。

根据前款规定安排支出的情况，应当在预算草案的报告中做出说明。

预算经本级人民代表大会批准后，按照批准的预算执行。

第五十五条　预算收入征收部门和单位，必须依照法律、行政法规的规定，及时、足额征收应征的预算收入。不得违反法律、行政法规规定，多征、提前征收或者减征、免征、缓征应征的预算收入，不得截留、占用或者挪用预算收入。

各级政府不得向预算收入征收部门和单位下达收入指标。

第五十六条　政府的全部收入应当上缴国家金库（以下简称国库），任何部门、单位和个人不得截留、占用、挪用或者拖欠。

对于法律有明确规定或者经国务院批准的特定专用资金，可以依照国务院的规定设立财政专户。

第五十七条　各级政府财政部门必须依照法律、行政法规和国务院财政部门的规定，及时、足额地拨付预算支出资金，加强对预算支出的管理和监督。

各级政府、各部门、各单位的支出必须按照预算执行，不得虚假列支。

各级政府、各部门、各单位应当对预算支出情况开展绩效评价。

第五十八条　各级预算的收入和支出实行收付实现制。

特定事项按照国务院的规定实行权责发生制的有关情况，应当向本级人民代表大会常务委员会报告。

第五十九条　县级以上各级预算必须设立国库；具备条件的乡、民族乡、镇也应当设立国库。

中央国库业务由中国人民银行经理，地方国库业务依照国务院的有关规定办理。

各级国库应当按照国家有关规定，及时准确地办理预算收入的收纳、划分、留解、退付和预算支出的拨付。

各级国库库款的支配权属于本级政府财政部门。除法律、行政法规另有规定外，未经本级政府财政部门同意，任何部门、单位和个人都无权冻结、动用国库库款或者以其他方式支配已入国库的库款。

各级政府应当加强对本级国库的管理和监督，按照国务院的规定完善国库现金管理，合理调节国库资金余额。

各级政府应当加强对本级国库的管理和监督。

第六十条　已经缴入国库的资金，依照法律、行政法规的规定或者国务院的决定需要退付的，各级政府财政部门或者其授权的机构应当及时办理退付。按照规定应当由财政支出安排的事项，不得用退库处理。

第六十一条　国家实行国库集中收缴和集中支付制度，对政府全部收入和支出实行国库集中收付管理。

第六十二条　各级政府应当加强对预算执行的领导，支持政府财政、税务、海关等预算收入的征收部门依法组织预算收入，支持政府财政部门严格管理预算支出。

财政、税务、海关等部门在预算执行中，应当加强对预算执行的分析；发现问题时应当及时建议本级政府采取措施予以解决。

第六十三条　各部门、各单位应当加强对预算收入和支出的管理，不得截留或者动用应当上缴的预算收入，不得擅自改变预算支出的用途。

第六十四条　各级预算预备费的动用方案，由本级政府财政部门提出，报本级政府决定。

第六十五条　各级预算周转金由本级政府财政部门管理，不得挪作他用。

第六十六条　各级一般公共预算年度执行中有超收收入的，只能用于冲减赤字或者补充预算稳定调节基金。

各级一般公共预算的结余资金，应当补充预算稳定调节基金。

省、自治区、直辖市一般公共预算年度执行中出现短收，通过调入预算稳定调节基金、减少支出等方式仍不能实现收支平衡的，省、自治区、直辖市政府报本级人民代表大会或者其常务委员会批准，可以增列赤字，报国务院财政部门备案，并应当在下一年度预算中予以弥补。

第七章　预算调整

第六十七条　经全国人民代表大会批准的中央预算和经地方各级人民代表大会批准的地方各级预算，在执行中出现下列情况之一的，应当进行预算调整：

（一）需要增加或者减少预算总支出的；

（二）需要调入预算稳定调节基金的；

（三）需要调减预算安排的重点支出数额的；

（四）需要增加举借债务数额的。

第六十八条　在预算执行中，各级政府一般不制定新的增加财政收入或者支出的政策和措施，也不制定减少财政收入的政策和措施；必须做出并需要进行预算调整的，应当在预算调整方案中做出安排。

第六十九条　在预算执行中，各级政府对于必须进行的预算调整，应当编制预算调整方案。预算调整方案应当说明预算调整的理由、项目和数额。

在预算执行中，由于发生自然灾害等突发事件，必须及时增加预算支出的，应当先动支预备费；预备费不足支出的，各级政府可以先安排支出，属于预算调整的，列入预算调整方案。

国务院财政部门应当在全国人民代表大会常务委员会举行会议审查和批准预算调整方案的30日前，将预算调整初步方案送交全国人民代表大会财政经济委员会进行初步审查。

省、自治区、直辖市政府财政部门应当在本级人民代表大会常务委员会举行会议审查和批准预算调整方案的30日前，将预算调整初步方案送交本级人民代表大会有关专门委员会进行初步审查。

设区的市、自治州政府财政部门应当在本级人民代表大会常务委员会举行会议审查和批准预算调整方案的30日前，将预算调整初步方案送交本级人民代表大会有关专门委员会进行初步审查，或者送交本级人民代表大会常务委员会有关工作机构征求意见。

县、自治县、不设区的市、市辖区政府财政部门应当在本级人民代表大会常务委员会举行会议审查和批准预算调整方案的30日前，将预算调整初步方案送交本级人民代表大会常务委员会有关工作机构征求意见。

中央预算的调整方案应当提请全国人民代表大会常务委员会审查和批准。县级以上地方各级预算的调整方案应当提请本级人民代表大会常务委员会审查和批准；乡、民族乡、镇预算的调整方案应当提请本级人民代表大会审查和批准。未经批准，不得调整预算。

第七十条 经批准的预算调整方案，各级政府应当严格执行。未经本法第六十九条规定的程序，各级政府不得做出预算调整的决定。

对违反前款规定做出的决定，本级人民代表大会、本级人民代表大会常务委员会或者上级政府应当责令其改变或者撤销。

第七十一条 在预算执行中，地方各级政府因上级政府增加不需要本级政府提供配套资金的专项转移支付而引起的预算支出变化，不属于预算调整。

接受增加专项转移支付的县级以上地方各级政府应当向本级人民代表大会常务委员会报告有关情况；接受增加专项转移支付的乡、民族乡、镇政府应当向本级人民代表大会报告有关情况。

第七十二条 各部门、各单位的预算支出应当按照预算科目执行。严格控制不同预算科目、预算级次或者项目间的预算资金的调剂，确需调剂使用的，按照国务院财政部门的规定办理。

第七十三条 地方各级预算的调整方案经批准后，由本级政府报上一级政府备案。

第八章　决　　算

第七十四条 决算草案由各级政府、各部门、各单位，在每一预算年度终了后按照国务院规定的时间编制。

编制决算草案的具体事项，由国务院财政部门部署。

第七十五条 编制决算草案，必须符合法律、行政法规，做到收支真实、数额准确、内容完整、报送及时。

决算草案应当与预算相对应，按预算数、调整预算数、决算数分别列出。一般公共预算支出应当按其功能分类编列到项，按其经济性质分类编列到款。

第七十六条 各部门对所属各单位的决算草案，应当审核并汇总编制本部门的决算草案，在规定的期限内报本级政府财政部门审核。

各级政府财政部门对本级各部门决算草案审核后发现有不符合法律、行政法规规定的，有权予以纠正。

第七十七条　国务院财政部门编制中央决算草案，经国务院审计部门审计后，报国务院审定，由国务院提请全国人民代表大会常务委员会审查和批准。

县级以上地方各级政府财政部门编制本级决算草案，经本级政府审计部门审计后，报本级政府审定，由本级政府提请本级人民代表大会常务委员会审查和批准。

乡、民族乡、镇政府编制本级决算草案，提请本级人民代表大会审查和批准。

第七十八条　国务院财政部门应当在全国人民代表大会常务委员会举行会议审查和批准中央决算草案的30日前，将上一年度中央决算草案提交全国人民代表大会财政经济委员会进行初步审查。

省、自治区、直辖市政府财政部门应当在本级人民代表大会常务委员会举行会议审查和批准本级决算草案的30日前，将上一年度本级决算草案提交本级人民代表大会有关专门委员会进行初步审查。

设区的市、自治州政府财政部门应当在本级人民代表大会常务委员会举行会议审查和批准本级决算草案的30日前，将上一年度本级决算草案提交本级人民代表大会有关专门委员会进行初步审查，或者送交本级人民代表大会常务委员会有关工作机构征求意见。

县、自治县、不设区的市、市辖区政府财政部门应当在本级人民代表大会常务委员会举行会议审查和批准本级决算草案的30日前，将上一年度本级决算草案送交本级人民代表大会常务委员会有关工作机构征求意见。

全国人民代表大会财政经济委员会和省、自治区、直辖市、设区的市、自治州人民代表大会有关专门委员会，向本级人民代表大会常务委员会提出关于本级决算草案的审查结果报告。

第七十九条　县级以上各级人民代表大会常务委员会和乡、民族乡、镇人民代表大会对本级决算草案，重点审查下列内容：

（一）预算收入情况；

（二）支出政策实施情况和重点支出、重大投资项目资金的使用及绩效情况；

（三）结转资金的使用情况；

（四）资金结余情况；

（五）本级预算调整及执行情况；

（六）财政转移支付安排执行情况；

（七）经批准举借债务的规模、结构、使用、偿还等情况；

（八）本级预算周转金规模和使用情况；

（九）本级预备费使用情况；

（十）超收收入安排情况，预算稳定调节基金的规模和使用情况；

（十一）本级人民代表大会批准的预算决议落实情况；

（十二）其他与决算有关的重要情况。

县级以上各级人民代表大会常务委员会应当结合本级政府提出的上一年度预算执行和其他财政收支的审计工作报告，对本级决算草案进行审查。

第八十条 各级决算经批准后，财政部门应当在20日内向本级各部门批复决算。各部门应当在接到本级政府财政部门批复的本部门决算后15日内向所属单位批复决算。

第八十一条 地方各级政府应当将经批准的决算及下一级政府上报备案的决算汇总，报上一级政府备案。

县级以上各级政府应当将下一级政府报送备案的决算汇总后，报本级人民代表大会常务委员会备案。

第八十二条 国务院和县级以上地方各级政府对下一级政府依照本法第六十四条规定报送备案的决算，认为有同法律、行政法规相抵触或者有其他不适当之处，需要撤销批准该项决算的决议的，应当提请本级人民代表大会常务委员会审议决定；经审议决定撤销的，该下级人民代表大会常务委员会应当责成本级政府依照本法规定重新编制决算草案，提请本级人民代表大会常务委员会审查和批准。

第九章 监　　督

第八十三条 全国人民代表大会及其常务委员会对中央和地方预算、决算进行监督。

县级以上地方各级人民代表大会及其常务委员会对本级和下级预算、决算进行监督。

乡、民族乡、镇人民代表大会对本级预算、决算进行监督。

第八十四条 各级人民代表大会和县级以上各级人民代表大会常务委员会有权就预算、决算中的重大事项或者特定问题组织调查，有关的政府、部门、单位和个人应当如实反映情况和提供必要的材料。

第八十五条 各级人民代表大会和县级以上各级人民代表大会常务委员会举行会议时，人民代表大会代表或者常务委员会组成人员，依照法律规定程序就预算、决算中的有关问题提出询问或者质询，受询问或者受质询的有关的政府或者财政部门必须及时给予答复。

第八十六条 国务院和县级以上地方各级政府应当在每年6～9月期间向本级人民代表大会常务委员会报告预算执行情况。

第八十七条 各级政府监督下级政府的预算执行；下级政府应当定期向上一级政府报告预算执行情况。

第八十八条 各级政府财政部门负责监督检查本级各部门及其所属各单位预算的编制、执行，并向本级政府和上一级政府财政部门报告预算执行情况。

第八十九条 县级以上政府审计部门依法对预算执行、决算实行审计监督。

对预算执行和其他财政收支的审计工作报告应当向社会公开。

第九十条 政府各部门负责监督检查所属各单位的预算执行，及时向本级政府财政部门反映本部门预算执行情况，依法纠正违反预算的行为。

第九十一条 公民、法人或者其他组织发现有违反本法的行为，可以依法向有关国家机关进行检举、控告。

接受检举、控告的国家机关应当依法进行处理，并为检举人、控告人保密。任何单位或者个人不得压制和打击报复检举人、控告人。

第十章 法律责任

第九十二条 各级政府及有关部门有下列行为之一的，责令改正，对负有直接责任的主管人员和其他直接责任人员追究行政责任：

（一）未依照本法规定，编制、报送预算草案、预算调整方案、决算草案和部门预算、决算以及批复预算、决算的；

（二）违反本法规定，进行预算调整的；

（三）未依照本法规定对有关预算事项进行公开和说明的；

（四）违反规定设立政府性基金项目和其他财政收入项目的；

（五）违反法律、法规规定使用预算预备费、预算周转金、预算稳定调节基金、超收收入的；

（六）违反本法规定开设财政专户的。

第九十三条 各级政府及有关部门、单位有下列行为之一的，责令改正，对负有直接责任的主管人员和其他直接责任人员依法给予降级、撤职、开除的处分：

（一）未将所有政府收入和支出列入预算或者虚列收入和支出的；

（二）违反法律、行政法规的规定，多征、提前征收或者减征、免征、缓征应征预算收入的；

（三）截留、占用、挪用或者拖欠应当上缴国库的预算收入的；

（四）违反本法规定，改变预算支出用途的；

（五）擅自改变上级政府专项转移支付资金用途的；

（六）违反本法规定拨付预算支出资金，办理预算收入收纳、划分、留解、退付，或者违反本法规定冻结、动用国库库款或者以其他方式支配已入国库库款的。

第九十四条 各级政府、各部门、各单位违反本法规定举借债务或者为他人债务提供担保，或者挪用重点支出资金，或者在预算之外及超预算标准建设楼堂馆所的，责令改正，对负有直接责任的主管人员和其他直接责任人员给予撤职、开除的处分。

第九十五条 各级政府有关部门、单位及其工作人员有下列行为之一的，责令改正，追回骗取、使用的资金，有违法所得的没收违法所得，对单位给予警告或者通报批评；对负有直接责任的主管人员和其他直接责任人员依法给予处分：

（一）违反法律、法规的规定，改变预算收入上缴方式的；

（二）以虚报、冒领等手段骗取预算资金的；

（三）违反规定扩大开支范围、提高开支标准的；

（四）其他违反财政管理规定的行为。

第九十六条 本法第九十二条、第九十三条、第九十四条、第九十五条所列违法行为，其他法律对其处理、处罚另有规定的，依照其规定。

违反本法规定，构成犯罪的，依法追究刑事责任。

第十一章 附 则

第九十七条 各级政府财政部门应当按年度编制以权责发生制为基础的政府综合财务

报告，报告政府整体财务状况、运行情况和财政中长期可持续性，报本级人民代表大会常务委员会备案。

第九十八条 国务院根据本法制定实施条例。

第九十九条 民族自治地方的预算管理，依照民族区域自治法的有关规定执行；民族区域自治法没有规定的，依照本法和国务院的有关规定执行。

第一百条 省、自治区、直辖市人民代表大会或者其常务委员会根据本法，可以制定有关预算审查监督的决定或者地方性法规。

第一百零一条 本法自1995年1月1日施行。1991年10月21日国务院发布的《国家预算管理条例》同时废止。

6. 中华人民共和国预算法实施条例（修订草案征求意见稿）

【发文机关】国务院
【发布文号】国务院令第 186 号
【发布日期】1995 年 11 月 22 日
【实施日期】1995 年 11 月 22 日
【时效性】现行有效

《中华人民共和国预算法实施条例》已经 1995 年 11 月 22 日国务院第三十七次常务会议通过，现予发布施行。

国务院总理 李鹏
1995 年 11 月 22 日

第一章 总 则

第一条 根据《中华人民共和国预算法》（以下简称预算法），制定本条例。

第二条 国家实行一级政府一级预算。地方各级政府的派出机关，根据本级政府授权进行预算管理活动，其收支纳入本级预算。

第三条 依照预算法、本条例和国务院规定，政府性基金预算能够统筹使用的资金可以调入一般公共预算。

社会保险基金预算应当在自身精算平衡的基础上实现可持续运行。一般公共预算可以根据需要和财力适当安排资金补充社会保险基金预算。

经本级人民代表大会或者其常务委员会批准，设区的市、自治州以下各级政府可以根据实际情况不单独编制本级国有资本经营预算，相关收支事项纳入一般公共预算。

第四条 各部门预算应当包括一般公共预算、政府性基金预算、国有资本经营预算安排给本部门及其所属各单位的所有预算资金。

各部门预算收入包括本级财政安排给本部门及其所属各单位的预算拨款以及合法取得的其他各项收入。各部门预算支出为部门预算收入相对应的支出，包括基本支出和项目支出。

各部门及其所属各单位的本级预算拨款和相对应的支出应当在部门预算中单独反映。

部门预算编制、执行的具体办法，由本级政府财政部门依法做出规定。

本条第二款所称“基本支出”，是指各部门、各单位为保障其机构正常运转、完成日常工作任务所发生的支出，包括人员经费和公用经费。

本条第二款所称“项目支出”，是指各部门、各单位为完成其特定的工作任务和事业发展目标，在基本支出之外所发生的支出。

第五条 一般性转移支付向社会公开应当细化到地区。专项转移支付向社会公开应当细化到地区和项目。

部门预算、决算应当公开基本支出和项目支出。部门预算、决算支出应当按其功能分类公开到项，按其经济性质分类公开到款。

各部门批复所属单位的预算、决算，应当在批复后 20 日内由单位向社会公开，涉及国家秘密的事项除外。单位预算、决算支出应当按其功能分类公开到项，按其经济性质分类公开到款。

各级政府与社会资本合作项目及财政补贴情况应当向社会公布。

预算法第十四条第四款和本条第三款所称“国家秘密”，是指依照《中华人民共和国保守国家秘密法》确定的保密事项。

第六条 预算法第十五条所称“中央和地方分税制”，是指在划分中央与地方事权的基础上，确定中央与地方财政支出范围，并按税种划分中央与地方预算收入的财政管理体制。

分税制财政管理体制的具体内容和实施办法，按照国务院的有关规定执行。

第七条 县级以上地方各级政府应当根据中央和地方分税制的原则和上级政府的有关规定，确定本级政府对下级政府的财政管理体制。

第八条 县级以上地方各级政府规定下级政府上解的，应当明确上解的原则、计算方法等。

第九条 预算法第十六条第二款所称“一般性转移支付”，包括：

（一）均衡性转移支付；

（二）上级政府因出台增支或者减收政策而给予下级政府的财力补助；

（三）对革命老区、民族地区、边疆地区、贫困地区的财力补助；

（四）按照财政体制规定应当给予下级政府的财力补助。

一般性转移支付不得规定具体用途，由接受转移支付的政府根据本地区实际情况统筹安排使用。

第十条 预算法第十六条第三款所称“专项转移支付”，是指上级政府为了实现特定的经济和社会发展目标给予下级政府，由接受转移支付的政府按照上级政府规定的用途安排使用的预算资金。

中央对地方专项转移支付由中央有关主管部门、地方政府向财政部提出申请，由财政部按照法律、行政法规和国务院的规定审核后报国务院批准设立。县级以上地方各级政府对属于地方事权且市场竞争机制不能有效调节的事项，可以设立专项转移支付，由本级有关主管部门、下级政府向本级政府财政部门提出申请，由本级政府财政部门按照法律、行政法规和国务院的规定审核后报本级政府批准设立。

设立专项转移支付应当规定明确的用途、使用范围、绩效目标、分配办法和期限等。

第十一条 县级以上各级政府应当对其设立的专项转移支付建立定期评估和退出机制。县级以上各级政府对于评估后的专项转移支付，分别情形，予以处理：

（一）符合法律、行政法规和国务院规定以及绩效目标预期，有必要继续执行的，可以继续执行；

（二）设立依据发生变动，或者绩效目标发生变动，或者实际绩效与目标差距较大，或者管理不够完善的，应当予以调整；

（三）不符合预算法和本条例规定的设立条件和程序的，或者设立依据失效或者废止的，或者绩效目标已经实现或者取消的，或者市场竞争机制已经能够有效调节的，应当予以退出。

专项转移支付到期后未经法定程序重新批准不得继续执行。

第十二条 预算法第十六条第四款所称“配套资金”，是指上级政府对上下级政府共同承担的事项下达专项转移支付时，要求下级政府按照支出责任分担情况同时安排、共同使用的资金。

第十三条 除专门的税收法律法规外，各部门起草其他法律法规草案、发展规划、产业政策、区域政策，不得突破国家统一的财税制度，不得规定税收优惠政策。

未经国务院批准，不得规定对企业的财政优惠政策。

第十四条 国务院各部门制定的规章和规范性文件，凡涉及减免应缴预算收入，设立和改变收入项目和标准，罚没财物处理，经费开支标准和范围，国有资产处置、收益分配以及会计核算的，应当符合国家统一的规定，不得违反法律、行政法规规定；涉及预算安排事项的，应当征得财政部同意。

第十五条 地方政府依据法定权限制定的规章和规定的行政措施，不得涉及减免中央预算收入和影响中央预算收入的征收。违反规定的，有关预算收入征收部门和单位有权拒绝执行，并应当向上级预算收入征收部门和财政部报告。

起草地方性法规、政府规章和规范性文件，涉及减免应缴预算收入，设立和改变收入项目和标准，罚没财物处理，经费开支标准和范围，国有资产处置、收益分配以及会计核算的，应当符合国家统一的规定，不得违反法律、行政法规规定；涉及预算安排事项的，应当征求本级政府财政部门的意见。

第十六条 预算收入和预算支出以人民币元为计算单位。预算收支以人民币以外的货币收纳和支付的，按照当日人民币汇率中间价折算。

第十七条 预算法和本条例中下列用语的含义：

预算草案，是指各级政府、各部门、各单位编制的未经法定程序审查和批准的预算；

决算草案，是指各级政府、各部门、各单位编制的未经法定程序批准的预算收支的年度执行结果；

部门预算，是指与本级政府财政部门直接发生预算拨款关系的国家机关、军队、政党组织、社会团体、事业单位和其他单位，依据预算法和本条例的规定及其履行法定职能的需要编制的本部门及其所属各单位年度收入支出预算；

政府收支分类科目，也称“预算科目”，是指为全面反映政府收支活动，对预算收入和预算支出的类别和层次进行的划分；

结转资金，是指预算安排项目的支出年终尚未执行完毕或者因故未执行，且下年需要按原用途继续使用的资金；

结余资金，是指年度预算执行终了，预算收入实际完成数扣除预算支出和结转资金后剩余的资金；

绩效评价，是指根据设定的绩效目标，运用科学合理的绩效评价指标和评价方法，对预算支出的经济性、效率性、效益性等进行的客观、公正的评价；

国库单一账户，是指财政部门在国库业务经办机构开设的，用于记录、核算和反映预算收入和预算支出及预算法和本条例规定的其他预算资金活动，并用于与零余额账户进行清算的存款账户；

零余额账户，是指财政部门和各部门、各单位在代理国库集中支付业务的银行业金融机构开设的银行结算账户，用于办理预算资金支付业务并与国库单一账户清算，日终余额为零；

政府综合财务报告，是指以权责发生制为基础编制的反映各级政府整体财务状况、运行情况和财政中长期可持续性的报告。

预算法中下列用语的范围：

转移性收入，包括上级税收返还、转移支付，下级上解收入，调入资金，以及按照财政部规定列入转移性收入的无隶属关系政府的无偿资助。

转移性支出，包括上解上级的支出，对下级的税收返还、转移支付，调出资金，以及按照财政部规定列入转移性支出的给予无隶属关系政府的无偿资助。

第二章　预算收支范围

第十八条　预算法第二十七条第一款所称“行政事业性收费收入”，是指国家机关、事业单位、依法行使政府职能的社会团体及其他组织根据法律、法规规定，依照国务院及本省、自治区、直辖市政府规定程序批准，在实施社会公共管理，以及在向自然人、法人和其他组织提供特定公共服务过程中，向规定对象按规定标准收取费用形成的收入。

预算法第二十七条第一款所称“国有资源（资产）有偿使用收入”包括矿藏、水流、海域、无居民海岛以及法律规定属于国家所有的森林、草原等国有资源有偿使用收入，专用储备物资等国有资产处置收入，保障性住房配租配售收入等非经营性国有资产收入，纳入一般公共预算管理的经营性国有资产收入等。

预算法第二十七条第一款所称“其他收入”包括罚没收入等。

第十九条　政府性基金预算收入包括政府性基金各项目收入和转移性收入。

政府性基金预算支出包括与政府性基金预算收入相对应的各项支出和向一般公共预算调出资金等转移性支出。

第二十条　国有资本经营预算收入包括国有独资企业、国有独资公司按照规定上缴国家的利润收入，国有资本控股和参股公司获得的股息红利收入、国有产权转让收入、清算收入以及其他国有资本经营收入，但依照国务院规定应当缴入一般公共预算的收入除外。

国有资本经营预算支出包括资本性支出和其他支出，以及向一般公共预算调出资金等转移性支出。

第二十一条　社会保险基金预算收入包括各项社会保险基金保险费收入、一般公共预算安排补助及其他收入。

社会保险基金预算支出包括各项社会保险待遇支出及其他支出。

第二十二条　地方各级预算上下级之间有关收入和支出项目的划分以及上解、返还或者转移支付的具体办法，由上级地方政府确定，并报本级人民代表大会常务委员会备案。

第三章　预算编制

第二十三条　财政部于每年6月15日前部署编制下一年度预算草案的具体事项，规定报表格式、编报方法、报送期限等。

第二十四条　中央各部门应当根据国务院的要求和财政部的部署，结合本部门的具体情况，组织编制本部门及其所属各单位的预算草案。

中央各部门负责本部门所属各单位预算草案的审核，并汇总编制本部门的预算草案，按照规定期限报财政部审核。

第二十五条　财政部审核中央各部门的预算草案，编制中央预算草案；汇总地方预算草案或者地方预算，汇编中央和地方预算草案。

第二十六条　省、自治区、直辖市政府根据国务院的要求和财政部的部署，结合本地区的具体情况，提出本行政区域编制预算草案的要求。

第二十七条　地方各级政府、各部门、各单位应当于每年6月30日前启动下一年度预算草案编制工作。县级以上地方各级政府财政部门于每年6月30日前部署本行政区域编制下一年度预算草案的具体事项，规定有关报表格式、编报方法、报送期限等。

第二十八条　县级以上地方各级政府各部门应当根据本级政府要求和本级政府财政部门的部署，结合本部门的具体情况，组织编制本部门及其所属各单位的预算草案，按照规定期限报本级政府财政部门审核。

第二十九条　县级以上地方各级政府财政部门审核本级各部门的预算草案，编制本级政府预算草案，汇编本级总预算草案，经本级政府审定后，按照规定期限报上一级政府财政部门。

省、自治区、直辖市政府财政部门汇总的本级总预算草案，应当于下一年1月10日前报财政部。

第三十条　县级以上各级政府财政部门审核本级各部门的预算草案时，发现不符合编制预算要求的，应当予以纠正；汇编本级总预算时，发现下级政府预算草案不符合上级政府和本级政府编制预算要求的，应当及时向本级政府报告，由本级政府予以纠正。

第三十一条　各级政府财政部门编制收入预算草案时，应当征求税务、海关等预算收入征收部门和单位的意见。

预算收入征收部门和单位应当按照相关财政部门要求向相关财政部门提供下一年度预算收入征收预测报告。

第三十二条 各级政府编制年度预算草案的依据：

（一）预算法和本条例；

（二）年度经济社会发展目标、国家宏观调控总体要求；

（三）上级政府对编制年度预算草案的要求；

（四）中期财政规划、有关的财政经济政策以及跨年度预算平衡的需要；

（五）本级政府的预算管理职权和财政管理体制确定的预算收入范围和支出责任；

（六）上一年度预算收入情况、对本年度经济形势的预测、收入政策调整以及上级政府提前下达的转移支付预计数等；

（七）最近年度决算和有关绩效评价结果、上一年度支出预算执行情况和本年度支出政策调整等。

第三十三条 各部门、各单位编制年度预算草案的依据：

（一）预算法和本条例；

（二）本级政府的要求以及本级政府财政部门的部署；

（三）本部门、本单位的法定职责、工作任务、事业发展计划、中期项目规划；

（四）本级政府财政部门依照财政部规定制定的预算支出标准、资产配置标准；

（五）本部门、本单位最近年度决算和有关绩效评价结果、上一年度预算执行情况、结转和结余资金情况以及本年度预算收支变化因素；

（六）编制预算涉及人员情况、存量资产情况。

第三十四条 各级政府财政部门应当按照本级政府要求规定本级预算草案编制的程序。

第三十五条 政府收支分类科目是编制预算、决算，组织预算执行以及相关会计核算的基本工具。

财政部根据预算管理需要，可以对政府收支分类科目做出调整并予以公布。

第三十六条 预算法第三十二条第三款所称“预算支出标准”，是指对预算事项合理分类并分别规定的支出限额，主要包括基本支出标准和项目支出标准。

地方各级政府财政部门应当根据财政部制定的预算支出标准，结合本地区经济社会发展水平、财力可能和实际工作任务的合理需要，制定本地区或者本级的预算支出标准。

第三十七条 预算法第三十二条第三款所称“绩效目标”，是指预算资金在一定期限内计划达到的产出和效果。

绩效目标应当指向明确、细化量化、合理可行，并同预算资金相匹配，是预算编制的重要内容和依据。

第三十八条 各级政府财政部门应当建立健全与预算管理相关的资产管理制度。

各部门、各单位在编制预算草案时，应当结合存量资产情况，根据资产配置标准等要求编制新增资产配置计划，报本级政府财政部门审核。

第三十九条 中央一般公共预算的编制内容：

（一）收入，包括本级一般公共预算收入、从政府性基金预算和国有资本经营预算调入资金、地方上解收入、从预算稳定调节基金调入资金；

（二）支出，包括本级一般公共预算支出、偿还政府债务本金支出、对地方的税收返还和转移支付、补充预算稳定调节基金。

中央财政本年度举借的国内外债务和还本数额应当在本级预算中单独列示。

第四十条 地方各级政府一般公共预算的编制内容：

（一）收入，包括本级一般公共预算收入、从政府性基金预算和国有资本经营预算调入资金、上级税收返还和转移支付、下级上解收入、从预算稳定调节基金调入资金、其他调入资金；

（二）支出，包括本级一般公共预算支出、偿还政府债务本金支出、上解上级的支出、对下级的税收返还和转移支付、补充预算稳定调节基金。

第四十一条 中央政府性基金预算的编制内容：

政府性基金各项目收入，包括本级收入、上一年度结余、地方上解收入；

政府性基金各项目支出，包括本级支出、对地方的转移支付、向一般公共预算调出资金。

第四十二条 地方政府性基金预算的编制内容：

（一）政府性基金各项目收入，包括本级收入、上一年度结余、下级上解收入、上级转移支付；

（二）政府性基金各项目支出，包括本级支出、上解上级支出、对下级的转移支付、向一般公共预算调出资金。

第四十三条 国有资本经营预算编制内容：

（一）收入，包括本级收入、上一年度结余、上级转移支付；

（二）支出，包括本级支出、向一般公共预算调出资金、对下级的转移支付。

第四十四条 社会保险基金预算的编制内容：

（一）各项社会保险基金预算收入，包括社会保险费收入、利息收入、投资收益、一般公共预算安排补助收入及其他收入；

（二）各项社会保险基金预算支出，包括社会保险待遇支出及其他支出。

第四十五条 各部门、各单位预算编制的内容：

（一）收入，包括本级预算拨款收入、预算拨款结转结余、其他各项收入；

（二）支出，包括基本支出、项目支出。

各部门、各单位的预算支出，按其功能分类应当编列到项，按其经济性质分类应当编列到款。按功能分类编列到项的支出应当与按经济性质分类编列到款的支出相互衔接。

第四十六条 各级政府应当加强项目支出管理。各级政府财政部门应当建立和完善以绩效为导向的项目支出预算评审制度。各部门、各单位应当按照本级政府财政部门的规定开展预算评审。

项目支出应当实行项目库管理，并建立健全项目入库评审机制和项目滚动管理机制。

第四十七条 预算法第三十四条第二款所称“余额管理”，是指中央政府在全国人民代表大会批准的中央一般公共预算债务余额的限额内，决定发债规模、品种结构、期限结构和发债时点的管理方式。

预算法第三十四条第二款所称“余额”，是指中央一般公共预算中举借债务未偿还的本金。

中央一般公共预算举借的债务包括境内发行的国债、特别国债，境外发行的主权债，外国政府和国际经济组织贷款等。

第四十八条 预算法第三十五条第二款所称“举借债务的规模”，是指各省、自治区、直辖市政府举借债务的总限额。省、自治区、直辖市政府举借债务的限额由财政部在各省、自治区、直辖市政府举借债务的总限额内根据各地区债务风险、财力状况等因素测算并报国务院批准。

省、自治区、直辖市政府举借的债务由本级政府财政部门统一管理。省、自治区、直辖市政府举借的债务不得突破国务院下达的政府债务限额。

省、自治区、直辖市政府可以将举借的债务转贷给下级政府。接受转贷并向下级政府转贷的政府应当将转贷债务纳入本级预算管理。使用转贷的政府应当将转贷债务列入本级预算调整方案，报本级人民代表大会常务委员会批准，并应当有偿还计划和稳定的偿还资金来源。

第四十九条 省、自治区、直辖市政府举借的债务分为一般债务和专项债务。一般债务是指为无收益的公益性事业的发展举借的债务，通过发行地方政府一般债券举借。专项债务是指为有收益的公益性事业的发展举借的债务，通过发行地方政府专项债券举借。地方政府应当将一般债务收支纳入一般公共预算管理，将专项债务收支纳入政府性基金预算管理。

国务院下达的地方政府债务限额包括一般债务限额和专项债务限额。

地方政府债券的发行办法由财政部制定。

第五十条 各级政府及其所属部门不得直接或者间接通过企业、事业单位等其他任何主体举借政府债务。

第五十一条 中央政府可以将举借的外国政府和国际经济组织贷款转贷给省级政府。

中央政府向省级政府转贷的外国政府和国际经济组织贷款，省级政府负有直接偿还责任的，应当纳入本级预算管理；省级政府负有担保责任的，应当向财政部提供担保。省级政府未能按时履行还款义务或者承担担保责任的，中央政府可以相应抵扣对该地区的税收返还等。

省级政府可以将中央政府转贷的外国政府和国际经济组织贷款转贷给下级政府。接受转贷的政府负有直接偿还责任的，应当纳入本级预算管理；负有担保责任的，应当依照规定提供担保。

各级政府财政部门在公开本级政府债务情况时应当公开外国政府和国际经济组织贷款举借、转贷、使用、偿还等情况。

第五十二条 根据债务率、新增债务率、偿债率等指标，评估地方政府的债务风险状况。财政部对债务高风险地区提出预警，并监督其化解债务风险。债务高风险地区一般不得新增政府债务规模。

第五十三条 国家支持推广应用政府和社会资本合作模式，鼓励社会资本通过特许经营等方式参与交通运输和城市基础设施等有一定收益的公益性事业投资和运营。

各级政府财政部门应当加强对政府和社会资本合作项目的规范指导和监督。有关财政补贴等支出应当纳入相应预算管理。

第五十四条 县级以上各级政府可以在一般公共预算、国有资本经营预算中安排资金设立或者参与设立创业投资引导基金、产业投资基金等，通过市场化运作，引导社会资本共同支持经济社会发展薄弱环节和重点领域发展。

依前款设立创业投资引导基金、产业投资基金等应当明确政府投资收益处理、政府投资退出等事项。政府投资退出时收回的资金应当缴入国库，纳入相应预算。

依本条第一款规定设立的创业投资引导基金、产业投资基金等的运营机构应当定期向本级政府财政部门报告基金运营情况。

第五十五条 预算法第三十八条第一款所称“基本标准”，是指编制一般性转移支付预算时采用的分配方法、选取的客观因素以及各因素的比重设置等。

预算法第三十八条第一款所称“计算方法”，主要是指在选取有关因素基础上的公式化方法。

第五十六条 国务院应当于每年9月30日前将下一年度转移支付预计数提前下达至省、自治区、直辖市政府，具体下达事宜由财政部办理。

县级以上地方各级政府应当于每年11月30日前将下一年度转移支付预计数提前下达至下级政府，具体下达时间由省、自治区、直辖市政府规定，具体下达事宜由本级政府财政部门办理。

县级以上各级政府提前下达的一般性转移支付预计数占当年一般性转移支付预算数的比重一般不低于90%；提前下达的专项转移支付预计数占当年专项转移支付预算数的比重一般不低于70%，其中，按照项目管理分配的专项转移支付，应当一并明确下一年度组织实施的项目。

第五十七条 经本级政府批准，各级政府财政部门可以设置预算周转金，额度不得超过本级一般公共预算支出总额的1%。年度终了，各级政府财政部门应当将预算周转金全部收回，作为结余资金调入预算稳定调节基金。

第五十八条 预算法第四十二条第一款所称“连续两年未用完的结转资金”，是指预算安排的项目支出在下一年度终了时仍未用完的资金。

一般公共预算连续两年未用完的结转资金，应当作为结余资金补充预算稳定调节基金。政府性基金预算、国有资本经营预算连续两年未用完的结转资金，应当作为结余资金，可以调入一般公共预算。

各部门、各单位基本支出的结余资金，应当在编制下一年度部门预算时统筹安排；项目支出的结余资金以及连续两年未用完的结转资金（含专项转移支付结转资金）应当由本级政府财政部门收回统筹安排使用。

第五十九条 预算法第五十二条第五款所称“据实结算等特殊项目的转移支付”，分期下达预算的，在本级人民代表大会批准预算后应当合理设定分期下达数，最后一期的下达时间不得迟于预算执行当年9月30日；先预付后结算的，在本级人民代表大会批准预算后应当按照预计数全部下达，预算年度终了根据本条例第一百零三条规定办理结算。

第四章 预算执行

第六十条 预算执行中，政府财政部门的主要任务是：

（一）研究落实财政税收政策的措施，支持经济社会健康发展；

（二）制定组织预算收入和管理预算支出的制度和办法；

（三）督促各预算收入征收部门和单位、各有预算收入收缴职责的部门和单位依法履行职责，征缴预算收入；

（四）根据年度支出预算和用款计划，合理调度、拨付预算资金，规范库款和国库单一账户体系管理，监督检查各部门、各单位预算资金使用管理情况，建立覆盖预算执行全过程的动态监控机制，厉行节约，提高效率；

（五）统一管理政府债务的举借、支出、偿还，对使用单位和债务资金使用情况进行监督检查和绩效评价；

（六）指导和监督各部门、各单位建立健全财务制度和会计核算体系，规范账户管理，健全内部控制机制，按照规定使用预算资金；

（七）汇总、编报分期的预算执行数据，分析预算执行情况，按照本级政府和上一级政府财政部门的要求定期报告预算执行情况，并提出相关政策建议；

（八）指导和监督各部门、各单位建立健全资产管理制度，监督检查各部门、各单位资产使用情况；

（九）组织和指导预算资金绩效监控、绩效评价，充分应用绩效评价结果；

（十）协调预算收入征收部门和单位、国库和其他有关部门的业务工作。

第六十一条　预算执行中，各部门、各单位的主要任务是：

（一）制定本部门、本单位预算执行制度，建立健全内部控制机制；

（二）依法组织收入，严格支出管理，实施绩效监控，开展绩效评价，充分应用绩效评价结果，提高资金使用效益；

（三）对单位的各项经济业务进行会计核算；

（四）编制财务报告，汇总本部门、本单位的预算执行情况，定期向本级政府财政部门报送预算执行情况报告和绩效评价报告。

第六十二条　各级财政、税务、海关等预算收入征收部门和单位，必须依法组织预算收入，按照财政管理体制、征收管理制度和国库集中收缴制度的规定及时将预算收入缴入国库，按照《中华人民共和国社会保险法》规定将社会保险基金收入存入依法设立的财政专户。

预算收入征收部门和单位征收除税收以外的预算收入时，应当按照国家规定向被征收对象开具财政部或者省、自治区、直辖市政府财政部门监制的财政票据或者采用税收票据并在其中列明。

预算收入征收部门和单位应当按照财政部规定将收入征管信息提供给有关政府财政部门。

第六十三条　预算法第五十六条第二款、第九十二条所称“财政专户”，是指财政部门为履行财政管理职能，按照规定的设立程序，在银行业金融机构开设用于管理核算特定专用资金的银行结算账户。

财政专户资金由本级政府财政部门管理。除法律另有规定外，未经本级政府财政部门同意，任何部门、单位和个人都无权冻结、动用财政专户资金。

各级财政专户资金应当由本级政府财政部门纳入统一的会计核算，并在预算执行情况、决算、政府综合财务报告中单独反映。

第六十四条　预算法第五十六条第二款所称特定专用资金，包括：

（一）法律规定可以设立财政专户的资金；

（二）外国政府和国际经济组织贷款、赠款；

（三）按照规定存储的人民币以外的货币；

（四）国务院批准的其他特定专用资金。

本条前款第（一）项至第（三）项规定的特定专用资金需要设立财政专户的，应当由财政部核准；本条前款第（四）项规定的特定专用资金需要设立财政专户的，应当由财政部审核后报国务院批准。

除法律另有规定外，变更财政专户应当依照本条第二款规定的程序办理审批手续，撤销财政专户应当报财政部备案。

第六十五条　一切有预算收入上缴职责的部门和单位，必须依法将应当上缴的预算收入，按照规定的预算级次、政府收支分类科目、缴款方式和期限缴入国库，将社会保险基金收入存入依法设立的财政专户，不得截留、占用、挪用或者拖欠。

第六十六条　预算法第五十七条第二款所称"预算"，包括经本级人民代表大会或者其常务委员会批准的预算、预算调整和上一年度预算结转。

第六十七条　各级政府财政部门应当加强对预算资金拨款和支付的管理，并遵循下列原则：

（一）按照预算拨付，即按照批准的年度预算和用款计划拨付资金。除预算法第五十四条规定的情形外，不得办理无预算、无用款计划、超预算、超计划的资金拨付，不得擅自改变支出用途；

（二）按照规定的预算级次和程序拨付，即根据用款单位的申请，按照用款单位的预算级次和审定的用款计划，按照财政部门规定的预算资金拨付程序办理拨付，不得办理违反规定程序的资金拨付；

（三）按照进度拨付，即根据各用款单位的实际用款进度拨付资金。

第六十八条　省级以上政府财政部门应当根据依法批准的政府债务限额，合理安排发行政府债券的品种、结构、期限和时点，降低政府举借债务的成本。

县级以上各级政府财政部门应当加强国库库款管理，合理调度库款资金，在保证国库支付需要的前提下，可以使用库款垫付到期政府债务的本金，适时发债归还，提高财政资金使用效率。

第六十九条　财政转移支付应当通过本级政府财政部门办理。除本级政府财政部门外，各部门、各单位不得直接给下级政府部门、单位下达或者拨付资金。

中央各部门、各单位不得接受地方各级政府及其部门的补助，但法律、行政法规或者国务院、财政部有规定的除外。

第七十条　各级政府、各部门、各单位应当加强对预算支出的管理，严格执行预算和财政制度，强化预算约束，不得擅自扩大支出范围、提高开支标准；严格按照预算规定的支出用途和政府采购法律制度规定使用资金，合理安排支出进度。

各部门、各单位未经本级政府财政部门批准不得开立账户。

第七十一条 财政部负责制定与预算执行有关的财务规则、会计准则和会计制度。各部门、各单位应当按照本级政府财政部门的要求，建立健全财务制度，加强会计核算。

第七十二条 中央预算实行权责发生制的特定事项，由财政部报国务院批准。

地方预算实行权责发生制的特定事项，是指预算年度终了，已经根据预算批准用款计划但尚未实际支付并报本级政府批准的国库集中支付结余事项。

第七十三条 地方国库业务由中国人民银行分支机构办理。未设中国人民银行分支机构的地区，由上级中国人民银行分支机构商有关的地方政府财政部门后，委托有关银行业金融机构办理。

具备条件的乡、民族乡、镇设立国库，具体条件和标准由省、自治区、直辖市政府财政部门确定。

第七十四条 中国人民银行经理中央国库业务应当接受财政部的指导和监督，对中央财政负责。

中国人民银行分支机构和有关银行业金融机构办理地方国库业务应当接受本级政府财政部门的指导和监督，对地方财政负责。

省、自治区、直辖市制定的地方国库业务制度应当报财政部和中国人民银行备案。

第七十五条 各级政府财政部门履行下列国库管理职责：

（一）组织拟定国库管理制度、国库集中收付制度，制定国库管理相关业务流程；

（二）管理本级国库单一账户体系，组织实施国库集中收付业务；

（三）通过政府采购选择国库集中收付代理银行，组织实施国库集中收付代理银行与中国人民银行资金清算，开展国库集中收付代理银行管理及职责履行考评工作；

（四）管理国库库款和财政专户资金，建立健全国库现金管理制度，承担国库现金管理工作；

（五）指导监督并定期检查中国人民银行经理国库业务、中国人民银行分支机构和有关银行业金融机构办理国库业务的职责履行情况；

（六）审核预算单位资金使用计划和财政直接支付资金申请，建立健全内部监督制约机制。

第七十六条 中央国库业务经理机构和地方国库业务办理机构（以下统称国库业务经办机构）履行下列国库管理职责：

（一）按照财政部规定及时准确办理预算收入的收纳、划分、留解、退付、更正和预算支出的拨付；

（二）按照财政部门指令及规定时间，办理国库单一账户与零余额账户资金清算业务；

（三）按规定监督代理国库集中收付业务的银行业金融机构的资金清算业务；

（四）对国库库款收支有关凭证要素的合规性进行审核；

（五）按照财政部规定向财政部门编报预算收入入库、解库及库款拨付情况的日报、旬报、月报和年报及明细情况；

（六）建立健全预算收入对账制度。

第七十七条 国库业务经办机构应当依照有关法律、行政法规和财政部、中国人民银行的有关规定，加强对国库业务的管理。

国库业务经办机构必须遵守国家有关预算收入缴库的规定，不得延解、占压应当缴入国库的预算收入和国库库款。

第七十八条　国库业务经办机构必须凭本级政府财政部门签发的拨款凭证或者支付指令于当日办理资金拨付，并及时清算资金或者将款项及时转入收款单位的账户。各级政府财政部门签发的拨款凭证或者支付指令，凭证要素合规齐全的，国库业务经办机构不得延迟或者拒绝办理。

第七十九条　地方各级政府财政部门不得将国库库款和财政专户资金借给任何部门、单位、企业或者个人，但经本级政府批准临时应对重大突发事件借款给本级政府所属部门、直属事业单位且不超过一年期限的除外。各级政府应当将财政对外借款情况向本级人民代表大会常务委员会报告。

政府所属部门、直属事业单位应当按时归还借款。超期未还的，应当责令改正。

上下级财政之间的资金往来、财政部门提前拨付预算资金，不属于财政对外借款。

第八十条　国家建立以国库现金流量预测和库底目标余额管理为基础的国库现金管理制度。财政部负责中央国库现金管理，各省、自治区、直辖市政府财政部门负责组织开展本地区国库现金管理。

国库现金管理遵循安全性、流动性和收益性相统一的原则。

第八十一条　各级政府财政部门、预算收入征收部门和单位、有预算收入收缴职责的部门和单位、国库业务经办机构应当建立健全相互之间的预算收入对账制度，在预算执行中按旬、按月、按季、按年核对预算收入的收纳及库款拨付情况，保证预算收入的征收入库和库存金额准确无误。

第八十二条　涉及中央预算收入退付的办法，由财政部制定。地方预算收入退付的办法，由省、自治区、直辖市政府财政部门制定。

各级预算收入退付的审批权属于本级政府财政部门。涉及中央预算收入的退付，由财政部或者财政部授权的机构批准。地方预算收入的退付，由地方政府财政部门或者其授权的机构批准。具体退付程序按照财政部的有关规定办理。

办理预算收入退付，应当直接退给申请单位或者申请个人，退付资金有专项用途的按照国家规定用途使用。任何部门、单位和个人不得截留、挪用退付款项。

第八十三条　预算法第六十一条所称“国库集中收缴制度”，是指预算收入按照规定的程序，通过国库单一账户体系缴入国库的办法。

预算法第六十一条所称“国库集中支付制度”，是指预算支出通过国库单一账户体系，采取财政直接支付或者财政授权支付方式，将资金支付到收款人的办法。县级以上各级政府财政部门应当设立专门的财政国库支付执行机构承担国库集中支付有关具体工作。

财政直接支付是指由政府财政部门开具支付令，通过财政零余额账户支付到收款人，财政零余额账户再与国库进行资金清算的支付方式。财政授权支付是指预算单位根据本级政府财政部门授权，自行开具支付令，通过预算单位零余额账户支付到收款人，预算单位零余额账户再与国库进行资金清算的支付方式。

国库集中收缴制度和集中支付制度统称国库集中收付制度。

第八十四条　各级政府应当加强对预算执行工作的领导，定期听取财政部门有关预算执行情况的汇报，研究解决预算执行中出现的问题。

第八十五条 各级政府财政部门有权对本级各部门及其所属各单位的预算执行情况进行监督检查，对各部门预算执行情况和绩效进行考核。

各级政府财政部门有权对与本级各预算收入相关的征收部门和单位征收本级预算收入的情况进行监督检查，对违反法律、行政法规规定多征、提前征收或者减征、免征、缓征及退还预算收入的，责令改正。

第八十六条 各级政府财政部门应当每月向本级政府报告预算执行情况，具体报告内容、方式和期限由本级政府规定。

第八十七条 地方各级政府财政部门应当定期向上一级政府财政部门报送本行政区域预算执行情况，包括预算执行旬报、月报、季报、政府债务余额统计报告及相关文字分析材料，具体内容、报送方式、期限由上一级政府财政部门规定。

第八十八条 各级财政、税务、海关等预算收入征收部门和单位、有预算收入收缴职责的部门和单位应当按照相关政府财政部门规定的期限和要求，向相关政府财政部门和上级主管部门报送有关预算收入征收或者收缴明细情况，并附分析说明材料。

预算收入征收部门和单位应当与相关财政部门建立信息共享机制，通过电子政务平台共享所有收入征管信息。

第八十九条 各部门依照有关法律、行政法规和国家有关规定，对所属各单位的预算执行情况进行监督检查。

第九十条 各部门应当按照本级政府财政部门规定的期限，向本级政府财政部门报送本部门及其所属各单位的预算收支情况等报表和文字说明材料。

第九十一条 预算法第六十六条第一款所称“超收收入”，是指年度本级一般公共预算收入的实际完成数超过相对应的经本级人民代表大会批准的收入预算的部分。

预算法第六十六条第三款所称“短收”，是指年度本级一般公共预算收入的实际完成数小于相对应的经本级人民代表大会批准的收入预算的情形。

本条第一款、第二款所称“实际完成数”和“收入预算”，不包括转移性收入和政府债务收入。

省、自治区、直辖市政府按照预算法第六十六条第三款规定增列的赤字，应当在国务院下达的本地区政府债务限额内发行短期债券平衡。

省、自治区、直辖市以下政府一般公共预算年度执行中出现短收的，通过调入预算稳定调节基金或者其他预算资金、减少支出等方式仍不能实现收支平衡的，可以通过申请上级政府临时救助平衡当年预算，并在下一年度预算中安排资金归还。

第九十二条 各级一般公共预算的结余资金应当全额补充预算稳定调节基金，不得挪作他用。

第九十三条 预算法第七十二条所称“预算资金的调剂”，是指预算法第六十四条和第六十七条规定的情况之外，预算资金在不同预算科目、预算级次或者项目间的变动。

预算执行中，预算资金的调剂按照下列规定执行：

（一）同一部门的预算资金在同一功能分类科目下，人员经费在不同经济性质分类科目间调剂的，或者公用经费在不同经济性质分类科目间调剂的，或者项目支出在不同经济性质分类科目间调剂的，由部门负责办理；

（二）同一部门的预算资金，人员经费或者公用经费在不同功能分类科目间调剂的，或者公用经费和项目支出间调剂的，或者项目间调剂的，或者人员经费增加需要从本部门其他预算资金调剂的，由部门报本级政府财政部门核准后办理；

（三）部门的预算资金与本部门以外预算资金间调剂，凡不涉及预算级次间变动或者部门新增项目的，由本级政府财政部门负责办理并向本级政府报告；

（四）不同预算级次间的预算资金调剂的，或者部门新增项目需要从本部门以外预算资金调剂的，由本级政府财政部门审核后报本级政府批准。

第九十四条 年度预算确定后，部门、单位改变隶属关系，引起预算关系或者预算级次变化的，应当在改变财务关系的同时，相应办理预算及资产划转，具体划转办法由财政部规定。

第五章 决 算

第九十五条 决算草案的编报事项，依照预算法和本条例以及财政部有关规定执行。

第九十六条 财政部应当在每年第四季度部署编制决算草案的原则、要求、方法和报送期限，制发中央各部门决算、地方决算及其他有关决算的报表格式。

县级以上地方政府财政部门根据财政部的部署，部署编制本级政府各部门和下级政府决算草案的原则、要求、方法和报送期限，制发本级政府各部门决算、下级政府决算及其他有关决算的报表格式。

第九十七条 地方政府财政部门根据上级政府财政部门的部署，制定本行政区域决算草案和本级各部门决算草案的具体编制办法。

各部门根据本级政府财政部门的部署，制定所属各单位决算草案的具体编制办法。

第九十八条 各级政府财政部门、各部门、各单位在每一预算年度终了时，应当清理核实全年预算收入、支出数据和往来款项，做好决算数据对账工作。

决算各项数据应当以经核实的各级政府、各部门、各单位会计数据为准，不得以估计数据替代，不得弄虚作假。

各部门、各单位决算应当列示结转、结余资金。

第九十九条 预算法第七十五条第二款所称“预算数”，包括经本级人民代表大会批准的预算数和上一年度结转的预算数，应当分别单独列示。

第一百条 各单位应当按照主管部门的布置，认真编制本单位决算草案，在规定期限内上报。

各部门在审核汇总所属各单位决算草案基础上，连同本部门自身的决算收入和支出数据，汇编成本部门决算草案并附详细说明，经部门行政领导签章后，在规定期限内报本级政府财政部门审核。

第一百零一条 各级预算收入征收部门和单位应当按照相关财政部门的要求，及时编制收入年报及有关资料报送相关财政部门。

第一百零二条 各级政府财政部门应当根据清理核实的政府会计数据和本级各部门决算草案等相关资料编制本级决算草案。

第一百零三条 年度预算执行终了，对于上下级财政之间按照规定需要清算的事项，应当在决算前办理结算。

第一百零四条 县级以上地方各级政府应当自本级决算批准之日起 30 日内，将本级决算及下一级政府上报备案的决算汇总，报上一级政府备案。

第一百零五条 各级政府、各部门、各单位应当充分利用决算数据开展绩效评价工作。

第六章 监 督

第一百零六条 县级以上各级政府应当接受本级人民代表大会及其常务委员会对预算执行情况和决算的监督，乡、民族乡、镇政府应当接受本级人民代表大会对预算执行情况和决算的监督；按照本级人民代表大会或者其常务委员会的要求，报告预算执行情况；认真研究处理本级人民代表大会代表或者常务委员会组成人员有关改进预算管理的建议、批评和意见，并及时答复。

第一百零七条 各级政府应当加强对下级政府预算执行的监督，对下级政府在预算执行中违反预算法、本条例和国家方针政策的行为，依法予以制止和纠正；对本级预算执行中出现的问题，及时采取处理措施。

下级政府应当接受上级政府对预算执行的监督；根据上级政府的要求，及时提供资料，如实反映情况，不得隐瞒、虚报；严格执行上级政府做出的有关决定，并将执行结果及时上报。

第一百零八条 各级政府财政部门应当加强对本级各部门、各单位预算编制、执行的监督检查。

第一百零九条 财政部派出机构对下列事项履行预算管理监督职责：

（一）所在地中央预算单位预算编制、预算执行和决算编制；

（二）中央对地方转移支付相关基础资料及预算执行；

（三）中央预算收入执行和国库业务；

（四）国家重大财政政策和中央重大项目预算执行；

（五）所在地中央预算单位支出绩效；

（六）地方政府债务监督；

（七）财政部交办的其他预算管理事项。

省、自治区、直辖市政府财政部门的派出机构职责由省、自治区、直辖市政府财政部门具体规定。

第一百一十条 各级审计机关应当依照《中华人民共和国审计法》及其实施条例、预算法和本条例的规定，对本级预算执行情况，对本级各部门、各单位和下级政府的预算执行情况和决算，进行审计监督。

第一百一十一条 各部门及其所属各单位应当接受本级政府财政部门有关预算的监督检查；按照本级政府财政部门的要求，如实提供有关预算资料；执行本级政府财政部门提出的检查意见。

第七章 法律责任

第一百一十二条 预算法第九十三条第（六）项所称“违反本法规定冻结、动用国库库款或者以其他方式支配已入国库库款”，除法律、行政法规另有规定外，是指：

（一）未经政府财政部门同意冻结、动用国库库款；

（二）预算收入征收部门和单位未经政府财政部门或者政府财政部门授权的机构同意退付的；

（三）预算收入征收部门和单位将所收税款和其他预算收入存入在国库和财政专户之外的其他账户的；

（四）未经有关政府财政部门同意办理退付的；

（五）违反规定将国库库款挪作他用的；

（六）延解、占压国库库款的；

（七）占压政府财政部门拨付的预算资金的；

（八）查封零余额账户的；

（九）违反预算法规定的其他相关行为。

第一百一十三条　各级政府及有关部门和单位有下列行为之一的，责令改正：

未依照本条例规定设立一般性转移支付的；

未依照本条例规定下达转移支付预计数的。

第一百一十四条　各级政府及有关部门和单位有下列行为之一的，责令改正，对负有直接责任的主管人员和其他直接责任人员追究行政责任：

未依照本条例规定设立和管理专项转移支付的；

擅自制定财政、税收优惠政策的；

未依照本条例规定建立健全资产管理制度的；

擅自开立账户的；

违反本条例规定办理财政对外借款，以及未按时归还财政借款的；

其他违反本条例的行为。

地方政府擅自制定财政、税收政策减免中央预算收入或者影响中央预算收入征收的，中央政府可以相应抵扣对该地区的税收返还等。

第一百一十五条　违反本条例规定，构成犯罪的，依法追究刑事责任。

第八章　附　　则

第一百一十六条　政府综合财务报告应当包括政府资产负债表、收入费用表等财务报表和报表附注，以及以此为基础进行的综合分析等。

各部门、各单位会计核算应当符合编制政府综合财务报告的需要。

各部门应当合并所属各单位的财务报告，编制本部门财务报告，并报送本级政府财政部门。各级政府财政部门应当在部门财务报告、财政总会计报表等有关资料的基础上，编制本级政府综合财务报告。

各部门、各单位的财务报告应当包含其管理的各类资产、负债信息等。各级政府应当加强政府综合财务报告信息的分析利用。

第一百一十七条　本条例所称“以上”“以下”，包括本级或者本数。

第一百一十八条　本条例自年月日起施行。

7. 企业投资项目核准和备案管理条例

【发文机关】国务院
【发布文号】国务院令第 673 号
【发布日期】2016 年 11 月 30 日
【实施日期】2017 年 2 月 1 日
【时效性】现行有效

《企业投资项目核准和备案管理条例》已经 2016 年 10 月 8 日国务院第 149 次常务会议通过，现予公布，自 2017 年 2 月 1 日起施行。

国务院总理　李克强
2016 年 11 月 30 日

第一条　为了规范政府对企业投资项目的核准和备案行为，加快转变政府的投资管理职能，落实企业投资自主权，制定本条例。

第二条　本条例所称企业投资项目（以下简称项目），是指企业在中国境内投资建设的固定资产投资项目。

第三条　对关系国家安全、涉及全国重大生产力布局、战略性资源开发和重大公共利益等项目，实行核准管理。具体项目范围以及核准机关、核准权限依照政府核准的投资项目目录执行。政府核准的投资项目目录由国务院投资主管部门会同国务院有关部门提出，报国务院批准后实施，并适时调整。国务院另有规定的，依照其规定。

对前款规定以外的项目，实行备案管理。除国务院另有规定的，实行备案管理的项目按照属地原则备案，备案机关及其权限由省、自治区、直辖市和计划单列市人民政府规定。

第四条　除涉及国家秘密的项目外，项目核准、备案通过国家建立的项目在线监管平台（以下简称在线平台）办理。

核准机关、备案机关以及其他有关部门统一使用在线平台生成的项目代码办理相关手续。

国务院投资主管部门会同有关部门制定在线平台管理办法。

第五条　核准机关、备案机关应当通过在线平台列明与项目有关的产业政策，公开项目核准的办理流程、办理时限等，并为企业提供相关咨询服务。

第六条　企业办理项目核准手续，应当向核准机关提交项目申请书；由国务院核准的项目，向国务院投资主管部门提交项目申请书。项目申请书应当包括下列内容：

（一）企业基本情况；

（二）项目情况，包括项目名称、建设地点、建设规模、建设内容等；

（三）项目利用资源情况分析以及对生态环境的影响分析；

（四）项目对经济和社会的影响分析。

企业应当对项目申请书内容的真实性负责。

法律、行政法规规定办理相关手续作为项目核准前置条件的，企业应当提交已经办理相关手续的证明文件。

第七条　项目申请书由企业自主组织编制，任何单位和个人不得强制企业委托中介服务机构编制项目申请书。

核准机关应当制定并公布项目申请书示范文本，明确项目申请书编制要求。

第八条　由国务院有关部门核准的项目，企业可以通过项目所在地省、自治区、直辖市和计划单列市人民政府有关部门（以下称地方人民政府有关部门）转送项目申请书，地方人民政府有关部门应当自收到项目申请书之日起5个工作日内转送核准机关。

由国务院核准的项目，企业通过地方人民政府有关部门转送项目申请书的，地方人民政府有关部门应当在前款规定的期限内将项目申请书转送国务院投资主管部门，由国务院投资主管部门审核后报国务院核准。

第九条　核准机关应当从下列方面对项目进行审查：

（一）是否危害经济安全、社会安全、生态安全等国家安全；

（二）是否符合相关发展建设规划、技术标准和产业政策；

（三）是否合理开发并有效利用资源；

（四）是否对重大公共利益产生不利影响。

项目涉及有关部门或者项目所在地地方人民政府职责的，核准机关应当书面征求其意见，被征求意见单位应当及时书面回复。

核准机关委托中介服务机构对项目进行评估的，应当明确评估重点；除项目情况复杂的，评估时限不得超过30个工作日。评估费用由核准机关承担。

第十条　核准机关应当自受理申请之日起20个工作日内，做出是否予以核准的决定；项目情况复杂或者需要征求有关单位意见的，经本机关主要负责人批准，可以延长核准期限，但延长的期限不得超过40个工作日。核准机关委托中介服务机构对项目进行评估的，评估时间不计入核准期限。

核准机关对项目予以核准的，应当向企业出具核准文件；不予核准的，应当书面通知企业并说明理由。由国务院核准的项目，由国务院投资主管部门根据国务院的决定向企业出具核准文件或者不予核准的书面通知。

第十一条　企业拟变更已核准项目的建设地点，或者拟对建设规模、建设内容等作较大变更的，应当向核准机关提出变更申请。核准机关应当自受理申请之日起20个工作日内，做出是否同意变更的书面决定。

第十二条 项目自核准机关做出予以核准决定或者同意变更决定之日起2年内未开工建设，需要延期开工建设的，企业应当在2年期限届满的30个工作日前，向核准机关申请延期开工建设。核准机关应当自受理申请之日起20个工作日内，做出是否同意延期开工建设的决定。开工建设只能延期一次，期限最长不得超过1年。国家对项目延期开工建设另有规定的，依照其规定。

第十三条 实行备案管理的项目，企业应当在开工建设前通过在线平台将下列信息告知备案机关：

（一）企业基本情况；

（二）项目名称、建设地点、建设规模、建设内容；

（三）项目总投资额；

（四）项目符合产业政策的声明。

企业应当对备案项目信息的真实性负责。

备案机关收到本条第一款规定的全部信息即为备案；企业告知的信息不齐全的，备案机关应当指导企业补正。

企业需要备案证明的，可以要求备案机关出具或者通过在线平台自行打印。

第十四条 已备案项目信息发生较大变更的，企业应当及时告知备案机关。

第十五条 备案机关发现已备案项目属于产业政策禁止投资建设或者实行核准管理的，应当及时告知企业予以纠正或者依法办理核准手续，并通知有关部门。

第十六条 核准机关、备案机关以及依法对项目负有监督管理职责的其他有关部门应当加强事中事后监管，按照谁审批谁监管、谁主管谁监管的原则，落实监管责任，采取在线监测、现场核查等方式，加强对项目实施的监督检查。

企业应当通过在线平台如实报送项目开工建设、建设进度、竣工的基本信息。

第十七条 核准机关、备案机关以及依法对项目负有监督管理职责的其他有关部门应当建立项目信息共享机制，通过在线平台实现信息共享。

企业在项目核准、备案以及项目实施中的违法行为及其处理信息，通过国家社会信用信息平台向社会公示。

第十八条 实行核准管理的项目，企业未依照本条例规定办理核准手续开工建设或者未按照核准的建设地点、建设规模、建设内容等进行建设的，由核准机关责令停止建设或者责令停产，对企业处项目总投资额1‰以上5‰以下的罚款；对直接负责的主管人员和其他直接责任人员处2万元以上5万元以下的罚款，属于国家工作人员的，依法给予处分。

以欺骗、贿赂等不正当手段取得项目核准文件，尚未开工建设的，由核准机关撤销核准文件，处项目总投资额1‰以上5‰以下的罚款；已经开工建设的，依照前款规定予以处罚；构成犯罪的，依法追究刑事责任。

第十九条 实行备案管理的项目，企业未依照本条例规定将项目信息或者已备案项目的信息变更情况告知备案机关，或者向备案机关提供虚假信息的，由备案机关责令限期改正；逾期不改正的，处2万元以上5万元以下的罚款。

第二十条 企业投资建设产业政策禁止投资建设项目的，由县级以上人民政府投资主管部门责令停止建设或者责令停产并恢复原状，对企业处项目总投资额5‰以上10‰以下的罚款；对直接负责的主管人员和其他直接责任人员处5万元以上10万元以下的罚款，属于国家工作人员的，依法给予处分。法律、行政法规另有规定的，依照其规定。

第二十一条 核准机关、备案机关及其工作人员在项目核准、备案工作中玩忽职守、滥用职权、徇私舞弊的，对负有责任的领导人员和直接责任人员依法给予处分；构成犯罪的，依法追究刑事责任。

第二十二条 事业单位、社会团体等非企业组织在中国境内投资建设的固定资产投资项目适用本条例，但通过预算安排的固定资产投资项目除外。

第二十三条 国防科技工业企业在中国境内投资建设的固定资产投资项目核准和备案管理办法，由国务院国防科技工业管理部门根据本条例的原则另行制定。

第二十四条 本条例自2017年2月1日起施行。

第二部分 国务院政策法规文件

8. 国务院办公厅关于政府向社会力量购买服务的指导意见

（国办发〔2013〕96号）

【发文机关】国务院
【发文文号】国发〔2013〕96号
【发布日期】2013－09－26
【实施日期】2013－09－26
【时效性】现行有效

各省、自治区、直辖市人民政府，国务院各部委、各直属机构：

党的十八大强调，要加强和创新社会管理，改进政府提供公共服务方式。新一届国务院对进一步转变政府职能、改善公共服务作出重大部署，明确要求在公共服务领域更多利用社会力量，加大政府购买服务力度。经国务院同意，现就政府向社会力量购买服务提出以下指导意见。

一、充分认识政府向社会力量购买服务的重要性

改革开放以来，我国公共服务体系和制度建设不断推进，公共服务提供主体和提供方式逐步多样化，初步形成了政府主导、社会参与、公办民办并举的公共服务供给模式。同时，与人民群众日益增长的公共服务需求相比，不少领域的公共服务存在质量效率不高、规模不足和发展不平衡等突出问题，迫切需要政府进一步强化公共服务职能，创新公共服务供给模式，有效动员社会力量，构建多层次、多方式的公共服务供给体系，提供更加方便、快捷、优质、高效的公共服务。政府向社会力量购买服务，就是通过发挥市场机制作用，把政府直接向社会公众提供的一部分公共服务事项，按照一定的方式和程序，交由具备条件的社会力量承担，并由政府根据服务数量和质量向其支付费用。近年来，一些地方立足实际，积极开展向社会力量购买服务的探索，取得了良好效果，在政策指导、经费保障、工作机制等方面积累了不少好的做法和经验。

实践证明，推行政府向社会力量购买服务是创新公共服务提供方式、加快服务业发

展、引导有效需求的重要途径，对于深化社会领域改革，推动政府职能转变，整合利用社会资源，增强公众参与意识，激发经济社会活力，增加公共服务供给，提高公共服务水平和效率，都具有重要意义。地方各级人民政府要结合当地经济社会发展状况和人民群众的实际需求，因地制宜、积极稳妥地推进政府向社会力量购买服务工作，不断创新和完善公共服务供给模式，加快建设服务型政府。

二、正确把握政府向社会力量购买服务的总体方向

（一）指导思想。

以邓小平理论、“三个代表”重要思想、科学发展观为指导，深入贯彻落实党的十八大精神，牢牢把握加快转变政府职能、推进政事分开和政社分开、在改善民生和创新管理中加强社会建设的要求，进一步放开公共服务市场准入，改革创新公共服务提供机制和方式，推动中国特色公共服务体系建设和发展，努力为广大人民群众提供优质高效的公共服务。

（二）基本原则。

——积极稳妥，有序实施。立足社会主义初级阶段基本国情，从各地实际出发，准确把握社会公共服务需求，充分发挥政府主导作用，有序引导社会力量参与服务供给，形成改善公共服务的合力。

——科学安排，注重实效。坚持精打细算，明确权利义务，切实提高财政资金使用效率，把有限的资金用在刀刃上，用到人民群众最需要的地方，确保取得实实在在的成效。

——公开择优，以事定费。按照公开、公平、公正原则，坚持费随事转，通过竞争择优的方式选择承接政府购买服务的社会力量，确保具备条件的社会力量平等参与竞争。加强监督检查和科学评估，建立优胜劣汰的动态调整机制。

——改革创新，完善机制。坚持与事业单位改革相衔接，推进政事分开、政社分开，放开市场准入，释放改革红利，凡社会能办好的，尽可能交给社会力量承担，有效解决一些领域公共服务产品短缺、质量和效率不高等问题。及时总结改革实践经验，借鉴国外有益成果，积极推动政府向社会力量购买服务的健康发展，加快形成公共服务提供新机制。

（三）目标任务。

“十二五”时期，政府向社会力量购买服务工作在各地逐步推开，统一有效的购买服务平台和机制初步形成，相关制度法规建设取得明显进展。到2020年，在全国基本建立比较完善的政府向社会力量购买服务制度，形成与经济社会发展相适应、高效合理的公共服务资源配置体系和供给体系，公共服务水平和质量显著提高。

三、规范有序开展政府向社会力量购买服务工作

（一）购买主体。

政府向社会力量购买服务的主体是各级行政机关和参照公务员法管理、具有行政管理职能的事业单位。纳入行政编制管理且经费由财政负担的群团组织，也可根据实际需要，通过购买服务方式提供公共服务。

（二）承接主体。

承接政府购买服务的主体包括依法在民政部门登记成立或经国务院批准免予登记的社会组织，以及依法在工商管理或行业主管部门登记成立的企业、机构等社会力量。承接政府购买服务的主体应具有独立承担民事责任的能力，具备提供服务所必需的设施、人员和专业技术的能力，具有健全的内部治理结构、财务会计和资产管理制度，具有良好的社会和商业信誉，具有依法缴纳税收和社会保险的良好记录，并符合登记管理部门依法认定的其他条件。承接主体的具体条件由购买主体会同财政部门根据购买服务项目的性质和质量要求确定。

（三）购买内容。

政府向社会力量购买服务的内容为适合采取市场化方式提供、社会力量能够承担的公共服务，突出公共性和公益性。教育、就业、社保、医疗卫生、住房保障、文化体育及残疾人服务等基本公共服务领域，要逐步加大政府向社会力量购买服务的力度。非基本公共服务领域，要更多更好地发挥社会力量的作用，凡适合社会力量承担的，都可以通过委托、承包、采购等方式交给社会力量承担。对应当由政府直接提供、不适合社会力量承担的公共服务，以及不属于政府职责范围的服务项目，政府不得向社会力量购买。各地区、各有关部门要按照有利于转变政府职能，有利于降低服务成本，有利于提升服务质量水平和资金效益的原则，在充分听取社会各界意见基础上，研究制定政府向社会力量购买服务的指导性目录，明确政府购买的服务种类、性质和内容，并在总结试点经验基础上，及时进行动态调整。

（四）购买机制。

各地要按照公开、公平、公正原则，建立健全政府向社会力量购买服务机制，及时、充分向社会公布购买的服务项目、内容以及对承接主体的要求和绩效评价标准等信息，建立健全项目申报、预算编报、组织采购、项目监管、绩效评价的规范化流程。购买工作应按照政府采购法的有关规定，采用公开招标、邀请招标、竞争性谈判、单一来源、询价等方式确定承接主体，严禁转包行为。购买主体要按照合同管理要求，与承接主体签订合同，明确所购买服务的范围、标的、数量、质量要求，以及服务期限、资金支付方式、权利义务和违约责任等，按照合同要求支付资金，并加强对服务提供全过程的跟踪监管和对服务成果的检查验收。承接主体要严格履行合同义务，按时完成服务项目任务，保证服务数量、质量和效果。

（五）资金管理。

政府向社会力量购买服务所需资金在既有财政预算安排中统筹考虑。随着政府提供公共服务的发展所需增加的资金，应按照预算管理要求列入财政预算。要严格资金管理，确保公开、透明、规范、有效。

（六）绩效管理。

加强政府向社会力量购买服务的绩效管理，严格绩效评价机制。建立健全由购买主体、服务对象及第三方组成的综合性评审机制，对购买服务项目数量、质量和资金使用绩效等进行考核评价。评价结果向社会公布，并作为以后年度编制政府向社会力量购买服务预算和选择政府购买服务承接主体的重要参考依据。

四、扎实推进政府向社会力量购买服务工作

（一）加强组织领导。

推进政府向社会力量购买服务，事关人民群众切身利益，是保障和改善民生的一项重要工作。地方各级人民政府要把这项工作列入重要议事日程，加强统筹协调，立足当地实际认真制定并逐步完善政府向社会力量购买服务的政策措施和实施办法，并抄送上一级政府财政部门。财政部要会同有关部门加强对各地开展政府向社会力量购买服务工作的指导和监督，总结推广成功经验，积极推动相关制度法规建设。

（二）健全工作机制。

政府向社会力量购买服务，要按照政府主导、部门负责、社会参与、共同监督的要求，确保工作规范有序开展。地方各级人民政府可根据本地区实际情况，建立“政府统一领导，财政部门牵头，民政、工商管理以及行业主管部门协同，职能部门履职，监督部门保障”的工作机制，拟定购买服务目录，确定购买服务计划，指导监督购买服务工作。相关职能部门要加强协调沟通，做到各负其责、齐抓共管。

（三）严格监督管理。

各地区、各部门要严格遵守相关财政财务管理规定，确保政府向社会力量购买服务资金规范管理和使用，不得截留、挪用和滞留资金。购买主体应建立健全内部监督管理制度，按规定公开购买服务相关信息，自觉接受社会监督。承接主体应当健全财务报告制度，并由具有合法资质的注册会计师对财务报告进行审计。财政部门要加强对政府向社会力量购买服务实施工作的组织指导，严格资金监管，监察、审计等部门要加强监督，民政、工商管理以及行业主管部门要按照职能分工将承接政府购买服务行为纳入年检、评估、执法等监管体系。

（四）做好宣传引导。

地方各级人民政府和国务院有关部门要广泛宣传政府向社会力量购买服务工作的目的、意义、目标任务和相关要求，做好政策解读，加强舆论引导，主动回应群众关切，充分调动社会参与的积极性。

国务院办公厅

2013 年 9 月 26 日

9. 国务院关于加强地方政府性债务管理的意见

（国发〔2014〕43号）

【发文机关】国务院
【发文文号】国发〔2014〕43号
【发布日期】2014年9月21日
【实施日期】2014年9月21日
【时效性】现行有效

各省、自治区、直辖市人民政府，国务院各部委、各直属机构：

为加强地方政府性债务管理，促进国民经济持续健康发展，根据党的十八大、十八届三中全会精神，现提出以下意见：

一、总体要求

（一）指导思想。以邓小平理论、“三个代表”重要思想、科学发展观为指导，全面贯彻落实党的十八大、十八届三中全会精神，按照党中央、国务院决策部署，建立“借、用、还”相统一的地方政府性债务管理机制，有效发挥地方政府规范举债的积极作用，切实防范化解财政金融风险，促进国民经济持续健康发展。

（二）基本原则。

疏堵结合。修明渠、堵暗道，赋予地方政府依法适度举债融资权限，加快建立规范的地方政府举债融资机制。同时，坚决制止地方政府违法违规举债。

分清责任。明确政府和企业的责任，政府债务不得通过企业举借，企业债务不得推给政府偿还，切实做到谁借谁还、风险自担。政府与社会资本合作的，按约定规则依法承担相关责任。

规范管理。对地方政府债务实行规模控制，严格限定政府举债程序和资金用途，把地方政府债务分门别类纳入全口径预算管理，实现“借、用、还”相统一。

防范风险。牢牢守住不发生区域性和系统性风险的底线，切实防范和化解财政金融风险。

稳步推进。加强债务管理，既要积极推进，又要谨慎稳健。在规范管理的同时，要妥善处理存量债务，确保在建项目有序推进。

二、加快建立规范的地方政府举债融资机制

（一）赋予地方政府依法适度举债权限。经国务院批准，省、自治区、直辖市政府可以适度举借债务，市县级政府确需举借债务的由省、自治区、直辖市政府代为举借。明确划清政府与企业界限，政府债务只能通过政府及其部门举借，不得通过企事业单位等举借。

（二）建立规范的地方政府举债融资机制。地方政府举债采取政府债券方式。没有收益的公益性事业发展确需政府举借一般债务的，由地方政府发行一般债券融资，主要以一般公共预算收入偿还。有一定收益的公益性事业发展确需政府举借专项债务的，由地方政府通过发行专项债券融资，以对应的政府性基金或专项收入偿还。

（三）推广使用政府与社会资本合作模式。鼓励社会资本通过特许经营等方式，参与城市基础设施等有一定收益的公益性事业投资和运营。政府通过特许经营权、合理定价、财政补贴等事先公开的收益约定规则，使投资者有长期稳定收益。投资者按照市场化原则出资，按约定规则独自或与政府共同成立特别目的公司建设和运营合作项目。投资者或特别目的公司可以通过银行贷款、企业债、项目收益债券、资产证券化等市场化方式举债并承担偿债责任。政府对投资者或特别目的公司按约定规则依法承担特许经营权、合理定价、财政补贴等相关责任，不承担投资者或特别目的公司的偿债责任。

（四）加强政府或有债务监管。剥离融资平台公司政府融资职能，融资平台公司不得新增政府债务。地方政府新发生或有债务，要严格限定在依法担保的范围内，并根据担保合同依法承担相关责任。地方政府要加强对或有债务的统计分析和风险防控，做好相关监管工作。

三、对地方政府债务实行规模控制和预算管理

（一）对地方政府债务实行规模控制。地方政府债务规模实行限额管理，地方政府举债不得突破批准的限额。地方政府一般债务和专项债务规模纳入限额管理，由国务院确定并报全国人大或其常委会批准，分地区限额由财政部在全国人大或其常委会批准的地方政府债务规模内根据各地区债务风险、财力状况等因素测算并报国务院批准。

（二）严格限定地方政府举债程序和资金用途。地方政府在国务院批准的分地区限额内举借债务，必须报本级人大或其常委会批准。地方政府不得通过企事业单位等举借债务。地方政府举借债务要遵循市场化原则。建立地方政府信用评级制度，逐步完善地方政府债券市场。地方政府举借的债务，只能用于公益性资本支出和适度归还存量债务，不得用于经常性支出。

（三）把地方政府债务分门别类纳入全口径预算管理。地方政府要将一般债务收支纳入一般公共预算管理，将专项债务收支纳入政府性基金预算管理，将政府与社会资本合作项目中的财政补贴等支出按性质纳入相应政府预算管理。地方政府各部门、各单位要将债务收支纳入部门和单位预算管理。或有债务确需地方政府或其部门、单位依法承担偿债责任的，偿债资金要纳入相应预算管理。

四、控制和化解地方政府性债务风险

（一）建立地方政府性债务风险预警机制。财政部根据各地区一般债务、专项债务、或有债务等情况，测算债务率、新增债务率、偿债率、逾期债务率等指标，评估各地区债务风险状况，对债务高风险地区进行风险预警。列入风险预警范围的债务高风险地区，要积极采取措施，逐步降低风险。债务风险相对较低的地区，要合理控制债务余额的规模和增长速度。

（二）建立债务风险应急处置机制。要硬化预算约束，防范道德风险，地方政府对其举借的债务负有偿还责任，中央政府实行不救助原则。各级政府要制定应急处置预案，建立责任追究机制。地方政府出现偿债困难时，要通过控制项目规模、压缩公用经费、处置存量资产等方式，多渠道筹集资金偿还债务。地方政府难以自行偿还债务时，要及时上报，本级和上级政府要启动债务风险应急处置预案和责任追究机制，切实化解债务风险，并追究相关人员责任。

（三）严肃财经纪律。建立对违法违规融资和违规使用政府性债务资金的惩罚机制，加大对地方政府性债务管理的监督检查力度。地方政府及其所属部门不得在预算之外违法违规举借债务，不得以支持公益性事业发展名义举借债务用于经常性支出或楼堂馆所建设，不得挪用债务资金或改变既定资金用途；对企业的注资、财政补贴等行为必须依法合规，不得违法为任何单位和个人的债务以任何方式提供担保；不得违规干预金融机构等正常经营活动，不得强制金融机构等提供政府性融资。地方政府要进一步规范土地出让管理，坚决制止违法违规出让土地及融资行为。

五、完善配套制度

（一）完善债务报告和公开制度。完善地方政府性债务统计报告制度，加快建立权责发生制的政府综合财务报告制度，全面反映政府的资产负债情况。对于中央出台的重大政策措施如棚户区改造等形成的政府性债务，应当单独统计、单独核算、单独检查、单独考核。建立地方政府性债务公开制度，加强政府信用体系建设。各地区要定期向社会公开政府性债务及其项目建设情况，自觉接受社会监督。

（二）建立考核问责机制。把政府性债务作为一个硬指标纳入政绩考核。明确责任落实，各省、自治区、直辖市政府要对本地区地方政府性债务负责任。强化教育和考核，纠正不正确的政绩导向。对脱离实际过度举债、违法违规举债或担保、违规使用债务资金、恶意逃废债务等行为，要追究相关责任人责任。

（三）强化债权人约束。金融机构等不得违法违规向地方政府提供融资，不得要求地方政府违法违规提供担保。金融机构等购买地方政府债券要符合监管规定，向属于政府或有债务举借主体的企业法人等提供融资要严格规范信贷管理，切实加强风险识别和风险管理。金融机构等违法违规提供政府性融资的，应自行承担相应损失，并按照商业银行法、银行业监督管理法等法律法规追究相关机构和人员的责任。

六、妥善处理存量债务和在建项目后续融资

（一）抓紧将存量债务纳入预算管理。以 2013 年政府性债务审计结果为基础，结合审

计后债务增减变化情况，经债权人与债务人共同协商确认，对地方政府性债务存量进行甄别。对地方政府及其部门举借的债务，相应纳入一般债务和专项债务。对企事业单位举借的债务，凡属于政府应当偿还的债务，相应纳入一般债务和专项债务。地方政府将甄别后的政府存量债务逐级汇总上报国务院批准后，分类纳入预算管理。纳入预算管理的债务原有债权债务关系不变，偿债资金要按照预算管理要求规范管理。

（二）积极降低存量债务利息负担。对甄别后纳入预算管理的地方政府存量债务，各地区可申请发行地方政府债券置换，以降低利息负担，优化期限结构，腾出更多资金用于重点项目建设。

（三）妥善偿还存量债务。处置到期存量债务要遵循市场规则，减少行政干预。对项目自身运营收入能够按时还本付息的债务，应继续通过项目收入偿还。对项目自身运营收入不足以还本付息的债务，可以通过依法注入优质资产、加强经营管理、加大改革力度等措施，提高项目盈利能力，增强偿债能力。地方政府应指导和督促有关债务举借单位加强财务管理、拓宽偿债资金渠道、统筹安排偿债资金。对确需地方政府偿还的债务，地方政府要切实履行偿债责任，必要时可以处置政府资产偿还债务。对确需地方政府履行担保或救助责任的债务，地方政府要切实依法履行协议约定，做出妥善安排。有关债务举借单位和连带责任人要按照协议认真落实偿债责任，明确偿债时限，按时还本付息，不得单方面改变原有债权债务关系，不得转嫁偿债责任和逃废债务。对确已形成损失的存量债务，债权人应按照商业化原则承担相应责任和损失。

（四）确保在建项目后续融资。地方政府要统筹各类资金，优先保障在建项目续建和收尾。对使用债务资金的在建项目，原贷款银行等要重新进行审核，凡符合国家有关规定的项目，要继续按协议提供贷款，推进项目建设；对在建项目确实没有其他建设资金来源的，应主要通过政府与社会资本合作模式和地方政府债券解决后续融资。

七、加强组织领导

各地区、各部门要高度重视，把思想和行动统一到党中央、国务院决策部署上来。地方政府要切实担负起加强地方政府性债务管理、防范化解财政金融风险的责任，结合实际制定具体方案，政府主要负责人要作为第一责任人，认真抓好政策落实。要建立地方政府性债务协调机制，统筹加强地方政府性债务管理。财政部门作为地方政府性债务归口管理部门，要完善债务管理制度，充实债务管理力量，做好债务规模控制、债券发行、预算管理、统计分析和风险监控等工作；发展改革部门要加强政府投资计划管理和项目审批，从严审批债务风险较高地区的新开工项目；金融监管部门要加强监管、正确引导，制止金融机构等违法违规提供融资；审计部门要依法加强对地方政府性债务的审计监督，促进完善债务管理制度，防范风险，规范管理，提高资金使用效益。各地区、各部门要切实履行职责，加强协调配合，全面做好加强地方政府性债务管理各项工作，确保政策贯彻落实到位。

国务院

2014 年 9 月 21 日

10. 国务院关于深化预算管理制度改革的决定

（国发〔2014〕45 号）

【发文机关】国务院
【发文文号】国发〔2014〕45 号
【发布日期】2014 年 10 月 8 日
【实施日期】2014 年 10 月 8 日
【时效性】现行有效

各省、自治区、直辖市人民政府，国务院各部委、各直属机构：

为贯彻落实党的十八大和十八届三中全会精神，按照新修订的预算法，改进预算管理，实施全面规范、公开透明的预算制度，现就深化预算管理制度改革做出如下决定。

一、充分认识深化预算管理制度改革的重要性和紧迫性

建立与实现现代化相适应的现代财政制度，对于优化资源配置、维护市场统一、促进社会公平、实现国家长治久安具有重要意义。改革开放以来，特别是 1995 年预算法及预算法实施条例施行以来，在党中央、国务院的正确领导下，我国财政制度改革取得显著成效，初步建立了与社会主义市场经济体制相适应的公共财政制度体系，作为公共财政制度基础的预算管理制度也不断完善，为促进经济社会持续健康发展发挥了重要作用。

当前，我国已进入全面建成小康社会的关键阶段。随着经济社会发展，现行预算管理制度也暴露出一些不符合公共财政制度和现代国家治理要求的问题，主要表现在：预算管理和控制方式不够科学，跨年度预算平衡机制尚未建立；预算体系不够完善，地方政府债务未纳入预算管理；预算约束力不够，财政收支结构有待优化；财政结转结余资金规模较大，预算资金使用绩效不高；预算透明度不够，财经纪律有待加强等，财政可持续发展面临严峻挑战。

党的十八届三中全会确立了全面深化改革的总目标，并对改进预算管理制度提出了明确要求，今年《政府工作报告》也做出了部署。贯彻落实党的十八届三中全会精神和国务院决策部署，深化预算管理制度改革，实施全面规范、公开透明的预算制度，是深化财税体制改革，建立现代公共财政制度的迫切需要；是完善社会主义市场经济体制，加快转变

政府职能的必然要求；是推进国家治理体系现代化，实现国家长治久安的重要保障。

二、准确把握深化预算管理制度改革的总体方向

（一）指导思想。

深化预算管理制度改革，要以邓小平理论、“三个代表”重要思想、科学发展观为指导，全面贯彻党的十八大和十八届三中全会精神，落实党中央、国务院决策部署，按照全面深化财税体制改革的总体要求，遵循社会主义市场经济原则，加快转变政府职能，完善管理制度，创新管理方式，提高管理绩效，用好增量资金，构建全面规范、公开透明的预算制度，进一步规范政府行为，防范财政风险，实现有效监督，提高资金效益，逐步建立与实现现代化相适应的现代财政制度。

（二）基本原则。

遵循现代国家治理理念。按照推进国家治理体系和治理能力现代化的要求，着力构建规范的现代预算制度，并与相关法律和制度的修订完善相衔接。健全财政法律制度体系，注重运用法律和制度规范预算管理，提高政府公共服务水平。

划清市场和政府的边界。凡属市场能发挥作用的，财税等优惠政策要逐步退出；凡属市场不能有效发挥作用的，政府包括公共财政等要主动补位。

着力推进预算公开透明。实施全面规范、公开透明的预算制度，将公开透明贯穿预算改革和管理全过程，充分发挥预算公开透明对政府部门的监督和约束作用，建设阳光政府、责任政府、服务政府。

坚持总体设计、协同推进。既要注重顶层设计，增强改革的系统性、整体性、协同性，又要考虑外部环境和制约因素，实现与行政管理体制改革的有序衔接，合理把握改革的力度和节奏，确保改革顺利实施。

三、全面推进深化预算管理制度改革的各项工作

（一）完善政府预算体系，积极推进预算公开。

1. 完善政府预算体系。明确一般公共预算、政府性基金预算、国有资本经营预算、社会保险基金预算的收支范围，建立定位清晰、分工明确的政府预算体系，政府的收入和支出全部纳入预算管理。加大政府性基金预算、国有资本经营预算与一般公共预算的统筹力度，建立将政府性基金预算中应统筹使用的资金列入一般公共预算的机制，加大国有资本经营预算资金调入一般公共预算的力度。加强社会保险基金预算管理，做好基金结余的保值增值，在精算平衡的基础上实现社会保险基金预算的可持续运行。

2. 健全预算标准体系。进一步完善基本支出定额标准体系，加快推进项目支出定额标准体系建设，充分发挥支出标准在预算编制和管理中的基础支撑作用。严格机关运行经费管理，加快制定机关运行经费实物定额和服务标准。加强人员编制管理和资产管理，完善人员编制、资产管理与预算管理相结合的机制。进一步完善政府收支分类体系，按经济分类编制部门预决算和政府预决算。

3. 积极推进预决算公开。细化政府预决算公开内容，除涉密信息外，政府预决算支出全部细化公开到功能分类的项级科目，专项转移支付预决算按项目按地区公开。积极推

进财政政策公开。扩大部门预决算公开范围，除涉密信息外，中央和地方所有使用财政资金的部门均应公开本部门预决算。细化部门预决算公开内容，逐步将部门预决算公开到基本支出和项目支出。按经济分类公开政府预决算和部门预决算。加大“三公”经费公开力度，细化公开内容，除涉密信息外，所有财政资金安排的“三公”经费都要公开。对预决算公开过程中社会关切的问题，要规范整改、完善制度。

（二）改进预算管理和控制，建立跨年度预算平衡机制。

1. 实行中期财政规划管理。财政部门会同各部门研究编制3年滚动财政规划，对未来3年重大财政收支情况进行分析预测，对规划期内一些重大改革、重要政策和重大项目，研究政策目标、运行机制和评价办法。中期财政规划要与国民经济和社会发展规划纲要及国家宏观调控政策相衔接。强化3年滚动财政规划对年度预算的约束。推进部门编制3年滚动规划，加强项目库管理，健全项目预算审核机制。提高财政预算的统筹能力，各部门规划中涉及财政政策和资金支持的，要与3年滚动财政规划相衔接。

2. 改进年度预算控制方式。一般公共预算审核的重点由平衡状态、赤字规模向支出预算和政策拓展。强化支出预算约束，各级政府向本级人大报告支出预算的同时，要重点报告支出政策内容。预算执行中如需增加或减少预算总支出，必须报经本级人大常委会审查批准。收入预算从约束性转向预期性，根据经济形势和政策调整等因素科学预测。中央一般公共预算因宏观调控政策需要可编列赤字，通过发行国债予以弥补。中央政府债务实行余额管理，中央国债余额限额根据累计赤字和应对当年短收需发行的债务等因素合理确定，报全国人大或其常委会审批。经国务院批准，地方一般公共预算为没有收益的公益性事业发展可编列赤字，通过举借一般债务予以弥补，地方政府一般债务规模纳入限额管理，由国务院确定并报全国人大或其常委会批准。加强政府性基金预算编制管理。政府性基金预算按照以收定支的原则，根据政府性基金项目的收入情况和实际支出需要编制；经国务院批准，地方政府性基金预算为有一定收益的公益性事业发展可举借专项债务，地方政府专项债务规模纳入限额管理，由国务院确定并报全国人大或其常委会批准。财政部在全国人大或其常委会批准的地方政府债务规模内，根据各地区债务风险、财力状况等因素测算分地区债务限额，并报国务院批准。各省、自治区、直辖市在分地区债务限额内举借债务，报省级人大或其常委会批准。国有资本经营预算按照收支平衡的原则编制，不列赤字。

3. 建立跨年度预算平衡机制。根据经济形势发展变化和财政政策逆周期调节的需要，建立跨年度预算平衡机制。中央一般公共预算执行中如出现超收，超收收入用于冲减赤字、补充预算稳定调节基金；如出现短收，通过调入预算稳定调节基金、削减支出或增列赤字并在经全国人大或其常委会批准的国债余额限额内发债平衡。地方一般公共预算执行中如出现超收，用于化解政府债务或补充预算稳定调节基金；如出现短收，通过调入预算稳定调节基金或其他预算资金、削减支出实现平衡。如采取上述措施后仍不能实现平衡，省级政府报本级人大或其常委会批准后增列赤字，并报财政部备案，在下一年度预算中予以弥补；市、县级政府通过申请上级政府临时救助实现平衡，并在下一年度预算中归还。政府性基金预算和国有资本经营预算如出现超收，结转下年安排；如出现短收，通过削减支出实现平衡。

（三）加强财政收入管理，清理规范税收优惠政策。

1. 加强税收征管。各级税收征管部门要依照法律法规及时足额组织税收收入，并建立与相关经济指标变化情况相衔接的考核体系。切实加强税收征管，做到依法征收、应收尽收，不收过头税。严格减免税管理，不得违反法律法规的规定和超越权限多征、提前征收或者减征、免征、缓征应征税款。加强执法监督，强化税收入库管理。

2. 加强非税收入管理。各地区、各部门要依照法律法规切实加强非税收入管理。继续清理规范行政事业性收费和政府性基金，坚决取消不合法、不合理的收费基金项目。加快建立健全国有资源、国有资产有偿使用制度和收益共享机制。加强国有资本收益管理，完善国家以所有者身份参与国有企业利润分配制度，落实国有资本收益权。加强非税收入分类预算管理，完善非税收入征缴制度和监督体系，禁止通过违规调库、乱收费、乱罚款等手段虚增财政收入。

3. 全面规范税收优惠政策。除专门的税收法律、法规和国务院规定外，各部门起草其他法律、法规、发展规划和区域政策都不得突破国家统一财税制度、规定税收优惠政策。未经国务院批准，各地区、各部门不能对企业规定财政优惠政策。各地区、各部门要对已经出台的税收优惠政策进行规范，违反法律法规和国务院规定的一律停止执行；没有法律法规障碍且具有推广价值的，尽快在全国范围内实施；有明确时限的到期停止执行，未明确时限的应设定优惠政策实施时限。建立税收优惠政策备案审查、定期评估和退出机制，加强考核问责，严惩各类违法违规行为。

（四）优化财政支出结构，加强结转结余资金管理。

1. 优化财政支出结构。严格控制政府性楼堂馆所、财政供养人员以及“三公”经费等一般性支出。清理规范重点支出同财政收支增幅或生产总值挂钩事项，一般不采取挂钩方式。对重点支出根据推进改革的需要和确需保障的内容统筹安排，优先保障，不再采取先确定支出总额再安排具体项目的办法。结合税费制度改革，完善相关法律法规，逐步取消城市维护建设税、排污费、探矿权和采矿权价款、矿产资源补偿费等专款专用的规定，统筹安排这些领域的经费。统一预算分配，逐步将所有预算资金纳入财政部门统一分配。在此之前，负责资金分配的部门要按规定将资金具体安排情况及时报财政部门。

2. 优化转移支付结构。完善一般性转移支付增长机制，增加一般性转移支付规模和比例，逐步将一般性转移支付占比提高到60%以上；明显增加对革命老区、民族地区、边疆地区和贫困地区的转移支付；中央出台增支政策形成的地方财力缺口，原则上通过一般性转移支付调节。要大力清理、整合、规范专项转移支付，在合理界定中央与地方事权的基础上，严格控制引导类、救济类、应急类专项转移支付，属地方事务的划入一般性转移支付。对竞争性领域的专项转移支付逐一进行甄别排查，凡属“小、散、乱”以及效用不明显的要坚决取消，其余需要保留的也要予以压缩或实行零增长，并改进分配方式，减少行政性分配，引入市场化运作模式，逐步与金融资本相结合，引导带动社会资本增加投入。对目标接近、资金投入方向类同、资金管理方式相近的专项转移支付予以整合。规范专项转移支付项目设立，严格控制新增项目和资金规模，建立健全专项转移支付定期评估和退出机制。加快修订完善中央对地方转移支付管理办法，对转移支付项目的设立、资金分配、使用管理、绩效评价、信息公开等作出规定。研究建立财政转移支付同农业转移人口市民化挂钩机制。在明确中央和地方支出责任的基础上，认真清理现行配套政策，对属于中央承担支出责任的事项，一律不得要求地方安排配套资金；对属于中央和地方分担支出责任的事项，由中央和地方按各自应分担数额安排资金。各地区要对本级安排的专项资金进行清理、整合、规范，完善资金管理办法，提高资金使用效益。

3. 加强结转结余资金管理。建立结转结余资金定期清理机制，各级政府上一年预算的结转资金，应当在下一年用于结转项目的支出；连续两年未用完的结转资金，应当作为结余资金管理，其中一般公共预算的结余资金，应当补充预算稳定调节基金。各部门、各单位上一年预算的结转、结余资金按照财政部的规定办理。要加大结转资金统筹使用力度，对不需按原用途使用的资金，可按规定统筹用于经济社会发展亟须资金支持的领域。建立预算编制与结转结余资金管理相结合的机制，细化预算编制，提高年初预算到位率。建立科学合理的预算执行进度考核机制，实施预算执行进度的通报制度和监督检查制度，有效控制新增结转结余资金。

4. 加强政府购买服务资金管理。政府购买服务所需资金列入财政预算，从部门预算经费或者经批准的专项资金等既有预算中统筹安排，支持各部门按有关规定开展政府购买服务工作，切实降低公共服务成本，提高公共服务质量。

（五）加强预算执行管理，提高财政支出绩效。

1. 做好预算执行工作。硬化预算约束，年度预算执行中除救灾等应急支出通过动支预备费解决外，一般不出台增加当年支出的政策，一些必须出台的政策，通过以后年度预算安排资金。及时批复部门预算，严格按照预算、用款计划、项目进度、有关合同和规定程序及时办理资金支付，涉及政府采购的应严格执行政府采购有关规定。进一步提高提前下达转移支付预计数的比例，按因素法分配且金额相对固定的转移支付提前下达的比例要达到90%。加快转移支付预算正式下达进度，除据实结算等特殊项目外，中央对地方一般性转移支付在全国人大批准预算后30日内正式下达，专项转移支付在90日内正式下达。省级政府接到中央一般性转移支付或专项转移支付后，应在30日内正式下达到县级以上地方各级政府。规范预算变更，各部门、各单位的预算支出应当按照预算科目执行。不同预算科目、预算级次或者项目间的预算资金需要调剂使用的，按照财政部的规定办理。

2. 规范国库资金管理。规范国库资金管理，提高国库资金收支运行效率。全面清理整顿财政专户，各地一律不得新设专项支出财政专户，除财政部审核并报国务院批准予以保留的专户外，其余专户在2年内逐步取消。规范权责发生制核算，严格权责发生制核算范围，控制核算规模。地方各级财政除国库集中支付年终结余外，一律不得按权责发生制列支。按国务院规定实行权责发生制核算的特定事项，应当向本级人大常委会报告。全面清理已经发生的财政借垫款，应当由预算安排支出的按规定列支，符合制度规定的临时性借垫款及时收回，不符合制度规定的借垫款限期收回。加强财政对外借款管理，各级财政严禁违规对非预算单位及未纳入年度预算的项目借款和垫付财政资金。各级政府应当加强对本级国库的管理和监督，按照国务院的规定完善国库现金管理，合理调节国库资金余额。

3. 健全预算绩效管理机制。全面推进预算绩效管理工作，强化支出责任和效率意识，逐步将绩效管理范围覆盖各级预算单位和所有财政资金，将绩效评价重点由项目支出拓展到部门整体支出和政策、制度、管理等方面，加强绩效评价结果应用，将评价结果作为调整支出结构、完善财政政策和科学安排预算的重要依据。

4. 建立权责发生制的政府综合财务报告制度。研究制定政府综合财务报告制度改革方案、制度规范和操作指南，建立政府综合财务报告和政府会计标准体系，研究修订总预算会计制度。待条件成熟时，政府综合财务报告向本级人大或其常委会报告。研究将政府综合财务报告主要指标作为考核地方政府绩效的依据，逐步建立政府综合财务报告公开机制。

（六）规范地方政府债务管理，防范化解财政风险。

1. 赋予地方政府依法适度举债权限，建立规范的地方政府举债融资机制。经国务院批准，省、自治区、直辖市政府可以适度举借债务；市县级政府确需举借债务的由省、自治区、直辖市政府代为举借。政府债务只能通过政府及其部门举借，不得通过企事业单位等举借。地方政府举债采取政府债券方式。剥离融资平台公司政府融资职能。推广使用政府与社会资本合作模式，鼓励社会资本通过特许经营等方式参与城市基础设施等有一定收益的公益性事业投资和运营。

2. 对地方政府债务实行规模控制和分类管理。地方政府债务规模实行限额管理，地方政府举债不得突破批准的限额。地方政府债务分为一般债务、专项债务两类，分类纳入预算管理。一般债务通过发行一般债券融资，纳入一般公共预算管理。专项债务通过发行专项债券融资，纳入政府性基金预算管理。

3. 严格限定政府举债程序和资金用途。地方政府在国务院批准的分地区限额内举借债务，必须报本级人大或其常委会批准。地方政府举借债务要遵循市场化原则。建立地方政府信用评级制度，逐步完善地方政府债券市场。地方政府举借的债务，只能用于公益性资本支出和适度归还存量债务，不得用于经常性支出。

4. 建立债务风险预警及化解机制。财政部根据债务率、新增债务率、偿债率、逾期债务率等指标，评估各地区债务风险状况，对债务高风险地区进行风险预警。债务高风险地区要积极采取措施，逐步降低风险。对甄别后纳入预算管理的地方政府存量债务，各地区可申请发行地方政府债券置换，以降低利息负担，优化期限结构。要硬化预算约束，防范道德风险，地方政府对其举借的债务负有偿还责任，中央政府实行不救助原则。

5. 建立考核问责机制。把政府性债务作为一个硬指标纳入政绩考核。明确责任落实，省、自治区、直辖市政府要对本地区地方政府性债务负责任。地方各级政府要切实担负起加强地方政府性债务管理、防范化解财政金融风险的责任，政府主要负责人要作为第一责任人，认真抓好政策落实。

（七）规范理财行为，严肃财经纪律。

1. 坚持依法理财，主动接受监督。各地区、各部门要严格遵守预算法、税收征收管理法、会计法、政府采购法等财税法律法规，依法行使行政决策权和财政管理权，自觉接受人大监督和社会各界的监督。建立和完善政府决算审计制度，进一步加强审计监督。推进预算公开，增强政府理财工作的透明度，减少政府自由裁量权，让财政资金在阳光下运行。

2. 健全制度体系，规范理财行为。要健全预算编制、收入征管、资金分配、国库管理、政府采购、财政监督、绩效评价、责任追究等方面的制度建设，扎紧制度的篱笆。要规范理财行为，严格按照规范的程序和要求编报预决算，按规定的用途拨付和使用财政资金，预决算编报都要做到程序合法、数据准确、情况真实、内容完整。

3. 严肃财经纪律，强化责任追究。财经纪律是财经工作中必须遵守的行为准则，也是预算管理制度改革取得成效的重要保障。地方各级政府要对本地区各部门、各单位财经纪律的执行情况进行全面检查，通过单位自查、财政部门和审计机关专项检查，及时发现存在的问题。强化责任追究，对检查中发现的虚报、冒领、截留、挪用、滞留财政资金以及违规出台税收优惠政策等涉及违规违纪的行为，要按照预算法等法律法规的规定严肃处理。

四、切实做好深化预算管理制度改革的实施保障工作

深化预算管理制度改革涉及制度创新和利益关系调整，任务艰巨，面临许多矛盾和困难。各地区、各部门要从大局出发，进一步提高认识，把思想和行动统一到党中央、国务院的决策部署上来。要以高度的责任感、使命感和改革创新精神，切实履行职责，加强协调配合，认真落实各项改革措施，合力推进预算管理制度改革。要坚持于法有据，积极推进相关法律法规的修改工作，确保在法治轨道上推进预算管理制度改革。本决定有关要求需要与法律规定相衔接的，按法律规定的程序做好衔接。要加强宣传引导，做好政策解读，为深化预算管理制度改革营造良好的社会环境。财政部要抓紧制定深化预算管理制度改革的具体办法，印发各地区、各部门执行。各地区要结合本地实际情况制定具体政策措施和工作方案，切实加强组织领导，确保改革顺利实施。

国务院

2014 年 9 月 26 日

11. 国务院关于创新重点领域投融资机制鼓励社会投资的指导意见

（国发〔2014〕60 号）

【发文机关】国务院
【发文文号】国发〔2014〕60 号
【发布日期】2014 年 11 月 16 日
【实施日期】2014 年 11 月 16 日
【时效性】现行有效

各省、自治区、直辖市人民政府，国务院各部委、各直属机构：

为推进经济结构战略性调整，加强薄弱环节建设，促进经济持续健康发展，迫切需要在公共服务、资源环境、生态建设、基础设施等重点领域进一步创新投融资机制，充分发挥社会资本特别是民间资本的积极作用。为此，特提出以下意见。

一、总体要求

（一）指导思想。全面贯彻落实党的十八大和十八届三中、四中全会精神，按照党中央、国务院决策部署，使市场在资源配置中起决定性作用和更好发挥政府作用，打破行业垄断和市场壁垒，切实降低准入门槛，建立公平开放透明的市场规则，营造权利平等、机会平等、规则平等的投资环境，进一步鼓励社会投资特别是民间投资，盘活存量、用好增量，调结构、补短板，服务国家生产力布局，促进重点领域建设，增加公共产品有效供给。

（二）基本原则。实行统一市场准入，创造平等投资机会；创新投资运营机制，扩大社会资本投资途径；优化政府投资使用方向和方式，发挥引导带动作用；创新融资方式，拓宽融资渠道；完善价格形成机制，发挥价格杠杆作用。

二、创新生态环保投资运营机制

（三）深化林业管理体制改革。推进国有林区和国有林场管理体制改革，完善森林经营和采伐管理制度，开展森林科学经营。深化集体林权制度改革，稳定林权承包关系，放活林地经营权，鼓励林权依法规范流转。鼓励荒山荒地造林和退耕还林林地林权依法流转。减免林权流转税费，有效降低流转成本。

（四）推进生态建设主体多元化。在严格保护森林资源的前提下，鼓励社会资本积极参与生态建设和保护，支持符合条件的农民合作社、家庭农场（林场）、专业大户、林业企业等新型经营主体投资生态建设项目。对社会资本利用荒山荒地进行植树造林的，在保障生态效益、符合土地用途管制要求的前提下，允许发展林下经济、森林旅游等生态产业。

（五）推动环境污染治理市场化。在电力、钢铁等重点行业以及开发区（工业园区）污染治理等领域，大力推行环境污染第三方治理，通过委托治理服务、托管运营服务等方式，由排污企业付费购买专业环境服务公司的治污减排服务，提高污染治理的产业化、专业化程度。稳妥推进政府向社会购买环境监测服务。建立重点行业第三方治污企业推荐制度。

（六）积极开展排污权、碳排放权交易试点。推进排污权有偿使用和交易试点，建立排污权有偿使用制度，规范排污权交易市场，鼓励社会资本参与污染减排和排污权交易。加快调整主要污染物排污费征收标准，实行差别化排污收费政策。加快在国内试行碳排放权交易制度，探索森林碳汇交易，发展碳排放权交易市场，鼓励和支持社会投资者参与碳配额交易，通过金融市场发现价格的功能，调整不同经济主体利益，有效促进环保和节能减排。

三、鼓励社会资本投资运营农业和水利工程

（七）培育农业、水利工程多元化投资主体。支持农民合作社、家庭农场、专业大户、农业企业等新型经营主体投资建设农田水利和水土保持设施。允许财政补助形成的小型农田水利和水土保持工程资产由农业用水合作组织持有和管护。鼓励社会资本以特许经营、参股控股等多种形式参与具有一定收益的节水供水重大水利工程建设运营。社会资本愿意投入的重大水利工程，要积极鼓励社会资本投资建设。

（八）保障农业、水利工程投资合理收益。社会资本投资建设或运营管理农田水利、水土保持设施和节水供水重大水利工程的，与国有、集体投资项目享有同等政策待遇，可以依法获取供水水费等经营收益；承担公益性任务的，政府可对工程建设投资、维修养护和管护经费等给予适当补助，并落实优惠政策。社会资本投资建设或运营管理农田水利设施、重大水利工程等，可依法继承、转让、转租、抵押其相关权益；征收、征用或占用的，要按照国家有关规定给予补偿或者赔偿。

（九）通过水权制度改革吸引社会资本参与水资源开发利用和保护。加快建立水权制度，培育和规范水权交易市场，积极探索多种形式的水权交易流转方式，允许各地通过水权交易满足新增合理用水需求。鼓励社会资本通过参与节水供水重大水利工程投资建设等方式优先获得新增水资源使用权。

（十）完善水利工程水价形成机制。深入开展农业水价综合改革试点，进一步促进农业节水。水利工程供非农业用水价格按照补偿成本、合理收益、优质优价、公平负担的原

则合理制定，并根据供水成本变化及社会承受能力等适时调整，推行两部制水利工程水价和丰枯季节水价。价格调整不到位时，地方政府可根据实际情况安排财政性资金，对运营单位进行合理补偿。

四、推进市政基础设施投资运营市场化

（十一）改革市政基础设施建设运营模式。推动市政基础设施建设运营事业单位向独立核算、自主经营的企业化管理转变。鼓励打破以项目为单位的分散运营模式，实行规模化经营，降低建设和运营成本，提高投资效益。推进市县、乡镇和村级污水收集和处理、垃圾处理项目按行业“打包”投资和运营，鼓励实行城乡供水一体化、厂网一体投资和运营。

（十二）积极推动社会资本参与市政基础设施建设运营。通过特许经营、投资补助、政府购买服务等多种方式，鼓励社会资本投资城镇供水、供热、燃气、污水垃圾处理、建筑垃圾资源化利用和处理、城市综合管廊、公园配套服务、公共交通、停车设施等市政基础设施项目，政府依法选择符合要求的经营者。政府可采用委托经营或转让—经营—转让（TOT）等方式，将已经建成的市政基础设施项目转交给社会资本运营管理。

（十三）加强县城基础设施建设。按照新型城镇化发展的要求，把有条件的县城和重点镇发展为中小城市，支持基础设施建设，增强吸纳农业转移人口的能力。选择若干具有产业基础、特色资源和区位优势的县城和重点镇推行试点，加大对市政基础设施建设运营引入市场机制的政策支持力度。

（十四）完善市政基础设施价格机制。加快改进市政基础设施价格形成、调整和补偿机制，使经营者能够获得合理收益。实行上下游价格调整联动机制，价格调整不到位时，地方政府可根据实际情况安排财政性资金对企业运营进行合理补偿。

五、改革完善交通投融资机制

（十五）加快推进铁路投融资体制改革。用好铁路发展基金平台，吸引社会资本参与，扩大基金规模。充分利用铁路土地综合开发政策，以开发收益支持铁路发展。按照市场化方向，不断完善铁路运价形成机制。向地方政府和社会资本放开城际铁路、市域（郊）铁路、资源开发性铁路和支线铁路的所有权、经营权。按照构建现代企业制度的要求，保障投资者权益，推进蒙西至华中、长春至西巴彦花铁路等引进民间资本的示范项目实施。鼓励按照“多式衔接、立体开发、功能融合、节约集约”的原则，对城市轨道交通站点周边、车辆段上盖进行土地综合开发，吸引社会资本参与城市轨道交通建设。

（十六）完善公路投融资模式。建立完善政府主导、分级负责、多元筹资的公路投融资模式，完善收费公路政策，吸引社会资本投入，多渠道筹措建设和维护资金。逐步建立高速公路与普通公路统筹发展机制，促进普通公路持续健康发展。

（十七）鼓励社会资本参与水运、民航基础设施建设。探索发展“航电结合”等投融资模式，按相关政策给予投资补助，鼓励社会资本投资建设航电枢纽。鼓励社会资本投资建设港口、内河航运设施等。积极吸引社会资本参与盈利状况较好的枢纽机场、干线机场以及机场配套服务设施等投资建设，拓宽机场建设资金来源。

六、鼓励社会资本加强能源设施投资

（十八）鼓励社会资本参与电力建设。在做好生态环境保护、移民安置和确保工程安全的前提下，通过业主招标等方式，鼓励社会资本投资常规水电站和抽水蓄能电站。在确保具备核电控股资质主体承担核安全责任的前提下，引入社会资本参与核电项目投资，鼓励民间资本进入核电设备研制和核电服务领域。鼓励社会资本投资建设风光电、生物质能等清洁能源项目和背压式热电联产机组，进入清洁高效煤电项目建设、燃煤电厂节能减排升级改造领域。

（十九）鼓励社会资本参与电网建设。积极吸引社会资本投资建设跨区输电通道、区域主干电网完善工程和大中城市配电网工程。将海南联网Ⅱ回线路和滇西北送广东特高压直流输电工程等项目作为试点，引入社会资本。鼓励社会资本投资建设分布式电源并网工程、储能装置和电动汽车充换电设施。

（二十）鼓励社会资本参与油气管网、储存设施和煤炭储运建设运营。支持民营企业、地方国有企业等参股建设油气管网主干线、沿海液化天然气（LNG）接收站、地下储气库、城市配气管网和城市储气设施，控股建设油气管网支线、原油和成品油商业储备库。鼓励社会资本参与铁路运煤干线和煤炭储配体系建设。国家规划确定的石化基地炼化一体化项目向社会资本开放。

（二十一）理顺能源价格机制。进一步推进天然气价格改革，2015 年实现存量气和增量气价格并轨，逐步放开非居民用天然气气源价格，落实页岩气、煤层气等非常规天然气价格市场化政策。尽快出台天然气管道运输价格政策。按照合理成本加合理利润的原则，适时调整煤层气发电、余热余压发电上网标杆电价。推进天然气分布式能源冷、热、电价格市场化。完善可再生能源发电价格政策，研究建立流域梯级效益补偿机制，适时调整完善燃煤发电机组环保电价政策。

七、推进信息和民用空间基础设施投资主体多元化

（二十二）鼓励电信业进一步向民间资本开放。进一步完善法律法规，尽快修订电信业务分类目录。研究出台具体试点办法，鼓励和引导民间资本投资宽带接入网络建设和业务运营，大力发展宽带用户。推进民营企业开展移动通信转售业务试点工作，促进业务创新发展。

（二十三）吸引民间资本加大信息基础设施投资力度。支持基础电信企业引入民间战略投资者。推动中国铁塔股份有限公司引入民间资本，实现混合所有制发展。

（二十四）鼓励民间资本参与国家民用空间基础设施建设。完善民用遥感卫星数据政策，加强政府采购服务，鼓励民间资本研制、发射和运营商业遥感卫星，提供市场化、专业化服务。引导民间资本参与卫星导航地面应用系统建设。

八、鼓励社会资本加大社会事业投资力度

（二十五）加快社会事业公立机构分类改革。积极推进养老、文化、旅游、体育等领域符合条件的事业单位，以及公立医院资源丰富地区符合条件的医疗事业单位改制，为社

会资本进入创造条件，鼓励社会资本参与公立机构改革。将符合条件的国有单位培训疗养机构转变为养老机构。

（二十六）鼓励社会资本加大社会事业投资力度。通过独资、合资、合作、联营、租赁等途径，采取特许经营、公建民营、民办公助等方式，鼓励社会资本参与教育、医疗、养老、体育健身、文化设施建设。尽快出台鼓励社会力量兴办教育、促进民办教育健康发展的意见。各地在编制城市总体规划、控制性详细规划以及有关专项规划时，要统筹规划、科学布局各类公共服务设施。各级政府逐步扩大教育、医疗、养老、体育健身、文化等政府购买服务范围，各类经营主体平等参与。将符合条件的各类医疗机构纳入医疗保险定点范围。

（二十七）完善落实社会事业建设运营税费优惠政策。进一步完善落实非营利性教育、医疗、养老、体育健身、文化机构税收优惠政策。对非营利性医疗、养老机构建设一律免征有关行政事业性收费，对营利性医疗、养老机构建设一律减半征收有关行政事业性收费。

（二十八）改进社会事业价格管理政策。民办教育、医疗机构用电、用水、用气、用热，执行与公办教育、医疗机构相同的价格政策。养老机构用电、用水、用气、用热，按居民生活类价格执行。除公立医疗、养老机构提供的基本服务按照政府规定的价格政策执行外，其他医疗、养老服务实行经营者自主定价。营利性民办学校收费实行自主定价，非营利性民办学校收费政策由地方政府按照市场化方向根据当地实际情况确定。

九、建立健全政府和社会资本合作（PPP）机制

（二十九）推广政府和社会资本合作（PPP）模式。认真总结经验，加强政策引导，在公共服务、资源环境、生态保护、基础设施等领域，积极推广 PPP 模式，规范选择项目合作伙伴，引入社会资本，增强公共产品供给能力。政府有关部门要严格按照预算管理有关法律法规，完善财政补贴制度，切实控制和防范财政风险。健全 PPP 模式的法规体系，保障项目顺利运行。鼓励通过 PPP 方式盘活存量资源，变现资金要用于重点领域建设。

（三十）规范合作关系保障各方利益。政府有关部门要制定管理办法，尽快发布标准合同范本，对 PPP 项目的业主选择、价格管理、回报方式、服务标准、信息披露、违约处罚、政府接管以及评估论证等进行详细规定，规范合作关系。平衡好社会公众与投资者利益关系，既要保障社会公众利益不受损害，又要保障经营者合法权益。

（三十一）健全风险防范和监督机制。政府和投资者应对 PPP 项目可能产生的政策风险、商业风险、环境风险、法律风险等进行充分论证，完善合同设计，健全纠纷解决和风险防范机制。建立独立、透明、可问责、专业化的 PPP 项目监管体系，形成由政府监管部门、投资者、社会公众、专家、媒体等共同参与的监督机制。

（三十二）健全退出机制。政府要与投资者明确 PPP 项目的退出路径，保障项目持续稳定运行。项目合作结束后，政府应组织做好接管工作，妥善处理投资回收、资产处理等事宜。

十、充分发挥政府投资的引导带动作用

（三十三）优化政府投资使用方向。政府投资主要投向公益性和基础性建设。对鼓励社会资本参与的生态环保、农林水利、市政基础设施、社会事业等重点领域，政府投资可根据实际情况给予支持，充分发挥政府投资“四两拨千斤”的引导带动作用。

（三十四）改进政府投资使用方式。在同等条件下，政府投资优先支持引入社会资本的项目，根据不同项目情况，通过投资补助、基金注资、担保补贴、贷款贴息等方式，支持社会资本参与重点领域建设。抓紧制定政府投资支持社会投资项目的管理办法，规范政府投资安排行为。

十一、创新融资方式拓宽融资渠道

（三十五）探索创新信贷服务。支持开展排污权、收费权、集体林权、特许经营权、购买服务协议预期收益、集体土地承包经营权质押贷款等担保创新类贷款业务。探索利用工程供水、供热、发电、污水垃圾处理等预期收益质押贷款，允许利用相关收益作为还款来源。鼓励金融机构对民间资本举办的社会事业提供融资支持。

（三十六）推进农业金融改革。探索采取信用担保和贴息、业务奖励、风险补偿、费用补贴、投资基金，以及互助信用、农业保险等方式，增强农民合作社、家庭农场（林场）、专业大户、农林业企业的贷款融资能力和风险抵御能力。

（三十七）充分发挥政策性金融机构的积极作用。在国家批准的业务范围内，加大对公共服务、生态环保、基础设施建设项目的支持力度。努力为生态环保、农林水利、中西部铁路和公路、城市基础设施等重大工程提供长期稳定、低成本的资金支持。

（三十八）鼓励发展支持重点领域建设的投资基金。大力发展股权投资基金和创业投资基金，鼓励民间资本采取私募等方式发起设立主要投资于公共服务、生态环保、基础设施、区域开发、战略性新兴产业、先进制造业等领域的产业投资基金。政府可以使用包括中央预算内投资在内的财政性资金，通过认购基金份额等方式予以支持。

（三十九）支持重点领域建设项目开展股权和债权融资。大力发展债权投资计划、股权投资计划、资产支持计划等融资工具，延长投资期限，引导社保资金、保险资金等用于收益稳定、回收期长的基础设施和基础产业项目。支持重点领域建设项目采用企业债券、项目收益债券、公司债券、中期票据等方式通过债券市场筹措投资资金。推动铁路、公路、机场等交通项目建设企业应收账款证券化。建立规范的地方政府举债融资机制，支持地方政府依法依规发行债券，用于重点领域建设。

创新重点领域投融资机制对稳增长、促改革、调结构、惠民生具有重要作用。各地区、各有关部门要从大局出发，进一步提高认识，加强组织领导，健全工作机制，协调推动重点领域投融资机制创新。各地政府要结合本地实际，抓紧制定具体实施细则，确保各项措施落到实处。国务院各有关部门要严格按照分工，抓紧制定相关配套措施，加快重点领域建设，同时要加强宣传解读，让社会资本了解参与方式、运营方式、盈利模式、投资回报等相关政策，进一步稳定市场预期，充分调动社会投资积极性，切实发挥好投资对经济增长的关键作用。发展改革委要会同有关部门加强对本指导意见落实情况的督促检查，重大问题及时向国务院报告。

附表：重点政策措施文件分工方案

国务院

2014 年 11 月 16 日

附表： **重点政策措施文件分工方案**

序号	政策措施文件	负责单位	出台时间
1	大力推行环境污染第三方治理	发展改革委、环境保护部	2014 年底
2	推进排污权、碳排放权交易试点，鼓励社会资本参与污染减排和排污权、碳排放权交易	财政部、环境保护部、发展改革委、林业局、证监会（其中碳排放权交易由发展改革委牵头）	2015 年 3 月底
3	鼓励和引导社会资本参与节水供水重大水利工程建设运营的实施意见，积极探索多种形式的水权交易流转方式，鼓励社会资本参与节水供水重大水利工程投资建设	水利部、发展改革委、证监会	2015 年 3 月底
4	选择若干县城和重点镇推行试点，加大对市政基础设施建设运营引入市场机制的政策支持力度	住房城乡建设部、发展改革委	2014 年底
5	通过业主招标等方式，鼓励社会资本投资常规水电站和抽水蓄能电站	能源局	2014 年底
6	支持民间资本投资宽带接入网络建设和业务运营	工业和信息化部	2015 年 3 月底
7	政府投资支持社会投资项目的管理办法	发展改革委、财政部	2015 年 3 月底
8	创新融资方式，拓宽融资渠道	人民银行、银监会、证监会、保监会、财政部	2015 年 3 月底
9	政府使用包括中央预算内投资在内的财政性资金，支持重点领域产业投资基金管理办法	发展改革委	2015 年 3 月底
10	完善价格形成机制，增强重点领域建设吸引社会投资能力	发展改革委、国务院有关部门	2015 年 3 月底

注：有 2 个或以上负责单位的，排在第一位的为牵头单位。

12. 国务院关于改革和完善中央对地方转移支付制度的意见

（国发〔2014〕71号）

【发文机关】国务院
【发文文号】国发〔2014〕71号
【发布日期】2014年12月27日
【实施日期】2014年12月27日
【时效性】现行有效

各省、自治区、直辖市人民政府，国务院各部委、各直属机构：

财政转移支付制度是现代财政制度的重要内容，是政府管理的重要手段。根据党的十八届三中全会精神和《国务院关于深化预算管理制度改革的决定》（国发〔2014〕45号）要求，现就改革和完善中央对地方转移支付制度提出如下意见。

一、改革和完善中央对地方转移支付制度的必要性

1994年实行分税制财政管理体制以来，我国逐步建立了符合社会主义市场经济体制基本要求的财政转移支付制度。中央财政集中的财力主要用于增加对地方特别是中西部地区的转移支付，转移支付规模不断扩大，有力促进了地区间基本公共服务的均等化，推动了国家宏观调控政策目标的贯彻落实，保障和改善了民生，支持了经济社会持续健康发展。但与建立现代财政制度的要求相比，现行中央对地方转移支付制度存在的问题和不足也日益凸显，突出表现在：受中央和地方事权和支出责任划分不清晰的影响，转移支付结构不够合理；一般性转移支付项目种类多、目标多元，均等化功能弱化；专项转移支付涉及领域过宽，分配使用不够科学；一些项目行政审批色彩较重，与简政放权改革的要求不符；地方配套压力较大，财政统筹能力较弱；转移支付管理漏洞较多、信息不够公开透明等。对上述问题，有必要通过深化改革和完善制度，尽快加以解决。

二、总体要求

（一）指导思想。

全面贯彻落实党的十八大和十八届二中、三中、四中全会精神，按照党中央、国务院的决策部署和新修订的预算法有关规定，围绕建立现代财政制度，以推进地区间基本公共服务均等化为主要目标，以一般性转移支付为主体，完善一般性转移支付增长机制，清理、整合、规范专项转移支付，严肃财经纪律，加强转移支付管理，充分发挥中央和地方两个积极性，促进经济社会持续健康发展。

（二）基本原则。

加强顶层设计，做好分步实施。坚持问题导向，借鉴国际经验，注重顶层设计，使转移支付制度与事权和支出责任划分相衔接，增强改革的整体性和系统性；同时充分考虑实际情况，逐步推进转移支付制度改革，先行解决紧迫问题和有关方面认识比较一致的问题。

合理划分事权，明确支出责任。合理划分中央事权、中央地方共同事权和地方事权，强化中央在国防、外交、国家安全、全国统一市场等领域的职责，强化省级政府统筹推进区域内基本公共服务均等化的职责，建立事权与支出责任相适应的制度。

清理整合规范，增强统筹能力。在完善一般性转移支付制度的同时，着力清理、整合、规范专项转移支付，严格控制专项转移支付项目和资金规模，增强地方财政的统筹能力。市场调节为主，促进公平竞争。妥善处理政府与市场的关系，使市场在资源配置中起决定性作用，逐步减少竞争性领域投入专项，市场竞争机制能够有效调节的事项原则上不得新设专项转移支付，维护公平竞争的市场环境。

规范资金管理，提高资金效率。既要严格转移支付资金管理，规范分配使用，加强指导和监督，做到公平、公开、公正；又要加快资金拨付，避免大量结转结余，注重提高资金使用效率。

三、优化转移支付结构

合理划分中央和地方事权与支出责任，逐步推进转移支付制度改革，形成以均衡地区间基本财力、由地方政府统筹安排使用的一般性转移支付为主体，一般性转移支付和专项转移支付相结合的转移支付制度。属于中央事权的，由中央全额承担支出责任，原则上应通过中央本级支出安排，由中央直接实施；随着中央委托事权和支出责任的上收，应提高中央直接履行事权安排支出的比重，相应减少委托地方实施的专项转移支付。属于中央地方共同事权的，由中央和地方共同分担支出责任，中央分担部分通过专项转移支付委托地方实施。属于地方事权的，由地方承担支出责任，中央主要通过一般性转移支付给予支持，少量的引导类、救济类、应急类事务通过专项转移支付予以支持，以实现特定政策目标。

四、完善一般性转移支付制度

（一）清理整合一般性转移支付。逐步将一般性转移支付中属于中央委托事权或中央地方共同事权的项目转列专项转移支付，属于地方事权的项目归并到均衡性转移支付，建立以均衡性转移支付为主体、以老少边穷地区转移支付为补充并辅以少量体制结算补助的一般性转移支付体系。

（二）建立一般性转移支付稳定增长机制。增加一般性转移支付规模和比例，逐步将一般性转移支付占比提高到60%以上。改变均衡性转移支付与所得税增量挂钩的方式，确保均衡性转移支付增幅高于转移支付的总体增幅。大幅度增加对老少边穷地区的转移支付。中央出台增支政策形成的地方财力缺口，原则上通过一般性转移支付调节。

（三）加强一般性转移支付管理。一般性转移支付按照国务院规定的基本标准和计算方法编制。科学设置均衡性转移支付测算因素、权重，充分考虑老少边穷地区底子薄、发展慢的特殊情况，真实反映各地的支出成本差异，建立财政转移支付同农业转移人口市民化挂钩机制，促进地区间基本公共服务均等化。规范老少边穷地区转移支付分配，促进区域协调发展。建立激励约束机制，采取适当奖惩等方式，引导地方将一般性转移支付资金投入到民生等中央确定的重点领域。

五、从严控制专项转移支付

（一）清理整合专项转移支付。清理整合要充分考虑公共服务提供的有效性、受益范围的外部性、信息获取的及时性和便利性，以及地方自主性、积极性等因素。取消专项转移支付中政策到期、政策调整、绩效低下等已无必要继续实施的项目。属于中央委托事权的项目，可由中央直接实施的，原则上调整列入中央本级支出。属于地方事权的项目，划入一般性转移支付。确需保留的中央地方共同事权项目，以及少量的中央委托事权项目及引导类、救济类、应急类项目，要建立健全定期评估和退出机制，对其中目标接近、资金投入方向类同、资金管理方式相近的项目予以整合，严格控制同一方向或领域的专项数量。

（二）逐步改变以收定支专项管理办法。结合税费制度改革，完善相关法律法规，逐步取消城市维护建设税、排污费、探矿权和采矿权价款、矿产资源补偿费等专款专用的规定，统筹安排这些领域的经费。

（三）严格控制新设专项。专项转移支付项目应当依据法律、行政法规和国务院的规定设立。新设立的专项应有明确的政策依据、政策目标、资金需求、资金用途、主管部门和职责分工。

（四）规范专项资金管理办法。做到每一个专项转移支付都有且只有一个资金管理办法。对一个专项有多个资金管理办法的，要进行整合归并，不得变相增设专项。资金管理办法要明确政策目标、部门职责分工、资金补助对象、资金使用范围、资金分配办法等内容，逐步达到分配主体统一、分配办法一致、申报审批程序唯一等要求。需要发布项目申报指南的，应在资金管理办法中进行明确。补助对象应按照政策目标设定，并按政府机构、事业单位、个人、企业等进行分类，便于监督检查和绩效评价。

六、规范专项转移支付分配和使用

（一）规范资金分配。专项转移支付应当分地区、分项目编制。严格资金分配主体，明确部门职责，社会团体、行业协会、企事业单位等非行政机关不得负责资金分配。专项转移支付可以采取项目法或因素法进行分配。对用于国家重大工程、跨地区跨流域的投资项目以及外部性强的重点项目，主要采取项目法分配，实施项目库管理，明确项目申报主体、申报范围和申报条件，规范项目申报流程，发挥专业组织和专家的作用，完善监督制衡机制。对具有地域管理信息优势的项目，主要采取因素法分配，选取客观因素，确定合理权重，按照科学规范的分配公式切块下达省级财政，并指导其制定资金管理办法实施细则，按规定层层分解下达到补助对象，做到既要调动地方积极性，又要保证项目顺利实施。对关系群众切身利益的专项，可改变行政性分配方式，逐步推动建立政府引导、社会组织评价、群众参与的分配机制。

（二）取消地方资金配套要求。除按照国务院规定应当由中央和地方共同承担的事项外，中央在安排专项转移支付时，不得要求地方政府承担配套资金。由中央和地方共同承担的事项，要依据公益性、外部性等因素明确分担标准或比例。在此基础上，根据各地财政状况，同一专项对不同地区可采取有区别的分担比例，但不同专项对同一地区的分担比例应逐步统一规范。

（三）严格资金使用。除中央委托事项外，专项转移支付一律不得用于财政补助单位人员经费和运转经费，以及楼堂馆所等国务院明令禁止的相关项目建设。加强对专项资金分配使用的全过程监控和检查力度，建立健全信息反馈、责任追究和奖惩机制，重点解决资金管理“最后一公里”问题。

七、逐步取消竞争性领域专项转移支付

（一）取消部分竞争性领域专项。凡属“小、散、乱”，效用不明显以及市场竞争机制能够有效调节的专项应坚决取消；对因价格改革、宏观调控等而配套出台的竞争性领域专项，应明确执行期限，并在后期逐步退出，到期取消。

（二）研究用税收优惠政策替代部分竞争性领域专项。加强竞争性领域专项与税收优惠政策的协调，可以通过税收优惠政策取得类似或更好政策效果的，应尽量采用税收优惠政策，相应取消竞争性领域专项。税收优惠政策应由专门税收法律法规或国务院规定。

（三）探索实行基金管理等市场化运作模式。对保留的具有一定外部性的竞争性领域专项，应控制资金规模，突出保障重点，逐步改变行政性分配方式，主要采取基金管理等市场化运作模式，逐步与金融资本相结合，发挥撬动社会资本的杠杆作用。基金可以采取中央直接设立的方式，也可以采取中央安排专项转移支付支持地方设立的方式；可以新设基金，也可以扶持已有的对市场有重大影响的基金。基金主要采取创业投资引导基金、产业投资基金等模式。基金设立应报经同级人民政府批准，应有章程、目标、期限及指定投资领域，委托市场化运作的专业团队管理，重在引导、培育和发展市场，鼓励创新创业。基金应设定规模上限，达到上限时，根据政策评估决定是否进一步增资。少数不适合实行基金管理模式的，也应在事前明确补助机制的前提下，事中或事后采取贴息、先建后补、以奖代补、保险保费补贴、担保补贴等补助方式，防止出现补助机制模糊、难以落实或套取补助资金等问题。

八、强化转移支付预算管理

（一）及时下达预算。加强与地方预算管理的衔接，中央应当将对地方的转移支付预计数提前下达地方，地方应当将其编入本级预算。除据实结算等特殊项目可以分期下达预算或者先预付后结算外，中央对地方一般性转移支付在全国人大批准预算后30日内下达，专项转移支付在90日内下达。省级政府接到中央转移支付后，应在30日内正式下达到本行政区域县级以上各级政府。中央下达的财政转移支付必须纳入地方政府预算管理，按规定向同级人大或其常委会报告。

（二）推进信息公开。中央对地方转移支付预算安排及执行情况在全国人大批准后20日内由财政部向社会公开，并对重要事项做出说明。主动向社会公开一般性转移支付和专项转移支付的具体项目、规模、管理办法和分配结果等。

（三）做好绩效评价。完善转移支付绩效评价制度，科学设置绩效评价机制，合理确定绩效目标，有效开展绩效评价，提高绩效评价结果的可信度，并将绩效评价结果同预算安排有机结合。逐步创造条件向社会公开绩效评价结果。

（四）加强政府性基金预算和一般公共预算的统筹力度。政府性基金预算安排支出的项目，一般公共预算可不再安排或减少安排。政府性基金预算和一般公共预算同时安排的专项转移支付，在具体管理中应作为一个专项，制定统一的资金管理办法，实行统一的资金分配方式。

（五）将一般性转移支付纳入重点支出统计范围。大幅度增加一般性转移支付后，中央财政对相关重点领域的直接投入相应减少。由于中央对地方税收返还和转移支付最终形成地方财政支出，为满足统计需要，可将其按地方财政支出情况分解为对相关重点领域的投入。

九、调整优化中央基建投资专项

在保持中央基建投资合理规模的基础上，划清中央基建投资专项和其他财政专项转移支付的边界，合理划定主管部门职责权限，优化中央基建投资专项支出结构。逐步退出竞争性领域投入，对确需保留的投资专项，调整优化安排方向，探索采取基金管理等市场化运作模式，规范投资安排管理；规范安排对地方基本公共服务领域的投资补助，逐步减少对地方的小、散投资补助；逐步加大属于中央事权的项目投资，主要用于国家重大工程、跨地区跨流域的投资项目以及外部性强的重点项目。

十、完善省以下转移支付制度

省以下各级政府要比照中央对地方转移支付制度，改革和完善省以下转移支付制度。与省以下各级政府事权和支出责任划分相适应，优化各级政府转移支付结构。对上级政府下达的一般性转移支付，下级政府应采取有效措施，确保统筹用于相关重点支出；对上级政府下达的专项转移支付，下级政府可在不改变资金用途的基础上，发挥贴近基层的优势，结合本级安排的相关专项情况，加大整合力度，将支持方向相同、扶持领域相关的专项转移支付整合使用。

十一、加快转移支付立法和制度建设

为增强转移支付制度的规范性和权威性，为改革提供法律保障，需要加快转移支付立法，尽快研究制定转移支付条例，条件成熟时推动上升为法律。相关文件中涉及转移支付

的规定，应当按照本意见进行修改完善。

十二、加强组织领导

改革和完善中央对地方转移支付制度是财税体制改革的重要组成部分，涉及面广、政策性强，利益调整大。各地区、各部门要高度重视，加强组织领导，确保相关改革工作顺利推进。要提高认识，把思想和行动统一到党中央、国务院决策部署上来。要加强沟通，凝聚各方共识，形成改革合力。要周密部署，加强督查，抓好落实，对违反预算法等法律法规规定的，严肃追究责任。

各地区、各部门要根据本意见要求，结合本地区、本部门实际调整完善管理体制，健全相关管理机构，制定完善配套措施，主动作为、勇于担当，积极研究解决工作中遇到的新情况、新问题。财政部要会同有关部门和地区及时总结经验，加强宣传引导，推动本意见确定的各项政策措施贯彻落实，重大事项及时向国务院报告。

国务院
2014 年 12 月 27 日

13. 国务院关于实行中期财政规划管理的意见

（国发〔2015〕3号）

【发文机关】国务院
【发文文号】国发〔2015〕3号
【发布日期】2015年1月3日
【实施日期】2015年1月3日
【时效性】现行有效

各省、自治区、直辖市人民政府，国务院各部委、各直属机构：

深化财税体制改革是党中央、国务院做出的重大决策，为加快建立现代财政制度、改进预算管理和控制，现就实行中期财政规划管理提出以下意见：

一、总体要求

当前，我国经济社会发展面临的国内外环境错综复杂，财政可持续发展面临较多挑战，财政收入增速下降，与支出刚性增长矛盾进一步加剧；现行支出政策考虑当前问题较多，支出结构固化僵化；地方政府性债务存在一定风险隐患；专项规划、区域规划与财政规划衔接不够，不利于预算统筹安排。实行中期财政规划管理，由财政部门会同各部门研究编制3年滚动财政规划，对未来3年重大财政收支情况进行分析预测，对规划期内一些重大改革、重要政策和重大项目，研究政策目标、运行机制和评价办法，通过逐年更新滚动管理，强化财政规划对年度预算的约束性，有利于通过深化改革解决上述问题，实现财政可持续发展，也有利于充分发挥财政职能作用，促进经济结构调整和发展方式转变。

（一）指导思想。深入贯彻党的十八大和十八届二中、三中、四中全会精神，按照党中央、国务院决策部署，认真总结现行财政收支政策运行情况，以问题为导向，研究调整相关财政收支政策，通过科学合理测算，对未来几年财政收支进行统筹安排，提高财政政策的前瞻性、有效性和可持续性，促进经济社会平稳健康发展。

（二）基本原则。

1. 统筹当前长远。既要着力应对当前经济发展进入新常态、财政收入增幅回落等问题，也要考虑长远发展，处理好经济建设与民生改善、生态环境保护之间的关系，优化财政资金分配，切实防范财政风险，促进实现国家长治久安。

2. 坚持问题导向。针对部分现行财政支出政策“碎片化”、不可持续等问题，从政策内容和运行机制上查找原因，立足基本国情，借鉴国际经验，提出解决问题的改革措施。

3. 实施滚动调整。中期财政规划按照3年滚动方式编制，第一年规划约束对应年度预算，后两年规划指引对应年度预算。年度预算执行结束后，对后两年规划及时进行调整，再添加一个年度规划，形成新一轮中期财政规划。

4. 强化约束机制。凡是涉及财政政策和资金支持的部门、行业规划，都要与中期财政规划相衔接。强化中期财政规划对年度预算编制的约束，年度预算编制必须在中期财政规划框架下进行。

二、中期财政规划主要内容

中期财政规划是中期预算的过渡形态，是在对总体财政收支情况进行科学预判的基础上，重点研究确定财政收支政策，做到主要财政政策相对稳定，同时根据经济社会发展情况适时研究调整，使中期财政规划渐进过渡到真正的中期预算。中期财政规划涵盖一般公共预算、政府性基金预算、国有资本经营预算和社会保险基金预算，主要包括4部分内容：

（一）预测现行政策下财政收支。根据国民经济和社会发展五年规划纲要及年度计划，考虑国际国内发展环境重大变化，结合基期年的经济社会发展情况，预测未来3年经济社会发展状况及主要经济指标。在做好经济预测的基础上，按照现行宏观经济政策，预测未来财政收支情况。

（二）分析现行财政收支政策问题。根据对现行政策下财政收支的预测和对现行财政收支政策实施效果的分析，深入查找问题：一是财政收入制度存在的问题。现行税制对促进资源节约和环境保护、化解过剩产能、调节收入分配以及筹集财政收入等方面的作用，部分税制改革政策对财政收入的影响，非税收入管理的规范等。二是财政支出政策存在的问题。一些重点支出同财政收支增幅或生产总值挂钩对财政支出结构的影响，社会保障、医疗卫生支出因人口结构变化的增长情况，一些亟须解决的问题在支出预算中的保障情况，已安排的财政资金由于各种原因形成沉淀的情况等。三是债务风险问题。部分地区地方政府性债务规模较大，存在的风险隐患等。

（三）制定财政收支政策改革方案。一是在财政收入政策方面，财政部门要与税务、海关、发展改革等相关部门协商提出税制改革、重大税收政策调整、清理规范收费和政府性基金项目的路线图和时间表，明确政策目标和政策实施时间，评估政策对经济运行和相关产业的影响以及企业、个人税费负担的变化。二是在财政支出政策方面，财政部门要与相关部门梳理规划期内重大改革、支出政策和支出项目，明确政策目标，列出分年度工作任务和时间节点，说明资金使用对象、保障标准、运行流程，建立预算绩效评价机制，并加大结转结余资金清理力度，减少新增沉淀资金。三是在政府债务管理方面，财政部门要根据财政收支和政府债务风险预测情况，合理确定财政赤字规模、政府债务限额等风险控制目标，将债务分类纳入预算管理，并建立债务风险预警和应急处置机制。

（四）测算改革后财政收支情况。根据财政收支政策改革方案，测算未来3年财政收支情况，并进行综合平衡。

三、编制主体和程序

财政部牵头编制全国中期财政规划。全国中期财政规划对中央年度预算编制起约束作用，对地方中期财政规划和年度预算编制起指导作用。财政部要在下一年度预算编制启动之前，提前编制中期财政规划草案。草案应征求相关部门和社会有关方面的意见，报国务院批准后实施。

各部门应结合国民经济和社会发展 5 年规划纲要及相关专项规划、区域规划的实施，按照部门职责分工，研究未来 3 年涉及财政收支的重大改革和政策事项，并测算收支数额，及时提交财政部汇总平衡。同时，各部门还要编制部门 3 年滚动财政规划，按照部门预算管理有关规定执行。

各省、自治区、直辖市及计划单列市财政部门要比照中央做法，编制地方中期财政规划，经同级人民政府批准后，报财政部备案。省级各部门、省级以下地方财政部门也可分别编制省级部门 3 年滚动财政规划和当地中期财政规划。

四、组织实施

（一）强化组织领导。各部门要抓紧研究相关行业、领域的重大改革和政策措施，积极配合财政部门做好工作。地方各级政府要从推进国家治理体系现代化的高度，切实加强对实行中期财政规划管理的组织领导。地方各级财政部门要因地制宜，细化工作措施，制定编制中期财政规划的具体办法。

（二）增强协调意识。财政部门要主动加强与其他部门的沟通协调，做好中期财政规划与国民经济和社会发展规划及相关专项规划、区域规划的衔接工作。各部门要树立中期财政观念，拟出台的增支事项必须与中期财政规划相衔接，制定延续性政策要统筹考虑多个年度，可持续发展，不得一年一定。对于农业、教育、科技、社会保障、医疗卫生、扶贫、就业等方面涉及财政支持的重大政策，有关部门应会同财政部门建立中长期重大事项科学论证机制。

（三）做好基础工作。各部门要编制好本部门本行业的相关规划，合理确定年度工作任务，及时提供部门基础信息和相关行业数据，为中期财政规划编制提供良好支撑。地方各级政府要尽快落实管理责任，督促财政和其他相关部门做好编制中期财政规划的基础工作。地方各级财政部门要加强财政数据信息管理、支出项目化管理和定额标准体系建设，为规划编制提供必要的人员保障和技术支持。

国务院

2015 年 1 月 3 日

14. 国务院关于印发《推进财政资金统筹使用方案》的通知

（国发〔2015〕35号）

【发文机关】国务院
【发文文号】国发〔2015〕35号
【发布日期】2015年6月16日
【实施日期】2015年6月16日
【时效性】现行有效

各省、自治区、直辖市人民政府，国务院各部委、各直属机构：

现将《推进财政资金统筹使用方案》印发给你们，请认真贯彻落实。

国务院
2015年6月16日

推进财政资金统筹使用方案

为全面贯彻党的十八大和十八届二中、三中、四中全会精神，落实国务院决策部署，进一步优化财政资源配置，提高财政资金使用效益，完善预算管理制度，促进经济社会持续健康发展，按照预算法和国务院有关规定，制定本方案。

一、总体目标和主要原则

推进财政资金统筹使用，避免资金使用“碎片化”，盘活各领域“沉睡”的财政资金，把“零钱”化为“整钱”，统筹用于发展急需的重点领域和优先保障民生支出，增加资金有效供给，是创新宏观调控方式的重要内容，也是用足用活积极财政政策的关键举措。

（一）总体目标。

推进财政资金统筹使用要与深化财税体制改革结合起来，统筹考虑预算管理制度、中期财政规划、事权与支出责任划分等改革。以问题为导向，坚持改革创新，大力推进财政资金统筹使用，不断提高财政资金使用效益，促进经济社会持续健康发展。近期目标是：盘活各领域财政沉淀资金取得明显进展，初步建立财政资金统筹使用机制，促进稳增长、调结构。长远目标是：财政资金统筹使用机制更加成熟，将所有预算资金纳入财政部门统一分配，做到预算一个“盘子”、收入一个“笼子”、支出一个“口子”，促进财政资金优化配置，推动建立现代财政制度。

（二）主要原则。

全面统筹。通过统筹使用各类资金、盘活用好结转结余资金、加快预算资金下达执行等，构建起推进财政资金统筹使用的总体框架。

分层推进。以项目、科目、部门、政府预算体系、跨年度预算、各类收入、增量与存量、编制与执行等为切入点，有序推进财政资金统筹使用。

远近结合。既要立足当前，解决目前预算执行偏慢、财政存量资金规模居高不下的突出问题，把盘活的资金统筹安排使用；又要着眼长远，进一步加大各类资金整合力度，完善政府预算体系。

改革创新。既要善于总结和推广已有的成功经验和做法，用改革创新方法推进财政资金统筹使用；又要通过推进财政资金统筹使用，促使各级政府和部门主动作为，推进简政放权、放管结合、转变政府职能。

依法依规。既要严格按照预算法及有关法规规定，推进财政资金统筹使用；又要对地方先行先试予以必要授权，推动修改相关的预算资金管理办法。

二、具体措施

（一）推进项目资金的统筹使用。

做好项目前期准备。提前做好项目可行性研究、评审、招投标、政府采购等前期准备工作，确保预算一旦批复或下达，资金就能实际使用。

加快项目预算批复和下达。预算经同级人大批准后，要按照规定时间及时批复、下达并拨付资金。加快据实结算项目下达进度，一般采取当年列入部门预算或上半年预拨、下年清算的方式。强化年度预算理念，项目跨年度实施的，要根据资金需求情况分年下达预算。

建立项目动态调整机制。实时跟踪了解项目执行情况，项目预算执行进度较慢的，同级财政可按一定比例收回资金，统筹用于经济社会发展急需资金支持的领域。

加强项目库管理。发挥项目库的基础支撑作用，对没有进入项目库的项目一般不得安排预算；规范项目设置，做细做实项目库，全面反映项目的执行单位、历年预算安排、结转结余资金、绩效评价结果等情况；实施项目全周期滚动管理，逐步完善项目退出机制。

（二）推进重点科目资金的统筹使用。

重点推进科技、教育、农业、节能环保、医疗卫生等重点科目资金的统筹，既要统筹安排当年预算资金，又要加快消化历年结转结余资金。

加快推进科技资金优化整合。建立公开统一的国家科技管理平台，加快推进将目前分散在各部门实行公开竞争方式的科技计划（专项、基金等），优化整合为国家自然科学基金、国家科技重大专项、国家重点研发计划、技术创新引导专项（基金）、基地和人才专项等5类。

推进教育资金优化整合。按照事权与支出责任相匹配的原则，优化各级政府教育资金支出方向。新增教育经费主要向边远、贫困、民族地区倾斜，逐步缩小区域、城乡、校际差距，促进教育公平。

推进节能环保资金优化整合。按照加快推进生态文明建设总体要求，将现有节能环保领域资金按照节能减排、环境监测监察、大气污染防治、水污染防治、土壤环境修复治理、生态恢复保护等6类进行统筹整合。

推进涉农资金优化整合。进一步深入推进各个层面的涉农资金整合统筹，逐步将涉农资金整合为农业综合发展、农业生产发展、水利发展、林业改革发展、农村社会发展、扶贫开发等6类，突出创新涉农资金管理使用机制。

推进医疗卫生资金优化整合。逐步将医疗卫生领域资金整合为医疗保障、公共卫生、医疗服务等3类。将新型农村合作医疗和城镇居民医疗保险补助资金整合为城乡居民医疗保险补助资金，并实行统一管理。尽快推进计划生育服务和公共卫生服务项目资金整合，进一步优化支出结构，重点支持基本公共卫生、重大疾病预防控制、妇幼健康、计划生育、食品药品安全等领域。

推动修订重点支出挂钩相关法律。推动尽快修订重点支出同财政收支增幅或生产总值挂钩事项的相关规定，对相关领域支出根据推进改革的需要和确需保障的内容统筹安排，优先保障，不再采取先确定支出总额再安排具体项目的办法。

（三）推进部门资金的统筹使用。

推进统一预算分配权。对中央基建投资、中央科技资金等切块管理的资金，应加强与其他财政资金的统筹协调，按照统一的预算管理流程进行编制。对中央基建投资、中央科技资金安排支出的项目，其他财政资金可不再安排或减少安排，避免重复安排支出和固化投向。对少量的中央基建投资、中央科技资金和其他财政资金都安排支出的项目，应制定统一的资金管理办法，实行统一的资金分配方式。

推进部门内部资金的统筹使用。厘清基本支出和项目支出的内涵界限，除经费自理事业单位外，逐步取消项目支出中用于本部门编制内人员经费的支出。严格控制每个部门管理的专项资金项目个数，在调整优化政府支出功能分类科目的基础上，项级科目下一般不再拆分成不同的专项资金。

推进跨部门资金的统筹使用。加强跨部门资金的清理整合，对同一工作事项，原则上应按照部门职责分工，明确由一个部门负责，资金相应列入其部门预算；确需分解为由多个部门负责的，应按照项目和资金性质明确牵头部门，制定统一的资金管理办法，并按照部门预算管理规定分别列入各自部门预算，减少部门间横向分配资金。

推进部门职责调整和整合。深化机构改革，理顺部门间的职责划分，优化政府机构职能配置和工作流程，加强政府监管，更好发挥政府作用，创造公平竞争的市场环境。

（四）推进政府预算体系的统筹协调。

加大政府性基金预算转列一般公共预算的力度。完善政府预算体系，对政府性基金预算中未列入政府性基金目录清单的收入项目，除国务院批准的个别事项外，3年内逐步调整转列一般公共预算，并统筹使用。从 2016 年 1 月 1 日起，将水土保持补偿费、政府住房基金、无线电频率占用费、铁路资产变现收入、电力改革预留资产变现收入等 5 项基金转列一般公共预算。上述基金转列后，支出仍主要用于或专项用于安排相关支出，且收入规模增加的，支出规模原则上相应增加。

加大政府性基金预算调入一般公共预算的力度。暂时保留在政府性基金预算管理的资金，与一般公共预算投向类似的，应调入一般公共预算统筹使用，或制定统一的资金管理办法，实行统一的资金分配方式。对政府性基金预算结转资金规模超过该项基金当年收入 30% 的部分，应补充预算稳定调节基金统筹使用。

推进国有资本经营预算与一般公共预算的统筹协调。加大国有资本经营预算调入一般公共预算的力度，2016 年调入比例达到 19%，并逐年提高调入比例。除调入一般公共预算外，国有资本经营预算支出范围限定用于解决国有企业历史遗留问题及相关改革成本支出、对国有企业的资本金注入及国有企业政策性补贴等方面。一般公共预算安排用于这方面的资金逐步退出。

推进专项收入统筹使用。3 年内逐步取消一般公共预算中以收定支的规定，2016 年先行取消城市维护建设税以及矿产资源补偿费、探矿权采矿权使用费和价款、草原植被恢复费、海域使用金等专项收入专款专用，相应推动修改法律法规，对相关领域支出统筹安排保障。新出台的税收收入或非税收入政策，一般不得规定以收定支、专款专用。

（五）推进跨年度预算的统筹协调。

建立跨年度预算平衡机制。一般公共预算的结余资金，应当补充预算稳定调节基金。一般公共预算执行中如出现超收，超收收入用于冲减赤字、化解政府债务或补充预算稳定调节基金；如出现短收，通过调入预算稳定调节基金或其他预算资金、削减支出等方式弥补，如仍难以平衡，省级以上政府可以在报同级人大或其常委会批准后增列赤字实现平衡，市、县级政府可以向上级政府申请临时救助，并在下一年度预算中予以弥补。

编制 3 年滚动财政规划。对未来 3 年重大财政收支情况进行分析预测，对规划期内一些重大改革、重要政策和重大项目，研究政策目标、运行机制和评价办法。3 年滚动财政规划要与国民经济和社会发展 5 年规划纲要及相关专项规划、区域规划相衔接，强化 3 年滚动财政规划对年度预算的约束。

加快推进重点领域 3 年滚动财政规划。在水利投资运营、义务教育、卫生、社保就业、环保等重点领域开展 3 年滚动财政规划试点。对列入 3 年滚动财政规划的项目资金，因特殊原因无法使用的，各部门要及时调剂用于规划内的其他项目，并报同级财政部门备案。

编制部门 3 年滚动财政规划。加强部门预算总量约束，在编制 2016 年部门预算时，同步编制中央部门 2016 ~ 2018 年滚动财政规划。

国民经济和社会发展五年规划纲要及相关专项规划、区域规划等，一般不得规定重点支出同财政收支增幅或生产总值挂钩事项。部门、行业规划涉及财政政策和资金支持的，要与 3 年滚动财政规划相衔接。

（六）推进规范各类收入及其统筹使用。

加大各类收入统筹使用的力度，进一步理顺税费关系，清理、整合和规范政府性基金和专项收入，逐步建立税收收入为主导、非税收入适当补充的收入体系。

清理压缩政府性基金和专项收入。结合投融资体制改革和政府职能转变，取消政策效应不明显、不适应市场经济发展的政府性基金和专项收入项目。归并征收对象相同、计征方式和资金用途相似、重复设置的政府性基金和专项收入项目。结合税制改革，依法将具有税收性质的政府性基金和专项收入改为税收。对决定取消、归并、调整的政府性基金，及时推动修订相关法律法规。

实行目录清单管理。对政府性基金和专项收入实行目录清单管理，定期向社会公开项目名称、设立依据、征收方式和标准、收入规模等，提高政策透明度，接受社会监督。

从严控制设立收入项目。一般不新设政府性基金和专项收入项目，如有必要筹集收入或调节经济行为，主要依法通过税收方式解决。个别需要新设立政府性基金或专项收入项目的，应有明确的法律、行政法规依据或经国务院批准，并明确征收期限。

（七）推进财政存量资金的统筹使用。

贯彻落实国务院关于盘活财政存量资金的各项要求，全面盘活结转结余资金、预算稳定调节基金、预算周转金等各类存量资金。

推进结转结余资金的统筹使用。对结余资金和连续两年未用完的结转资金，一律收回统筹使用。对不足两年的结转资金，要加快预算执行，也可按规定用于其他急需领域，不需按原用途使用的，应按规定统筹用于经济社会发展急需资金支持的领域。从严控制一般公共预算结转项目，可不结转的项目不再结转。地方各级财政除国库集中支付结余外，一律不得按权责发生制列支，已按权责发生制核算的存量资金，要结合当前财政经济形势在两年内使用完毕。

推进预算稳定调节基金的统筹使用。根据实际需要将闲置不用的预算周转金调入预算稳定调节基金。合理控制预算稳定调节基金规模，预算稳定调节基金在编制年度预算调入使用后的规模一般不超过当年本级一般公共预算支出总额（含对下级转移支付）的5%。

建立健全财政存量资金与预算安排统筹结合的机制。从2016年起，对上年末财政存量资金规模较大的地区或部门，适当压缩下年财政预算安排规模。其中，对上年末财政存量资金规模较大的地区，按一定比例相应核减对其下年转移支付规模；对上年末财政存量资金规模较大的部门，按一定比例相应核减其下年公用经费或项目支出规模。

（八）推进预算编制和预算执行的统筹协调。

统筹协调预算编制和预算执行工作，既要加强预算编制管理，提高预算编制的科学性和准确性，为预算执行打好基础，又要加强预算执行管理，加快预算执行进度，为预算编制提供重要参考。

严格控制代编事项，按照预算法和国务院的规定，细化预算编制，提高年初预算到位率。各级财政应严格控制代编预算，对确需代编预算的事项，应及时报同级政府批准，并在当年6月30日前下达；逾期未下达的，收回同级财政总预算统筹使用。提高地方预算完整性，中央将对地方的转移支付预计数提前下达地方，地方应足额编入本级预算，并及时组织实施。严格预算调整，硬化预算约束，年度预算执行中除救灾等应急支出通过动支预备费等解决外，一般不出台增加当年支出的政策，必须出台的政策，应通过以后年度预算安排资金。加快已定政策的预算执行，对机关事业单位养老保险制度改革和完善工资制度等已定政策要抓紧出台实施方案，及时下达预算。

（九）推进债务资金的统筹使用。

加大存量债务资金和新增债务资金的统筹使用力度。结合地方政府存量债务清理甄别工作，对尚未使用的地方政府存量债务资金，一律纳入预算管理，与新增债务资金统筹安排使用。其中，一般债务资金纳入一般公共预算，由地方各级财政部门统筹用于没有收益的公益性项目建设；专项债务资金纳入对应的政府性基金，与该项政府性基金统筹用于对应有一定收益的公益性项目建设。探索提前下达地方政府债务新增限额，提高预算编制的完整性，同时加快发行进度。

加强库款管理与债务发行的统筹协调。加快地方政府置换债券发行进度。库款较高的地区，可以根据库款余额适当控制债务发行的规模和节奏，促进库款管理与债务发行有机结合。

（十）推进转移支付资金的统筹使用。

优化转移支付结构。属于中央事权的，尽可能由中央本级支出安排，中央直接实施，并加强对项目遴选和执行的控制；属于地方事权的，由地方承担支出责任，中央主要通过一般性转移支付给予支持，对少量的引导类、救济类、应急类事务通过专项转移支付予以支持，并将具体资金分配权、项目确定权交给地方，中央侧重加强监管。

清理整合专项转移支付。对目标接近、资金投入方向类同、资金管理方式相近的专项转移支付予以整合。对整合后的专项转移支付，应逐项制定统一的资金管理办法，做到政策目标明确、分配主体统一、分配办法一致、审批程序唯一、资金投向协调。加强转移支付项目和部门预算项目的统筹，减少执行中的预算级次调整。

探索专项转移支付分配新方式。对保留的具有一定外部性的竞争性领域专项资金，逐步改变行政性分配方式，主要采取基金管理等市场化运作模式，鼓励与金融资本相结合，发挥撬动社会资本的杠杆作用。

推动地方先行先试。通过对地方予以必要授权或修改相关预算资金管理办法，允许地方政府在推进财政资金统筹使用方面先行先试。对上级政府下达的专项转移支付，下级政府可在不改变资金类级科目用途的基础上，发挥贴近基层的优势，结合本级安排的相关专项情况，加大整合力度，将支持方向相同、扶持领域相关的专项转移支付整合使用。

三、组织保障

（一）建立统筹协调机制。各地区、各部门要高度重视，加强组织领导，切实抓好工作落实。国务院有关部门要发挥带头作用，积极作为、主动配合。财政部要密切关注相关工作进展情况，加强督促指导。各级审计机关要加强审计监督，切实推进各项措施落实到位。

（二）建立信息定期统计机制。各地区、各部门要建立信息定期统计制度，认真分析资金整合、预算执行、财政存量资金等有关情况，并及时报送财政部。

（三）建立健全责任追究机制。建立健全考核指标，对未按规定完成的，要严肃追究相关部门和人员的责任。建立从项目申报到财政资金拨付全过程的权力和责任清单制度，切实明确权责。对虚报冒领、骗取套取、挤占挪用财政资金的问题实行一案双查，不仅严肃查处直接当事人，还要追溯追查申报、审批等环节相关部门和人员的责任。

（四）建立信息公开机制。除法定涉密信息外，中央和地方所有部门预决算都要公开，全面接受社会监督。

15. 国务院关于进一步做好城镇棚户区和城乡危房改造及配套基础设施建设有关工作的意见

（国发〔2015〕37号）

【发文机关】国务院
【发文文号】国发〔2015〕37号
【发布日期】2015年6月30日
【实施日期】2015年6月30日
【时效性】现行有效

各省、自治区、直辖市人民政府，国务院各部委、各直属机构：

近年来，各地区、各有关部门认真贯彻落实党中央、国务院决策部署，持续加大城镇棚户区和城乡危房改造力度，有关工作取得显著进展。截至2014年年底，全国共改造各类棚户区住房2080万套、农村危房1565万户，其中2013～2014年改造各类棚户区住房820万套、农村危房532万户，有效改善了困难群众的住房条件，发挥了带动消费、扩大投资的积极作用，促进了社会和谐稳定。但也要看到，与党中央、国务院确定的改造约1亿人居住的城镇棚户区和城中村的目标相比，任务仍然十分艰巨，特别是待改造的棚户区多为基础差、改造难度大的地块，在创新融资机制、完善配套基础设施等方面还存在不少困难和问题。同时，农村困难群众对改善居住条件、住上安全住房的诉求比较强烈，加快农村危房改造的要求十分迫切。为进一步做好城镇棚户区和城乡危房改造及配套基础设施建设工作，切实解决群众住房困难，有效促进经济增长，现提出以下意见：

一、总体要求

（一）指导思想。深入贯彻党的十八大、十八届二中、三中、四中全会和中央城镇化工作会议精神，全面落实国务院决策部署，坚持走以人为核心的新型城镇化道路，以改善群众住房条件为出发点和落脚点，突出稳增长、惠民生，明确工作责任，创新体制机制，强化政策落实，加大城镇棚户区和城乡危房改造力度，加快配套基础设施建设，扩大有效投资，推动经济社会和谐发展。

（二）工作目标。制定城镇棚户区和城乡危房改造及配套基础设施建设3年计划（2015～2017年，以下简称3年计划）。2015～2017年，改造包括城市危房、城中村在内的各类棚户区住房1800万套（其中2015年580万套），农村危房1060万户（其中2015年432万户），加大棚改配套基础设施建设力度，使城市基础设施更加完备，布局合理、运行安全、服务便捷。

二、加大改造建设力度

（一）加快城镇棚户区改造。各地区要抓紧编制2015～2017年城镇棚户区改造实施方案并抓好组织落实。一要加快棚改项目建设。依法合规推进棚改，切实做好土地征收、补偿安置等前期工作。建立行政审批快速通道，简化程序，提高效率，对符合相关规定的项目，限期完成立项、规划许可、土地使用、施工许可等审批手续。加强工程质量安全监管，保证工程质量和进度，确保完成3年计划确定的目标任务。把城市危房改造纳入棚改政策范围。二要积极推进棚改货币化安置。缩短安置周期，节省过渡费用，让群众尽快住上新房，享有更好的居住环境和物业服务，满足群众多样化居住需求。各省（区、市）要因地制宜，抓紧摸清存量商品住房底数，制定推进棚改货币化安置的指导意见和具体安置目标，完善相关政策措施，督促市、县抓好落实，加快安置棚户区居民。

（二）完善配套基础设施。各地区要尽快编制2015～2017年棚改配套基础设施建设计划（以下简称配套建设计划），确定棚改安置住房小区配套基础设施项目，以及与棚改项目直接相关的城市道路和公共交通、通信、供电、供水、供气、供热、停车库（场）、污水与垃圾处理等城市基础设施项目，努力做到配套设施与棚户区改造安置住房同步规划、同步报批、同步建设、同步交付使用。各地区要对2014年年底前已开工的棚改安置房等保障房小区配套基础设施情况进行排查，对配套基础设施不完备的项目要列出清单，并纳入本地区配套建设计划。

（三）推进农村危房改造。各地区要抓紧编制2015～2017年农村危房改造实施方案，明确目标任务、资金安排和政策措施，确保年度任务按时完成。落实省级补助资金，将农村危房改造补助资金纳入财政预算，由县级财政直接发放到危房改造农户。严格执行一户一档的要求，做好农村危房改造信息系统录入和管理工作。统筹推进农房抗震改造，加大对8度及以上地震高烈度设防地区的改造力度，认真贯彻执行《农村危房改造最低建设要求（试行）》和《农村危房改造抗震安全基本要求（试行）》，确保改造后的住房符合建设及安全标准。加强农房风貌管理和引导，县级住房城乡建设部门应制定符合当地实际的农房设计图和风貌管理要求，指导到户。

三、创新融资体制机制

（一）推动政府购买棚改服务。各省（区、市）应根据棚改目标任务，统筹考虑财政承受能力等因素，制定本地区政府购买棚改服务的管理办法。市、县人民政府要公开择优选择棚改实施主体，并与实施主体签订购买棚改服务协议。市、县人民政府将购买棚改服务资金逐年列入财政预算，并按协议要求向提供棚改服务的实施主体支付。年初预算安排有缺口确需举借政府债务弥补的市、县，可通过省（区、市）人民政府代发地方政府债券予以支持，并优先用于棚改。政府购买棚改服务的范围，限定在政府应当承担的棚改征地拆迁服务以及安置住房筹集、公益性基础设施建设等方面，不包括棚改项目中配套建设的商品房以及经营性基础设施。

（二）推广政府与社会资本合作模式。在城市基础设施建设运营中积极推广特许经营等各种政府与社会资本合作（PPP）模式。各地应建立健全城市基础设施建设财政投入与价格补偿统筹协调机制，合理确定服务价格，深化政府与社会资本合作，推动可持续发展。

（三）构建多元化棚改实施主体。鼓励多种所有制企业作为实施主体承接棚改任务。各地原融资平台公司可通过市场化改制，建立现代企业制度，实现市场化运营，在明确公告今后不再承担政府融资职能的前提下，作为实施主体承接棚改任务。原融资平台公司转型改造后举借的债务实行市场化运作，不纳入政府债务。政府在出资范围内依法履行出资人职责，不对原融资平台公司提供担保。

（四）发挥开发性金融支持作用。承接棚改任务及纳入各地区配套建设计划的项目实施主体，可依据政府购买棚改服务协议、特许经营协议等政府与社会资本合作合同进行市场化融资，开发银行等银行业金融机构据此对符合条件的实施主体发放贷款。在依法合规、风险可控的前提下，开发银行可以通过专项过桥贷款对符合条件的实施主体提供过渡性资金安排。鼓励农业发展银行在其业务范围内对符合条件的实施主体，加大城中村改造、农村危房改造及配套基础设施建设的贷款支持。鼓励商业银行对符合条件的实施主体提供棚改及配套基础设施建设贷款。

四、加强组织领导

（一）落实地方责任。各省（区、市）人民政府对本地区城镇棚户区和城乡危房改造及配套基础设施建设工作负总责，要抓紧组织落实3年计划及相关实施方案，完善工作机制，强化目标责任考核，加大资金投入，落实好税费减免政策。

（二）明确部门职责。住房城乡建设部要会同有关部门督促各地尽快编制和落实3年计划及相关实施方案。发展改革委、财政部要会同有关部门进一步加大中央预算内投资和中央财政支持力度。财政部要会同有关部门安排中央国有资本经营预算资金，对困难中央企业特别是独立工矿区、三线地区和资源枯竭型城市中央企业棚改配套设施建设予以支持。人民银行、财政部、银监会要完善政策措施，支持开发银行、农业发展银行等金融机构加大信贷支持力度。

（三）强化监督检查。住房城乡建设部要会同有关部门建立有效的督查制度，对各地区城镇棚户区和城乡危房改造及配套基础设施建设3年计划实施情况进行督促检查。各地区要加强监督检查，全面落实各项工作任务和政策措施。加强对农村危房改造补助资金使用的监管，严禁截留、挤占、挪用或变相使用。加大考核和问责力度，对态度不积极、工作不主动、进度缓慢、弄虚作假的单位和责任人员予以通报批评，并明确整改期限和要求。

国务院

2015年6月25日

16. 国务院关于调整和完善固定资产投资项目资本金制度的通知

（国发〔2015〕51 号）

【发文机关】国务院
【发文文号】国发〔2015〕51 号
【发布日期】2015 年 9 月 9 日
【实施日期】2015 年 9 月 9 日
【时效性】现行有效

各省、自治区、直辖市人民政府，国务院各部委、各直属机构：

为进一步解决当前重大民生和公共领域投资项目融资难、融资贵问题，增加公共产品和公共服务供给，补短板、增后劲，扩大有效投资需求，促进投资结构调整，保持经济平稳健康发展，国务院决定对固定资产投资项目资本金制度进行调整和完善。现就有关事项通知如下：

（一）各行业固定资产投资项目的最低资本金比例按以下规定执行。

城市和交通基础设施项目：城市轨道交通项目由 25% 调整为 20%，港口、沿海及内河航运、机场项目由 30% 调整为 25%，铁路、公路项目由 25% 调整为 20%。

房地产开发项目：保障性住房和普通商品住房项目维持 20% 不变，其他项目由 30% 调整为 25%。

产能过剩行业项目：钢铁、电解铝项目维持 40% 不变，水泥项目维持 35% 不变，煤炭、电石、铁合金、烧碱、焦炭、黄磷、多晶硅项目维持 30% 不变。

其他工业项目：玉米深加工项目由 30% 调整为 20%，化肥（钾肥除外）项目维持 25% 不变。

电力等其他项目维持 20% 不变。

（二）城市地下综合管廊、城市停车场项目，以及经国务院批准的核电站等重大建设项目，可以在规定最低资本金比例基础上适当降低。

（三）金融机构在提供信贷支持和服务时，要坚持独立审贷，切实防范金融风险。要根据借款主体和项目实际情况，按照国家规定的资本金制度要求，对资本金的真实性、投资收益和贷款风险进行全面审查和评估，坚持风险可控、商业可持续原则，自主决定是否发放贷款以及具体的贷款数量和比例。对于产能严重过剩行业，金融机构要严格执行《国务院关于化解产能严重过剩矛盾的指导意见》（国发〔2013〕41号）有关规定。

（四）自本通知印发之日起，凡尚未审批可行性研究报告、核准项目申请报告、办理备案手续的固定资产投资项目，以及金融机构尚未贷款的固定资产投资项目，均按照本通知执行。已经办理相关手续但尚未开工建设的固定资产投资项目，参照本通知执行。已与金融机构签订相关合同的固定资产投资项目，按照原合同执行。

（五）国家将根据经济形势发展和宏观调控需要，适时调整固定资产投资项目最低资本金比例。

（六）本通知自印发之日起执行。

国务院

2015年9月9日

17. 国务院关于发布政府核准的投资项目目录（2016年本）的通知

（国发〔2016〕72号）

【发文机关】国务院
【发文文号】国发〔2016〕72号
【发布日期】2016年12月12日
【实施日期】2016年12月12日
【时效性】现行有效

各省、自治区、直辖市人民政府，国务院各部委、各直属机构：

为贯彻落实《中共中央　国务院关于深化投融资体制改革的意见》，进一步加大简政放权、放管结合、优化服务改革力度，使市场在资源配置中起决定性作用，更好发挥政府作用，切实转变政府投资管理职能，加强和改进宏观调控，确立企业投资主体地位，激发市场主体扩大合理有效投资和创新创业的活力，现发布《政府核准的投资项目目录（2016年本）》，并就有关事项通知如下：

（一）企业投资建设本目录内的固定资产投资项目，须按照规定报送有关项目核准机关核准。企业投资建设本目录外的项目，实行备案管理。事业单位、社会团体等投资建设的项目，按照本目录执行。

原油、天然气（含煤层气）开发项目由具有开采权的企业自行决定，并报国务院行业管理部门备案。具有开采权的相关企业应依据相关法律法规，坚持统筹规划，合理开发利用资源，避免资源无序开采。

（二）法律、行政法规和国家制定的发展规划、产业政策、总量控制目标、技术政策、准入标准、用地政策、环保政策、用海用岛政策、信贷政策等是企业开展项目前期工作的重要依据，是项目核准机关和国土资源、环境保护、城乡规划、海洋管理、行业管理等部门以及金融机构对项目进行审查的依据。

发展改革部门要会同有关部门抓紧编制完善相关领域专项规划，为各地区做好项目核准工作提供依据。

环境保护部门应根据项目对环境的影响程度实行分级分类管理，对环境影响大、环境风险高的项目严格环评审批，并强化事中事后监管。

（三）要充分发挥发展规划、产业政策和准入标准对投资活动的规范引导作用。把发展规划作为引导投资方向，稳定投资运行，规范项目准入，优化项目布局，合理配置资金、土地、能源、人力等资源的重要手段。完善产业结构调整指导目录、外商投资产业指导目录等，为企业投资活动提供依据和指导。构建更加科学、更加完善、更具可操作性的行业准入标准体系，强化节地节能节水、环境、技术、安全等市场准入标准。完善行业宏观调控政策措施和部门间协调机制，形成工作合力，促进相关行业有序发展。

（四）对于钢铁、电解铝、水泥、平板玻璃、船舶等产能严重过剩行业的项目，要严格执行《国务院关于化解产能严重过剩矛盾的指导意见》（国发〔2013〕41号），各地方、各部门不得以其他任何名义、任何方式备案新增产能项目，各相关部门和机构不得办理土地（海域、无居民海岛）供应、能评、环评审批和新增授信支持等相关业务，并合力推进化解产能严重过剩矛盾各项工作。

对于煤矿项目，要严格执行《国务院关于煤炭行业化解过剩产能实现脱困发展的意见》（国发〔2016〕7号）要求，从2016年起3年内原则上停止审批新建煤矿项目、新增产能的技术改造项目和产能核增项目；确需新建煤矿的，一律实行减量置换。

严格控制新增传统燃油汽车产能，原则上不再核准新建传统燃油汽车生产企业。积极引导新能源汽车健康有序发展，新建新能源汽车生产企业须具有动力系统等关键技术和整车研发能力，符合《新建纯电动乘用车企业管理规定》等相关要求。

（五）项目核准机关要改进完善管理办法，切实提高行政效能，认真履行核准职责，严格按照规定权限、程序和时限等要求进行审查。有关部门要密切配合，按照职责分工，相应改进管理办法，依法加强对投资活动的管理。

（六）按照谁审批谁监管、谁主管谁监管的原则，落实监管责任，注重发挥地方政府就近就便监管作用，行业管理部门和环境保护、质量监督、安全监管等部门专业优势，以及投资主管部门综合监管职能，实现协同监管。投资项目核准、备案权限下放后，监管责任要同步下移。地方各级政府及其有关部门要积极探索创新监管方式方法，强化事中事后监管，切实承担起监管职责。

（七）按照规定由国务院核准的项目，由国家发展改革委审核后报国务院核准。核报国务院及国务院投资主管部门核准的项目，事前须征求国务院行业管理部门的意见。

（八）由地方政府核准的项目，各省级政府可以根据本地实际情况，按照下放层级与承接能力相匹配的原则，具体划分地方各级政府管理权限，制定本行政区域内统一的政府核准投资项目目录。基层政府承接能力要作为政府管理权限划分的重要因素，不宜简单地“一放到底”。对于涉及本地区重大规划布局、重要资源开发配置的项目，应充分发挥省级部门在政策把握、技术力量等方面的优势，由省级政府核准，原则上不下放到地市级政府、一律不得下放到县级及以下政府。

（九）对取消核准改为备案管理的项目，项目备案机关要加强发展规划、产业政策和准入标准把关，行业管理部门与城乡规划、土地管理、环境保护、安全监管等部门要按职责分工加强对项目的指导和约束。

（十）法律、行政法规和国家有专门规定的，按照有关规定执行。商务主管部门按国家有关规定对外商投资企业的设立和变更、国内企业在境外投资开办企业（金融企业除外）进行审核或备案管理。

（十一）本目录自发布之日起执行，《政府核准的投资项目目录（2014 年本)》即行废止。

国务院

2016 年 12 月 12 日

18. 国务院办公厅转发文化部等部门《关于做好政府向社会力量购买公共文化服务工作意见》的通知

（国办发〔2015〕37号）

【发文机关】国务院办公厅
【发文文号】国办发〔2015〕37号
【发布日期】2015年5月11日
【实施日期】2015年5月11日
【时效性】现行有效

各省、自治区、直辖市人民政府，国务院各部委、各直属机构：

文化部、财政部、新闻出版广电总局、体育总局《关于做好政府向社会力量购买公共文化服务工作的意见》已经国务院同意，现转发给你们，请结合实际，认真贯彻执行。

国务院办公厅
2015年5月5日

关于做好政府向社会力量购买公共文化服务工作的意见

文化部　财政部　新闻出版广电总局　体育总局

党的十八届三中全会提出，要完善文化管理体制，推动公共文化服务社会化发展。十八届四中全会提出，要深入推进依法行政，加快建设法治政府，依法加强和规范公共服务，规范和引导各类社会组织健康发展。今年《政府工作报告》对深化文化体制改革、逐步推进基本公共文化服务标准化均等化作出明确部署。政府向社会力量购买公共文化服务，既是深入推进依法行政、转变政府职能、建设服务型政府的重要环节，又是规范和引导社会组织健康发展、推动公共文化服务社会化发展的重要途径，对于进一步深化文化体制改革，丰富公共文化服务供给，提高公共文化服务效能，满足人民群众精神文化和体育健身需求具有重要意义。根据《国务院办公厅关于政府向社会力量购买服务的指导意见》（国办发〔2013〕96号）有关要求，为加快推进政府向社会力量购买公共文化服务工作，现提出以下意见：

一、指导思想、基本原则和目标任务

（一）指导思想。以邓小平理论、“三个代表”重要思想、科学发展观为指导，深入贯彻习近平总书记系列重要讲话精神，按照党中央、国务院决策部署，以社会主义核心价值观为引领，按照深入推进依法行政、深化文化体制改革和构建现代公共文化服务体系的目标和要求，转变政府职能，推动公共文化服务社会化发展，逐步建立起适应社会主义市场经济的公共文化服务供给机制，为人民群众提供更加方便、快捷、优质、高效的公共文化服务。

（二）基本原则。

坚持正确导向，发挥引领作用。以人民为中心，坚持社会主义先进文化前进方向，将政府向社会力量购买的公共文化服务与培育践行社会主义核心价值观相结合、与传承弘扬中华优秀传统文化相融合，发挥文化引领风尚、教育人民、服务社会、推动发展的作用。

明确政府主导，完善政策体系。加强对政府向社会力量购买公共文化服务工作的组织领导、政策支持、财政投入和监督管理，按照相关法律法规要求，坚持与文化、体育事业单位改革相衔接，坚持与完善文化、体育管理体制相衔接，制定中央与地方协同配套、操作性强的政府向社会力量购买公共文化服务政策体系和管理规范。

培育市场主体，丰富服务供给。进一步发挥市场在文化资源配置中的积极作用，推进政府向社会力量购买公共文化服务与培育社会化公共文化服务力量相结合，规范和引导社会组织健康发展，逐步构建多层次、多方式的公共文化服务供给体系。

立足群众需求，创新购买方式。以满足人民群众基本公共文化需求为目标，突出公共性和公益性，不断创新政府向社会力量购买公共文化服务模式，建立“自下而上、以需定供”的互动式、菜单式服务方式，推动公共文化服务供给与人民群众文化需求有效对接。

规范管理程序，注重服务实效。按照公开、公平、公正原则，建立健全政府向社会力量购买公共文化服务的工作机制，规范购买流程，稳步有序开展工作。坚持风险和责任对等原则，规范政府和社会力量合作关系，严格价格管理。加强绩效管理，完善群众评价和反馈机制，切实提高政府向社会力量购买公共文化服务的针对性和有效性。

（三）目标任务。到2020年，在全国基本建立比较完善的政府向社会力量购买公共文化服务体系，形成与经济社会发展水平相适应、与人民群众精神文化和体育健身需求相符合的公共文化资源配置机制和供给机制，社会力量参与和提供公共文化服务的氛围更加浓厚，公共文化服务内容日益丰富，公共文化服务质量和效率显著提高。

二、积极有序推进政府向社会力量购买公共文化服务工作

（一）明确购买主体。政府向社会力量购买公共文化服务的主体是承担提供公共文化与体育服务的各级行政机关。纳入行政编制管理且经费由财政负担的文化与体育群团组

织，也可根据实际需要，通过购买服务方式提供公共文化服务。

（二）科学选定承接主体。承接政府向社会力量购买公共文化服务的主体主要为具备提供公共文化服务能力，且依法在登记管理部门登记或经国务院批准免予登记的社会组织和符合条件的事业单位，以及依法在工商管理或行业主管部门登记成立的企业、机构等社会力量。各地要结合本地实际和拟购买公共文化服务的内容、特点，明确具体条件，秉持公开、公平、公正的遴选原则，科学选定承接主体。

（三）明确购买内容。政府向社会力量购买公共文化服务的内容为符合先进文化前进方向、健康积极向上的，适合采取市场化方式提供、社会力量能够承担的公共文化服务，突出公共性和公益性并主动向社会公开。主要包括：公益性文化体育产品的创作与传播，公益性文化体育活动的组织与承办，中华优秀传统文化与民族民间传统体育的保护、传承与展示，公共文化体育设施的运营和管理，民办文化体育机构提供的免费或低收费服务等内容。

（四）制定指导性目录。文化部、财政部、新闻出版广电总局、体育总局制定面向全国的政府向社会力量购买公共文化服务指导性目录。各地要按照转变政府职能的要求，结合本地经济社会发展水平、公共文化服务需求状况和财政预算安排情况，制定本地区政府向社会力量购买公共文化服务的指导性目录或具体购买目录。指导性目录和具体购买目录，应在总结经验的基础上，及时进行动态调整。

（五）完善购买机制。各地要建立健全方式灵活、程序规范、标准明确、结果评价、动态调整的购买机制。结合公共文化服务的具体内容、特点和地方实际，按照政府采购有关规定，采用公开招标、邀请招标、竞争性谈判、竞争性磋商、单一来源等方式确定承接主体，采取购买、委托、租赁、特许经营、战略合作等各种合同方式。建立以项目选定、信息发布、组织采购、项目监管、绩效评价为主要内容的规范化购买流程。根据所购买公共文化服务特点，分类制定内容明确、操作性强、便于考核的公共文化服务标准，方便承接主体掌握，便于购买主体监管。加强对服务提供全过程的跟踪监管和对服务成果的检查验收，检查验收结果应结合服务对象满意度调查，作为付款的重要依据。建立购买价格或财政补贴的动态调整机制，根据承接主体服务内容和质量，合理确定价格，避免获取暴利。

（六）提供资金保障。政府向社会力量购买公共文化服务所需资金列入财政预算，从部门预算经费或经批准的专项资金等既有预算中统筹安排。逐步加大现有财政资金向社会力量购买公共文化服务的投入力度。对新增的公共文化服务内容，凡适于以购买服务实现的，原则上都要通过政府购买服务方式实施。

（七）健全监管机制。加强对政府向社会力量购买公共文化服务的监督管理，建立健全政府购买的法律监督、行政监督、审计监督、纪检监督、社会监督、舆论监督制度，完善事前、事中和事后监管体系，严格遵守相关财政财务管理规定，确保购买行为公开透明、规范有效，坚决遏制和预防腐败现象。财政部门要加强对政府向社会力量购买公共文化服务资金的监管，监察、审计等部门要加强监督，文化、新闻出版广电、体育部门要按照职能分工将承接政府购买服务行为纳入监管体系。购买主体与承接主体应按照权责明确、规范高效的原则签订合同，严格遵照合同约定，避免出现行政干预行为。购买主体应建立健全内部监督管理制度，按规定公开购买服务的相关信息，自觉接受审计监督、社会监督和舆论监督。承接主体应主动接受购买主体的监管，健全财务报告制度，严格按照服务合同履行服务任务，保证服务数量、质量和效果，严禁服务转包行为。

（八）加强绩效评价。健全由购买主体、公共文化服务对象以及第三方共同参与的综合评审机制；加强对购买公共文化服务项目的绩效评价，建立长效跟踪机制。在绩效评价体系中，要侧重服务对象对公共文化服务的满意度评价。政府向社会力量购买公共文化服务的绩效评价结果要向社会公布，并作为以后年度编制政府向社会力量购买公共文化服务预算和选择政府向社会力量购买公共文化服务承接主体的重要参考依据。

三、营造政府向社会力量购买公共文化服务的良好环境

（一）加强组织领导。政府向社会力量购买公共文化服务，是保障和改善民生的一项重要工作，事关人民群众切身利益，也是进一步转变政府职能、创新文化与体育管理方式的重要抓手。各地要高度重视，切实加强组织领导，建立健全政府统一领导，文化、财政、新闻出版广电、体育部门负责，社会力量广泛参与的工作机制，逐步使政府向社会力量购买公共文化服务工作制度化、规范化和科学化。

（二）强化沟通协调。各地要建立健全政府向社会力量购买公共文化服务的协调机制，文化、财政、新闻出版广电、体育部门要密切配合，注重协调沟通，整合资源，共同研究政府向社会力量购买公共文化服务有关重要事项，及时发现和解决工作中出现的问题，统筹推进政府向社会力量购买公共文化服务工作。

（三）注重宣传引导。各地要充分利用各种媒体，广泛宣传实施政府向社会力量购买公共文化服务工作的重要意义、主要内容、政策措施和流程安排，精心做好政策解读，加强正面舆论引导，主动回应社会关切，充分调动社会参与的积极性，为推进政府向社会力量购买公共文化服务营造良好的工作环境和舆论氛围。

（四）严格监督管理。建立政府向社会力量购买公共文化服务信用档案。对在购买服务实施过程中，发现承接主体不符合资质要求、歪曲服务主旨、弄虚作假、冒领财政资金等违法违规行为的，记入信用档案，并按照相关法律法规进行处罚，对造成社会重大恶劣影响的，禁止再次参与政府购买公共文化服务工作。

附件：政府向社会力量购买公共文化服务指导性目录

附件：

政府向社会力量购买公共文化服务指导性目录

一、公益性文化体育产品的创作与传播

（一）公益性舞台艺术作品的创作、演出与宣传
（二）公益性广播影视作品的制作与宣传
（三）公益性出版物的编辑、印刷、复制与发行
（四）公益性数字文化产品的制作与传播

（五）公益性广告的制作与传播
（六）公益性少数民族文化产品的创作、译制与传播
（七）全民健身和公益性运动训练竞赛的宣传与推广
（八）面向特殊群体的公益性文化体育产品的创作与传播
（九）其他公益性文化体育产品的创作与传播

二、公益性文化体育活动的组织与承办

（一）公益性文化艺术活动（含戏曲）的组织与承办
（二）公益性电影放映活动的组织与承办
（三）全民阅读活动的组织与承办
（四）公益性文化艺术培训（含讲座）的组织与承办
（五）公益性体育竞赛活动的组织与承办
（六）全民健身活动的组织与承办
（七）公益性体育培训、健身指导、国民体质监测与体育锻炼标准测验达标活动的组织与承办
（八）公益性青少年体育活动的组织与承办
（九）面向特殊群体的公益性文化体育活动的组织与承办
（十）其他公益性文化体育活动的组织与承办

三、中华优秀传统文化与民族民间传统体育的保护、传承与展示

（一）文化遗产保护、传承与展示
（二）优秀民间文化艺术的普及推广与交流展示
（三）民族民间传统体育项目的保护、传承与展示
（四）其他优秀传统文化和传统体育的保护、传承与展示

四、公共文化体育设施的运营和管理

（一）公共图书馆（室）、文化馆（站）、村（社区）综合文化服务中心（含农家书屋）等运营和管理
（二）公共美术馆、博物馆等运营和管理
（三）公共剧场（院）等运营和管理
（四）广播电视村村通、户户通等接收设备的维修维护
（五）公共电子阅览室、数字农家书屋等公共数字文化设施的运营和管理
（六）面向特殊群体提供的有线电视免费或低收费服务
（七）公共体育设施、户外营地的运营和管理
（八）公共体育健身器材的维修维护和监管
（九）其他公共文化体育设施的运营和管理

五、民办文化体育机构提供的免费或低收费服务

（一）民办图书馆、美术馆、博物馆等面向社会提供的免费或低收费服务

（二）民办演艺机构面向社会提供的免费或低票价演出

（三）互联网上网服务场所面向社会提供的免费或低收费上网服务

（四）民办农村（社区）文化服务中心（含书屋）面向社会提供的免费或低收费服务

（五）民办体育场馆设施、民办健身机构面向社会提供的免费或低收费服务

（六）其他民办文化体育机构面向社会提供的免费或低收费服务

19. 国务院办公厅转发《财政部 人民银行 银监会关于妥善解决地方政府融资平台公司在建项目后续融资问题意见》的通知

（国发〔2015〕40号）

【发文机关】国务院办公厅
【发文文号】国办发〔2015〕40号
【发布日期】2015年5月11日
【实施日期】2015年5月11日
【时效性】现行有效

各省、自治区、直辖市人民政府，国务院各部委、各直属机构：

财政部、人民银行、银监会《关于妥善解决地方政府融资平台公司在建项目后续融资问题的意见》已经国务院同意，现转发给你们，请认真贯彻执行。

国务院办公厅
2015年5月11日

关于妥善解决地方政府融资平台公司在建项目后续融资问题的意见

财政部 人民银行 银监会

为全面落实《国务院关于加强地方政府性债务管理的意见》（国发〔2014〕43号）要求，依法合规积极支持融资平台公司在建项目后续融资，确保在建项目有序推进，切实满足实体经济的合理融资需求，有效防范和化解财政金融风险，现就妥善解决地方政府融资平台公司在建项目后续融资问题提出以下意见。

一、总体要求和适用范围

（一）总体要求。

地方各级政府和银行业金融机构要妥善处理融资平台公司在建项目后续融资问题，区分存量和增量实施分类管理，依法合规进行融资，切实满足促进经济发展和防范财政金融风险的需要。

（二）适用范围。

融资平台公司是指由地方政府及其部门和机构等通过财政拨款或注入土地、股权等资产设立，承担政府投资项目融资功能，并拥有独立法人资格的经济实体。在建项目是指在国发〔2014〕43号文件成文日期（2014年9月21日）之前，经相关投资主管部门依照有关规定完成审批、核准或备案手续，并已开工建设的项目。

二、重点任务

（三）支持在建项目的存量融资需求。

地方各级政府和银行业金融机构要按照总量控制、区别对待的原则，支持融资平台公司在建项目的存量融资需求，确保在建项目有序推进。对于在2014年12月31日前已签订具有法律效力的借款合同并已放款，但合同尚未到期的融资平台公司在建项目贷款，银行业金融机构要在全面把控风险、落实信贷条件的前提下，继续按照合同约定发放贷款，不得盲目抽贷、压贷、停贷。对于在2014年12月31日前已签订具有法律效力的借款合同，且合同到期的融资平台公司在建项目贷款，如果项目自身运营收入不足以还本付息，银行业金融机构可与地方政府、融资平台公司协商，在后续借款与前期借款合同约定的责任一致，且确保借款合同金额不增加的前提下，重新修订借款合同，合理确定贷款期限，补充合格有效抵质押品。

（四）规范实施在建项目的增量融资。

地方各级政府要密切关注融资平台公司在建项目中应由财政支持的增量融资需求，在依法合规、规范管理的前提下，统筹财政资金和社会资本等各类资金，保障在建项目续建和收尾。对于已签合同贷款额不能满足建设需要，且适宜采取政府和社会资本合作模式的融资平台公司在建项目，优先采取政府和社会资本合作模式，弥补在建项目增量融资需求。对于已签合同贷款额不能满足建设需要，且符合国家有关规定并确实没有其他建设资金来源，但又暂时不宜转为政府和社会资本合作模式的融资平台公司在建项目，增量融资需求纳入政府预算管理，由地方政府按法律要求和有关规定发行政府债券解决。

（五）切实做好在建项目后续融资管理工作。

银行业金融机构要兼顾促发展和防风险，严格规范信贷管理，切实加强风险识别和风险控制。对于融资平台公司在建项目贷款，银行业金融机构要在审慎测算融资平台公司还款能力和在建项目收益、综合考虑地方政府偿债能力的基础上，自主决策、自担风险，切实做好后续融资管理工作。银行业金融机构要认真审查贷款投向，重点支持农田水利设施、保障性安居工程、城市轨道交通等领域的融资平台公司在建项目，确保贷款符合产业发展需要和产业园区发展规划。

（六）完善配套措施。

对地方政府按法律要求和有关规定发行政府债券解决的在建项目后续融资，在保障财政支出需要的前提下，对于有相应政府债券发行额度，且本地区国库库款余额超过一个半月库款支付保障水平的地区，允许地方财政部门在政府债券发行额度内，加大盘活以前年度存量财政资金力度，利用超出部分的国库库款用于政府债券发行之前的资金周转，以解决在建项目融资与政府债券发行之间的时间差问题。地方财政部门在动用国库库款用于资金周转前，须报经本级人民政府批准，并抄送同级人大有关机构和有关单位。地方财政部门在完成政府债券发行之后，要及时将资金全部收回国库。财政部、发展改革委、人民银行、银监会等有关部门要加强地方政府性债务信息共享，密切监测债务变化。

三、组织实施

（七）加强组织领导。

地方各级人民政府、各有关部门要从大局出发，充分认识做好融资平台公司在建项目后续融资工作的重要性，统一思想，加强领导，结合本地区、本部门实际认真抓好落实。

（八）密切协同推进。

财政部、人民银行要加强财政政策和货币政策的协调配合，为地方政府发行债券创造良好的市场环境。财政部要制定出台地方政府债券配套管理办法，加强对地方政府债券发行和使用工作的组织领导。银监会要加强监管、正确引导，推动银行业金融机构在依法合规、有效防范风险的前提下，做好融资平台公司在建项目后续融资工作，并将本意见传达至各银行业金融机构。各有关部门要切实履行职责，强化政策协同，共同做好融资平台公司在建项目后续融资相关工作，确保政策及时落实到位。

（九）关于地方政府融资平台公司在建项目后续融资问题，国务院另有规定的，从其规定。

20. 国务院办公厅转发《财政部　发展改革委　人民银行关于在公共服务领域推广政府和社会资本合作模式的指导意见》的通知

（国发〔2015〕42 号）

【发文机关】国务院办公厅
【发文文号】国办发〔2015〕42 号
【发布日期】2015 年 5 月 19 日
【实施日期】2015 年 5 月 19 日
【时效性】现行有效

各省、自治区、直辖市人民政府，国务院各部委、各直属机构：

财政部、发展改革委、人民银行《关于在公共服务领域推广政府和社会资本合作模式的指导意见》已经国务院同意，现转发给你们，请认真贯彻执行。

在公共服务领域推广政府和社会资本合作模式，是转变政府职能、激发市场活力、打造经济新增长点的重要改革举措。围绕增加公共产品和公共服务供给，在能源、交通运输、水利、环境保护、农业、林业、科技、保障性安居工程、医疗、卫生、养老、教育、文化等公共服务领域，广泛采用政府和社会资本合作模式，对统筹做好稳增长、促改革、调结构、惠民生、防风险工作具有战略意义。

各地区、各部门要按照简政放权、放管结合、优化服务的要求，简化行政审批程序，推进立法工作，进一步完善制度，规范流程，加强监管，多措并举，在财税、价格、土地、金融等方面加大支持力度，保证社会资本和公众共同受益，通过资本市场和开发性、政策性金融等多元融资渠道，吸引社会资本参与公共产品和公共服务项目的投资、运营管理，提高公共产品和公共服务供给能力与效率。

各地区、各部门要高度重视，精心组织实施，加强协调配合，形成工作合力，切实履行职责，共同抓好落实。

国务院办公厅
2015 年 5 月 19 日

关于在公共服务领域推广政府和社会资本合作模式的指导意见

财政部　发展改革委　人民银行

为打造大众创业、万众创新和增加公共产品、公共服务“双引擎”，让广大人民群众享受到优质高效的公共服务，在改善民生中培育经济增长新动力，现就改革创新公共服务供给机制，大力推广政府和社会资本合作（Public - Private Partnership，PPP）模式，提出以下意见：

一、充分认识推广政府和社会资本合作模式的重大意义

政府和社会资本合作模式是公共服务供给机制的重大创新，即政府采取竞争性方式择优选择具有投资、运营管理能力的社会资本，双方按照平等协商原则订立合同，明确责权利关系，由社会资本提供公共服务，政府依据公共服务绩效评价结果向社会资本支付相应对价，保证社会资本获得合理收益。政府和社会资本合作模式有利于充分发挥市场机制作用，提升公共服务的供给质量和效率，实现公共利益最大化。

（一）有利于加快转变政府职能，实现政企分开、政事分开。作为社会资本的境内外企业、社会组织和中介机构承担公共服务涉及的设计、建设、投资、融资、运营和维护等责任，政府作为监督者和合作者，减少对微观事务的直接参与，加强发展战略制定、社会管理、市场监管、绩效考核等职责，有助于解决政府职能错位、越位和缺位的问题，深化投融资体制改革，推进国家治理体系和治理能力现代化。

（二）有利于打破行业准入限制，激发经济活力和创造力。政府和社会资本合作模式可以有效打破社会资本进入公共服务领域的各种不合理限制，鼓励国有控股企业、民营企业、混合所有制企业等各类型企业积极参与提供公共服务，给予中小企业更多参与机会，大幅拓展社会资本特别是民营资本的发展空间，激发市场主体活力和发展潜力，有利于盘活社会存量资本，形成多元化、可持续的公共服务资金投入渠道，打造新的经济增长点，增强经济增长动力。

（三）有利于完善财政投入和管理方式，提高财政资金使用效益。在政府和社会资本合作模式下，政府以运营补贴等作为社会资本提供公共服务的对价，以绩效评价结果作为对价支付依据，并纳入预算管理、财政中期规划和政府财务报告，能够在当代人和后代人之间公平地分担公共资金投入，符合代际公平原则，有效弥补当期财政投入不足，有利于减轻当期财政支出压力，平滑年度间财政支出波动，防范和化解政府性债务风险。

二、总体要求

（四）指导思想。贯彻落实党的十八大和十八届二中、三中、四中全会精神，按照党中央、国务院决策部署，借鉴国际成熟经验，立足国内实际情况，改革创新公共服务供给

机制和投入方式，发挥市场在资源配置中的决定性作用，更好发挥政府作用，引导和鼓励社会资本积极参与公共服务供给，为广大人民群众提供优质高效的公共服务。

（五）基本原则。

依法合规。将政府和社会资本合作纳入法制化轨道，建立健全制度体系，保护参与各方的合法权益，明确全生命周期管理要求，确保项目规范实施。

重诺履约。政府和社会资本法律地位平等、权利义务对等，必须树立契约理念，坚持平等协商、互利互惠、诚实守信、严格履约。

公开透明。实行阳光化运作，依法充分披露政府和社会资本合作项目重要信息，保障公众知情权，对参与各方形成有效监督和约束。

公众受益。加强政府监管，将政府的政策目标、社会目标和社会资本的运营效率、技术进步有机结合，促进社会资本竞争和创新，确保公共利益最大化。

积极稳妥。鼓励地方各级人民政府和行业主管部门因地制宜，探索符合当地实际和行业特点的做法，总结提炼经验，形成适合我国国情的发展模式。坚持必要、合理、可持续的财政投入原则，有序推进项目实施，控制项目的政府支付责任，防止政府支付责任过重加剧财政收支矛盾，带来支出压力。

（六）发展目标。立足于加强和改善公共服务，形成有效促进政府和社会资本合作模式规范健康发展的制度体系，培育统一规范、公开透明、竞争有序、监管有力的政府和社会资本合作市场。着力化解地方政府性债务风险，积极引进社会资本参与地方融资平台公司存量项目改造，争取通过政府和社会资本合作模式减少地方政府性债务。在新建公共服务项目中，逐步增加使用政府和社会资本合作模式的比例。

三、构建保障政府和社会资本合作模式持续健康发展的制度体系

（七）明确项目实施的管理框架。建立健全制度规范体系，实施全生命周期管理，保证项目实施质量。进一步完善操作指南，规范项目识别、准备、采购、执行、移交各环节操作流程，明确操作要求，指导社会资本参与实施。制定合同指南，推动共性问题处理方式标准化。制定分行业、分领域的标准化合同文本，提高合同编制效率和谈判效率。按照预算法、合同法、政府采购法及其实施条例、《国务院办公厅关于政府向社会力量购买服务的指导意见》（国办发〔2013〕96号）等要求，建立完善管理细则，规范选择合作伙伴的程序和方法，维护国家利益、社会公共利益和社会资本的合法权益。

（八）健全财政管理制度。开展财政承受能力论证，统筹评估和控制项目的财政支出责任，促进中长期财政可持续发展。建立完善公共服务成本财政管理和会计制度，创新资源组合开发模式，针对政府付费、使用者付费、可行性缺口补助等不同支付机制，将项目涉及的运营补贴、经营收费权和其他支付对价等，按照国家统一的会计制度进行核算，纳入年度预算、中期财政规划，在政府财务报告中进行反映和管理，并向本级人大或其常委会报告。存量公共服务项目转型为政府和社会资本合作项目过程中，应依法进行资产评估，合理确定价值，防止公共资产流失和贱卖。项目实施过程中政府依法获得的国有资本收益、约定的超额收益分成等公共收入应上缴国库。

（九）建立多层次监督管理体系。行业主管部门根据经济社会发展规划及专项规划发

起政府和社会资本合作项目，社会资本也可根据当地经济社会发展需求建议发起。行业主管部门应制定不同领域的行业技术标准、公共产品或服务技术规范，加强对公共服务质量和价格的监管。建立政府、公众共同参与的综合性评价体系，建立事前设定绩效目标、事中进行绩效跟踪、事后进行绩效评价的全生命周期绩效管理机制，将政府付费、使用者付费与绩效评价挂钩，并将绩效评价结果作为调价的重要依据，确保实现公共利益最大化。依法充分披露项目实施相关信息，切实保障公众知情权，接受社会监督。

（十）完善公共服务价格调整机制。积极推进公共服务领域价格改革，按照补偿成本、合理收益、节约资源、优质优价、公平负担的原则，加快理顺公共服务价格。依据项目运行情况和绩效评价结果，健全公共服务价格调整机制，完善政府价格决策听证制度，广泛听取社会资本、公众和有关部门意见，确保定价调价的科学性。及时披露项目运行过程中的成本变化、公共服务质量等信息，提高定价调价的透明度。

（十一）完善法律法规体系。推进相关立法，填补政府和社会资本合作领域立法空白，着力解决政府和社会资本合作项目运作与现行法律之间的衔接协调问题，明确政府出资的法律依据和出资性质，规范政府和社会资本的责权利关系，明确政府相关部门的监督管理责任，为政府和社会资本合作模式健康发展提供良好的法律环境和稳定的政策预期。鼓励有条件的地方立足当地实际，依据立法法相关规定，出台地方性法规或规章，进一步有针对性地规范政府和社会资本合作模式的运用。

四、规范推进政府和社会资本合作项目实施

（十二）广泛采用政府和社会资本合作模式提供公共服务。在能源、交通运输、水利、环境保护、农业、林业、科技、保障性安居工程、医疗、卫生、养老、教育、文化等公共服务领域，鼓励采用政府和社会资本合作模式，吸引社会资本参与。其中，在能源、交通运输、水利、环境保护、市政工程等特定领域需要实施特许经营的，按《基础设施和公用事业特许经营管理办法》执行。

（十三）化解地方政府性债务风险。积极运用转让—运营—移交（TOT）、改建—运营—移交（ROT）等方式，将融资平台公司存量公共服务项目转型为政府和社会资本合作项目，引入社会资本参与改造和运营，在征得债权人同意的前提下，将政府性债务转换为非政府性债务，减轻地方政府的债务压力，腾出资金用于重点民生项目建设。大力推动融资平台公司与政府脱钩，进行市场化改制，健全完善公司治理结构，对已经建立现代企业制度、实现市场化运营的，在其承担的地方政府债务已纳入政府财政预算、得到妥善处置并明确公告今后不再承担地方政府举债融资职能的前提下，可作为社会资本参与当地政府和社会资本合作项目，通过与政府签订合同方式，明确责权利关系。严禁融资平台公司通过保底承诺等方式参与政府和社会资本合作项目，进行变相融资。

（十四）提高新建项目决策的科学性。地方政府根据当地经济社会发展需要，结合财政收支平衡状况，统筹论证新建项目的经济效益和社会效益，并进行财政承受能力论证，保证决策质量。根据项目实施周期、收费定价机制、投资收益水平、风险分配基本框架和所需要的政府投入等因素，合理选择建设—运营—移交（BOT）、建设—拥有—运营（BOO）等运作方式。

（十五）择优选择项目合作伙伴。对使用财政性资金作为社会资本提供公共服务对价的项目，地方政府应当根据预算法、合同法、政府采购法及其实施条例等法律法规规定，选择项目合作伙伴。依托政府采购信息平台，及时、充分向社会公布项目采购信息。综合评估项目合作伙伴的专业资质、技术能力、管理经验、财务实力和信用状况等因素，依法择优选择诚实守信的合作伙伴。加强项目政府采购环节的监督管理，保证采购过程公平、公正、公开。

（十六）合理确定合作双方的权利与义务。树立平等协商的理念，按照权责对等原则合理分配项目风险，按照激励相容原则科学设计合同条款，明确项目的产出说明和绩效要求、收益回报机制、退出安排、应急和临时接管预案等关键环节，实现责权利对等。引入价格和补贴动态调整机制，充分考虑社会资本获得合理收益。如单方面构成违约的，违约方应当给予对方相应赔偿。建立投资、补贴与价格的协同机制，为社会资本获得合理回报创造条件。

（十七）增强责任意识和履约能力。社会资本要将自身经济利益诉求与政府政策目标、社会目标相结合，不断加强管理和创新，提升运营效率，在实现经济价值的同时，履行好企业社会责任，严格按照约定保质保量提供服务，维护公众利益；要积极进行业务转型和升级，从工程承包商、建设施工方向运营商转变，实现跨不同领域、多元化发展；要不断提升运营实力和管理经验，增强提供公共服务的能力。咨询、法律、会计等中介机构要提供质优价廉的服务，促进项目增效升级。

（十八）保障公共服务持续有效。按照合同约定，对项目建设情况和公共服务质量进行验收，逾期未完成或不符合标准的，社会资本要限期完工或整改，并采取补救措施或赔偿损失。健全合同争议解决机制，依法积极协调解决争议。确需变更合同内容、延长合同期限以及变更社会资本方的，由政府和社会资本方协商解决，但应当保持公共服务的持续性和稳定性。项目资产移交时，要对移交资产进行性能测试、资产评估和登记入账，并按照国家统一的会计制度进行核算，在政府财务报告中进行反映和管理。

五、政策保障

（十九）简化项目审核流程。进一步减少审批环节，建立项目实施方案联评联审机制，提高审查工作效率。项目合同签署后，可并行办理必要的审批手续，有关部门要简化办理手续，优化办理程序，主动加强服务，对实施方案中已经明确的内容不再作实质性审查。

（二十）多种方式保障项目用地。实行多样化土地供应，保障项目建设用地。对符合划拨用地目录的项目，可按划拨方式供地，划拨土地不得改变土地用途。建成的项目经依法批准可以抵押，土地使用权性质不变，待合同经营期满后，连同公共设施一并移交政府；实现抵押权后改变项目性质应该以有偿方式取得土地使用权的，应依法办理土地有偿使用手续。不符合划拨用地目录的项目，以租赁方式取得土地使用权的，租金收入参照土地出让收入纳入政府性基金预算管理。以作价出资或者入股方式取得土地使用权的，应当以市、县人民政府作为出资人，制定作价出资或者入股方案，经市、县人民政府批准后实施。

（二十一）完善财税支持政策。积极探索财政资金撬动社会资金和金融资本参与政府和社会资本合作项目的有效方式。中央财政出资引导设立中国政府和社会资本合作融资支持基金，作为社会资本方参与项目，提高项目融资的可获得性。探索通过以奖代补等措施，引导和鼓励地方融资平台存量项目转型为政府和社会资本合作项目。落实和完善国家支持公共服务事业的税收优惠政策，公共服务项目采取政府和社会资本合作模式的，可按规定享受相关税收优惠政策。鼓励地方政府在承担有限损失的前提下，与具有投资管理经验的金融机构共同发起设立基金，并通过引入结构化设计，吸引更多社会资本参与。

（二十二）做好金融服务。金融机构应创新符合政府和社会资本合作模式特点的金融服务，优化信贷评审方式，积极为政府和社会资本合作项目提供融资支持。鼓励开发性金融机构发挥中长期贷款优势，参与改造政府和社会资本合作项目，引导商业性金融机构拓宽项目融资渠道。鼓励符合条件的项目运营主体在资本市场通过发行公司债券、企业债券、中期票据、定向票据等市场化方式进行融资。鼓励项目公司发行项目收益债券、项目收益票据、资产支持票据等。鼓励社保资金和保险资金按照市场化原则，创新运用债权投资计划、股权投资计划、项目资产支持计划等多种方式参与项目。对符合条件的“走出去”项目，鼓励政策性金融机构给予中长期信贷支持。依托各类产权、股权交易市场，为社会资本提供多元化、规范化、市场化的退出渠道。金融监管部门应加强监督管理，引导金融机构正确识别、计量和控制风险，按照风险可控、商业可持续原则支持政府和社会资本合作项目融资。

六、组织实施

（二十三）加强组织领导。国务院各有关部门要按照职能分工，负责相关领域具体工作，加强对地方推广政府和社会资本合作模式的指导和监督。财政部要会同有关部门，加强政策沟通协调和信息交流，完善体制机制。教育、科技、民政、人力资源社会保障、国土资源、环境保护、住房城乡建设、交通运输、水利、农业、商务、文化、卫生计生等行业主管部门，要结合本行业特点，积极运用政府和社会资本合作模式提供公共服务，探索完善相关监管制度体系。地方各级人民政府要结合已有规划和各地实际，出台具体政策措施并抓好落实；可根据本地区实际情况，建立工作协调机制，推动政府和社会资本合作项目落地实施。

（二十四）加强人才培养。大力培养专业人才，加快形成政府部门、高校、企业、专业咨询机构联合培养人才的机制。鼓励各类市场主体加大人才培训力度，开展业务人员培训，建设一支高素质的专业人才队伍。鼓励有条件的地方政府统筹内部机构改革需要，进一步整合专门力量，承担政府和社会资本合作模式推广职责，提高专业水平和能力。

（二十五）搭建信息平台。地方各级人民政府要切实履行规划指导、识别评估、咨询服务、宣传培训、绩效评价、信息统计、专家库和项目库建设等职责，建立统一信息发布平台，及时向社会公开项目实施情况等相关信息，确保项目实施公开透明、有序推进。

在公共服务领域推广政府和社会资本合作模式，事关人民群众切身利益，是保障和改善民生的一项重要工作。各地区、各部门要充分认识推广政府和社会资本合作模式的重要意义，把思想和行动统一到党中央、国务院的决策部署上来，精心组织实施，加强协调配合，形成工作合力，切实履行职责，共同抓好落实。财政部要强化统筹协调，会同有关部门对本意见落实情况进行督促检查和跟踪分析，重大事项及时向国务院报告。

21. 国务院办公厅关于推进城市地下综合管廊建设的指导意见

（国办发〔2015〕61号）

【发文机关】国务院办公厅
【发文文号】国办发〔2015〕61号
【发布日期】2015年8月3日
【实施日期】2015年8月3日
【时效性】现行有效

各省、自治区、直辖市人民政府，国务院各部委、各直属机构：

地下综合管廊是指在城市地下用于集中敷设电力、通信、广播电视、给水、排水、热力、燃气等市政管线的公共隧道。我国正处在城镇化快速发展时期，地下基础设施建设滞后。推进城市地下综合管廊建设，统筹各类市政管线规划、建设和管理，解决反复开挖路面、架空线网密集、管线事故频发等问题，有利于保障城市安全、完善城市功能、美化城市景观、促进城市集约高效和转型发展，有利于提高城市综合承载能力和城镇化发展质量，有利于增加公共产品有效投资、拉动社会资本投入、打造经济发展新动力。为切实做好城市地下综合管廊建设工作，经国务院同意，现提出以下意见：

一、总体要求

（一）指导思想。全面贯彻落实党的十八大和十八届二中、三中、四中全会精神，按照《国务院关于加强城市基础设施建设的意见》（国发〔2013〕36号）和《国务院办公厅关于加强城市地下管线建设管理的指导意见》（国办发〔2014〕27号）有关部署，适应新型城镇化和现代化城市建设的要求，把地下综合管廊建设作为履行政府职能、完善城市基础设施的重要内容，在继续做好试点工程的基础上，总结国内外先进经验和有效做法，逐步提高城市道路配建地下综合管廊的比例，全面推动地下综合管廊建设。

（二）工作目标。到2020年，建成一批具有国际先进水平的地下综合管廊并投入运营，反复开挖地面的“马路拉链”问题明显改善，管线安全水平和防灾抗灾能力明显提升，逐步消除主要街道蜘蛛网式架空线，城市地面景观明显好转。

（三）基本原则。

——坚持立足实际，加强顶层设计，积极有序推进，切实提高建设和管理水平。

——坚持规划先行，明确质量标准，完善技术规范，满足基本公共服务功能。

——坚持政府主导，加大政策支持，发挥市场作用，吸引社会资本广泛参与。

二、统筹规划

（四）编制专项规划。各城市人民政府要按照“先规划、后建设”的原则，在地下管线普查的基础上，统筹各类管线实际发展需要，组织编制地下综合管廊建设规划，规划期限原则上应与城市总体规划相一致。结合地下空间开发利用、各类地下管线、道路交通等专项建设规划，合理确定地下综合管廊建设布局、管线种类、断面形式、平面位置、竖向控制等，明确建设规模和时序，综合考虑城市发展远景，预留和控制有关地下空间。建立建设项目储备制度，明确5年项目滚动规划和年度建设计划，积极、稳妥、有序推进地下综合管廊建设。

（五）完善标准规范。根据城市发展需要抓紧制定和完善地下综合管廊建设和抗震防灾等方面的国家标准。地下综合管廊工程结构设计应考虑各类管线接入、引出支线的需求，满足抗震、人防和综合防灾等需要。地下综合管廊断面应满足所在区域所有管线入廊的需要，符合入廊管线敷设、增容、运行和维护检修的空间要求，并配建行车和行人检修通道，合理设置出入口，便于维修和更换管道。地下综合管廊应配套建设消防、供电、照明、通风、给排水、视频、标识、安全与报警、智能管理等附属设施，提高智能化监控管理水平，确保管廊安全运行。要满足各类管线独立运行维护和安全管理需要，避免产生相互干扰。

三、有序建设

（六）划定建设区域。从2015年起，城市新区、各类园区、成片开发区域的新建道路要根据功能需求，同步建设地下综合管廊；老城区要结合旧城更新、道路改造、河道治理、地下空间开发等，因地制宜、统筹安排地下综合管廊建设。在交通流量较大、地下管线密集的城市道路、轨道交通、地下综合体等地段，城市高强度开发区、重要公共空间、主要道路交叉口、道路与铁路或河流的交叉处，以及道路宽度难以单独敷设多种管线的路段，要优先建设地下综合管廊。加快既有地面城市电网、通信网络等架空线入地工程。

（七）明确实施主体。鼓励由企业投资建设和运营管理地下综合管廊。创新投融资模式，推广运用政府和社会资本合作（PPP）模式，通过特许经营、投资补贴、贷款贴息等形式，鼓励社会资本组建项目公司参与城市地下综合管廊建设和运营管理，优化合同管理，确保项目合理稳定回报。优先鼓励入廊管线单位共同组建或与社会资本合作组建股份制公司，或在城市人民政府指导下组成地下综合管廊业主委员会，公开招标选择建设和运营管理单位。积极培育大型专业化地下综合管廊建设和运营管理企业，支持企业跨地区开展业务，提供系统、规范的服务。

（八）确保质量安全。严格履行法定的项目建设程序，规范招投标行为，落实工程建设各方质量安全主体责任，切实把加强质量安全监管贯穿于规划、建设、运营全过程，建设单位要按规定及时报送工程档案。建立地下综合管廊工程质量终身责任永久性标牌制度，接受社会监督。根据地下综合管廊结构类型、受力条件、使用要求和所处环境等因素，考虑耐久性、可靠性和经济性，科学选择工程材料，主要材料宜采用高性能混凝土和高强钢筋。推进地下综合管廊主体结构构件标准化，积极推广应用预制拼装技术，提高工程质量和安全水平，同时有效带动工业构件生产、施工设备制造等相关产业发展。

四、严格管理

（九）明确入廊要求。城市规划区范围内的各类管线原则上应敷设于地下空间。已建设地下综合管廊的区域，该区域内的所有管线必须入廊。在地下综合管廊以外的位置新建管线的，规划部门不予许可审批，建设部门不予施工许可审批，市政道路部门不予掘路许可审批。既有管线应根据实际情况逐步有序迁移至地下综合管廊。各行业主管部门和有关企业要积极配合城市人民政府做好各自管线入廊工作。

（十）实行有偿使用。入廊管线单位应向地下综合管廊建设运营单位交纳入廊费和日常维护费，具体收费标准要统筹考虑建设和运营、成本和收益的关系，由地下综合管廊建设运营单位与入廊管线单位根据市场化原则共同协商确定。入廊费主要根据地下综合管廊本体及附属设施建设成本，以及各入廊管线单独敷设和更新改造成本确定。日常维护费主要根据地下综合管廊本体及附属设施维修、更新等维护成本，以及管线占用地下综合管廊空间比例、对附属设施使用强度等因素合理确定。公益性文化企业的有线电视网入廊，有关收费标准可适当给予优惠。由发展改革委会同住房城乡建设部制定指导意见，引导规范供需双方协商确定地下综合管廊收费标准，形成合理的收费机制。在地下综合管廊运营初期不能通过收费弥补成本的，地方人民政府视情给予必要的财政补贴。

（十一）提高管理水平。城市人民政府要制定地下综合管廊具体管理办法，加强工作指导与监督。地下综合管廊运营单位要完善管理制度，与入廊管线单位签订协议，明确入廊管线种类、时间、费用和责权利等内容，确保地下综合管廊正常运行。地下综合管廊本体及附属设施管理由地下综合管廊建设运营单位负责，入廊管线的设施维护及日常管理由各管线单位负责。管廊建设运营单位与入廊管线单位要分工明确，各司其职，相互配合，做好突发事件处置和应急管理等工作。

五、支持政策

（十二）加大政府投入。中央财政要发挥“四两拨千斤”的作用，积极引导地下综合管廊建设，通过现有渠道统筹安排资金予以支持。地方各级人民政府要进一步加大地下综合管廊建设资金投入。省级人民政府要加强地下综合管廊建设资金的统筹，城市人民政府要在年度预算和建设计划中优先安排地下综合管廊项目，并纳入地方政府采购范围。有条件的城市人民政府可对地下综合管廊项目给予贷款贴息。

（十三）完善融资支持。将地下综合管廊建设作为国家重点支持的民生工程，充分发挥开发性金融作用，鼓励相关金融机构积极加大对地下综合管廊建设的信贷支持力度。鼓励银行业金融机构在风险可控、商业可持续的前提下，为地下综合管廊项目提供中长期信贷支持，积极开展特许经营权、收费权和购买服务协议预期收益等担保创新类贷款业务，加大对地下综合管廊项目的支持力度。将地下综合管廊建设列入专项金融债支持范围予以长期投资。支持符合条件的地下综合管廊建设运营企业发行企业债券和项目收益票据，专项用于地下综合管廊建设项目。

城市人民政府是地下综合管廊建设管理工作的责任主体，要加强组织领导，明确主管部门，建立协调机制，扎实推进具体工作；要将地下综合管廊建设纳入政府绩效考核体系，建立有效的督查制度，定期对地下综合管廊建设工作进行督促检查。住房城乡建设部要会同有关部门建立推进地下综合管廊建设工作协调机制，组织设立地下综合管廊专家委员会；抓好地下综合管廊试点工作，尽快形成一批可复制、可推广的示范项目，经验成熟后有效推开，并加强对全国地下综合管廊建设管理工作的指导和监督检查。各管线行业主管部门、管理单位等要各司其职，密切配合，共同有序推动地下综合管廊建设。中央企业、省属企业要配合城市人民政府做好所属管线入地入廊工作。

国务院办公厅

2015 年 8 月 3 日

22. 国务院办公厅关于进一步促进旅游投资和消费的若干意见

（国办发〔2015〕62号）

【发文机关】国务院办公厅
【发文文号】国办发〔2015〕37号
【发布日期】2015年8月11日
【实施日期】2015年8月11日
【时效性】现行有效

各省、自治区、直辖市人民政府，国务院各部委、各直属机构：

旅游业是我国经济社会发展的综合性产业，是国民经济和现代服务业的重要组成部分。通过改革创新促进旅游投资和消费，对于推动现代服务业发展，增加就业和居民收入，提升人民生活品质，具有重要意义。为进一步促进旅游投资和消费，经国务院同意，现提出以下意见：

一、实施旅游基础设施提升计划，改善旅游消费环境

（一）着力改善旅游消费软环境。建立健全旅游产品和服务质量标准，规范旅游经营服务行为，提升宾馆饭店、景点景区、旅行社等管理服务水平。大力整治旅游市场秩序，严厉打击虚假广告、价格欺诈、欺客宰客、超低价格恶性竞争、非法“一日游”等旅游市场顽疾，进一步落实游客不文明行为记录制度。健全旅游投诉处理和服务质量监督机制，完善旅游市场主体退出机制。深化景区门票价格改革，调整完善价格机制，规范价格行为。大力弘扬文明旅游风尚，积极开展旅游志愿者公益服务，提升游客文明旅游素质。

（二）完善城市旅游咨询中心和集散中心。各地要根据实际需要，在3A级以上景区、重点乡村旅游区以及机场、车站、码头等建设旅游咨询中心。鼓励依托城市综合客运枢纽和道路客运站点建设布局合理、功能完善的游客集散中心。2020年前，实现重点旅游景区、旅游城市、旅游线路旅游咨询服务全覆盖。

（三）加强连通景区道路和停车场建设。加大投入，加快推进城市及国道、省道至A

级景区连接道路建设。加强城市与景区之间交通设施建设和运输组织，加快实现从机场、车站、码头到主要景区公路交通无缝对接。加大景区和乡村旅游点停车位建设力度。

（四）加强中西部地区旅游支线机场建设。围绕国家重点旅游线路和集中连片特困地区，支持有条件的地方按实际需求新建或改扩建一批支线机场，增加至主要客源城市航线。充分发挥市场力量，鼓励企业发展低成本航空和国内旅游包机业务。

（五）大力推进旅游厕所建设。鼓励以商建厕、以商养厕、以商管厕，用 3 年时间全国新建、改建 5.7 万座旅游厕所，完善上下水设施，实行粪便无害化处理。到 2017 年实现全国旅游景区、旅游交通沿线、旅游集散地的旅游厕所全部达到数量充足、干净无味、实用免费、管理有效的要求。

二、实施旅游投资促进计划，新辟旅游消费市场

（六）加快自驾车房车营地建设。制定全国自驾车房车营地建设规划和自驾车房车营地建设标准，明确营地住宿登记、安全救援等政策，支持少数民族地区和丝绸之路沿线、长江经济带等重点旅游地区建设自驾车房车营地。到 2020 年，鼓励引导社会资本建设自驾车房车营地 1000 个左右。

（七）推进邮轮旅游产业发展。支持建立国内大型邮轮研发、设计、建造和自主配套体系，鼓励有条件的国内造船企业研发制造大中型邮轮。按照《全国沿海邮轮港口布局规划方案》，进一步优化邮轮港口布局，形成由邮轮母港、始发港、访问港组成的布局合理的邮轮港口体系，有序推进邮轮码头建设。支持符合条件的企业按程序设立保税仓库。到 2020 年，全国建成 10 个邮轮始发港。

（八）培育发展游艇旅游大众消费市场。制定游艇旅游发展指导意见，有规划地逐步开放岸线和水域。推动游艇码头泊位等基础设施建设，清理简化游艇审批手续，降低准入门槛和游艇登记、航行旅游、停泊、维护的总体成本，吸引社会资本进入；鼓励发展适合大众消费水平的中小型游艇；鼓励拥有海域、水域资源的地区根据实际情况制定游艇码头建设规划。到 2017 年，全国建成一批游艇码头和游艇泊位，初步形成互联互通的游艇休闲旅游线路网络，培育形成游艇大众消费市场。

（九）大力发展特色旅游城镇。推动新型城镇化建设与现代旅游产业发展有机结合，到 2020 年建设一批集观光、休闲、度假、养生、购物等功能于一体的全国特色旅游城镇和特色景观旅游名镇。

（十）大力开发休闲度假旅游产品。鼓励社会资本大力开发温泉、滑雪、滨海、海岛、山地、养生等休闲度假旅游产品。重点依托现有旅游设施和旅游资源，建设一批高水平旅游度假产品和满足多层次多样化休闲度假需求的国民度假地。加快推动环城市休闲度假带建设，鼓励城市发展休闲街区、城市绿道、骑行公园、慢行系统，拓展城市休闲空间。支持重点景区和旅游城市积极发展旅游演艺节目，促进主题公园规范发展。依托铁路网，开发建设铁路沿线旅游产品。

（十一）大力发展旅游装备制造业。把旅游装备纳入相关行业发展规划，制定完善安全性技术标准体系。鼓励发展邮轮游艇、大型游船、旅游房车、旅游小飞机、景区索道、大型游乐设施等旅游装备制造业。大力培育具有自主品牌的休闲、登山、滑雪、潜水、露营、探险等各类户外用品。支持国内有条件的企业兼并收购国外先进旅游装备制造企业或开展合资合作。鼓励企业开展旅游装备自主创新研发，按规定享受国家鼓励科技创新政策。

（十二）积极发展“互联网 + 旅游”。积极推动在线旅游平台企业发展壮大，整合上下游及平行企业的资源、要素和技术，形成旅游业新生态圈，推动“互联网 + 旅游”跨产业融合。支持有条件的旅游企业进行互联网金融探索，打造在线旅游企业第三方支付平台，拓宽移动支付在旅游业的普及应用，推动境外消费退税便捷化。加强与互联网公司、金融企业合作，发行实名制国民旅游卡，落实法定优惠政策，实行特惠商户折扣。放宽在线度假租赁、旅游网络购物、在线旅游租车平台等新业态的准入许可和经营许可制度。到2020年，全国4A级以上景区和智慧乡村旅游试点单位实现免费WiFi（无线局域网）、智能导游、电子讲解、在线预订、信息推送等功能全覆盖，在全国打造1万家智慧景区和智慧旅游乡村。

三、实施旅游消费促进计划，培育新的消费热点

（十三）丰富提升特色旅游商品。扎实推进旅游商品的大众创业、万众创新，鼓励市场主体开发富有特色的旅游纪念品，丰富旅游商品类型，增强对游客的吸引力。培育一批旅游商品研发、生产、销售龙头企业，加大对老字号商品、民族旅游商品的宣传推广力度。加快实施中国旅游商品品牌提升工程，推出中国特色旅游商品系列。鼓励优质特色旅游商品进驻主要口岸、机场、码头等旅游购物区和城市大型商场超市，支持在线旅游商品销售。适度增设口岸进境免税店。

（十四）积极发展老年旅游。加快制定实施全国老年旅游发展纲要，规范老年旅游服务，鼓励开发多层次、多样化老年旅游产品。各地要加大对乡村养老旅游项目的支持，大力推动乡村养老旅游发展，鼓励民间资本依法使用农民集体所有的土地举办非营利性乡村养老机构。做好基本医疗保险异地就医医疗费用结算工作。鼓励进一步开发完善适合老年旅游需求的商业保险产品。

（十五）支持研学旅行发展。把研学旅行纳入学生综合素质教育范畴。支持建设一批研学旅行基地，鼓励各地依托自然和文化遗产资源、红色旅游景点景区、大型公共设施、知名院校、科研机构、工矿企业、大型农场开展研学旅行活动。建立健全研学旅行安全保障机制。旅行社和研学旅行场所应在内容设计、导游配备、安全设施与防护等方面结合青少年学生特点，寓教于游。加强国际研学旅行交流，规范和引导中小学生赴境外开展研学旅行活动。

（十六）积极发展中医药健康旅游。推出一批以中医药文化传播为主题，集中医药康复理疗、养生保健、文化体验于一体的中医药健康旅游示范产品。在有条件的地方建设中医药健康旅游产业示范园区，推动中医药产业与旅游市场深度结合，在业态创新、机制改革、集群发展方面先行先试。规范中医药健康旅游市场，加强行业标准制定和质量监督管理。扩大中医药健康旅游海外宣传，推动中医药健康旅游国际交流合作，使传统中医药文化通过旅游走向世界。

四、实施乡村旅游提升计划，开拓旅游消费空间

（十七）坚持乡村旅游个性化、特色化发展方向。立足当地资源特色和生态环境优势，突出乡村生活生产生态特点，深入挖掘乡村文化内涵，开发建设形式多样、特色鲜明、个性突出的乡村旅游产品，举办具有地方特色的节庆活动。注重保护民族村落、古村古镇，建设一批具有历史、地域、民族特点的特色景观旅游村镇，让游客看得见山水、记得住乡愁、留得住乡情。

（十八）完善休闲农业和乡村旅游配套设施。重点加强休闲农业和乡村旅游特色村的道路、电力、饮水、厕所、停车场、垃圾污水处理设施、信息网络等基础设施和公共服务设施建设，加强相关旅游休闲配套设施建设。到2020年，全国建成6000个以上乡村旅游模范村，形成10万个以上休闲农业和乡村旅游特色村、300万家农家乐，乡村旅游年接待游客超过20亿人次，受益农民5000万人。

（十九）开展百万乡村旅游创客行动。通过加强政策引导和专业培训，3年内引导和支持百万名返乡农民工、大学毕业生、专业技术人员等通过开展乡村旅游实现自主创业。鼓励文化界、艺术界、科技界专业人员发挥专业优势和行业影响力，在有条件的乡村进行创作创业。到2017年，全国建设一批乡村旅游创客示范基地，形成一批高水准文化艺术旅游创业就业乡村。

（二十）大力推进乡村旅游扶贫。加大对乡村旅游扶贫重点村的规划指导、专业培训、宣传推广力度，组织开展乡村旅游规划扶贫公益活动，对建档立卡贫困村实施整村扶持，2015年抓好560个建档立卡贫困村乡村旅游扶贫试点工作。到2020年，全国每年通过乡村旅游带动200万农村贫困人口脱贫致富；扶持6000个旅游扶贫重点村开展乡村旅游，实现每个重点村乡村旅游年经营收入达到100万元。

五、优化休假安排，激发旅游消费需求

（二十一）落实职工带薪休假制度。各级人民政府要把落实职工带薪休假制度纳入议事日程，制定带薪休假制度实施细则或实施计划，并抓好落实。

（二十二）鼓励错峰休假。在稳定全国统一的既有节假日前提下，各单位和企业可根据自身实际情况，将带薪休假与本地传统节日、地方特色活动相结合，安排错峰休假。

（二十三）鼓励弹性作息。有条件的地方和单位可根据实际情况，依法优化调整夏季作息安排，为职工周五下午与周末结合外出休闲度假创造有利条件。

六、加大改革创新力度，促进旅游投资消费持续增长

（二十四）加大政府支持力度。符合条件的地区要加快实施境外旅客购物离境退税政策。设立中国旅游产业促进基金，鼓励有条件的地方政府设立旅游产业促进基金。支持企业通过政府和社会资本合作（PPP）模式投资、建设、运营旅游项目。各级人民政府要加大对国家重点旅游景区、“一带一路”及长江经济带等重点旅游线路、集中连片特困地区生态旅游开发和乡村旅游扶贫村等旅游基础设施和公共服务设施的支持力度。让多彩的旅游丰富群众生活，助力经济发展。

（二十五）落实差别化旅游业用地用海用岛政策。对投资大、发展前景好的旅游重点项目，要优先安排、优先落实土地和围填海计划指标。新增建设用地指标优先安排给中西部地区，支持中西部地区利用荒山、荒坡、荒滩、垃圾场、废弃矿山、石漠化土地开发旅游项目。对近海旅游娱乐、浴场等亲水空间开发予以优先保障。

（二十六）拓展旅游企业融资渠道。支持符合条件的旅游企业上市，鼓励金融机构按照风险可控、商业可持续原则加大对旅游企业的信贷支持。积极发展旅游投资项目资产证券化产品，推进旅游项目产权与经营权交易平台建设。积极引导预期收益好、品牌认可度高的旅游企业探索通过相关收费权、经营权抵（质）押等方式融资筹资。鼓励旅游装备出口，加大对大型旅游装备出口的信贷支持。

国务院办公厅

2015 年 8 月 4 日

23. 国务院办公厅关于推进海绵城市建设的指导意见

（国办发〔2015〕75号）

【发文机关】国务院办公厅
【发文文号】国办发〔2015〕75号
【发布日期】2015年10月11日
【实施日期】2015年10月11日
【时效性】现行有效

各省、自治区、直辖市人民政府，国务院各部委、各直属机构：

海绵城市是指通过加强城市规划建设管理，充分发挥建筑、道路和绿地、水系等生态系统对雨水的吸纳、蓄渗和缓释作用，有效控制雨水径流，实现自然积存、自然渗透、自然净化的城市发展方式。《国务院关于加强城市基础设施建设的意见》（国发〔2013〕36号）和《国务院办公厅关于做好城市排水防涝设施建设工作的通知》（国办发〔2013〕23号）印发以来，各有关方面积极贯彻新型城镇化和水安全战略有关要求，有序推进海绵城市建设试点，在有效防治城市内涝、保障城市生态安全等方面取得了积极成效。为加快推进海绵城市建设，修复城市水生态、涵养水资源，增强城市防涝能力，扩大公共产品有效投资，提高新型城镇化质量，促进人与自然和谐发展，经国务院同意，现提出以下意见：

一、总体要求

（一）工作目标。通过海绵城市建设，综合采取"渗、滞、蓄、净、用、排"等措施，最大限度地减少城市开发建设对生态环境的影响，将70%的降雨就地消纳和利用。到2020年，城市建成区20%以上的面积达到目标要求；到2030年，城市建成区80%以上的面积达到目标要求。

（二）基本原则。

坚持生态为本、自然循环。充分发挥山水林田湖等原始地形地貌对降雨的积存作用，充分发挥植被、土壤等自然下垫面对雨水的渗透作用，充分发挥湿地、水体等对水质的自然净化作用，努力实现城市水体的自然循环。

坚持规划引领、统筹推进。因地制宜确定海绵城市建设目标和具体指标，科学编制和严格实施相关规划，完善技术标准规范。统筹发挥自然生态功能和人工干预功能，实施源头减排、过程控制、系统治理，切实提高城市排水、防涝、防洪和防灾减灾能力。

坚持政府引导、社会参与。发挥市场配置资源的决定性作用和政府的调控引导作用，加大政策支持力度，营造良好发展环境。积极推广政府和社会资本合作（PPP）、特许经营等模式，吸引社会资本广泛参与海绵城市建设。

二、加强规划引领

（三）科学编制规划。编制城市总体规划、控制性详细规划以及道路、绿地、水等相关专项规划时，要将雨水年径流总量控制率作为其刚性控制指标。划定城市蓝线时，要充分考虑自然生态空间格局。建立区域雨水排放管理制度，明确区域排放总量，不得违规超排。

（四）严格实施规划。将建筑与小区雨水收集利用、可渗透面积、蓝线划定与保护等海绵城市建设要求作为城市规划许可和项目建设的前置条件，保持雨水径流特征在城市开发建设前后大体一致。在建设工程施工图审查、施工许可等环节，要将海绵城市相关工程措施作为重点审查内容；工程竣工验收报告中，应当写明海绵城市相关工程措施的落实情况，提交备案机关。

（五）完善标准规范。抓紧修订完善与海绵城市建设相关的标准规范，突出海绵城市建设的关键性内容和技术性要求。要结合海绵城市建设的目标和要求编制相关工程建设标准图集和技术导则，指导海绵城市建设。

三、统筹有序建设

（六）统筹推进新老城区海绵城市建设。从 2015 年起，全国各城市新区、各类园区、成片开发区要全面落实海绵城市建设要求。老城区要结合城镇棚户区和城乡危房改造、老旧小区有机更新等，以解决城市内涝、雨水收集利用、黑臭水体治理为突破口，推进区域整体治理，逐步实现小雨不积水、大雨不内涝、水体不黑臭、热岛有缓解。各地要建立海绵城市建设工程项目储备制度，编制项目滚动规划和年度建设计划，避免大拆大建。

（七）推进海绵型建筑和相关基础设施建设。推广海绵型建筑与小区，因地制宜采取屋顶绿化、雨水调蓄与收集利用、微地形等措施，提高建筑与小区的雨水积存和蓄滞能力。推进海绵型道路与广场建设，改变雨水快排、直排的传统做法，增强道路绿化带对雨水的消纳功能，在非机动车道、人行道、停车场、广场等扩大使用透水铺装，推行道路与广场雨水的收集、净化和利用，减轻对市政排水系统的压力。大力推进城市排水防涝设施的达标建设，加快改造和消除城市易涝点；实施雨污分流，控制初期雨水污染，排入自然水体的雨水须经过岸线净化；加快建设和改造沿岸截流干管，控制渗漏和合流制污水溢流污染。结合雨水利用、排水防涝等要求，科学布局建设雨水调蓄设施。

（八）推进公园绿地建设和自然生态修复。推广海绵型公园和绿地，通过建设雨水花园、下凹式绿地、人工湿地等措施，增强公园和绿地系统的城市海绵体功能，消纳自身雨水，并为蓄滞周边区域雨水提供空间。加强对城市坑塘、河湖、湿地等水体自然形态的保护和恢复，禁止填湖造地、截弯取直、河道硬化等破坏水生态环境的建设行为。恢复和保持河湖水系的自然连通，构建城市良性水循环系统，逐步改善水环境质量。加强河道系统整治，因势利导改造渠化河道，重塑健康自然的弯曲河岸线，恢复自然深潭浅滩和泛洪漫滩，实施生态修复，营造多样性生物生存环境。

四、完善支持政策

（九）创新建设运营机制。区别海绵城市建设项目的经营性与非经营性属性，建立政府与社会资本风险分担、收益共享的合作机制，采取明晰经营性收益权、政府购买服务、财政补贴等多种形式，鼓励社会资本参与海绵城市投资建设和运营管理。强化合同管理，严格绩效考核并按效付费。鼓励有实力的科研设计单位、施工企业、制造企业与金融资本相结合，组建具备综合业务能力的企业集团或联合体，采用总承包等方式统筹组织实施海绵城市建设相关项目，发挥整体效益。

（十）加大政府投入。中央财政要发挥“四两拨千斤”的作用，通过现有渠道统筹安排资金予以支持，积极引导海绵城市建设。地方各级人民政府要进一步加大海绵城市建设资金投入，省级人民政府要加强海绵城市建设资金的统筹，城市人民政府要在中期财政规划和年度建设计划中优先安排海绵城市建设项目，并纳入地方政府采购范围。

（十一）完善融资支持。各有关方面要将海绵城市建设作为重点支持的民生工程，充分发挥开发性、政策性金融作用，鼓励相关金融机构积极加大对海绵城市建设的信贷支持力度。鼓励银行业金融机构在风险可控、商业可持续的前提下，对海绵城市建设提供中长期信贷支持，积极开展购买服务协议预期收益等担保创新类贷款业务，加大对海绵城市建设项目的资金支持力度。将海绵城市建设中符合条件的项目列入专项建设基金支持范围。支持符合条件的企业通过发行企业债券、公司债券、资产支持证券和项目收益票据等募集资金，用于海绵城市建设项目。

五、抓好组织落实

城市人民政府是海绵城市建设的责任主体，要把海绵城市建设提上重要日程，完善工作机制，统筹规划建设，抓紧启动实施，增强海绵城市建设的整体性和系统性，做到“规划一张图、建设一盘棋、管理一张网”。住房城乡建设部要会同有关部门督促指导各地做好海绵城市建设工作，继续抓好海绵城市建设试点，尽快形成一批可推广、可复制的示范项目，经验成熟后及时总结宣传、有效推开；发展改革委要加大专项建设基金对海绵城市建设的支持力度；财政部要积极推进 PPP 模式，并对海绵城市建设给予必要资金支持；水利部要加强对海绵城市建设中水利工作的指导和监督。各有关部门要按照职责分工，各司其职，密切配合，共同做好海绵城市建设相关工作。

国务院办公厅
2015 年 10 月 11 日

24. 国务院办公厅关于印发《地方政府性债务风险应急处置预案》的通知

（国办函〔2016〕88号）

【发文机关】国务院办公厅
【发文文号】国办函〔2016〕88号
【发布日期】2016年10月27日
【实施日期】2016年10月27日
【时效性】现行有效

各省、自治区、直辖市人民政府，国务院各部委、各直属机构：

经国务院同意，现将《地方政府性债务风险应急处置预案》印发给你们，请认真组织实施。

国务院办公厅
2016年10月27日

地方政府性债务风险应急处置预案

1 总　　则

1.1　目的

建立健全地方政府性债务风险应急处置工作机制，坚持快速响应、分类施策、各司其职、协同联动、稳妥处置，牢牢守住不发生区域性系统性风险的底线，切实防范和化解财政金融风险，维护经济安全和社会稳定。

1.2　工作原则

1.2.1　分级负责

省级政府对本地区政府性债务风险应急处置负总责，省以下地方各级政府按照属地原则各负其责。国务院有关部门在国务院统一领导下加强对地方政府性债务风险应急处置的指导。跨省（区、市）政府性债务风险应急处置由相关地区协商办理。

1.2.2 及时应对

地方各级政府应当坚持预防为主、预防和应急处置相结合，加强对政府性债务风险的监控，及时排查风险隐患，妥善处置风险事件。

1.2.3 依法处置

地方政府性债务风险事件应急处置应当依法合规，尊重市场化原则，充分考虑并维护好各方合法权益。

1.3 编制依据

《中华人民共和国预算法》《中华人民共和国突发事件应对法》《国务院关于加强地方政府性债务管理的意见》（国发〔2014〕43号）、《国务院办公厅关于印发突发事件应急预案管理办法的通知》（国办发〔2013〕101号）等。

1.4 适用范围

本预案所称地方政府性债务风险事件，是指地方政府已经或者可能无法按期支付政府债务本息，或者无力履行或有债务法定代偿责任，容易引发财政金融风险，需要采取应急处置措施予以应对的事件。

本预案所称存量债务，是指清理甄别认定的2014年年末地方政府性债务，包括存量政府债务和存量或有债务。

1.4.1 政府债务风险事件

（1）政府债券风险事件：指地方政府发行的一般债券、专项债券还本付息出现违约。

（2）其他政府债务风险事件：指除地方政府债券外的其他存量政府债务还本付息出现违约。

1.4.2 或有债务风险事件

（1）政府提供担保的债务风险事件：指由企事业单位举借、地方政府及有关部门提供担保的存量或有债务出现风险，政府需要依法履行担保责任或相应民事责任却无力承担。

（2）政府承担救助责任的债务风险事件：指企事业单位因公益性项目举借、由非财政性资金偿还，地方政府在法律上不承担偿债或担保责任的存量或有债务出现风险，政府为维护经济安全或社会稳定需要承担一定救助责任却无力救助。

2 组织指挥体系及职责

2.1 应急组织机构

县级以上地方各级政府设立政府性债务管理领导小组（以下简称债务管理领导小组），作为非常设机构，负责领导本地区政府性债务日常管理。当本地区出现政府性债务风险事件时，根据需要转为政府性债务风险事件应急领导小组（以下简称债务应急领导小组），负责组织、协调、指挥风险事件应对工作。

债务管理领导小组（债务应急领导小组）由本级政府主要负责人任组长，成员单位包括财政、发展改革、审计、国资、地方金融监管等部门、单位以及人民银行分支机构、当地银监部门，根据工作需要可以适时调整成员单位。

2.2　部门职责

2.2.1　财政部门是政府性债务的归口管理部门，承担本级债务管理领导小组（债务应急领导小组）办公室职能，负责债务风险日常监控和定期报告，组织提出债务风险应急措施方案。

2.2.2　债务单位行业主管部门是政府性债务风险应急处置的责任主体，负责定期梳理本行业政府性债务风险情况，督促举借债务或使用债务资金的有关单位制定本单位债务风险应急预案；当出现债务风险事件时，落实债务还款资金安排，及时向债务应急领导小组报告。

2.2.3　发展改革部门负责评估本地区投资计划和项目，根据应急需要调整投资计划，牵头做好企业债券风险的应急处置工作。

2.2.4　审计部门负责对政府性债务风险事件开展审计，明确有关单位和人员的责任。

2.2.5　地方金融监管部门负责按照职能分工协调所监管的地方金融机构配合开展政府性债务风险处置工作。

2.2.6　人民银行分支机构负责开展金融风险监测与评估，牵头做好区域性系统性金融风险防范和化解工作，维护金融稳定。

2.2.7　当地银监部门负责指导银行业金融机构等做好风险防控，协调银行业金融机构配合开展风险处置工作，牵头做好银行贷款、信托、非法集资等风险处置工作。

2.2.8　其他部门（单位）负责本部门（单位）债务风险管理和防范工作，落实政府性债务偿还化解责任。

3　预警和预防机制

3.1　预警监测

财政部建立地方政府性债务风险评估和预警机制，定期评估各地区政府性债务风险情况并做出预警，风险评估和预警结果应当及时通报有关部门和省级政府。省级财政部门应当按照财政部相关规定做好本地区政府性债务风险评估和预警工作，及时实施风险评估和预警，做到风险早发现、早报告、早处置。

此外，地方各级政府及其财政部门应当将政府及其部门与其他主体签署协议承诺用以后年度财政资金支付的事项，纳入监测范围，防范财政风险。

地方各级政府应当定期排查风险隐患，防患于未然。

3.2　信息报告

地方各级政府应当建立地方政府性债务风险事件报告制度，发现问题及时报告，不得瞒报、迟报、漏报、谎报。

3.2.1　政府债务风险事件报告

设区的市级、县级政府（以下统称市县政府）预计无法按期足额支付到期政府债务本息的，应当提前2个月以上向上级或省级政府报告，并抄送上级或省级财政部门。发生突发或重大情况，县级政府可以直接向省级政府报告，并抄送省级财政部门。省级财政部门接报后应当立即将相关情况通报债务应急领导小组各成员单位，并抄送财政部驻本地区财政监察专员办事处。

3.2.2　或有债务风险事件报告

地方政府或有债务的债务人预计无法按期足额支付或有债务本息的，应当提前1个月以上向本级主管部门和财政部门报告，经财政部门会同主管部门确认无力履行法定代偿责任或必要救助责任后，由本级政府向上级或省级政府报告，并抄送上级或省级财政部门。遇突发或重大事件，县级政府可以直接向省级政府报告，并抄送省级财政部门。省级财政部门接报后应当立即将相关情况通报债务应急领导小组各成员单位，并抄送财政部驻本地区财政监察专员办事处。

3.2.3　报告内容

包括预计发生违约的地方政府性债务类别、债务人、债权人、期限、本息、原定偿还安排等基本信息，风险发生原因，事态发展趋势，可能造成的损失，已采取及拟采取的应对措施等。

3.2.4　报告方式

一般采取书面报告形式。紧急情况下可采取先电话报告、后书面报告的方式。

3.3　分类处置

3.3.1　地方政府债券

对地方政府债券，地方政府依法承担全部偿还责任。

3.3.2　非政府债券形式的存量政府债务

对非政府债券形式的存量政府债务，经地方政府、债权人、企事业单位等债务人协商一致，可以按照《中华人民共和国合同法》第八十四条等有关规定分类处理：

（1）债权人同意在规定期限内置换为政府债券的，地方政府不得拒绝相关偿还义务转移，并应承担全部偿还责任。地方政府应当通过预算安排、资产处置等方式积极筹措资金，偿还到期政府债务本息。

（2）债权人不同意在规定期限内置换为政府债券的，仍由原债务人依法承担偿债责任，对应的地方政府债务限额由中央统一收回。地方政府作为出资人，在出资范围内承担有限责任。

3.3.3　存量或有债务

（1）存量担保债务。存量担保债务不属于政府债务。按照《中华人民共和国担保法》及其司法解释规定，除外国政府和国际经济组织贷款外，地方政府及其部门出具的担保合同无效，地方政府及其部门对其不承担偿债责任，仅依法承担适当民事赔偿责任，但最多不应超过债务人不能清偿部分的1/2；担保额小于债务人不能清偿部分1/2的，以担保额为限。

具体金额由地方政府、债权人、债务人参照政府承诺担保金额、财政承受能力等协商确定。

（2）存量救助债务。存量救助债务不属于政府债务。对政府可能承担一定救助责任的存量或有债务，地方政府可以根据具体情况实施救助，但保留对债务人的追偿权。

3.3.4　新发生的违法违规担保债务

对2014年修订的《中华人民共和国预算法》施行以后地方政府违法违规提供担保承

诺的债务，参照3.3.3第（1）项依法处理。

3.3.5　其他事项

地方政府性债务风险分类处置的具体办法由财政部另行制定，作为本预案的配套文件，经国务院同意后实施。

3.4　债务风险事件级别

按照政府性债务风险事件的性质、影响范围和危害程度等情况，划分为Ⅰ级（特大）、Ⅱ级（重大）、Ⅲ级（较大）、Ⅳ级（一般）4个等级。当政府性债务风险事件等级指标有交叉、难以判定级别时，按照较高一级处置，防止风险扩散；当政府性债务风险事件等级随时间推移有所上升时，按照升级后的级别处置。

政府性债务风险事件监测主体为省级、设区的市级、县级政府。经济开发区管委会等县级以上政府派出机构的政府性债务风险事件按照行政隶属关系由所属政府负责监测。

3.4.1　Ⅰ级（特大）债务风险事件，是指出现下列情形之一：

（1）省级政府发行的地方政府债券到期本息兑付出现违约；

（2）省级或全省（区、市）15%以上的市县政府无法偿还地方政府债务本息，或者因偿还政府债务本息导致无法保障必要的基本民生支出和政府有效运转支出；

（3）省级或全省（区、市）15%以上的市县政府无法履行或有债务的法定代偿责任或必要救助责任，或者因履行上述责任导致无法保障必要的基本民生支出和政府有效运转支出；

（4）全省（区、市）地方政府债务本金违约金额占同期本地区政府债务应偿本金10%以上，或者利息违约金额占同期应付利息10%以上；

（5）省级政府需要认定为Ⅰ级债务风险事件的其他情形。

3.4.2　Ⅱ级（重大）债务风险事件，是指出现下列情形之一：

（1）省级政府连续3次以上出现地方政府债券发行流标现象；

（2）全省（区、市）或设区的市级政府辖区内10%以上（未达到15%）的市级或县级政府无法支付地方政府债务本息，或者因兑付政府债务本息导致无法保障必要的基本民生支出和政府有效运转支出；

（3）全省（区、市）或设区的市级政府辖区内10%以上（未达到15%）的市级或县级政府无法履行或有债务的法定代偿责任或必要救助责任，或者因履行上述责任导致无法保障必要的基本民生支出和政府有效运转支出；

（4）县级以上地方政府债务本金违约金额占同期本地区政府债务应偿本金5%以上（未达到10%），或者利息违约金额占同期应付利息5%以上（未达到10%）；

（5）因到期政府债务违约，或者因政府无法履行或有债务的法定代偿责任或必要救助责任，造成重大群体性事件，影响极为恶劣；

（6）县级以上地方政府需要认定为Ⅱ级债务风险事件的其他情形。

3.4.3　Ⅲ级（较大）债务风险事件，是指出现下列情形之一：

（1）全省（区、市）或设区的市级政府辖区内2个以上但未达到10%的市级或县级政府无法支付地方政府债务本息，或者因兑付政府债务本息导致无法保障必要的基本民生支出和政府有效运转支出；

（2）全省（区、市）或设区的市级政府辖区内2个以上但未达到10%的市级或县级政府无法履行或有债务的法定代偿责任或必要救助责任，或者因履行上述责任导致无法保障必要的基本民生支出和政府有效运转支出；

（3）县级以上地方政府债务本金违约金额占同期本地区政府债务应偿本金1%以上（未达到5%），或者利息违约金额占同期应付利息1%以上（未达到5%）；

（4）因到期政府债务违约，或者因政府无法履行或有债务的法定代偿责任或必要救助责任，造成较大群体性事件；

（5）县级以上地方政府需要认定为Ⅲ级债务风险事件的其他情形。

3.4.4 Ⅳ级（一般）债务风险事件，是指出现下列情形之一：

（1）单个市县政府本级偿还政府债务本息实质性违约，或因兑付政府债务本息导致无法保障必要的基本民生支出和政府有效运转支出；

（2）单个市县政府本级无法履行或有债务的法定代偿责任或必要救助责任，或因履行上述责任导致无法保障必要的基本民生支出和政府有效运转支出；

（3）因到期政府债务违约，或者因政府无法履行或有债务的法定代偿责任或必要救助责任，造成群体性事件；

（4）县级以上地方政府需要认定为Ⅳ级债务风险事件的其他情形。

4 应急响应

4.1 分级响应和应急处置

地方政府对其举借的债务负有偿还责任，中央实行不救助原则。地方政府要加强日常风险管理，按照财政部《地方政府性债务风险分类处置指南》，妥善处理政府性债务偿还问题。同时，要加强财政资金流动性管理，避免出现因流动性管理不善导致政府性债务违约。对因无力偿还政府债务本息或无力承担法定代偿责任等引发风险事件的，根据债务风险等级，相应及时实行分级响应和应急处置。

4.1.1 Ⅳ级债务风险事件应急响应

（1）相关市县债务管理领导小组应当转为债务应急领导小组，对风险事件进行研判，查找原因，明确责任，立足自身化解债务风险。

①以一般公共预算收入作为偿债来源的一般债务违约的，在保障必要的基本民生支出和政府有效运转支出前提下，可以采取调减投资计划、统筹各类结余结转资金、调入政府性基金或国有资本经营预算收入、动用预算稳定调节基金或预备费等方式筹措资金偿还，必要时可以处置政府资产。对政府提供担保或承担必要救助责任的或有债务，政府无力承担相应责任时，也按照上述原则处理。

②以政府性基金收入作为偿债来源的专项债务，因政府性基金收入不足造成债务违约的，在保障部门基本运转和履职需要的前提下，应当通过调入项目运营收入、调减债务单位行业主管部门投资计划、处置部门和债务单位可变现资产、调整部门预算支出结构、扣减部门经费等方式筹集资金偿还债务。对部门提供担保形成的或有债务，政府无力承担相应责任时，也按照上述原则处理。

③因债权人不同意变更债权债务关系或不同意置换，导致存量政府债务无法在规定期

限内依法转换成政府债券的，原有债权债务关系不变，由债务单位通过安排单位自有资金、处置资产等方式自筹资金偿还。若债务单位无力自筹资金偿还，可按市场化原则与债权人协商进行债务重组或依法破产，政府在出资范围内承担有限责任。对政府或有债务，也按照上述原则处理。

④市县政府出现债务风险事件后，在恢复正常偿债能力前，除国务院确定的重点项目外，原则上不得新上政府投资项目。在建政府投资项目能够缓建的，可以暂停建设，腾出资金依法用于偿债。

（2）市县债务管理领导小组或债务应急领导小组认为确有必要时，可以启动财政重整计划。市县政府年度一般债务付息支出超过当年一般公共预算支出10%的，或者专项债务付息支出超过当年政府性基金预算支出10%的，债务管理领导小组或债务应急领导小组必须启动财政重整计划。

（3）市县政府应当将债务风险应急处置情况向省级政府报备。

4.1.2　Ⅲ级债务风险事件应急响应

除采取Ⅳ级债务风险事件应对措施外，还应当采取以下升级应对措施：

（1）相关地区债务管理领导小组应当转为债务应急领导小组，将债务风险情况和应急处置方案专题向上级债务管理领导小组报告。

（2）上级债务管理领导小组应当密切关注事态变化，加强政策指导，及时组织召开专题会议通报风险处置情况，必要时可以成立工作组进驻风险地区，指导支持债务风险处置工作。

（3）市县政府偿还省级政府代发的到期地方政府债券（包括一般债券和专项债券）有困难的，可以申请由上级财政先行代垫偿还，事后扣回。

（4）市县政府应当将债务风险应急处置进展情况和处置结果上报省级政府，并抄送省级财政部门。

4.1.3　Ⅱ级债务风险事件应急响应

除采取Ⅳ级、Ⅲ级债务风险事件应对措施外，还应当采取以下升级应对措施：

（1）省级债务管理领导小组应当转为债务应急领导小组，汇总有关情况向省级政府报告，动态监控风险事件进展，指导和支持市县政府化解债务风险。

（2）市县政府统筹本级财力仍无法解决到期债务偿债缺口并且影响政府正常运转或经济社会稳定的，可以向省级债务应急领导小组申请救助，申请内容主要包括债务风险情况说明、本级政府应急方案及已采取的应急措施、需上级政府帮助解决的事项等。

（3）省级债务应急领导小组对市县政府救助申请提出审核意见，报省级政府批准后实施，并立即启动责任追究程序。

（4）省级政府适当扣减Ⅱ级债务风险事件涉及市县新增地方政府债券规模。

（5）省级债务应急领导小组督促市县政府落实债务风险应急处置措施，跟踪债务风险化解情况。必要时，省级政府可以成立工作组进驻风险地区，帮助或者接管风险地区财政管理，帮助制定或者组织实施风险地区财政重整计划。

4.1.4　Ⅰ级债务风险事件应急响应

除采取Ⅳ级、Ⅲ级、Ⅱ级债务风险事件应对措施外，还应当采取以下升级应对措施：

（1）省级债务应急领导小组应当及时将债务风险情况和应急处置方案向财政部报告，必要时由财政部向国务院报告。

（2）省级政府偿还到期地方政府债券本息有困难的，国务院可以对其提前调度部分国库资金周转，事后扣回。必要时国务院可以成立工作组进驻风险地区，予以指导和组织协调。

（3）市县政府建立债务风险处置信息定期向省级债务应急领导小组报告的机制，重大事项必须立即报告。

（4）省级债务应急领导小组报请省级政府通报Ⅰ级债务风险事件涉及市县名单，启动债务风险责任追究机制。

（5）省级政府暂停Ⅰ级债务风险事件涉及市县新增地方政府债券的资格。

4.2　地方政府财政重整计划

实施地方政府财政重整计划必须依法履行相关程序，保障必要的基本民生支出和政府有效运转支出，要注重与金融政策协调，加强与金融机构的沟通，不得因为偿还债务本息影响政府基本公共服务的提供。财政重整计划包括但不限于以下内容：

（1）拓宽财源渠道。依法加强税收征管，加大清缴欠税欠费力度，确保应收尽收。落实国有资源有偿使用制度，增加政府资源性收入。除法律、行政法规和国务院规定的财税优惠政策之外，可以暂停其他财税优惠政策，待风险解除后再行恢复。

（2）优化支出结构。财政重整期内，除必要的基本民生支出和政府有效运转支出外，视债务风险事件等级，本级政府其他财政支出应当保持“零增长”或者大力压减。一是压缩基本建设支出。不得新批政府投资计划，不得新上政府投资项目；不得设立各类需要政府出资的投资基金等，已设立的应当制定分年退出计划并严格落实。二是压缩政府公用经费。实行公务出国（境）、培训、公务接待等项目“零支出”，大力压缩政府咨询、差旅、劳务等各项支出。三是控制人员福利开支。机关事业单位暂停新增人员，必要时采取核减机构编制、人员等措施；暂停地方自行出台的机关事业单位各项补贴政策，压减直至取消编制外聘用人员支出。四是清理各类对企事业单位的补助补贴。暂停或取消地方出台的各类奖励、对企业的政策性补贴和贴息、非基本民生类补贴等。五是调整过高支出标准，优先保障国家出台的教育、社保、医疗、卫生等重大支出政策，地方支出政策标准不得超过国家统一标准。六是暂停土地出让收入各项政策性计提。土地出让收入扣除成本性支出后应全部用于偿还债务。

（3）处置政府资产。指定机构统一接管政府及其部门拥有的各类经营性资产、行政事业单位资产、国有股权等，结合市场情况予以变现，多渠道筹集资金偿还债务。

（4）申请省级救助。采取上述措施后，风险地区财政收支仍难以平衡的，可以向省级政府申请临时救助，包括但不限于：代偿部分政府债务，加大财政转移支付力度，减免部分专项转移支付配套资金。待财政重整计划实施结束后，由省级政府自行决定是否收回相关资金。

（5）加强预算审查。实施财政重整计划以后，相关市县政府涉及财政总预算、部门预算、重点支出和重大投资项目、政府债务等事项，在依法报本级人民代表大会或其常委会审查批准的同时，必须报上级政府备案。上级政府对下级政府报送备案的预算调整方案要加强审核评估，认为有不适当之处需要撤销批准预算的决议的，应当依法按程序提请本级人民代表大会常委会审议决定。

（6）改进财政管理。相关市县政府应当实施中期财政规划管理，妥善安排财政收支预算，严格做好与化解政府性债务风险政策措施的衔接。

4.3　舆论引导

根据处置债务风险事件的需要，启动应急响应的地方政府或其债务风险应急领导小组应当及时跟踪和研判舆情，健全新闻发布制度，指定专门的新闻发言人，统一对外发布信息，正确引导舆论。

4.4　应急终止

地方政府性债务风险得到缓解、控制，地方政府实现财政重整目标，经上级政府债务管理领导小组或债务应急领导小组同意，终止应急措施。

5　后期处置

5.1　债务风险事件应急处置记录及总结

在债务风险事件应急处置过程中，相关地方政府应当详尽、具体、准确地做好工作记录，及时汇总、妥善保管有关文件资料。应急处置结束后，要及时形成书面总结，向本级人民代表大会常委会和上级政府报告。

5.2　评估分析

债务风险事件应急处置结束后，有关地方政府及其财政部门要对债务风险事件应急处置情况进行评估。评估内容主要包括：债务风险事件形成原因、应急响应过程、应急处置措施、应急处置效果以及对今后债务管理的持续影响等。相关地区应当根据评估结果，及时总结经验教训，改进完善应急处置预案。

6　保障措施

6.1　通信保障

启动应急响应的地方政府应当保持应急指挥联络畅通，有关部门应当指定联络员，提供单位地址、办公电话、手机、传真、电子邮箱等多种联系方式。

6.2　人力保障

各地要加强地方政府性债务管理队伍建设，提高相关人员政策理论、日常管理、风险监测、应急处置、舆情应对等业务能力。启动应急响应的地方政府应当部署各有关部门安排人员具体落实相关工作。

6.3　资源保障

发生地方政府性债务风险事件的地方政府要统筹本级财政资金、政府及其部门资产、政府债权等可偿债资源，为偿还债务提供必要保障。

6.4　安全保障

应急处置过程中，对可能影响公共安全和社会稳定的事件，要提前防范、及时控制、妥善处理；遵守保密规定，对涉密信息要加强管理，严格控制知悉范围。

6.5　技术储备与保障

债务应急领导小组可以根据需要，建立咨询机制，抽调有关专业人员组成债务风险事件应急专家组，参加应急处置工作，提供技术、法律等方面支持。

6.6 责任追究

6.6.1 违法违规责任范围

（1）违反《中华人民共和国预算法》《中华人民共和国银行业监督管理法》等法律规定的下列行为：

政府债务余额超过经批准的本地区地方政府债务限额；

政府及其部门通过发行地方政府债券以外的方式举借政府债务，包括但不限于通过企事业单位举借政府债务；

举借政府债务没有明确的偿还计划和稳定的偿还资金来源；

政府或其部门违反法律规定，为单位和个人的债务提供担保；

银行业金融机构违反法律、行政法规以及国家有关银行业监督管理规定的；

政府债务资金没有依法用于公益性资本支出；

增加举借政府债务未列入预算调整方案报本级人民代表大会常委会批准；

未按规定对举借政府债务的情况和事项做出说明、未在法定期限内向社会公开；

其他违反法律规定的行为。

（2）违反《国务院关于加强地方政府性债务管理的意见》（国发〔2014〕43号）等有关政策规定的下列行为：

政府及其部门在预算之外违法违规举借债务；

金融机构违法违规向地方政府提供融资，要求地方政府违法违规提供担保；

政府及其部门挪用债务资金或违规改变债务资金用途；

政府及其部门恶意逃废债务；

债务风险发生后，隐瞒、迟报或授意他人隐瞒、谎报有关情况；

其他违反财政部等部门制度规定的行为。

6.6.2 追究机制响应

发生Ⅳ级以上地方政府性债务风险事件后，应当适时启动债务风险责任追究机制，地方政府应依法对相关责任人员进行行政问责；银监部门应对银行业金融机构相关责任人员依法追责。

6.6.3 责任追究程序

（1）省级债务管理领导小组组织有关部门，对发生地方政府性债务风险的市县政府开展专项调查或专项审计，核实认定债务风险责任，提出处理意见，形成调查或审计报告，报省级政府审定。

（2）有关任免机关、监察机关、银监部门根据有关责任认定情况，依纪依法对相关责任单位和人员进行责任追究；对涉嫌犯罪的，移交司法机关进行处理。

（3）省级政府应当将地方政府性债务风险处置纳入政绩考核范围。对实施财政重整的市县政府，视债务风险事件形成原因和时间等情况，追究有关人员的责任。属于在本届政府任期内举借债务形成风险事件的，在终止应急措施之前，政府主要领导同志不得重用或提拔；属于已经离任的政府领导责任的，应当依纪依法追究其责任。

7　附　　则

7.1　预案管理

本预案由财政部制订，报国务院批准后实施。本预案实施后，财政部应会同有关部门组织宣传、培训，加强业务指导，并根据实施情况适时进行评估和修订。县级以上地方各级人民政府要结合实际制定当地债务风险应急处置预案。

7.2　预案解释

本预案由财政部负责解释。

7.3　预案实施时间

本预案自印发之日起实施。

25. 国务院办公厅关于全面放开养老服务市场提升养老服务质量的若干意见

（国办发〔2016〕91号）

【发文机关】国务院办公厅
【发文文号】国办发〔2016〕91号
【发布日期】2016年12月7日
【实施日期】2016年12月7日
【时效性】现行有效

各省、自治区、直辖市人民政府，国务院各部委、各直属机构：

养老服务业既是涉及亿万群众福祉的民生事业，也是具有巨大发展潜力的朝阳产业。近年来，我国养老服务业快速发展，产业规模不断扩大，服务体系逐步完善，但仍面临供给结构不尽合理、市场潜力未充分释放、服务质量有待提高等问题。随着人口老龄化程度不断加深和人民生活水平逐步提高，老年群体多层次、多样化的服务需求持续增长，对扩大养老服务有效供给提出了更高要求。为促进养老服务业更好更快发展，经国务院同意，现提出如下意见：

一、总体要求

（一）指导思想。

全面贯彻党的十八大和十八届三中、四中、五中、六中全会精神，深入学习贯彻习近平总书记系列重要讲话精神和治国理政新理念新思想新战略，认真落实党中央、国务院决策部署，紧紧围绕“五位一体”总体布局和“四个全面”战略布局，坚持以新发展理念引领经济发展新常态，坚持中国特色卫生与健康发展道路，持续深化简政放权、放管结合、优化服务改革，积极应对人口老龄化，培育健康养老意识，加快推进养老服务业供给侧结构性改革，保障基本需求，繁荣养老市场，提升服务质量，让广大老年群体享受优质养老服务，切实增强人民群众获得感。

（二）基本原则。

深化改革，放开市场。进一步降低准入门槛，营造公平竞争环境，积极引导社会资本进入养老服务业，推动公办养老机构改革，充分激发各类市场主体活力。

改善结构，突出重点。补齐短板，将养老资源向居家社区服务倾斜，向农村倾斜，向失能、半失能老年人倾斜。进一步扩大护理型服务资源，大力培育发展小型化、连锁化、专业化服务机构。

鼓励创新，提质增效。树立健康养老理念，注重管理创新、产品创新和品牌创新，积极运用新技术，培育发展新业态，促进老年产品用品丰富多样、养老服务方便可及。

强化监管，优化环境。完善监督机制，健全评估制度，推动行业标准化和行业信用建设，加强行业自律，促进规范发展，维护老年人合法权益。

（三）发展目标。

到 2020 年，养老服务市场全面放开，养老服务和产品有效供给能力大幅提升，供给结构更加合理，养老服务政策法规体系、行业质量标准体系进一步完善，信用体系基本建立，市场监管机制有效运行，服务质量明显改善，群众满意度显著提高，养老服务业成为促进经济社会发展的新动能。

二、全面放开养老服务市场

（四）进一步放宽准入条件。

降低准入门槛。设立营利性养老机构，应按“先照后证”的简化程序执行，在工商行政管理部门办理登记后，在辖区县级以上人民政府民政部门申请设立许可。在民政部门登记的非营利性养老机构，可以依法在其登记管理机关管辖范围内设立多个不具备法人资格的服务网点。非本地投资者举办养老服务项目与当地投资者享受同等政策待遇，当地不得以任何名目对此加以限制。

放宽外资准入。在鼓励境外投资者在华举办营利性养老机构的基础上，进一步放开市场，鼓励境外投资者设立非营利性养老机构，其设立的非营利性养老机构与境内投资者设立的非营利性养老机构享受同等优惠政策。

精简行政审批环节。全面清理、取消申办养老机构的不合理前置审批事项，优化审批程序，简化审批流程。申请设立养老服务类社会组织，符合直接登记条件的可以直接向民政部门依法申请登记，不再经由业务主管单位审查同意。支持新兴养老业态发展，对于养老机构以外的其他提供养老服务的主体，鼓励其依法办理法人登记并享受相关优惠政策。

（五）优化市场环境。

进一步改进政府服务。举办养老机构审批过程中涉及的各有关部门，都要主动公开审批程序和审批时限，推进行政审批标准化，加强对筹建养老机构的指导服务。加快推行养老机构申办一站式服务，建立“一门受理、一并办理”的网上并联审批平台，进一步提高审批效率。根据消防法和有关规定，制定既保障安全、又方便合理的养老机构设立和管理配套办法。

完善价格形成机制。加快建立以市场形成价格为主的养老机构服务收费管理机制。对于民办营利性养老机构，服务收费项目和标准由经营者自主确定。对于民办非营利性养老机构，服务收费标准由经营者合理确定，有关部门对其财务收支状况、收费项目和调价频次进行必要监管，同时加强对价格水平的监测分析。对于政府运营的养老机构，以扣除政府投入、社会捐赠后的实际服务成本为依据，按照非营利原则，实行政府定价或政府指导价；对于以公建民营等方式运营的养老机构，采用招投标、委托运营等竞争性方式确定运营方，具体服务收费标准由运营方依据委托协议等合理确定。

加快公办养老机构改革。各地要因地制宜设置改革过渡期，加快推进具备向社会提供养老服务条件的公办养老机构转制成为企业或开展公建民营，到2020年政府运营的养老床位数占当地养老床位总数的比例应不超过50%。鼓励社会力量通过独资、合资、合作、联营、参股、租赁等方式，参与公办养老机构改革。完善公建民营养老机构管理办法，政府投资建设和购置的养老设施、新建居民区按规定配建并移交给民政部门的养老设施、国有单位培训疗养机构等改建的养老设施，均可实施公建民营。改革公办养老机构运营方式，鼓励实行服务外包。

加强行业信用建设。建立覆盖养老服务行业法人、从业人员和服务对象的行业信用体系。建立健全信用信息记录和归集机制，加强与全国信用信息共享平台的信息交换和共享，通过企业信用信息公示系统向社会公示相关企业的行政许可、行政处罚等信息。引入第三方征信机构，参与养老行业信用建设和信用监管。建立多部门、跨地区的联合奖惩机制，将信用信息作为各项支持政策的重要衡量因素，对诚实守信者在政府购买服务、债券发行等方面实行优先办理、简化程序等绿色通道支持激励政策，建立养老服务行业黑名单制度和市场退出机制，加强行业自律和监管。

三、大力提升居家社区养老生活品质

（六）推进居家社区养老服务全覆盖。

开展老年人养老需求评估，加快建设社区综合服务信息平台，对接供求信息，提供助餐、助洁、助行、助浴、助医等上门服务，提升居家养老服务覆盖率和服务水平。依托社区服务中心（站）、社区日间照料中心、卫生服务中心等资源，为老年人提供健康、文化、体育、法律援助等服务。鼓励建设小型社区养老院，满足老年人就近养老需求，方便亲属照护探视。

（七）提升农村养老服务能力和水平。

依托农村社区综合服务设施，拓展养老服务功能。鼓励各地建设农村幸福院等自助式、互助式养老服务设施，加强与农村危房改造等涉农基本住房保障政策的衔接。农村集体经济、农村土地流转等收益分配应充分考虑解决本村老年人的养老问题。加强农村敬老院建设和改造，推动服务设施达标，满足农村特困人员集中供养需求，为农村低收入老年人和失能、半失能老年人提供便捷可及的养老服务。鼓励专业社会工作者、社区工作者、志愿服务者加强对农村留守、困难、鳏寡、独居老年人的关爱保护和心理疏导、咨询等服务。充分依托农村基层党组织、自治组织和社会组织等，开展基层联络人登记，建立应急处置和评估帮扶机制，关注老年人的心理、安全等问题。

（八）提高老年人生活便捷化水平。

通过政府补贴、产业引导和业主众筹等方式，加快推进老旧居住小区和老年人家庭的无障碍改造，重点做好居住区缘石坡道、轮椅坡道、公共出入口、走道、楼梯、电梯候梯厅及轿厢等设施和部位的无障碍改造，优先安排贫困、高龄、失能等老年人家庭设施改造，组织开展多层老旧住宅电梯加装。支持开发老年宜居住宅和代际亲情住宅。各地在推进易地扶贫搬迁以及城镇棚户区、城乡危房改造和配套基础设施建设等保障性安居工程中，要统筹考虑适老化设施配套建设。

四、全力建设优质养老服务供给体系

（九）推进“互联网+”养老服务创新。

发展智慧养老服务新业态，开发和运用智能硬件，推动移动互联网、云计算、物联网、大数据等与养老服务业结合，创新居家养老服务模式，重点推进老年人健康管理、紧急救援、精神慰藉、服务预约、物品代购等服务，开发更加多元、精准的私人订制服务。支持适合老年人的智能化产品、健康监测可穿戴设备、健康养老移动应用软件（APP）等设计开发。打通养老服务信息共享渠道，推进社区综合服务信息平台与户籍、医疗、社会保障等信息资源对接，促进养老服务公共信息资源向各类养老服务机构开放。

（十）建立医养结合绿色通道。

建立医疗卫生机构设置审批绿色通道，支持养老机构开办老年病院、康复院、医务室等医疗卫生机构，将符合条件的养老机构内设医疗卫生机构按规定纳入城乡基本医疗保险定点范围。鼓励符合条件的执业医师到养老机构、社区老年照料机构内设的医疗卫生机构多点执业。开通预约就诊绿色通道，推进养老服务机构、社区老年照料机构与医疗机构对接，为老年人提供便捷医疗服务。提升医保经办服务能力，切实解决老年人异地就医直接结算问题。探索建立长期护理保险制度，形成多元化的保险筹资模式，推动解决失能人员基本生活照料和相关医疗护理等所需费用问题。

（十一）促进老年产品用品升级。

支持企业利用新技术、新工艺、新材料和新装备开发为老年人服务的产品用品，研发老年人乐于接受和方便使用的智能科技产品，丰富产品品种，提高产品安全性、可靠性和实用性；上述企业经认定为高新技术企业的，按规定享受企业所得税优惠。及时更新康复辅助器具配置目录，重点支持自主研发和生产康复辅助器具。

（十二）发展适老金融服务。

规范和引导商业银行、保险公司等金融机构开发适合老年人的理财、保险产品，满足老年人金融服务需求，鼓励金融机构建设老年人无障碍设施，开辟服务绿色通道。强化老年人金融安全意识，加大金融消费权益保护力度。稳步推进养老金管理公司试点，按照国家有关规定，积极参与养老金管理相关业务，做好相关受托管理、投资管理和账户管理等服务工作。

五、切实增强政策保障能力

（十三）加强统筹规划。

发挥规划引领作用，分级制定养老服务相关规划，与城乡规划、土地利用总体规划、城镇化规划、区域规划等相衔接，系统提升服务能力和水平。各地要进一步扩大面向居家社区、农村、失能半失能老年人的服务资源，结合实际提出养老床位结构的合理比例，到

2020 年护理型床位占当地养老床位总数的比例应不低于 30%。

（十四）完善土地支持政策。

统筹利用闲置资源发展养老服务，有关部门应按程序依据规划调整其土地使用性质。营利性养老服务机构利用存量建设用地建设养老设施，涉及划拨建设用地使用权出让（租赁）或转让的，在原土地用途符合规划的前提下，允许补缴土地出让金（租金），办理协议出让或租赁手续。企事业单位、个人对城镇现有空闲的厂房、学校、社区用房等进行改造和利用，举办养老服务机构，经有关部门批准临时改变建筑使用功能从事非营利性养老服务且连续经营一年以上的，五年内土地使用性质可暂不作变更。民间资本举办的非营利性养老机构与政府举办的养老机构可依法使用农民集体所有的土地。对在养老服务领域采取政府和社会资本合作（PPP）方式的项目，可以国有建设用地使用权作价出资或者入股建设。

（十五）提升养老服务人才素质。

将养老护理员培训作为职业培训和促进就业的重要内容。对参加养老服务技能培训或创业培训且培训合格的劳动者，按规定给予培训补贴。推动普通高校和职业院校开发养老服务和老年教育课程，为社区、老年教育机构及养老服务机构等提供教学资源及服务。完善职业技能等级与养老服务人员薪酬待遇挂钩机制。建立养老服务行业从业人员奖惩机制，提升养老护理队伍职业道德素养。将养老护理员纳入企业新型学徒制试点和城市积分入户政策范围。积极开发老年人力资源，为老年人的家庭成员提供养老服务培训，倡导“互助养老”模式。

（十六）完善财政支持和投融资政策。

完善财政支持政策。各地要建立健全针对经济困难的高龄、失能老年人的补贴制度，统一设计、分类施补，提高补贴政策的精准度。对养老机构的运行补贴应根据接收失能老年人等情况合理发放。各级政府要加大投入，支持养老服务设施建设，切实落实养老机构相关税费优惠政策，落实彩票公益金支持养老服务体系建设政策要求。鼓励各地向符合条件的各类养老机构购买服务。

拓宽投融资渠道。鼓励社会资本采取建立基金、发行企业债券等方式筹集资金，用于建设养老设施、购置设备和收购改造社会闲置资源等。鼓励银行业金融机构以养老服务机构有偿取得的土地使用权、产权明晰的房产等固定资产和应收账款、动产、知识产权、股权等抵质押，提供信贷支持，满足养老服务机构多样化融资需求。有条件的地方在风险可控、不改变养老机构性质和用途的前提下，可探索养老服务机构其他资产抵押贷款的可行模式。

六、加强监管和组织实施

（十七）加强服务监管。

各地要建立健全民政部门和相关部门协同配合的监管机制，加强对养老机构运营和服务的监管。严禁以举办养老机构名义从事房地产开发，严禁利用养老机构的房屋、场地、设施开展与养老服务无关的活动，严禁改变机构的养老服务性质。做好养老服务领域非法集资信息监测和分析工作，做好政策宣传和风险提示工作。对养老服务中虐老欺老等行为，对养老机构在收取保证金、办理会员卡和发行金融产品等活动中的违法违规行为，要依法严厉查处。加强养老设施和服务安全管理，建立定期检查机制，确保老年人人身安全。

（十八）加强行业自律。

民政、质检等部门要进一步完善养老服务标准体系，抓紧制定管理和服务标准。落实养老机构综合评估和报告制度，开展第三方评估并向社会公布，评估结果应与政府购买服务、发放建设运营补贴等挂钩。政府运营的养老机构要实行老年人入住评估制度，综合评估申请入住老年人的情况，优先保障特困人员集中供养需求和其他经济困难的孤寡、失能、高龄等老年人的服务需求。

（十九）加强宣传引导。

坚持以社会主义核心价值观为引领，弘扬中华民族尊老、敬老的社会风尚和传统美德，开展孝敬教育，营造养老、助老的良好社会氛围，加强对养老服务业发展过程中涌现出的先进典型和先进事迹的宣传报道，及时总结推广养老服务业综合改革试点中的好经验、好做法。依法打击虐待、伤害老年人及侵害老年人合法权益的行为。积极组织开展适合老年人的文化体育娱乐活动，引导老年人积极参与社区服务、公益活动和健康知识培训，丰富老年人精神文化生活。

（二十）加强督促落实。

各地要把全面放开养老服务市场、提升养老服务质量摆在重要位置，建立组织实施机制，及时制定配套实施意见，对政策落实情况进行跟踪分析和监督检查，确保责任到位、工作到位、见到实效。各部门要加强协同配合，落实和完善相关优惠政策，共同促进养老服务提质增效。对不落实养老服务政策，或者在养老机构运营和服务中有违反法律法规行为的，依法依规追究相关人员的责任。国家发展改革委、民政部要会同有关部门加强对地方的指导，及时督促检查并报告工作进展情况。

附表：重点任务分工及进度安排表

国务院办公厅

2016年12月7日

附表：

重点任务分工及进度安排表

序号	工作任务	负责部门	时间进度
1	鼓励境外投资者设立非营利性养老机构	民政部、公安部、国家发展改革委、商务部等	2016年12月底前完成
2	全面清理、取消申办养老机构的不合理前置审批事项，优化审批程序，简化审批流程	民政部等	2016年12月底前完成

续表

序号	工作任务	负责部门	时间进度
3	根据消防法和有关规定，制定既保障安全、又方便合理的养老机构设立和管理配套办法	民政部、公安部、住房城乡建设部等	2017年6月底前完成
4	完善价格形成机制	国家发展改革委、民政部等	持续实施
5	加快公办养老机构改革	民政部、各省级人民政府	持续实施
6	加强行业信用建设	民政部、国家发展改革委、人民银行、工商总局等	2017年6月底前完成
7	提高老年人生活便捷化水平	住房城乡建设部、民政部、国家发展改革委等	持续实施
8	推进“互联网+”养老服务创新	工业和信息化部、科技部、民政部、国家卫生计生委、国家发展改革委等	持续实施
9	探索建立长期护理保险制度	人力资源社会保障部、国家卫生计生委、财政部、民政部、国家发展改革委、保监会等	2016年12月底前完成
10	制定养老服务相关规划	民政部、国家发展改革委等	2016年12月底前完成
11	完善土地支持政策	国土资源部、住房城乡建设部、国家发展改革委、财政部、民政部等	持续实施
12	完善职业技能等级与养老服务人员薪酬待遇挂钩机制	人力资源社会保障部、民政部等	2016年12月底前完成
13	探索养老服务机构其他资产抵押贷款的可行模式	人民银行、民政部等	持续实施
14	加强服务监管	民政部、人民银行、银监会、国土资源部、住房城乡建设部、公安部、全国老龄办等	持续实施
15	完善养老服务标准体系	民政部、质检总局等	持续实施
16	落实养老机构综合评估和报告制度	民政部等	持续实施
17	政府运营的养老机构实行老年人入住评估制度	民政部等	2016年12月底前完成

26. 国务院办公厅关于促进开发区改革和创新发展的若干意见

（国办发〔2017〕7号）

【发文机关】国务院办公厅
【发文文号】国办发〔2017〕7号
【发布日期】2017年1月19日
【实施日期】2017年1月19日
【时效性】现行有效

各省、自治区、直辖市人民政府，国务院各部委、各直属机构：

开发区建设是我国改革开放的成功实践，对促进体制改革、改善投资环境、引导产业集聚、发展开放型经济发挥了不可替代的作用，开发区已成为推动我国工业化、城镇化快速发展和对外开放的重要平台。当前，全球经济和产业格局正在发生深刻变化，我国经济发展进入新常态，面对新形势，必须进一步发挥开发区作为改革开放排头兵的作用，形成新的集聚效应和增长动力，引领经济结构优化调整和发展方式转变。为深入贯彻落实《中共中央　国务院关于构建开放型经济新体制的若干意见》，经国务院同意，现就促进开发区改革和创新发展提出以下意见。

一、总体要求

（一）指导思想。全面贯彻党的十八大和十八届三中、四中、五中、六中全会精神，深入贯彻习近平总书记系列重要讲话精神和治国理政新理念新思想新战略，认真落实党中央、国务院决策部署，紧紧围绕统筹推进“五位一体”总体布局和协调推进“四个全面”战略布局，牢固树立创新、协调、绿色、开放、共享的发展理念，加强对各类开发区的统筹规划，加快开发区转型升级，促进开发区体制机制创新，完善开发区管理制度和政策体系，进一步增强开发区功能优势，把各类开发区建设成为新型工业化发展的引领区、高水平营商环境的示范区、大众创业万众创新的集聚区、开放型经济和体制创新的先行区，推进供给侧结构性改革，形成经济增长的新动力。

（二）基本原则。坚持改革创新。强化开发区精简高效的管理特色，创新开发区运营模式，以改革创新激发新时期开发区发展的动力和活力。坚持规划引领。完善开发区空间布局和数量规模，形成布局合理、错位发展、功能协调的全国开发区发展格局，切实提高经济发展质量和效益。坚持集聚集约。完善公共设施和服务体系，引导工业项目向开发区集中，促进产业集聚、资源集约、绿色发展，切实发挥开发区规模经济效应。坚持发展导向。构建促进开发区发展的长效机制，以规范促发展，正确把握发展和规范的关系，不断探索开发区发展新路径、新经验。

二、优化开发区形态和布局

（三）科学把握开发区功能定位。开发区要坚持以产业发展为主，成为本地区制造业、高新技术产业和生产性服务业集聚发展平台，成为实施制造强国战略和创新驱动发展战略的重要载体。开发区要科学规划功能布局，突出生产功能，统筹生活区、商务区、办公区等城市功能建设，促进新型城镇化发展。开发区要继续把优化营商环境作为首要任务，着力为企业投资经营提供优质高效的服务、配套完备的设施、共享便捷的资源，着力推进经济体制改革和政府职能转变。

（四）明确各类开发区发展方向。经济技术开发区、高新技术产业开发区、海关特殊监管区域等国家级开发区要发挥示范引领作用，突出先进制造业、战略性新兴产业、加工贸易等产业特色，主动对接国际通行规则，建设具有国际竞争力的高水平园区，打造具有国际影响力的园区品牌。经济开发区、工业园区、高新技术产业园区等省级开发区要依托区域资源优势，推动产业要素集聚，提升营商环境国际化水平，向主导产业明确、延伸产业链条、综合配套完备的方向发展，成为区域经济增长极，带动区域经济结构优化升级。

（五）推动各区域开发区协调发展。推进东部地区现有开发区转型升级，增强开发区发展的内生动力，培育有全球影响力的制造研发基地，提高我国产业在全球价值链中的地位。支持中西部地区、东北地区进一步完善开发区软硬件环境，加强开发区承接产业转移的能力建设，增强产业发展动力。鼓励东部地区开发区输出品牌、人才、技术、资金和管理经验，按照优势互补、产业联动、市场导向、利益共享的原则，与中西部地区、东北地区合作共建开发区。围绕“一带一路”建设、京津冀协同发展、长江经济带发展，推动沿海沿江沿线开发区良性互动发展，建设一批具有辐射带动效应的转型升级示范开发区，引导产业优化布局和分工协作。

三、加快开发区转型升级

（六）推进开发区创新驱动发展。开发区要贯彻落实创新驱动发展战略，促进科技创新、制度创新，吸引集聚创新资源，提高创新服务水平，推动由要素驱动向创新驱动转变。支持开发区内企业技术中心建设，在有条件的开发区优先布局工程（技术）研究中心、工程实验室、国家（部门）重点实验室、国家地方联合创新平台、制造业创新中心。鼓励开发区加快发展众创空间、大学科技园、科技企业孵化器等创业服务平台，构建公共技术服务平台，设立科技创新发展基金、创业投资基金、产业投资基金，完善融资、咨询、培训、场所等创新服务，培育创新创业生态，创新人才培养和引进机制，营造大众创业、万众创新良好氛围。支持有条件的国家高新技术产业开发区创建国家自主创新示范区，为在全国范围内完善科技创新政策提供可复制经验。

（七）加快开发区产业结构优化。开发区要适应新一轮产业变革趋势，加快实施“中国制造2025”战略，通过优化园区功能、强化产业链条、扶持重大项目、支持科技研发、腾笼换鸟等措施，支持传统制造业通过技术改造向中高端迈进，促进信息技术与制造业结合；主动培育高端装备、机器人、新一代信息技术、生物技术、新能源、新材料、数字创意等战略性新兴产业；促进生产型制造向服务型制造转变，大力发展研发设计、科技咨询、第三方物流、知识产权服务、检验检测认证、融资租赁、人力资源服务等生产性服务业。以开发区为载体，努力形成一批战略性新兴产业集聚区、国家高（新）技术产业（化）基地、国家新型工业化产业示范基地，打造世界级产业集群。

（八）促进开发区开放型经济发展。开发区要不断提高对外开放水平，继续发挥开放型经济主力军作用。支持开发区完善外贸综合服务体系和促进体系，鼓励开发区积极吸引外商投资和承接国际产业转移。支持开发区内符合条件的跨国企业集团开展跨境双向人民币资金池业务。允许符合条件的开发区内企业在全口径外债和资本流动审慎管理框架下，通过贷款、发行债券等形式从境外融入本外币资金。促进海关特殊监管区域整合优化，将符合条件的出口加工区、保税港区等类型的海关特殊监管区域逐步整合为综合保税区。

（九）推动开发区实现绿色发展。开发区要积极推行低碳化、循环化、集约化发展，推进产业耦合，推广合同能源管理模式，积极参加全国碳交易市场建设和运行。鼓励开发区推进绿色工厂建设，实现厂房集约化、原料无害化、生产洁净化、废物资源化、能源低碳化。推进园区循环化改造，按照循环经济“减量化、再利用、资源化”的理念，推动企业循环式生产、产业循环式组合，搭建资源共享、废物处理、服务高效的公共平台，促进废物交换利用、能量梯级利用、水的分类利用和循环使用，实现绿色循环低碳发展。

（十）提升开发区基础设施水平。开发区基础设施建设要整体规划，配套电力、燃气、供热、供水、通信、道路、消防、防汛、人防、治污等设施，并将为企业服务的公共信息、技术、物流等服务平台和必要的社会事业建设项目统一纳入整体规划。推进海绵型开发区建设，增强防涝能力。开发区新建道路要按规划同步建设地下综合管廊，加快实施既有路面城市电网、通信网络架空线入地工程。推进实施“互联网+”行动，建设智慧、智能园区。积极利用专项建设基金，鼓励政策性、开发性、商业性金融机构创新金融产品和服务，支持开发区基础设施建设。

四、全面深化开发区体制改革

（十一）完善开发区管理体制。开发区管理机构作为所在地人民政府的派出机关，要按照精简高效的原则，进一步整合归并内设机构，集中精力抓好经济管理和投资服务，焕发体制机制活力。各地要加强对开发区与行政区的统筹协调，完善开发区财政预算管理和独立核算机制，充分依托所在地各级人民政府开展社会管理、公共服务和市场监管，减少向开发区派驻的部门，逐步理顺开发区与代管乡镇、街道的关系，依据行政区划管理有关规定确定开发区管理机构管辖范围。对于开发区管理机构与行政区人民政府合并的开发区，应完善政府职能设置，体现开发区精简高效的管理特点。对于区域合作共建的开发区，共建双方应理顺管理、投入、分配机制。各类开发区要积极推行政企分开、政资分开，实行管理机构与开发运营企业分离。各地要及时总结开发区发展经验，积极探索开发区法规规章建设。

（十二）促进开发区整合优化发展。各省（区、市）人民政府要积极探索建立开发区统一协调机制，避免开发区同质化和低水平恶性竞争，形成各具特色、差异化的开发区发展格局。鼓励以国家级开发区和发展水平高的省级开发区为主体，整合区位相邻、相近的开发区，对小而散的各类开发区进行清理、整合、撤销，建立统一的管理机构、实行统一管理。被整合的开发区的地区生产总值、财政收入等经济统计数据，可按属地原则进行分成。对于位于中心城区、工业比重低的开发区，积极推动向城市综合功能区转型。

（十三）提高开发区行政管理效能。各省（区、市）人民政府要加大简政放权力度，将能够下放的经济管理权限，依照法定程序下放给开发区。对于开发区内企业投资经营过程中需要由所在地人民政府有关部门逐级转报的审批事项，探索取消预审环节，简化申报程序，可由开发区管理机构直接向审批部门转报。对于具有公共属性的审批事项，探索由开发区内企业分别申报调整为以开发区为单位进行整体申报或转报。科学制定开发区权责清单，优化开发区行政管理流程，积极推进并联审批、网上办理等模式创新，提高审批效率。

（十四）做好开发区投资促进工作。开发区要把投资促进作为重要任务，推进相关体制机制创新，营造国际化营商环境。鼓励开发区设立综合服务平台，为投资者提供行政审批一站式服务。开发区要积极主动开展招商引资活动，创新招商引资方式，从政府主导向政府招商与市场化招商相结合转变，加强招商引资人员培训，提升招商引资工作专业化水平。开发区可结合产业发展方向，在政策允许和权限范围内制定相应的招商引资优惠政策。

（十五）推进开发区建设和运营模式创新。引导社会资本参与开发区建设，探索多元化的开发区运营模式。支持以各种所有制企业为主体，按照国家有关规定投资建设、运营开发区，或者托管现有的开发区，享受开发区相关政策。鼓励以政府和社会资本合作（PPP）模式进行开发区公共服务、基础设施类项目建设，鼓励社会资本在现有的开发区中投资建设、运营特色产业园，积极探索合作办园区的发展模式。支持符合条件的开发区开发运营企业在境内外上市、发行债券融资。充分发挥开发区相关协会组织作用，制订开发区服务规范，促进开发区自律发展。

五、完善开发区土地利用机制

（十六）优化开发区土地利用政策。对发展较好、用地集约的开发区，在安排年度新增建设用地指标时给予适度倾斜。适应开发区转型升级需要，加强开发区公共配套服务、基础设施建设等用地保障，提高生产性服务业用地比例，适当增加生活性服务业用地供给。利用存量工业房产发展生产性服务业以及兴办创客空间、创新工场等众创空间的，可在5年内继续按原用途和土地权利类型使用土地，5年期满或涉及转让需办理相关用地手续的，可按新用途、新权利类型、市场价，以协议方式办理。允许工业用地使用权人按照有关规定经批准后对土地进行再开发，涉及原划拨土地使用权转让需补办出让手续的，可采取规定方式办理并按照市场价缴纳土地出让价款。

（十七）严格开发区土地利用管理。各类开发区用地均须纳入所在市、县用地统一供应管理，并依据开发区用地和建设规划，合理确定用地结构。严格执行土地出让制度和用地标准、国家工业项目建设用地控制指标。推动开发区集约利用土地、提高土地利用效率，从建设用地开发强度、土地投资强度、人均用地指标的管控和综合效益等方面加强开发区土地集约利用评价。积极推行在开发区建设多层标准厂房，并充分利用地下空间。

六、完善开发区管理制度

（十八）加强开发区发展的规划指导。开发区建设应符合国民经济和社会发展规划、主体功能区规划、土地利用总体规划、城镇体系规划、城市总体规划和生态环境保护规划。提升开发区规划水平，增强规划的科学性和权威性，促进“多规合一”。为促进各类开发区合理有序良性发展，各省（区、市）人民政府要组织编制开发区总体发展规划，综合考虑本地区经济发展现状、资源和环境条件、产业基础和特点，科学确定开发区的区域布局，明确开发区的数量、产业定位、管理体制和未来发展方向。

（十九）规范开发区设立、扩区和升级管理。各省（区、市）人民政府要根据开发区总体发展规划和当地经济发展需要，稳步有序推进开发区设立、扩区和升级工作，原则上每个县（市、区）的开发区不超过1家。限制开发区域原则上不得建设开发区，禁止开发区域严禁建设开发区。对于按照核准面积和用途已基本建成的现有开发区，在达到依法、合理、集约用地标准后，方可申请扩区。发展较好的省级开发区可按规定程序升级为国家级开发区。

（二十）完善开发区审批程序和公告制度。国家级开发区的设立、扩区和省级开发区升级为国家级开发区，由省（区、市）人民政府向国务院提出申请，由科技部、商务部、海关总署等会同有关部门共同研究、通盘考虑，提出审核意见报国务院审批。省级开发区的设立、扩区、调区，由所在地人民政府提出申请，报省（区、市）人民政府审批，并报国务院备案。国家发展改革委会同国土资源部、住房城乡建设部等部门定期修订全国开发区审核公告目录，向社会公布符合条件的开发区名称、面积、主导产业等，接受社会监督。

（二十一）强化开发区环境、资源、安全监管。开发区布局和建设必须依法执行环境影响评价制度，在空间布局、总量管控、环境准入等方面运用环境影响评价成果，对入区企业或项目设定环境准入要求，积极推行环境污染第三方治理。落实最严格水资源管理制度，实行水资源消耗总量和强度双控，严格执行水资源论证制度，严格水土保持监督管理，防控废弃渣土水土流失危害，加强节约用水管理。推动现有开发区全面完成污水集中处理，新建开发区必须同步配套污水集中处理设施和污染在线监控系统。开发区规划、建设要加强安全管理，严格执行安全设施“三同时”制度，强化安全执法能力建设和安全监管责任体系建设。加强开发区各相关规划的衔接，严格落实安全生产和环境保护所需的防护距离，促进产业发展与人居环境相和谐。

（二十二）完善开发区评价考核制度。有关主管部门和各省（区、市）人民政府要建立健全开发区综合评价考核体系，统计部门要积极支持建立健全开发区统计体系，全面反映开发区的开发程度、产业集聚度、技术创新能力、创新创业环境、单位土地投资强度、产出率、带动就业能力、经济效益、环境保护、循环经济发展水平、能源利用效率、低碳发展、社会效益、债务风险等情况。

（二十三）建立开发区动态管理机制。开发区考核结果要与奖惩措施挂钩，对考核结果好的开发区优先考虑扩区、升级，加大政策支持力度；对考核结果不合格的开发区，要限制新增土地指标，提出警告，限期整改；对整改不力，特别是长期圈占土地、开发程度低的开发区，要核减面积或予以降级、撤销，不允许纳入全国开发区审核公告目录。

加强新形势下开发区的改革发展，是适应我国经济发展新常态、加快转变经济发展方式的重要举措，对于推进供给侧结构性改革、推动经济持续健康发展具有重要意义。各地区、各部门要高度重视，上下配合，按照职责分工，加强对开发区工作的指导和监督，营造有利的政策环境，共同开创开发区持续健康发展的新局面。

国务院办公厅

2017 年 1 月 19 日

27. 国务院办公厅关于创新农村基础设施投融资体制机制的指导意见

（国办发〔2017〕17 号）

【发文机关】国务院办公厅
【发文文号】国办发〔2017〕17 号
【发布日期】2017 年 2 月 17 日
【实施日期】2017 年 2 月 17 日
【时效性】现行有效

各省、自治区、直辖市人民政府，国务院各部委、各直属机构：

农村基础设施是社会主义新农村建设的重要内容，是农村经济社会发展的重要支撑。近年来，我国农村道路、供水、污水垃圾处理、供电、电信等基础设施建设步伐不断加快，生产生活条件逐步改善，但由于历史欠账较多、资金投入不足、融资渠道不畅等原因，农村基础设施总体上仍比较薄弱，与全面建成小康社会的要求还有较大差距。为创新农村基础设施投融资体制机制，加快农村基础设施建设步伐，经国务院同意，现提出以下意见。

一、总体要求

（一）指导思想。全面贯彻党的十八大和十八届三中、四中、五中、六中全会精神，深入贯彻习近平总书记系列重要讲话精神和治国理政新理念新思想新战略，认真落实党中央、国务院决策部署，统筹推进"五位一体"总体布局和协调推进"四个全面"战略布局，牢固树立和贯彻落实创新、协调、绿色、开放、共享的发展理念，以加快补齐农村基础设施短板、推进城乡发展一体化为目标，以创新投融资体制机制为突破口，明确各级政府事权和投入责任，拓宽投融资渠道，优化投融资模式，加大建设投入，完善管护机制，全面提高农村基础设施建设和管理水平。

（二）基本原则。

政府主导、社会参与。明确农村基础设施的公共产品定位，强化政府投入和主导责任，加强城乡基础设施统筹规划，加大政策支持力度。破除体制机制障碍，引导和鼓励社会资本投向农村基础设施领域，提高建设和管护市场化、专业化程度。

农民受益、民主决策。发挥农民作为农村基础设施直接受益主体的作用，引导农民和农村集体经济组织积极参与项目建设和管理，推动决策民主化，保障农民知情权、参与权和监督权。

因地制宜、分类施策。充分发挥地方政府和投资主体的积极性，探索适合不同地区、不同基础设施特点的投融资机制。兼顾公平与效率，实施差别化投融资政策，加大对贫困地区的支持力度。

建管并重、统筹推进。坚持先建机制、后建工程，合理确定农村基础设施投融资模式和运行方式。推进投融资体制机制创新与建设管护机制创新、农村集体产权制度改革等有机结合，实现可持续发展。

（三）主要目标。到2020年，主体多元、充满活力的投融资体制基本形成，市场运作、专业高效的建管机制逐步建立，城乡基础设施建设管理一体化水平明显提高，农村基础设施条件明显改善，美丽宜居乡村建设取得明显进展，广大农民共享改革发展成果的获得感进一步增强。

二、构建多元化投融资新格局，健全投入长效机制

（四）健全分级分类投入体制。明确各级政府事权和投入责任，构建事权清晰、权责一致、中央支持、省级统筹、县级负责的农村基础设施投入体系。对农村道路等没有收益的基础设施，建设投入以政府为主，鼓励社会资本和农民参与。对农村供水、污水垃圾处理等有一定收益的基础设施，建设投入以政府和社会资本为主，积极引导农民投入。对农村供电、电信等以经营性为主的基础设施，建设投入以企业为主，政府对贫困地区和重点区域给予补助。（国家发展改革委、财政部牵头负责）

（五）完善财政投入稳定增长机制。优先保障财政对农业农村的投入，相应支出列入各级财政预算，坚持把农业农村作为国家固定资产投资的重点领域，确保力度不减弱、总量有增加。统筹政府土地出让收益等各类资金，支持农村基础设施建设。支持地方政府以规划为依据，整合不同渠道下达但建设内容相近的资金，形成合力。（财政部、国家发展改革委牵头负责）

（六）创新政府投资支持方式。发挥政府投资的引导和撬动作用，采取直接投资、投资补助、资本金注入、财政贴息、以奖代补、先建后补、无偿提供建筑材料等多种方式支持农村基础设施建设。鼓励地方政府和社会资本设立农村基础设施建设投资基金。建立规范的地方政府举债融资机制，推动地方融资平台转型改制和市场化融资，重点向农村基础设施建设倾斜。允许地方政府发行一般债券支持农村道路建设，发行专项债券支持农村供水、污水垃圾处理设施建设，探索发行县级农村基础设施建设项目集合债。支持符合条件的企业发行企业债券，用于农村供电、电信设施建设。鼓励地方政府通过财政拨款、特许或委托经营等渠道筹措资金，设立不向社会征收的政府性农村基础设施维修养护基金。鼓励有条件的地区将农村基础设施与产业、园区、乡村旅游等进行捆绑，实行一体化开发和建设，实现相互促进、互利共赢。（国家发展改革委、财政部、人民银行、银监会、证监

会等负责）

（七）建立政府和社会资本合作机制。支持各地通过政府和社会资本合作模式，引导社会资本投向农村基础设施领域。鼓励按照“公益性项目、市场化运作”理念，大力推进政府购买服务，创新农村基础设施建设和运营模式。支持地方政府将农村基础设施项目整体打包，提高收益能力，并建立运营补偿机制，保障社会资本获得合理投资回报。对农村基础设施项目在用电、用地等方面优先保障。（国家发展改革委、财政部、工业和信息化部、国土资源部、住房城乡建设部、水利部、农业部、国家林业局、国家能源局等负责）

（八）充分调动农民参与积极性。尊重农民主体地位，加强宣传教育，发挥其在农村基础设施决策、投入、建设、管护等方面作用。完善村民一事一议制度，合理确定筹资筹劳限额，加大财政奖补力度。鼓励农民和农村集体经济组织自主筹资筹劳开展村内基础设施建设。推行农村基础设施建设项目公示制度，发挥村民理事会、新型农业经营主体等监督作用。（农业部、水利部、国家林业局、民政部、住房城乡建设部等负责）

（九）加大金融支持力度。政策性银行和开发性金融机构要结合各自职能定位和业务范围，强化对农村基础设施建设的支持。鼓励商业银行加大农村基础设施信贷投放力度，改善农村金融服务。发挥农业银行面向“三农”、商业运作的优势，加大对农村基础设施的支持力度。支持银行业金融机构开展收费权、特许经营权等担保创新类贷款业务。完善涉农贷款财政奖励补助政策，支持收益较好、能够市场化运作的农村基础设施重点项目开展股权和债权融资。建立并规范发展融资担保、保险等多种形式的增信机制，提高各类投资建设主体的融资能力。加快推进农村信用体系建设。鼓励利用国际金融组织和外国政府贷款建设农村基础设施。（人民银行、银监会、证监会、保监会、国家发展改革委、财政部、农业发展银行、开发银行、农业银行等负责）

（十）强化国有企业社会责任。切实发挥输配电企业、基础电信运营企业的主体作用，加大对农村电网改造升级、电信设施建设的投入力度。鼓励其他领域的国有企业拓展农村基础设施建设业务，支持中央企业和地方国有企业通过帮扶援建等方式参与农村基础设施建设。（国务院国资委、国家发展改革委、财政部、工业和信息化部、国家能源局等负责）

（十一）引导社会各界积极援建。鼓励企业、社会组织、个人通过捐资捐物、结对帮扶、包村包项目等形式，支持农村基础设施建设和运行管护。引导国内外机构、基金会、社会团体和各界人士依托公益捐助平台，为农村基础设施建设筹资筹物。落实企业和个人公益性捐赠所得税税前扣除政策。进一步推进东西部扶贫协作，支持贫困地区农村基础设施建设。（民政部、财政部、税务总局、国家发展改革委、国务院扶贫办等负责）

三、完善建设管护机制，保障工程长期发挥效益

（十二）完善农村公路建设养护机制。将农村公路建设、养护、管理机构运行经费及人员基本支出纳入一般公共财政预算。推广“建养一体化”模式，通过政府购买服务等方式，引入专业企业、社会资本建设和养护农村公路。鼓励采取出让公路冠名权、广告权、相关资源开发权等方式，筹资建设和养护农村公路。结合物价上涨、里程增加、等级提升等因素，合理确定农村公路养护资金补助标准。（交通运输部、财政部、国家发展改革委等负责）

（十三）加快农村供水设施产权制度改革。以政府投入为主兴建、规模较大的农村集中供水基础设施，由县级人民政府或其授权部门根据国家有关规定确定产权归属；以政府投入为主兴建、规模较小的农村供水基础设施，资产交由农村集体经济组织或农民用水合作组织所有；单户或联户农村供水基础设施，国家补助资金所形成的资产归受益农户所有；社会资本投资兴建的农村供水基础设施，所形成的资产归投资者所有，或依据投资者意愿确定产权归属。由产权所有者建立管护制度，落实管护责任。鼓励开展农村供水设施产权交易，通过拍卖、租赁、承包、股份合作、委托经营等方式将一定期限内的管护权、收益权划归社会投资者。推进国有供水企业股份制改造，引入第三方参与运行管理。（水利部、住房城乡建设部、国家发展改革委、财政部等负责）

（十四）理顺农村污水垃圾处理管理体制。探索建立农村污水垃圾处理统一管理体制，切实解决多头管理问题。鼓励实施城乡生活污水"统一规划、统一建设、统一运行、统一管理"集中处理与农村污水"分户、联户、村组"分散处理相结合的模式，推动农村垃圾分类和资源化利用，完善农村垃圾"户分类、村组收集、乡镇转运、市县处理"集中处置与"户分类、村组收集、乡镇（或村）就地处理"分散处置相结合的模式，推广建立村庄保洁制度。推进建立统一的农村人居环境建设管理信息化平台，促进相关资源统筹利用。（住房城乡建设部、环境保护部牵头负责）

（十五）积极推进农村电力管理体制改革。加快建立规范的现代电力企业制度，鼓励有条件的地区开展县级电网企业股份制改革试点。逐步向符合条件的市场主体放开增量配电网投资业务，赋予投资主体新增配电网的所有权和经营权。鼓励以混合所有制方式发展配电业务，通过公私合营模式引入社会资本参与农村电网改造升级及运营。支持社会资本投资建设清洁能源项目和分布式电源并网工程。（国家能源局、国家发展改革委牵头负责）

（十六）鼓励农村电信设施建设向民间资本开放。创新农村电信基础设施建设项目融资模式，支持民间资本以资本入股、业务代理、网络代维等多种形式与基础电信企业开展合作，参与农村电信基础设施建设。加快推进东中部发达地区农村宽带接入市场向民间资本开放试点工作，逐步深化试点，鼓励和引导民间资本开展农村宽带接入网络建设和业务运营。（工业和信息化部牵头负责）

（十七）改进项目管理和绩效评价方式。建立涵盖需求决策、投资管理、建设运营等全过程、多层次的农村基础设施建设项目综合评价体系。对具备条件的项目，通过公开招标、邀请招标、定向委托、竞争性谈判等多种方式选择专业化的第三方机构，参与项目前期论证、招投标、建设监理、效益评价等，建立绩效考核、监督激励和定期评价机制。（国家发展改革委、财政部牵头负责）

四、健全定价机制，激发投资动力和活力

（十八）合理确定农村供水价格。在建立使用者付费制度、促进节约用水的基础上，完善农村供水水价形成机制。对城市周边已纳入城镇自来水供应范围的农户，实行统一的居民阶梯水价政策。对实行农村集中式供水的，按照补偿成本、合理盈利的原则确定水价，实行有偿服务、计量收费。地方政府和具备条件的农村集体经济组织可根据实际情况对运营单位进行合理补偿。通过加强水费征收和运行维护费用补偿等措施，保障工程正常

运行及日常维护。（国家发展改革委、水利部牵头负责）

（十九）探索建立污水垃圾处理农户缴费制度。鼓励先行先试，在有条件的地区实行污水垃圾处理农户缴费制度，保障运营单位获得合理收益，综合考虑污染防治形势、经济社会承受能力、农村居民意愿等因素，合理确定缴费水平和标准，建立财政补贴与农户缴费合理分摊机制。完善农村污水垃圾处理费用调整机制，建立上下游价格调整联动机制，价格调整不到位时，地方政府和具备条件的村集体可根据实际情况对运营单位给予合理补偿。（住房城乡建设部、国家发展改革委、财政部等负责）

（二十）完善输配电价机制。按照“管住中间、放开两头”的原则，推进输配电价改革，严格成本审核和监管，完善分类定价、阶梯电价政策，落实好“两分钱”农网还贷资金政策，研究建立电力普遍服务补偿机制，支持农村地区发展。（国家发展改革委、国家能源局牵头负责）

（二十一）推进农村地区宽带网络提速降费。加快农村宽带网络建设，引导基础电信企业公平竞争。指导和推动基础电信企业简化资费结构，切实提高农村宽带上网等业务的性价比，为农村贫困户提供更加优惠的资费方案，为发展“互联网+”提供有力支撑。（工业和信息化部牵头负责）

五、保障措施

（二十二）强化规划引导作用。按照城乡一体化发展的要求，衔接协调各类规划，推进县域乡村建设规划编制，统筹农村道路、供水、污水垃圾处理、供电、电信等基础设施建设布局。推动城镇基础设施向农村延伸，鼓励将城市周边农村、规模较大的中心镇纳入城镇基础设施建设规划，实行统一规划、统一建设、统一管护。（住房城乡建设部牵头负责）

（二十三）完善相关法律法规。完善农村基础设施投融资相关法律法规，依法保护投资者合法权益，维护公平有序的市场投资环境。推动公路法、村庄和集镇规划建设管理条例等相关法律法规修订工作，为创新农村基础设施投融资体制机制创造条件。加快修订相关规定，适当放宽对农村小型基础设施投资项目管理“四制”要求。（交通运输部、住房城乡建设部、国家发展改革委、农业部、国务院法制办等负责）

（二十四）落实地方政府责任。地方各级人民政府要把农村基础设施建设管护摆上重要议事日程，统筹本辖区内国有林区、林场、垦区等基础设施建设，积极创新投融资体制机制。县级人民政府是农村基础设施建设管护的责任主体，要结合本地实际，制定实施意见，确保各项措施落到实处。（各省级人民政府负责）

（二十五）加强部门协作。国务院各有关部门要根据本意见，按照职责分工，密切协作配合，抓紧制定相关配套措施。国家发展改革委要会同有关部门对意见落实情况进行跟踪分析和定期评估，并向国务院报告。（国家发展改革委牵头负责）

国务院办公厅

2017 年 2 月 6 日

28. 国务院办公厅关于进一步激发社会领域投资活力的意见

（国办发〔2017〕21号）

【发文机关】国务院办公厅
【发文文号】国办发〔2017〕21号
【发布日期】2017年3月7日
【实施日期】2017年3月7日
【时效性】现行有效

各省、自治区、直辖市人民政府，国务院各部委、各直属机构：

党的十八大以来，我国社会领域新兴业态不断涌现，投资总量不断扩大，服务能力不断提升，但也仍然存在放宽准入不彻底、扶持政策不到位、监管体系不健全等问题。面对社会领域需求倒逼扩大有效供给的新形势，深化社会领域供给侧结构性改革，进一步激发医疗、养老、教育、文化、体育等社会领域投资活力，着力增加产品和服务供给，不断优化质量水平，对于提升人民群众获得感、挖掘社会领域投资潜力、保持投资稳定增长、培育经济发展新动能、促进经济转型升级、实现经济社会协调发展具有重要意义。要按照党中央、国务院决策部署，坚持稳中求进工作总基调，牢固树立和贯彻落实新发展理念，以供给侧结构性改革为主线，坚持社会效益和经济效益相统一，不断增进人民福祉；坚持营利和非营利分类管理，深化事业单位改革，在政府切实履行好基本公共服务职责的同时，把非基本公共服务更多地交给市场；坚持"放管服"改革方向，注重调动社会力量，降低制度性交易成本，吸引各类投资进入社会领域，更好满足多层次多样化需求。经国务院同意，现提出以下意见：

一、扎实有效放宽行业准入

1. 制定社会力量进入医疗、养老、教育、文化、体育等领域的具体方案，明确工作目标和评估办法，新增服务和产品鼓励社会力量提供。（教育部、民政部、文化部、国家卫生计生委、新闻出版广电总局、体育总局、国家文物局、国家中医药局按职责分工负责）。在社会需求大、供给不足、群众呼声高的医疗、养老领域尽快有突破，重点解决医师多点执业难、纳入医保定点难、养老机构融资难等问题。（国家卫生计生委、人力资源社会保障部、民政部、银监会等部门按职责分工负责）

2. 分别制定医疗、养老、教育、文化、体育等机构设置的跨部门全流程综合审批指引，推进一站受理、窗口服务、并联审批，加强协作配合，并联范围内的审批事项不得互为前置。（教育部、民政部、文化部、国家卫生计生委、新闻出版广电总局、体育总局、国家文物局、国家中医药局分别牵头会同公安部、国土资源部、环境保护部、住房城乡建设部等部门负责）。各地出台实施细则，进一步细化各项审批的条件、程序和时限，提高部门内各环节审批效率，推广网上并联审批，实现审批进程可查询。（各省级人民政府负责）

3. 完善医疗机构管理规定，优化和调整医疗机构类别、设置医疗机构的申请人、建筑设计审查、执业许可证制作等规定，推进电子证照制度。（国家卫生计生委、国家中医药局按职责分工负责）

4. 按照保障安全、方便合理的原则，修订完善养老设施相关设计规范、建筑设计防火规范等标准。（住房城乡建设部、公安部、民政部等部门按职责分工负责）

5. 制定整合改造闲置资源发展养老服务工作办法。推动公办养老机构改革试点，鼓励采取公建民营等方式，将产权归政府所有的养老服务设施委托企业或社会组织运营。（各省级人民政府负责）

6. 指导和鼓励文化文物单位与社会力量深度合作，推动文化创意产品开发，通过知识产权入股等方式投资设立企业，总结推广经验，适时扩大试点。制定准入意见，支持社会资本对文物保护单位和传统村落的保护利用。探索大遗址保护单位控制地带开发利用政策。（文化部、国家文物局按职责分工负责）

7. 总结图书制作与出版分开的改革试点经验，制定扩大试点地区的方案。推动取消电影制片单位设立、变更、终止审批等行政审批。（新闻出版广电总局牵头负责）

8. 制定体育赛事举办流程指引，明确体育赛事开展的基本条件、标准、规则、程序和各环节责任部门，打通赛事服务渠道，强化对口衔接，有关信息向社会公开。（体育总局牵头负责）

9. 规范体育比赛、演唱会等大型群众性活动的各项安保费用，提高安保公司和场馆的市场化运营服务水平。（公安部牵头会同文化部、新闻出版广电总局、体育总局负责）

10. 改革医师执业注册办法，实行医师按行政区划区域注册，促进医师有序流动和多点执业。建立医师电子注册制度，简化审批流程，缩短办理时限，方便医师注册。（国家卫生计生委、国家中医药局牵头负责）。医疗、教育、文化等领域民办机构与公立机构专业技术人才在职称评审等方面享有平等待遇。（人力资源社会保障部牵头负责）

二、进一步扩大投融资渠道

11. 研究出台医疗、养老、教育、文化、体育等社会领域产业专项债券发行指引，结合其平均收益低、回报周期长等特点，制定有利于相关产业发展的鼓励条款。（国家发展改革委牵头负责）。积极支持相关领域符合条件的企业发行公司债券、非金融企业债务融资工具和资产证券化产品，并探索发行股债结合型产品进行融资，满足日常运营资金需求。（证监会、人民银行按职责分工牵头负责）引导社会资本以政府和社会资本合作（PPP）模式参与医疗机构、养老服务机构、教育机构、文化设施、体育设施建设运营，开展PPP项目示范。（各省级人民政府负责）

12. 发挥政府资金引导作用，有条件的地方可结合实际情况设立以社会资本为主体、市场化运作的社会领域相关产业投资基金。（各省级人民政府负责）

13. 推进银行业金融机构在依法合规、风险可控、商业可持续的前提下，创新开发有利于社会领域企业发展的金融产品，合理确定还贷周期和贷款利率。（人民银行、银监会等部门按职责分工负责）

14. 出台实施商业银行押品管理指引，明确抵押品类别、管理、估值、抵质押率等政策。（银监会牵头负责）

15. 加强知识产权评估、价值分析以及质押登记服务，建立健全风险分担及补偿机制，探索推进投贷联动，加大对社会领域中小企业的服务力度。（国家知识产权局、财政部、人民银行、工商总局、银监会等部门按职责分工负责）。有效利用既有平台，加强信息对接和数据共享，形成以互联网为基础、全国统一的商标权、专利权、版权等知识产权质押登记信息汇总公示系统，推动社会领域企业以知识产权为基础开展股权融资。（国家发展改革委、国家知识产权局牵头会同人民银行、工商总局、新闻出版广电总局等部门负责）

16. 支持社会领域企业用股权进行质押贷款，推动社会领域企业用收益权、应收账款以及法律和行政法规规定可以质押的其他财产权利进行质押贷款。鼓励各地通过设立行业风险补偿金等市场化增信机制，推动金融机构扩大社会领域相关产业信贷规模。（各省级人民政府负责）

17. 鼓励搭建社会领域相关产业融资、担保、信息综合服务平台，完善金融中介服务体系，利用财政性资金提供贴息、补助或奖励。（各省级人民政府负责）

18. 探索允许营利性的养老、教育等社会领域机构以有偿取得的土地、设施等财产进行抵押融资。（各省级人民政府负责）

19. 发挥行业协会、开发区、孵化器的沟通桥梁作用，加强与资本市场对接，引导企业有效利用主板、中小板、创业板、新三板、区域性股权交易市场等多层次资本市场。（科技部、民政部、文化部、国家卫生计生委、新闻出版广电总局、证监会、体育总局等部门以及各省级人民政府按职责分工负责）

三、认真落实土地税费政策

20. 将医疗、养老、教育、文化、体育等领域用地纳入土地利用总体规划、城乡规划和年度用地计划，农用地转用指标、新增用地指标分配要适当向上述领域倾斜，有序适度扩大用地供给。（国土资源部、住房城乡建设部以及各省级人民政府按职责分工负责）

21. 医疗、养老、教育、文化、体育等领域新供土地符合划拨用地目录的，依法可按划拨方式供应。对可以使用划拨用地的项目，在用地者自愿的前提下，鼓励以出让、租赁方式供应土地，支持市、县政府以国有建设用地使用权作价出资或者入股的方式提供土地，与社会资本共同投资建设。应有偿使用的，依法可以招拍挂或协议方式供应，土地出让价款可在规定期限内按合同约定分期缴纳。支持实行长期租赁、先租后让、租让结合的土地供应方式。（国土资源部牵头会同财政部等部门负责）

22. 市、县级人民政府应依据当地土地取得成本、市场供需、产业政策和其他用途基准地价等，制定公共服务项目基准地价，依法评估并合理确定医疗、养老、教育、文化、体育等领域公共服务项目的出让底价。（国土资源部牵头负责）

23. 企业将旧厂房、仓库改造成文化创意、健身休闲场所的，可实行在五年内继续按原用途和土地权利类型使用土地的过渡期政策。（国土资源部牵头会同住房城乡建设部、环境保护部、文化部、体育总局等部门负责）

24. 制定闲置校园校舍综合利用方案，优先用于教育、养老、医疗、文化、体育等社会领域。（教育部牵头会同民政部、国家卫生计生委、文化部、体育总局等部门负责）

25. 落实医疗、养老、教育、文化、体育等领域税收政策，明确界定享受各类税收政策的条件。（税务总局牵头负责）

26. 加大监督检查力度，落实非公立医疗、教育等机构享有与公立医院、学校用水电气热等同价政策，落实民办的公共文化服务机构、文化创意和设计服务企业用水电气热与工业同价政策，落实大众健身休闲企业用水电气热价格不高于一般工业标准政策，落实社会领域各项收费优惠政策。（各省级人民政府负责）

四、大力促进融合创新发展

27. 各地根据资源条件和产业优势，科学规划建设社会领域相关产业创新发展试验区，在准入、人才、土地、金融等方面先行先试。积极鼓励各类投资投入社会领域相关产业，推动产业间合作，促进产业融合、全产业链发展。（各省级人民政府以及国家发展改革委、教育部、民政部、文化部、国家卫生计生委、新闻出版广电总局、体育总局、国家文物局、国家中医药局等部门按职责分工负责）

28. 制定医养结合管理和服务规范、城市马拉松办赛指南、汽车露营活动指南、户外徒步组织规范、文化自然遗产保护和利用指南。实施文化旅游精品示范工程、体育医疗康复产业发展行动计划。（国家卫生计生委、民政部、国家中医药局、体育总局、住房城乡建设部、文化部、国家文物局、国家旅游局等部门按职责分工负责）

29. 支持社会力量举办规范的中医养生保健机构，培育一批技术成熟、信誉良好的知名中医养生保健服务集团或连锁机构。鼓励中医医疗机构发挥自身技术人才等资源优势，为中医养生保健机构规范发展提供支持。开展中医特色健康管理。（国家中医药局牵头负责）

30. 推进"互联网+"益民服务，完善行业管理规范，发展壮大在线教育、在线健身休闲等平台，加快推行面向养老机构的远程医疗服务试点，推广大数据应用，引导整合线上线下企业的资源要素，推动业态创新、模式变革和效能提高。（国家发展改革委牵头会同教育部、工业和信息化部、民政部、文化部、国家卫生计生委、体育总局等部门负责）

31. 鼓励各地扶持医疗器械、药品、康复辅助器具、体育运动装备、文化装备、教学装备等制造业发展，强化产需对接、加强产品研发、打造产业集群，更好支撑社会领域相

关产业发展。（各省级人民政府负责）

五、加强监管优化服务

32. 完善协同监管机制，探索建立服务市场监管体系。相关行业部门要统筹事业产业发展，强化全行业监管服务，把引导社会力量进入本领域作为重要职能工作，着力加强事中事后监管，总结成功经验和案例，制定推广方案。（教育部、民政部、文化部、国家卫生计生委、新闻出版广电总局、体育总局按职责分工负责）。工商、食品药品监管、质检、价格等相关监管部门要加强对社会领域服务市场监管，切实维护消费者权益，强化相关产品质量监督，严厉打击虚假广告、价格违法行为等。（工商总局、食品药品监管总局、质检总局、国家发展改革委按职责分工负责）

33. 建立医疗、养老、教育、文化、体育等机构及从业人员黑名单制度和退出机制，以违规违法行为、消防不良行为、信用状况、服务质量检查结果、顾客投诉处理结果等信息为重点，实施监管信息常态化披露，年内取得重点突破。（教育部、公安部、民政部、文化部、国家卫生计生委、工商总局、新闻出版广电总局、体育总局、国家文物局、国家中医药局按职责分工负责）

34. 将医疗、养老、教育、文化、体育等机构及从业人员信用记录纳入全国信用信息共享平台，其中涉及企业的相关记录同步纳入国家企业信用信息公示系统，对严重违规失信者依法采取限期行业禁入等惩戒措施，建立健全跨地区跨行业信用奖惩联动机制。（国家发展改革委、人民银行牵头会同教育部、民政部、文化部、国家卫生计生委、工商总局、新闻出版广电总局、体育总局、国家中医药局等相关部门负责）

35. 积极培育和发展医疗、养老、教育、文化、体育等领域的行业协会商会，鼓励行业协会商会主动完善和提升行业服务标准，发布高标准的服务信息指引，开展行业服务承诺活动，组织有资质的信用评级机构开展第三方服务信用评级。（教育部、民政部、文化部、国家卫生计生委、人民银行、工商总局、新闻出版广电总局、体育总局按职责分工负责）

36. 建立完善社会领域产业统计监测制度，在文化、体育、旅游及相关产业分类基础上，加强产业融合发展统计、核算和分析。（国家统计局牵头负责）

37. 充分利用广播电视、平面媒体及互联网等新兴媒体，积极宣传社会资本投入相关产业、履行社会责任的先进典型，提升社会认可度。（教育部、民政部、文化部、国家卫生计生委、新闻出版广电总局、体育总局、国家文物局、国家中医药局按职责分工负责）

各地区、各有关部门要充分认识进一步激发社会领域投资活力的重要意义，把思想认识和行动统一到党中央、国务院重要决策部署上来，切实加强组织领导，落实责任分工，强化监管服务，合理引导预期，着力营造良好市场环境。

国务院办公厅

2017 年 3 月 7 日

29. 国务院办公厅关于进一步激发民间有效投资活力促进经济持续健康发展的指导意见

（国办发〔2017〕79号）

【发文机关】国务院办公厅
【发文文号】国办发〔2017〕79号
【发布日期】2017年9月1日
【实施日期】2017年9月1日
【时效性】现行有效

各省、自治区、直辖市人民政府，国务院各部委、各直属机构：

党中央、国务院高度重视民间投资工作，近年来部署出台了一系列有针对性的政策措施并开展了专项督查，民间投资增速企稳回升。但是，当前民间投资增长仍面临着不少困难和障碍，部分鼓励民间投资的政策尚未落实到位，营商环境有待进一步改善，一些垄断行业市场开放度不够，融资难、融资贵问题仍然存在，民间投资活力不强的局面尚未根本改观。为进一步激发民间有效投资活力，促进经济持续健康发展，经国务院同意，现提出以下意见。

一、深入推进“放管服”改革，不断优化营商环境

各地区、各部门要深入贯彻落实国务院关于深化“放管服”改革的各项要求，确保取消下放国务院部门行政许可事项、取消中央指定地方实施行政审批事项、清理规范国务院部门行政审批中介服务事项等重点任务落实到位。坚决落实清理规范投资项目报建审批事项有关要求，精简合并投资项目报建审批事项，不得擅自增加行政审批事项，不得擅自增加审批环节，切实防范权力复归和边减边增。充分发挥全国投资项目在线审批监管平台作用，实现项目网上申报、并联审批、信息公开、协同监管，不断提高审批效率和服务质量。

二、开展民间投资项目报建审批情况清理核查，提高审批服务水平

各地区、各部门要对民间投资项目报建审批情况开展一次全面细致的清理核查，逐项

梳理已报审的民间投资项目，清查各类审批事项办理情况，明确办理时限。能够办理的，要尽快办理；暂不具备办理条件的，要帮助民营企业尽快落实有关条件；依法依规确实不能办理的，要主动做好解释工作。对无正当理由拖延不办的，要加大问责力度，通过约谈、通报、督办等方式督促限期整改，必要时对相关责任人给予处分。要针对清理核查中发现的问题，进一步改进工作，提高效率，优化民间投资项目报建审批服务。

三、推动产业转型升级，支持民间投资创新发展

鼓励民营企业进入轨道交通装备、“互联网＋”、大数据和工业机器人等产业链长、带动效应显著的行业领域，在创建“中国制造2025”国家级示范区时积极吸引民营企业参与。发挥财政性资金带动作用，通过投资补助、资本金注入、设立基金等多种方式，广泛吸纳各类社会资本，支持企业加大技术改造力度，加大对集成电路等关键领域和薄弱环节重点项目的投入。支持双创示范基地、产业园区公共服务平台建设，提高为民营企业投资新兴产业服务的能力和水平。推进创新技术市场交易，缩短科技成果转化周期，提高科技型企业投资回报水平。鼓励民间资本开展多元化农业投资，支持农村新产业新业态发展，推动民间资本与农户建立股份合作等紧密利益联结机制，对带动农户较多的市场主体加大支持力度。

四、鼓励民间资本参与政府和社会资本合作（PPP）项目，促进基础设施和公用事业建设

加大基础设施和公用事业领域开放力度，禁止排斥、限制或歧视民间资本的行为，为民营企业创造平等竞争机会，支持民间资本股权占比高的社会资本方参与PPP项目，调动民间资本积极性。积极采取多种PPP运作方式，规范有序盘活存量资产，丰富民营企业投资机会，回收的资金主要用于补短板项目建设，形成新的优质资产，实现投资良性循环。合理确定基础设施和公用事业价格和收费标准，完善PPP项目价格和收费适时调整机制，通过适当延长合作期限、积极创新运营模式、充分挖掘项目商业价值等，建立PPP项目合理回报机制，吸引民间资本参与。努力提高民营企业融资能力，有效降低融资成本，推动PPP项目资产证券化，鼓励民间资本采取混合所有制、设立基金、组建联合体等多种方式，参与投资规模较大的PPP项目。

五、降低企业经营成本，增强民间投资动力

落实和完善全面推开营改增试点政策，落实好研发费用税前加计扣除政策，加强涉企经营服务性收费和中介服务收费监管。允许失业保险总费率为1.5%的地方将总费率阶段性降至1%，落实适当降低企业住房公积金缴存比例政策，推动各地出台或完善户口迁移政策和配套措施。深化输配电价格改革，推进电力市场化交易等，实行工业用地弹性出让制度，用好用足标准厂房、科技孵化器用地支持政策，降低企业用能用地成本。科学合理确定车辆通行费标准，规范铁路港口收费，开展物流领域收费专项检查，着力解决“乱收费、乱罚款”等问题。督促银行业金融机构依法合规收费，降低贷款中间环节费用，严禁各种不规范收费和不合理的贷款附加条件。

六、努力破解融资难题，为民间资本提供多样化融资服务

发挥各类金融机构优势，优化授信管理和服务流程，完善特许经营权、收费权等权利的确权、登记、抵押、流转等配套制度，发展和丰富循环贷款等金融产品，加快建设普惠金融体系，实施小微企业应收账款融资专项行动，着力解决对企业抽贷、压贷、断贷等融资难题。完善民营企业信用评级制度，客观评价民营企业实力，引导金融机构加大对民营企业的融资支持力度。充分发挥各级政府网站与全国信用信息共享平台作用，鼓励地方推进“银税互动”、银行业金融机构和全国信用信息共享平台之间的合作等，化解银企信息不对称问题，促进中小企业融资。发展政府支持的融资担保和再担保机构，鼓励各地设立信贷风险补偿基金、过桥转贷资金池等，加大对中小微企业、科技创新企业的支持。

七、加强政务诚信建设，确保政府诚信履约

地方各级政府向民营企业做出政策承诺要严格依法依规，并严格兑现合法合规的政策承诺，不得违法违规承诺优惠条件。要认真履行与民营企业签订的合法合规协议或合同，不得以政府换届、相关责任人更替等理由拒不执行，不得随意改变约定，不得出现“新官不理旧账”等情况。开展政务失信专项治理，对地方政府拒不履行政府所做的合法合规承诺，特别是严重损害民营企业合法权益、破坏民间投资良好环境等行为，加大查处力度。对造成政府严重失信违约行为的主要负责人和直接责任人要依法依规追究责任，惩戒到人。

八、加强政策统筹协调，稳定市场预期和投资信心

加强部门间协调配合，科学审慎研判拟出台政策的预期效果和市场反应，统筹把握好政策出台时机和力度。有关部门要在加强监管的同时，明确政策导向，提出符合法律法规和政策规定的具体要求，正确引导投资预期。围绕经济运行态势和宏观政策取向，加大政策解读力度，主动解疑释惑，帮助民营企业准确理解政策意图。建立健全政务舆情收集、研判、处置和回应机制，及时准确发布权威信息，切实做好民营企业关切事项的回应工作。完善公平、开放、透明的市场规则，稳定市场预期、增强市场活力，帮助民营企业充分利用好国内大市场，加大对适应国内消费升级和产业转型需要项目的投资力度，支持劳动密集型产业向内陆沿边地区梯度转移。

九、构建“亲”“清”新型政商关系，增强政府服务意识和能力

建立健全政府与民营企业常态化沟通机制，进一步发挥工商联和协会商会在企业与政府沟通中的桥梁纽带作用，倾听民营企业呼声，帮助解决实际困难。因地制宜明确政商交往“正面清单”和“负面清单”，着力破解“亲”而不“清”、“清”而不“亲”等问题。坚决贯彻落实《中共中央　国务院关于完善产权保护制度依法保护产权的意见》，尽快出台相关配套文件和实施方案，加强各种所有制经济产权保护，加大知识产权保护力度，激发和保护企业家精神。组织开展民营企业家专业化、精准化培训，提升民营企业经营管理水平。

十、狠抓各项政策措施落地见效，增强民营企业获得感

各地区、各部门要全面梳理党中央、国务院已出台的鼓励民间投资政策措施，逐项检查各项政策措施在本地区、本领域落实情况，对尚未有效落实的政策措施，要认真分析原因，抓紧研究解决办法，确保政策尽快落地。充分发挥中央和地方两个积极性，鼓励各地以改革的办法、创新的思维进一步实化、细化、深化鼓励民间投资的具体措施，努力解决制约民间投资增长的深层次问题，进一步激发民间有效投资活力。

各省（区、市）人民政府、各有关部门要按照本意见要求，切实抓好贯彻落实，进一步做好民间投资各项工作。国家发展改革委要加强统筹协调，会同有关部门对本意见落实情况进行督促检查和跟踪分析，重大事项及时向国务院报告。

国务院办公厅

2017 年 9 月 1 日

30. 国务院法制办关于《基础设施和公共服务领域政府和社会资本合作条例（征求意见稿）》公开征求意见的通知

【发文机关】国务院法制办
【发文文号】/
【发布日期】2017 年 7 月 21 日
【时效性】现行有效

为了增强立法的公开性和透明度，提高立法质量，现将国务院法制办、国家发展改革委、财政部起草的《基础设施和公共服务领域政府和社会资本合作条例（征求意见稿）》及其说明全文公布，征求社会各界意见。有关单位和各界人士可以在 2017 年 8 月 22 日前，通过以下 3 种方式提出意见：

一、登陆中国政府法制信息网（http：//www. chinalaw. gov. cn），进入首页主菜单的“立法意见征集”栏目提出意见。

二、通过信函方式将意见寄至：北京市 2067 信箱（邮政编码：100035），并请在信封上注明“基础设施和公共服务领域政府和社会资本合作条例征求意见”字样。

三、通过电子邮件方式将意见发送至：zfhshzbhztl@ chinalaw. gov. cn。

国务院法制办
2017 年 7 月 21 日

基础设施和公共服务领域政府和社会资本合作条例（征求意见稿）

第一章　总　则

第一条　为了规范基础设施和公共服务领域政府和社会资本合作，提高公共服务供给的质量和效率，保障公共利益和社会资本方的合法权益，促进经济社会持续健康发展，制定本条例。

第二条 本条例所称基础设施和公共服务领域政府和社会资本合作（以下简称政府和社会资本合作），是指政府采用竞争性方式选择社会资本方，双方订立协议明确各自的权利和义务，由社会资本方负责基础设施和公共服务项目的投资、建设、运营，并通过使用者付费、政府付费、政府提供补助等方式获得合理收益的活动。

本条例所称社会资本方，是指依法设立，具有投资、建设、运营能力的企业。

第三条 符合下列条件的基础设施和公共服务项目，可以采用政府和社会资本合作模式：

（一）政府负有提供责任；

（二）需求长期稳定；

（三）适宜由社会资本方承担。

国务院有关部门根据前款规定的条件，制定可以采用政府和社会资本合作模式的基础设施和公共服务项目指导目录，并适时调整。

第四条 国家制定和完善与政府和社会资本合作模式相适应的投资、价格、财政、税收、金融、土地管理、国有资产管理等方面的政策措施，支持符合条件的基础设施和公共服务项目采用政府和社会资本合作模式。

第五条 基础设施和公共服务项目采用政府和社会资本合作模式，应当积极稳妥、依法合规，遵循平等协商、诚实守信、长期合作、公开透明的原则，坚持公共利益优先。

第六条 国家保障各种所有制形式的社会资本方依法平等参与采用政府和社会资本合作模式的基础设施和公共服务项目（以下简称合作项目）。

任何单位和个人不得排斥或者限制非公有制社会资本方依法参与合作项目。

第七条 国务院有关部门在各自的职责范围内，负责政府和社会资本合作的指导和监督。

政府和社会资本合作的综合性管理措施，由国务院有关部门共同制定。

国务院建立政府和社会资本合作工作协调机制，及时协调、解决政府和社会资本合作工作中的重大问题。

第八条 县级以上地方人民政府应当加强对本地区政府和社会资本合作工作的组织领导和统筹协调。

县级以上地方人民政府有关部门依照本条例和本级政府确定的职责分工，负责本地区合作项目的组织实施和监督管理。

第二章 合作项目的发起

第九条 县级以上人民政府有关主管部门（以下简称有关主管部门）根据经济社会发展需要、社会公众对公共服务的需求、相关发展建设规划以及本条例第三条的规定，在组织开展前期论证的基础上，可以提出拟采用政府和社会资本合作模式的基础设施和公共服务项目。

公民、法人和其他组织可以就基础设施和公共服务项目采用政府和社会资本合作模式向有关主管部门提出建议。

第十条 对拟采用政府和社会资本合作模式的基础设施和公共服务项目，有关主管部门应当拟订合作项目实施方案。合作项目实施方案应当包括下列内容：

（一）合作项目的名称、地点以及建设规模、投资总额等基本情况；

（二）合作项目建设运营内容及标准、运作方式、预期产出；

（三）合作项目期限；

（四）社会资本方回报机制；

（五）政府和社会资本方的风险分担；

（六）合作项目期限届满后项目资产的处置；

（七）有关主管部门认为应当明确的其他事项。

有关主管部门拟订合作项目实施方案，应当征求潜在社会资本方的意见。

第十一条 有关主管部门拟订合作项目实施方案，应当会同同级发展改革、财政等有关部门，从经济效益、社会效益等方面对采用政府和社会资本合作模式的必要性、合理性组织开展评估；涉及政府付费、政府提供补助或者补偿以及政府分担风险等财政支出事项的，应当提请同级财政部门进行财政承受能力评估。评估应当形成明确结论。

有关主管部门应当根据前款规定形成的评估结论，对合作项目实施方案进行修改完善，或者做出不采用政府和社会资本合作模式的决定。

第十二条 合作项目实施方案应当经本级人民政府审核同意。本级人民政府应当组织有关部门对合作项目实施方案进行联合评审。

经本级人民政府审核同意的合作项目实施方案，由有关主管部门向社会公布。

本级人民政府审核同意合作项目实施方案的，应当确定相关部门、单位作为政府实施机构，负责合作项目实施的相关工作。

第三章 合作项目的实施

第十三条 政府实施机构应当根据经审核同意的合作项目实施方案，通过招标、竞争性谈判等竞争性方式选择社会资本方，并将选定的社会资本方向社会公示。法律、行政法规对特定基础设施和公共服务项目选择社会资本方的方式有规定的，依照其规定。

政府实施机构应当根据合作项目的特点和建设运营需要，按照保证各种所有制形式的社会资本方平等参与、有利于合作项目长期稳定运营和质量效率提升的原则，合理设置社会资本方的资质、条件以及招标、竞争性谈判等的评审标准。

第十四条 政府实施机构与其选定的社会资本方应当在协商一致的基础上签订合作项目协议；设立专门负责实施合作项目的公司（以下简称项目公司）的，合作项目协议由政府实施机构与项目公司签订。

项目公司不得从事与合作项目实施无关的经营活动。

第十五条 合作项目协议应当符合招投标、竞争性谈判等文件，载明下列事项：

（一）合作项目的名称、内容；

（二）合作项目的运作方式、范围；

（三）投融资期限和方式；

（四）合作项目期限；

（五）社会资本方取得收益的方式、标准；

（六）风险分担；

（七）服务质量的标准或者要求；

（八）政府承诺和保障；

（九）应急预案和临时接管预案；

（十）合作项目期限届满后项目及资产的移交；

（十一）合作项目协议变更、提前终止及其补偿；

（十二）违约责任；

（十三）争议解决方式；

（十四）法律、行政法规规定应当载明的其他事项。

设立项目公司的，合作项目协议应当载明项目公司的注册资本、股权结构、股权变更限制以及社会资本方对项目协议履行的担保责任等事项。

第十六条 合作项目期限根据行业特点、项目生命周期、公共服务需求、投资回收期等因素确定，一般不低于10年，最长不超过30年；法律、行政法规另有规定的，依照其规定。

第十七条 合作项目协议中应当约定，社会资本方的收益根据合作项目运营的绩效进行相应调整。

由使用者付费或者政府提供补助的合作项目，合作项目协议应当载明价格的确定和调整机制；依法实行政府定价或者政府指导价的项目，按照政府定价或者政府指导价执行。

第十八条 合作项目协议中不得约定由政府回购社会资本方投资本金或者承担社会资本方投资本金的损失，不得约定社会资本方的最低收益以及由政府为合作项目融资提供担保。

第十九条 合作项目的设施、设备以及土地使用权、项目收益权和融资款项不得用于实施合作项目以外的用途。

禁止以前款规定的资产为他人债务提供担保。

第二十条 政府和社会资本方应当守信践诺，全面履行合作项目协议约定的义务。

合作项目协议的履行，不受行政区划调整、政府换届、政府有关部门机构或者职能调整以及负责人变更的影响。

第二十一条 对合作项目协议中约定的财政支出事项，应当足额纳入年度预算，按照规定程序批准后，及时支付资金。

第二十二条 政府有关部门应当按照各自职责范围，履行合作项目协议中的相关政府承诺和保障，并为社会资本方实施合作项目提供便利。

对实施合作项目依法需要办理的行政审批等相关手续，有关部门应当及时办理；对参与合作项目实施方案联合评审时已经出具审查意见的事项，不再重复审查。

第二十三条 社会资本方应当按照有关法律、行政法规、规章、强制性标准、技术规范的规定以及合作项目协议约定实施合作项目，提供持续、安全的公共服务。

第二十四条 实施合作项目所需的建设工程、设备和原材料等货物以及相关服务，社会资本方依法能够自行建设、生产或者提供，且在选择社会资本方时已经作为评审因素予以充分考虑的，可以由社会资本方自行建设、生产或者提供。

第二十五条　在项目合作期限内，不得随意变更合作项目协议内容；确需变更的，应当由协议双方协商一致，并公示变更事由及内容，经本级人民政府批准后签订补充协议；变更内容涉及财政支出事项变动、价格调整的，应当先经相关部门审核同意并履行规定程序。

第二十六条　在合作项目建设期内，社会资本方不得转让其持有的项目公司股权。

合作项目运营期内，在不影响公共服务提供的稳定性和持续性的前提下，经政府实施机构报本级人民政府同意，社会资本方可以转让其持有的项目公司股权。

第二十七条　出现合作项目协议约定的提前终止协议情形，或者有下列情形之一的，可以提前终止合作项目协议：

（一）因不可抗力导致合作项目协议无法继续履行；

（二）因社会资本方严重违约，危害公共利益；

（三）依法征收、征用合作项目财产。

因依法征收、征用合作项目财产导致合作项目提前终止的，应当按照国家有关规定给予社会资本方合理补偿。

第二十八条　合作项目期限届满按照约定需要进行项目资产移交的，政府实施机构应当根据法律、行政法规和合作项目协议约定，对设施、设备和其他财产的状况进行检查评估。

因社会资本方原因致使设施、设备和其他财产的价值非正常减损或者使用寿命减少的，应当根据合作项目协议约定，相应扣减社会资本方的收益或者由社会资本方以其他方式补偿。

第二十九条　合作项目期限届满或者合作项目协议提前终止，对该项目继续采用政府和社会资本合作模式的，应当依照本条例的规定重新选择社会资本方；因合作项目期限届满重新选择社会资本方的，在同等条件下应当优先选择原社会资本方。

第四章　监督管理

第三十条　县级以上人民政府有关部门应当依据各自职责，加强对合作项目实施中执行有关法律、行政法规、规章、强制性标准、技术规范情况的监督检查。有关部门实施监督检查，有权采取下列措施：

（一）进入合作项目现场进行检查、检验、监测；

（二）查阅、复制有关文件、资料；

（三）要求有关人员就有关问题做出说明。

监督检查应当符合法定的程序和要求，不得影响合作项目的正常实施。社会资本方对监督检查应当予以配合。

第三十一条　县级以上人民政府有关部门应当定期对合作项目建设、运营等情况进行监测分析和绩效评价，建立根据绩效评价结果对价格或者财政补助进行调整的机制。

社会资本方应当按照规定向政府有关部门提供有关合作项目投资、建设、运营方面的数据、资料等信息。

第三十二条 政府有关部门应当建立合作项目档案，将合作项目发起、实施以及监督检查等方面的文件、材料存档备查。

社会资本方应当妥善保管合作项目投资、建设、运营等方面的有关资料，并在合作项目期限届满或者提前终止时向政府有关部门移交。

第三十三条 除涉及国家秘密、商业秘密外，政府有关部门应当依法公开合作项目发起、社会资本方选择、合作项目协议订立、绩效监测报告、中期评估报告、合作项目重大变更或者终止情况以及监督检查情况和结果等信息。

第三十四条 社会公众有权对合作项目的发起和实施进行监督。

对社会资本方违反法律、行政法规规定的行为或者对提供公共服务的质量等问题，任何单位和个人可以向政府有关部门举报、投诉，有关部门应当及时依法处理。

第三十五条 政府有关部门应当根据社会信用体系建设的有关要求，记录社会资本方、中介机构、项目公司及其从业人员的失信行为，并纳入全国统一的信用信息共享交换平台。

第三十六条 政府有关部门、社会资本方应当按照有关规定，制定合作项目突发事件应急预案；突发事件发生后，立即启动应急预案，采取相应的防护措施，组织抢修。

第三十七条 合作项目协议提前终止的，政府有关部门应当采取有效措施，保证公共服务的正常提供；必要时，经本级人民政府同意，可以临时接管合作项目。社会资本方应当予以必要的配合。

第五章　争议解决

第三十八条 因合作项目协议履行发生争议的，协议双方应当协商解决；协商达成一致的，应当签订补充协议。

第三十九条 因合作项目协议中的专业技术问题发生争议的，协议双方可以共同聘请有关专家或者专业技术机构提出专业意见。

第四十条 因合作项目协议履行发生的争议，可以依法申请仲裁或者向人民法院提起诉讼。

第四十一条 对政府有关部门做出的与合作项目的实施和监督管理有关的具体行政行为，社会资本方认为侵犯其合法权益的，有陈述、申辩的权利，并可以依法提起行政复议或者行政诉讼。

第四十二条 合作项目争议解决期间，协议双方应当继续履行合作项目协议约定的义务，不得擅自中断公共服务的提供。

第六章　法律责任

第四十三条 政府及其有关部门排斥或者限制非公有制社会资本方依法参与政府和社会资本合作的，由上一级机关责令改正；情节严重的，对负有责任的领导人员和其他直接责任人员依法给予处分。

第四十四条 有关主管部门、政府实施机构违反本条例规定，有下列情形之一的，由本级政府责令限期改正；情节严重的，对负有责任的领导人员和直接责任人员依法给予处分：

（一）拟订合作项目实施方案未征求潜在社会资本方意见；

（二）未对采用政府和社会资本合作模式的必要性、合理性组织开展评估或者未提请同级财政部门进行财政承受能力评估；

（三）未向社会公布合作项目实施方案；

（四）未通过竞争性方式选择社会资本方或者未向社会公示其选定的社会资本方；

（五）未按照规定与选定的社会资本方签订合作项目协议；

（六）在项目合作协议中约定由政府回购社会资本方投资本金或者承担社会资本方投资本金的损失，或者约定保证社会资本方的最低收益以及由政府为合作项目融资提供担保；

（七）未按照规定对社会资本方移交的设施、设备和其他财产状况进行检查评估。

第四十五条　政府及其有关部门有下列情形之一的，由其上一级机关责令改正；情节严重的，对负有责任的领导人员和直接责任人员依法给予处分：

（一）不履行合作协议中的相关政府承诺和保障；

（二）未将合作项目协议中约定的财政支出事项足额纳入年度预算，或者未按照合作项目协议约定及时支付资金；

（三）未定期对合作项目建设、运营等情况进行监测分析和绩效评价；

（四）未按照规定建立合作项目档案；

（五）未按照本条例的规定公开合作项目相关信息。

第四十六条　政府有关部门工作人员在政府和社会资本合作工作中不依法履行职责，玩忽职守、滥用职权、徇私舞弊的，对负有责任的领导人员和直接责任人员依法给予处分；构成犯罪的，依法追究刑事责任。

第四十七条　社会资本方或者项目公司有下列情形之一的，由政府有关部门责令限期改正，处20万元以上50万元以下的罚款；有违法所得的，没收违法所得；构成犯罪的，依法追究刑事责任：

（一）项目公司从事与实施合作项目无关的经营活动；

（二）在合作项目实施中违反法律、行政法规、规章、技术规范、强制性标准；

（三）将合作项目的设施、土地使用权、项目收益权和融资款项用于实施合作项目以外的用途，或者以上述资产为他人债务提供担保；

（四）合作项目争议解决期间，擅自中断公共服务的提供；

（五）未妥善保管合作项目投资、建设、运营等方面的有关资料或者未按照规定向政府有关部门移交有关资料。

对前款规定的情形，有关法律、行政法规对其行政处罚另有规定的，依照其规定。

第四十八条　违反本条例规定，给他人造成损失的，依法承担赔偿责任。

第七章　附　　则

第四十九条　采用政府和社会资本合作模式运营已有基础设施和公共服务项目的，适用本条例的有关规定。

第五十条　本条例自　年　月　日起施行。

31. 国务院办公厅关于进一步加强城市轨道交通规划建设管理的意见

（国办发〔2018〕52号）

【发文机关】国务院办公厅
【发文文号】国办发〔2018〕52号
【发布日期】2018-07-13
【实施日期】2018-07-13
【时效性】现行有效

各省、自治区、直辖市人民政府，国务院各部委、各直属机构：

城市轨道交通是现代城市交通系统的重要组成部分，是城市公共交通系统的骨干。《国务院办公厅关于加强城市快速轨道交通建设管理的通知》（国办发〔2003〕81号）印发以来，我国城市轨道交通总体保持有序发展，对提升城市公共交通供给质量和效率、缓解城市交通拥堵、引导优化城市空间结构布局、改善城市环境起到了重要作用。但同时，由于城市轨道交通投资巨大、公益性特征明显，部分城市对城市轨道交通发展的客观规律认识不足，对实际需求和自身实力把握不到位，存在规划过度超前、建设规模过于集中、资金落实不到位等问题，一定程度上加重了地方债务负担。为贯彻落实党中央、国务院决策部署，坚决打好防范化解重大风险攻坚战，促进城市轨道交通规范有序发展，经国务院同意，现提出以下意见。

一、总体要求

（一）指导思想。以习近平新时代中国特色社会主义思想为指导，全面贯彻党的十九大和十九届二中、三中全会精神，统筹推进“五位一体”总体布局和协调推进“四个全面”战略布局，牢固树立和贯彻落实新发展理念，按照高质量发展的要求，以服务人民群众出行为根本目标，持续深化城市交通供给侧结构性改革，坚持补短板、调结构、控节奏、保安全，科学编制城市轨道交通规划，严格落实建设条件，有序推进项目建设，着力加强全过程监管，严控地方政府债务风险，确保城市轨道交通发展规模与实际需求相匹配、建设节奏与支撑能力相适应，实现规范有序、持续健康发展。

（二）基本原则。

量力而行，有序推进。坚持实事求是，从实际出发科学开展前瞻性规划研究工作，以城市财力和建设运营管理能力为实施条件，合理把握建设规模和节奏，切实提高城市轨道交通发展质量，确保与城市发展水平相适应。

因地制宜，经济适用。坚持近远期结合，统筹考虑交通、环境、工程等各方面因素，选择适宜的轨道交通系统制式和敷设方式，宜地面则地面、宜地下则地下，合理确定建设标准，着力提高综合效益。

衔接协调，集约高效。坚持多规衔接，加强城市轨道交通规划与城市规划、综合交通体系规划等的相互协调，集约节约做好沿线土地、空间等统筹利用，发挥轨道交通对城市交通运输发展的支撑引导作用。

严控风险，持续发展。坚持底线思维，牢固树立安全发展理念，强化城市政府主体责任，加强安全生产和运营管理，加大防范化解地方政府债务风险工作力度，进一步推动城市轨道交通建设、运营模式创新，增强可持续发展能力。

二、完善规划管理规定

（三）严格建设申报条件。城市轨道交通系统，除有轨电车外均应纳入城市轨道交通建设规划并履行报批程序。地铁主要服务于城市中心城区和城市总体规划确定的重点地区，申报建设地铁的城市一般公共财政预算收入应在300亿元以上，地区生产总值在3000亿元以上，市区常住人口在300万人以上。引导轻轨有序发展，申报建设轻轨的城市一般公共财政预算收入应在150亿元以上，地区生产总值在1500亿元以上，市区常住人口在150万人以上。拟建地铁、轻轨线路初期客运强度分别不低于每日每公里0.7万人次、0.4万人次，远期客流规模分别达到单向高峰小时3万人次以上、1万人次以上。以上申报条件将根据经济社会发展情况按程序适时调整。

（四）强化规划衔接提高建设规划质量。城市政府根据城市总体规划、土地利用总体规划、城市综合交通体系规划，合理制定城市轨道交通线网规划，确定城市轨道交通近期建设线路，加强对居民区、商业区、交通枢纽等客流密集区域的覆盖，做好城市轨道交通规划线路沿线土地预留和控制，防止其他建设对城市轨道交通走廊空间的侵占。在此基础上，根据相关规划和城市发展需要、财力等情况制定城市轨道交通分期建设规划，规划期限一般为5－6年。建设规划要合理选择轨道交通系统制式、敷设方式，科学确定建设规模、项目时序、资金筹措方案，确保建设期和运营期的政府支出规模与财力相匹配，着力提升投资效益。强化城市轨道交通与其他交通方式的衔接融合，城市轨道交通规划要与国家铁路、城际铁路、枢纽机场等规划相衔接，通过交通枢纽实现方便、高效换乘。要加强节地技术和节地模式创新应用，鼓励探索城市轨道交通地上地下空间综合开发利用，推进建设用地多功能立体开发和复合利用，提高空间利用效率和节约集约用地水平。编制城市轨道交通建设规划时，应同步组织开展规划环境影响评价，由生态环境主管部门按程序审查环境影响报告书。要统筹城市轨道交通建设与人才培养，将人才培养和保障措施纳入建设规划。

（五）严格建设规划报批和审核程序。省级发展改革部门会同城乡规划主管部门、住房城乡建设部门进行城市轨道交通建设规划初审，按程序向国家发展改革委报送建设规划。城市轨道交通首轮建设规划由国家发展改革委会同住房城乡建设部组织审核后报国务院审批，后续建设规划由国家发展改革委会同住房城乡建设部审批、报国务院备案。国家发展改革委、住房城乡建设部要会同有关部门按照职责分工严格审核把关，未达到城市轨道交通建设申报条件的建设规划一律不得受理；对符合申报条件的建设规划，要认真审核规划建设规模及项目资金筹措方案，确保建设规模同地方财力相匹配。省级政府有关部门要进一步强化初审责任，确保城市财力、负债水平、建设规模、建设方案、项目时序等符合相关规定和规划要求。

（六）强化建设规划的导向和约束作用。已经国家批准的城市轨道交通建设规划应严格执行，原则上不得变更，规划实施期限不得随意压缩。在规划实施过程中，因城市规划、工程条件、交通枢纽布局变化等因素影响，城市轨道交通线路功能定位、基本走向、系统制式等发生重大变化的，或线路里程、地下线路长度、直接工程投资（扣除物价上涨因素）等较建设规划增幅超过20%的，应按相关规定履行建设规划调整程序。建设规划调整应在完成规划实施中期评估后予以统筹考虑，原则上不得新增项目。原则上本轮建设规划实施最后一年或规划项目总投资完成70%以上的，方可开展新一轮建设规划报批工作。

三、有序推进项目实施

（七）规范项目审批。城市轨道交通项目（不含有轨电车）由省级发展改革部门根据国家批准的城市轨道交通建设规划，按照相关程序审批（核准），未列入建设规划的项目不得审批（核准），严禁以市政配套工程、有轨电车、工程试验线、旅游线等名义违规变相建设地铁、轻轨项目。已审批（核准）建设城市轨道交通项目的城市要合理把握建设节奏，着力优化项目设计，合理控制工程造价，有效降低工程总投资。城市政府和相关企业不得不顾条件提前实施项目、随意压缩工期，对前期工作未完成、建设条件不具备、遇有特殊工程地质灾害且不能保证施工安全的项目，应根据实际情况暂缓实施，建设工期可相应顺延。有轨电车项目由省级发展改革部门负责审批（核准），并做好与相关规划的统筹衔接。

（八）强化项目建设和运营资金保障。城市政府应建立透明规范的资本金及运营维护资金投入长效机制，确保城市轨道交通项目建设资金及时足额到位。除城市轨道交通建设规划中明确采用特许经营模式的项目外，项目总投资中财政资金投入不得低于40%，严禁以各类债务资金作为项目资本金。强化城市政府对城市轨道交通项目全寿命周期的支出责任，保障必要的运营维护资金。支持各地区依法依规深化投融资体制改革，积极吸引民间投资参与城市轨道交通项目，鼓励开展多元化经营，加大站场综合开发力度。规范开展城市轨道交通领域政府和社会资本合作（PPP），通过多种方式盘活存量资产。研究利用可计入权益的可续期债券、项目收益债券等创新形式推进城市轨道交通项目市场化融资，开展符合条件的运营期项目资产证券化可行性研究。

四、强化项目风险管控

（九）严控地方政府债务风险。进一步加大财政约束力度，按照严控债务增量、有序化解债务存量的要求，严格防范城市政府因城市轨道交通建设新增地方政府债务风险，严禁通过融资平台公司或以 PPP 等名义违规变相举债。对举债融资不符合法律法规或未落实偿债资金来源的城市轨道交通项目，发展改革部门不得审批（核准）；对列入地方政府债务风险预警范围的城市，应暂缓审批（核准）其新项目。城市政府要合理控制城市轨道交通企业负债率，对企业负债率过高的应采取有效措施降低债务，并暂停开工建设新项目。

（十）坚守安全发展底线。把安全作为发展城市轨道交通的生命线，落实城市政府和企业安全责任，严格安全准入，强化勘察设计，强化源头管控。建立健全施工企业和业主企业安全生产管理制度，加强安全生产标准化建设。落实企业的人才培养主体责任，深化产教融合、校企合作，提升从业人员素质。强化城市政府安全监管执法，逐步形成覆盖城市轨道交通项目建设运营全过程的风险管理机制，坚决防范重特大生产安全事故发生。

五、完善规划和项目监管体系

（十一）加强监管能力建设。健全部门间协同联动监管机制，国家发展改革委、住房城乡建设部等有关部门要建立城市轨道交通监管数据库，加强信息共享，运用大数据等技术手段提升监管水平，发挥行业协会作用，及时动态掌握城市轨道交通建设规划实施情况。省级政府有关部门要强化属地监管责任，城市政府有关部门要按权责明确责任分工、加强监管。地方政府要建立常态化安全检查制度和重点工程检查、抽查制度，加强项目稽察，强化工程质量终身责任制，完善城市政府负责的项目竣工验收制度。国家和省级发展改革部门要完善建设规划实施的中期评估机制，建立建设规划执行情况和建成投运线路经济社会效益分析的后评价机制。

（十二）建立健全责任机制。坚持国家统筹、省负总责、城市主体的原则，明确有关部门和地方政府责任。国务院有关部门要加强对城市轨道交通规划建设工作的统筹和指导，省级政府有关部门对建设规划实施履行全过程监管责任，城市政府对项目建设和本级政府债务风险管控负主体责任。建立健全责任主体信用记录，将违规信息纳入全国信用信息共享平台，建立“黑名单”制度，对规划编制、评估、审查、项目设计等单位未履行相关职责并造成重大影响的，实行警示、禁入等联合惩戒措施；对违法违规审批、建设城市轨道交通项目的部门、企业及其责任人，要依法依规追责问责。

本意见自印发之日起施行。《国务院办公厅关于加强城市快速轨道交通建设管理的通知》（国办发〔2003〕81 号）同时废止。

国务院办公厅

2018 年 6 月 28 日

32. 中共中央办公厅　国务院办公厅印发关于加强国有企业资产负债约束的指导意见

【发文机关】中共中央办公厅　国务院办公厅
【发布文号】/
【发布日期】2018－09－13
【时效性】现行有效

中共中央办公厅、国务院办公厅印发了《关于加强国有企业资产负债约束的指导意见》，并发出通知，要求各地区各部门结合实际认真贯彻落实。

《关于加强国有企业资产负债约束的指导意见》全文如下：

为深入贯彻习近平新时代中国特色社会主义思想和党的十九大精神，落实中央经济工作会议、全国金融工作会议和中央财经委员会第一次会议部署，加强国有企业资产负债约束，降低国有企业杠杆率，推动国有资本做强做优做大，增强经济发展韧性，提高经济发展质量，现提出如下指导意见。

一、总体要求

（一）总体目标。加强国有企业资产负债约束是打好防范化解重大风险攻坚战的重要举措。要通过建立和完善国有企业资产负债约束机制，强化监督管理，促使高负债国有企业资产负债率尽快回归合理水平，推动国有企业平均资产负债率到2020年年末比2017年年末降低2个百分点左右，之后国有企业资产负债率基本保持在同行业同规模企业的平均水平。

（二）基本原则

——坚持全面覆盖与分类管理相结合。所有行业、所有类型国有企业均纳入资产负债约束管理体制。同时，根据不同行业资产负债特征，分行业设置国有企业资产负债约束指标标准。突出监管重点，对超出约束指标标准的国有企业，结合企业所处发展阶段，在综合评价企业各类财务指标和业务发展前景基础上，根据风险大小采取适当管控措施。严格控制产能过剩行业国有企业资产负债率，适度灵活掌握有利于推动经济转型升级发展的战略性新兴产业、创新创业等领域的国有企业资产负债率。

——坚持完善内部治理与强化外部约束相结合。加强国有企业资产负债约束要与深化国有企业改革、建立现代企业制度、优化企业治理结构等有机结合，建立健全长效机制。同时，通过强化考核、增强企业财务真实性和透明度、合理限制债务融资和投资等方式，加强国有企业资产负债外部约束。

——坚持提质增效与政策支持相结合。各有关方面要积极主动作为，根据总体目标要求进一步明确高负债国有企业降低资产负债率的目标、步骤、方式，并限期完成。国有企业要坚持提质增效、苦练内功，通过扩大经营积累增强企业资本实力，在严防国有资产流失前提下，不断降低资产负债率。同时，要为高负债国有企业降低资产负债率创造良好政策和制度环境，完善资本补充机制，扩大股权融资，支持盘活存量资产，稳妥有序开展债务重组和市场化债转股。

二、分类确定国有企业资产负债约束指标标准

国有企业资产负债约束以资产负债率为基础约束指标，对不同行业、不同类型国有企业实行分类管理并动态调整。原则上以本行业上年度规模以上全部企业平均资产负债率为基准线，基准线加5个百分点为本年度资产负债率预警线，基准线加10个百分点为本年度资产负债率重点监管线。国有企业集团合并报表资产负债率预警线和重点监管线，可由相关国有资产管理部门根据主业构成、发展水平以及分类监管要求确定。邮政、铁路等特殊行业或无法取得统计数据行业的企业资产负债率预警线和重点监管线，由相关国有资产管理部门根据国家政策导向、行业情况并参考国际经验确定。

由国务院国资委履行出资人职责的中央企业，资产负债率管控工作继续执行现行要求，实践中再予以调整完善。金融类国有企业资产负债约束按照现有管理制度和标准实施。

三、完善国有企业资产负债自我约束机制

（一）合理设定资产负债率水平和资产负债结构。国有企业要根据相应资产负债率预警线和重点监管线，综合考虑市场前景、资金成本、盈利能力、资产流动性等因素，加强资本结构规划与管理，合理设定企业资产负债率和资产负债结构，保持财务稳健、有竞争力。

（二）加强资产负债约束日常管理。国有企业经营管理层要忠实勤勉履职，审慎开展债务融资、投资、支出、对外担保等业务活动，防止有息负债和或有债务过度累积，确保资产负债率保持在合理水平。在年度董事会或股东（大）会议案中，要就资产负债状况及未来资产负债计划进行专项说明，并按照规范的公司治理程序，提交董事会或股东（大）会审议。在企业可能或已实质陷入财务困境时，要及时主动向相关债权人通报有关情况，依法依规与相关债权人协商，分类稳妥处置相关债务。

（三）强化国有企业集团公司对所属子企业资产负债约束。国有企业集团公司要根据子企业所处行业等情况，按照国有企业资产负债率控制指标要求，合理确定子企业的资产负债率水平，并将子企业的资产负债约束纳入集团公司考核体系，确保子企业严格贯彻执行。国有企业集团公司要进一步强化子企业资产、财务和业务独立性，减少母子企业、子

企业与子企业之间的风险传染。

（四）增强内源性资本积累能力。国有企业要牢固树立新发展理念，以提高发展质量和效益为中心，着力提升经营管理水平，进一步明确并聚焦主业瘦身健体，通过创新驱动提高生产率，增强企业盈利能力，提高企业资产和资本回报率，为企业发展提供持续的内源性资本。

四、强化国有企业资产负债外部约束机制

（一）建立科学规范的企业资产负债监测与预警体系。相关国有资产管理部门要建立以资产负债率为核心，以企业成长性、效益、偿债能力等方面指标为辅助的企业资产负债监测与预警体系。对资产负债率超过预警线和重点监管线的国有企业，相关国有资产管理部门要综合分析企业所在行业特点、发展阶段、有息负债和经营性负债等债务类型结构、短期负债和中长期负债等债务期限结构，以及息税前利润、利息保障倍数、流动比率、速动比率、经营活动现金净流量等指标，科学评估其债务风险状况，并根据风险大小程度分别列出重点关注和重点监管企业名单，对其债务风险情况持续监测。

（二）建立高负债企业限期降低资产负债率机制。对列入重点监管企业名单的国有企业，相关国有资产管理部门要明确其降低资产负债率的目标和时限，并负责监督实施。不得实施推高资产负债率的境内外投资，重大投资要履行专门审批程序，严格高风险业务管理，并大幅压减各项费用支出。依据市场化法治化原则，与业务重组、提质增效相结合，积极通过优化债务结构、开展股权融资、实施市场化债转股、依法破产等途径有效降低企业债务水平。

（三）健全资产负债约束的考核引导。相关国有资产管理部门要加强过程监督检查，将降杠杆减负债成效作为企业考核和评价的重要内容。对列入重点关注和重点监管企业名单的企业，要将企业资产负债率纳入年度经营业绩考核范围，充分发挥考核引导作用，督促企业贯彻落实资产负债管控要求。

（四）加强金融机构对高负债企业的协同约束。对资产负债率超出预警线的国有企业，相关金融机构要加强贷款信息共享，摸清企业表外融资、对外担保和其他隐性负债情况，全面审慎评估其信用风险，并根据风险状况合理确定利率、抵质押物、担保等贷款条件。对列入重点关注企业名单或资产负债率超出重点监管线的国有企业，新增债务融资原则上应通过金融机构联合授信方式开展，由金融机构共同确定企业授信额度，避免金融机构无序竞争和过度授信，严控新增债务融资。对列入重点监管企业名单的国有企业，金融机构原则上不得对其新增债务融资。

（五）强化企业财务失信行为联合惩戒机制。加强企业财务真实性和透明度审核监督。国有企业负责人对企业财务真实性负全责，要确保企业不虚报资产隐匿债务，财务信息真实可靠。会计师事务所等专业中介机构要严格按照会计准则规范出具审计报告，客观准确反映企业资产负债状况。加强社会信用体系建设，完善企业财务失信行为联合惩戒机制，将违法违规企业、中介机构及相关责任人员纳入失信人名单，并依法依规严格追究责任，加大处罚力度。

五、加强国有企业资产负债约束的配套措施

（一）厘清政府债务与企业债务边界。坚决遏制地方政府以企业债务的形式增加隐性债务。严禁地方政府及其部门违法违规或变相通过国有企业举借债务，严禁国有企业违法违规向地方政府提供融资或配合地方政府变相举债；违法违规提供融资或配合地方政府变相举债的国有企业，应当依法承担相应责任。多渠道盘活各类资金和资产，积极稳妥化解以企业债务形式形成的地方政府存量隐性债务，保障国有企业合法权益。进一步完善国有企业参与国家或地方发展战略、承担公共服务等的合法权益保障机制。各级政府和社会组织要严格落实减轻企业负担的各项政策，一般情况下，不得强制要求国有企业承担应由政府或社会组织承担的公益性支出责任。国有企业自愿承担的，应严格履行相应决策程序。加快推进"三供一业"分离移交，减轻国有企业办社会负担，协助解决国有企业历史遗留问题。

（二）支持国有企业盘活存量资产优化债务结构。鼓励国有企业采取租赁承包、合作利用、资源再配置、资产置换或出售等方式实现闲置资产流动，提高资产使用效率，优化资源配置。鼓励国有企业整合内部资源，将与主业相关的资产整合清理后并入主业板块，提高存量资产利用水平，改善企业经营效益。鼓励国有企业加强资金集中管理，强化内部资金融通，提高企业资金使用效率。支持国有企业盘活土地使用权、探矿权、采矿权等无形资产，充分实现市场价值。积极支持国有企业按照真实出售、破产隔离原则，依法合规开展以企业应收账款、租赁债权等财产权利和基础设施、商业物业等不动产财产或财产权益为基础资产的资产证券化业务。推动国有企业开展债务清理，减少无效占用，加快资金周转。在风险可控前提下，鼓励国有企业利用债券市场提高直接融资比重，优化企业债务结构。

（三）完善国有企业多渠道资本补充机制。以增加经营效益为前提，进一步完善国有企业留存利润补充资本机制。与完善国有经济战略布局相结合，实现国有资本有进有退动态管理，将从产能过剩行业退出的国有资本用于急需发展行业和领域国有企业的资本补充。充分发挥国有资本经营预算资金的作用，在逐步解决企业历史遗留问题及相关改革成本后，更多作为资本投向关系国家安全、国民经济命脉的重要行业和关键领域。充分运用国有资本投资、运营公司，吸收社会资金转化为资本。积极推进混合所有制改革，鼓励国有企业通过出让股份、增资扩股、合资合作等方式引入民营资本。鼓励国有企业充分通过多层次资本市场进行股权融资，引导国有企业通过私募股权投资基金方式筹集股权性资金，扩大股权融资规模。支持国有企业通过股债结合、投贷联动等方式开展融资，有效控制债务风险。鼓励国有企业通过主动改造改制创造条件实施市场化债转股。

（四）积极推动国有企业兼并重组。支持通过兼并重组培育优质国有企业。鼓励国有企业跨地区开展兼并重组。加大对产业集中度不高、同质化竞争突出行业国有企业的联合重组力度。鼓励各类投资者通过股权投资基金、创业投资基金、产业投资基金等形式参与国有企业兼并重组。

（五）依法依规实施国有企业破产。充分发挥企业破产在解决债务矛盾、公平保障各方权利、优化资源配置等方面的重要作用。支持国有企业依法对扭亏无望、已失去生存发

展前景的“僵尸子企业”进行破产清算。对符合破产条件但仍有发展前景的子企业，支持债权人和国有企业按照法院破产重整程序或自主协商对企业进行债务重组。对严重资不抵债失去清偿能力的地方政府融资平台公司，依法实施破产重整或清算，坚决防止“大而不能倒”，坚决防止风险累积形成系统性风险。同时，要做好与企业破产相关的维护社会稳定工作。

六、加强国有企业资产负债约束的组织实施

（一）明确各类责任主体。国有企业是落实资产负债约束的第一责任主体，要按照本指导意见要求，明确企业资产负债率控制目标，深化内部改革，强化自我约束，有效防范债务风险，严防国有资产流失，确保企业可持续经营。相关金融机构要根据国有企业资产负债和经营情况，审慎评估企业债务融资需求，平衡股债融资比例，加强贷后管理，开展债务重组，协助企业及时防范和化解债务风险。对落实本指导意见不力和经营行为不审慎导致资产负债率长期超出合理水平的国有企业及其主要负责人，相关部门要加大责任追究力度。对落实本指导意见弄虚作假的国有企业，相关部门要对其主要负责人及负有直接责任人员从严从重处罚。

（二）建立部门信息共享和社会公开监督约束机制。相关国有资产管理部门要将列入重点关注和重点监管企业名单的企业及其债务风险状况，报送积极稳妥降低企业杠杆率工作部际联席会议（以下简称联席会议）办公室，并由联席会议办公室通报相关部门，为相关部门开展工作提供必要基础信息。各级相关国有资产管理部门要将各类企业资产负债率预警线和重点监管线以及按照规定应公开的企业财务信息，通过“信用中国”等媒介向社会公开，接受社会监督。

（三）加强国有企业资产负债约束实施工作的组织协调。各级相关国有资产管理部门要按照本指导意见确定的降低国有企业资产负债率目标和约束标准，分解落实、细化要求、加强指导、严格考核，有关情况及时报告联席会议办公室。各级审计部门要依法独立开展审计监督，促进国有企业资产负债约束落实到位。相关金融管理部门要按照本指导意见进一步明确规则，加强对金融机构的业务指导和督促。各级政府向本级人大常委会报告国有资产管理情况时，应报告国有企业资产负债情况和资产负债率控制情况。联席会议要加强组织领导、统筹协调、检查督导和监督问责，确保国有企业降低资产负债率取得实效。重大问题要及时报告党中央、国务院。

33. 国务院办公厅关于保持基础设施领域补短板力度的指导意见

（国办发〔2018〕101 号）

【发文机关】国务院办公厅
【发文文号】国办发〔2018〕101 号
【发布日期】2018 - 10 - 11
【实施日期】2018 - 10 - 11
【时效性】现行有效

各省、自治区、直辖市人民政府，国务院各部委、各直属机构：

补短板是深化供给侧结构性改革的重点任务。近年来，我国固定资产投资结构不断优化，为增强经济发展后劲、补齐基础设施短板、带动就业和改善民生提供了有力支撑。但今年以来整体投资增速放缓，特别是基础设施投资增速回落较多，一些领域和项目存在较大投资缺口，亟需聚焦基础设施领域突出短板，保持有效投资力度，促进内需扩大和结构调整，提升中长期供给能力，形成供需互促共进的良性循环，确保经济运行在合理区间。为贯彻落实党中央、国务院决策部署，深化供给侧结构性改革，进一步增强基础设施对促进城乡和区域协调发展、改善民生等方面的支撑作用，经国务院同意，现就保持基础设施领域补短板力度提出以下意见。

一、总体要求

（一）指导思想。

以习近平新时代中国特色社会主义思想为指导，全面贯彻党的十九大和十九届二中、三中全会精神，坚持稳中求进工作总基调，坚持以供给侧结构性改革为主线，围绕全面建成小康社会目标和高质量发展要求，坚持既不过度依赖投资也不能不要投资、防止大起大落的原则，聚焦关键领域和薄弱环节，保持基础设施领域补短板力度，进一步完善基础设施和公共服务，提升基础设施供给质量，更好发挥有效投资对优化供给结构的关键性作用，保持经济平稳健康发展。

（二）基本原则。

——聚焦短板。支持“一带一路”建设、京津冀协同发展、长江经济带发展、粤港澳大湾区建设等重大战略，围绕打好精准脱贫、污染防治攻坚战，着力补齐铁路、公路、水运、机场、水利、能源、农业农村、生态环保、公共服务、城乡基础设施、棚户区改造等领域短板，加快推进已纳入规划的重大项目。

——协同发力。充分发挥市场配置资源的决定性作用，积极鼓励民间资本参与补短板项目建设，调动各类市场主体的积极性、创造性。更好发挥政府作用，加强补短板重大项目储备，加快项目审核进度，积极发挥政府投资引导带动作用，为市场主体创造良好的投资环境。

——分类施策。加大对储备项目的协调调度力度，加快推进前期工作，推动项目尽早开工建设。在依法合规的前提下，统筹保障在建项目合理资金需求，推动在建项目顺利实施，确保工程质量安全，早日建成发挥效益，避免形成“半拉子”工程。

——防范风险。坚持尽力而为、量力而行，根据地方财政承受能力和地方政府投资能力，严格项目建设条件审核，合理安排工程项目建设，坚决避免盲目投资、重复建设。规范地方政府举债融资，管控好新增项目融资的金融“闸门”，牢牢守住不发生系统性风险的底线。

二、重点任务

（一）脱贫攻坚领域。深入推进易地扶贫搬迁工程，大力实施以工代赈，加强贫困地区特别是“三区三州”等深度贫困地区基础设施和基本公共服务设施建设。大力支持革命老区、民族地区、边疆地区和资源枯竭、产业衰退地区加快发展。（发展改革委、扶贫办按职责分工牵头负责）

（二）铁路领域。以中西部为重点，加快推进高速铁路“八纵八横”主通道项目，拓展区域铁路连接线，进一步完善铁路骨干网络。加快推动一批战略性、标志性重大铁路项目开工建设。推进京津冀、长三角、粤港澳大湾区等地区城际铁路规划建设。加快国土开发性铁路建设。实施一批集疏港铁路、铁路专用线建设和枢纽改造工程。（发展改革委、中国铁路总公司牵头负责，交通运输部、铁路局按职责分工负责）

（三）公路、水运领域。加快启动一批国家高速公路网待贯通路段项目和对“一带一路”建设、京津冀协同发展、长江经济带发展、粤港澳大湾区建设等重大战略有重要支撑作用的地方高速公路项目，加快推进重点省区沿边公路建设。加快推进三峡枢纽水运新通道和葛洲坝航运扩能工程前期工作，加快启动长江干线、京杭运河等一批干线航道整治工程，同步推动实施一批支线航道整治工程。（交通运输部、水利部按职责分工负责）

（四）机场领域。加快北京大兴国际机场建设，重点推进一批国际枢纽机场和中西部支线机场新建、迁建、改扩建项目前期工作，力争尽早启动建设，提升国际枢纽机场竞争力，扩大中西部地区航空运输覆盖范围。（民航局牵头负责）

（五）水利领域。加快建设一批引调水、重点水源、江河湖泊治理、大型灌区等重大水利工程，推进引江济淮、滇中引水、珠江三角洲水资源配置、碾盘山水利水电枢纽、向家坝灌区一期等重大水利工程建设，进一步完善水利基础设施网络。加快推进中小河流治

理等灾后水利薄弱环节建设。(水利部牵头负责)

(六) 能源领域。进一步加快金沙江拉哇水电站、雅砻江卡拉水电站等重大水电项目开工建设。加快推进跨省跨区输电，优化完善各省份电网主网架，推动实施一批特高压输电工程。加快实施新一轮农村电网改造升级工程。继续推进燃煤机组超低排放与节能改造，加大油气勘探开发力度，做好天然气产供储销体系和重点地区应急储气能力建设。积极推进一批油气产能、管网等重点项目。(能源局牵头负责)

(七) 农业农村领域。大力实施乡村振兴战略，统筹加大高标准农田、特色农产品优势区、畜禽粪污资源化利用等农业基础设施建设力度，促进提升农业综合生产能力。持续推进农村产业融合发展。扎实推进农村人居环境整治三年行动，支持农村改厕工作，促进农村生活垃圾和污水处理设施建设，推进村庄综合建设。(中央农办、发展改革委、农业农村部按职责分工负责)

(八) 生态环保领域。加大对天然林资源保护、重点防护林体系建设、水土保持等生态保护重点工程支持力度。支持城镇生活污水、生活垃圾、危险废物处理设施建设，加快黑臭水体治理。支持煤炭减量替代等重大节能工程和循环经济发展项目。支持重点流域水环境综合治理。(发展改革委、生态环境部、住房城乡建设部、水利部、林草局按职责分工牵头负责)

(九) 社会民生领域。支持教育、医疗卫生、文化、体育、养老、婴幼儿托育等设施建设，进一步推进基本公共服务均等化。推进保障性安居工程和城镇公共设施、城市排水防涝设施建设。加快推进“最后一公里”水电气路邮建设。(教育部、卫生健康委、文化和旅游部、体育总局、广电总局、民政部、住房城乡建设部、邮政局等按职责分工牵头负责)

三、配套政策措施

(一) 加强重大项目储备。根据重大战略部署、国民经济和社会发展规划纲要、重大建设规划以及财政承受能力和政府投资能力等，对接经济发展和民生需要，依托国家重大建设项目库，分近期、中期、长期三类储备一批基础设施等重点领域补短板重大项目，形成项目储备和滚动接续机制。(发展改革委牵头负责，工业和信息化部、生态环境部、住房城乡建设部、交通运输部、水利部、农业农村部、能源局、林草局、铁路局、民航局、中国铁路总公司等按职责分工负责，地方各级人民政府负责)

(二) 加快推进项目前期工作和开工建设。加强沟通协调，强化督促调度，加快规划选址、用地、用海、环评、水土保持等方面前期工作，加大征地拆迁、市政配套、水电接入、资金落实等推进力度，推动项目尽早开工建设。(发展改革委、工业和信息化部、自然资源部、生态环境部、住房城乡建设部、交通运输部、水利部、农业农村部、能源局、林草局、铁路局、民航局、中国铁路总公司等按职责分工负责)

(三) 保障在建项目顺利实施，避免形成“半拉子”工程。坚决打好防范化解重大风险攻坚战，对确有必要、关系国计民生的在建项目，统筹采取有效措施保障合理融资需求，推动项目顺利建成，避免资金断供、工程烂尾，防止造成重大经济损失、影响社会稳定，有效防范“处置风险的风险”。(地方各级人民政府负责)

（四）加强地方政府专项债券资金和项目管理。财政部门要完善地方政府专项债券制度，优化专项债券发行程序，合理安排发行进度。分配地方政府专项债券规模时，在充分考虑债务水平基础上，还要考虑在建项目和补短板重大项目资金需求，以及国家重大建设项目库项目储备情况。允许有条件的地方在专项债券发行完成前，对预算已安排的专项债券资金项目通过先行调度库款的办法，加快项目建设进度，债券发行后及时归垫。地方政府建立专项债券项目安排协调机制，加强地方发展改革、财政部门间的沟通衔接，做好项目前期工作，按照财政部确定的专项债券额度，提出专项债券项目安排意见，确保专项债券发行收入可以迅速使用，重点用于在建项目和补短板重大项目。加大财政性资金支持力度，盘活各级财政存量资金，利用以往年度财政结余资金，保障项目建设。（发展改革委、财政部按职责分工负责，地方各级人民政府负责）

（五）加大对在建项目和补短板重大项目的金融支持力度。对已签订借款合同的必要在建项目，金融机构可在依法合规和切实有效防范风险的前提下继续保障融资，对有一定收益或稳定盈利模式的在建项目优先给予信贷支持。鼓励通过发行公司信用类债券、转为合规的政府和社会资本合作（PPP）等市场化方式开展后续融资。在不增加地方政府隐性债务规模的前提下，引导商业银行按照风险可控、商业可持续的原则加大对资本金到位、运作规范的必要在建项目和补短板重大项目的信贷投放力度，支持开发性金融机构、政策性银行结合各自职能定位和业务范围加大相关支持力度。发挥保险资金长期投资优势，通过债权、股权、股债结合、基金等多种形式，积极为在建项目和补短板重大项目提供融资。（银保监会牵头负责，发展改革委、财政部、人民银行、证监会按职责分工负责，地方各级人民政府负责）

（六）合理保障融资平台公司正常融资需求。金融机构要在采取必要风险缓释措施的基础上，按照市场化原则保障融资平台公司合理融资需求，不得盲目抽贷、压贷或停贷，防范存量隐性债务资金链断裂风险。在严格依法解除违法违规担保关系的基础上，对必要的在建项目，允许融资平台公司在不扩大建设规模和防范风险的前提下与金融机构协商继续融资，避免出现工程烂尾。按照一般企业标准对被划分为“退出为一般公司类”的融资平台公司审核放贷。在不增加地方政府隐性债务规模的前提下，对存量隐性债务难以偿还的，允许融资平台公司在与金融机构协商的基础上采取适当展期、债务重组等方式维持资金周转。支持转型中的融资平台公司和转型后市场化运作的国有企业，依法合规承接政府公益性项目，实行市场化经营、自负盈亏，地方政府以出资额为限承担责任。（银保监会、发展改革委、财政部等按职责分工负责）

（七）充分调动民间投资积极性。贯彻落实各项已出台的促进民间投资政策，细化配套措施，持续激发民间投资活力。尽快在交通、油气、电信等领域推介一批投资回报机制明确、商业潜力大的项目。引导社会力量增加学前教育、健康、养老等服务供给，积极依法合规参与扶贫、污染防治等领域基础设施建设。鼓励金融机构和全国信用信息共享平台、地方有关信息平台加强合作，充分运用民营企业纳税等数据，推动开展“银税互动”等。积极发挥国家融资担保基金作用，支持省级再担保公司开展业务，推动符合条件的民营企业参与补短板重大项目。（发展改革委、财政部、银保监会、税务总局按职责分工牵头负责）

（八）规范有序推进政府和社会资本合作（PPP）项目。鼓励地方依法合规采用政府和社会资本合作（PPP）等方式，撬动社会资本特别是民间投资投入补短板重大项目。对经核查符合规定的政府和社会资本合作（PPP）项目加大推进力度，严格兑现合法合规的政策承诺，尽快落实建设条件。积极推动符合条件的政府和社会资本合作（PPP）项目发行债券、规范开展资产证券化。加强政府和社会资本合作（PPP）项目可行性论证，合理确定项目主要内容和投资规模。规范政府和社会资本合作（PPP）操作，构建合理、清晰的权责利关系，发挥社会资本管理、运营优势，提高项目实施效率。规范有序盘活存量资产，鼓励采取转让－运营－移交（TOT）、改建－运营－移交（ROT）等方式，将回收资金用于在建项目和补短板重大项目建设。（发展改革委、财政部按职责分工牵头负责）

（九）深化投资领域“放管服”改革。依托全国投资项目在线审批监管平台，对各类投资审批事项实行“一码运转、一口受理、一网通办”，发挥在线平台电子监察、实时监控功能，切实压减审批时间。加大在线平台应用力度，推动投资管理向服务引导转型，优化投资环境。加快投资项目综合性咨询和工程全过程咨询改革，切实压减审批前的评价评估环节。推进工程建设项目审批制度改革，聚焦工程设计管理体制、施工许可环节等，压减报建时间。（发展改革委、住房城乡建设部按职责分工牵头负责）

（十）防范化解地方政府隐性债务风险和金融风险。地方政府建设投资应当量力而行，加大财政约束力度，在建设项目可行性研究阶段充分论证资金筹措方案。严格项目建设条件审核，区分轻重缓急，科学有序推进。严禁违法违规融资担保行为，严禁以政府投资基金、政府和社会资本合作（PPP）、政府购买服务等名义变相举债。金融机构要审慎合规经营，尽职调查、严格把关，按照市场化原则评估借款人财务能力和还款来源，综合考虑项目现金流、抵质押物等审慎授信。（地方各级人民政府负责）

各地区、各部门要把基础设施领域补短板作为推进供给侧结构性改革、巩固经济稳中向好态势、促进就业和提升国家长期综合竞争力的重要举措，按照职责分工抓好贯彻落实，强化分类指导，层层压实责任，加强沟通协调，形成工作合力，确保各项政策及时落地生效。

国务院办公厅

2018 年 10 月 11 日

34. 国务院办公厅关于推进养老服务发展的意见

（国办发〔2019〕5号）

【发文机关】国务院办公厅
【发文文号】国办发〔2019〕5号
【发布日期】2019-03-29
【实施日期】2019-03-29
【时效性】现行有效

各省、自治区、直辖市人民政府，国务院各部委、各直属机构：

党中央、国务院高度重视养老服务，党的十八大以来，出台了加快发展养老服务业、全面放开养老服务市场等政策措施，养老服务体系建设取得显著成效。但总的看，养老服务市场活力尚未充分激发，发展不平衡不充分、有效供给不足、服务质量不高等问题依然存在，人民群众养老服务需求尚未有效满足。按照2019年政府工作报告对养老服务工作的部署，为打通“堵点”，消除“痛点”，破除发展障碍，健全市场机制，持续完善居家为基础、社区为依托、机构为补充、医养相结合的养老服务体系，建立健全高龄、失能老年人长期照护服务体系，强化信用为核心、质量为保障、放权与监管并重的服务管理体系，大力推动养老服务供给结构不断优化、社会有效投资明显扩大、养老服务质量持续改善、养老服务消费潜力充分释放，确保到2022年在保障人人享有基本养老服务的基础上，有效满足老年人多样化、多层次养老服务需求，老年人及其子女获得感、幸福感、安全感显著提高，经国务院同意，现提出以下意见。

一、深化放管服改革

（一）建立养老服务综合监管制度。制定“履职照单免责、失职照单问责”的责任清单，制定加强养老服务综合监管的相关政策文件，建立各司其职、各尽其责的跨部门协同监管机制，完善事中事后监管制度。健全“双随机、一公开”工作机制，加大对违规行为的查处惩戒力度，坚持最严谨的标准、最严格的监管、最严厉的处罚、最严肃的问责。市场监管部门要将企业登记基本信息共享至省级共享平台或省级部门间数据接口；民政部门要及时下载养老机构相关信息，加强指导和事中事后监管。加快推进养老服务领域社会信用体系建设，2019 年 6 月底前，建立健全失信联合惩戒机制，对存在严重失信行为的养老服务机构（含养老机构、居家社区养老服务机构，以及经营范围和组织章程中包含养老服务内容的其他企业、事业单位和社会组织）及人员实施联合惩戒。养老服务机构行政许可、行政处罚、抽查检查结果等信息按经营性质分别通过全国信用信息共享平台、国家企业信用信息公示系统记于其名下并依法公示。（民政部、发展改革委、人民银行、市场监管总局按职责分工负责，地方各级人民政府负责）

（二）继续深化公办养老机构改革。充分发挥公办养老机构及公建民营养老机构兜底保障作用，在满足当前和今后一个时期特困人员集中供养需求的前提下，重点为经济困难失能（含失智，下同）老年人、计划生育特殊家庭老年人提供无偿或低收费托养服务。坚持公办养老机构公益属性，确定保障范围，其余床位允许向社会开放，研究制定收费指导标准，收益用于支持兜底保障对象的养老服务。探索具备条件的公办养老机构改制为国有养老服务企业。制定公建民营养老机构管理办法，细化评审标准和遴选规则，加强合同执行情况监管。公建民营养老机构运营方应定期向委托部门报告机构资产情况、运营情况，及时报告突发重大情况。（民政部、发展改革委、财政部、中央编办、国资委、卫生健康委按职责分工负责，地方各级人民政府负责）

（三）解决养老机构消防审验问题。依照《建筑设计防火规范》，做好养老机构消防审批服务，提高审批效能。对依法申报消防设计审核、消防验收和消防备案的养老机构，主动提供消防技术咨询服务，依法尽快办理。各地要结合实际推行养老服务行业消防安全标准化管理，注重分类引导，明确养老机构建筑耐火等级、楼层设置和平面布置、防火分隔措施、安全疏散和避难设计、建筑消防设施、消防管理机构和人员、微型消防站建设等配置要求，推动养老机构落实消防安全主体责任，开展隐患自查自改，提升自我管理水平。农村敬老院及利用学校、厂房、商业场所等举办的符合消防安全要求的养老机构，因未办理不动产登记、土地规划等手续问题未能通过消防审验的，2019 年 12 月底前，由省级民政部门提请省级人民政府组织有关部门集中研究处置。具备消防安全技术条件的，由相关主管部门出具意见，享受相应扶持政策。（应急部、住房城乡建设部、自然资源部、民政部、市场监管总局按职责分工负责，地方各级人民政府负责）

（四）减轻养老服务税费负担。聚焦减税降费，养老服务机构符合现行政策规定条件的，可享受小微企业等财税优惠政策。研究非营利性养老服务机构企业所得税支持政策。对在社区提供日间照料、康复护理、助餐助行等服务的养老服务机构给予税费减免扶持政策。落实各项行政事业性收费减免政策，落实养老服务机构用电、用水、用气、用热享受居民价格政策，不得以土地、房屋性质等为理由拒绝执行相关价格政策。（财政部、税务总局、发展改革委、市场监管总局按职责分工负责，地方各级人民政府负责）

（五）提升政府投入精准化水平。民政部本级和地方各级政府用于社会福利事业的彩票公益金，要加大倾斜力度，到 2022 年要将不低于 55% 的资金用于支持发展养老服务。接收经济困难的高龄失能老年人的养老机构，不区分经营性质按上述老年人数量同等享受运营补贴，入住的上述老年人按规定享受养老服务补贴。将养老服务纳入政府购买服务指导性目录，全面梳理现行由财政支出安排的各类养老服务项目，以省为单位制定政府购买养老服务标准，重点购买生活照料、康复护理、机构运营、社会工作和人员培养等服务。

（财政部、民政部、卫生健康委按职责分工负责，地方各级人民政府负责）

（六）支持养老机构规模化、连锁化发展。支持在养老服务领域着力打造一批具有影响力和竞争力的养老服务商标品牌，对养老服务商标品牌依法加强保护。对已经在其他地方取得营业执照的企业，不得要求其在本地开展经营活动时必须设立子公司。开展城企协同推进养老服务发展行动计划。非营利性养老机构可在其登记管理机关管辖区域内设立多个不具备法人资格的服务网点。（市场监管总局、知识产权局、民政部、发展改革委按职责分工负责，地方各级人民政府负责）

（七）做好养老服务领域信息公开和政策指引。建立养老服务监测分析与发展评价机制，完善养老服务统计分类标准，加强统计监测工作。2019 年 6 月底前，各省级人民政府公布本行政区域现行养老服务扶持政策措施清单、养老服务供需信息或投资指南。制定养老服务机构服务质量信息公开规范，公开养老服务项目清单、服务指南、服务标准等信息。集中清理废除在养老服务机构公建民营、养老设施招投标、政府购买养老服务中涉及地方保护、排斥营利性养老服务机构参与竞争等妨碍统一市场和公平竞争的各种规定和做法。（统计局、发展改革委、民政部、财政部、市场监管总局按职责分工负责，各省级人民政府负责）

二、拓宽养老服务投融资渠道

（八）推动解决养老服务机构融资问题。畅通货币信贷政策传导机制，综合运用多种工具，抓好支小再贷款等政策落实。对符合授信条件但暂时遇到经营困难的民办养老机构，要继续予以资金支持。切实解决养老服务机构融资过程中有关金融机构违规收取手续费、评估费、承诺费、资金管理费等问题，减少融资附加费用，降低融资成本。鼓励商业银行探索向产权明晰的民办养老机构发放资产（设施）抵押贷款和应收账款质押贷款。探索允许营利性养老机构以有偿取得的土地、设施等资产进行抵押融资。大力支持符合条件的市场化、规范化程度高的养老服务企业上市融资。支持商业保险机构举办养老服务机构或参与养老服务机构的建设和运营，适度拓宽保险资金投资建设养老项目资金来源。更好发挥创业担保贷款政策作用，对从事养老服务行业并符合条件的个人和小微企业给予贷款支持，鼓励金融机构参照贷款基础利率，结合风险分担情况，合理确定贷款利率水平。（人民银行、财政部、银保监会、证监会、自然资源部按职责分工负责）

（九）扩大养老服务产业相关企业债券发行规模。根据企业资金回流情况科学设计发行方案，支持合理灵活设置债券期限、选择权及还本付息方式，用于为老年人提供生活照料、康复护理等服务设施设备，以及开发康复辅助器具产品用品项目。鼓励企业发行可续期债券，用于养老机构等投资回收期较长的项目建设。对于项目建成后有稳定现金流的养老服务项目，允许以项目未来收益权为债券发行提供质押担保。允许以建设用地使用权抵押担保方式为债券提供增信。探索发行项目收益票据、项目收益债券支持养老服务产业项目的建设和经营。（发展改革委、人民银行、银保监会、证监会按职责分工负责）

（十）全面落实外资举办养老服务机构国民待遇。境外资本在内地通过公建民营、政府购买服务、政府和社会资本合作等方式参与发展养老服务，同等享受境内资本待遇。境外资本在内地设立的养老机构接收政府兜底保障对象的，同等享受运营补贴等优惠政策。

将养老康复产品服务纳入中国国际进口博览会招展范围，探索设立养老、康复展区。（民政部、发展改革委、商务部按职责分工负责）

三、扩大养老服务就业创业

（十一）建立完善养老护理员职业技能等级认定和教育培训制度。2019 年 9 月底前，制定实施养老护理员职业技能标准。加强对养老服务机构负责人、管理人员的岗前培训及定期培训，使其掌握养老服务法律法规、政策和标准。按规定落实养老服务从业人员培训费补贴、职业技能鉴定补贴等政策。鼓励各类院校特别是职业院校（含技工学校）设置养老服务相关专业或开设相关课程，在普通高校开设健康服务与管理、中医养生学、中医康复学等相关专业。推进职业院校（含技工学校）养老服务实训基地建设。按规定落实学生资助政策。（人力资源社会保障部、教育部、财政部、民政部、市场监管总局按职责分工负责，地方各级人民政府负责）

（十二）大力推进养老服务业吸纳就业。结合政府购买基层公共管理和社会服务，在基层特别是街道（乡镇）、社区（村）开发一批为老服务岗位，优先吸纳就业困难人员、建档立卡贫困人口和高校毕业生就业。对养老服务机构招用就业困难人员，签订劳动合同并缴纳社会保险费的，按规定给予社会保险补贴。加强从事养老服务的建档立卡贫困人口职业技能培训和就业指导服务，引导其在养老服务机构就业，吸纳建档立卡贫困人口就业的养老服务机构按规定享受创业就业税收优惠、职业培训补贴等支持政策。对符合小微企业标准的养老服务机构新招用毕业年度高校毕业生，签订 1 年以上劳动合同并缴纳社会保险费的，按规定给予社会保险补贴。落实就业见习补贴政策，对见习期满留用率达到 50% 以上的见习单位，适当提高就业见习补贴标准。（人力资源社会保障部、教育部、财政部、民政部、扶贫办按职责分工负责，地方各级人民政府负责）

（十三）建立养老服务褒扬机制。研究设立全国养老服务工作先进集体和先进个人评比达标表彰项目。组织开展国家养老护理员技能大赛，对获奖选手按规定授予“全国技术能手”荣誉称号，并晋升相应职业技能等级。开展养老护理员关爱活动，加强对养老护理员先进事迹与奉献精神的社会宣传，让养老护理员的劳动创造和社会价值在全社会得到尊重。（人力资源社会保障部、民政部、卫生健康委、广电总局按职责分工负责）

四、扩大养老服务消费

（十四）建立健全长期照护服务体系。研究建立长期照护服务项目、标准、质量评价等行业规范，完善居家、社区、机构相衔接的专业化长期照护服务体系。完善全国统一的老年人能力评估标准，通过政府购买服务等方式，统一开展老年人能力综合评估，考虑失能、失智、残疾等状况，评估结果作为领取老年人补贴、接受基本养老服务的依据。全面建立经济困难的高龄、失能老年人补贴制度，加强与残疾人两项补贴政策衔接。加快实施长期护理保险制度试点，推动形成符合国情的长期护理保险制度框架。鼓励发展商业性长期护理保险产品，为参保人提供个性化长期照护服务。（民政部、财政部、卫生健康委、市场监管总局、医保局、银保监会、中国残联按职责分工负责）

（十五）发展养老普惠金融。支持商业保险机构在地级以上城市开展老年人住房反向抵押养老保险业务，在房地产交易、抵押登记、公证等机构设立绿色通道，简化办事程序，提升服务效率。支持老年人投保意外伤害保险，鼓励保险公司合理设计产品，科学厘定费率。鼓励商业养老保险机构发展满足长期养老需求的养老保障管理业务。支持银行、信托等金融机构开发养老型理财产品、信托产品等养老金融产品，依法适当放宽对符合信贷条件的老年人申请贷款的年龄限制，提升老年人金融服务的可得性和满意度。扩大养老目标基金管理规模，稳妥推进养老目标证券投资基金注册，可以设置优惠的基金费率，通过差异化费率安排，鼓励投资人长期持有养老目标基金。养老目标基金应当采用成熟稳健的资产配置策略，控制基金下行风险，追求基金资产长期稳健增值。（银保监会、证监会、人民银行、住房城乡建设部、自然资源部按职责分工负责）

（十六）促进老年人消费增长。开展全国老年人产品用品创新设计大赛，制定老年人产品用品目录，建设产学研用协同的成果转化推广平台。出台老年人康复辅助器具配置、租赁、回收和融资租赁办法，推进在养老机构、城乡社区设立康复辅助器具配置服务（租赁）站点。开展系统的营养均衡配餐研究，开发适合老年人群营养健康需求的饮食产品，逐步改善老年人群饮食结构。（民政部、发展改革委、工业和信息化部、科技部、卫生健康委按职责分工负责）

（十七）加强老年人消费权益保护和养老服务领域非法集资整治工作。加大联合执法力度，组织开展对老年人产品和服务消费领域侵权行为的专项整治行动。严厉查处向老年人欺诈销售各类产品和服务的违法行为。广泛开展老年人识骗防骗宣传教育活动，提升老年人抵御欺诈销售的意识和能力。鼓励群众提供养老服务领域非法集资线索，对涉嫌非法集资行为及时调查核实、发布风险提示并依法稳妥处置。对养老机构为弥补设施建设资金不足，通过销售预付费性质“会员卡”等形式进行营销的，按照包容审慎监管原则，明确限制性条件，采取商业银行第三方存管方式确保资金管理使用安全。（市场监管总局、公安部、民政部、卫生健康委、人民银行、银保监会、广电总局按职责分工负责，地方各级人民政府负责）

五、促进养老服务高质量发展

（十八）提升医养结合服务能力。促进现有医疗卫生机构和养老机构合作，发挥互补优势，简化医养结合机构设立流程，实行“一个窗口”办理。对养老机构内设诊所、卫生所（室）、医务室、护理站，取消行政审批，实行备案管理。开展区域卫生规划时要为养老机构举办或内设医疗机构留出空间。医疗保障部门要根据养老机构举办和内设医疗机构特点，将符合条件的按规定纳入医保协议管理范围，完善协议管理规定，依法严格监管。具备法人资格的医疗机构可通过变更登记事项或经营范围开展养老服务。促进农村、社区的医养结合，推进基层医疗卫生机构和医务人员与老年人家庭建立签约服务关系，建立村医参与健康养老服务激励机制。有条件的地区可支持家庭医生出诊为老年人服务。鼓励医护人员到医养结合机构执业，并在职称评定等方面享受同等待遇。（卫生健康委、民政部、中央编办、医保局按职责分工负责）

（十九）推动居家、社区和机构养老融合发展。支持养老机构运营社区养老服务设施，上门为居家老年人提供服务。将失能老年人家庭成员照护培训纳入政府购买养老服务目录，组织养老机构、社会组织、社工机构、红十字会等开展养老照护、应急救护知识和技能培训。大力发展政府扶得起、村里办得起、农民用得上、服务可持续的农村幸福院等互助养老设施。探索“物业服务＋养老服务”模式，支持物业服务企业开展老年供餐、定期巡访等形式多样的养老服务。打造“三社联动”机制，以社区为平台、养老服务类社会组织为载体、社会工作者为支撑，大力支持志愿养老服务，积极探索互助养老服务。大力培养养老志愿者队伍，加快建立志愿服务记录制度，积极探索“学生社区志愿服务计学分”、“时间银行”等做法，保护志愿者合法权益。（民政部、发展改革委、财政部、卫生健康委、住房城乡建设部、教育部、共青团中央、中国红十字会总会按职责分工负责）

（二十）持续开展养老院服务质量建设专项行动。继续大力推动质量隐患整治工作，对照问题清单逐一挂号销账，确保养老院全部整治过关。加快明确养老机构安全等标准和规范，制定确保养老机构基本服务质量安全的强制性国家标准，推行全国统一的养老服务等级评定与认证制度。健全养老机构食品安全监管机制。扩大养老服务综合责任保险覆盖范围，鼓励居家社区养老服务机构投保雇主责任险和养老责任险。（民政部、卫生健康委、应急部、市场监管总局、银保监会按职责分工负责）

（二十一）实施“互联网＋养老”行动。持续推动智慧健康养老产业发展，拓展信息技术在养老领域的应用，制定智慧健康养老产品及服务推广目录，开展智慧健康养老应用试点示范。促进人工智能、物联网、云计算、大数据等新一代信息技术和智能硬件等产品在养老服务领域深度应用。在全国建设一批“智慧养老院”，推广物联网和远程智能安防监控技术，实现24小时安全自动值守，降低老年人意外风险，改善服务体验。运用互联网和生物识别技术，探索建立老年人补贴远程申报审核机制。加快建设国家养老服务管理信息系统，推进与户籍、医疗、社会保险、社会救助等信息资源对接。加强老年人身份、生物识别等信息安全保护。（工业和信息化部、民政部、发展改革委、卫生健康委按职责分工负责）

（二十二）完善老年人关爱服务体系。建立健全定期巡访独居、空巢、留守老年人工作机制，积极防范和及时发现意外风险。推广“养老服务顾问”模式，发挥供需对接、服务引导等作用。探索通过公开招投标方式，支持有资质的社会组织接受计划生育特殊家庭、孤寡、残疾等特殊老年人委托，依法代为办理入住养老机构、就医等事务。积极组织老年人开展有益身心健康的活动。重视珍惜老年人的知识、技能、经验和优良品德，发挥老年人的专长和作用，鼓励其在自愿和量力的情况下，从事传播文化和科技知识、参与科技开发和应用、兴办社会公益事业等社会活动。（民政部、卫生健康委、人力资源社会保障部按职责分工负责，地方各级人民政府负责）

（二十三）大力发展老年教育。优先发展社区老年教育，建立健全“县（市、区）－乡镇（街道）－村（居委会）”三级社区老年教育办学网络，方便老年人就近学习。建立全国老年教育公共服务平台，鼓励各类教育机构通过多种形式举办或参与老年教育，推进老年教育资源、课程、师资共享，探索养教结合新模式，为社区、老年教育机构及养老服务机构等提供支持。积极探索部门、行业企业、高校所举办老年大学服务社会的途径和方法。（教育部、卫生健康委、中央组织部、民政部按职责分工负责）

六、促进养老服务基础设施建设

（二十四）实施特困人员供养服务设施（敬老院）改造提升工程。将补齐农村养老基础设施短板、提升特困人员供养服务设施（敬老院）建设标准纳入脱贫攻坚工作和乡村振兴战略。从2019年起实施特困人员供养服务设施（敬老院）改造提升工程，积极发挥政府投资引导作用，充分调动社会资源，利用政府和社会资本合作、公建民营等方式，支持特困人员供养服务设施（敬老院）建设、改造升级照护型床位，开辟失能老年人照护单元，确保有意愿入住的特困人员全部实现集中供养。逐步将特困人员供养服务设施（敬老院）转型为区域性养老服务中心。（民政部、发展改革委按职责分工负责，地方各级人民政府负责）

（二十五）实施民办养老机构消防安全达标工程。从2019年起，民政部本级和地方各级政府用于社会福利事业的彩票公益金，采取以奖代补等方式，引导和帮助存量民办养老机构按照国家工程建设消防技术标准配置消防设施、器材，针对重大火灾隐患进行整改。对因总建筑面积较小或受条件限制难以设置自动消防系统的建筑，加强物防、技防措施，在服务对象住宿、主要活动场所和康复医疗用房安装独立式感烟火灾探测报警器和局部应用自动喷水灭火系统，配备应急照明设备和灭火器。（财政部、民政部、应急部按职责分工负责）

（二十六）实施老年人居家适老化改造工程。2020年底前，采取政府补贴等方式，对所有纳入特困供养、建档立卡范围的高龄、失能、残疾老年人家庭，按照《无障碍设计规范》实施适老化改造。有条件的地方可积极引导城乡老年人家庭进行适老化改造，根据老年人社会交往和日常生活需要，结合老旧小区改造等因地制宜实施。（民政部、住房城乡建设部、财政部、卫生健康委、扶贫办、中国残联按职责分工负责，地方各级人民政府负责）

（二十七）落实养老服务设施分区分级规划建设要求。2019年在全国部署开展养老服务设施规划建设情况监督检查，重点清查整改规划未编制、新建住宅小区与配套养老服务设施“四同步”（同步规划、同步建设、同步验收、同步交付）未落实、社区养老服务设施未达标、已建成养老服务设施未移交或未有效利用等问题。完善“四同步”工作规则，明确民政部门在“四同步”中的职责，对已交付产权人的养老服务设施由民政部门履行监管职责，确保养老服务用途。对存在配套养老服务设施缓建、缩建、停建、不建和建而不交等问题的，在整改到位之前建设单位不得组织竣工验收。按照国家相关标准和规范，将社区居家养老服务设施建设纳入城乡社区配套用房建设范围。对于空置的公租房，可探索允许免费提供给社会力量，供其在社区为老年人开展日间照料、康复护理、助餐助行、老年教育等服务。市、县级政府要制定整合闲置设施改造为养老服务设施的政策措施；整合改造中需要办理不动产登记的，不动产登记机构要依法加快办理登记手续。推进国有企业所属培训中心和疗养机构改革，对具备条件的加快资源整合、集中运营，用于提供养老服务。凡利用建筑面积1000平方米以下的独栋建筑或者建筑物内的部分楼层改造为养老服务设施的，在符合国家相关标准的前提下，可不再要求出具近期动迁计划说明、临时改变建筑使用功能说明、环评审批文件或备案回执。对养老服务设施总量不足或规划滞后的，应在城市、镇总体规划编制或修改时予以完善，有条件的地级以上城市应当编制养老服务设施专项规划。（住房城乡建设部、自然资源部、生态环境部、民政部、国资委按职责分工负责，地方各级人民政府负责）

（二十八）完善养老服务设施供地政策。举办非营利性养老服务机构，可凭登记机关发给的社会服务机构登记证书和其他法定材料申请划拨供地，自然资源、民政部门要积极协调落实划拨用地政策。鼓励各地探索利用集体建设用地发展养老服务设施。存量商业服务用地等其他用地用于养老服务设施建设的，允许按照适老化设计要求调整户均面积、租赁期限、车位配比及消防审验等土地和规划要求。（自然资源部、住房城乡建设部、民政部按职责分工负责，地方各级人民政府负责）

国务院建立由民政部牵头的养老服务部际联席会议制度。各地、各有关部门要强化工作责任落实，健全党委领导、政府主导、部门负责、社会参与的养老服务工作机制，加强中央和地方工作衔接。主要负责同志要亲自过问，分管负责同志要抓好落实。将养老服务政策落实情况纳入政府年度绩效考核范围，对落实养老服务政策积极主动、养老服务体系建设成效明显的，在安排财政补助及有关基础设施建设资金、遴选相关试点项目方面给予倾斜支持，进行激励表彰。各地要充实、加强基层养老工作力量，强化区域养老服务资源统筹管理。

国务院办公厅
2019 年 3 月 29 日

35. 中华人民共和国国务院令第712号

【发文机关】国务院第33次常务会议
【发布文号】中华人民共和国国务院令第712号
【发布日期】2019－04－14
【实施日期】2019－07－01
【时效性】现行有效

《政府投资条例》已经2018年12月5日国务院第33次常务会议通过，现予公布，自2019年7月1日起施行。

总理　李克强
2019年4月14日

政府投资条例

第一章　总　　则

第一条　为了充分发挥政府投资作用，提高政府投资效益，规范政府投资行为，激发社会投资活力，制定本条例。

第二条　本条例所称政府投资，是指在中国境内使用预算安排的资金进行固定资产投资建设活动，包括新建、扩建、改建、技术改造等。

第三条　政府投资资金应当投向市场不能有效配置资源的社会公益服务、公共基础设施、农业农村、生态环境保护、重大科技进步、社会管理、国家安全等公共领域的项目，以非经营性项目为主。

国家完善有关政策措施，发挥政府投资资金的引导和带动作用，鼓励社会资金投向前款规定的领域。

国家建立政府投资范围定期评估调整机制，不断优化政府投资方向和结构。

第四条　政府投资应当遵循科学决策、规范管理、注重绩效、公开透明的原则。

第五条　政府投资应当与经济社会发展水平和财政收支状况相适应。

国家加强对政府投资资金的预算约束。政府及其有关部门不得违法违规举借债务筹措政府投资资金。

第六条　政府投资资金按项目安排，以直接投资方式为主；对确需支持的经营性项目，主要采取资本金注入方式，也可以适当采取投资补助、贷款贴息等方式。

安排政府投资资金，应当符合推进中央与地方财政事权和支出责任划分改革的有关要求，并平等对待各类投资主体，不得设置歧视性条件。

国家通过建立项目库等方式，加强对使用政府投资资金项目的储备。

第七条　国务院投资主管部门依照本条例和国务院的规定，履行政府投资综合管理职责。国务院其他有关部门依照本条例和国务院规定的职责分工，履行相应的政府投资管理职责。

县级以上地方人民政府投资主管部门和其他有关部门依照本条例和本级人民政府规定的职责分工，履行相应的政府投资管理职责。

第二章　政府投资决策

第八条　县级以上人民政府应当根据国民经济和社会发展规划、中期财政规划和国家宏观调控政策，结合财政收支状况，统筹安排使用政府投资资金的项目，规范使用各类政府投资资金。

第九条　政府采取直接投资方式、资本金注入方式投资的项目（以下统称政府投资项目），项目单位应当编制项目建议书、可行性研究报告、初步设计，按照政府投资管理权限和规定的程序，报投资主管部门或者其他有关部门审批。

项目单位应当加强政府投资项目的前期工作，保证前期工作的深度达到规定的要求，并对项目建议书、可行性研究报告、初步设计以及依法应当附具的其他文件的真实性负责。

第十条　除涉及国家秘密的项目外，投资主管部门和其他有关部门应当通过投资项目在线审批监管平台（以下简称在线平台），使用在线平台生成的项目代码办理政府投资项目审批手续。

投资主管部门和其他有关部门应当通过在线平台列明与政府投资有关的规划、产业政策等，公开政府投资项目审批的办理流程、办理时限等，并为项目单位提供相关咨询服务。

第十一条　投资主管部门或者其他有关部门应当根据国民经济和社会发展规划、相关领域专项规划、产业政策等，从下列方面对政府投资项目进行审查，作出是否批准的决定：

（一）项目建议书提出的项目建设的必要性；

（二）可行性研究报告分析的项目的技术经济可行性、社会效益以及项目资金等主要建设条件的落实情况；

（三）初步设计及其提出的投资概算是否符合可行性研究报告批复以及国家有关标准和规范的要求；

（四）依照法律、行政法规和国家有关规定应当审查的其他事项。

投资主管部门或者其他有关部门对政府投资项目不予批准的，应当书面通知项目单位并说明理由。

对经济社会发展、社会公众利益有重大影响或者投资规模较大的政府投资项目，投资主管部门或者其他有关部门应当在中介服务机构评估、公众参与、专家评议、风险评估的基础上作出是否批准的决定。

第十二条 经投资主管部门或者其他有关部门核定的投资概算是控制政府投资项目总投资的依据。

初步设计提出的投资概算超过经批准的可行性研究报告提出的投资估算10%的，项目单位应当向投资主管部门或者其他有关部门报告，投资主管部门或者其他有关部门可以要求项目单位重新报送可行性研究报告。

第十三条 对下列政府投资项目，可以按照国家有关规定简化需要报批的文件和审批程序：

（一）相关规划中已经明确的项目；

（二）部分扩建、改建项目；

（三）建设内容单一、投资规模较小、技术方案简单的项目；

（四）为应对自然灾害、事故灾难、公共卫生事件、社会安全事件等突发事件需要紧急建设的项目。

前款第三项所列项目的具体范围，由国务院投资主管部门会同国务院其他有关部门规定。

第十四条 采取投资补助、贷款贴息等方式安排政府投资资金的，项目单位应当按照国家有关规定办理手续。

第三章 政府投资年度计划

第十五条 国务院投资主管部门对其负责安排的政府投资编制政府投资年度计划，国务院其他有关部门对其负责安排的本行业、本领域的政府投资编制政府投资年度计划。

县级以上地方人民政府有关部门按照本级人民政府的规定，编制政府投资年度计划。

第十六条 政府投资年度计划应当明确项目名称、建设内容及规模、建设工期、项目总投资、年度投资额及资金来源等事项。

第十七条 列入政府投资年度计划的项目应当符合下列条件：

（一）采取直接投资方式、资本金注入方式的，可行性研究报告已经批准或者投资概算已经核定；

（二）采取投资补助、贷款贴息等方式的，已经按照国家有关规定办理手续；

（三）县级以上人民政府有关部门规定的其他条件。

第十八条 政府投资年度计划应当和本级预算相衔接。

第十九条 财政部门应当根据经批准的预算，按照法律、行政法规和国库管理的有关规定，及时、足额办理政府投资资金拨付。

第四章　政府投资项目实施

第二十条　政府投资项目开工建设，应当符合本条例和有关法律、行政法规规定的建设条件；不符合规定的建设条件的，不得开工建设。

国务院规定应当审批开工报告的重大政府投资项目，按照规定办理开工报告审批手续后方可开工建设。

第二十一条　政府投资项目应当按照投资主管部门或者其他有关部门批准的建设地点、建设规模和建设内容实施；拟变更建设地点或者拟对建设规模、建设内容等作较大变更的，应当按照规定的程序报原审批部门审批。

第二十二条　政府投资项目所需资金应当按照国家有关规定确保落实到位。

政府投资项目不得由施工单位垫资建设。

第二十三条　政府投资项目建设投资原则上不得超过经核定的投资概算。

因国家政策调整、价格上涨、地质条件发生重大变化等原因确需增加投资概算的，项目单位应当提出调整方案及资金来源，按照规定的程序报原初步设计审批部门或者投资概算核定部门核定；涉及预算调整或者调剂的，依照有关预算的法律、行政法规和国家有关规定办理。

第二十四条　政府投资项目应当按照国家有关规定合理确定并严格执行建设工期，任何单位和个人不得非法干预。

第二十五条　政府投资项目建成后，应当按照国家有关规定进行竣工验收，并在竣工验收合格后及时办理竣工财务决算。

政府投资项目结余的财政资金，应当按照国家有关规定缴回国库。

第二十六条　投资主管部门或者其他有关部门应当按照国家有关规定选择有代表性的已建成政府投资项目，委托中介服务机构对所选项目进行后评价。后评价应当根据项目建成后的实际效果，对项目审批和实施进行全面评价并提出明确意见。

第五章　监督管理

第二十七条　投资主管部门和依法对政府投资项目负有监督管理职责的其他部门应当采取在线监测、现场核查等方式，加强对政府投资项目实施情况的监督检查。

项目单位应当通过在线平台如实报送政府投资项目开工建设、建设进度、竣工的基本信息。

第二十八条　投资主管部门和依法对政府投资项目负有监督管理职责的其他部门应当建立政府投资项目信息共享机制，通过在线平台实现信息共享。

第二十九条　项目单位应当按照国家有关规定加强政府投资项目档案管理，将项目审批和实施过程中的有关文件、资料存档备查。

第三十条　政府投资年度计划、政府投资项目审批和实施以及监督检查的信息应当依法公开。

第三十一条　政府投资项目的绩效管理、建设工程质量管理、安全生产管理等事项，依照有关法律、行政法规和国家有关规定执行。

第六章 法律责任

第三十二条 有下列情形之一的，责令改正，对负有责任的领导人员和直接责任人员依法给予处分：

（一）超越审批权限审批政府投资项目；

（二）对不符合规定的政府投资项目予以批准；

（三）未按照规定核定或者调整政府投资项目的投资概算；

（四）为不符合规定的项目安排投资补助、贷款贴息等政府投资资金；

（五）履行政府投资管理职责中其他玩忽职守、滥用职权、徇私舞弊的情形。

第三十三条 有下列情形之一的，依照有关预算的法律、行政法规和国家有关规定追究法律责任：

（一）政府及其有关部门违法违规举借债务筹措政府投资资金；

（二）未按照规定及时、足额办理政府投资资金拨付；

（三）转移、侵占、挪用政府投资资金。

第三十四条 项目单位有下列情形之一的，责令改正，根据具体情况，暂停、停止拨付资金或者收回已拨付的资金，暂停或者停止建设活动，对负有责任的领导人员和直接责任人员依法给予处分：

（一）未经批准或者不符合规定的建设条件开工建设政府投资项目；

（二）弄虚作假骗取政府投资项目审批或者投资补助、贷款贴息等政府投资资金；

（三）未经批准变更政府投资项目的建设地点或者对建设规模、建设内容等作较大变更；

（四）擅自增加投资概算；

（五）要求施工单位对政府投资项目垫资建设；

（六）无正当理由不实施或者不按照建设工期实施已批准的政府投资项目。

第三十五条 项目单位未按照规定将政府投资项目审批和实施过程中的有关文件、资料存档备查，或者转移、隐匿、篡改、毁弃项目有关文件、资料的，责令改正，对负有责任的领导人员和直接责任人员依法给予处分。

第三十六条 违反本条例规定，构成犯罪的，依法追究刑事责任。

第七章 附则

第三十七条 国防科技工业领域政府投资的管理办法，由国务院国防科技工业管理部门根据本条例规定的原则另行制定。

第三十八条 中国人民解放军和中国人民武装警察部队的固定资产投资管理，按照中央军事委员会的规定执行。

第三十九条 本条例自 2019 年 7 月 1 日起施行。

36. 中共中央办公厅　国务院办公厅印发《关于做好地方政府专项债券发行及项目配套融资工作的通知》

【发文机关】中共中央办公厅　国务院办公厅
【发文文号】/
【发布日期】2019-06-12
【时效性】现行有效

中共中央办公厅、国务院办公厅印发了《关于做好地方政府专项债券发行及项目配套融资工作的通知》。全文如下：

为贯彻落实党中央、国务院决策部署，加大逆周期调节力度，更好发挥地方政府专项债券（以下简称专项债券）的重要作用，着力加大对重点领域和薄弱环节的支持力度，增加有效投资、优化经济结构、稳定总需求，保持经济持续健康发展，经中央领导同志同意，现就有关事项通知如下。

一、总体要求和基本原则

（一）总体要求。以习近平新时代中国特色社会主义思想为指导，全面贯彻党的十九大和十九届二中、三中全会精神，认真落实党中央、国务院决策部署，坚决打好防范化解重大风险攻坚战。坚持以供给侧结构性改革为主线不动摇，坚持结构性去杠杆的基本思路，按照坚定、可控、有序、适度要求，进一步健全地方政府举债融资机制，推进专项债券管理改革，在较大幅度增加专项债券规模基础上，加强宏观政策协调配合，保持市场流动性合理充裕，做好专项债券发行及项目配套融资工作，促进经济运行在合理区间。

（二）基本原则

——坚持疏堵结合。坚持用改革的办法解决发展中的矛盾和问题，把“开大前门”和“严堵后门”协调起来，在严控地方政府隐性债务（以下简称隐性债务）、坚决遏制隐性债务增量、坚决不走无序举债搞建设之路的同时，加大逆周期调节力度，厘清政府和市场边界，鼓励依法依规市场化融资，增加有效投资，促进宏观经济良性循环，提升经济社会发展质量和可持续性。

——坚持协同配合。科学实施政策“组合拳”，加强财政、货币、投资等政策协同配合。积极的财政政策要加力提效，充分发挥专项债券作用，支持有一定收益但难以商业化合规融资的重大公益性项目（以下简称重大项目）。稳健的货币政策要松紧适度，配合做好专项债券发行及项目配套融资，引导金融机构加强金融服务，按商业化原则依法合规保障重大项目合理融资需求。

——坚持突出重点。切实选准选好专项债券项目，集中资金支持重大在建工程建设和补短板并带动扩大消费，优先解决必要在建项目后续融资，尽快形成实物工作量，防止形成“半拉子”工程。

——坚持防控风险。始终从长期大势认识当前形势，坚持推动高质量发展，坚持举债要同偿债能力相匹配。专项债券必须用于有一定收益的重大项目，融资规模要保持与项目收益相平衡。地方政府加强专项债券风险防控和项目管理，金融机构按商业化原则独立审批、审慎决策，坚决防控风险。

——坚持稳定预期。既要强化宏观政策逆周期调节，主动预调微调，也要坚持稳中求进工作总基调，精准把握宏观调控的度，稳定和提振市场预期。必须坚持结构性去杠杆的改革方向，坚决不搞“大水漫灌”。对举借隐性债务上新项目、铺新摊子的要坚决问责、终身问责、倒查责任。

二、支持做好专项债券项目融资工作

（一）合理明确金融支持专项债券项目标准。发挥专项债券带动作用和金融机构市场化融资优势，依法合规推进专项债券支持的重大项目建设。对没有收益的重大项目，通过统筹财政预算资金和地方政府一般债券予以支持。对有一定收益且收益全部属于政府性基金收入的重大项目，由地方政府发行专项债券融资；收益兼有政府性基金收入和其他经营性专项收入（以下简称专项收入，包括交通票款收入等），且偿还专项债券本息后仍有剩余专项收入的重大项目，可以由有关企业法人项目单位（以下简称项目单位）根据剩余专项收入情况向金融机构市场化融资。

（二）精准聚焦重点领域和重大项目。鼓励地方政府和金融机构依法合规使用专项债券和其他市场化融资方式，重点支持京津冀协同发展、长江经济带发展、“一带一路”建设、粤港澳大湾区建设、长三角区域一体化发展、推进海南全面深化改革开放等重大战略和乡村振兴战略，以及推进棚户区改造等保障性安居工程、易地扶贫搬迁后续扶持、自然灾害防治体系建设、铁路、收费公路、机场、水利工程、生态环保、医疗健康、水电气热等公用事业、城镇基础设施、农业农村基础设施等领域以及其他纳入“十三五”规划符合条件的重大项目建设。

（三）积极鼓励金融机构提供配套融资支持。对于实行企业化经营管理的项目，鼓励和引导银行机构以项目贷款等方式支持符合标准的专项债券项目。鼓励保险机构为符合标准的中长期限专项债券项目提供融资支持。允许项目单位发行公司信用类债券，支持符合标准的专项债券项目。

（四）允许将专项债券作为符合条件的重大项目资本金。对于专项债券支持、符合中央重大决策部署、具有较大示范带动效应的重大项目，主要是国家重点支持的铁路、国家高速公路和支持推进国家重大战略的地方高速公路、供电、供气项目，在评估项目收益偿还专项债券本息后专项收入具备融资条件的，允许将部分专项债券作为一定比例的项目资本金，但不得超越项目收益实际水平过度融资。地方政府要按照一一对应原则，将专项债券严格落实到实体政府投资项目，不得将专项债券作为政府投资基金、产业投资基金等各类股权基金的资金来源，不得通过设立壳公司、多级子公司等中间环节注资，避免层层嵌套、层层放大杠杆。

（五）确保落实到期债务偿还责任。省级政府对专项债券依法承担全部偿还责任。组合使用专项债券和市场化融资的项目，项目收入实行分账管理。项目对应的政府性基金收入和用于偿还专项债券的专项收入及时足额缴入国库，纳入政府性基金预算管理，确保专项债券还本付息资金安全；项目单位依法对市场化融资承担全部偿还责任，在银行开立监管账户，将市场化融资资金以及项目对应可用于偿还市场化融资的专项收入，及时足额归集至监管账户，保障市场化融资到期偿付。市场化转型尚未完成、存量隐性债务尚未化解完毕的融资平台公司不得作为项目单位。严禁项目单位以任何方式新增隐性债务。

三、进一步完善专项债券管理及配套措施

（一）大力做好专项债券项目推介。地方政府通过印发项目清单、集中公告等方式，加大向金融机构推介符合标准专项债券项目力度。金融管理部门积极配合地方政府工作，组织和协调金融机构参与。金融机构按照商业化原则、自主自愿予以支持，加快专项债券推介项目落地。

（二）保障专项债券项目融资与偿债能力相匹配。地方政府、项目单位和金融机构加强对重大项目融资论证和风险评估，充分论证项目预期收益和融资期限及还本付息的匹配度，合理编制项目预期收益与融资平衡方案，反映项目全生命周期和年度收支平衡情况，使项目预期收益覆盖专项债券及市场化融资本息。需要金融机构市场化融资支持的，地方政府指导项目单位比照开展工作，向金融机构全面真实及时披露审批融资所需信息，准确反映偿还专项债券本息后的专项收入，使项目对应可用于偿还市场化融资的专项收入与市场化融资本息相平衡。金融机构严格按商业化原则审慎做好项目合规性和融资风险审核，在偿还专项债券本息后的专项收入确保市场化融资偿债来源的前提下，对符合条件的重大项目予以支持，自主决策是否提供融资及具体融资数量并自担风险。

（三）强化信用评级和差别定价。推进全国统一的地方政府债务信息公开平台建设，由地方政府定期公开债务限额、余额、债务率、偿债率以及经济财政状况、债券发行、存续期管理等信息，形成地方政府债券统计数据库，支持市场机构独立评级，根据政府债务实际风险水平，合理形成市场化的信用利差。加快建立地方政府信用评级体系，加强地方政府债务风险评估和预警结果在金融监管等方面的应用。

（四）提升地方政府债券发行定价市场化程度。坚持地方政府债券市场化发行，进一步减少行政干预和窗口指导，不得通过财政存款和国库现金管理操作等手段变相干预债券发行定价，促进债券发行利率合理反映地区差异和项目差异。严禁地方政府及其部门通过金融机构排名、财政资金存放、设立信贷目标等方式，直接或间接向金融机构施压。

（五）丰富地方政府债券投资群体。落实完善相关政策，推动地方政府债券通过商业

银行柜台在本地区范围内向个人和中小机构投资者发售，扩大对个人投资者发售量，提高商业银行柜台发售比例。鼓励和引导商业银行、保险公司、基金公司、社会保险基金等机构投资者和个人投资者参与投资地方政府债券。合理确定地方政府债券柜台发售的定价机制，增强对个人投资者的吸引力。适时研究储蓄式地方政府债券。指导金融机构积极参与地方政府债券发行认购，鼓励资管产品等非法人投资者增加地方政府债券投资。积极利用证券交易所提高非金融机构和个人投资地方政府债券的便利性。推出地方政府债券交易型开放式指数基金，通过“债券通”等机制吸引更多境外投资者投资。推动登记结算机构等债券市场基础设施互联互通。

（六）合理提高长期专项债券期限比例。专项债券期限原则上与项目期限相匹配，并统筹考虑投资者需求、到期债务分布等因素科学确定，降低期限错配风险，防止资金闲置。逐步提高长期债券发行占比，对于铁路、城际交通、收费公路、水利工程等建设和运营期限较长的重大项目，鼓励发行10年期以上的长期专项债券，更好匹配项目资金需求和期限。组合使用专项债券和市场化融资的项目，专项债券、市场化融资期限与项目期限保持一致。合理确定再融资专项债券期限，原则上与同一项目剩余期限相匹配，避免频繁发债增加成本。完善专项债券本金偿还方式，在到期一次性偿还本金方式基础上，鼓励专项债券发行时采取本金分期偿还方式，既确保分期项目收益用于偿债，又平滑债券存续期内偿债压力。

（七）加快专项债券发行使用进度。地方政府要根据提前下达的部分新增专项债务限额，结合国务院批准下达的后续专项债券额度，抓紧启动新增债券发行。金融机构按市场化原则配合地方政府做好专项债券发行工作。对预算拟安排新增专项债券的项目通过先行调度库款的办法，加快项目建设进度，债券发行后及时回补。各地要均衡专项债券发行时间安排，力争当年9月底前发行完毕，尽早发挥资金使用效益。

四、依法合规推进重大项目融资

（一）支持重大项目市场化融资。对于部分实行企业化经营管理且有经营性收益的基础设施项目，包括已纳入国家和省市县级政府及部门印发的“十三五”规划并按规定权限完成审批或核准程序的项目，以及发展改革部门牵头提出的其他补短板重大项目，金融机构可按照商业化原则自主决策，在不新增隐性债务前提下给予融资支持，保障项目合理资金需求。

（二）合理保障必要在建项目后续融资。在严格依法解除违法违规担保关系基础上，对存量隐性债务中的必要在建项目，允许融资平台公司在不扩大建设规模和防范风险前提下与金融机构协商继续融资。鼓励地方政府合法合规增信，通过补充有效抵质押物或由第三方担保机构（含政府出资的融资担保公司）担保等方式，保障债权人合法权益。

（三）多渠道筹集重大项目资本金。鼓励地方政府通过统筹预算收入、上级转移支付、结转结余资金，以及按规定动用预算稳定调节基金等渠道筹集重大项目资本金。允许各地使用财政建设补助资金、中央预算内投资作为重大项目资本金，鼓励将发行地方政府债券后腾出的财力用于重大项目资本金。

五、加强组织保障

（一）严格落实工作责任。财政部、国家发展改革委和金融管理部门等按职责分工和本通知要求，抓紧组织落实相关工作。省级政府对组合使用专项债券和市场化融资的项目建立事前评审和批准机制，对允许专项债券作为资本金的项目要重点评估论证，加强督促检查。地方各级政府负责组织制定本级专项债券项目预期收益与融资平衡方案，客观评估项目预期收益和资产价值。金融机构按照商业化原则自主决策，在不新增隐性债务前提下给予融资支持。

（二）加强部门监管合作。在地方党委和政府领导下，建立财政、金融管理、发展改革等部门协同配合机制，健全专项债券项目安排协调机制，加强地方财政、发展改革等部门与金融单位之间的沟通衔接，支持做好专项债券发行及项目配套融资工作。财政部门及时向当地发展改革、金融管理部门及金融机构提供有关专项债券项目安排信息、存量隐性债务中的必要在建项目信息等。发展改革部门按职责分工做好建设项目审批或核准工作。金融管理部门指导金融机构做好补短板重大项目和有关专项债券项目配套融资工作。

（三）推进债券项目公开。地方各级政府按照有关规定，加大地方政府债券信息公开力度，依托全国统一的集中信息公开平台，加快推进专项债券项目库公开，全面详细公开专项债券项目信息，对组合使用专项债券和市场化融资的项目以及将专项债券作为资本金的项目要单独公开，支持金融机构开展授信风险评估，让信息“多跑路”、金融机构“少跑腿”。进一步发挥主承销商作用，不断加强专项债券信息公开和持续监管工作。出现更换项目单位等重大事项的，应当第一时间告知债权人。金融机构加强专项债券项目信息应用，按照商业化原则自主决策，及时遴选符合条件的项目予以支持；需要补充信息的，地方政府及其相关部门要给予配合。

（四）建立正向激励机制。研究建立正向激励机制，将做好专项债券发行及项目配套融资工作、加快专项债券发行使用进度与全年专项债券额度分配挂钩，对专项债券发行使用进度较快的地区予以适当倾斜支持。适当提高地方政府债券作为信贷政策支持再贷款担保品的质押率，进一步提高金融机构持有地方政府债券的积极性。

（五）依法合规予以免责。既要强化责任意识，谁举债谁负责、谁融资谁负责，从严整治举债乱象，也要明确政策界限，允许合法合规融资行为，避免各方因担心被问责而不作为。对金融机构依法合规支持专项债券项目配套融资，以及依法合规支持已纳入国家和省市县级政府及部门印发的“十三五”规划并按规定权限完成审批或核准程序的项目，发展改革部门牵头提出的其他补短板重大项目，凡偿债资金来源为经营性收入、不新增隐性债务的，不认定为隐性债务问责情形。对金融机构支持存量隐性债务中的必要在建项目后续融资且不新增隐性债务的，也不认定为隐性债务问责情形。

（六）强化跟踪评估监督。地方各级政府、地方金融监管部门、金融机构动态跟踪政策执行情况，总结经验做法，梳理存在问题，及时研究提出政策建议。国务院有关部门要加强政策解读和宣传培训，按职责加大政策执行情况监督力度，尤其要对将专项债券作为资本金的项目加强跟踪评估，重大事项及时按程序请示报告。

第三部分
各部委政策法规文件

（一）财政部

37. 关于推广运用政府和社会资本合作模式有关问题的通知

（财金〔2014〕76号）

【发文机关】财政部
【发文文号】财金〔2014〕76号
【发布日期】2014年9月23日
【实施日期】2014年9月23日
【时效性】现行有效

各省、自治区、直辖市、计划单列市财政厅（局），新疆生产建设兵团财务局：

为贯彻落实党的十八届三中全会关于"允许社会资本通过特许经营等方式参与城市基础设施投资和运营"精神，拓宽城镇化建设融资渠道，促进政府职能加快转变，完善财政投入及管理方式，尽快形成有利于促进政府和社会资本合作模式（Public - Private Partnership，PPP）发展的制度体系，现就有关问题通知如下：

一、充分认识推广运用政府和社会资本合作模式的重要意义

政府和社会资本合作模式是在基础设施及公共服务领域建立的一种长期合作关系。通常模式是由社会资本承担设计、建设、运营、维护基础设施的大部分工作，并通过"使用者付费"及必要的"政府付费"获得合理投资回报；政府部门负责基础设施及公共服务价格和质量监管，以保证公共利益最大化。当前，我国正在实施新型城镇化发展战略。城镇化是现代化的要求，也是稳增长、促改革、调结构、惠民生的重要抓手。立足国内实践，借鉴国际成功经验，推广运用政府和社会资本合作模式，是国家确定的重大经济改革任务，对于加快新型城镇化建设、提升国家治理能力、构建现代财政制度具有重要意义。

（一）推广运用政府和社会资本合作模式，是促进经济转型升级、支持新型城镇化建设的必然要求。政府通过政府和社会资本合作模式向社会资本开放基础设施和公共服务项目，可以拓宽城镇化建设融资渠道，形成多元化、可持续的资金投入机制，有利于整合社

会资源，盘活社会存量资本，激发民间投资活力，拓展企业发展空间，提升经济增长动力，促进经济结构调整和转型升级。

（二）推广运用政府和社会资本合作模式，是加快转变政府职能、提升国家治理能力的一次体制机制变革。规范的政府和社会资本合作模式能够将政府的发展规划、市场监管、公共服务职能，与社会资本的管理效率、技术创新动力有机结合，减少政府对微观事务的过度参与，提高公共服务的效率与质量。政府和社会资本合作模式要求平等参与、公开透明，政府和社会资本按照合同办事，有利于简政放权，更好地实现政府职能转变，弘扬契约文化，体现现代国家治理理念。

（三）推广运用政府和社会资本合作模式，是深化财税体制改革、构建现代财政制度的重要内容。根据财税体制改革要求，现代财政制度的重要内容之一是建立跨年度预算平衡机制、实行中期财政规划管理、编制完整体现政府资产负债状况的综合财务报告等。政府和社会资本合作模式的实质是政府购买服务，要求从以往单一年度的预算收支管理，逐步转向强化中长期财政规划，这与深化财税体制改革的方向和目标高度一致。

二、积极稳妥做好项目示范工作

当前推广运用政府和社会资本合作模式，首先要做好制度设计和政策安排，明确适用于政府和社会资本合作模式的项目类型、采购程序、融资管理、项目监管、绩效评价等事宜。

（一）开展项目示范。地方各级财政部门要向本级政府和相关行业主管部门大力宣传政府和社会资本合作模式的理念和方法，按照政府主导、社会参与、市场运作、平等协商、风险分担、互利共赢的原则，科学评估公共服务需求，探索运用规范的政府和社会资本合作模式新建或改造一批基础设施项目。财政部将统筹考虑项目成熟度、可示范程度等因素，在全国范围内选择一批以“使用者付费”为基础的项目进行示范，在实践的基础上不断总结、提炼、完善制度体系。

（二）确定示范项目范围。适宜采用政府和社会资本合作模式的项目，具有价格调整机制相对灵活、市场化程度相对较高、投资规模相对较大、需求长期稳定等特点。各级财政部门要重点关注城市基础设施及公共服务领域，如城市供水、供暖、供气、污水和垃圾处理、保障性安居工程、地下综合管廊、轨道交通、医疗和养老服务设施等，优先选择收费定价机制透明、有稳定现金流的项目。

（三）加强示范项目指导。财政部将通过建立政府和社会资本合作项目库为地方提供参考案例。对政府和社会资本合作示范项目，财政部将在项目论证、交易结构设计、采购和选择合作伙伴、融资安排、合同管理、运营监管、绩效评价等工作环节，为地方财政部门提供全方位的业务指导和技术支撑。

（四）完善项目支持政策。财政部将积极研究利用现有专项转移支付资金渠道，对示范项目提供资本投入支持。同时，积极引入信誉好、有实力的运营商参与示范项目建设和运营。鼓励和支持金融机构为示范项目提供融资、保险等金融服务。地方各级财政部门可以结合自身财力状况，因地制宜地给予示范项目前期费用补贴、资本补助等多种形式的资金支持。在与社会资本协商确定项目财政支出责任时，地方各级财政部门要对各种形式的资金支持给予统筹，综合考虑项目风险等因素合理确定资金支持方式和力度，切实考虑社会资本合理收益。

三、切实有效履行财政管理职能

政府和社会资本合作项目从明确投入方式、选择合作伙伴、确定运营补贴到提供公共服务，涉及预算管理、政府采购、政府性债务管理，以及财政支出绩效评价等财政职能。推广运用政府和社会资本合作模式对财政管理提出了更高要求。地方各级财政部门要提高认识，勇于担当，认真做好相关财政管理工作。

（一）着力提高财政管理能力。政府和社会资本合作项目建设周期长、涉及领域广、复杂程度高，不同行业的技术标准和管理要求差异大、专业性强。地方各级财政部门要根据财税体制改革总体方案要求，按照公开、公平、公正的原则，探索项目采购、预算管理、收费定价调整机制、绩效评价等有效管理方式，规范项目运作，实现中长期可持续发展，提升资金使用效益和公共服务水平。同时，注重体制机制创新，充分发挥市场在资源配置中的决定性作用，按照“风险由最适宜的一方来承担”的原则，合理分配项目风险，项目设计、建设、财务、运营维护等商业风险原则上由社会资本承担，政策、法律和最低需求风险等由政府承担。

（二）认真做好项目评估论证。地方各级财政部门要会同行业主管部门，根据有关政策法规要求，扎实做好项目前期论证工作。除传统的项目评估论证外，还要积极借鉴物有所值（Value for Money，VFM）评价理念和方法，对拟采用政府和社会资本合作模式的项目进行筛选，必要时可委托专业机构进行项目评估论证。评估论证时，要与传统政府采购模式进行比较分析，确保从项目全生命周期看，采用政府和社会资本合作模式后能够提高服务质量和运营效率，或者降低项目成本。项目评估时，要综合考虑公共服务需要、责任风险分担、产出标准、关键绩效指标、支付方式、融资方案和所需要的财政补贴等要素，平衡好项目财务效益和社会效益，确保实现激励相容。

（三）规范选择项目合作伙伴。地方各级财政部门要依托政府采购信息平台，加强政府和社会资本合作项目政府采购环节的规范与监督管理。财政部将围绕实现“物有所值”价值目标，探索创新适合政府和社会资本合作项目采购的政府采购方式。地方各级财政部门要会同行业主管部门，按照《政府采购法》及有关规定，依法选择项目合作伙伴。要综合评估项目合作伙伴的专业资质、技术能力、管理经验和财务实力等因素，择优选择诚实守信、安全可靠的合作伙伴，并按照平等协商原则明确政府和项目公司间的权利与义务。可邀请有意愿的金融机构及早进入项目磋商进程。

（四）细化完善项目合同文本。地方各级财政部门要会同行业主管部门协商订立合同，重点关注项目的功能和绩效要求、付款和调整机制、争议解决程序、退出安排等关键环节，积极探索明确合同条款内容。财政部将在结合国际经验、国内实践的基础上，制定政府和社会资本合作模式操作指南和标准化的政府和社会资本合作模式项目合同文本。在订立具体合同时，地方各级财政部门要会同行业主管部门、专业技术机构，因地制宜地研究完善合同条款，确保合同内容全面、规范、有效。

（五）完善项目财政补贴管理。对项目收入不能覆盖成本和收益，但社会效益较好的政府和社会资本合作项目，地方各级财政部门可给予适当补贴。财政补贴要以项目运营绩效评价结果为依据，综合考虑产品或服务价格、建造成本、运营费用、实际收益率、财政中长期承受能力等因素合理确定。地方各级财政部门要从“补建设”向“补运营”逐步转变，探索建立动态补贴机制，将财政补贴等支出分类纳入同级政府预算，并在中长期财政规划中予以统筹考虑。

（六）健全债务风险管理机制。地方各级财政部门要根据中长期财政规划和项目全生命周期内的财政支出，对政府付费或提供财政补贴等支持的项目进行财政承受能力论证。在明确项目收益与风险分担机制时，要综合考虑政府风险转移意向、支付方式和市场风险管理能力等要素，量力而行，减少政府不必要的财政负担。省级财政部门要建立统一的项目名录管理制度和财政补贴支出统计监测制度，按照政府性债务管理要求，指导下级财政部门合理确定补贴金额，依法严格控制政府或有债务，重点做好融资平台公司项目向政府和社会资本合作项目转型的风险控制工作，切实防范和控制财政风险。

（七）稳步开展项目绩效评价。省级财政部门要督促行业主管部门，加强对项目公共产品或服务质量和价格的监管，建立政府、服务使用者共同参与的综合性评价体系，对项目的绩效目标实现程度、运营管理、资金使用、公共服务质量、公众满意度等进行绩效评价。绩效评价结果应依法对外公开，接受社会监督。同时，要根据评价结果，依据合同约定对价格或补贴等进行调整，激励社会资本通过管理创新、技术创新提高公共服务质量。

四、加强组织和能力建设

（一）推动设立专门机构。省级财政部门要结合部门内部职能调整，积极研究设立专门机构，履行政府和社会资本合作政策制订、项目储备、业务指导、项目评估、信息管理、宣传培训等职责，强化组织保障。

（二）持续开展能力建设。地方各级财政部门要着力加强政府和社会资本合作模式实施能力建设，注重培育专业人才。同时，大力宣传培训政府和社会资本合作的工作理念和方法，增进政府、社会和市场主体共识，形成良好的社会氛围。

（三）强化工作组织领导。地方各级财政部门要进一步明确职责分工和工作目标要求。同时，要与有关部门建立高效、顺畅的工作协调机制，形成工作合力，确保顺利实施。对工作中出现的新情况、新问题，应及时报告财政部。

财政部

2014 年 9 月 23 日

38. 关于印发《地方政府存量债务纳入预算管理清理甄别办法》的通知

（财预〔2014〕351号）

【发文机关】财政部
【发文文号】财预〔2014〕351号
【发布日期】2014年10月23日
【实施日期】2014年10月23日
【时效性】现行有效

各省、自治区、直辖市、计划单列市财政厅（局）：

为进一步加强地方政府性债务管理，做好地方政府存量债务纳入预算管理相关工作，根据《国务院关于加强地方政府性债务管理的意见》（国发〔2014〕43号），财政部制定了《地方政府存量债务纳入预算管理清理甄别办法》，现印发给你们，请认真贯彻执行。

财政部
2014年10月23日

地方政府存量债务纳入预算管理清理甄别办法

第一条　为贯彻落实《国务院关于加强地方政府性债务管理的意见》（国发〔2014〕43号，以下简称《意见》），做好地方政府存量债务纳入预算管理清理甄别工作，制定本办法。

第二条　清理甄别工作的目的，是清理存量债务，甄别政府债务，为将政府债务分门别类纳入全口径预算管理奠定基础。

第三条　本办法所指存量债务是指截至2014年12月31日尚未清偿完毕的债务。

第四条　清理甄别工作由地方政府统一领导、财政部门具体牵头、部门单位各负其责。

第五条 地方各级政府要结合清理甄别工作，认真甄别筛选融资平台公司存量项目，对适宜开展政府与社会资本合作（PPP）模式的项目，要大力推广 PPP 模式，达到既鼓励社会资本参与提供公共产品和公共服务并获取合理回报，又减轻政府公共财政举债压力、腾出更多资金用于重点民生项目建设的目的。

第六条 清理甄别工作按照先清理、后甄别的顺序开展。

第七条 清理工作由地方政府性债务存量的举借单位（以下简称债务单位）具体负责，主管部门和财政部门审核把关。债务单位应与债权人共同协商确认，根据合同逐笔核对债务明细数据。对核对无误的债务数据，债务单位要根据审计口径确定的地方政府负有偿还责任的债务、地方政府负有担保责任的债务及地方政府可能承担一定救助责任的债务分类填报，经主管部门审核汇总报送财政部门。其中：

（一）2013 年全国政府性债务审计确定的截至 2013 年 6 月 30 日的各笔债务，其截至 2014 年 12 月 31 日债务数据根据审计结果及地方政府性债务管理系统（以下简称债务系统）统计的债务增减变化额填报。

（二）2013 年 6 月 30 日后新发生的各笔债务，其截至 2014 年 12 月 31 日债务根据债务系统统计数据及审计口径填报。

第八条 财政部门审核汇总各主管部门上报的债务数据，凡与审计结果或审计口径不一致的，应退回债务单位重新核实填报。

第九条 对按照政府性债务审计结果、审计口径填报的地方政府性债务存量有争议的，争议双方提出解决方案及依据，经同级审计部门出具审计意见后，报同级政府确定。

第十条 清理工作要严格按照《意见》精神，明确政府和企业的责任，企业债务不得推给政府偿还，切实做到谁借谁还、风险自担。清理后确需将地方政府负有担保责任或可能承担一定救助责任的债务划转地方政府负有偿还责任的债务的，按照“权责利相一致”的原则，相应的资产、收入或权利等也应一并划转。

第十一条 甄别工作由财政部门牵头负责。财政部门商有关部门对地方政府负有偿还责任的存量债务进行逐笔甄别。其中：

（一）通过 PPP 模式转化为企业债务的，不纳入政府债务。

（二）项目没有收益、计划偿债来源主要依靠一般公共预算收入的，甄别为一般债务。如义务教育债务。

（三）项目有一定收益、计划偿债来源依靠项目收益对应的政府性基金收入或专项收入、能够实现风险内部化的，甄别为专项债务。如土地储备债务。

（四）项目有一定收益但项目收益无法完全覆盖的，无法覆盖的部分列入一般债务，其他部分列入专项债务。

第十二条 地方各级政府要统计本级政府可偿债财力、可变现资产等情况，并测算政府一般债务和专项债务的债务率。凡债务率超过预警线的地区，必须做出书面说明并经政府主要负责人签字确认。

第十三条 地方各级政府要全面统计锁定截至《意见》发文日（9 月 21 日）的在建项目。在建项目要优先通过 PPP 模式推进，确需政府举债建设的，要客观核算后续融资需求。

第十四条　地方各级政府要以2013年政府性债务审计确定的截至2013年6月30日融资平台公司名单为基础，结合2013年7月1日至2014年12月31日本级融资平台公司增减变化情况，统计本级融资平台公司名录。

第十五条　各部门、各单位负责人对本部门、本单位清理统计结果签字确认。财政部门负责人对本级政府存量债务甄别结果签字确认。政府主要负责人按财政管理级次对本地区清理甄别结果及各项统计情况签字确认。

第十六条　地方各级财政部门汇总本地区清理甄别结果，由同级审计部门出具审计意见并经同级政府批准后逐级上报，省级财政部门应于2015年1月5日前上报财政部。各项统计情况随清理甄别结果一同报送。

第十七条　地方各级政府要严格按照国务院批准的政府存量债务，锁定政府一般债务、专项债务余额。各级政府要将锁定后的政府存量债务情况及时向同级人大或其常委会报告，并按照预算公开有关要求及时向社会公开。

第十八条　地方各级政府要及时将政府存量债务分类纳入预算管理。具体办法另行制定。

第十九条　财政部将各地清理甄别结果抄送审计署，各级财政部门将本级清理甄别结果抄送同级审计部门，作为今后年度相关审计工作重要参考。组织财政部驻各省、自治区、直辖市、计划单列市财政监察专员办事处核查各地报送数据，对虚增政府存量债务的，相应核减地方政府债券发行规模，并追究相关责任人责任。

第二十条　本办法自下发之日起实施。

第二十一条　本办法由财政部负责解释。

39. 关于印发政府和社会资本合作模式操作指南（试行）的通知

（财金〔2014〕113号）

【发文机关】财政部
【发文文号】财金〔2014〕113号
【发布日期】2014年11月29日
【实施日期】2014年11月29日
【时效性】现行有效

各省、自治区、直辖市、计划单列市财政厅（局），新疆生产建设兵团财务局：

根据《财政部关于推广运用政府和社会资本合作模式有关问题的通知》（财金〔2014〕76号），为保证政府和社会资本合作项目实施质量，规范项目识别、准备、采购、执行、移交各环节操作流程，现印发《政府和社会资本合作模式操作指南（试行）》，请遵照执行。

财政部
2014年11月29日

政府和社会资本合作模式操作指南（试行）

第一章　总　　则

第一条　为科学规范地推广运用政府和社会资本合作模式（Public - Private Partnership，PPP），根据《中华人民共和国预算法》《中华人民共和国政府采购法》《中华人民共和国合同法》《国务院关于加强地方政府性债务管理的意见》（国发〔2014〕43号）、《国务院关于深化预算管理制度改革的决定》（国发〔2014〕45号）和《财政部关于推广运用政府和社会资本合作模式有关问题的通知》（财金〔2014〕76号）等法律、法规、规章和规范性文件，制定本指南。

第二条　本指南所称社会资本是指已建立现代企业制度的境内外企业法人，但不包括本级政府所属融资平台公司及其他控股国有企业。

第三条　本指南适用于规范政府、社会资本和其他参与方开展政府和社会资本合作项目的识别、准备、采购、执行和移交等活动。

第四条　财政部门应本着社会主义市场经济基本原则，以制度创新、合作契约精神，加强与政府相关部门的协调，积极发挥第三方专业机构作用，全面统筹政府和社会资本合作管理工作。

各省、自治区、直辖市、计划单列市和新疆生产建设兵团财政部门应积极设立政府和社会资本合作中心或指定专门机构，履行规划指导、融资支持、识别评估、咨询服务、宣传培训、绩效评价、信息统计、专家库和项目库建设等职责。

第五条　各参与方应按照公平、公正、公开和诚实信用的原则，依法、规范、高效实施政府和社会资本合作项目。

第二章　项目识别

第六条　投资规模较大、需求长期稳定、价格调整机制灵活、市场化程度较高的基础设施及公共服务类项目，适宜采用政府和社会资本合作模式。

政府和社会资本合作项目由政府或社会资本发起，以政府发起为主。

（一）政府发起。

财政部门（政府和社会资本合作中心）应负责向交通、住建、环保、能源、教育、医疗、体育健身和文化设施等行业主管部门征集潜在政府和社会资本合作项目。行业主管部门可从国民经济和社会发展规划及行业专项规划中的新建、改建项目或存量公共资产中遴选潜在项目。

（二）社会资本发起。

社会资本应以项目建议书的方式向财政部门（政府和社会资本合作中心）推荐潜在政府和社会资本合作项目。

第七条　财政部门（政府和社会资本合作中心）会同行业主管部门，对潜在政府和社会资本合作项目进行评估筛选，确定备选项目。财政部门（政府和社会资本合作中心）应根据筛选结果制定项目年度和中期开发计划。

对于列入年度开发计划的项目，项目发起方应按财政部门（政府和社会资本合作中心）的要求提交相关资料。新建、改建项目应提交可行性研究报告、项目产出说明和初步实施方案；存量项目应提交存量公共资产的历史资料、项目产出说明和初步实施方案。

第八条　财政部门（政府和社会资本合作中心）会同行业主管部门，从定性和定量两方面开展物有所值评价工作。定量评价工作由各地根据实际情况开展。

定性评价重点关注项目采用政府和社会资本合作模式与采用政府传统采购模式相比能否增加供给、优化风险分配、提高运营效率、促进创新和公平竞争等。

定量评价主要通过对政府和社会资本合作项目全生命周期内政府支出成本现值与公共

部门比较值进行比较，计算项目的物有所值量值，判断政府和社会资本合作模式是否降低项目全生命周期成本。

第九条 为确保财政中长期可持续性，财政部门应根据项目全生命周期内的财政支出、政府债务等因素，对部分政府付费或政府补贴的项目，开展财政承受能力论证，每年政府付费或政府补贴等财政支出不得超出当年财政收入的一定比例。

通过物有所值评价和财政承受能力论证的项目，可进行项目准备。

第三章 项目准备

第十条 县级（含）以上地方人民政府可建立专门协调机制，主要负责项目评审、组织协调和检查督导等工作，实现简化审批流程、提高工作效率的目的。政府或其指定的有关职能部门或事业单位可作为项目实施机构，负责项目准备、采购、监管和移交等工作。

第十一条 项目实施机构应组织编制项目实施方案，依次对以下内容进行介绍：

（一）项目概况。

项目概况主要包括基本情况、经济技术指标和项目公司股权情况等。

基本情况主要明确项目提供的公共产品和服务内容、项目采用政府和社会资本合作模式运作的必要性和可行性，以及项目运作的目标和意义。

经济技术指标主要明确项目区位、占地面积、建设内容或资产范围、投资规模或资产价值、主要产出说明和资金来源等。

项目公司股权情况主要明确是否要设立项目公司以及公司股权结构。

（二）风险分配基本框架。

按照风险分配优化、风险收益对等和风险可控等原则，综合考虑政府风险管理能力、项目回报机制和市场风险管理能力等要素，在政府和社会资本间合理分配项目风险。

原则上，项目设计、建造、财务和运营维护等商业风险由社会资本承担，法律、政策和最低需求等风险由政府承担，不可抗力等风险由政府和社会资本合理共担。

（三）项目运作方式。

项目运作方式主要包括委托运营、管理合同、建设—运营—移交、建设—拥有—运营、转让—运营—移交和改建—运营—移交等。

具体运作方式的选择主要由收费定价机制、项目投资收益水平、风险分配基本框架、融资需求、改扩建需求和期满处置等因素决定。

（四）交易结构。

交易结构主要包括项目投融资结构、回报机制和相关配套安排。

项目投融资结构主要说明项目资本性支出的资金来源、性质和用途，项目资产的形成和转移等。

项目回报机制主要说明社会资本取得投资回报的资金来源，包括使用者付费、可行性缺口补助和政府付费等支付方式。

相关配套安排主要说明由项目以外相关机构提供的土地、水、电、气和道路等配套设施和项目所需的上下游服务。

（五）合同体系。

合同体系主要包括项目合同、股东合同、融资合同、工程承包合同、运营服务合同、原料供应合同、产品采购合同和保险合同等。项目合同是其中最核心的法律文件。

项目边界条件是项目合同的核心内容，主要包括权利义务、交易条件、履约保障和调整衔接等边界。

权利义务边界主要明确项目资产权属、社会资本承担的公共责任、政府支付方式和风险分配结果等。

交易条件边界主要明确项目合同期限、项目回报机制、收费定价调整机制和产出说明等。

履约保障边界主要明确强制保险方案以及由投资竞争保函、建设履约保函、运营维护保函和移交维修保函组成的履约保函体系。

调整衔接边界主要明确应急处置、临时接管和提前终止、合同变更、合同展期、项目新增改扩建需求等应对措施。

（六）监管架构。

监管架构主要包括授权关系和监管方式。授权关系主要是政府对项目实施机构的授权，以及政府直接或通过项目实施机构对社会资本的授权；监管方式主要包括履约管理、行政监管和公众监督等。

（七）采购方式选择。

项目采购应根据《中华人民共和国政府采购法》及相关规章制度执行，采购方式包括公开招标、竞争性谈判、邀请招标、竞争性磋商和单一来源采购。项目实施机构应根据项目采购需求特点，依法选择适当采购方式。

公开招标主要适用于核心边界条件和技术经济参数明确、完整、符合国家法律法规和政府采购政策，且采购中不作更改的项目。

第十二条　财政部门（政府和社会资本合作中心）应对项目实施方案进行物有所值和财政承受能力验证，通过验证的，由项目实施机构报政府审核；未通过验证的，可在实施方案调整后重新验证；经重新验证仍不能通过的，不再采用政府和社会资本合作模式。

第四章　项目采购

第十三条　项目实施机构应根据项目需要准备资格预审文件，发布资格预审公告，邀请社会资本和与其合作的金融机构参与资格预审，验证项目能否获得社会资本响应和实现充分竞争，并将资格预审的评审报告提交财政部门（政府和社会资本合作中心）备案。

项目有3家以上社会资本通过资格预审的，项目实施机构可以继续开展采购文件准备工作；项目通过资格预审的社会资本不足3家的，项目实施机构应在实施方案调整后重新组织资格预审；项目经重新资格预审合格社会资本仍不够3家的，可依法调整实施方案选择的采购方式。

第十四条　资格预审公告应在省级以上人民政府财政部门指定的媒体上发布。资格预审合格的社会资本在签订项目合同前资格发生变化的，应及时通知项目实施机构。

资格预审公告应包括项目授权主体、项目实施机构和项目名称、采购需求、对社会资本的资格要求、是否允许联合体参与采购活动、拟确定参与竞争的合格社会资本的家数和确定方法，以及社会资本提交资格预审申请文件的时间和地点。提交资格预审申请文件的时间自公告发布之日起不得少于 15 个工作日。

第十五条 项目采购文件应包括采购邀请、竞争者须知（包括密封、签署、盖章要求等）、竞争者应提供的资格、资信及业绩证明文件、采购方式、政府对项目实施机构的授权、实施方案的批复和项目相关审批文件、采购程序、响应文件编制要求、提交响应文件截止时间、开启时间及地点、强制担保的保证金交纳数额和形式、评审方法、评审标准、政府采购政策要求、项目合同草案及其他法律文本等。

采用竞争性谈判或竞争性磋商采购方式的，项目采购文件除上款规定的内容外，还应明确评审小组根据与社会资本谈判情况可能实质性变动的内容，包括采购需求中的技术、服务要求以及合同草案条款。

第十六条 评审小组由项目实施机构代表和评审专家共 5 人以上单数组成，其中评审专家人数不得少于评审小组成员总数的 2/3。评审专家可以由项目实施机构自行选定，但评审专家中应至少包含 1 名财务专家和 1 名法律专家。项目实施机构代表不得以评审专家身份参加项目的评审。

第十七条 项目采用公开招标、邀请招标、竞争性谈判、单一来源采购方式开展采购的，按照政府采购法律法规及有关规定执行。

项目采用竞争性磋商采购方式开展采购的，按照下列基本程序进行：

（一）采购公告发布及报名。

竞争性磋商公告应在省级以上人民政府财政部门指定的媒体上发布。竞争性磋商公告应包括项目实施机构和项目名称、项目结构和核心边界条件、是否允许未进行资格预审的社会资本参与采购活动，以及审查原则、项目产出说明、对社会资本提供的响应文件要求、获取采购文件的时间、地点、方式及采购文件的售价、提交响应文件截止时间、开启时间及地点。提交响应文件的时间自公告发布之日起不得少于 10 日。

（二）资格审查及采购文件发售。

已进行资格预审的，评审小组在评审阶段不再对社会资本资格进行审查。允许进行资格后审的，由评审小组在响应文件评审环节对社会资本进行资格审查。项目实施机构可以视项目的具体情况，组织对符合条件的社会资本的资格条件，进行考察核实。

采购文件售价，应按照弥补采购文件印制成本费用的原则确定，不得以营利为目的，不得以项目采购金额作为确定采购文件售价依据。采购文件的发售期限自开始之日起不得少于 5 个工作日。

（三）采购文件的澄清或修改。

提交首次响应文件截止之日前，项目实施机构可以对已发出的采购文件进行必要的澄清或修改，澄清或修改的内容应作为采购文件的组成部分。澄清或修改的内容可能影响响应文件编制的，项目实施机构应在提交首次响应文件截止时间至少 5 日前，以书面形式通知所有获取采购文件的社会资本；不足 5 日的，项目实施机构应顺延提交响应文件的截止时间。

（四）响应文件评审。

项目实施机构应按照采购文件规定组织响应文件的接收和开启。

评审小组对响应文件进行两阶段评审：

第一阶段：确定最终采购需求方案。评审小组可以与社会资本进行多轮谈判，谈判过程中可实质性修订采购文件的技术、服务要求以及合同草案条款，但不得修订采购文件中规定的不可谈判核心条件。实质性变动的内容，须经项目实施机构确认，并通知所有参与谈判的社会资本。具体程序按照《政府采购非招标方式管理办法》及有关规定执行。

第二阶段：综合评分。最终采购需求方案确定后，由评审小组对社会资本提交的最终响应文件进行综合评分，编写评审报告并向项目实施机构提交候选社会资本的排序名单。具体程序按照《政府采购货物和服务招标投标管理办法》及有关规定执行。

第十八条 项目实施机构应在资格预审公告、采购公告、采购文件、采购合同中，列明对本国社会资本的优惠措施及幅度、外方社会资本采购我国生产的货物和服务要求等相关政府采购政策，以及对社会资本参与采购活动和履约保证的强制担保要求。社会资本应以支票、汇票、本票或金融机构、担保机构出具的保函等非现金形式缴纳保证金。参加采购活动的保证金的数额不得超过项目预算金额的2%。履约保证金的数额不得超过政府和社会资本合作项目初始投资总额或资产评估值的10%。无固定资产投资或投资额不大的服务型合作项目，履约保证金的数额不得超过平均6个月的服务收入额。

第十九条 项目实施机构应组织社会资本进行现场考察或召开采购前答疑会，但不得单独或分别组织只有一个社会资本参加的现场考察和答疑会。

第二十条 项目实施机构应成立专门的采购结果确认谈判工作组。按照候选社会资本的排名，依次与候选社会资本及与其合作的金融机构就合同中可变的细节问题进行合同签署前的确认谈判，率先达成一致的即为中选者。确认谈判不得涉及合同中不可谈判的核心条款，不得与排序在前但已终止谈判的社会资本进行再次谈判。

第二十一条 确认谈判完成后，项目实施机构应与中选社会资本签署确认谈判备忘录，并将采购结果和根据采购文件、响应文件、补遗文件和确认谈判备忘录拟定的合同文本进行公示，公示期不得少于5个工作日。合同文本应将中选社会资本响应文件中的重要承诺和技术文件等作为附件。合同文本中涉及国家秘密、商业秘密的内容可以不公示。

公示期满无异议的项目合同，应在政府审核同意后，由项目实施机构与中选社会资本签署。

需要为项目设立专门项目公司的，待项目公司成立后，由项目公司与项目实施机构重新签署项目合同，或签署关于承继项目合同的补充合同。

项目实施机构应在项目合同签订之日起2个工作日内，将项目合同在省级以上人民政府财政部门指定的媒体上公告，但合同中涉及国家秘密、商业秘密的内容除外。

第二十二条 各级人民政府财政部门应当加强对PPP项目采购活动的监督检查，及时处理采购活动中的违法违规行为。

第五章 项目执行

第二十三条 社会资本可依法设立项目公司。政府可指定相关机构依法参股项目公司。项目实施机构和财政部门（政府和社会资本合作中心）应监督社会资本按照采购文件和项目合同约定，按时足额出资设立项目公司。

第二十四条 项目融资由社会资本或项目公司负责。社会资本或项目公司应及时开展融资方案设计、机构接洽、合同签订和融资交割等工作。财政部门（政府和社会资本合作中心）和项目实施机构应做好监督管理工作，防止企业债务向政府转移。

社会资本或项目公司未按照项目合同约定完成融资的，政府可提取履约保函直至终止项目合同；遇系统性金融风险或不可抗力的，政府、社会资本或项目公司可根据项目合同约定协商修订合同中相关融资条款。

当项目出现重大经营或财务风险，威胁或侵害债权人利益时，债权人可依据与政府、社会资本或项目公司签订的直接介入协议或条款，要求社会资本或项目公司改善管理等。在直接介入协议或条款约定期限内，重大风险已解除的，债权人应停止介入。

第二十五条 项目合同中涉及的政府支付义务，财政部门应结合中长期财政规划统筹考虑，纳入同级政府预算，按照预算管理相关规定执行。财政部门（政府和社会资本合作中心）和项目实施机构应建立政府和社会资本合作项目政府支付台账，严格控制政府财政风险。在政府综合财务报告制度建立后，政府和社会资本合作项目中的政府支付义务应纳入政府综合财务报告。

第二十六条 项目实施机构应根据项目合同约定，监督社会资本或项目公司履行合同义务，定期监测项目产出绩效指标，编制季报和年报，并报财政部门（政府和社会资本合作中心）备案。

政府有支付义务的，项目实施机构应根据项目合同约定的产出说明，按照实际绩效直接或通知财政部门向社会资本或项目公司及时足额支付。设置超额收益分享机制的，社会资本或项目公司应根据项目合同约定向政府及时足额支付应享有的超额收益。

项目实际绩效优于约定标准的，项目实施机构应执行项目合同约定的奖励条款，并可将其作为项目期满合同能否展期的依据；未达到约定标准的，项目实施机构应执行项目合同约定的惩处条款或救济措施。

第二十七条 社会资本或项目公司违反项目合同约定，威胁公共产品和服务持续稳定安全供给，或危及国家安全和重大公共利益的，政府有权临时接管项目，直至启动项目提前终止程序。

政府可指定合格机构实施临时接管。临时接管项目所产生的一切费用，将根据项目合同约定，由违约方单独承担或由各责任方分担。社会资本或项目公司应承担的临时接管费用，可以从其应获终止补偿中扣减。

第二十八条 在项目合同执行和管理过程中，项目实施机构应重点关注合同修订、违约责任和争议解决等工作。

（一）合同修订。

按照项目合同约定的条件和程序，项目实施机构和社会资本或项目公司可根据社会经济环境、公共产品和服务的需求量及结构等条件的变化，提出修订项目合同申请，待政府审核同意后执行。

（二）违约责任。

项目实施机构、社会资本或项目公司未履行项目合同约定义务的，应承担相应违约责任，包括停止侵害、消除影响、支付违约金、赔偿损失以及解除项目合同等。

（三）争议解决。

在项目实施过程中，按照项目合同约定，项目实施机构、社会资本或项目公司可就发生争议且无法协商达成一致的事项，依法申请仲裁或提起民事诉讼。

第二十九条　项目实施机构应每3~5年对项目进行中期评估，重点分析项目运行状况和项目合同的合规性、适应性和合理性；及时评估已发现问题的风险，制订应对措施，并报财政部门（政府和社会资本合作中心）备案。

第三十条　政府相关职能部门应根据国家相关法律法规对项目履行行政监管职责，重点关注公共产品和服务质量、价格和收费机制、安全生产、环境保护和劳动者权益等。

社会资本或项目公司对政府职能部门的行政监管处理决定不服的，可依法申请行政复议或提起行政诉讼。

第三十一条　政府、社会资本或项目公司应依法公开披露项目相关信息，保障公众知情权，接受社会监督。

社会资本或项目公司应披露项目产出的数量和质量、项目经营状况等信息。政府应公开不涉及国家秘密、商业秘密的政府和社会资本合作项目合同条款、绩效监测报告、中期评估报告和项目重大变更或终止情况等。

社会公众及项目利益相关方发现项目存在违法、违约情形或公共产品和服务不达标准的，可向政府职能部门提请监督检查。

第六章　项目移交

第三十二条　项目移交时，项目实施机构或政府指定的其他机构代表政府收回项目合同约定的项目资产。

项目合同中应明确约定移交形式、补偿方式、移交内容和移交标准。移交形式包括期满终止移交和提前终止移交；补偿方式包括无偿移交和有偿移交；移交内容包括项目资产、人员、文档和知识产权等；移交标准包括设备完好率和最短可使用年限等指标。

采用有偿移交的，项目合同中应明确约定补偿方案；没有约定或约定不明的，项目实施机构应按照“恢复相同经济地位”原则拟定补偿方案，报政府审核同意后实施。

第三十三条　项目实施机构或政府指定的其他机构应组建项目移交工作组，根据项目合同约定与社会资本或项目公司确认移交情形和补偿方式，制定资产评估和性能测试方案。

项目移交工作组应委托具有相关资质的资产评估机构，按照项目合同约定的评估方式，对移交资产进行资产评估，作为确定补偿金额的依据。

项目移交工作组应严格按照性能测试方案和移交标准对移交资产进行性能测试。性能测试结果不达标的，移交工作组应要求社会资本或项目公司进行恢复性修理、更新重置或提取移交维修保函。

第三十四条　社会资本或项目公司应将满足性能测试要求的项目资产、知识产权和技术法律文件，连同资产清单移交项目实施机构或政府指定的其他机构，办妥法律过户和管理权移交手续。社会资本或项目公司应配合做好项目运营平稳过渡相关工作。

第三十五条　项目移交完成后，财政部门（政府和社会资本合作中心）应组织有关部门对项目产出、成本效益、监管成效、可持续性、政府和社会资本合作模式应用等进行绩效评价，并按相关规定公开评价结果。评价结果作为政府开展政府和社会资本合作管理工作决策参考依据。

第七章 附 则

第三十六条 本操作指南自印发之日起施行，有效期3年。

第三十七条 本操作指南由财政部负责解释。

附件：1. 政府和社会资本合作项目操作流程图

2. 名词解释

附件1：

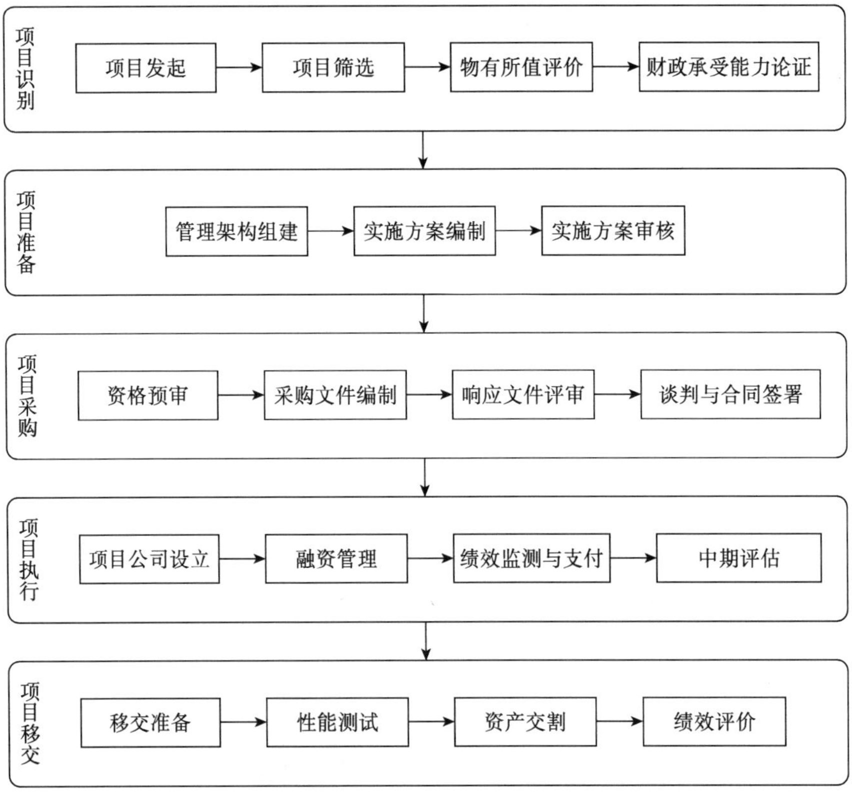

政府和社会资本合作项目操作流程图

附件2：

名词解释

1. 全生命周期（Whole Life Cycle），是指项目从设计、融资、建造、运营、维护至终止移交的完整周期。

2. 产出说明（Output Specification），是指项目建成后项目资产所应达到的经济、技术标准，以及公共产品和服务的交付范围、标准和绩效水平等。

3. 物有所值（Value for Money，VFM），是指一个组织运用其可利用资源所能获得的长期最大利益。VFM 评价是国际上普遍采用的一种评价传统上由政府提供的公共产品和服务是否可运用政府和社会资本合作模式的评估体系，旨在实现公共资源配置利用效率最优化。

4. 公共部门比较值（Public Sector Comparator，PSC），是指在全生命周期内，政府采用传统采购模式提供公共产品和服务的全部成本的现值，主要包括建设运营净成本、可转移风险承担成本、自留风险承担成本和竞争性中立调整成本等。

5. 使用者付费（User Charge），是指由最终消费用户直接付费购买公共产品和服务。

6. 可行性缺口补助（Viability Gap Funding），是指使用者付费不足以满足社会资本或项目公司成本回收和合理回报，而由政府以财政补贴、股本投入、优惠贷款和其他优惠政策的形式，给予社会资本或项目公司的经济补助。

7. 政府付费（Government Payment），是指政府直接付费购买公共产品和服务，主要包括可用性付费（Availability Payment）、使用量付费（Usage Payment）和绩效付费（Performance Payment）。

政府付费的依据主要是设施可用性、产品和服务使用量和质量等要素。

8. 委托运营（Operations & Maintenance，O&M），是指政府将存量公共资产的运营维护职责委托给社会资本或项目公司，社会资本或项目公司不负责用户服务的政府和社会资本合作项目运作方式。政府保留资产所有权，只向社会资本或项目公司支付委托运营费。合同期限一般不超过 8 年。

9. 管理合同（Management Contract，MC），是指政府将存量公共资产的运营、维护及用户服务职责授权给社会资本或项目公司的项目运作方式。政府保留资产所有权，只向社会资本或项目公司支付管理费。管理合同通常作为转让—运营—移交的过渡方式，合同期限一般不超过 3 年。

10. 建设—运营—移交（Build - Operate - Transfer，BOT），是指由社会资本或项目公司承担新建项目设计、融资、建造、运营、维护和用户服务职责，合同期满后项目资产及相关权利等移交给政府的项目运作方式。合同期限一般为 20 ~ 30 年。

11. 建设—拥有—运营（Build - Own - Operate，BOO），由 BOT 方式演变而来，二者区别主要是 BOO 方式下社会资本或项目公司拥有项目所有权，但必须在合同中注明保证公益性的约束条款，一般不涉及项目期满移交。

12. 转让—运营—移交（Transfer - Operate - Transfer，TOT），是指政府将存量资产所有权有偿转让给社会资本或项目公司，并由其负责运营、维护和用户服务，合同期满后资产及其所有权等移交给政府的项目运作方式。合同期限一般为 20 ~ 30 年。

13. 改建—运营—移交（Rehabilitate - Operate - Transfer，ROT），是指政府在 TOT 模式的基础上，增加改扩建内容的项目运作方式。合同期限一般为 20 ~ 30 年。

40. 关于印发《政府购买服务管理办法（暂行）》的通知

（财综〔2014〕96号）

【发文机关】财政部　民政部　工商总局
【发文文号】财综〔2014〕96号
【发布日期】2014年12月15日
【实施日期】2015年1月1日
【时效性】现行有效

党中央有关部门，国务院各部委、各直属机构，全国人大常委会办公厅，全国政协办公厅，高法院，高检院，有关人民团体，各民主党派中央，全国工商联，各省、自治区、直辖市、计划单列市财政厅（局）、民政厅（局）、工商行政管理局，新疆生产建设兵团财务局、民政局、工商行政管理局：

根据党的十八届三中全会有关精神和《国务院办公厅关于政府向社会力量购买服务的指导意见》（国办发〔2013〕96号）部署，为加快推进政府购买服务改革，我们制定了《政府购买服务管理办法（暂行）》。现印发给你们，请认真贯彻执行。

财政部　民政部　工商总局
2014年12月15日

政府购买服务管理办法（暂行）

第一章　总　　则

第一条　为了进一步转变政府职能，推广和规范政府购买服务，更好发挥市场在资源配置中的决定性作用，根据《中华人民共和国预算法》《中华人民共和国政府采购法》

《中共中央关于全面深化改革若干重大问题的决定》《国务院办公厅关于政府向社会力量购买服务的指导意见》（国办发〔2013〕96 号）等有关要求和规定，制定本办法。

第二条 本办法所称政府购买服务，是指通过发挥市场机制作用，把政府直接提供的一部分公共服务事项以及政府履职所需服务事项，按照一定的方式和程序，交由具备条件的社会力量和事业单位承担，并由政府根据合同约定向其支付费用。

政府购买服务范围应当根据政府职能性质确定，并与经济社会发展水平相适应。属于事务性管理服务的，应当引入竞争机制，通过政府购买服务方式提供。

第三条 政府购买服务遵循以下基本原则：

（一）积极稳妥，有序实施。从实际出发，准确把握社会公共服务需求，充分发挥政府主导作用，探索多种有效方式，加大社会组织承接政府购买服务支持力度，增强社会组织平等参与承接政府购买公共服务的能力，有序引导社会力量参与服务供给，形成改善公共服务的合力。

（二）科学安排，注重实效。突出公共性和公益性，重点考虑、优先安排与改善民生密切相关、有利于转变政府职能的领域和项目，明确权利义务，切实提高财政资金使用效率。

（三）公开择优，以事定费。按照公开、公平、公正原则，坚持费随事转，通过公平竞争择优选择方式确定政府购买服务的承接主体，建立优胜劣汰的动态调整机制。

（四）改革创新，完善机制。坚持与事业单位改革、社会组织改革相衔接，推进政事分开、政社分开，放宽市场准入，凡是社会能办好的，都交给社会力量承担，不断完善体制机制。

第二章 购买主体和承接主体

第四条 政府购买服务的主体（以下简称购买主体）是各级行政机关和具有行政管理职能的事业单位。

第五条 党的机关、纳入行政编制管理且经费由财政负担的群团组织向社会提供的公共服务以及履职服务，可以根据实际需要，按照本办法规定实施购买服务。

第六条 承接政府购买服务的主体（以下简称承接主体），包括在登记管理部门登记或经国务院批准免予登记的社会组织、按事业单位分类改革应划入公益二类或转为企业的事业单位，依法在工商管理或行业主管部门登记成立的企业、机构等社会力量。

第七条 承接主体应当具备以下条件：

（一）依法设立，具有独立承担民事责任的能力；

（二）治理结构健全，内部管理和监督制度完善；

（三）具有独立、健全的财务管理、会计核算和资产管理制度；

（四）具备提供服务所必需的设施、人员和专业技术能力；

（五）具有依法缴纳税收和社会保障资金的良好记录；

（六）前三年内无重大违法记录，通过年检或按要求履行年度报告公示义务，信用状况良好，未被列入经营异常名录或者严重违法企业名单；

（七）符合国家有关政事分开、政社分开、政企分开的要求；

（八）法律、法规规定以及购买服务项目要求的其他条件。

第八条 承接主体的资质及具体条件，由购买主体根据第六条、第七条规定，结合购买服务内容具体需求确定。

第九条 政府购买服务应当与事业单位改革相结合，推动事业单位与主管部门理顺关系和去行政化，推进有条件的事业单位转为企业或社会组织。

事业单位承接政府购买服务的，应按照“费随事转”原则，相应调整财政预算保障方式，防止出现既通过财政拨款养人办事，同时又花钱购买服务的行为。

第十条 购买主体应当在公平竞争的原则下鼓励行业协会商会参与承接政府购买服务，培育发展社会组织，提升社会组织承担公共服务能力，推动行业协会商会与行政机构脱钩。

第十一条 购买主体应当保障各类承接主体平等竞争，不得以不合理的条件对承接主体实行差别化歧视。

第三章 购买内容及指导目录

第十二条 政府购买服务的内容为适合采取市场化方式提供、社会力量能够承担的服务事项。政府新增或临时性、阶段性的服务事项，适合社会力量承担的，应当按照政府购买服务的方式进行。不属于政府职能范围，以及应当由政府直接提供、不适合社会力量承担的服务事项，不得向社会力量购买。

第十三条 各级财政部门负责制定本级政府购买服务指导性目录，确定政府购买服务的种类、性质和内容。

财政部门制定政府购买服务指导性目录，应当充分征求相关部门意见，并根据经济社会发展变化、政府职能转变及公众需求等情况及时进行动态调整。

第十四条 除法律法规另有规定外，下列服务应当纳入政府购买服务指导性目录：

（一）基本公共服务。公共教育、劳动就业、人才服务、社会保险、社会救助、养老服务、儿童福利服务、残疾人服务、优抚安置、医疗卫生、人口和计划生育、住房保障、公共文化、公共体育、公共安全、公共交通运输、三农服务、环境治理、城市维护等领域适宜由社会力量承担的服务事项。

（二）社会管理性服务。社区建设、社会组织建设与管理、社会工作服务、法律援助、扶贫济困、防灾救灾、人民调解、社区矫正、流动人口管理、安置帮教、志愿服务运营管理、公共公益宣传等领域适宜由社会力量承担的服务事项。

（三）行业管理与协调性服务。行业职业资格和水平测试管理、行业规范、行业投诉等领域适宜由社会力量承担的服务事项。

（四）技术性服务。科研和技术推广、行业规划、行业调查、行业统计分析、检验检疫检测、监测服务、会计审计服务等领域适宜由社会力量承担的服务事项。

（五）政府履职所需辅助性事项。法律服务、课题研究、政策（立法）调研草拟论证、战略和政策研究、综合性规划编制、标准评价指标制定、社会调查、会议经贸活动和展览服务、监督检查、评估、绩效评价、工程服务、项目评审、财务审计、咨询、技术业务培训、信息化建设与管理、后勤管理等领域中适宜由社会力量承担的服务事项。

（六）其他适宜由社会力量承担的服务事项。

第十五条 纳入指导性目录的服务事项，应当实施购买服务。

第四章 购买方式及程序

第十六条 购买主体应当根据购买内容的供求特点、市场发育程度等因素，按照方式灵活、程序简便、公开透明、竞争有序、结果评价的原则组织实施政府购买服务。

第十七条 购买主体应当按照政府采购法的有关规定，采用公开招标、邀请招标、竞争性谈判、单一来源采购等方式确定承接主体。

与政府购买服务相关的采购限额标准、公开招标数额标准、采购方式审核、信息公开、质疑投诉等按照政府采购相关法律制度规定执行。

第十八条 购买主体应当在购买预算下达后，根据政府采购管理要求编制政府采购实施计划，报同级政府采购监管部门备案后开展采购活动。

购买主体应当及时向社会公告购买内容、规模、对承接主体的资质要求和应提交的相关材料等相关信息。

第十九条 按规定程序确定承接主体后，购买主体应当与承接主体签订合同，并可根据服务项目的需求特点，采取购买、委托、租赁、特许经营、战略合作等形式。

合同应当明确购买服务的内容、期限、数量、质量、价格等要求，以及资金结算方式、双方的权利义务事项和违约责任等内容。

第二十条 购买主体应当加强购买合同管理，督促承接主体严格履行合同，及时了解掌握购买项目实施进度，严格按照国库集中支付管理有关规定和合同执行进度支付款项，并根据实际需求和合同规定积极帮助承接主体做好与相关政府部门、服务对象的沟通、协调。

第二十一条 承接主体应当按合同履行提供服务的义务，认真组织实施服务项目，按时完成服务项目任务，保证服务数量、质量和效果，主动接受有关部门、服务对象及社会监督，严禁转包行为。

第二十二条 承接主体完成合同约定的服务事项后，购买主体应当及时组织对履约情况进行检查验收，并依据现行财政财务管理制度加强管理。

第五章 预算及财务管理

第二十三条 政府购买服务所需资金，应当在既有财政预算中统筹安排。购买主体应当在现有财政资金安排的基础上，按规定逐步增加政府购买服务资金比例。对预算已安排资金且明确通过购买方式提供的服务项目，按相关规定执行；对预算已安排资金但尚未明确通过购买方式提供的服务项目，可以根据实际情况转为通过政府购买服务方式实施。

第二十四条 购买主体应当充分发挥行业主管部门、行业组织和专业咨询评估机构、专家等专业优势，结合项目特点和相关经费预算，综合物价、工资、税费等因素，合理测算安排政府购买服务所需支出。

第二十五条 财政部门在布置年度预算编制工作时，应当对购买服务相关预算安排提出明确要求，在预算报表中制定专门的购买服务项目表。

购买主体应当按要求填报购买服务项目表，并将列入集中采购目录或采购限额标准以上的政府购买服务项目同时反映在政府采购预算中，与部门预算一并报送财政部门审核。

第二十六条 财政部门负责政府购买服务管理的机构对购买主体填报的政府购买服务项目表进行审核。

第二十七条 财政部门审核后的购买服务项目表，随部门预算批复一并下达给相关购买主体。购买主体应当按照财政部门下达的购买服务项目表，组织实施购买服务工作。

第二十八条 承接主体应当建立政府购买服务台账，记录相关文件、工作计划方案、项目和资金批复、项目进展和资金支付、工作汇报总结、重大活动和其他有关资料信息，接受和配合相关部门对资金使用情况进行监督检查及绩效评价。

第二十九条 承接主体应当建立健全财务制度，严格遵守相关财政财务规定，对购买服务的项目资金进行规范的财务管理和会计核算，加强自身监督，确保资金规范管理和使用。

第三十条 承接主体应当建立健全财务报告制度，按要求向购买主体提供资金的使用情况、项目执行情况、成果总结等材料。

第六章 绩效和监督管理

第三十一条 财政部门应当按照建立全过程预算绩效管理机制的要求，加强成本效益分析，推进政府购买服务绩效评价工作。

财政部门应当推动建立由购买主体、服务对象及专业机构组成的综合性评价机制，推进第三方评价，按照过程评价与结果评价、短期效果评价与长远效果评价、社会效益评价与经济效益评价相结合的原则，对购买服务项目数量、质量和资金使用绩效等进行考核评价。评价结果作为选择承接主体的重要参考依据。

第三十二条 财政、审计等有关部门应当加强对政府购买服务的监督、审计，确保政府购买服务资金规范管理和合理使用。对截留、挪用和滞留资金以及其他违反本办法规定的行为，依照《中华人民共和国政府采购法》《财政违法行为处罚处分条例》等国家有关规定追究法律责任；涉嫌犯罪的，依法移交司法机关处理。

第三十三条 民政、工商管理及行业主管等部门应当按照职责分工将承接主体承接政府购买服务行为信用记录纳入年检（报）、评估、执法等监管体系，不断健全守信激励和失信惩戒机制。

第三十四条 购买主体应当加强服务项目标准体系建设，科学设定服务需求和目标要求，建立服务项目定价体系和质量标准体系，合理编制规范性服务标准文本。

第三十五条 购买主体应当建立监督检查机制，加强对政府购买服务的全过程监督，积极配合有关部门将承接主体的承接政府购买服务行为纳入年检（报）、评估、执法等监管体系。

第三十六条 财政部门和购买主体应当按照《中华人民共和国政府信息公开条例》《政府采购信息公告管理办法》以及预算公开的相关规定，公开财政预算及部门和单位的政府购买服务活动的相关信息，涉及国家秘密、商业秘密和个人隐私的信息除外。

第三十七条 财政部门应当会同相关部门、购买主体建立承接主体承接政府购买服务行为信用记录，对弄虚作假、冒领财政资金以及有其他违法违规行为的承接主体，依法给予行政处罚，并列入政府购买服务黑名单。

第七章　附　　则

第三十八条　本办法由财政部会同有关部门负责解释。

第三十九条　本办法自2015年1月1日起施行。

41. 关于印发《政府采购竞争性磋商采购方式管理暂行办法》的通知

（财库〔2014〕214 号）

【发文机关】财政部
【发文文号】财库〔2014〕214 号
【发布日期】2014 年 12 月 31 日
【实施日期】2014 年 12 月 31 日
【时效性】现行有效

党中央有关部门，国务院各部委、各直属机构，全国人大常委会办公厅，全国政协办公厅，高法院，高检院，有关人民团体，各省、自治区、直辖市、计划单列市财政厅（局），新疆生产建设兵团财务局，各集中采购机构：

为了深化政府采购制度改革，适应推进政府购买服务、推广政府和社会资本合作（PPP）模式等工作需要，根据《中华人民共和国政府采购法》和有关法律法规，财政部制定了《政府采购竞争性磋商采购方式管理暂行办法》。现印发给你们，请遵照执行。

2014 年 12 月 31 日

政府采购竞争性磋商采购方式管理暂行办法

第一章　总　　则

第一条　为了规范政府采购行为，维护国家利益、社会公共利益和政府采购当事人的合法权益，依据《中华人民共和国政府采购法》（以下简称政府采购法）第二十六条第一款第六项规定，制定本办法。

第二条　本办法所称竞争性磋商采购方式，是指采购人、政府采购代理机构通过组建竞争性磋商小组（以下简称磋商小组）与符合条件的供应商就采购货物、工程和服务事宜进行磋商，供应商按照磋商文件的要求提交响应文件和报价，采购人从磋商小组评审后提出的候选供应商名单中确定成交供应商的采购方式。

第三条　符合下列情形的项目，可以采用竞争性磋商方式开展采购：

（一）政府购买服务项目；

（二）技术复杂或者性质特殊，不能确定详细规格或者具体要求的；

（三）因艺术品采购、专利、专有技术或者服务的时间、数量事先不能确定等原因不能事先计算出价格总额的；

（四）市场竞争不充分的科研项目，以及需要扶持的科技成果转化项目；

（五）按照招标投标法及其实施条例必须进行招标的工程建设项目以外的工程建设项目。

第二章　磋商程序

第四条　达到公开招标数额标准的货物、服务采购项目，拟采用竞争性磋商采购方式的，采购人应当在采购活动开始前，报经主管预算单位同意后，依法向设区的市、自治州以上人民政府财政部门申请批准。

第五条　采购人、采购代理机构应当按照政府采购法和本办法的规定组织开展竞争性磋商，并采取必要措施，保证磋商在严格保密的情况下进行。

任何单位和个人不得非法干预、影响磋商过程和结果。

第六条　采购人、采购代理机构应当通过发布公告、从省级以上财政部门建立的供应商库中随机抽取或者采购人和评审专家分别书面推荐的方式邀请不少于 3 家符合相应资格条件的供应商参与竞争性磋商采购活动。

符合政府采购法第二十二条第一款规定条件的供应商可以在采购活动开始前加入供应商库。财政部门不得对供应商申请入库收取任何费用，不得利用供应商库进行地区和行业封锁。

采取采购人和评审专家书面推荐方式选择供应商的，采购人和评审专家应当各自出具书面推荐意见。采购人推荐供应商的比例不得高于推荐供应商总数的 50%。

第七条　采用公告方式邀请供应商的，采购人、采购代理机构应当在省级以上人民政府财政部门指定的政府采购信息发布媒体发布竞争性磋商公告。竞争性磋商公告应当包括以下主要内容：

（一）采购人、采购代理机构的名称、地点和联系方法；

（二）采购项目的名称、数量、简要规格描述或项目基本概况介绍；

（三）采购项目的预算；

（四）供应商资格条件；

（五）获取磋商文件的时间、地点、方式及磋商文件售价；

（六）响应文件提交的截止时间、开启时间及地点；

（七）购项目联系人姓名和电话。

第八条　竞争性磋商文件（以下简称磋商文件）应当根据采购项目的特点和采购人的

实际需求制定，并经采购人书面同意。采购人应当以满足实际需求为原则，不得擅自提高经费预算和资产配置等采购标准。

磋商文件不得要求或者标明供应商名称或者特定货物的品牌，不得含有指向特定供应商的技术、服务等条件。

第九条 磋商文件应当包括供应商资格条件、采购邀请、采购方式、采购预算、采购需求、政府采购政策要求、评审程序、评审方法、评审标准、价格构成或者报价要求、响应文件编制要求、保证金交纳数额和形式以及不予退还保证金的情形、磋商过程中可能实质性变动的内容、响应文件提交的截止时间、开启时间及地点以及合同草案条款等。

第十条 从磋商文件发出之日起至供应商提交首次响应文件截止之日止不得少于10日。

磋商文件售价应当按照弥补磋商文件制作成本费用的原则确定，不得以营利为目的，不得以项目预算金额作为确定磋商文件售价依据。磋商文件的发售期限自开始之日起不得少于5个工作日。

提交首次响应文件截止之日前，采购人、采购代理机构或者磋商小组可以对已发出的磋商文件进行必要的澄清或者修改，澄清或者修改的内容作为磋商文件的组成部分。澄清或者修改的内容可能影响响应文件编制的，采购人、采购代理机构应当在提交首次响应文件截止时间至少5日前，以书面形式通知所有获取磋商文件的供应商；不足5日的，采购人、采购代理机构应当顺延提交首次响应文件截止时间。

第十一条 供应商应当按照磋商文件的要求编制响应文件，并对其提交的响应文件的真实性、合法性承担法律责任。

第十二条 采购人、采购代理机构可以要求供应商在提交响应文件截止时间之前交纳磋商保证金。磋商保证金应当采用支票、汇票、本票或者金融机构、担保机构出具的保函等非现金形式交纳。磋商保证金数额应当不超过采购项目预算的2%。供应商未按照磋商文件要求提交磋商保证金的，响应无效。

供应商为联合体的，可以由联合体中的一方或者多方共同交纳磋商保证金，其交纳的保证金对联合体各方均具有约束力。

第十三条 供应商应当在磋商文件要求的截止时间前，将响应文件密封送达指定地点。在截止时间后送达的响应文件为无效文件，采购人、采购代理机构或者磋商小组应当拒收。

供应商在提交响应文件截止时间前，可以对所提交的响应文件进行补充、修改或者撤回，并书面通知采购人、采购代理机构。补充、修改的内容作为响应文件的组成部分。补充、修改的内容与响应文件不一致的，以补充、修改的内容为准。

第十四条 磋商小组由采购人代表和评审专家共3人以上单数组成，其中评审专家人数不得少于磋商小组成员总数的2/3。采购人代表不得以评审专家身份参加本部门或本单位采购项目的评审。采购代理机构人员不得参加本机构代理的采购项目的评审。

采用竞争性磋商方式的政府采购项目，评审专家应当从政府采购评审专家库内相关专业的专家名单中随机抽取。符合本办法第三条第四项规定情形的项目，以及情况特殊、通过随机方式难以确定合适的评审专家的项目，经主管预算单位同意，可以自行选定评审专家。技术复杂、专业性强的采购项目，评审专家中应当包含1名法律专家。

第十五条　评审专家应当遵守评审工作纪律，不得泄露评审情况和评审中获悉的商业秘密。

磋商小组在评审过程中发现供应商有行贿、提供虚假材料或者串通等违法行为的，应当及时向财政部门报告。

评审专家在评审过程中受到非法干涉的，应当及时向财政、监察等部门举报。

第十六条　磋商小组成员应当按照客观、公正、审慎的原则，根据磋商文件规定的评审程序、评审方法和评审标准进行独立评审。未实质性响应磋商文件的响应文件按无效响应处理，磋商小组应当告知提交响应文件的供应商。

磋商文件内容违反国家有关强制性规定的，磋商小组应当停止评审并向采购人或者采购代理机构说明情况。

第十七条　采购人、采购代理机构不得向磋商小组中的评审专家作倾向性、误导性的解释或者说明。

采购人、采购代理机构可以视采购项目的具体情况，组织供应商进行现场考察或召开磋商前答疑会，但不得单独或分别组织只有一个供应商参加的现场考察和答疑会。

第十八条　磋商小组在对响应文件的有效性、完整性和响应程度进行审查时，可以要求供应商对响应文件中含义不明确、同类问题表述不一致或者有明显文字和计算错误的内容等做出必要的澄清、说明或者更正。供应商的澄清、说明或者更正不得超出响应文件的范围或者改变响应文件的实质性内容。

磋商小组要求供应商澄清、说明或者更正响应文件应当以书面形式做出。供应商的澄清、说明或者更正应当由法定代表人或其授权代表签字或者加盖公章。由授权代表签字的，应当附法定代表人授权书。供应商为自然人的，应当由本人签字并附身份证明。

第十九条　磋商小组所有成员应当集中与单一供应商分别进行磋商，并给予所有参加磋商的供应商平等的磋商机会。

第二十条　在磋商过程中，磋商小组可以根据磋商文件和磋商情况实质性变动采购需求中的技术、服务要求以及合同草案条款，但不得变动磋商文件中的其他内容。实质性变动的内容，须经采购人代表确认。

对磋商文件做出的实质性变动是磋商文件的有效组成部分，磋商小组应当及时以书面形式同时通知所有参加磋商的供应商。

供应商应当按照磋商文件的变动情况和磋商小组的要求重新提交响应文件，并由其法定代表人或授权代表签字或者加盖公章。由授权代表签字的，应当附法定代表人授权书。供应商为自然人的，应当由本人签字并附身份证明。

第二十一条　磋商文件能够详细列明采购标的的技术、服务要求的，磋商结束后，磋商小组应当要求所有实质性响应的供应商在规定时间内提交最后报价，提交最后报价的供应商不得少于3家。

磋商文件不能详细列明采购标的的技术、服务要求，需经磋商由供应商提供最终设计方案或解决方案的，磋商结束后，磋商小组应当按照少数服从多数的原则投票推荐3家以上供应商的设计方案或者解决方案，并要求其在规定时间内提交最后报价。

最后报价是供应商响应文件的有效组成部分。符合本办法第三条第四项情形的，提交最后报价的供应商可以为2家。

第二十二条 已提交响应文件的供应商，在提交最后报价之前，可以根据磋商情况退出磋商。采购人、采购代理机构应当退还退出磋商的供应商的磋商保证金。

第二十三条 经磋商确定最终采购需求和提交最后报价的供应商后，由磋商小组采用综合评分法对提交最后报价的供应商的响应文件和最后报价进行综合评分。

综合评分法，是指响应文件满足磋商文件全部实质性要求且按评审因素的量化指标评审得分最高的供应商为成交候选供应商的评审方法。

第二十四条 综合评分法评审标准中的分值设置应当与评审因素的量化指标相对应。磋商文件中没有规定的评审标准不得作为评审依据。

评审时，磋商小组各成员应当独立对每个有效响应的文件进行评价、打分，然后汇总每个供应商每项评分因素的得分。

综合评分法货物项目的价格分值占总分值的比重（即权值）为30%～60%，服务项目的价格分值占总分值的比重（即权值）为10%～30%。采购项目中含不同采购对象的，以占项目资金比例最高的采购对象确定其项目属性。符合本办法第三条第三项的规定和执行统一价格标准的项目，其价格不列为评分因素。有特殊情况需要在上述规定范围外设定价格分权重的，应当经本级人民政府财政部门审核同意。

综合评分法中的价格分统一采用低价优先法计算，即满足磋商文件要求且最后报价最低的供应商的价格为磋商基准价，其价格分为满分。其他供应商的价格分统一按照下列公式计算：

磋商报价得分=（磋商基准价/最后磋商报价）×价格权值×100

项目评审过程中，不得去掉最后报价中的最高报价和最低报价。

第二十五条 磋商小组应当根据综合评分情况，按照评审得分由高到低顺序推荐3名以上成交候选供应商，并编写评审报告。符合本办法第二十一条第三款情形的，可以推荐2家成交候选供应商。评审得分相同的，按照最后报价由低到高的顺序推荐。评审得分且最后报价相同的，按照技术指标优劣顺序推荐。

第二十六条 评审报告应当包括以下主要内容：

（一）邀请供应商参加采购活动的具体方式和相关情况；

（二）响应文件开启日期和地点；

（三）获取磋商文件的供应商名单和磋商小组成员名单；

（四）评审情况记录和说明，包括对供应商的资格审查情况、供应商响应文件评审情况、磋商情况、报价情况等；

（五）提出的成交候选供应商的排序名单及理由。

第二十七条 评审报告应当由磋商小组全体人员签字认可。磋商小组成员对评审报告有异议的，磋商小组按照少数服从多数的原则推荐成交候选供应商，采购程序继续进行。对评审报告有异议的磋商小组成员，应当在报告上签署不同意见并说明理由，由磋商小组书面记录相关情况。磋商小组成员拒绝在报告上签字又不书面说明其不同意见和理由的，视为同意评审报告。

第二十八条　采购代理机构应当在评审结束后 2 个工作日内将评审报告送采购人确认。

采购人应当在收到评审报告后 5 个工作日内，从评审报告提出的成交候选供应商中，按照排序由高到低的原则确定成交供应商，也可以书面授权磋商小组直接确定成交供应商。采购人逾期未确定成交供应商且不提出异议的，视为确定评审报告提出的排序第一的供应商为成交供应商。

第二十九条　采购人或者采购代理机构应当在成交供应商确定后 2 个工作日内，在省级以上财政部门指定的政府采购信息发布媒体上公告成交结果，同时向成交供应商发出成交通知书，并将磋商文件随成交结果同时公告。成交结果公告应当包括以下内容：

（一）采购人和采购代理机构的名称、地址和联系方式；

（二）项目名称和项目编号；

（三）成交供应商名称、地址和成交金额；

（四）主要成交标的的名称、规格型号、数量、单价、服务要求；

（五）磋商小组成员名单。

采用书面推荐供应商参加采购活动的，还应当公告采购人和评审专家的推荐意见。

第三十条　采购人与成交供应商应当在成交通知书发出之日起 30 日内，按照磋商文件确定的合同文本以及采购标的、规格型号、采购金额、采购数量、技术和服务要求等事项签订政府采购合同。

采购人不得向成交供应商提出超出磋商文件以外的任何要求作为签订合同的条件，不得与成交供应商订立背离磋商文件确定的合同文本以及采购标的、规格型号、采购金额、采购数量、技术和服务要求等实质性内容的协议。

第三十一条　采购人或者采购代理机构应当在采购活动结束后及时退还供应商的磋商保证金，但因供应商自身原因导致无法及时退还的除外。未成交供应商的磋商保证金应当在成交通知书发出后 5 个工作日内退还，成交供应商的磋商保证金应当在采购合同签订后 5 个工作日内退还。

有下列情形之一的，磋商保证金不予退还：

（一）供应商在提交响应文件截止时间后撤回响应文件的；

（二）供应商在响应文件中提供虚假材料的；

（三）除因不可抗力或磋商文件认可的情形以外，成交供应商不与采购人签订合同的；

（四）供应商与采购人、其他供应商或者采购代理机构恶意串通的；

（五）磋商文件规定的其他情形。

第三十二条　除资格性检查认定错误、分值汇总计算错误、分项评分超出评分标准范围、客观分评分不一致、经磋商小组一致认定评分畸高、畸低的情形外，采购人或者采购代理机构不得以任何理由组织重新评审。采购人、采购代理机构发现磋商小组未按照磋商文件规定的评审标准进行评审的，应当重新开展采购活动，并同时书面报告本级财政部门。

采购人或者采购代理机构不得通过对样品进行检测、对供应商进行考察等方式改变评审结果。

第三十三条 成交供应商拒绝签订政府采购合同的，采购人可以按照本办法第二十八条第二款规定的原则确定其他供应商作为成交供应商并签订政府采购合同，也可以重新开展采购活动。拒绝签订政府采购合同的成交供应商不得参加对该项目重新开展的采购活动。

第三十四条 出现下列情形之一的，采购人或者采购代理机构应当终止竞争性磋商采购活动，发布项目终止公告并说明原因，重新开展采购活动：

（一）因情况变化，不再符合规定的竞争性磋商采购方式适用情形的；

（二）出现影响采购公正的违法、违规行为的；

（三）除本办法第二十一条第三款规定的情形外，在采购过程中符合要求的供应商或者报价未超过采购预算的供应商不足3家的。

第三十五条 在采购活动中因重大变故，采购任务取消的，采购人或者采购代理机构应当终止采购活动，通知所有参加采购活动的供应商，并将项目实施情况和采购任务取消原因报送本级财政部门。

第三章 附 则

第三十六条 相关法律制度对政府和社会资本合作项目采用竞争性磋商采购方式另有规定的，从其规定。

第三十七条 本办法所称主管预算单位是指负有编制部门预算职责，向同级财政部门申报预算的国家机关、事业单位和团体组织。

第三十八条 本办法自发布之日起施行。

42. 关于印发《政府和社会资本合作项目政府采购管理办法》的通知

（财库〔2014〕215 号）

【发文机关】财政部
【发文文号】财综〔2014〕215 号
【发布日期】2014 年 12 月 31 日
【实施日期】2014 年 12 月 31 日
【时效性】现行有效

党中央有关部门，国务院各部委、各直属机构，全国人大常委会办公厅，全国政协办公厅，高法院，高检院，有关人民团体，各省、自治区、直辖市、计划单列市财政厅（局），新疆生产建设兵团财务局，各集中采购机构：

为了贯彻落实《国务院关于创新重点领域投融资机制鼓励社会投资的指导意见》（国发（2014）60 号），推广政府和社会资本合作（PPP）模式，规范 PPP 项目政府采购行为，根据《中华人民共和国政府采购法》和有关法律法规，财政部制定了《政府和社会资本合作项目政府采购管理办法》。现印发给你们，请遵照执行。

财政部
2014 年 12 月 31 日

政府和社会资本合作项目政府采购管理办法

第一章　总　　则

第一条　为了规范政府和社会资本合作项目政府采购（以下简称 PPP 项目采购）行为，维护国家利益、社会公共利益和政府采购当事人的合法权益，依据《中华人民共和国政府采购法》（以下简称政府采购法）和有关法律、行政法规、部门规章，制定本办法。

第二条 本办法所称 PPP 项目采购，是指政府为达成权利义务平衡、物有所值的 PPP 项目合同，遵循公开、公平、公正和诚实信用原则，按照相关法规要求完成 PPP 项目识别和准备等前期工作后，依法选择社会资本合作者的过程。PPP 项目实施机构（采购人）在项目实施过程中选择合作社会资本（供应商），适用本办法。

第三条 PPP 项目实施机构可以委托政府采购代理机构办理 PPP 项目采购事宜。PPP 项目咨询服务机构从事 PPP 项目采购业务的，应当按照政府采购代理机构管理的有关要求及时进行网上登记。

第二章 采购程序

第四条 PPP 项目采购方式包括公开招标、邀请招标、竞争性谈判、竞争性磋商和单一来源采购。项目实施机构应当根据 PPP 项目的采购需求特点，依法选择适当的采购方式。公开招标主要适用于采购需求中核心边界条件和技术经济参数明确、完整、符合国家法律法规及政府采购政策，且采购过程中不作更改的项目。

第五条 PPP 项目采购应当实行资格预审。项目实施机构应当根据项目需要准备资格预审文件，发布资格预审公告，邀请社会资本和与其合作的金融机构参与资格预审，验证项目能否获得社会资本响应和实现充分竞争。

第六条 资格预审公告应当在省级以上人民政府财政部门指定的政府采购信息发布媒体上发布。资格预审合格的社会资本在签订 PPP 项目合同前资格发生变化的，应当通知项目实施机构。

资格预审公告应当包括项目授权主体、项目实施机构和项目名称、采购需求、对社会资本的资格要求、是否允许联合体参与采购活动、是否限定参与竞争的合格社会资本的数量及限定的方法和标准，以及社会资本提交资格预审申请文件的时间和地点。提交资格预审申请文件的时间自公告发布之日起不得少于 15 个工作日。

第七条 项目实施机构、采购代理机构应当成立评审小组，负责 PPP 项目采购的资格预审和评审工作。评审小组由项目实施机构代表和评审专家共 5 人以上单数组成，其中评审专家人数不得少于评审小组成员总数的 2/3。评审专家可以由项目实施机构自行选定，但评审专家中至少应当包含 1 名财务专家和 1 名法律专家。项目实施机构代表不得以评审专家身份参加项目的评审。

第八条 项目有 3 家以上社会资本通过资格预审的，项目实施机构可以继续开展采购文件准备工作；项目通过资格预审的社会资本不足 3 家的，项目实施机构应当在调整资格预审公告内容后重新组织资格预审；项目经重新资格预审后合格社会资本仍不够 3 家的，可以依法变更采购方式。

资格预审结果应当告知所有参与资格预审的社会资本，并将资格预审的评审报告提交财政部门（政府和社会资本合作中心）备案。

第九条 项目采购文件应当包括采购邀请、竞争者须知（包括密封、签署、盖章要求等）、竞争者应当提供的资格、资信及业绩证明文件、采购方式、政府对项目实施机构的授权、实施方案的批复和项目相关审批文件、采购程序、响应文件编制要求、提交响应文件截止时间、开启时间及地点、保证金交纳数额和形式、评审方法、评审标准、政府采购政策要求、PPP项目合同草案及其他法律文本、采购结果确认谈判中项目合同可变的细节，以及是否允许未参加资格预审的供应商参与竞争并进行资格后审等内容。项目采购文件中还应当明确项目合同必须报请本级人民政府审核同意，在获得同意前项目合同不得生效。

采用竞争性谈判或者竞争性磋商采购方式的，项目采购文件除上款规定的内容外，还应当明确评审小组根据与社会资本谈判情况可能实质性变动的内容，包括采购需求中的技术、服务要求以及项目合同草案条款。

第十条　项目实施机构应当在资格预审公告、采购公告、采购文件、项目合同中列明采购本国货物和服务、技术引进和转让等政策要求，以及对社会资本参与采购活动和履约保证的担保要求。

第十一条　项目实施机构应当组织社会资本进行现场考察或者召开采购前答疑会，但不得单独或者分别组织只有一个社会资本参加的现场考察和答疑会。项目实施机构可以视项目的具体情况，组织对符合条件的社会资本的资格条件进行考察核实。

第十二条　评审小组成员应当按照客观、公正、审慎的原则，根据资格预审公告和采购文件规定的程序、方法和标准进行资格预审和独立评审。已进行资格预审的，评审小组在评审阶段可以不再对社会资本进行资格审查。允许进行资格后审的，由评审小组在响应文件评审环节对社会资本进行资格审查。

评审小组成员应当在资格预审报告和评审报告上签字，对自己的评审意见承担法律责任。对资格预审报告或者评审报告有异议的，应当在报告上签署不同意见，并说明理由，否则视为同意资格预审报告和评审报告。

评审小组发现采购文件内容违反国家有关强制性规定的，应当停止评审并向项目实施机构说明情况。

第十三条　评审专家应当遵守评审工作纪律，不得泄露评审情况和评审中获悉的国家秘密、商业秘密。

评审小组在评审过程中发现社会资本有行贿、提供虚假材料或者串通等违法行为的，应当及时向财政部门报告。

评审专家在评审过程中受到非法干涉的，应当及时向财政、监察等部门举报。

第十四条　PPP项目采购评审结束后，项目实施机构应当成立专门的采购结果确认谈判工作组，负责采购结果确认前的谈判和最终的采购结果确认工作。

采购结果确认谈判工作组成员及数量由项目实施机构确定，但应当至少包括财政预算管理部门、行业主管部门代表，以及财务、法律等方面的专家。涉及价格管理、环境保护的PPP项目，谈判工作组还应当包括价格管理、环境保护行政执法机关代表。评审小组成员可以作为采购结果确认谈判工作组成员参与采购结果确认谈判。

第十五条　采购结果确认谈判工作组应当按照评审报告推荐的候选社会资本排名，依次与候选社会资本及与其合作的金融机构就项目合同中可变的细节问题进行项目合同签署前的确认谈判，率先达成一致的候选社会资本即为预中标、成交社会资本。

第十六条　确认谈判不得涉及项目合同中不可谈判的核心条款，不得与排序在前但已终止谈判的社会资本进行重复谈判。

第十七条 项目实施机构应当在预中标、成交社会资本确定后10个工作日内，与预中标、成交社会资本签署确认谈判备忘录，并将预中标、成交结果和根据采购文件、响应文件及有关补遗文件和确认谈判备忘录拟定的项目合同文本在省级以上人民政府财政部门指定的政府采购信息发布媒体上进行公示，公示期不得少于5个工作日。项目合同文本应当将预中标、成交社会资本响应文件中的重要承诺和技术文件等作为附件。项目合同文本涉及国家秘密、商业秘密的内容可以不公示。

第十八条 项目实施机构应当在公示期满无异议后2个工作日内，将中标、成交结果在省级以上人民政府财政部门指定的政府采购信息发布媒体上进行公告，同时发出中标、成交通知书。

中标、成交结果公告内容应当包括：项目实施机构和采购代理机构的名称、地址和联系方式；项目名称和项目编号；中标或者成交社会资本的名称、地址、法人代表；中标或者成交标的名称、主要中标或者成交条件（包括但不限于合作期限、服务要求、项目概算、回报机制）等；评审小组和采购结果确认谈判工作组成员名单。

第十九条 项目实施机构应当在中标、成交通知书发出后30日内，与中标、成交社会资本签订经本级人民政府审核同意的PPP项目合同。

需要为PPP项目设立专门项目公司的，待项目公司成立后，由项目公司与项目实施机构重新签署PPP项目合同，或者签署关于继承PPP项目合同的补充合同。

第二十条 项目实施机构应当在PPP项目合同签订之日起2个工作日内，将PPP项目合同在省级以上人民政府财政部门指定的政府采购信息发布媒体上公告，但PPP项目合同中涉及国家秘密、商业秘密的内容除外。

第二十一条 项目实施机构应当在采购文件中要求社会资本交纳参加采购活动的保证金和履约保证金。社会资本应当以支票、汇票、本票或者金融机构、担保机构出具的保函等非现金形式交纳保证金。参加采购活动的保证金数额不得超过项目预算金额的2%。履约保证金的数额不得超过PPP项目初始投资总额或者资产评估值的10%，无固定资产投资或者投资额不大的服务型PPP项目，履约保证金的数额不得超过平均6个月服务收入额。

第三章　争议处理和监督检查

第二十二条 参加PPP项目采购活动的社会资本对采购活动的询问、质疑和投诉，依照有关政府采购法律制度规定执行。

项目实施机构和中标、成交社会资本在PPP项目合同履行中发生争议且无法协商一致的，可以依法申请仲裁或者提起民事诉讼。

第二十三条 各级人民政府财政部门应当加强对PPP项目采购活动的监督检查，依法处理采购活动中的违法违规行为。

第二十四条 PPP项目采购有关单位和人员在采购活动中出现违法违规行为的，依照政府采购法及有关法律法规追究法律责任。

第四章　附　　则

第二十五条 本办法自发布之日起施行。

43. 关于推进地方盘活财政存量资金有关事项的通知

（财预〔2015〕15号）

【发文机关】财政部
【发文文号】财预〔2015〕15号
【发布日期】2015年2月17日
【实施日期】2015年2月17日
【时效性】现行有效

各省、自治区、直辖市、计划单列市财政厅（局）：

为贯彻落实《国务院办公厅关于进一步做好盘活财政存量资金工作的通知》（国办发〔2014〕70号，以下简称《通知》）有关规定，切实提高财政资金使用效率，现就推进地方盘活财政存量资金有关事项通知如下：

一、明确结转结余资金的范围及清理措施

（一）关于一般公共预算结转结余资金。一般公共预算结转结余资金，是指一般公共预算尚未下达地方和部门、留在各级财政部门的结转结余资金，不含上级专项转移支付结转结余资金。

一般公共预算结转结余资金（含从2015年起由政府性基金预算转列一般公共预算的结转结余资金），除权责发生制核算事项外，结转两年以上的资金，应当作为结余资金管理，全部补充预算稳定调节基金。未满两年但调整用途的结转资金，其结转时间应按初次安排预算的时间计算，不得重新计算。已按权责发生制核算的事项最迟要在2016年底前使用完毕，地方规定时间更为提前的，从其规定。

（二）关于政府性基金预算结转资金。政府性基金预算结转资金，是指政府性基金预算尚未下达到地方和部门、留在各级政府财政部门中的结转资金，不含上级专项转移支付结转资金。

政府性基金预算结转资金规模较大的，应调入一般公共预算统筹使用，调入的基金应补充预算稳定调节基金。每一项政府性基金结转资金规模一般不超过该项基金当年收入的30%，地方可在此基础上实行更严格的统筹使用措施。

（三）关于转移支付结转结余资金。转移支付结转结余资金，既包括一般公共预算安排的转移支付，又包括政府性基金预算安排的转移支付。

上级财政专项转移支付结转结余资金中，预算尚未分配到部门和地方并结转两年以上的资金，由下级财政交回上级财政统筹使用；未满两年的结转资金，同级财政可在不改变资金类级科目用途的基础上，调整用于同一类级科目下的其他项目。预算已分配到部门并结转两年以上的结余资金，由同级财政收回统筹使用。收回的结转结余资金，作为权责发生制核算事项，应在两年内使用完毕。专项转移支付结转结余资金交回、收回或用途调整有关情况应及时汇总报送上级财政部门和业务主管部门备案。

（四）关于部门预算结转结余资金。部门预算结转结余资金，既包括一般公共预算安排的部门预算结转结余资金，也包括政府性基金预算安排的部门预算结转结余资金。

部门预算结余资金以及结转两年以上的资金（包括基建资金和非基建资金），由同级财政收回统筹使用。收回统筹使用的资金作为权责发生制事项单独核算，并应在两年内使用完毕。

财政收回转移支付结转结余资金、部门预算结转结余资金时，借记“国库存款”科目，贷记“暂存款”科目。安排使用时，按原预算科目支出的，借记“暂存款”科目；调整支出科目的，应按原结转预算科目做冲销处理，借记“暂存款”，贷记“一般预算支出”等科目，同时按实际支出预算科目作列支账务处理，借记“一般预算支出”等科目，贷记“国库存款”等科目。

二、规范结转结余资金收回程序

（一）各省级财政部门应根据规定，尽快组织对本省（区、市）截至2014年年底的财政存量资金进行清理统计，并将执行国办发〔2014〕70号文件的情况，以及2015年2月底前已统筹使用财政存量资金的情况，按照附件表一至表十四格式填报，经同级人民政府批准后，于2015年3月15日前报送财政部，并抄送财政部驻当地财政监察专员办事处（以下简称专员办）。

（二）财政部根据省级财政部门报送的2014年底财政存量资金清理统计情况，对省级财政部门应交回结转结余资金，采取预上缴、后清算方式办理，由各省级财政部门专项上解中央财政，年终结合专员办审核意见据实清算。

（三）各专员办应对本地财政部门报送财政存量资金统计数据的完整性、真实性等进行严格审核，于2015年5月31日前将审核意见报财政部。

（四）为做好政策衔接，按照《通知》规定应补充预算稳定调节基金、交回上级财政或由同级财政收回统筹使用的结转结余资金，在2015年2月28日前已形成实际支出的，可不再追溯调整；2月28日后不得再形成实际支出，否则须追溯调整。收回资金的项目需要在2015年及以后年度继续实施的，应作为新的预算项目管理，按照程序重新申请和安排。

（五）以后年度收回财政存量资金工作比照上述方式办理。

三、建立财政存量资金定期报告制度

（一）各省级财政部门要跟踪监控本省（区、市）财政存量资金情况，按照附件表九至表十四格式统计汇总财政存量资金，经同级人民政府批准后，于每季度结束后15日内报送财政部，并抄财政部驻当地专员办。

（二）各省级财政部门应将每季度本省（区、市）财政存量资金情况与上一季度财政存量资金情况、本季度财政库款余额等进行比较，分析增减变化及差异原因，撰写分析报告随同财政存量资金表格一并报送财政部。

四、完善相关保障措施

（一）健全制度办法。各级财政部门要按照《通知》有关要求，加快制定各项财政存量资金管理办法，着力建立盘活财政存量资金与预算编制、执行等挂钩机制。现有管理办法与《通知》相冲突的，要尽快修改完善。

（二）加强预算管理。各级财政部门要加强预算编制管理，逐步推进实行地方中期财政规划管理，不断提高年初预算到位率；提前做好项目前期准备工作，加快预算批复和转移支付下达进度，杜绝各类虚假列支行为，严格控制新增财政存量资金。

（三）发挥资金效益。各级财政部门要以稳增长、促改革、调结构、惠民生为目标，对应按原用途使用的资金，尽快拨付投入使用；对不需按原用途使用的资金，收回主要统筹用于棚户区改造、城市基础设施、铁路公路建设、重大水利工程等重点领域，提高财政资金使用效益。

（四）强化检查督促。各级财政部门应加强盘活财政存量资金检查，督促各部门各单位严格落实国务院规定，对支出进度慢、盘活财政存量资金不力的地区或部门及时通报或约谈。

特此通知。

财政部

2015年2月17日

44. 关于印发《地方政府一般债券发行管理暂行办法》的通知

（财库〔2015〕64 号）

【发文机关】财政部
【发文文号】财库〔2015〕64 号
【发布日期】2015 年 3 月 12 日
【实施日期】2015 年 3 月 12 日
【时效性】现行有效

各省、自治区、直辖市、计划单列市财政厅（局、委）：

为加强地方政府债务管理，规范地方政府一般债券发行等行为，保护投资者合法权益，根据《预算法》和《国务院关于加强地方政府性债务管理的意见》（国发〔2014〕43 号），我们制定了《地方政府一般债券发行管理暂行办法》。现印发给你们，请遵照执行。

财政部
2015 年 3 月 12 日

地方政府一般债券发行管理暂行办法

第一条 为加强地方政府债务管理，规范地方政府一般债券发行等行为，保护投资者合法权益，根据《预算法》和《国务院关于加强地方政府性债务管理的意见》（国发〔2014〕43 号），制定本办法。

第二条 地方政府一般债券（以下简称一般债券）是指省、自治区、直辖市政府（含经省级政府批准自办债券发行的计划单列市政府）为没有收益的公益性项目发行的、约定一定期限内主要以一般公共预算收入还本付息的政府债券。

一般债券采用记账式固定利率附息形式。

第三条　省、自治区、直辖市依照国务院下达的限额举借的债务，列入本级预算调整方案，报本级人民代表大会常务委员会批准。债券资金收支列入一般公共预算管理。

第四条　一般债券期限为 1 年、3 年、5 年、7 年和 10 年，由各地根据资金需求和债券市场状况等因素合理确定，但单一期限债券的发行规模不得超过一般债券当年发行规模的 30%。

第五条　一般债券由各地按照市场化原则自发自还，遵循公开、公平、公正的原则，发行和偿还主体为地方政府。

第六条　各地按照有关规定开展一般债券信用评级，择优选择信用评级机构，与信用评级机构签署信用评级协议，明确双方权利和义务。

第七条　信用评级机构按照独立、客观、公正的原则开展信用评级工作，遵守信用评级规定与业务规范，及时发布信用评级报告。

第八条　各地应及时披露一般债券基本信息、财政经济运行及债务情况等。

第九条　信息披露遵循诚实信用原则，不得有虚假记载、误导性陈述或重大遗漏。

投资者对披露信息进行独立分析，独立判断一般债券的投资价值，自行承担投资风险。

第十条　各地组建一般债券承销团，承销团成员应当是在中国境内依法成立的金融机构，具有债券承销业务资格，资本充足率、偿付能力或者净资本状况等指标达到监管标准。

第十一条　地方政府财政部门与一般债券承销商签署债券承销协议，明确双方权利和义务。承销商可以书面委托其分支机构代理签署并履行债券承销协议。

第十二条　各地可以在一般债券承销商中择优选择主承销商，主承销商为一般债券提供发行定价、登记托管、上市交易等咨询服务。

第十三条　一般债券发行利率采用承销、招标等方式确定。采用承销或招标方式的，发行利率在承销或招标日前 1～5 个工作日相同待偿期记账式国债的平均收益率之上确定。

承销是指地方政府与主承销商商定债券承销利率（或利率区间），要求各承销商（包括主承销商）在规定时间报送债券承销额（或承销利率及承销额），按市场化原则确定债券发行利率及各承销商债券承销额的发债机制。

招标是指地方政府通过财政部国债发行招投标系统或其他电子招标系统，要求各承销商在规定时间报送债券投标额及投标利率，按利率从低到高原则确定债券发行利率及各承销商债券中标额的发债机制。

第十四条　各地采用承销方式发行一般债券时，应与主承销商协商确定承销规则，明确承销方式和募集原则等。

各地采用招标方式发行一般债券时，应制定招标规则，明确招标方式和中标原则等。

第十五条　各地应当加强发债定价现场管理，确保在发行定价过程中，不得有违反公平竞争、进行利益输送、直接或间接谋取不正当利益以及其他破坏市场秩序的行为。

第十六条　各地应积极扩大一般债券投资者范围，鼓励社会保险基金、住房公积金、企业年金、职业年金、保险公司等机构投资者和个人投资者在符合法律法规等相关规定的前提下投资一般债券。

第十七条 各地应当在一般债券发行定价结束后，通过中国债券信息网和本地区门户网站等媒体，及时公布债券发行结果。

第十八条 一般债券应当在中央国债登记结算有限责任公司办理总登记托管，在国家规定的证券登记结算机构办理分登记托管。一般债券发行结束后，符合条件的应按有关规定及时在全国银行间债券市场、证券交易所债券市场等上市交易。

第十九条 企业和个人取得的一般债券利息收入，按照《财政部 国家税务总局关于地方政府债券利息免征所得税问题的通知》（财税〔2013〕5号）规定，免征企业所得税和个人所得税。

第二十条 各地应切实履行偿债责任，及时支付债券本息、发行费等资金，维护政府信誉。

第二十一条 登记结算机构、承销机构、信用评级机构等专业机构和人员应当勤勉尽责，严格遵守职业规范和相关规则。对弄虚作假、存在违法违规行为的，列入负面名单并向社会公示。涉嫌犯罪的，移送司法机关处理。

第二十二条 财政部驻各地财政监察专员办事处加强对一般债券的监督检查，规范一般债券的发行、资金使用和偿还等行为。

第二十三条 各地应将本地区一般债券发行安排、信用评级、信息披露、承销团组建、发行兑付等有关规定及时报财政部备案。一般债券发行兑付过程中出现重大事项及时向财政部报告。一般债券每次发行工作完成后，应在15个工作日内将债券发行情况向财政部及财政部驻当地财政监察专员办事处报告；全年发行工作完成后，应在20个工作日内将年度发行情况向财政部及财政部驻当地财政监察专员办事处报告。

第二十四条 本办法自印发之日起施行。

45. 关于做好2015年地方政府一般债券发行工作的通知

（财库〔2015〕68号）

【发文机关】财政部
【发文文号】财库〔2015〕68号
【发布日期】2015年3月19日
【实施日期】2015年3月19日
【时效性】现行有效

各省、自治区、直辖市、计划单列市财政厅（局、委），中央国债登记结算有限责任公司、中国证券登记结算有限责任公司，上海证券交易所、深圳证券交易所：

为规范2015年地方政府一般债券（以下简称一般债券）发行工作，根据《预算法》《国务院关于加强地方政府性债务管理的意见》（国发〔2014〕43号）、《财政部关于印发〈地方政府一般债券发行管理暂行办法〉的通知》（财库〔2015〕64号）等有关规定，现就有关事宜通知如下：

一、一般债券由地方政府在限额内按照市场化原则自发自还

（一）省、自治区、直辖市（含经省政府批准自办债券发行的计划单列市）人民政府（以下简称省级政府）依法自行组织本地区一般债券发行、利息支付和本金偿还。一般债券发行兑付有关工作由省级政府财政部门（以下简称地方财政部门）负责办理。

（二）一般债券实行限额管理。省、自治区、直辖市政府发行的一般债券总规模不得超过当年本地区一般债券限额。2015年一般债券限额包括为2015年1月1日起新增一般债务发行的新增一般债券规模、为置换截至2014年12月31日存量一般债务发行的置换一般债券规模。

（三）一般债券发行遵循市场化原则，地方财政部门、一般债券承销团成员（以下简称承销团成员）、信用评级机构及其他相关主体，不得以非市场化方式干扰一般债券发行工作。

（四）地方财政部门应当根据财政部有关制度规定，结合本地区实际情况，制定本地区一般债券发行有关制度。

二、遵循公开、公平、公正的原则组建承销团

（一）一般债券主要通过承销团面向全国银行间债券市场、证券交易所债券市场发行。地方财政部门根据市场环境和本地区一般债券发行规模等因素，确定承销团成员和主承销商（如有）的目标数量、选择方式、承销团组建流程和时间安排等。

（二）地方财政部门应当提前公布承销团组建通知（以下简称组团通知）和承销协议范本。组团通知应当包括承销团成员目标数量、报名要求、选择方式等内容。承销协议范本应当包括地方财政部门和承销团成员（包括主承销商）的权利、义务等内容。如金融机构存在以欺骗、利益输送等不正当手段加入承销团等重大违法、违规行为，地方财政部门应当依法通知其退出承销团。

（三）地方财政部门根据组团通知中规定的选择方式，择优选择承销团成员（包括主承销商）。地方财政部门应当按照《中华人民共和国合同法》等有关规定，与承销团成员在平等自愿基础上签订本地区一般债券承销协议。承销协议有效期原则上不超过3年。此前已组建地方政府债券承销团的地区，承销协议仍在有效期之内的，2015年发行一般债券时可继续沿用此前的承销团。地方财政部门应当及时公布本地区承销团组建结果。

三、规范开展一般债券债项信用评级工作

（一）地方财政部门应当按照公开、公平、公正原则，从具备中国境内债券市场评级资质的信用评级机构中依法竞争择优选择一家信用评级机构，并按规定通过本单位门户网站、中国债券信息网等网站（以下简称指定网站）及时披露所选定的信用评级机构。

（二）一般债券只需进行债项信用评级，即信用评级机构对影响一般债券的诸多信用风险因素进行分析研究，就债券发行人按时、足额偿还债券的能力和意愿出具意见。

各地只需进行涵盖各期限一般债券（1年、3年、5年、7年和10年期）的综合性评级。首次评级进行一次，此后跟踪评级每年开展一次。

（三）地方财政部门要严格遵守信用评级协议约定，及时提供信用评级相关材料和信息，并对提供信息的真实性、准确性负责。要督促信用评级机构认真履行信用评级协议的各项义务，公开披露信用评级的方法和标准；按照项目立项与准备、信息收集与实地调查、信用分析和初评、结果反馈（及可能发生的复评）、评级结果发布、跟踪评级等流程规范开展信用评级操作，在信用评级协议规定时间内完成信用评级工作。地方财政部门不得以任何形式干预评级机构的公正评级。

（四）地方财政部门、信用评级机构应当在信用评级协议中明确债券存续期内每年出具跟踪评级报告的时间。一般债券信用评级的等级划分为三等九级，符号表示为AAA、AA、A、BBB、BB、B、CCC、CC、C。AAA级可用“－”符号进行微调，表示信用等级略低于本等级；AA级至B级可用“＋”或“－”符号进行微调，表示信用等级略高于或低于本等级。

四、按照政府信息公开和债券市场监管有关规定进行信息披露

（一）地方财政部门应当不迟于一般债券发行日前5个工作日，通过指定网站披露以下信息：

1. 债券发行兑付相关制度办法。

2. 债券基本信息。包括发行数量、发行日期、手续费率、发行方式、发行款缴纳时间和账户信息、募集资金投向说明等。

3. 本地区经济运行、财政收支、债务等情况。经济运行情况，主要包括中长期经济规划、经济基本状况等；财政收支状况，公布经同级人大批准的政府预决算数据，主要包括一般公共预算收支、政府性基金预算收支和国有资本经营预算收支等信息；债务情况主要包括债务余额、期限结构、偿债计划等。

4. 信用评级情况。包括首次信用评级报告和跟踪评级安排等。

（二）地方财政部门应当不迟于发行日日终，通过指定网站公告当期一般债券的实际发行规模、利率等信息。

（三）在一般债券还本到期日前，地方财政部门应当通过指定网站持续披露以下信息：

1. 按年度披露财政预决算，按季度披露经济运行等情况，按月度披露财政收支执行等情况。

2. 按年度披露地方政府性债务管理情况。

3. 不迟于信用评级机构出具跟踪评级结果后5个工作日，公布跟踪评级报告。

（四）在一般债券还本到期日前，地方政府发生可能影响其偿债能力的重大事项时，地方财政部门应当及时向市场披露。重大事项主要包括：

1. 地方政府一般债券、专项债券本息未按期支付；

2. 重大的债务赎回或债务豁免；

3. 其他影响一般债券还本付息的重大事件。

地方财政部门应当制定重大事项的报告、传递、审核、披露程序。

（五）地方财政部门应当不迟于一般债券还本付息日前5个工作日，通过指定网站公布还本付息事项。代理还本付息机构在规定时间未及时足额收到还本付息资金的，应当及时向投资者公告相关地方财政部门未及时足额划付资金的事实。

（六）地方财政部门应当保证所披露的信息真实、准确、及时。参与一般债券发行的承销团成员、信用评级机构、登记结算机构和代理还本付息机构等所披露或出具的信息如含有虚假记载、误导性陈述或重大遗漏，应当承担相应责任。

（七）地方财政部门应当加强一般债券信息披露管理，逐步细化一般债券信息披露标准，扩大一般债券信息披露内容范围。在上述规定范围的基础上，鼓励地方财政部门根据投资者需求和有关实际情况，积极披露其他相关信息。

五、科学合理安排债券发行组织工作

（一）各地区每次发行的不同期限一般债券应当分别命名，名称格式为：2015年××省（区、市）政府一般债券（×期），如：2015年北京市政府一般债券（一期）。登记结

算机构等应当专门制定一般债券登记托管等业务编码规则。

（二）地方财政部门应当在本地区一般债券限额内，根据资金需求、债券市场状况等因素合理确定一般债券发行安排。地方财政部门可选择通过财政部国债发行招投标系统、财政部证券交易所国债发行招投标系统（以下统称发行系统）等发行一般债券。一般债券原则上应当避开与同期限记账式国债在同一时段发行。不同地区相同期限的一般债券原则上不在同一时段发行。地方财政部门应当不迟于发行日前7个工作日将发行安排报财政部备案，财政部统筹把握一般债券发行节奏和进度，按照“先备案先得”的原则协调各地一般债券发行时间等发行安排。

中央国债登记结算有限责任公司（以下简称国债登记公司）、上海证券交易所、深圳证券交易所应当做好所负责维护的发行系统的日常运行维护工作，并按财政部要求，及时报送发行系统运行维护情况和相关数据。

（三）单一期次债券发行额在5亿元以上（含5亿元）的应当通过招标方式发行。采用招标方式发行时，地方财政部门应当制定一般债券招标发行规则，合理设定投标区间、中标方式和中标原则等。一般债券投标区间上下限由地方财政部门根据具体情况合理设定，下限不得低于发行日前1～5个工作日相同待偿期记账式国债收益率平均值。招投标系统客户端出现技术问题，承销团成员可按规定进行应急投标。

（四）采用承销方式发行时，地方财政部门应当与主承销商协商合理确定承销规则，明确申购办法和定价、配售方式等。簿记管理人应当提前向承销团成员和投资人询价，并记录询价情况。根据询价情况，簿记管理人应当同地方财政部门和其他主承销商商议决定发行利率区间，一般债券发行利率区间下限不得低于发行日前1～5个工作日相同待偿期记账式国债收益率平均值，并及时向社会公布。簿记管理人应当严格按照承销规则中披露的定价、配售方式确定发行利率、组织配售，并做好书面记录和说明。

（五）分销期内，中标的承销团成员可在交易场所采取场内挂牌和场外签订分销合同的方式向符合规定的投资者分销。承销团成员间不得分销。非承销团成员通过分销获得的一般债券债权额度，在分销期内不得转让。承销团成员根据市场情况自定分销价格。

（六）承销团成员不迟于缴款日将发行款缴入发行文件中规定的国家金库××省（自治区、直辖市、计划单列市）分库对应账户。地方财政部门在足额收到债券发行款后，应当按约定方式通知登记结算机构办理债权确认，并按约定费率向承销团成员支付发行费。

六、切实加强债券发行现场管理

（一）财政部授权国债登记公司为财政部国债发行招投标系统技术支持部门，授权上海证券交易所、深圳证券交易所为财政部证券交易所国债发行招投标系统技术支持部门。技术支持部门为发行现场提供技术支持、信息安全维护及现场保障等服务。

（二）采用招标方式发行时，发行现场应当由地方财政部门负责组织各项工作；采用承销方式发行时，发行现场应当由地方财政部门委托簿记管理人负责具体运作。

各地应当派出监督员负责监督发行现场相关工作合规有序进行，其中至少有一名非财政部门监督员。财政部可派出观察员现场观察发行情况，财政部观察员由财政部国库司或财政部国库司委托发债地区当地财政监察专员办事处派出。其他人员未经地方财政部门批准，不得进入发行现场。地方财政部门应当严格控制发行现场人数，并不迟于发行日前两个工作日，将进入发行现场的发行人员、监督员、观察员名单提供给技术支持部门并抄送财政部。

（三）相关人员进入发行现场应当履行登记手续，不得携带任何有通讯功能的设备进入发行现场。发行人员、监督员、观察员应当于发行开始前进入发行现场。债券招标或承销期间，进入发行现场的任何人员均不得离开，不得对外泄露发行信息。技术支持人员应当于发行开始前离开发行现场。发行过程中如有需要，发行人员在征得监督员同意后，使用专用电话通知技术支持人员进入发行现场。发行现场应当与其他区域严格隔离，并全程实施必要的无线电屏蔽。

（四）发行结果须经发行人员负责人、监督员共同签字确认后方能生效。监督员如发现发行现场出现违规行为并制止无效的，有权拒绝在发行结果上签字。

（五）技术支持部门应当妥善保存发行现场人员登记记录、发行现场专用电话录音等资料，保存期限不少于10年。技术支持部门及人员应当依法严格履行发行相关信息保密义务。

七、认真做好债券登记托管、还本付息和相关费用拨付工作

（一）国债登记公司承担一般债券的总登记托管职责；国债登记公司、中国证券登记结算有限责任公司（以下简称证券登记公司）分别承担在全国银行间债券市场、证券交易所债券市场的一般债券的分登记托管职责。

（二）采取招标方式发行时，发行结束后，各承销团成员应当按有关规定在国债登记公司，证券登记公司上海、深圳分公司选择分登记托管。采取承销方式发行时，簿记管理人协助承销团成员和投资者办理登记结算机构选择事宜。

（三）国债登记公司，证券登记公司上海、深圳分公司根据发行结果办理券种注册，根据各承销团成员选择的债券托管数据为各机构办理承销额度注册。

（四）各地发行的2015年1年、3年、5年、7年期一般债券按年付息，到期一次性还本；10年期一般债券按半年付息，到期一次性还本。

（五）地方财政部门应当制定完善一般债券还本付息相关制度，编制一般债券还本付息计划，及时拨付债券还本付息资金。代理还本付息机构应当确保还本付息资金于还本付息日足额划至各一般债券持有人账户。

（六）地方财政部门与登记结算机构、代理还本付息机构及承销团成员等应当商定合理的登记托管、代理还本付息服务费用及发行手续费标准，原则上应当不高于非政府债券标准。

八、加强组织领导，确保一般债券发行工作顺利完成

财政部将通过培训、答疑等方式，加强对地方财政部门发行一般债券工作的指导；对发债经验不足的地区，将有针对性地进行帮扶，协助其做好制定相关制度、组织现场发行等工作。

地方财政部门要高度重视，完善一般债券发行管理相关制度，充实债券发行管理力量，明确岗位职责，加强内部控制，规范操作流程。组建承销团、开展信息披露和信用评级、组织一般债券发行兑付等相关文件原则上应当在对外公布前报财政部备案。在一般债券发行兑付过程中出现重大事项应当及时向财政部报告。

财政部

2015 年 3 月 19 日

46. 关于印发《地方政府专项债券发行管理暂行办法》的通知

（财库〔2015〕83号）

【发文机关】财政部
【发文文号】财库〔2015〕83号
【发布日期】2015年4月2日
【实施日期】2015年4月2日
【时效性】现行有效

各省、自治区、直辖市、计划单列市财政厅（局、委）：

为加强地方政府债务管理，规范地方政府专项债券发行行为，保护投资者等合法权益，根据《预算法》《国务院关于加强地方政府性债务管理的意见》（国发〔2014〕43号）和《财政部关于印发〈2015年地方政府专项债券预算管理办法〉的通知》（财预〔2015〕32号），我们制定了《地方政府专项债券发行管理暂行办法》。现印发给你们，请遵照执行。

财政部
2015年4月2日

地方政府专项债券发行管理暂行办法

第一条　为加强地方政府债务管理，规范地方政府专项债券发行行为，保护投资者等合法权益，根据《预算法》《国务院关于加强地方政府性债务管理的意见》（国发〔2014〕43号）和国家有关规定，制定本办法。

第二条　地方政府专项债券（以下简称专项债券）是指省、自治区、直辖市政府（含经省级政府批准自办债券发行的计划单列市政府）为有一定收益的公益性项目发行的、约定一定期限内以公益性项目对应的政府性基金或专项收入还本付息的政府债券。

第三条 专项债券采用记账式固定利率附息形式。

第四条 单只专项债券应当以单项政府性基金或专项收入为偿债来源。单只专项债券可以对应单一项目发行，也可以对应多个项目集合发行。

第五条 专项债券期限为1年、2年、3年、5年、7年和10年，由各地综合考虑项目建设、运营、回收周期和债券市场状况等合理确定，但7年和10年期债券的合计发行规模不得超过专项债券全年发行规模的50%。

第六条 专项债券由各地按照市场化原则自发自还，遵循公开、公平、公正的原则，发行和偿还主体为地方政府。

第七条 各地按照有关规定开展专项债券信用评级，择优选择信用评级机构，与信用评级机构签署信用评级协议，明确双方权利和义务。

第八条 信用评级机构按照独立、客观、公正的原则开展信用评级工作，遵守信用评级规定与业务规范，及时发布信用评级报告。

第九条 各地应当按照有关规定及时披露专项债券基本信息、财政经济运行及相关债务情况、募投项目及对应的政府性基金或专项收入情况、风险揭示以及对投资者做出购买决策有重大影响的其他信息。

第十条 专项债券存续期内，各地应按有关规定持续披露募投项目情况、募集资金使用情况、对应的政府性基金或专项收入情况以及可能影响专项债券偿还能力的重大事项等。

第十一条 信息披露遵循诚实信用原则，不得有虚假记载、误导性陈述或重大遗漏。

投资者对披露信息进行独立分析，独立判断专项债券的投资价值，自行承担投资风险。

第十二条 各地组建专项债券承销团，承销团成员应当是在中国境内依法成立的金融机构，具有债券承销业务资格，资本充足率、偿付能力或者净资本状况等指标达到监管标准。

第十三条 地方政府财政部门与专项债券承销商签署债券承销协议，明确双方权利和义务。承销商可以书面委托其分支机构代理签署并履行债券承销协议。

第十四条 各地可以在专项债券承销商中择优选择主承销商，主承销商为专项债券提供发行定价、登记托管、上市交易等咨询服务。

第十五条 专项债券发行利率采用承销、招标等方式确定。采用承销或招标方式的，发行利率在承销或招标日前1~5个工作日相同待偿期记账式国债的平均收益率之上确定。

承销是指地方政府与主承销商商定债券承销利率（或利率区间），要求各承销商（包括主承销商）在规定时间报送债券承销额（或承销利率及承销额），按市场化原则确定债券发行利率及各承销商债券承销额的发债机制。

招标是指地方政府通过财政部国债发行招投标系统或其他电子招标系统，要求各承销商在规定时间报送债券投标额及投标利率，按利率从低到高原则确定债券发行利率及各承销商债券中标额的发债机制。

第十六条 各地采用承销方式发行专项债券时，应与主承销商协商确定承销规则，明确承销方式和募集原则等。

各地采用招标方式发行专项债券时，应制定招标规则，明确招标方式和中标原则等。

第十七条　各地应当加强发债定价现场管理，确保在发行定价和配售过程中，不得有违反公平竞争、进行利益输送、直接或间接谋取不正当利益以及其他破坏市场秩序的行为。

第十八条　各地应积极扩大专项债券投资者范围，鼓励社会保险基金、住房公积金、企业年金、职业年金、保险公司等机构投资者和个人投资者在符合法律法规等相关规定的前提下投资专项债券。

第十九条　各地应当在专项债券发行定价结束后，通过中国债券信息网和本地区门户网站等媒体，及时公布债券发行结果。

第二十条　专项债券应当在中央国债登记结算有限责任公司办理总登记托管，在国家规定的证券登记结算机构办理分登记托管。专项债券发行结束后，符合条件的应按有关规定及时在全国银行间债券市场、证券交易所债券市场等上市交易。

第二十一条　企业和个人取得的专项债券利息收入，按照《财政部　国家税务总局关于地方政府债券利息免征所得税问题的通知》（财税〔2013〕5号）规定，免征企业所得税和个人所得税。

第二十二条　各地应切实履行偿债责任，及时支付债券本息、发行费等资金，维护政府信誉。

第二十三条　登记结算机构、承销机构、信用评级机构等专业机构和人员应当勤勉尽责，严格遵守职业规范和相关规则。对弄虚作假、存在违法违规行为的，列入负面名单并向社会公示。涉嫌犯罪的，移送司法机关处理。

第二十四条　财政部驻各地财政监察专员办事处加强对专项债券的监督检查，规范专项债券的发行、资金使用和偿还等行为。

第二十五条　各地应当将本地区专项债券发行安排、信用评级、信息披露、承销团组建、发行兑付等有关规定及时报财政部备案。专项债券发行兑付过程中出现重大事项应当及时向财政部报告。专项债券每次发行工作完成后，应当在15个工作日内将债券发行情况向财政部及财政部驻当地财政监察专员办事处报告；全年发行工作完成后，应当在20个工作日内将年度发行情况向财政部及财政部驻当地财政监察专员办事处报告。

第二十六条　本办法自印发之日起施行。

附件1：

一般债券信用评级等级符号及含义

一般债券信用评级等级划分为三等九级，符号表示为：AAA、AA、A、BBB、BB、B、CCC、CC、C。符号含义如下：

AAA级：偿还债务的能力极强，基本不受不利经济环境的影响，违约风险极低；

AA 级：偿还债务的能力很强，受不利经济环境的影响不大，违约风险很低；
A 级：偿还债务能力较强，较易受不利经济环境的影响，违约风险较低；
BBB 级：偿还债务能力一般，受不利经济环境影响较大，违约风险一般；
BB 级：偿还债务能力较弱，受不利经济环境影响很大，违约风险较高；
B 级：偿还债务的能力较大地依赖于良好的经济环境，违约风险很高；
CCC 级：偿还债务的能力极度依赖于良好的经济环境，违约风险极高；
CC 级：基本不能偿还债务；
C 级：不能偿还债务。

AAA 级可用“-”符号进行微调，表示信用等级略低于本等级；AA 级至 B 级可用“+”或“-”符号进行微调，表示信用等级略高于或低于本等级。

附件 2：

经济运行、财政收支、债务等情况公布内容

一、地方经济状况

（一）中长期经济规划。包括地区社会和经济发展战略规划、经济圈规划、行业发展等。

（二）近 3 年经济基本状况。包括地区金融环境、经济总量、经济增长、产业结构、固定资产投资、对外贸易、消费、居民生活、各类价格指数等。

以上内容均按省级政府全辖口径公布。

二、财政收支状况

（一）近 3 年一般公共预算收支。主要内容包括一般公共预算收入、转移性收入、地方政府债券收入，一般公共预算支出、地方政府债券还本支出、转移性支出等。

（二）近 3 年政府性基金预算收支。

（三）2015 年国有资本经营预算收支。

其中：年度一般公共预算收支、年度政府性基金预算收支，2013 年数据按决算口径公布，2014 年数据在决算编制完成之前按预算口径公布，在决算编制完成之后按决算口径公布，2015 年数据按预算口径公布；2015 年国有资本经营预算收支数据按预算口径公布。

以上内容均按省级政府本级口径公布。

三、地方政府债务状况

在截至 2014 年 12 月 31 日的地方政府存量债务清理甄别结果经全国人大常委会批准之前，公布经审计的截至 2013 年 6 月 30 日的地方政府性债务情况；存量债务清理甄别结果经全国人大常委会批准后，公布截至 2014 年 12 月 31 日的地方政府债务情况。

以上内容均按省级政府全辖、本级口径公布。

47. 关于印发《政府和社会资本合作项目财政承受能力论证指引》的通知

（财金〔2015〕21号）

【发文机关】财政部
【发文文号】财金〔2015〕21号
【发布日期】2015年4月7日
【实施日期】2015年4月7日
【时效性】现行有效

各省、自治区、直辖市、计划单列市财政厅（局），新疆生产建设兵团财务局：

根据《国务院关于创新重点领域投融资机制 鼓励社会投资的指导意见》（国发〔2014〕60号）、《财政部关于推广运用政府和社会资本合作模式有关问题的通知》（财金〔2014〕76号）和《财政部关于印发政府和社会资本合作模式操作指南（试行）的通知》（财金〔2014〕113号），为有序推进政府和社会资本合作（Public - Private Partnership，以下简称PPP）项目实施，保障政府切实履行合同义务，有效防范和控制财政风险，现印发《政府和社会资本合作项目财政承受能力论证指引》。请遵照执行。

财政部
2015年4月7日

政府和社会资本合作项目财政承受能力论证指引

第一章 总 则

第一条 根据《中华人民共和国预算法》《国务院关于加强地方政府性债务管理的意见》（国发〔2014〕43号）、《国务院关于深化预算管理制度改革的决定》（国发〔2014〕

45 号）、《国务院关于创新重点领域投融资机制　鼓励社会投资的指导意见》（国发〔2014〕60 号）、《财政部关于推广运用政府和社会资本合作模式有关问题的通知》（财金〔2014〕76 号）和《财政部关于印发政府和社会资本合作模式操作指南（试行）的通知》（财金〔2014〕113 号）等有关规定，制定本指引。

第二条　本指引所称财政承受能力论证是指识别、测算政府和社会资本合作（Public - Private Partnership，以下简称 PPP）项目的各项财政支出责任，科学评估项目实施对当前及今后年度财政支出的影响，为 PPP 项目财政管理提供依据。

第三条　开展 PPP 项目财政承受能力论证，是政府履行合同义务的重要保障，有利于规范 PPP 项目财政支出管理，有序推进项目实施，有效防范和控制财政风险，实现 PPP 可持续发展。

第四条　财政承受能力论证采用定量和定性分析方法，坚持合理预测、公开透明、从严把关，统筹处理好当期与长远关系，严格控制 PPP 项目财政支出规模。

第五条　财政承受能力论证的结论分为"通过论证"和"未通过论证"。"通过论证"的项目，各级财政部门应当在编制年度预算和中期财政规划时，将项目财政支出责任纳入预算统筹安排。"未通过论证"的项目，则不宜采用 PPP 模式。

第六条　各级财政部门（或 PPP 中心）负责组织开展行政区域内 PPP 项目财政承受能力论证工作。省级财政部门负责汇总统计行政区域内的全部 PPP 项目财政支出责任，对财政预算编制、执行情况实施监督管理。

第七条　财政部门（或 PPP 中心）应当会同行业主管部门，共同开展 PPP 项目财政承受能力论证工作。必要时可通过政府采购方式聘请专业中介机构协助。

第八条　各级财政部门（或 PPP 中心）要以财政承受能力论证结论为依据，会同有关部门统筹做好项目规划、设计、采购、建设、运营、维护等全生命周期管理工作。

第二章　责任识别

第九条　PPP 项目全生命周期过程的财政支出责任，主要包括股权投资、运营补贴、风险承担、配套投入等。

第十条　股权投资支出责任是指在政府与社会资本共同组建项目公司的情况下，政府承担的股权投资支出责任。如果社会资本单独组建项目公司，政府不承担股权投资支出责任。

第十一条　运营补贴支出责任是指在项目运营期间，政府承担的直接付费责任。不同付费模式下，政府承担的运营补贴支出责任不同。政府付费模式下，政府承担全部运营补贴支出责任；可行性缺口补助模式下，政府承担部分运营补贴支出责任；使用者付费模式下，政府不承担运营补贴支出责任。

第十二条　风险承担支出责任是指项目实施方案中政府承担风险带来的财政或有支出责任。通常由政府承担的法律风险、政策风险、最低需求风险以及因政府方原因导致项目合同终止等突发情况，会产生财政或有支出责任。

第十三条　配套投入支出责任是指政府提供的项目配套工程等其他投入责任，通常包括土地征收和整理、建设部分项目配套措施、完成项目与现有相关基础设施和公用事业的对接、投资补助、贷款贴息等。配套投入支出应依据项目实施方案合理确定。

第三章　支出测算

第十四条　财政部门（或 PPP 中心）应当综合考虑各类支出责任的特点、情景和发生概率等因素，对项目全生命周期内财政支出责任分别进行测算。

第十五条　股权投资支出应当依据项目资本金要求以及项目公司股权结构合理确定。股权投资支出责任中的土地等实物投入或无形资产投入，应依法进行评估，合理确定价值。计算公式为：

股权投资支出＝项目资本金×政府占项目公司股权比例

第十六条　运营补贴支出应当根据项目建设成本、运营成本及利润水平合理确定，并按照不同付费模式分别测算。

对政府付费模式的项目，在项目运营补贴期间，政府承担全部直接付费责任。政府每年直接付费数额包括：社会资本方承担的年均建设成本（折算成各年度现值）、年度运营成本和合理利润。计算公式为：

$$\text{当年运营补贴支出数额}=\frac{\text{项目全部建设成本}\times(1+\text{合理利润率})\times(1+\text{年度折现率})^{n}}{\text{财政运营补贴周期（年）}}+\text{年度运营成本}\times(1+\text{合理利润率})$$

对可行性缺口补助模式的项目，在项目运营补贴期间，政府承担部分直接付费责任。政府每年直接付费数额包括：社会资本方承担的年均建设成本（折算成各年度现值）、年度运营成本和合理利润，再减去每年使用者付费的数额。计算公式为：

$$\text{当年运营补贴支出数额}=\frac{\text{项目全部建设成本}\times(1+\text{合理利润率})\times(1+\text{年度折现率})^{n}}{\text{财政运营补贴周期（年）}}+\text{年度运营成本}\times(1+\text{合理利润率})-\text{当年使用者付费数额}$$

其中，n 代表折现年数。财政运营补贴周期指财政提供运营补贴的年数。

第十七条　年度折现率应考虑财政补贴支出发生年份，并参照同期地方政府债券收益率合理确定。

第十八条　合理利润率应以商业银行中长期贷款利率水平为基准，充分考虑可用性付费、使用量付费、绩效付费的不同情景，结合风险等因素确定。

第十九条　在计算运营补贴支出时，应当充分考虑合理利润率变化对运营补贴支出的影响。

第二十条　PPP 项目实施方案中的定价和调价机制通常与消费物价指数、劳动力市场指数等因素挂钩，会影响运营补贴支出责任。在可行性缺口补助模式下，运营补贴支出责任受到使用者付费数额的影响，而使用者付费的多少因定价和调价机制而变化。在计算运营补贴支出数额时，应当充分考虑定价和调价机制的影响。

第二十一条　风险承担支出应充分考虑各类风险出现的概率和带来的支出责任，可采用比例法、情景分析法及概率法进行测算。如果 PPP 合同约定保险赔款的第一受益人为政府，则风险承担支出应为扣除该等风险赔款金额的净额。

比例法。在各类风险支出数额和概率难以进行准确测算的情况下，可以按照项目的全部建设成本和一定时期内的运营成本的一定比例确定风险承担支出。

情景分析法。在各类风险支出数额可以进行测算、但出现概率难以确定的情况下，可针对影响风险的各类事件和变量进行“基本”“不利”及“最坏”等情景假设，测算各类风险发生带来的风险承担支出。计算公式为：

风险承担支出数额＝基本情景下财政支出数额×基本情景出现的概率＋不利情景下财政支出数额×不利情景出现的概率＋最坏情景下财政支出数额×最坏情景出现的概率

概率法。在各类风险支出数额和发生概率均可进行测算的情况下，可将所有可变风险参数作为变量，根据概率分布函数，计算各种风险发生带来的风险承担支出。

第二十二条 配套投入支出责任应综合考虑政府将提供的其他配套投入总成本和社会资本方为此支付的费用。配套投入支出责任中的土地等实物投入或无形资产投入，应依法进行评估，合理确定价值。计算公式为：

配套投入支出数额＝政府拟提供的其他投入总成本－社会资本方支付的费用

第四章 能力评估

第二十三条 财政部门（或 PPP 中心）识别和测算单个项目的财政支出责任后，汇总年度全部已实施和拟实施的 PPP 项目，进行财政承受能力评估。

第二十四条 财政承受能力评估包括财政支出能力评估以及行业和领域平衡性评估。财政支出能力评估，是根据 PPP 项目预算支出责任，评估 PPP 项目实施对当前及今后年度财政支出的影响；行业和领域均衡性评估，是根据 PPP 模式适用的行业和领域范围，以及经济社会发展需要和公众对公共服务的需求，平衡不同行业和领域 PPP 项目，防止某一行业和领域 PPP 项目过于集中。

第二十五条 每一年度全部 PPP 项目需要从预算中安排的支出责任，占一般公共预算支出比例应当不超过 10%。省级财政部门可根据本地实际情况，因地制宜确定具体比例，并报财政部备案，同时对外公布。

第二十六条 鼓励列入地方政府性债务风险预警名单的高风险地区，采取 PPP 模式化解地方融资平台公司存量债务。同时，审慎控制新建 PPP 项目规模，防止因项目实施加剧财政收支矛盾。

第二十七条 在进行财政支出能力评估时，未来年度一般公共预算支出数额可参照前五年相关数额的平均值及平均增长率计算，并根据实际情况进行适当调整。

第二十八条 “通过论证”且经同级人民政府审核同意实施的 PPP 项目，各级财政部门应当将其列入 PPP 项目目录，并在编制中期财政规划时，将项目财政支出责任纳入预算统筹安排。

第二十九条 在 PPP 项目正式签订合同时，财政部门（或 PPP 中心）应当对合同进行审核，确保合同内容与财政承受能力论证保持一致，防止因合同内容调整导致财政支出责任出现重大变化。财政部门要严格按照合同执行，及时办理支付手续，切实维护地方政府信用，保障公共服务有效供给。

第五章 信息披露

第三十条 省级财政部门应当汇总区域内的项目目录，及时向财政部报告，财政部通过统一信息平台（PPP 中心网站）发布。

第三十一条　各级财政部门（或 PPP 中心）应当通过官方网站及报刊媒体，每年定期披露当地 PPP 项目目录、项目信息及财政支出责任情况。应披露的财政支出责任信息包括：PPP 项目的财政支出责任数额及年度预算安排情况、财政承受能力论证考虑的主要因素和指标等。

第三十二条　项目实施后，各级财政部门（或 PPP 中心）应跟踪了解项目运营情况，包括项目使用量、成本费用、考核指标等信息，定期对外发布。

第六章　附　　则

第三十三条　财政部门按照权责发生制会计原则，对政府在 PPP 项目中的资产投入，以及与政府相关项目资产进行会计核算，并在政府财务统计、政府财务报告中反映；按照收付实现制会计原则，对 PPP 项目相关的预算收入与支出进行会计核算，并在政府决算报告中反映。

第三十四条　本指引自印发之日起施行。

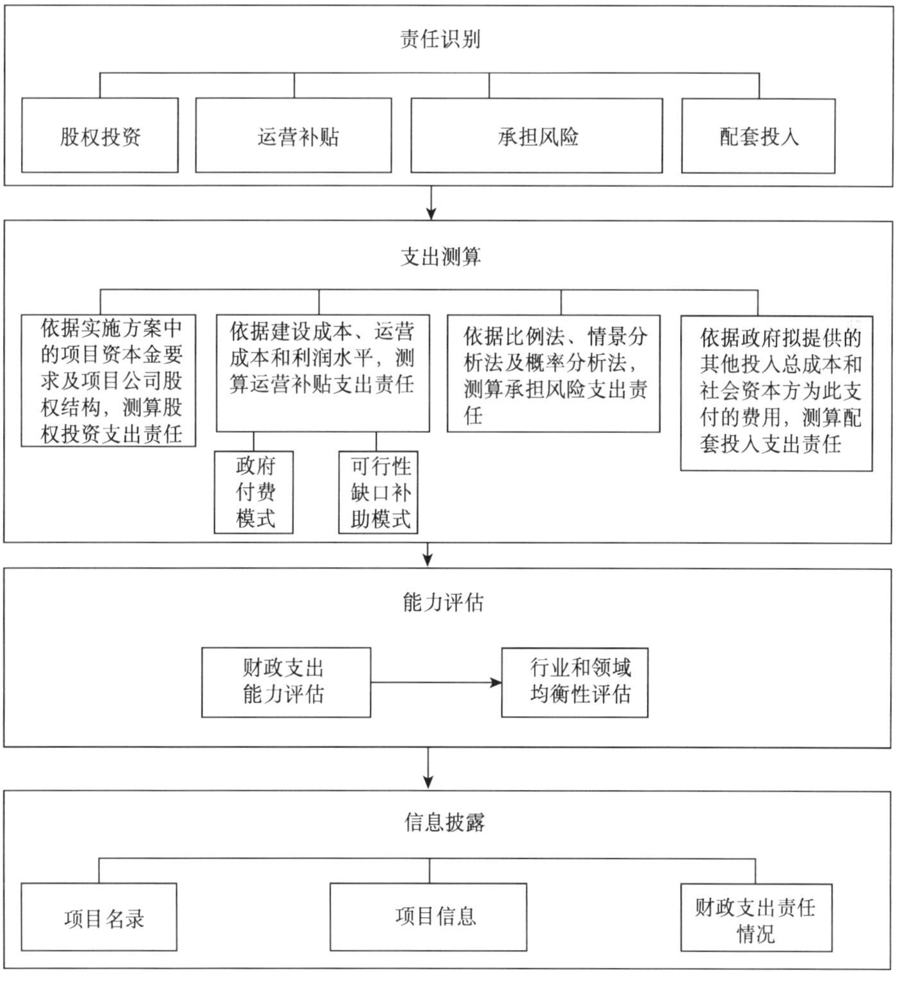

附图：PPP 项目财政承受能力论证工作流程图

48. 关于做好2015年地方政府专项债券发行工作的通知

（财库〔2015〕85号）

【发文机关】财政部
【发文文号】财库〔2015〕85号
【发布日期】2015年4月8日
【实施日期】2015年4月8日
【时效性】现行有效

各省、自治区、直辖市、计划单列市财政厅（局、委），中央国债登记结算有限责任公司、中国证券登记结算有限责任公司，上海证券交易所、深圳证券交易所：

为规范2015年地方政府专项债券（以下简称专项债券）发行工作，根据《预算法》《国务院关于加强地方政府性债务管理的意见》（国发〔2014〕43号）、《财政部关于印发〈2015年地方政府专项债券预算管理办法〉的通知》（财预〔2015〕32号，以下简称《预算办法》）、《财政部关于印发〈地方政府专项债券发行管理暂行办法〉的通知》（财库〔2015〕83号）等有关规定，现就有关事宜通知如下：

一、专项债券由地方政府在限额内按照市场化原则自发自还

（一）省、自治区、直辖市（含经省政府批准自办债券发行的计划单列市）人民政府（以下简称省级政府）依法自行组织本地区专项债券发行、利息支付和本金偿还。专项债券发行兑付有关工作由省级政府财政部门（以下简称地方财政部门）负责办理。

（二）专项债券实行限额管理。省、自治区、直辖市政府发行的专项债券总规模不得超过当年本地区专项债券限额。2015年专项债券限额包括为2015年1月1日起新增专项债务发行的新增专项债券规模、为置换截至2014年12月31日存量专项债务发行的置换专项债券规模。

（三）专项债券发行应当遵循市场化原则，地方财政部门、专项债券承销团成员（以下简称承销团成员）、信用评级机构及其他相关主体，不得以非市场化方式干扰专项债券

发行工作。

（四）地方财政部门应当根据财政部有关制度规定，结合本地区实际情况，制定本地区专项债券发行操作具体办法。

二、遵循公开、公平、公正的原则组建承销团

（一）专项债券主要通过承销团面向全国银行间债券市场、证券交易所债券市场发行。专项债券可单独组建承销团，或与地方政府一般债券（以下简称一般债券）合并组建承销团。地方财政部门根据专项债券对应的政府性基金或专项收入情况、项目情况、本地区专项债券发行规模、市场环境等因素，确定承销团成员和主承销商（如有）的目标数量、选择方式、承销团组建流程和时间安排等。

（二）地方财政部门应当按照《中华人民共和国合同法》等有关规定，与承销团成员在平等自愿基础上签订本地区专项债券承销协议。此前已组建地方政府债券承销团的地区，承销协议仍在有效期之内的，经双方协商，2015 年发行专项债券时可继续沿用此前的承销团。

三、规范开展专项债券债项信用评级工作，原则上对不同专项债券分别开展信用评级

（一）地方财政部门应当根据专项债券对应的政府性基金或专项收入、项目等情况，按照公开、公平、公正原则，从具备中国境内债券市场评级资质的信用评级机构中依法竞争择优选择一家信用评级机构，并通过本单位门户网站、中国债券信息网等网站（以下简称指定网站）及时披露所选定的信用评级机构。专项债券可单独选择信用评级机构，或与一般债券合并选择信用评级机构。

（二）专项债券只需进行债项信用评级。信用评级机构对专项债券进行信用评级时，应当充分结合专项债券对应的政府性基金或专项收入、项目等情况，客观公正出具评级意见。

各地原则上应当对不同专项债券分别开展信用评级。首次评级进行一次，此后跟踪评级每年开展一次。

（三）地方财政部门、信用评级机构应当在信用评级协议中明确债券存续期内每年出具跟踪评级报告的时间。专项债券信用评级的等级划分为三等九级，符号表示为 AAA、AA、A、BBB、BB、B、CCC、CC、C（符号含义见附件 1）。AAA 级可用“－”符号进行微调，表示信用等级略低于本等级；AA 级至 B 级可用“＋”或“－”符号进行微调，表示信用等级略高于或低于本等级。

四、按照政府信息公开和债券市场监管有关规定进行信息披露，重点披露专项债券对应的政府性基金、调入专项收入情况和项目主要情况

（一）地方财政部门应当不迟于专项债券发行日前 5 个工作日，通过指定网站披露以下信息：

1. 债券发行兑付相关制度办法。
2. 债券基本信息。

3. 本地区经济运行、财政收支、债务等情况。

4. 专项债券对应的政府性基金、调入专项收入情况。包括该政府性基金、调入专项收入最近三年的预决算数据、以该政府性基金、调入专项收入为还款来源的其他专项债券的发行及余额情况等。

5. 专项债券对应项目主要情况。

6. 信用评级情况。

其中，第3、4、5部分披露内容详见附件2。

（二）地方财政部门应当不迟于发行日日终，通过指定网站公告当期专项债券的实际发行规模、利率等信息。

（三）在专项债券还本到期日前，地方财政部门应当按年度通过指定网站持续披露以下信息：

1. 财政预决算、经济运行、财政收支执行等情况。

2. 地方政府性债务管理情况。

3. 专项债券对应的政府性基金、调入专项收入预决算数据。

4. 专项债券对应项目主要情况、募集资金使用情况等。

5. 以专项债券对应的政府性基金、调入专项收入为还款来源的其他专项债券的发行及余额情况等。

6. 不迟于信用评级机构出具跟踪评级结果后5个工作日，公布跟踪评级报告。

（四）在专项债券还本到期日前，地方政府发生可能影响其偿债能力的重大事项时，地方财政部门应当及时向市场披露。重大事项主要包括：

1. 地方政府一般债券、专项债券本息未按期支付。

2. 重大的债务赎回或债务豁免。

3. 专项债券对应的政府性基金、调入专项收入收支相关重大事项。

4. 专项债券对应项目出现与预期不符的重大事件。

5. 以专项债券对应的政府性基金、调入专项收入为还款来源的其他专项债券发行兑付出现相关重大事项。

6. 其他影响专项债券还本付息的重大事件。

（五）地方财政部门应当加强专项债券信息披露管理，逐步细化专项债券信息披露标准，扩大专项债券信息披露内容范围。在上述规定范围的基础上，鼓励地方财政部门根据投资者需求和有关实际情况，积极披露其他相关信息。

五、根据专项债券对应的政府性基金或专项收入情况、项目情况、资金需求、债券市场状况等因素合理确定专项债券发行安排

（一）单只（即单一期次）专项债券应当对应单项政府性基金发行。

（二）各地区发行的不同期次专项债券应当分别命名，名称格式为：2015年××省（区、市）政府专项债券（×期），如：2015年北京市政府专项债券（一期）。登记结算机构等应当专门制定专项债券登记托管等业务编码规则。

（三）专项债券期限原则上应当与对应项目建设周期、收益回收期等相协调。项目建设周期 3 年以上的，原则上应当根据各年资金需求量等情况采取分期发行专项债券的方式融资。

地方财政部门应当合理设计债券期限结构，避免今后因地方政府债券集中到期而出现偿债高峰，确保对应的政府性基金或专项收入能够足额支付债券本息。

（四）地方财政部门可选择通过财政部国债发行招投标系统、财政部证券交易所国债发行招投标系统（以下统称发行系统）等发行专项债券。专项债券原则上不与同期限记账式国债、同期限一般债券在同一时段发行。不同地区相同期限的专项债券原则上不在同一时段发行。地方财政部门应当不迟于发行日前 7 个工作日将发行安排报财政部备案，财政部统筹把握一般债券、专项债券发行节奏和进度，按照“先备案先得”的原则协调各地债券发行时间等发行安排。

中央国债登记结算有限责任公司（以下简称国债登记公司）、上海证券交易所、深圳证券交易所应当做好所负责维护的发行系统的日常运行维护工作，并按财政部要求，及时报送发行系统运行维护情况和相关数据。

（五）单一期次债券发行额在 5 亿元以上（含 5 亿元）的应当通过招标方式发行。专项债券投标区间上下限由地方财政部门根据具体情况合理设定，下限不得低于发行日前 1 ~5个工作日相同待偿期记账式国债收益率平均值。

（六）采用承销方式发行时，簿记管理人应当根据询价情况同地方财政部门和其他主承销商商议决定发行利率区间，专项债券发行利率区间下限不得低于发行日前 1 ~5 个工作日相同待偿期记账式国债收益率平均值，并及时向社会公布。

六、认真做好债券登记托管、还本付息和相关费用拨付工作

（一）以招标或承销方式发行专项债券时，国债登记公司承担专项债券的总登记托管职责；国债登记公司、中国证券登记结算有限责任公司分别承担在全国银行间债券市场、证券交易所债券市场的专项债券的分登记托管职责。

（二）地方财政部门可根据专项债券对应项目具体情况，选择到期一次还本、定期付息，或分年还本、定期付息的偿还方式。

（三）地方财政部门应当充分结合专项债券的特点，按照《预算办法》和政府性基金预算管理有关规定，编制专项债券还本付息计划，建立健全专项债券还本付息相关工作机制，及时拨付债券还本付息资金。代理还本付息机构应当确保还本付息资金于还本付息日足额划至各专项债券持有人账户。

（四）地方财政部门与发行服务机构、登记结算机构、代理还本付息机构及承销团成员等应当商定合理的发行登记托管、代理还本付息服务费用及发行手续费等收费标准，原则上应当不高于非政府债券标准。

七、加强组织领导，确保专项债券发行工作顺利完成

地方财政部门要高度重视，统筹一般债券、专项债券发行工作，密切关注专项债券对应的政府性基金或专项收入情况、项目情况、金融市场动态，确保专项债券发行工作顺利完成。组建承销团、开展信息披露和信用评级、组织专项债券发行兑付等相关文件原则上

应当在对外公布前报财政部备案。在专项债券发行兑付过程中出现重大事项应当及时向财政部报告。

鼓励地方财政部门在财政部指导下，在合法合规、风险可控的前提下，探索专项债券其他发行方式。

专项债券承销团组建、发行操作、发行现场管理等方面其他有关未尽事宜，比照《财政部关于做好 2015 年地方政府一般债券发行工作的通知》（财库〔2015〕68 号）相关规定执行。

附件 1：

专项债券信用评级等级符号及含义

专项债券信用评级等级划分为三等九级，符号表示为：AAA、AA、A、BBB、BB、B、CCC、CC、C。符号含义如下：

AAA 级：对应的政府性基金或专项收入收支状况、对应项目建设运营状况极好，偿还债务的能力极强，基本不受不利经济环境的影响，违约风险极低；

AA 级：对应的政府性基金或专项收入收支状况、对应项目建设运营状况很好，偿还债务的能力很强，受不利经济环境的影响不大，违约风险很低；

A 级：对应的政府性基金或专项收入收支状况、对应项目建设运营状况较好，偿还债务能力较强，较易受不利经济环境的影响，违约风险较低；

BBB 级：对应的政府性基金或专项收入收支状况、对应项目建设运营状况一般，偿还债务能力一般，受不利经济环境影响较大，违约风险一般；

BB 级：对应的政府性基金或专项收入收支状况、对应项目建设运营状况较差，偿还债务能力较弱，受不利经济环境影响很大，违约风险较高；

B 级：对应的政府性基金或专项收入收支状况、对应项目建设运营状况很差，偿还债务的能力较大地依赖于良好的经济环境，违约风险很高；

CCC 级：对应的政府性基金或专项收入收支状况、对应项目建设运营状况极差，偿还债务的能力极度依赖于良好的经济环境，违约风险极高；

CC 级：对应的政府性基金或专项收入收支状况、对应项目建设运营状况极差，基本不能偿还债务；

C 级：对应的政府性基金或专项收入收支状况、对应项目建设运营状况极差，不能偿还债务。

AAA 级可用“-”符号进行微调，表示信用等级略低于本等级；AA 级至 B 级可用“+”或“-”符号进行微调，表示信用等级略高于或低于本等级。

附件2：

经济运行、财政收支、债务、专项债券对应的政府性基金、调入专项收入及项目等情况披露内容

一、地方经济状况

（一）中长期经济规划。包括地区社会和经济发展战略规划、经济圈规划、行业发展等。

（二）近3年经济基本状况。包括地区金融环境、经济总量、经济增长、产业结构、固定资产投资、对外贸易、消费、居民生活、各类价格指数等。

以上内容均按省级政府全辖口径公布。

二、财政收支状况

（一）近3年一般公共预算收支。主要内容包括一般公共预算收入、转移性收入、地方政府债券收入，一般公共预算支出、地方政府债券还本支出、转移性支出等。

（二）近3年政府性基金预算收支。

（三）2015年国有资本经营预算收支。

其中：年度一般公共预算收支、年度政府性基金预算收支，2013年数据按决算口径公布，2014年数据在决算编制完成之前按预算口径公布，在决算编制完成之后按决算口径公布，2015年数据按预算口径公布；2015年国有资本经营预算收支数据按预算口径公布。

以上内容均按省级政府本级口径公布。

三、地方政府债务状况

在截至2014年12月31日的地方政府存量债务清理甄别结果经全国人大常委会批准之前，公布经审计的截至2013年6月30日的地方政府性债务情况；存量债务清理甄别结果经全国人大常委会批准后，公布截至2014年12月31日的地方政府债务情况。

以上内容均按省级政府全辖、本级口径公布（专项债务有关情况应当单独公布）。

四、专项债券对应的政府性基金、调入专项收入情况

对应的政府性基金、调入专项收入最近3年的预决算数据，2013年数据按决算口径公布，2014年数据在决算编制完成之前按预算口径公布，在决算编制完成之后按决算口径公布，2015年数据按预算口径公布。此外，还应当公布以该政府性基金、调入专项收入为还款来源的其他专项债券最近3年发行情况、还本付息情况、余额情况等。

五、专项债券对应项目情况

对于为置换截至2014年12月31日存量专项债务发行的置换专项债券，应当公布近3年项目主要情况等；对于为2015年1月1日起新增专项债务发行的新增专项债券，应当公布项目可行性研究报告摘要、立项审批情况、预期项目情况等。

49. 关于在收费公路领域推广运用政府和社会资本合作模式的实施意见

（财建〔2015〕111号）

【发文机关】财政部　交通运输部
【发文文号】财建〔2015〕111号
【发布日期】2015年4月20日
【实施日期】2015年4月20日
【时效性】现行有效

各省、自治区、直辖市、计划单列市财政厅（局）、交通运输厅（局、委），新疆生产建设兵团财务局、交通局：

为提高收费公路建管养运效率，促进公路可持续发展，依据《收费公路管理条例》《国务院关于创新重点领域投融资机制鼓励社会投资的指导意见》（国发〔2014〕60号）和《财政部关于推广运用政府和社会资本合作模式有关问题的通知》（财金〔2014〕76号），财政部、交通运输部决定在收费公路领域鼓励推广政府和社会资本合作（Public - Private Partnership，以下简称PPP）模式。现提出以下意见：

一、总体目标

（一）转变供给方式

鼓励社会资本通过政府和社会资本合作（PPP）模式，参与收费公路投资、建设、运营和维护，与政府共同参与项目全周期管理，发挥政府和社会资本各自优势，提高收费公路服务供给的质量和效率。

（二）创新公路投融资模式

社会投资者按照市场化原则出资，独自或与政府指定机构共同成立项目公司建设和运营收费公路项目，政府要逐步从“补建设”向“补运营”转变，以项目运营绩效评价结果为依据，适时对价格和补贴进行调整，支持社会资本参与收费公路建设运营，提高财政支出的引导和带动作用，拓宽社会资本发展空间，有效释放市场活力。

（三）完善收费公路建设管理养护长效机制

建立健全合同约束、收费调节、信息公开、过程监管、绩效考核等一系列改革配套制度与机制，实现合作双方风险分担、权益融合、有限追索。

二、基本原则

（四）公开透明，规范运作

PPP 项目推广工作应坚持“规范、公开、透明”的原则。在项目论证、选择合作伙伴、制定和履行各类合同、组织绩效评价等各个环节做到依法依规，并严格按照要求进行信息公开，接受各方监督；严格按照特许经营合同，规范运作，防止政府失信违约、合作伙伴获取不正当利益。

（五）循序渐进，逐步推广

坚持盘活存量、用好增量、分类施策。对于社会效益突出但经营性收费不足以覆盖投资成本、需政府补贴部分资金或资源才能进行商业化运作的项目，鼓励按照 PPP 模式设计运作。鉴于目前全国公路网络正处于联网关键阶段，建设任务繁重，重点推进确需建设但投入较大且预期收益稳定的公路建设项目，鼓励按照 PPP 模式设计运作。按照政府性债务管理要求，做好融资平台公司项目向 PPP 项目转型的风险控制工作。

三、实施要求

（六）明晰 PPP 项目边界

收费公路项目实施 PPP 模式所涉及的收费公路权益包括收费权、广告经营权和服务设施经营权。不同的项目可根据实际情况，将各项权益通过有效打包整合提升收益能力，以促进一体化经营、提高运营效率。

（七）规范 PPP 项目操作流程

在项目发起、物有所值评价、财政承受能力论证、合作伙伴选择、收益补偿机制确立、项目公司组建、合作协议签署、绩效评价等操作过程中，应根据财政部关于 PPP 工作的统一指导和管理办法规范推进，地方各级财政部门会同交通运输部门抓紧研究制定符合当地实际情况的操作办法，实现规范化管理。

（八）编制完整的 PPP 项目实施方案

实施方案应包含项目实施内容、产品及服务质量和标准、投融资结构、财务测算与风险分析、技术及经济可行性论证、合作伙伴要求、合同结构、政府组织方式、必要的配套措施等。

（九）加大评价及监管力度

各地财政、交通运输部门要加强组织实施，积极统筹协调，研究建立议事协调及联审机制，有力有序推进 PPP 推广工作，建立对 PPP 项目的监督机制。

四、保障措施

（十）资金政策支持

收费不足以满足社会资本或项目公司成本回收和合理回报的，在依法给予融资支持，项目沿线一定范围土地开发使用等支持措施仍不能完全覆盖成本的，可考虑给予合理的财政补贴。对符合《车辆购置税收入补助地方资金管理暂行办法》要求的项目，可按照交通运输重点项目资金申请和审核规定，申请投资补助。

（十一）相关配套政策

地方各级财政、交通运输部门应当积极协调有关部门进一步完善公路收费、土地等政策，维护市场机制的决定性作用，在项目审批等相关方面为推进项目建立绿色通道。

财政部　交通运输部

2015 年 4 月 20 日

50. 关于运用政府和社会资本合作模式推进公共租赁住房投资建设和运营管理的通知

（财综〔2015〕15号）

【发文机关】财政部　国土资源部　住房城乡建设部　中国人民银行　国家税务总局　银监会

【发文文号】财综〔2015〕15号

【发布日期】2015年4月21日

【实施日期】2015年4月21日

【时效性】现行有效

各省、自治区、直辖市、计划单列市财政厅（局）、国土资源厅（局）、住房城乡建设厅（委、局），中国人民银行上海总部、各分行、营业管理部、省会（首府）城市中心支行、副省级城市中心支行，各省、自治区、直辖市、计划单列市国家税务局、地方税务局、银监局，新疆生产建设兵团财务局、国土资源局、建设局：

为贯彻落实党的十八届三中全会精神，提高公共租赁住房供给效率，按照《财政部关于推广运用政府和社会资本合作模式有关问题的通知》（财金〔2014〕76号）和《财政部关于印发政府和社会资本合作模式操作指南（试行）的通知》（财金〔2014〕113号）有关要求，现就运用政府和社会资本合作模式（Public - Private Partnership）推进公共租赁住房投资建设和运营管理的有关事宜通知如下：

一、充分认识运用政府和社会资本合作模式推进公共租赁住房投资建设和运营管理的重要意义

政府和社会资本合作模式是政府与社会资本在公共服务领域建立的一种长期合作关系，通过这种合作和管理过程，可以更有效率地为社会提供公共服务。运用这种模式推进公共租赁住房投资建设和运营管理，有利于转变政府职能，提升保障性住房资源配置效率；有利于消化库存商品住房，促进房地产市场平稳健康发展；有利于提升政府治理能力，改善住房保障服务。运用政府和社会资本合作模式推进公共租赁住房投资建设和运营

管理，作为一项政策创新和制度创新，对于稳增长、调结构、惠民生具有十分重要意义，各地要充分认识这项工作的重要性，积极有序开展试点工作。

二、运用政府和社会资本合作模式推进公共租赁住房投资建设和运营管理的基本目标和原则

（一）基本目标。通过运用政府和社会资本合作模式，发挥政府与社会资本各自优势，把政府的政策意图、住房保障目标和社会资本的运营效率结合起来，逐步建立“企业建房、居民租房、政府补贴、社会管理”的新型公共租赁住房投资建设和运营管理模式，有效提高公共租赁住房服务质量和管理效率。

（二）基本原则。

1. 政府组织，社会参与。政府根据本地区公共租赁住房需求状况，制定公共租赁住房发展规划和年度计划，组织合适的公共租赁住房项目开展政府和社会资本合作试点，选择社会资本参与投资建设和运营管理公共租赁住房。

2. 权责清晰，各司其职。在公共租赁住房项目合同中，明确政府与社会资本的各自责任，按照合同约定承担相应的权利、义务、责任和风险。

3. 激励相容，提高效率。通过综合运用多种政策手段，建立动态调整的租金价格机制，确保社会资本具有稳定合理的投资回报；建立严格的绩效评价机制，对项目运作、住房保障服务质量和资金使用效率等进行综合考核评价，确保公共租赁住房项目建设运营达到预期效果。

三、公共租赁住房项目政府和社会资本合作模式和条件

（一）公共租赁住房政府和社会资本合作项目的基本模式。运用政府和社会资本合作模式推进公共租赁住房投资建设和运营管理，主要是政府选择社会资本组建公共租赁住房项目公司，项目公司与政府签订合同，负责承担设计、投资建设、运营、维护管理任务，在合同期内通过“承租人支付租金”及必要的“政府政策支持”获得合理投资回报，依法承担相应的风险；政府负责提供政策支持，定期调整公共租赁住房租金价格，加强公共租赁住房工程建设及运营维护质量监管。合同期满后，项目公司终结，并按合同约定作善后处理。政府对项目公司承担有限责任，不提供担保或承诺。

（二）公共租赁住房政府和社会资本合作项目的基本条件。适合运用政府和社会资本合作模式的公共租赁住房项目应当同时具备以下条件：（1）已纳入住房保障规划和年度计划。（2）项目规划所在区域交通便利，学校、医院等公共基础设施配套齐全。（3）户型建筑面积符合公共租赁住房条件。户型建筑面积以 40 平方米左右的小户型为主，单套建筑面积控制在 60 平方米以内。（4）承租公共租赁住房的保障对象数量稳定。（5）保障对象按市场租金水平向项目公司缴纳住房租金。（6）政府按保障对象支付能力给予分档补贴及其他政策支持。（7）公共租赁住房运营期限不少于 15 年。

四、公共租赁住房政府和社会资本合作项目的适用范围

适用政府和社会资本合作模式的公共租赁住房项目主要包括：（1）政府自建自管项

目；（2）政府收购的符合公共租赁住房条件的存量商品住房项目；（3）符合公共租赁住房条件且手续完备、债务清晰的停工未完工程项目；（4）以企业为主建设管理的公共租赁住房项目。

对于存量和在建的项目，特别是债务规模比较大的政府融资平台公司持有的公共租赁住房，应当在科学评估的基础上，采取招投标、拍卖、挂牌等法律法规规定的方式将公共租赁住房资产整体转让给项目公司，实行规范的政府和社会资本合作模式运作，转让收入优先用于偿还对应的存量政府债务；对于拟新建和收购的项目，从规划、设计、投资建设、运营、管理全过程均可按政府和社会资本合作模式运作。

五、规范运用政府和社会资本合作模式推进公共租赁住房投资建设和运营管理

（一）建立公共租赁住房政府和社会资本合作项目库。各地应认真梳理、科学甄别适合政府和社会资本合作模式的公共租赁住房项目，建立项目储备库。政府和社会资本合作的公共租赁住房项目由市县财政部门会同同级住房保障部门从存量和新增项目中筛选。

（二）做好项目前期论证和准备工作。市县财政部门会同同级住房保障部门引入第三方中介机构和专家，对拟实施政府和社会资本合作的公共租赁住房项目进行必要性、可行性、经济性、合规性评估和物有所值评价，论证项目是否满足政府和社会资本合作项目的必要条件。在此基础上，财政部门应组织开展政府和社会资本合作项目财政承受能力论证工作，通过识别、测算项目的各项财政支出责任，科学评估项目实施对当前及今后年度财政支出的影响，为项目财政预算管理提供依据，以保障政府切实履行合同义务，有效防范和控制财政风险，促进项目可持续发展。

（三）选择合作伙伴。按照《中华人民共和国政府采购法》《财政部关于印发〈政府和社会资本合作项目政府采购管理办法〉的通知》（财库〔2014〕215号）等有关法律法规规定，综合考虑企业资质、经营业绩、技术和管理能力、资金实力、服务质量、信誉等因素，择优选择公共租赁住房项目合作伙伴。

（四）筹组项目公司。按照“政府引导、企业主导、市场运作、利益分享、风险分担”的原则，由合作企业组建项目公司，具体负责公共租赁住房项目的设计、投资、建设、运营、维护和管理。

（五）签订合作合同。合同的主要内容应当包括：公共租赁住房项目名称、建设规模、投资规模、资金筹集、合作期限、户型结构、运营期限、维修维护责任；住房保障服务的数量、质量和标准；公共租赁住房租金价格及调整机制；合同期满后项目移交的内容、方式、程序及验收标准，涉及资产处置的，应当事先约定政府与社会资本收益分享比例；建设和运营管理的风险分担机制；项目终止的条件、流程和终止补偿；违约责任；争议解决方式等内容。

（六）建立监管和绩效评价机制。政府对公共租赁住房政府和社会资本合作项目运作、服务质量和资金使用效率等进行全过程监管和综合考核评价，认真把握和确定服务价格和项目收益指标，加强成本监审、考核评估、价格调整审核，引入第三方进行社会评价，评价结果向社会公示，并作为项目价格、政府补贴、合作期限等调整的依据。

六、构建政府支持政府和社会资本合作模式公共租赁住房的政策体系

（一）财政政策。市县财政部门统筹运用各级政府安排用于公共租赁住房的资金，通过贷款贴息方式支持公共租赁住房政府和社会资本合作项目购建和运营管理，具体贴息办法按照财政部印发的《城镇保障性安居工程贷款贴息办法》（财综〔2014〕76号）规定执行。同时，根据公共租赁住房保障对象的支付能力给予分档补贴，重点对城镇低收入住房困难家庭发放租赁补贴，配合同级住房保障部门督促保障对象按照合同约定的市场租金水平向项目公司缴纳住房租金。对于试行公共租赁住房政府和社会资本合作项目试点的地区，中央财政不改变城镇保障性安居工程资金分配方式。

（二）税费政策。对公共租赁住房建设按照国家现行有关规定免收各项行政事业性收费和政府性基金；落实现行有关公共租赁住房购建和运营管理税收优惠政策。

（三）土地政策。一是新建公共租赁住房建设用地可以租赁方式取得，租金收入作为土地出让收入纳入政府性基金预算管理。二是对于新建公共租赁住房项目，以及使用划拨建设用地的存量公共租赁住房项目，经市县人民政府批准，政府可以土地作价入股方式注入项目公司，支持公共租赁住房政府和社会资本合作项目，不参与公共租赁住房经营期间收益分享，但拥有对资产的处置收益权。三是在新建公共租赁住房政府和社会资本合作项目中，可以规划建设一定比例建筑面积的配套商业服务设施用于出租和经营，以实现资金平衡并有合理盈利，但不得用于销售和转让。

（四）收购政策。对于收购符合公共租赁住房条件的存量商品住房项目，按照政府搭桥、公司主导、双方自愿、保本不亏的原则确定收购价格；也可以按当地公共租赁住房建设成本及合理收益率确定收购价格。

（五）融资政策。一是银行业金融机构要在房地产开发贷款大项下建立公共租赁住房开发贷款的明细核算，对公共租赁住房贷款单独核算、单独管理、单独考核，根据自身实际，在依法合规、风险可控的前提下，加大对政府和社会资本合作模式公共租赁住房试点项目的信贷支持力度。二是鼓励社保基金、保险资金等公共基金通过债权、股权等多种方式支持项目公司融资。三是支持项目公司发行企业债券，适当降低中长期企业债券的发行门槛。四是支持以未来收益覆盖融资本息的公共租赁住房资产发行房地产投资信托基金（REITs），探索建立以市场机制为基础、可持续的公共租赁住房投融资模式。

七、扎实做好政府和社会资本合作模式公共租赁住房项目实施工作

（一）落实工作责任。财政部会同住房城乡建设部、国家税务总局等相关部门完善落实财税支持政策；国土资源部会同财政部完善落实土地供应支持政策；人民银行、银监会指导督促金融机构做好金融服务工作。地方各级财政、住房保障、国土、人民银行、银监会等部门，按照职责分工落实工作责任。同时，地方各级财政部门要会同住房保障部门结合本地区实际情况，制定政府和社会资本合作模式公共租赁住房项目试点方案，指导项目具体实施工作。

（二）建立工作机制。各级财政、住房保障、国土、人民银行、银监会等部门，要建立政府和社会资本合作模式公共租赁住房部门联席会议，专门研究解决运用政府和社会资

本合作模式推进公共租赁住房投资建设和运营管理过程中出现的问题，联席会议各部门要加强协作，密切配合，确保各项政策措施落到实处，规范开展政府和社会资本合作模式公共租赁住房项目试点。

（三）开展项目试点。2015 年，各地区应当抓紧组织开展政府和社会资本合作模式公共租赁住房项目试点工作，政府和社会资本合作模式公共租赁住房试点项目由市县财政部门会同同级住房保障部门筛选，报省级财政部门会同住房保障部门共同审核确认后实施。对于市县筛选的公共租赁住房项目，每省可选择一定数量的项目开展试点。对于拟实施的试点项目，省级财政部门应当会同住房保障部门将项目区位、投资规模、建筑面积和套数、合作方式、合作期限、资金来源等情况报财政部、住房城乡建设部备案。

财政部　国土资源部　住房城乡建设部
中国人民银行　国家税务总局　银监会
2015 年 4 月 21 日

51. 关于印发《政府投资基金暂行管理办法》的通知

（财预〔2015〕210 号）

【发文机关】财政部
【发文文号】财预〔2015〕210 号
【发布日期】2015 年 11 月 12 日
【实施日期】2015 年 11 月 12 日
【时效性】现行有效

党中央有关部门，国务院各部委、各直属机构，各省（自治区、直辖市、计划单列市）财政厅（局、委）：

为了进一步提高财政资金使用效益，发挥好财政资金的杠杆作用，规范政府投资基金的设立、运作和风险控制、预算管理等工作，促进政府投资基金持续健康运行，根据《预算法》《合同法》《公司法》《合伙企业法》等相关法律法规，我们制定了《政府投资基金暂行管理办法》，现印发给你们，请遵照执行。

财政部
2015 年 11 月 12 日

政府投资基金暂行管理办法

第一章　总　　则

第一条　为了进一步提高财政资金使用效益，发挥好财政资金的杠杆作用，规范政府投资基金管理，促进政府投资基金持续健康运行，根据《预算法》《合同法》《公司法》《合伙企业法》等相关法律法规，制定本办法。

第二条　本办法所称政府投资基金，是指由各级政府通过预算安排，以单独出资或与社会资本共同出资设立，采用股权投资等市场化方式，引导社会各类资本投资经济社会发展的重点领域和薄弱环节，支持相关产业和领域发展的资金。

第三条　本办法所称政府出资，是指财政部门通过一般公共预算、政府性基金预算、国有资本经营预算等安排的资金。

第四条　财政部门根据本级政府授权或合同章程规定代行政府出资人职责。

第二章　政府投资基金的设立

第五条　政府出资设立投资基金，应当由财政部门或财政部门会同有关行业主管部门报本级政府批准。

第六条　各级财政部门应当控制政府投资基金的设立数量，不得在同一行业或领域重复设立基金。

第七条　各级财政部门一般应在以下领域设立投资基金：

（一）支持创新创业。为了加快有利于创新发展的市场环境，增加创业投资资本的供给，鼓励创业投资企业投资处于种子期、起步期等创业早期的企业。

（二）支持中小企业发展。为了体现国家宏观政策、产业政策和区域发展规划意图，扶持中型、小型、微型企业发展，改善企业服务环境和融资环境，激发企业创业创新活力，增强经济持续发展内生动力。

（三）支持产业转型升级和发展。为了落实国家产业政策，扶持重大关键技术产业化，引导社会资本增加投入，有效解决产业发展投入大、风险大的问题，有效实现产业转型升级和重大发展，推动经济结构调整和资源优化配置。

（四）支持基础设施和公共服务领域。为改革公共服务供给机制，创新公共设施投融资模式，鼓励和引导社会资本进入基础设施和公共服务领域，加快推进重大基础设施建设，提高公共服务质量和水平。

第八条　设立政府投资基金，可采用公司制、有限合伙制和契约制等不同组织形式。

第九条　政府投资基金出资方应当按照现行法律法规，根据不同的组织形式，制定投资基金公司章程、有限合伙协议、合同等（以下简称章程），明确投资基金设立的政策目标、基金规模、存续期限、出资方案、投资领域、决策机制、基金管理机构、风险防范、投资退出、管理费用和收益分配等。

第三章　政府投资基金的运作和风险控制

第十条　政府投资基金应按照“政府引导、市场运作，科学决策、防范风险”的原则进行运作。

第十一条　政府投资基金募资、投资、投后管理、清算、退出等通过市场化运作。财政部门应指导投资基金建立科学的决策机制，确保投资基金政策性目标实现，一般不参与基金日常管理事务。

第十二条　政府投资基金在运作过程中不得从事以下业务：

1. 从事融资担保以外的担保、抵押、委托贷款等业务；

2. 投资二级市场股票、期货、房地产、证券投资基金、评级AAA以下的企业债、信托产品、非保本型理财产品、保险计划及其他金融衍生品；

3. 向任何第三方提供赞助、捐赠（经批准的公益性捐赠除外）；

4. 吸收或变相吸收存款，或向第三方提供贷款和资金拆借；

5. 进行承担无限连带责任的对外投资；

6. 发行信托或集合理财产品募集资金；

7. 其他国家法律法规禁止从事的业务。

第十三条 投资基金各出资方应当按照“利益共享、风险共担”的原则，明确约定收益处理和亏损负担方式。对于归属政府的投资收益和利息等，除明确约定继续用于投资基金滚动使用外，应按照财政国库管理制度有关规定及时足额上缴国库。投资基金的亏损应由出资方共同承担，政府应以出资额为限承担有限责任。

为更好地发挥政府出资的引导作用，政府可适当让利，但不得向其他出资人承诺投资本金不受损失，不得承诺最低收益。国务院另有规定的除外。

第十四条 政府投资基金应当遵照国家有关财政预算和财务管理制度等规定，建立健全内部控制和外部监管制度，建立投资决策和风险约束机制，切实防范基金运作过程中可能出现的风险。

第十五条 政府投资基金应选择在中国境内设立的商业银行进行托管。托管银行依据托管协议负责账户管理、资金清算、资产保管等事务，对投资活动实施动态监管。

第十六条 加强政府投资基金信用体系建设，建立政府投资基金及其高级管理人员信用记录，并将其纳入全国统一的社会信用信息共享交换平台。

第四章 政府投资基金的终止和退出

第十七条 政府投资基金一般应当在存续期满后终止。确需延长存续期限的，应当报经同级政府批准后，与其他出资方按章程约定的程序办理。

第十八条 政府投资基金终止后，应当在出资人监督下组织清算，将政府出资额和归属政府的收益，按照财政国库管理制度有关规定及时足额上缴国库。

第十九条 政府投资基金中的政府出资部分一般应在投资基金存续期满后退出，存续期未满如达到预期目标，可通过股权回购机制等方式适时退出。

第二十条 财政部门应与其他出资人在投资基金章程中约定，有下述情况之一的，政府出资可无须其他出资人同意，选择提前退出：

（一）投资基金方案确认后超过一年，未按规定程序和时间要求完成设立手续的；

（二）政府出资拨付投资基金账户一年以上，基金未开展投资业务的；

（三）基金投资领域和方向不符合政策目标的；

（四）基金未按章程约定投资的；

（五）其他不符合章程约定情形的。

第二十一条 政府出资从投资基金退出时，应当按照章程约定的条件退出；章程中没有约定的，应聘请具备资质的资产评估机构对出资权益进行评估，作为确定投资基金退出价格的依据。

第五章 政府投资基金的预算管理

第二十二条 各级政府出资设立投资基金，应由同级财政部门根据章程约定的出资方案将当年政府出资额纳入年度政府预算。

第二十三条 上级政府可通过转移支付支持下级政府设立投资基金，也可与下级政府共同出资设立投资基金。

第二十四条 各级政府单独出资设立的投资基金，由财政部门根据年度预算、项目投资进度或实际用款需要将资金拨付到投资基金。

政府部门与社会资本共同出资设立的投资基金，由财政部门根据投资基金章程中约定的出资方案、项目投资进度或实际用款需求以及年度预算安排情况，将资金拨付到投资基金。

第二十五条 各级财政部门向政府投资基金拨付资金时，增列当期预算支出，按支出方向通过相应的支出分类科目反映；

收到投资收益时，作增加当期预算收入处理，通过相关预算收入科目反映；

基金清算或退出收回投资时，作冲减当期财政支出处理。

第六章 政府投资基金的资产管理

第二十六条 各级财政部门应按照《财政总预算会计制度》规定，完整准确反映政府投资基金中政府出资部分形成的资产和权益，在保证政府投资安全的前提下实现保值增值。

各级财政部门向投资基金拨付资金，在增列财政支出的同时，要相应增加政府资产——“股权投资”和净资产——“资产基金”，并要根据本级政府投资基金的种类进行明细核算。基金清算或退出收回投资本金时，应按照政府累计出资额相应冲减政府资产——“股权投资”和净资产——“资产基金”。

第二十七条 政府应分享的投资损益按权益法进行核算。政府投资基金应当在年度终了后及时将全年投资收益或亏损情况向本级财政部门报告。财政部门按当期损益情况作增加或减少政府资产——“股权投资”和净资产——“资产基金”处理；财政部门收取政府投资基金上缴投资收益时，相应增加财政收入。

第二十八条 政府投资基金应当定期向财政部门报告基金运行情况、资产负债情况、投资损益情况及其他可能影响投资者权益的其他重大情况。按季编制并向财政部门报送资产负债表、损益表及现金流量表等报表。

第二十九条 本办法实施前已经设立的政府投资基金，要按本办法规定将政府累计投资形成的资产、权益和应分享的投资收益及时向财政部门报告。财政部门要按照本办法和《财政总预算会计制度》要求，相应增加政府资产和权益。

第七章 监督管理

第三十条 各级财政部门应建立政府投资基金绩效评价制度，按年度对基金政策目标实现程度、投资运营情况等开展评价，有效应用绩效评价结果。

第三十一条 政府投资基金应当接受财政、审计部门对基金运行情况的审计、监督。

第三十二条 各级财政部门应会同有关部门对政府投资基金运作情况进行年度检查。对于检查中发现的问题按照预算法和《财政违法行为处罚处分条例》等有关规定予以处理。涉嫌犯罪的，移送司法机关追究刑事责任。

第八章 附 则

第三十三条 本办法由国务院财政部门负责解释。

第三十四条 省级财政部门可结合本办法及实际情况，制定本地区实施细则。

第三十五条 本办法自印发之日起实施。

52. 关于实施政府和社会资本合作项目以奖代补政策的通知

（财金〔2015〕158 号）

【发文机关】财政部
【发文文号】财金〔2015〕158 号
【发布日期】2015 年 12 月 8 日
【实施日期】2016 年 1 月 1 日
【时效性】现行有效

各省、自治区、直辖市、计划单列市财政厅（局），新疆生产建设兵团财务局，财政部驻各省、自治区、直辖市、计划单列市财政监察专员办事处：

为贯彻落实《国务院办公厅转发财政部、发展改革委、人民银行关于在公共服务领域推广政府和社会资本合作模式指导意见的通知》（国办发〔2015〕42 号）有关精神，通过以奖代补方式支持政府和社会资本合作（PPP）项目规范运作，保障 PPP 项目实施质量，现通知如下：

一、PPP 项目以奖代补政策旨在支持和推动中央财政 PPP 示范项目加快实施进度，提高项目操作的规范性，保障项目实施质量。同时，引导和鼓励地方融资平台公司存量公共服务项目转型为 PPP 项目，化解地方政府存量债务。

（一）对中央财政 PPP 示范项目中的新建项目，财政部将在项目完成采购确定社会资本合作方后，按照项目投资规模给予一定奖励。其中，投资规模 3 亿元以下的项目奖励 300 万元，3 亿元（含 3 亿元）至 10 亿元的项目奖励 500 万元，10 亿元以上（含 10 亿元）的项目奖励 800 万元。奖励资金由财政部门统筹用于项目全生命周期过程中的各项财政支出，主要包括项目前期费用补助、运营补贴等。

（二）对符合条件、规范实施的转型为 PPP 项目的地方融资平台公司存量项目，财政部将在择优评选后，按照项目转型实际化解地方政府存量债务规模的 2% 给予奖励，奖励资金纳入相关融资平台公司收入统一核算。享受奖励资金支持的存量项目，其地方政府存量债务应通过合同条款明确地转移至项目公司或社会资本合作方，化债安排可行、交易成本合理、社会资本收益适度。中央财政 PPP 示范项目中的存量项目，优先享受奖励资金支持。

二、PPP 项目以奖代补工作遵循依法合规、公开透明、政府引导、管理到位的原则。

（一）依法合规，是指 PPP 项目运作要严格遵守相关法律法规和政策制度，切实做到周密部署、有序规划、科学决策、规范实施。

（二）公开透明，是指 PPP 项目和以奖代补资金均实行阳光化运作，依法充分披露重要信息，对相关各方形成有效监督和约束。

（三）政府引导，是指财政部通过实施以奖代补政策，促进示范项目规范运作，鼓励地方融资平台公司加大存量项目转型力度。

（四）管理到位，是指财政部门规范以奖代补资金管理，严格审核，及时拨付，加强监督检查，保证资金安全和政策实施效果。

三、财政部根据全国 PPP 工作进展情况、项目实施情况和规定的奖励标准，按年确定 PPP 项目以奖代补工作计划，在普惠金融发展专项资金中安排以奖代补资金，列入下一年度中央财政预算。以奖代补资金原则上在预算安排额度内据实列支。

四、示范项目和地方融资平台公司转型项目所在地财政部门按年向省级财政部门报送以奖代补资金申请书及相关材料。省级财政部门将辖内以奖代补资金申请材料审核汇总后，报送财政部及财政部驻当地财政监察专员办事处（以下简称专员办）。专员办对省级财政部门报送的以奖代补资金申请材料进行审核，按规定出具审核意见报送财政部。财政部结合专员办审核意见，对省级财政部门报送的项目进行审核评选后，按规定向省级财政部门拨付奖励资金。省级财政部门收到财政部拨付的奖励资金后，及时将奖励资金予以转拨，并编制奖励资金的审核、拨付和使用情况报告，经专员办审核后报财政部备案。

五、享受以奖代补政策支持的 PPP 项目，必须严格执行国务院和财政部等部门出台的一系列制度文件，切实保障项目选择的适当性、交易结构的合理性、合作伙伴选择的竞争性、财政承受能力的中长期可持续性和项目实施的公开性，确保项目实施质量。不符合示范项目要求被调出示范项目名单的项目，不享受以奖代补政策支持。已经在其他中央财政专项资金中获得奖励性资金支持的 PPP 项目，不再纳入以奖代补政策奖励范围。

六、地方财政部门要对辖内 PPP 项目以奖代补资金的申请工作进行指导，做好奖励资金审核拨付的组织和协调工作。会同有关部门对奖励资金审核拨付工作进行检查，对检查中发现的问题及时处理和反映，保证以奖代补政策落到实处。

七、对以奖代补政策支持的 PPP 项目，有关省级财政部门要切实履行财政职能，因地制宜、主动作为，会同项目实施单位和有关部门，为项目的规范实施创造良好环境。积极推动项目加快实施进度，确保项目规范实施、按期落地，形成一批管理水平高、化债效果好、产出结果优、示范效应强的样板项目。

八、专员办要对辖内申请以奖代补资金的 PPP 项目有关情况进行认真审核，确保项目规范运作，符合 PPP 相关制度要求。同时，要加强对奖励资金拨付、使用的监督检查，规范审核拨付程序，保证奖励资金专项使用。

九、PPP 项目以奖代补政策自 2016 年起施行，执行期限暂定 3 年。

53. 关于规范政府和社会资本合作（PPP）综合信息平台运行的通知

（财金〔2015〕166 号）

【发文机关】财政部
【发文文号】财金〔2015〕166 号
【发布日期】2015 年 12 月 18 日
【实施日期】2016 年 1 月 1 日
【时效性】现行有效

各省、自治区、直辖市、计划单列市财政厅（局），新疆生产建设兵团财务局：

为贯彻落实《国务院办公厅转发财政部　发展改革委　人民银行关于在公共服务领域推广政府和社会资本合作模式指导意见的通知》（国办发〔2015〕42 号）精神，财政部开发建设了政府和社会资本合作（Public－Private Partnership，PPP）综合信息平台。现将有关事宜通知如下：

一、充分认识综合信息平台建设的重要意义

（一）综合信息平台是全国 PPP 项目信息的管理和发布平台。各级财政部门可依托互联网通过分级授权，在信息管理平台上实现项目信息的填报、审核、查询、统计和分析等功能；在信息发布平台上发布 PPP 项目相关信息，分享 PPP 有关政策规定、动态信息和项目案例。综合信息平台按照项目库、机构库和资料库实行分类管理，项目库用于收集和管理全国各级 PPP 储备项目、执行项目和示范项目信息，包括项目全生命周期各环节的关键信息；机构库用于收集和管理咨询服务机构与专家、社会资本、金融机构等参与方信息；资料库用于收集和管理 PPP 相关政策法规、工作动态、指南手册、培训材料和经典案例等信息。

（二）开发建设综合信息平台旨在促进 PPP 市场科学、规范和可持续发展。通过综合信息平台，高效利用现代信息技术、社会数据资源和社会化的信息服务，可以降低行政监管成本和市场交易成本，提高经济社会运行效率；政府可以充分获取和运用信息，加强服

务质量、成本和价格监管，提升国家治理能力；可以保障公众知情权，加强社会监督，对PPP项目参与各方形成有效监督和约束，确保实现公共利益最大化。

二、认真做好综合信息平台运行各项工作

（三）统一授权分级录入项目库信息。地方各级财政部门要按照PPP项目操作流程，做好本地区PPP项目各阶段信息填报、资料上传与管理工作。原则上，经地方各级财政部门会同相关部门评估、筛选的潜在PPP项目基本信息，均应录入综合信息平台。中央部门拟作为实施机构的PPP项目，由财政部统一评审录入项目信息。经省级财政部门审核满足上报要求的，由省级财政部门提交，列为储备项目；编制项目实施方案，通过物有所值评价、财政承受能力论证，并经本级政府审核同意的，列为执行项目；通过中央或省级财政部门评审并列为中央或省级示范的项目，列为示范项目。在项目开发和实施过程中，有咨询服务机构、社会资本方等采购需求的，可填写项目招商信息，经省级财政部门审核后上报。2016年1月15日前，地方各级财政部门要会同相关部门完成现有PPP项目信息的录入、上报工作。

（四）统筹集中录入机构库和资料库信息。PPP项目库中各项目所包含的咨询服务机构、社会资本、金融机构等信息，直接进入机构库，财政部PPP中心与地方各级财政部门可根据需要补充录入各类机构信息。财政部PPP中心负责资料库的管理和维护工作，收集、录入和管理PPP相关政策法规、工作动态、指南手册、培训材料、经典案例等信息。

（五）规范发布和使用综合信息。财政部PPP中心按照财政部PPP工作领导小组工作部署和信息披露相关要求，做好PPP项目库、机构库和资料库信息发布工作。对于PPP项目基础信息，以及PPP项目政府采购资格预审公告、采购文件、确认谈判备忘录、预中标或成交结果、项目合同文本、中标或成交结果等采购信息，综合信息平台与中国政府采购网实现信息共享。各省、市、县级财政部门、行业主管部门、实施机构、社会资本、咨询服务机构、金融机构、专家、公众等用户，可通过互联网在线访问、查询PPP相关信息。

三、构建激励相容的工作保障机制

（六）加强组织领导。地方各级财政部门要高度重视综合信息平台建设工作，广泛动员和联合相关部门做好本级PPP项目的筛选识别，信息收集、录入和审核工作，加强统筹协调，积极创造条件，确保综合信息平台顺利运行。省级财政部门要做好本级PPP项目信息录入、上报工作，并负责所辖市县项目信息的审核与上报工作。财政部PPP中心统筹负责项目库、机构库和资料库的建设与管理，并做好信息发布工作。财政部信息网络中心和地方各级财政信息技术部门负责技术保障。

（七）建立对口联系人和季报制度。地方各级财政部门要建立对口联系人制度，指定专人负责综合信息平台建设，及时收集、汇总、录入PPP项目信息。建立PPP项目信息季报制度，省级财政部门要在每季度第一个月10日前，向财政部PPP工作领导小组办公室（金融司）报送上一季度PPP项目进展情况，并抄送财政部PPP中心。

（八）建立综合信息平台建设奖惩挂钩机制。原则上，国家级和省级示范项目、各地PPP年度规划和中期规划项目均需从综合信息平台的项目库中筛选和识别。未纳入综合信

息平台项目库的项目，不得列入各地 PPP 项目目录，原则上不得通过财政预算安排支出责任。

为规范综合信息平台运行，财政部制定了《政府和社会资本合作（PPP）综合信息平台运行规程》（见附件），请严格执行。地方各级财政部门要对 PPP 项目信息严把入口关，确保项目信息真实、及时、规范；省级财政部门要严把审查关，履行好监督管理职责，确保上报项目信息真实、合规；财政部 PPP 中心要严把统筹关，全面审查各项目信息，保证对外发布信息真实、有效。

财政部

2015 年 12 月 18 日

附件：

政府和社会资本合作（PPP）综合信息平台运行规程

第一章　总　　则

第一条　为贯彻落实《国务院办公厅转发财政部　发展改革委　人民银行关于在公共服务领域推广政府和社会资本合作模式指导意见的通知》（国办发〔2015〕42 号）和《国务院办公厅关于运用大数据加强对市场主体服务和监管的若干意见》（国办发〔2015〕51 号）精神，提升全国政府和社会资本合作（Public - Private Partnership，PPP）工作管理信息化水平，财政部建立 PPP 综合信息发布平台，制定本规程。

第二条　PPP 综合信息平台用于收集、管理和发布国家 PPP 政策、工作动态、项目信息等内容，推动项目实施的公开透明、有序竞争，提高政府运用 PPP 大数据，增强政府服务和监管 PPP 工作的水平与效率。

第三条　中央、省、市、县级财政部门参与 PPP 综合信息平台进行的系统运行、维护和管理，适用本规程。

第二章　PPP 综合信息平台内容

第四条　PPP 综合信息平台应遵照《国务院办公厅转发财政部　发展改革委　人民银行关于在公共服务领域推广政府和社会资本合作模式指导意见的通知》（国办发〔2015〕42 号）、《财政部关于印发政府和社会资本合作模式操作指南（试行）的通知》（财金〔2014〕113 号）、《财政部关于印发政府和社会资本合作项目政府采购管理办法的通知》（财库〔2014〕215 号）、《财政部关于印发政府采购竞争性磋商采购方式管理暂行办法的通知》（财库〔2014〕214 号）、《财政部关于印发政府和社会资本合作项目财政承受能力论证指引的通知》（财金〔2015〕21 号）等政策要求，收集、管理和发布 PPP 项目信息，保证项目实施公开透明。

第五条 PPP综合信息平台由财政部PPP工作领导小组办公室委托财政部PPP中心组织开发，由财政部PPP中心和信息网络中心共同承担运行和管理工作，共包括PPP信息发布平台和PPP信息管理平台两大部分。

PPP信息发布平台以外网形式对社会发布PPP政策法规、工作动态、PPP项目库、PPP项目招商与采购公告以及知识分享等信息。网址为http：//www. cpppc. org。

PPP信息管理平台为内部管理平台，用于对全国PPP项目进行跟踪、监督，为开展PPP工作或开发实施PPP项目提供技术支持，具体包括PPP项目库、机构库和资料库，具有录入、查询、统计和用户管理等功能。

第六条 财政部PPP中心负责PPP信息发布平台和PPP信息管理平台下的机构库（咨询服务机构与专家、金融机构等）和资料库的运行、维护和管理。

第七条 省、市、县级财政PPP业务部门和信息技术部门需配合财政部PPP中心维护和管理PPP信息管理平台下的项目库。项目库是PPP综合信息平台的核心组成部分，包含储备库、执行库和示范库3个子库。由各级财政部门会同相关部门评估、筛选的PPP项目，基本信息均应录入PPP综合信息平台。经省级财政部门审核满足上报要求的，列为储备项目。编制项目实施方案，通过物有所值评价、财政承受能力论证，并经本级政府审核同意的，列为执行项目。通过中央或省级财政部门评审并列为中央或省级示范项目的，列为示范项目。在项目开发实施过程中，有咨询服务机构、社会资本方采购需求的，可填写项目招商信息，经省级财政部门审核后上报。

所有PPP项目必须列入项目库。省、市、县级财政部门应与相关部门密切沟通，保证符合条件的项目及时、准确、规范、完整列入项目库。

第八条 省、市、县级财政部门要按照财政部PPP中心统一制定的数据规范与要求，录入本级PPP项目的基本信息，以及项目识别、准备、采购、执行和移交阶段的信息。中央部门拟作为实施机构的PPP项目，由财政部统一评审录入项目信息。

第九条 财政部PPP中心和信息网络中心应保障PPP综合信息平台的运行、推广和升级完善。省、市、县级财政部门可根据需要开发符合自身需求的个性化功能模块，建立地方PPP信息平台，但应当与PPP综合信息平台进行实时数据对接，保证数据规范一致。

PPP综合信息平台应与预算管理、政府采购、政府债务管理等信息系统开放共享。

第十条 中央和省、市、县级财政PPP业务部门和信息技术部门应为PPP综合信息平台的应用、运行、维护和管理提供保障，建立健全内部管理制度，落实岗位责任制和领导负责制，合理安排岗位人员，加强管理和风险防范。

第三章 用户管理

第十一条 中央、省、市、县级财政部门、行业主管部门、实施机构、社会资本、咨询服务机构、金融机构、专家、公众等用户，可通过互联网在线访问、查询公开信息。

第十二条 在PPP综合信息平台初始阶段，财政部PPP中心为省、市、县级财政部门用户生成一个管理员账户。省、市、县级财政部门如需新增账户，可根据内部管理制度，给新增账户开设与其权限匹配的账户，以方便数据和资料上传。

第十三条 为增强PPP综合信息平台的系统安全性，系统将按照财政部统一安全防护体系进行升级。

第四章 信息管理与应用

第十四条 各级财政部门通过 PPP 信息管理平台，可以管理本级及下级财政部门的 PPP 项目信息，即中央级可以管理全国各省、市、县 PPP 项目信息，各省级财政部门可以管理本省（区、市）各市、县 PPP 项目信息，各市、县级财政部门可以管理本市县 PPP 项目信息。

中央和省、市、县级财政部门要通过 PPP 综合信息平台，及时了解国家 PPP 工作政策、发展动态，特别是跟踪、监督所辖行政区域内 PPP 项目开发、执行情况，进行全生命周期管理。

第十五条 省级财政部门应对所辖市、县财政部门上报的项目信息和拟在 PPP 综合信息平台上发布的 PPP 项目招商信息进行合规性审核。

第十六条 中央和省、市、县级财政部门应积极实现数据共享，除共享 PPP 项目库信息外，要逐步实现机构库中咨询服务机构与专家、社会资本、金融机构等信息资源的共享，实现对机构库信息的全系统可识别、可跟踪，为将来利用大数据评价服务质量、建立信用体系夯实基础。对有需求的行业主管部门和实施机构，逐步实现数据共享。

第五章 监督检查

第十七条 财政部 PPP 中心和信息网络中心要保障 PPP 综合信息平台的安全运行，不断完善系统功能。

第十八条 上级财政部门应每季度对行政区域内 PPP 综合信息平台建设情况进行检查和考核。对系统应用情况较好、数据填报及时、数据质量高的地区，在制定、执行相关奖励政策时应予以优先考虑。

第十九条 省、市、县级财政部门在项目库中上传的 PPP 项目信息不真实、不准确、不规范、不完整的，将不予采用。原则上，国家级和省级示范项目、各地 PPP 年度规划和中期规划项目均需从 PPP 综合信息平台的项目库中筛选和识别。未纳入 PPP 综合信息平台项目库的项目，不得列入各地 PPP 项目目录，原则上不得通过预算安排支出责任。

第六章 附 则

第二十条 本规程由财政部 PPP 工作领导小组办公室负责解释和修订。

本规程自 2016 年 1 月 1 日起实施。

54. 关于印发《PPP物有所值评价指引（试行）》的通知

（财金〔2015〕167号）

【发文机关】财政部
【发文文号】财金〔2015〕167号
【发布日期】2015年12月18日
【实施日期】2015年12月18日
【时效性】现行有效

各省、自治区、直辖市、计划单列市财政厅（局），新疆生产建设兵团财务局：

为推动政府和社会资本合作（Public - Private Partnership，以下简称PPP）项目物有所值评价工作规范有序开展，我们立足国内实际，借鉴国际经验，制订了《PPP物有所值评价指引（试行）》。由于实践中缺乏充足的数据积累，难以形成成熟的计量模型，物有所值定量评价处于探索阶段，各地应当依据客观需要，因地制宜地开展物有所值评价工作。施行过程中的问题和建议，请及时反馈我部。

财政部
2015年12月18日

PPP物有所值评价指引（试行）

第一章 总 则

第一条 为促进PPP物有所值评价工作规范有序开展，根据《中华人民共和国预算法》《国务院办公厅转发财政部发展改革委人民银行关于在公共服务领域推广政府和社会资本合作模式指导意见的通知》（国办发〔2015〕42号）等有关规定，制定本指引。

第二条　本指引所称物有所值（Value for Money，VfM）评价是判断是否采用PPP模式代替政府传统投资运营方式提供公共服务项目的一种评价方法。

第三条　物有所值评价应遵循真实、客观、公开的原则。

第四条　中华人民共和国境内拟采用PPP模式实施的项目，应在项目识别或准备阶段开展物有所值评价。

第五条　物有所值评价包括定性评价和定量评价。现阶段以定性评价为主，鼓励开展定量评价。定量评价可作为项目全生命周期内风险分配、成本测算和数据收集的重要手段，以及项目决策和绩效评价的参考依据。

第六条　应统筹定性评价和定量评价结论，做出物有所值评价结论。物有所值评价结论分为“通过”和“未通过”。“通过”的项目，可进行财政承受能力论证；“未通过”的项目，可在调整实施方案后重新评价，仍未通过的不宜采用PPP模式。

第七条　财政部门（或PPP中心）应会同行业主管部门共同做好物有所值评价工作，并积极利用第三方专业机构和专家力量。

第二章　评价准备

第八条　物有所值评价资料主要包括：（初步）实施方案、项目产出说明、风险识别和分配情况、存量公共资产的历史资料、新建或改扩建项目的（预）可行性研究报告、设计文件等。

第九条　开展物有所值评价时，项目本级财政部门（或PPP中心）应会同行业主管部门，明确是否开展定量评价，并明确定性评价程序、指标及其权重、评分标准等基本要求。

第十条　开展物有所值定量评价时，项目本级财政部门（或PPP中心）应会同行业主管部门，明确定量评价内容、测算指标和方法，以及定量评价结论是否作为采用PPP模式的决策依据。

第三章　定性评价

第十一条　定性评价指标包括全生命周期整合程度、风险识别与分配、绩效导向与鼓励创新、潜在竞争程度、政府机构能力、可融资性等六项基本评价指标。

第十二条　全生命周期整合程度指标主要考核在项目全生命周期内，项目设计、投融资、建造、运营和维护等环节能否实现长期、充分整合。

第十三条　风险识别与分配指标主要考核在项目全生命周期内，各风险因素是否得到充分识别并在政府和社会资本之间进行合理分配。

第十四条　绩效导向与鼓励创新指标主要考核是否建立以基础设施及公共服务供给数量、质量和效率为导向的绩效标准和监管机制，是否落实节能环保、支持本国产业等政府采购政策，能否鼓励社会资本创新。

第十五条　潜在竞争程度指标主要考核项目内容对社会资本参与竞争的吸引力。

第十六条　政府机构能力指标主要考核政府转变职能、优化服务、依法履约、行政监管和项目执行管理等能力。

第十七条 可融资性指标主要考核项目的市场融资能力。

第十八条 项目本级财政部门（或 PPP 中心）会同行业主管部门，可根据具体情况设置补充评价指标。

第十九条 补充评价指标主要是6项基本评价指标未涵盖的其他影响因素，包括项目规模大小、预期使用寿命长短、主要固定资产种类、全生命周期成本测算准确性、运营收入增长潜力、行业示范性等。

第二十条 在各项评价指标中，6项基本评价指标权重为80%，其中任一指标权重一般不超过20%；补充评价指标权重为20%，其中任一指标权重一般不超过10%。

第二十一条 每项指标评分分为5个等级，即有利、较有利、一般、较不利、不利，对应分值分别为100~81、80~61、60~41、40~21、20~0分。项目本级财政部门（或 PPP 中心）会同行业主管部门，按照评分等级对每项指标制定清晰准确的评分标准。

第二十二条 定性评价专家组包括财政、资产评估、会计、金融等经济方面专家，以及行业、工程技术、项目管理和法律方面专家等。

第二十三条 项目本级财政部门（或 PPP 中心）会同行业主管部门组织召开专家组会议。定性评价所需资料应于专家组会议召开前送达专家，确保专家掌握必要信息。

第二十四条 专家组会议基本程序如下：

（一）专家在充分讨论后按评价指标逐项打分；

（二）按照指标权重计算加权平均分，得到评分结果，形成专家组意见。

第二十五条 项目本级财政部门（或 PPP 中心）会同行业主管部门根据专家组意见，做出定性评价结论。原则上，评分结果在60分（含）以上的，通过定性评价；否则，未通过定性评价。

第四章 定量评价

第二十六条 定量评价是在假定采用 PPP 模式与政府传统投资方式产出绩效相同的前提下，通过对 PPP 项目全生命周期内政府方净成本的现值（PPP 值）与公共部门比较值（PSC 值）进行比较，判断 PPP 模式能否降低项目全生命周期成本。

第二十七条 PPP 值可等同于 PPP 项目全生命周期内股权投资、运营补贴、风险承担和配套投入等各项财政支出责任的现值，参照《政府和社会资本合作项目财政承受能力论证指引》（财金〔2015〕21号）及有关规定测算。

第二十八条 PSC 值是以下3项成本的全生命周期现值之和：

（一）参照项目的建设和运营维护净成本；

（二）竞争性中立调整值；

（三）项目全部风险成本。

第二十九条 参照项目可根据具体情况确定为：

（一）假设政府采用现实可行的、最有效的传统投资方式实施的、与 PPP 项目产出相同的虚拟项目；

（二）最近5年内，相同或相似地区采用政府传统投资方式实施的、与 PPP 项目产出相同或非常相似的项目。

建设净成本主要包括参照项目设计、建造、升级、改造、大修等方面投入的现金以及固定资产、土地使用权等实物和无形资产的价值，并扣除参照项目全生命周期内产生的转让、租赁或处置资产所获的收益。

运营维护净成本主要包括参照项目全生命周期内运营维护所需的原材料、设备、人工等成本，以及管理费用、销售费用和运营期财务费用等，并扣除假设参照项目与PPP项目付费机制相同情况下能够获得的使用者付费收入等。

第三十条　竞争性中立调整值主要是采用政府传统投资方式比采用PPP模式实施项目少支出的费用，通常包括少支出的土地费用、行政审批费用、有关税费等。

第三十一条　项目全部风险成本包括可转移给社会资本的风险承担成本和政府自留风险的承担成本，参照《政府和社会资本合作项目财政承受能力论证指引》（财金〔2015〕21号）第二十一条及有关规定测算。

政府自留风险承担成本等同于PPP值中的全生命周期风险承担支出责任，两者在PSC值与PPP值比较时可对等扣除。

第三十二条　用于测算PSC值的折现率应与用于测算PPP值的折现率相同，参照《政府和社会资本合作项目财政承受能力论证指引》（财金〔2015〕21号）第十七条及有关规定测算。

第三十三条　PPP值小于或等于PSC值的，认定为通过定量评价；PPP值大于PSC值的，认定为未通过定量评价。

第五章　评价报告和信息披露

第三十四条　项目本级财政部门（或PPP中心）会同行业主管部门，在物有所值评价结论形成后，完成物有所值评价报告编制工作，报省级财政部门备案，并将报告电子版上传PPP综合信息平台。

第三十五条　物有所值评价报告内容包括：

（一）项目基础信息。主要包括项目概况、项目产出说明和绩效标准、PPP运作方式、风险分配框架和付费机制等。

（二）评价方法。主要包括定性评价程序、指标及权重、评分标准、评分结果、专家组意见以及定量评价的PSC值、PPP值的测算依据、测算过程和结果等。

（三）评价结论，分为“通过”和“未通过”。

（四）附件。通常包括（初步）实施方案、项目产出说明、可行性研究报告、设计文件、存量公共资产的历史资料、PPP项目合同、绩效监测报告和中期评估报告等。

第三十六条　项目本级财政部门（或PPP中心）应在物有所值评价报告编制完成之日起5个工作日内，将报告的主要信息通过PPP综合信息平台等渠道向社会公开披露，但涉及国家秘密和商业秘密的信息除外。

第三十七条　在PPP项目合作期内和期满后，项目本级财政部门（或PPP中心）应会同行业主管部门，将物有所值评价报告作为项目绩效评价的重要组成部分，对照进行统计和分析。

第三十八条　各级财政部门（或PPP中心）应加强物有所值评价数据库的建设，做好定性和定量评价数据的收集、统计、分析和报送等工作。

第三十九条 各级财政部门（或 PPP 中心）应会同行业主管部门，加强对物有所值评价第三方专业机构和专家的监督管理，通过 PPP 综合信息平台进行信用记录、跟踪、报告和信息公布。省级财政部门应加强对全省（市、区）物有所值评价工作的监督管理。

第六章　附　　则

第四十条 本指引自印发之日起施行，有效期 2 年。

55. 关于对地方政府债务实行限额管理的实施意见

（财预〔2015〕225 号）

【发文机关】财政部
【发文文号】财预〔2015〕225 号
【发布日期】2015 年 12 月 21 日
【实施日期】2015 年 12 月 21 日
【时效性】现行有效

各省、自治区、直辖市、计划单列市人民政府：

为进一步规范地方政府债务管理，更好发挥政府债务促进经济社会发展的积极作用，防范和化解财政金融风险，根据《预算法》《国务院关于加强地方政府性债务管理的意见》（国发〔2014〕43 号）和全国人民代表大会常务委员会批准的国务院关于提请审议批准 2015 年地方政府债务限额的议案有关要求，经国务院同意，现就地方政府债务限额管理提出以下实施意见：

一、切实加强地方政府债务限额管理

（一）合理确定地方政府债务总限额。对地方政府债务余额实行限额管理。年度地方政府债务限额等于上年地方政府债务限额加上当年新增债务限额（或减去当年调减债务限额），具体分为一般债务限额和专项债务限额。

地方政府债务总限额由国务院根据国家宏观经济形势等因素确定，并报全国人民代表大会批准。年度预算执行中，如出现下列特殊情况需要调整地方政府债务新增限额，由国务院提请全国人大常委会审批：当经济下行压力大、需要实施积极财政政策时，适当扩大当年新增债务限额；当经济形势好转、需要实施稳健财政政策或适度从紧财政政策时，适当削减当年新增债务限额或在上年债务限额基础上合理调减限额。

（二）逐级下达分地区地方政府债务限额。各省、自治区、直辖市政府债务限额，由财政部在全国人大或其常委会批准的总限额内，根据债务风险、财力状况等因素并统筹考虑国家宏观调控政策、各地区建设投资需求等提出方案，报国务院批准后下达各省级财政部门。

省级财政部门依照财政部下达的限额，提出本地区政府债务安排建议，编制预算调整方案，经省级政府报本级人大常委会批准；根据债务风险、财力状况等因素并统筹本地区建设投资需求提出省本级及所属各市县当年政府债务限额，报省级政府批准后下达各市县级政府。市县级政府确需举借债务的，依照经批准的限额提出本地区当年政府债务举借和使用计划，列入预算调整方案，报本级人大常委会批准，报省级政府备案并由省级政府代为举借。

（三）严格按照限额举借地方政府债务。省级财政部门在批准的地方政府债务限额内，统筹考虑地方政府负有偿还责任的中央转贷外债情况，合理安排地方政府债券的品种、结构、期限和时点，做好政府债券的发行兑付工作。中央和省级财政部门每半年向本级人大有关专门委员会书面报告地方政府债券发行和兑付等情况。对2015年地方政府债务限额下达前举借的在建项目后续贷款中需要纳入政府债务的，由各地在2015年地方政府债务限额内调整结构解决。今后，需要纳入政府债务的在建项目后续融资需求在确定每年新增地方政府债务限额时统筹考虑，依法通过发行地方政府债券举借。地方政府新发生或有债务，要严格限定在依法担保的外债转贷范围内，并根据担保合同依法承担相关责任。

（四）将地方政府债务分类纳入预算管理。地方政府要将其所有政府债务纳入限额，并分类纳入预算管理。其中，一般债务纳入一般公共预算管理，主要以一般公共预算收入偿还，当赤字不能减少时可采取借新还旧的办法。专项债务纳入政府性基金预算管理，通过对应的政府性基金或专项收入偿还；政府性基金或专项收入暂时难以实现，如收储土地未能按计划出让的，可先通过借新还旧周转，收入实现后即予归还。

二、建立健全地方政府债务风险防控机制

（一）全面评估和预警地方政府债务风险。地方各级政府要全面掌握资产负债、还本付息、财政运行等情况，加快建立政府综合财务报告制度，全面评估风险状况，跟踪风险变化，切实防范风险。中央和省级财政部门要加强对地方政府债务的监督，根据债务率、新增债务率、偿债率、逾期债务率、或有债务代偿率等指标，及时分析和评估地方政府债务风险状况，对债务高风险地区进行风险预警。

（二）抓紧建立债务风险化解和应急处置机制。各省、自治区、直辖市政府要对本地区地方政府债务风险防控负总责，建立债务风险化解激励约束机制，全面组织做好债务风险化解和应急处置工作。列入风险预警范围的地方各级政府要制订中长期债务风险化解规划和应急处置预案，在严格控制债务增量的同时，通过控制项目规模、减少支出、处置资产、引入社会资本等方式，多渠道筹集资金消化存量债务，逐步降低债务风险。市县级政府难以自行偿还债务时，要启动债务风险应急处置预案并及时上报；省级政府要加大对市县级政府债务风险应急处置的指导力度，并督促其切实化解债务风险，确保不发生区域性和系统性风险。

（三）健全地方政府债务监督和考核问责机制。地方各级政府要主动接受本级人大和社会监督，定期向社会公开政府债务限额、举借、使用、偿还等情况。地方政府举债要遵循市场化原则，强化市场约束。审计部门要依法加强债务审计监督，财政部门要加大对地方政府违规举债及债务风险的监控力度。要将政府债务管理作为硬指标纳入政绩考核，强化对地方政府领导干部的考核。地方政府主要负责人要作为第一责任人，切实抓好本级政府债务风险防控等各项工作。对地方政府防范化解政府债务风险不力的，要进行约谈、通报，必要时可以责令其减少或暂停举借新债。对地方政府违法举债或担保的，责令改正，并按照预算法规定追究相关人员责任。

三、妥善处理存量债务

（一）切实履行政府债务偿还责任。对甄别后纳入预算管理的地方政府存量债务，属于公益性项目债务的，由地方政府统筹安排包括债券资金在内的预算资金偿还，必要时可以处置政府资产；属于非公益性项目债务的，由举借债务的部门和单位通过压减预算支出等措施偿还，暂时难以压减的可用财政资金先行垫付，并在以后年度部门和单位预算中扣回。取消融资平台公司的政府融资职能，推动有经营收益和现金流的融资平台公司市场化转型改制，通过政府和社会资本合作（PPP）、政府购买服务等措施予以支持。

地方政府存量债务中通过银行贷款等非政府债券方式举借部分，通过3年左右的过渡期，由省级财政部门在限额内安排发行地方政府债券置换。为避免地方竞相发债对市场产生冲击，财政部根据债务到期、债务风险等情况予以组织协调，并继续会同人民银行、银监会等有关部门做好定向承销发行置换债券等工作。

（二）依法妥善处置或有债务。对政府负有担保责任或可能承担一定救助责任的或有债务，地方政府要依法妥善处置。对确需依法代偿的或有债务，地方政府要将代偿部分的资金纳入预算管理，并依法对原债务单位及有关责任方保留追索权；对因预算管理方式变化导致原偿债资金性质变化为财政资金、相应确需转化为政府债务的或有债务，在不突破限额的前提下，报经省级政府批准后转化为政府债务；对违法违规担保的或有债务，由政府、债务人与债权人共同协商，重新修订合同，明确责任，依法解除担保关系。地方政府通过政府和社会资本合作等方式减少政府债务余额腾出的限额空间，要优先用于解决上述或有债务代偿或转化问题。

各地区、各部门要进一步统一思想认识，高度重视，严格执行地方政府债务管理的各项规定，结合本地区、本部门实际，明确任务分工、落实工作职责，积极研究解决新问题，及时总结经验做法，加强舆论引导，切实发挥规范地方政府债务管理对“稳增长”和“防风险”的积极作用，推动各项政策措施落实到位。

财政部
2015年12月21日

56. 关于财政资金注资政府投资基金支持产业发展的指导意见

（财建〔2015〕1062号）

【发文机关】财政部
【发文文号】财建〔2015〕1062号
【发布日期】2015年12月25日
【实施日期】2015年12月25日
【时效性】现行有效

各省、自治区、直辖市、计划单列市财政厅（局）：

近年来，各级财政探索政府投资基金等市场化方式支持产业，有效引导了社会资本投向，促进了企业和产业发展，但也存在投向分散、运作不规范、指导监督机制不完善等问题。为贯彻落实十八届五中全会通过的《国民经济和社会发展第十三个五年规划的建议》关于“发挥财政资金撬动功能，创新融资方式，带动社会资本参与投资”等精神，规范有序推进相关工作，根据《政府投资基金管理办法》（财预〔2015〕210号），现就财政资金注资设立政府投资基金支持产业发展，提出以下指导意见：

一、指导思想、总体要求及基本原则

（一）指导思想。

规范有序运用政府投资基金方式推动重点产业发展，发挥财政资金带动社会投资、培育市场需求、促进企业创业成长等作用，提高资源配置效率和财政资金使用效益，加快经济结构调整和发展方式转变。

（二）总体要求。

使市场在资源配置中起决定性作用，更好发挥政府引导作用。协调好财政资金杠杆放大作用和多种所有制资本相互促进作用，加强顶层设计，坚持市场化运作，规范有序推进，推动解决产业重点领域和薄弱环节的资金、市场、技术等瓶颈制约。

（三）基本原则。

——聚焦重点产业。区分产业重点领域和薄弱环节，明确特定政策目标，在准确定位的基础上确定财政资金投入方式和支持产业发展的政府投资基金设立方案，解决好产业发展的瓶颈制约。

——坚持市场化运作。按照法律法规和市场通行做法明确工作机制，遵循市场规则，实行专业化管理，同时注重充分发挥社会资本作用。在确保有效监督指导的同时，基金机构设置尽可能精简，提高效率。

——切实履行出资人职责。财政部门根据同级政府授权，切实履行对财政资金注资的政府投资基金的出资人职责。通过合理设计基金设立方案及财政出资让利措施、选好基金管理公司或团队等，充分发挥政府投资基金支持产业的作用。

二、合理运用政府投资基金聚焦支持重点产业

财政资金注资政府投资基金支持产业发展，应当针对宏观经济及产业发展的特定问题，加强政策顶层设计、明确基金定位、合理控制规模，规范有序推进。

（一）精准定位、聚焦重点。公共财政运用政府投资基金方式支持产业，限定于具有一定竞争性、存在市场失灵、外溢性明显的关键领域和薄弱环节。具体按照《政府投资基金暂行管理办法》有关规定，限定支持领域。推动产业发展方面，主要支持外部性强、基础性、带动性、战略性特征明显的产业领域及中小企业创业成长。各地应当结合上述定位，以及国家、地方产业布局和发展规划聚焦作用的特定领域。

（二）问题导向、分类施策。针对产业重点领域和薄弱环节，相机采取创业投资引导基金、产业投资基金等形式予以支持。其中：对战略性新兴产业等新兴产业及中小企业，可通过创业投资引导基金，加强资金、技术和市场相融合。对集成电路等战略主导产业及行业龙头企业，可通过产业投资基金直接投资，实现产业重点突破和跨越发展。

（三）加强引导、有序推进。通过一般公共预算、政府性基金预算、国有资本经营预算等安排对政府投资基金注资，发挥财政资金引导作用，引导社会资金投资经济社会发展的重点领域和薄弱环节。同时，要合理控制政府投资基金规模，不得在同一行业或领域重复设立基金。结合产业发展阶段性特点和要求，适时调整政府投资基金作用的领域；对市场能够充分发挥作用的领域，要及时退出。

三、规范设立运作支持产业的政府投资基金

财政资金注资设立政府投资基金支持产业，要坚持市场化运作、专业化管理，以实现基金良性运营。基金的设立和运作，应当遵守契约精神，依法依规推进，促进政策目标实现。

（一）设立市场化的基金实体。结合政府投资基金定位、社会出资人意愿等，设立公司制、合伙制等市场化基金实体，坚持所有权、管理权、托管权分离。原则上不设立事业单位形式的政府投资基金；已设立事业单位形式基金的应当积极向企业转制，不能转制的应当选聘专业管理团队，提高市场化管理水平。

（二）建立多元化的出资结构。结合政府投资基金政策目标，广泛吸引社会出资，形成多元化出资结构，优化基金内部治理结构、形成各方出资合理制衡，促进协同发展。结

合财力可能、基金定位、募资难度等确定财政资金注资上限，并根据有关章程、协议及基金投资进度等分期到位。

（三）坚持专业化投资运营。财政资金注资设立的政府投资基金，原则上委托市场化基金管理公司管理，并通过委托管理协议等约定主要投资领域和投资阶段。为促进产业链协同发展，可适当布局产业上下游环节。

（四）建立适时退出机制。财政资金注资设立政府投资基金形成的股权，应根据有关法律法规并按照章程约定的条件退出。财政出资原则在基金存续期满后退出，存续期内如达到预期目标，也可考虑通过预设股权回购机制等方式适时退出。

四、切实履行财政资金出资人职责

财政部门作为财政资金管理部门，根据本级人民政府授权，并依照法律法规以及基金章程、合伙人协议等，切实履行对财政资金注资政府投资基金的出资人职责，促进支持产业政策目标实现，保障出资人权益。

（一）深入研究基金设立方案。确需设立支持产业的政府投资基金，财政部门应当主动研究设立方案，结合拟支持的产业发展所需，明确基金设立形式、运作机制、财政出资比例、让利措施等问题，同时发挥行业主管部门在行业政策及投向等方面的指导作用，明确引导基金投资结构、中长期目标等，由财政部门或财政部门会同有关行业主管部门报同级人民政府审批。

（二）选定绩优基金管理公司或团队。选择政府投资基金管理公司或团队要综合考虑团队募资能力、投资业绩、研究能力、出资实力等，预设好前置条件，确保专注管理。同时，设定合理的激励约束机制，主要是确定合理的管理费和绩效奖励、要求基金管理公司或团队对引导基金认缴出资、将对其绩效评价与管理费等挂钩等，促使基金管理公司或团队不断提高管理水平。

（三）合理确定财政出资让利措施。财政资金注资设立政府投资基金支持产业发展，着眼政策目标，坚持风险共担、收益共享。财政出资原则上与社会出资同股同权。对于“市场失灵”突出的领域，设立基金可以采取向社会出资人让渡部分分红等让利措施，但必须控制财政风险，并确保市场机制充分发挥作用。

（四）依法行使出资人权利。财政部门与其他出资人共同签订政府投资基金章程、合伙人协议等，明晰各方责权利；同时，按照有关协议约定委派董事或理事、监事等，依法依规参与基金内部治理，促进政策目标实现，保障出资权益。

（五）适时进行考核评价。财政资金控股的政府投资基金应当纳入公共财政考核评价体系，定期对基金支持产业的政策目标、政策效果及其资产情况进行评估；对于财政资金注资但不控股的基金，财政部门或财政部门授权有关部门（机构）按照公共性原则对财政出资进行考核评价。

五、积极营造政府投资基金支持产业发展的良好环境

财政资金新注资设立政府投资基金支持产业发展，要按照本意见要求规范推进。已注资的基金如具备条件，应当在出资人自愿协商一致的前提下，按照本意见调整完善运作机制。财政部门应对所注资基金加强统筹，完善机制，营造良好环境，促使更好发挥支持产业发展的政策效应。

（一）加强统筹合作。中央和地方财政资金注资的投向相近的政府投资基金，应加强合作，通过互相参股、联合投资等方式发挥合力。同时，财政资金也可参股一些产业龙头企业发起设立的基金，扶优扶强，推动产业链协同发展，优化产业布局。

（二）加强组织协调。探索建立财政资金注资政府投资基金的统计分析、考核评价、董事及监事委派、风险控制等体系。同时，加强与有关部门和单位的合作，推动建立政府投资基金支持产业发展的工作协调机制，促进政策作用的有效发挥。

（三）强化政策支撑。对符合国有股转持豁免、税收减免等规定的基金，要用足用好政策。同时，积极研究促进政府投资基金支持产业发展的政策措施，引导金融机构加大对有关基金的融资支持力度，引导产业链相关的国有企业对基金出资。

（四）完善支持方式。按照财税改革和构建现代财政制度的要求，结合经济发展规划、产业基础、资源禀赋及科技优势等实际情况，积极探索完善保险补偿、PPP、融资担保等市场化支持方式，形成政策合力共同支持产业发展，推动重点产业发展和产业转型升级。

财政部

2015 年 12 月 25 日

57. 关于规范土地储备和资金管理等相关问题的通知

（财综〔2016〕4号）

【发文机关】财政部　国土资源部　中国人民银行　银监会
【发文文号】财综〔2016〕4号
【发布日期】2016年2月2日
【实施日期】2016年2月2日
【时效性】现行有效

各省、自治区、直辖市、计划单列市财政厅（局）、国土资源主管部门，新疆生产建设兵团财务局、国土资源局，中国人民银行上海总部，各分行、营业管理部，省会（首府）城市中心支行、副省级城市中心支行，各省、自治区、直辖市银监局：

根据《预算法》《中共中央　国务院关于分类推进事业单位改革的指导意见》《国务院关于加强地方政府性债务管理的意见》（国发〔2014〕43号）等有关规定，为规范土地储备和资金管理行为，促进土地储备健康发展，现就有关问题通知如下：

一、清理压缩现有土地储备机构

各地区应当结合事业单位分类改革，对现有土地储备机构进行全面清理。为提高土地储备工作效率，精简机构和人员，每个县级以上（含县级）法定行政区划原则上只能设置一个土地储备机构，统一隶属于所在行政区划国土资源主管部门管理。对于重复设置的土地储备机构，应当在压缩归并的基础上，按规定重新纳入土地储备名录管理。鉴于土地储备机构承担的依法取得土地、进行前期开发、储存以备供应土地等工作主要是为政府部门行使职能提供支持保障，不能或不宜由市场配置资源，因此，按照事业单位分类改革的原则，各地区应当将土地储备机构统一划为公益一类事业单位。各地区应当将现有土地储备机构中从事政府融资、土建、基础设施建设、土地二级开发业务部分，从现有土地储备机构中剥离出去或转为企业，上述业务对应的人员、资产和债务等也相应剥离或划转。上述工作由地方各级国土资源主管部门商同级财政部门、人民银行分支机构、银监部门等机构提出具体意见，经同级人民政府批准后实施，并于2016年12月31日前完成。

二、进一步规范土地储备行为

按照《国土资源部　财政部　人民银行关于印发〈土地储备管理办法〉的通知》（国土资发〔2007〕277号）和《国土资源部　财政部　人民银行　银监会关于加强土地储备与融资管理的通知》（国土资发〔2012〕162号）的规定，各地区应当进一步规范土地储备行为。土地储备工作只能由纳入名录管理的土地储备机构承担，各类城投公司等其他机构一律不得再从事新增土地储备工作。土地储备机构不得在土地储备职能之外，承担与土地储备职能无关的事务，包括城市基础设施建设、城镇保障性安居工程建设等事务，已经承担的上述事务应当按照本通知第一条规定限期剥离和划转。

三、合理确定土地储备总体规模

各地土地储备总体规模，应当根据当地经济发展水平、当地财力状况、年度土地供应量、年度地方政府债务限额、地方政府还款能力等因素确定。现有土地储备规模偏大的，要加快已储备土地的前期开发和供应进度，相应减少或停止新增以后年度土地储备规模，避免由于土地储备规模偏大而形成土地资源利用不充分和地方政府债务压力。

四、妥善处置存量土地储备债务

对清理甄别后认定为地方政府债务的截至2014年12月31日的存量土地储备贷款，应纳入政府性基金预算管理，偿债资金通过政府性基金预算统筹安排，并逐步发行地方政府债券予以置换。

五、调整土地储备筹资方式

土地储备机构新增土地储备项目所需资金，应当严格按照规定纳入政府性基金预算，从国有土地收益基金、土地出让收入和其他财政资金中统筹安排，不足部分在国家核定的债务限额内通过省级政府代发地方政府债券筹集资金解决。自2016年1月1日起，各地不得再向银行业金融机构举借土地储备贷款。地方政府应在核定的债务限额内，根据本地区土地储备相关政府性基金收入、地方政府性债务风险等因素，合理安排年度用于土地储备的债券发行规模和期限。

六、规范土地储备资金使用管理

根据《预算法》等法律法规规定，从2016年1月1日起，土地储备资金从以下渠道筹集：一是财政部门从已供应储备土地产生的土地出让收入中安排给土地储备机构的征地和拆迁补偿费用、土地开发费用等储备土地过程中发生的相关费用。二是财政部门从国有土地收益基金中安排用于土地储备的资金。三是发行地方政府债券筹集的土地储备资金。四是经财政部门批准可用于土地储备的其他资金。五是上述资金产生的利息收入。土地储备资金主要用于征收、收购、优先购买、收回土地以及储备土地供应前的前期开发等土地储备开支，不得用于土地储备机构日常经费开支。土地储备机构所需的日常经费，应当与土地储备资金实行分账核算，不得相互混用。

土地储备资金的使用范围包括：

（一）征收、收购、优先购买或收回土地需要支付的土地价款或征地和拆迁补偿费用。包括土地补偿费和安置补助费、地上附着物和青苗补偿费、拆迁补偿费，以及依法需要支付的与征收、收购、优先购买或收回土地有关的其他费用。

（二）征收、收购、优先购买或收回土地后进行必要的前期土地开发费用。储备土地的前期开发，仅限于与储备宗地相关的道路、供水、供电、供气、排水、通讯、照明、绿化、土地平整等基础设施建设。各地不得借土地储备前期开发，搭车进行与储备宗地无关的上述相关基础设施建设。

（三）按照本通知规定需要偿还的土地储备存量贷款本金和利息支出。

（四）经同级财政部门批准的与土地储备有关的其他支出。包括土地储备工作中发生的地籍调查、土地登记、地价评估以及管护中围栏、围墙等建设等支出。

七、推动土地收储政府采购工作

地方国土资源主管部门应当积极探索政府购买土地征收、收购、收回涉及的拆迁安置补偿服务。土地储备机构应当积极探索通过政府采购实施储备土地的前期开发，包括与储备宗地相关的道路、供水、供电、供气、排水、通讯、照明、绿化、土地平整等基础设施建设。地方财政部门、国土资源主管部门应当会同辖区内土地储备机构制定项目管理办法，并向社会公布项目实施内容、承接主体或供应商条件、绩效评价标准、最终结果、取得成效等相关信息，严禁层层转包。项目承接主体或供应商应当严格履行合同义务，按合同约定数额获取报酬，不得与土地使用权出让收入挂钩，也不得以项目所涉及的土地名义融资或者变相融资。对于违反规定的行为，将按照《预算法》《政府采购法》《政府采购法实施条例》《政府购买服务管理办法（暂行）》等规定进行处理。

八、加强土地储备项目收支预决算管理

土地储备机构应当于每年第三季度根据当地经济发展水平、上年度地方财力状况、近3年土地供应量、上年度地方政府债务限额、地方政府还款能力等因素，按照宗地编制下一年度土地储备资金收支项目预算，经主管部门审核后，报同级财政部门审定。其中：属于政府采购范围的应当按照规定编制政府采购预算，属于政府购买服务项目的应当同时编制政府购买服务预算，并严格按照有关规定执行。地方财政部门应当认真审核土地储备资金收支预算，统筹安排政府性基金预算、地方政府债券收入和存量贷款资金。土地储备支出首先从国有土地收益基金、土地出让收入、存量贷款资金中安排，不足部分再通过省级政府发行的地方政府债券筹集资金解决。财政部门应当及时批复土地储备机构土地储备项目收支预算。

土地储备机构应当严格按照同级财政部门批复的预算执行，并根据土地收购储备的工作进度，提出用款申请，经主管部门审核后，报同级财政部门审批。其中：属于财政性资金的土地储备支出，按照财政国库管理制度的有关规定执行。土地储备机构需要调整土地储备资金收支项目预算的，应当按照规定编制预算调整方案，经主管部门审核后，按照规定程序报同级财政部门批准后执行。

每年年度终了，土地储备机构要按照同级财政部门规定，向同级财政部门报送土地储备资金收支项目决算，并详细提供宗地支出情况。土地储备资金收支项目决算由同级财政部门负责审核或者由具有良好信誉、执业质量高的会计师事务所等相关中介机构进行审核。

土地储备机构应当按照国家关于资产管理的有关规定，做好土地储备资产的登记、核算、评估等各项工作。

九、落实好相关部门责任

规范土地储备和资金管理行为，是进一步完善土地储备制度，促进土地储备健康发展的重要举措。各级财政、国土资源部门和人民银行分支机构、银监部门等要高度重视，密切合作，周密部署，强化督导，确保上述各项工作顺利实施。

财政部、国土资源部、人民银行、银监会将按照职责分工，会同有关部门抓紧修订《土地储备管理办法》《土地储备资金财务管理暂行办法》《土地储备资金会计核算办法（试行）》《土地储备统计报表》等相关制度。

省级财政、国土资源主管部门和人民银行分支机构、银监部门应当加强对市县土地储备和资金管理工作的指导，督促市县相关部门认真贯彻落实本通知规定，并于2017年3月31日前，将本地区贯彻落实情况以书面形式报告财政部、国土资源部、人民银行和银监会。

此前土地储备和资金管理的相关规定与本通知规定不一致的，以本通知规定为准。

财政部　国土资源部　中国人民银行　银监会

2016年2月2日

58. 关于进一步共同做好政府和社会资本合作（PPP）有关工作的通知

（财金〔2016〕32号）

【发文机关】财政部　发展改革委
【发文文号】财金〔2016〕32号
【发布日期】2016年5月28日
【实施日期】2016年5月28日
【时效性】现行有效

各省、自治区、直辖市、计划单列市财政厅（局）、发展改革委，新疆生产建设兵团财务局、发展改革委：

一、稳妥有序推进PPP工作

各地要进一步加强舆论宣传力度，引导各界树立正确的理念认识，制订切合实际的工作目标，建立科学合理的工作预期，积极稳妥地鼓励和引导社会资本参与公共产品和服务供给，切实推动PPP模式持续健康发展。

二、进一步加强协调配合

各地要进一步加强部门间的协调配合，形成政策合力，积极推动政府和社会资本合作顺利实施。对于涉及多部门职能的政策，要联合发文；对于仅涉及本部门的政策，出台前要充分征求其他部门意见，确保政令统一、政策协同、组织高效、精准发力。

三、扎实做好PPP项目前期工作

要加强项目可行性研究，充分论证、科学决策，确保合理有效地提供公共产品和服务。项目决策后，选择条件成熟、适合采用PPP模式的项目，依法选择社会资本方，加快前期工作。

四、建立完善合理的投资回报机制

各地要通过合理确定价格和收费标准、运营年限，确保政府补贴适度，防范中长期财政风险。要通过适当的资源配置、合适的融资模式等，降低融资成本，提高资金使用效率。要充分挖掘PPP项目后续运营的商业价值，鼓励社会资本创新管理模式，提高运营效率，降低项目成本，提高项目收益。要建立动态可调整的投资回报机制，根据条件、环境等变化及时调整完善，防范政府过度让利。

五、着力提高PPP项目融资效率

各地要与中国PPP融资支持基金积极做好项目对接，推动中央和地方联动，优化PPP项目融资环境，降低融资成本。要坚决杜绝各种非理性担保或承诺、过高补贴或定价，避免通过固定回报承诺、明股实债等方式进行变相融资。

六、强化监督管理

各地要对PPP项目有关执行法律、行政法规、行业标准、产品或服务技术规范等进行有效的监督管理，并依法加强项目合同审核与管理，加强成本监督审查。要杜绝固定回报和变相融资安排，在保障社会资本获得合理收益的同时，实现激励相容。

七、加强PPP项目信息公开

要实现项目信息的及时发布与投资需求的有效对接，推动市场信息对称和充分公平竞争。要依法及时、充分披露项目实施方案、招标投标、采购文件、项目合同、工程进展、运营绩效等相关信息，切实保障公众知情权，主动接受社会监督，维护公共利益。

财政部　发展改革委

2016年5月28日

59. 关于组织开展第三批政府和社会资本合作示范项目申报筛选工作的通知

（财金函〔2016〕47号）

【发文机关】财政部　教育部　科技部　民政部　人力资源社会保障部　国土资源部　环境保护部　住房城乡建设部　交通运输部　水利部　农业部　商务部　文化部　卫生计生委　国家体育总局　国家林业局　国家旅游局　国家能源局　国家铁路局　中国民用航空局

【发文文号】财金函〔2016〕47号

【发布日期】2016年6月8日

【实施日期】2016年6月8日

【时效性】现行有效

各省、自治区、直辖市、计划单列市财政厅（局）、教育厅（局）、科学技术厅（局）、民政厅（局）、人力资源社会保障厅（局）、国土资源厅（局）、环境保护厅（局）、住房和城乡建设厅（建设、市政、市容、园林主管部门）、交通运输厅（局、委）、水利厅（局）、农业厅（局）、商务厅（局）、文化厅（局）、卫生和计划生育委员会、体育局、林业局、旅游局、能源局、铁路监督管理局、民用航空局，新疆生产建设兵团财务局、教育局、科技局、民政局、人力资源社会保障局、国土资源局、建设局（环保局）、交通局、水利局、农业局、商务局、卫生局：

为贯彻落实《国务院办公厅转发财政部　发展改革委　人民银行关于在公共服务领域推广政府和社会资本合作模式指导意见的通知》（国办发〔2015〕42号）要求，大力推广政府和社会资本合作（以下简称PPP）模式，扎实推进PPP项目示范工作，助推更多PPP项目落地实施，充分发挥PPP在稳增长、促改革、调结构、惠民生等方面的积极作用，财政部会同行业部委联合启动第三批PPP示范项目申报筛选工作。现通知如下：

一、组织开展示范项目申报筛选工作的目的和重点。第三批PPP示范项目申报筛选工作由财政部与相关行业部委横向联合开展。项目申报筛选注重与我国“十三五”期间重大问题、重点项目有机衔接，鼓励行业破冰、区域集群和模式创新，推动实现行业引领、区域带动和创新示范效应。通过优化申报筛选方式，公开评审标准，进一步提升示范项目申报筛选的全面性、科学性和时效性，实现从财政部示范到全国示范的升级。

二、示范项目申报条件。申报示范项目应具备相应基本条件：一是项目属于能源、交通运输、市政公用、水利、环境保护、农业、林业、科技、保障性安居工程、医疗、卫生、养老、教育、文化、体育等适宜采用PPP模式的公共服务领域。二是纳入城市总体规划和各类专项规划，新建项目应已按规定程序做好立项、可行性论证等项目前期工作。三是合作期限原则上不低于10年。四是对采用建设—移交（BT）方式的项目，通过保底承诺、回购安排等方式进行变相融资的项目，将不予受理。具体申报筛选标准参见附件。

三、示范项目申报程序。地方项目由各级财政部门会同本级行业部门联合组织初选，通过初选的项目由省级财政部门统一汇总，经全国PPP综合信息平台线上填报并书面上报财政部，同时抄报相关行业部委。中央部委项目由相关行业部委提交财政部汇总，财政部PPP中心代为线上填报。财政部PPP综合信息平台网址为http：//www. cpppc. org/，输入此前为各级财政部门统一配置的用户名、密码即可登录系统。财政部PPP工作领导小组办公室（以下简称领导小组办公室）会同PPP中心对申报项目进行汇总和形式审查，形成备选项目清单，作为项目评审对象。

四、示范项目评审。为兼顾评审的专业性和时效性，将组织专家通过全国PPP综合信息平台进行线上集中封闭评审，按照行业领域分为5组：一是交通运输，包括公路、桥梁隧道、铁路、民航、水运、公交系统、物流系统等。二是市政公用事业，包括轨道交通、停车场、地下综合管廊、海绵城市建设、城市黑臭水体整治、市政路桥、供水、排水及污水处理、供气、供热、供电、园林绿化、垃圾处理、农村污水垃圾治理等。三是综合开发，包括城镇综合开发、环境综合治理、保障性安居工程、智慧城市等。四是农林水利与环境保护，包括农业、林业、水利领域的基础设施建设；大气、水、土壤等环境污染防治；湿地、森林、海洋等生态保护等。五是社会事业与其他，包括教育、科技、文化、旅游、医疗卫生、养老、体育等领域的基础设施和公共服务。

五、示范项目评审专家组成。评审专家采取各部门推荐与PPP专家库随机抽取相结合的方式选定：每个专家组由7名专家组成，其中行业部委商财政部相关支出司局推荐3名行业专家，财政部金融司（或PPP中心）推荐1名业务专家，财政部条法司推荐1名法律专家；通过PPP专家库随机抽取选定1名财务专家和1名咨询专家。

六、示范项目申报筛选时间安排。2016年7月25日前，提交示范项目申报材料，逾期不再受理。7月底前，形成备选项目清单和项目评审工作方案。8月初，组织开展项目评审。8月上旬，完成项目评审，按照项目最终评分由高到低的顺序，综合行业、类型、地区分布形成示范项目名单，由财政部联合相关行业部委统一发布。

七、示范项目申报筛选工作要求。各级财政部门及相关行业主管部门应认真组织项目申报工作，严格筛选申报项目，每个省市申报项目数量原则上不超过50个。省级财政部门及相关行业部委应书面提交项目申报清单并附申报材料电子版光盘（下载网址：http：//jrs. mof. gov. cn/ppp/）。对未按要求提交完整申报材料的，不列入备选项目清单。

八、其他。财政部将会同相关行业部委对示范项目提供必要的业务指导和技术支持，认真落实以奖代补措施，推动示范项目顺利实施。对入选的示范项目，将适时对外公布申报材料。

财政部　教育部　科技部　民政部　人力资源社会保障部
国土资源部　环境保护部　住房城乡建设部　交通运输部　水利部
农业部　商务部　文化部　卫生计生委　国家体育总局　国家林业局
国家旅游局　国家能源局　国家铁路局　中国民用航空局
2016 年 6 月 8 日

附件：

PPP 示范项目评审标准

PPP 示范项目评审包括定性评审和定量评审两部分，通过定性评审的项目方可进入定量评审。

一、定性评审标准

项目定性评审主要审查项目的合规性，具体包括主体合规、客体合规、程序合规 3 部分内容：

（一）PPP 相关参与主体是否适格。有下列情形之一的，不再列为备选项目：

1.【政府方】国有企业或融资平台公司作为政府方签署 PPP 项目合同的；

2.【社会资本方】未按国办发〔2015〕42 号文要求剥离政府性债务、并承诺不再承担融资平台职能的本地融资平台公司作为社会资本方的。

（二）项目的适用领域、运作方式、合作期限是否合规。有下列情形之一的，不再列为备选项目：

1.【适用领域】不属于公共产品或公共服务领域的；

2.【运作方式】采用建设—移交（BT）方式实施的；

3.【合作期限】合作期限（含建设期在内）低于 10 年的；

4.【变相融资】采用固定回报、回购安排、明股实债等方式进行变相融资的。

（三）项目实施程序是否合规。有下列情形之一的，不再列为备选项目：

1.【规划立项】项目不符合城市总体规划和各类专项规划的；新建项目未按规定程序完成可行性研究、立项等项目前期工作的；

2.【两个论证】未按财政部相关规定开展物有所值评价或财政承受能力论证的；

3.【政府采购】已进入采购阶段或执行阶段的项目，未按政府采购相关规定选择社会资本合作方的。

二、定量评审标准

定量评审指标及评分权重如下：

（一）项目材料规范性。项目是否经过各级部门认真审核把关，申报材料真实性、完整性、规范性是否符合规定要求（10%）。

（二）项目实施方案。项目实施方案内容是否完整，交易边界、产出范围及绩效标准是否清晰，风险识别和分配是否充分、合理，利益共享机制能否实现激励相容，运作方式及采购方式选择是否合理合规，合同体系、监管架构是否健全等（25%）。

（三）项目物有所值评价。是否按要求开展并通过物有所值评价，定性评价的方法和过程是否科学合理；是否同时开展物有所值定量评价，定量评价的方法和过程是否科学合理的（10%）。

（四）项目财政承受能力。是否按要求开展并通过财政承受能力论证，论证方法和过程是否科学（15%）。

（五）项目实施进度。项目方案论证、组织协调等前期准备工作是否充分，立项、土地、环评等审批手续是否完备，所处阶段及社会资本响应程度如何，是否具备在入选一年内落地的可能性（15%）。

（六）项目示范推广价值。项目是否符合行业或地区发展方向和重点，是否具备较好的探索创新价值和推广示范意义（25%）。

60. 关于印发《普惠金融发展专项资金管理办法》的通知

（财金〔2016〕85号）

【发文机关】财政部
【发文文号】财金〔2016〕85号
【发布日期】2016年9月24日
【实施日期】2016年9月24日
【时效性】现行有效

各省、自治区、直辖市、计划单列市财政厅（局），财政部驻各省、自治区、直辖市、计划单列市财政监察专员办事处，新疆生产建设兵团财务局：

为贯彻落实党中央、国务院《推进普惠金融发展规划（2016～2020年）》（国发〔2015〕74号），大力支持普惠金融发展，加快建立与全面建成小康社会相适应的普惠金融服务和保障体系，加强普惠金融发展专项资金管理，提高财政资金使用效益，我们会同有关部门制定了《普惠金融发展专项资金管理办法》，现印发给你们，请认真遵照执行。

为做好2016年普惠金融发展专项资金申请及审核拨付工作，请各省级财政部门于2016年10月20日前，将辖区内2016年专项资金申请材料汇总审核后报送财政部和财政部驻当地财政监察专员办事处（以下简称专员办）。请各地专员办于2016年11月5日前，出具对省级财政部门专项资金申请材料的审核意见报送财政部，并抄送省级财政部门。

财政部
2016年9月24日

普惠金融发展专项资金管理办法

第一章　总　　则

第一条　为贯彻落实《推进普惠金融发展规划（2016~2020年）》（国发〔2015〕74号），加快建立普惠金融服务和保障体系，加强普惠金融发展专项资金管理，根据《中华人民共和国预算法》《国务院关于改革和完善中央对地方转移支付制度的意见》（国发〔2014〕71号）等有关规定，制定本办法。

第二条　本办法所称普惠金融发展专项资金（以下简称专项资金），是指中央财政用于支持普惠金融发展的专项转移支付资金，包括县域金融机构涉农贷款增量奖励、农村金融机构定向费用补贴、创业担保贷款贴息及奖补、政府和社会资本合作（PPP）项目以奖代补等4个使用方向。

第三条　专项资金遵循惠民生、保基本、有重点、可持续的原则，综合运用业务奖励、费用补贴、贷款贴息、以奖代补等方式，引导地方各级人民政府、金融机构以及社会资金支持普惠金融发展，弥补市场失灵，保障农民、小微企业、城镇低收入人群、贫困人群和残疾人、老年人等我国普惠金融重点服务对象的基础金融服务可得性和适用性。

第四条　专项资金采取因素法分配，由中央财政按年度将预算指标定额切块下达至省级财政部门。地方财政部门根据中央财政下达的预算指标，按照有关要求安排使用。

第五条　专项资金的使用和管理遵循公开透明、定向使用、科学规范的基本原则，确保资金使用合理、安全、高效，充分发挥财政资金杠杆作用，引导金融服务向普惠方向延伸。

第六条　财政部负责专项资金的预算管理和资金拨付，并组织对资金使用情况进行预算监管和绩效管理。

第二章　县域金融机构涉农贷款增量奖励政策

第七条　为发挥财政资金对县域经济发展的支持和推动作用，专项资金安排支出用于对符合条件的县域金融机构给予一定奖励，引导其加大涉农贷款投放力度。

第八条　对符合条件的县域金融机构当年涉农贷款平均余额同比增长超过13%的部分，财政部门可按照不超过2%的比例给予奖励。对年末不良贷款率高于3%且同比上升的县域金融机构，不予奖励。

实施涉农贷款增量奖励政策的地区包括河北、山西、内蒙古、辽宁、吉林、黑龙江、江苏、安徽、福建、江西、山东、河南、湖北、湖南、广西、海南、四川、重庆、贵州、云南、西藏、陕西、甘肃、青海、新疆等25个省（区、市）。财政部将根据奖励政策实施效果和中央、地方财力情况，结合地方意愿适时调整实施奖励政策的地区范围。

第九条　奖励资金于下一年度拨付，纳入县域金融机构收入核算。

第十条　本章所称县域金融机构，是指县级（含县、县级市、县级区，不含县级以上城市的中心区）区域内具有法人资格的金融机构（以下简称法人金融机构）和其他金融机构（不含农业发展银行）在县及县以下的分支机构。

本章所称涉农贷款，是指符合《涉农贷款专项统计制度》（银发〔2007〕246 号）中的“农户贷款”“农村企业及各类组织农林牧渔业贷款”和“农村企业及各类组织支农贷款”等 3 类贷款。

本章所称涉农贷款平均余额，是指县域金融机构在年度内每个月末的涉农贷款余额平均值，即每个月末的涉农贷款余额之和除以月数。如果县域金融机构为当年新设，则涉农贷款平均余额为自其开业之月（含）起每个月末的涉农贷款余额平均值，可予奖励的涉农贷款增量按照当年涉农贷款平均余额的 50% 核算。

第三章　农村金融机构定向费用补贴政策

第十一条　为引导和鼓励金融机构主动填补农村金融服务空白，专项资金安排支出用于对符合条件的新型农村金融机构和西部基础金融服务薄弱地区的银行业金融机构（网点）给予一定补贴，支持农村金融组织体系建设，扩大农村金融服务覆盖面。

第十二条　对符合下列各项条件的新型农村金融机构，财政部门可按照不超过其当年贷款平均余额的 2% 给予补贴：

（一）当年贷款平均余额同比增长；

（二）村镇银行的年均存贷比高于 50%（含 50%）；

（三）当年涉农贷款和小微企业贷款平均余额占全部贷款平均余额的比例高于 70%（含 70%）；

（四）财政部门规定的其他条件。

对西部基础金融服务薄弱地区的银行业金融机构（网点），财政部门可按照不超过其当年贷款平均余额的 2% 给予补贴。新型农村金融机构不重复享受补贴。

第十三条　补贴资金于下一年度拨付，纳入金融机构收入统一核算。

第十四条　东、中、西部地区农村金融机构（网点）可享受补贴政策的期限，分别为自该农村金融机构（网点）开业当年（含）起的 3、4、5 年内。农村金融机构（网点）开业超过享受补贴政策的年数后，无论该农村金融机构（网点）是否曾经获得过补贴，都不再享受补贴。如果农村金融机构（网点）开业时间晚于当年的 6 月 30 日，但开业当年未享受补贴，则享受补贴政策的期限从开业次年起开始计算。

东、中、西部地区划分标准按照《关于明确东中西部地区划分的意见》（财办预〔2005〕5 号）规定执行（下同）。

第十五条　对以下几类贷款不予补贴，不计入享受补贴的贷款基数：

（一）当年任一时点单户贷款余额超过 500 万元的贷款；

（二）注册地位于县级（含县、县级市、县级区，不含县级以上城市的中心区）以下区域的新型农村金融机构，其在经监管部门批准的县级经营区域以外发放的贷款；

（三）注册地位于县级以上区域的新型农村金融机构，其网点在所处县级区域以外发放的贷款；

（四）西部基础金融服务薄弱地区的银行业金融机构（网点）在其所在乡（镇）以外

发放的贷款。

第十六条　本章所称新型农村金融机构，是指经银监会批准设立的村镇银行、贷款公司、农村资金互助社3类农村金融机构。

本章所称基础金融服务薄弱地区，详见财政部2010年发布的基础金融服务薄弱地区名单。

本章所称存（贷）款平均余额，是指金融机构（网点）在年度内每个月末的存（贷）款余额平均值，即每个月末的存（贷）款余额之和除以月数。如果金融机构（网点）为当年新设，则存（贷）款平均余额为自其开业之月（含）起每个月末的存（贷）款余额平均值。

本章所称月末贷款余额，是指金融机构在每个月末的各项贷款余额，不包括金融机构的票据贴现、对非存款类金融机构的拆放款项，以及自上年度开始以来从其他金融机构受让的信贷资产。具体统计口径以《中国人民银行金融统计制度》及相关规定为准。

本章所称年均存贷比，是指金融机构当年的贷款平均余额与存款平均余额之比。

本章所称涉农贷款，是指符合《涉农贷款专项统计制度》（银发〔2007〕246号）规定的涉农贷款，不包括金融机构的票据贴现、对非存款类金融机构的拆放款项，以及自上年度开始以来从其他金融机构受让的信贷资产。

本章所称小微企业，是指符合《中小企业划型标准规定》（工信部联企业〔2011〕300号）规定的小型、微型企业。

第四章　创业担保贷款贴息及奖补政策

第十七条　为实施更加积极的就业政策，以创业创新带动就业，助力大众创业、万众创新，专项资金安排支出用于对符合政策规定条件的创业担保贷款给予一定贴息，减轻创业者和用人单位负担，支持劳动者自主创业、自谋职业，引导用人单位创造更多就业岗位，推动解决特殊困难群体的结构性就业矛盾。

第十八条　对按照《国务院关于进一步做好新形势下就业创业工作的意见》（国发〔2015〕23号）、《中国人民银行　财政部　人力资源社会保障部关于实施创业担保贷款支持创业就业工作的通知》（银发〔2016〕202号）等文件规定发放的个人和小微企业创业担保贷款，财政部门可按照国家规定的贴息标准予以贴息。

享受财政贴息支持的创业担保贷款，作为借款人的个人和小微企业应通过人力资源社会保障部门的借款主体资格审核，持有相关身份证明文件，且经担保基金运营管理机构和经办银行审核后，具备相关创业能力，符合相关担保和贷款条件。

第十九条　专项资金贴息的个人创业担保贷款，最高贷款额度为10万元，贷款期限最长不超过3年，贷款利率可在贷款合同签订日贷款基础利率的基础上上浮一定幅度，具体标准为贫困地区（含国家扶贫开发工作重点县、全国14个集中连片特殊困难地区，下同）上浮不超过3个百分点，中、西部地区上浮不超过2个百分点，东部地区上浮不超过1个百分点，实际贷款利率由经办银行在上述利率浮动上限内与创业担保贷款担保基金运营管理机构协商确定。除助学贷款、扶贫贷款、首套住房贷款、购车贷款以外，个人创业担保贷款申请人及其家庭成员（以户为单位）自提交创业担保贷款申请之日起向前追溯5

年内，应没有商业银行其他贷款记录。

专项资金贴息的小微企业创业担保贷款，贷款额度由经办银行根据小微企业实际招用符合条件的人数合理确定，最高不超过200万元，贷款期限最长不超过2年，贷款利率由经办银行根据借款人的经营状况、信用情况等与借款人协商确定。对已享受财政部门贴息支持的小微企业创业担保贷款，政府不再通过创业担保贷款担保基金提供担保形式的支持。

第二十条 创业担保贷款财政贴息，在国家规定的贷款额度、利率和贴息期限内，按照实际的贷款额度、利率和计息期限计算。其中，对贫困地区符合条件的个人创业担保贷款，财政部门给予全额贴息；对其他地区符合条件的个人创业担保贷款，财政部门第1年给予全额贴息，第2年贴息2/3，第3年贴息1/3。对符合条件的小微企业创业担保贷款，财政部门按照贷款合同签订日贷款基础利率的50%给予贴息。对展期、逾期的创业担保贷款，财政部门不予贴息。

经省级或计划单列市人民政府同意，各地可适当放宽创业担保贷款借款人条件、提高贷款利率上限，相关创业担保贷款由地方财政部门自行决定贴息，具体贴息标准和条件由各省（区、市）结合实际予以确定，因此而产生的贴息资金支出由地方财政部门全额承担。对地方财政部门自行安排贴息的创业担保贷款，要与中央财政贴息支持的创业担保贷款分离管理，分账核算，并纳入创业担保贷款财政贴息资金管理信息系统统一管理。

第二十一条 经办银行按照国家财务会计制度和创业担保贷款政策有关规定，计算创业担保贷款应贴息金额，按季度向地市级财政部门申请贴息资金。地市级财政部门审核通过后，在1个月内向经办银行拨付。对省直管县，经省级财政部门同意，可由县级财政部门负责相关贴息资金审核拨付工作。

第二十二条 建立创业担保贷款奖励机制。按各地当年新发放创业担保贷款总额的1%，奖励创业担保贷款工作成效突出的经办银行、创业担保贷款担保基金运营管理机构等单位，用于其工作经费补助。

创业担保贷款奖励性补助资金的奖励基数，包括经省级人民政府同意、由地方财政部门自行决定贴息的创业担保贷款。对主要以基础利率或低于基础利率发放贷款的经办银行，各地财政部门可在奖励资金分配上给予适度倾斜。

第二十三条 本章所称创业担保贷款，是指以具备规定条件的创业者个人或小微企业为借款人，由创业担保贷款担保基金提供担保，由经办此项贷款的银行业金融机构发放，由财政部门给予贴息（小微企业自行选择贴息或担保中的一项），用于支持个人创业或小微企业扩大就业的贷款业务。

本章所称担保基金，是指由地方政府出资设立的，用于为创业担保贷款提供担保的专项基金。担保基金由政府指定的公共服务机构或其委托的融资性担保机构负责运营管理。

本章所称经办银行，是指由各级人民银行分支机构会同财政、人力资源社会保障部门通过公开招标等方式确定的为符合条件的个人和小微企业提供创业担保贷款的银行业金融机构。

第五章 政府和社会资本合作项目以奖代补政策

第二十四条 为吸引社会资本参与公共服务项目的投资、运营管理，提高公共服务供给能力和效率，专项资金安排支出用于对符合条件的PPP示范项目和转型为PPP项目的地方融资平台公司存量项目给予一定奖励，提高项目操作的规范性，保障项目实施质量，同时，鼓励融资平台公司化解存量地方政府债务。

第二十五条　PPP项目以奖代补政策面向中央财政PPP示范项目和转型为PPP项目的地方融资平台公司存量项目。其中，对中央财政PPP示范项目中的新建项目，财政部将在项目完成采购确定社会资本合作方后，按照项目投资规模给予一定奖励，具体为投资规模3亿元以下的项目奖励300万元，3亿元（含3亿元）至10亿元的项目奖励500万元，10亿元以上（含10亿元）的项目奖励800万元。对符合条件、规范实施的转型为PPP项目的地方融资平台公司存量项目，财政部将在择优评选后，按照项目转型实际化解存量地方政府债务（政府负有直接偿债责任的一类债务）规模的2%给予奖励。中央财政PPP示范项目中的存量项目，优先享受奖励资金支持。享受以奖代补政策支持的地方融资平台公司存量项目，通过转型为PPP模式化解的项目债务应属于清理甄别认定的截至2014年年末的存量政府债务。

第二十六条　PPP项目以奖代补资金作为综合财力补助，纳入项目公司（或社会资本方）、融资平台公司收入统一核算。新建示范项目奖励资金由财政部门统筹用于项目前期费用补助等相关财政支出。

第二十七条　享受以奖代补政策支持的PPP项目，必须严格执行国务院和财政部等部门出台的一系列制度文件，科学编制实施方案，合理选择运作方式，认真做好评估论证，择优选择社会资本，加强项目实施监管，切实保障项目选择的适当性、交易结构的合理性、合作伙伴选择的竞争性、财政承受能力的中长期可持续性和项目实施的公开性。

项目采购要严格执行《中华人民共和国政府采购法》《政府和社会资本合作项目政府采购管理办法》（财库〔2014〕215号）等规定，充分引入竞争机制，保证项目实施质量。项目合同约定的政府和社会资本合作期限原则上不低于10年。

享受以奖代补政策支持的PPP项目必须纳入财政部PPP综合信息平台项目库，并按规定将项目信息及获得的奖补资金信息录入PPP综合信息平台。

第二十八条　不符合示范项目要求被调出示范项目名单的项目，采用建设—移交（BT）方式的项目，通过保底承诺、回购安排、明股实债、融资租赁等方式进行变相融资的项目，以及合同变更成本高、融资结构调整成本高、原债权人不同意转换、不能化解政府债务风险、不能降低项目债务成本、不能实现物有所值的地方融资平台公司存量转型项目，不享受以奖代补政策支持。已经在其他中央财政专项资金中获得奖励性资金支持的PPP项目，不再纳入以奖代补政策奖励范围。

第二十九条　申请以奖代补资金支持的PPP项目，应按规定向地方财政部门报送专项资金申请材料，经省级财政部门汇总审核后报送财政部。申请材料包括以奖代补资金申请书、项目规范实施承诺书、项目实施方案、物有所值评价报告、财政承受能力论证报告、采购文件、合同文本等重要资料，以及与以奖代补资金申请或审核相关的其他材料。

第三十条　对省级财政部门报送的PPP项目以奖代补专项资金申请材料，财政部将组织专家进行综合评审，择优选定符合以奖代补政策支持条件的项目。

PPP项目评审采取集中封闭方式，由专家组对省级财政部门报送的备选项目进行定性和定量评审。评审专家组由PPP领域的咨询机构、学术机构、财务、法律、行业等方面的外部专家，以及财政部门、行业主管部门等政府机构的内部专家共同组成，开展评审时从专家库中随机抽取。项目评审实行回避原则，评审专家不对自身或所在单位参与的项目进行评审。

定性评审侧重审查项目合规性，主要包括主体合规、客体合规、程序合规等。其中，国有企业和融资平台公司作为政府方签署PPP项目合同的项目，以及未按照国家有关规定要求剥离政府性债务并明确公告不再承担地方政府举债融资职能的本地融资平台公司作为社会资本方的项目，不符合主体合规要求。

定量评审侧重审查项目质量，主要包括申报材料的规范性、项目实施方案的合理性、财政中长期的可持续性、项目采用PPP模式的适用性、项目融资的可获得性、项目的实施进度、项目的示范推广价值、化解债务或增加公共服务供给的有效性等。

项目评审由财政部PPP工作领导小组办公室和PPP中心共同制定评审方案，并具体负责组织实施。经专家组评审形成初步评审结果后，报财政部PPP工作领导小组审核。审核通过后形成最终评审结果，由财政部按规定向省级财政部门拨付奖励资金。

第三十一条 享受以奖代补政策支持的PPP项目所在地财政部门要认真做好项目物有所值评价和财政承受能力论证，有效控制政府支付责任，合理确定财政补助金额。省级财政部门要统计监测相关项目的政府支付责任，加强对项目合同执行的监督管理，督促下级财政部门严格履行合同约定，有效保护社会资本合法权益，切实维护政府信用。

对以奖代补政策支持的PPP项目，有关省级财政部门要切实履行财政职能，因地制宜、主动作为，会同项目实施单位和有关部门，为项目的规范实施创造良好环境。积极推动项目加快实施进度，确保项目规范实施、按期落地，形成一批管理水平高、化债效果好、产出结果优、示范效应强的样板项目。

第六章 资金分配和拨付

第三十二条 专项资金由财政部按照各地区可予奖励的县域金融机构涉农贷款平均余额增量、可予补贴的农村金融机构贷款平均余额、创业担保贷款贴息及奖补资金需求、符合条件的中央财政PPP示范项目投资规模和地方融资平台公司存量项目转型化债规模等因素进行分配。具体计算公式如下：

分配给某地区的专项资金总额 =〔（经核定该地区可予奖励的县域金融机构涉农贷款平均余额增量 × 该地区中央财政分担比例）÷ ∑（经核定各地区可予奖励的县域金融机构涉农贷款平均余额增量 × 相应地区中央财政分担比例）× 相应权重 +（经核定该地区可予补贴的农村金融机构贷款平均余额 × 该地区中央财政分担比例）÷ ∑（经核定各地区可予补贴的农村金融机构贷款平均余额 × 相应地区中央财政分担比例）× 相应权重 +（经核定该地区创业担保贷款贴息及奖补资金需求 × 该地区中央财政分担比例）÷ ∑（经核定各地区创业担保贷款贴息及奖补资金需求 × 相应地区中央财政分担比例）× 相应权重 + 经核定该地区PPP项目以奖代补资金需求 ÷ ∑经核定各地区PPP项目以奖代补资金需求 × 相应权重〕×（本年专项资金总规模 + ∑上年末各地区结余专项资金规模）- 该地区上年末结余专项资金规模

各地区可予奖励的县域金融机构涉农贷款平均余额增量、可予补贴的农村金融机构贷款平均余额、创业担保贷款贴息及奖补资金需求依据各地财政部门上报情况和财政部驻当地财政监察专员办事处（以下简称专员办）审核意见确定。各地区 PPP 项目以奖代补资金需求依据各地财政部门上报情况、当地专员办审核意见、PPP 项目以奖代补专家评审结果确定。相应权重根据上年各方向资金使用情况、中央财政预算安排等因素综合确定。

省级财政部门应参照中央财政的分配方法，在预算规模内合理确定本地区专项资金分配方案，科学规划专项资金各支出方向的资金安排，确保各支出方向的资金总体均衡，统筹兼顾本地普惠金融各领域发展需要，切实提高专项资金使用效益。

第三十三条　用于 PPP 项目以奖代补的资金由中央财政从专项资金中全额安排，其他领域资金由中央和地方财政共担，东、中、西部地区中央财政与地方财政的分担比例分别为3∶7、5∶5、7∶3。地方财政分担资金应主要由省级财政安排，原则上东、中、西部地区省级财政负担比例应分别占地方财政分担资金总额的30%、50%、70%以上，市、县级财政分担比例由省级财政部门统筹确定。

对未按规定分担资金的地区，经当地专员办或审计部门书面确认后，取消下年度获得相关使用方向中央财政资金的资格。

第三十四条　财政部可以根据专项资金使用情况、中央与地方事权和支出责任划分情况、中央和地方财力情况等，适时调整专项资金分配方法和中央与地方财政分担比例。

第三十五条　省级财政部门负责汇总审核辖区内专项资金申请材料，于每年 3 月 31 日前报送财政部和专员办。申请材料包括本年度专项资金申请情况说明、专项资金申请明细表、中央对地方专项转移支付区域绩效目标申报表、省级财政部门审核意见、上年度专项资金使用情况报告，以及与专项资金申请或审核相关的其他材料。

对未按规定时间报送专项资金申请材料的地区，财政部和专员办不予受理，视同该年度不申请专项资金处理。

第三十六条　专员办对省级财政部门报送的专项资金申请材料进行审核，于每年 4 月 30 日前出具审核意见报送财政部，并抄送省级财政部门。

专员办应对省级财政部门报送的相关材料进行认真审核，根据实际需要开展相应的核查工作。在审核过程中发现严重弄虚作假或重大违规等问题，及时向财政部报告。

第三十七条　财政部结合专员办审核意见，对省级财政部门报送的专项资金申请材料进行审核后，按规定向省级财政部门下达专项资金预算，并抄送当地专员办。

对上年末专项资金结余的地区，财政部将减少安排该地区下一年度专项资金的数额。

第三十八条　省级财政部门收到中央财政下达的专项资金预算后，应参照中央财政的分配方案，结合本地区实际情况，及时将专项资金予以统筹安排，并编制专项资金的审核、拨付和使用情况报告报送财政部备案，并抄送当地专员办。

第三十九条　专项资金的支付，按照国库集中支付制度有关规定执行。专项资金的预算公开，按照中央对地方专项转移支付信息公开管理制度有关规定执行。

第七章　预算监管和绩效管理

第四十条　本办法涉及的银行业金融机构、担保基金运营管理机构、地方融资平台公司、PPP 项目实施机构等相关单位应当如实统计和上报专项资金申请涉及的各项基础数据，对各项基础数据的真实性、合规性负责，并对所属分支机构加强监管。

第四十一条 各级财政部门应当加强对专项资金申请、审核、拨付的组织、协调和管理工作，并会同有关部门对专项资金申请的真实性、合规性以及审核拨付、使用情况加强检查，对检查中发现的问题及时处理和反映，保证专项资金政策落到实处。

第四十二条 专员办应当按照有关政策规定，对专项资金的申请、分配、使用情况进行监管，加强实地抽查，出具意见作为中央和省级财政部门拨付专项资金的依据，并作为调整下年度专项资金分配的重要参考。

第四十三条 财政部门及其派出机构应当加强实地抽查力度，对查出以前年度虚报材料、骗取专项资金的，应当及时予以追回。对被骗取的专项资金，由地方政府有关部门自行查出的，由同级政府财政部门收回。由中央有关部门组织查出的，由省级财政部门负责追回并及时上缴中央财政。

第四十四条 地方各级财政部门及其工作人员、申报使用专项资金的部门、单位及个人有下列行为之一的，依照《中华人民共和国预算法》《财政违法行为处罚处分条例》等有关法律法规予以处理、处罚，并视情况提请同级政府进行行政问责：

（一）专项资金分配方案制定和复核过程中，有关部门及其工作人员违反规定，擅自改变分配方法、随意调整分配因素以及向不符合条件的单位（或项目）分配资金的；

（二）以虚报冒领、重复申报、多头申报、报大建小等手段骗取专项资金的；

（三）滞留、截留、挤占、挪用专项资金的；

（四）擅自超出规定的范围或者标准分配或使用专项资金的；

（五）未履行管理和监督职责，致使专项资金被骗取、截留、挤占、挪用，或资金闲置沉淀的；

（六）拒绝、干扰或者不予配合有关专项资金的预算监管、绩效评价、监督检查等工作的；

（七）对提出意见建议的单位和个人、举报人、控告人打击报复的；

（八）其他违反专项资金管理的行为。

涉嫌犯罪的，移送司法机关处理。

第四十五条 对未能独立客观地发表意见，在专项资金申请、评审等有关工作中存在虚假、伪造行为的第三方，按照有关法律法规的规定进行处理。

第四十六条 各级财政部门应当按照预算绩效管理的有关规定加强专项资金绩效管理，建立健全全过程预算绩效管理机制。按照《中央对地方专项转移支付绩效目标管理暂行办法》（财预〔2015〕163号）等规定，设定专项资金绩效目标及相应的绩效指标，加强对绩效目标的审核，并将审核确认后的绩效目标予以下达。强化专项资金绩效目标执行监控，确保绩效目标如期实现。按要求开展绩效评价，将绩效评价结果作为完善政策和资金分配的参考依据，不断提高财政资金使用效益，更好地支持普惠金融发展。

第四十七条 地方各级财政部门应当逐步探索建立普惠金融指标体系，对辖区内普惠金融发展状况进行科学评价，为完善专项资金管理制度提供决策参考。

第八章 附 则

第四十八条 中央财政对新疆生产建设兵团专项资金的分配、拨付、使用、管理，以及相关申请材料的申报与审核，参照本办法规定执行。

第四十九条　省级财政部门及新疆生产建设兵团财务局要根据本办法，结合实际制定专项资金管理实施细则，并报送财政部备案。

第五十条　本办法自印发之日起施行，有效期3年。《财政县域金融机构涉农贷款增量奖励资金管理办法》（财金〔2010〕116号）、《农村金融机构定向费用补贴资金管理办法》（财金〔2014〕12号）、《小额担保贷款财政贴息资金管理办法》（财金〔2008〕100号）同时废止。

61. 关于印发《政府和社会资本合作项目财政管理暂行办法》的通知

（财金〔2016〕92号）

【发文机关】财政部
【发文文号】财金〔2016〕92号
【发布日期】2016年9月24日
【实施日期】2016年9月24日
【时效性】现行有效

各省、自治区、直辖市、计划单列市财政厅（局），财政部驻各省、自治区、直辖市、计划单列市财政监察专员办事处，新疆生产建设兵团财务局：

根据《预算法》《政府采购法》及其实施条例、《企业国有资产法》《国务院办公厅转发财政部　发展改革委　人民银行关于在公共服务领域推广政府和社会资本合作模式指导意见的通知》（国办发〔2015〕42号），为加强政府和社会资本合作项目财政管理，规范财政部门履职行为，保障合作各方合法权益，现印发《政府和社会资本合作项目财政管理暂行办法》。请遵照执行。

财政部
2016年9月24日

政府和社会资本合作项目财政管理暂行办法

第一章　总　　则

第一条　为加强政府和社会资本合作（简称PPP）项目财政管理，明确财政部门在PPP项目全生命周期内的工作要求，规范财政部门履职行为，保障合作各方合法权益，根据《预算法》《政府采购法》《企业国有资产法》等法律法规，制定本办法。

第二条　本办法适用于中华人民共和国境内能源、交通运输、市政公用、农业、林业、水利、环境保护、保障性安居工程、教育、科技、文化、体育、医疗卫生、养老、旅游等公共服务领域开展的各类 PPP 项目。

第三条　各级财政部门应当会同相关部门，统筹安排财政资金、国有资产等各类公共资产和资源与社会资本开展平等互惠的 PPP 项目合作，切实履行项目识别论证、政府采购、预算收支与绩效管理、资产负债管理、信息披露与监督检查等职责，保证项目全生命周期规范实施、高效运营。

第二章　项目识别论证

第四条　各级财政部门应当加强与行业主管部门的协同配合，共同做好项目前期的识别论证工作。

政府发起 PPP 项目的，应当由行业主管部门提出项目建议，由县级以上人民政府授权的项目实施机构编制项目实施方案，提请同级财政部门开展物有所值评价和财政承受能力论证。

社会资本发起 PPP 项目的，应当由社会资本向行业主管部门提交项目建议书，经行业主管部门审核同意后，由社会资本编制项目实施方案，由县级以上人民政府授权的项目实施机构提请同级财政部门开展物有所值评价和财政承受能力论证。

第五条　新建、改扩建项目的项目实施方案应当依据项目建议书、项目可行性研究报告等前期论证文件编制；存量项目实施方案的编制依据还应包括存量公共资产建设、运营维护的历史资料以及第三方出具的资产评估报告等。

项目实施方案应当包括项目基本情况、风险分配框架、运作方式、交易结构、合同体系、监管架构等内容。

第六条　项目实施机构可依法通过政府采购方式委托专家或第三方专业机构，编制项目物有所值评价报告。受托专家或第三方专业机构应独立、客观、科学地进行项目评价、论证，并对报告内容负责。

第七条　各级财政部门应当会同同级行业主管部门根据项目实施方案共同对物有所值评价报告进行审核。物有所值评价审核未通过的，项目实施机构可对实施方案进行调整后重新提请本级财政部门和行业主管部门审核。

第八条　经审核通过物有所值评价的项目，由同级财政部门依据项目实施方案和物有所值评价报告组织编制财政承受能力论证报告，统筹本级全部已实施和拟实施 PPP 项目的各年度支出责任，并综合考虑行业均衡性和 PPP 项目开发计划后，出具财政承受能力论证报告审核意见。

第九条　各级财政部门应当建立本地区 PPP 项目开发目录，将经审核通过物有所值评价和财政承受能力论证的项目纳入 PPP 项目开发目录管理。

第三章　项目政府采购管理

第十条　对于纳入 PPP 项目开发目录的项目，项目实施机构应根据物有所值评价和财政承受能力论证审核结果完善项目实施方案，报本级人民政府审核。本级人民政府审核同意后，由项目实施机构按照政府采购管理相关规定，依法组织开展社会资本方采购工作。

项目实施机构可以依法委托采购代理机构办理采购。

第十一条 项目实施机构应当优先采用公开招标、竞争性谈判、竞争性磋商等竞争性方式采购社会资本方，鼓励社会资本积极参与、充分竞争。根据项目需求必须采用单一来源采购方式的，应当严格符合法定条件和程序。

第十二条 项目实施机构应当根据项目特点和建设运营需求，综合考虑专业资质、技术能力、管理经验和财务实力等因素合理设置社会资本的资格条件，保证国有企业、民营企业、外资企业平等参与。

第十三条 项目实施机构应当综合考虑社会资本竞争者的技术方案、商务报价、融资能力等因素合理设置采购评审标准，确保项目的长期稳定运营和质量效益提升。

第十四条 参加采购评审的社会资本所提出的技术方案内容最终被全部或部分采纳，但经采购未中选的，财政部门应会同行业主管部门对其前期投入成本予以合理补偿。

第十五条 各级财政部门应当加强对 PPP 项目采购活动的支持服务和监督管理，依托政府采购平台和 PPP 综合信息平台，及时充分向社会公开 PPP 项目采购信息，包括资格预审文件及结果、采购文件、响应文件提交情况及评审结果等，确保采购过程和结果公开、透明。

第十六条 采购结果公示结束后、PPP 项目合同正式签订前，项目实施机构应将 PPP 项目合同提交行业主管部门、财政部门、法制部门等相关职能部门审核后，报本级人民政府批准。

第十七条 PPP 项目合同审核时，应当对照项目实施方案、物有所值评价报告、财政承受能力论证报告及采购文件，检查合同内容是否发生实质性变更，并重点审核合同是否满足以下要求：

（一）合同应当根据实施方案中的风险分配方案，在政府与社会资本双方之间合理分配项目风险，并确保应由社会资本方承担的风险实现了有效转移；

（二）合同应当约定项目具体产出标准和绩效考核指标，明确项目付费与绩效评价结果挂钩；

（三）合同应当综合考虑项目全生命周期内的成本核算范围和成本变动因素，设定项目基准成本；

（四）合同应当根据项目基准成本和项目资本金财务内部收益率，参照工程竣工决算合理测算确定项目的补贴或收费定价基准。项目收入基准以外的运营风险由项目公司承担；

（五）合同应当合理约定项目补贴或收费定价的调整周期、条件和程序，作为项目合作期限内行业主管部门和财政部门执行补贴或收费定价调整的依据。

第四章　项目财政预算管理

第十八条 行业主管部门应当根据预算管理要求，将 PPP 项目合同中约定的政府跨年度财政支出责任纳入中期财政规划，经财政部门审核汇总后，报本级人民政府审核，保障政府在项目全生命周期内的履约能力。

第十九条　本级人民政府同意纳入中期财政规划的 PPP 项目，由行业主管部门按照预算编制程序和要求，将合同中符合预算管理要求的下一年度财政资金收支纳入预算管理，报请财政部门审核后纳入预算草案，经本级政府同意后报本级人民代表大会审议。

第二十条　行业主管部门应按照预算编制要求，编报 PPP 项目收支预算：

（一）收支测算。每年 7 月底之前，行业主管部门应按照当年 PPP 项目合同约定，结合本年度预算执行情况、支出绩效评价结果等，测算下一年度应纳入预算的 PPP 项目收支数额。

（二）支出编制。行业主管部门应将需要从预算中安排的 PPP 项目支出责任，按照相关政府收支分类科目、预算支出标准和要求，列入支出预算。

（三）收入编制。行业主管部门应将政府在 PPP 项目中获得的收入列入预算。

（四）报送要求。行业主管部门应将包括所有 PPP 项目全部收支在内的预算，按照统一的时间要求报同级财政部门。

第二十一条　财政部门应对行业主管部门报送的 PPP 项目财政收支预算申请进行认真审核，充分考虑绩效评价、价格调整等因素，合理确定预算金额。

第二十二条　PPP 项目中的政府收入，包括政府在 PPP 项目全生命周期过程中依据法律和合同约定取得的资产权益转让、特许经营权转让、股息、超额收益分成、社会资本违约赔偿和保险索赔等收入，以及上级财政拨付的 PPP 专项奖补资金收入等。

第二十三条　PPP 项目中的政府支出，包括政府在 PPP 项目全生命周期过程中依据法律和合同约定需要从财政资金中安排的股权投资、运营补贴、配套投入、风险承担，以及上级财政对下级财政安排的 PPP 专项奖补资金支出。

第二十四条　行业主管部门应当会同各级财政部门做好项目全生命周期成本监测工作。每年一季度前，项目公司（或社会资本方）应向行业主管部门和财政部门报送上一年度经第三方审计的财务报告及项目建设运营成本说明材料。项目成本信息要通过 PPP 综合信息平台对外公示，接受社会监督。

第二十五条　各级财政部门应当会同行业主管部门开展 PPP 项目绩效运行监控，对绩效目标运行情况进行跟踪管理和定期检查，确保阶段性目标与资金支付相匹配，开展中期绩效评估，最终促进实现项目绩效目标。监控中发现绩效运行与原定绩效目标偏离时，应及时采取措施予以纠正。

第二十六条　社会资本方违反 PPP 项目合同约定，导致项目运行状况恶化，危及国家安全和重大公共利益，或严重影响公共产品和服务持续稳定供给的，本级人民政府有权指定项目实施机构或其他机构临时接管项目，直至项目恢复正常经营或提前终止。临时接管项目所产生的一切费用，根据合作协议约定，由违约方单独承担或由各责任方分担。

第二十七条　各级财政部门应当会同行业主管部门在 PPP 项目全生命周期内，按照事先约定的绩效目标，对项目产出、实际效果、成本收益、可持续性等方面进行绩效评价，也可委托第三方专业机构提出评价意见。

第二十八条　各级财政部门应依据绩效评价结果合理安排财政预算资金。

对于绩效评价达标的项目，财政部门应当按照合同约定，向项目公司或社会资本方及时足额安排相关支出。

对于绩效评价不达标的项目，财政部门应当按照合同约定扣减相应费用或补贴支出。

第五章　项目资产负债管理

第二十九条　各级财政部门应会同相关部门加强 PPP 项目涉及的国有资产管理，督促项目实施机构建立 PPP 项目资产管理台账。政府在 PPP 项目中通过存量国有资产或股权作价入股、现金出资入股或直接投资等方式形成的资产，应作为国有资产在政府综合财务报告中进行反映和管理。

第三十条　存量 PPP 项目中涉及存量国有资产、股权转让的，应由项目实施机构会同行业主管部门和财政部门按照国有资产管理相关办法，依法进行资产评估，防止国有资产流失。

第三十一条　PPP 项目中涉及特许经营权授予或转让的，应由项目实施机构根据特许经营权未来带来的收入状况，参照市场同类标准，通过竞争性程序确定特许经营权的价值，以合理价值折价入股、授予或转让。

第三十二条　项目实施机构与社会资本方应当根据法律法规和 PPP 项目合同约定确定项目公司资产权属。对于归属项目公司的资产及权益的所有权和收益权，经行业主管部门和财政部门同意，可以依法设置抵押、质押等担保权益，或进行结构化融资，但应及时在财政部 PPP 综合信息平台上公示。项目建设完成进入稳定运营期后，社会资本方可以通过结构性融资实现部分或全部退出，但影响公共安全及公共服务持续稳定提供的除外。

第三十三条　各级财政部门应当会同行业主管部门做好项目资产移交工作。

项目合作期满移交的，政府和社会资本双方应按合同约定共同做好移交工作，确保移交过渡期内公共服务的持续稳定供给。项目合同期满前，项目实施机构或政府指定的其他机构应组建项目移交工作组，对移交资产进行性能测试、资产评估和登记入账，项目资产不符合合同约定移交标准的，社会资本应采取补救措施或赔偿损失。

项目因故提前终止的，除履行上述移交工作外，如因政府原因或不可抗力原因导致提前终止的，应当依据合同约定给予社会资本相应补偿，并妥善处置项目公司存续债务，保障债权人合法权益；如因社会资本原因导致提前终止的，应当依据合同约定要求社会资本承担相应赔偿责任。

第三十四条　各级财政部门应当会同行业主管部门加强对 PPP 项目债务的监控。PPP 项目执行过程中形成的负债，属于项目公司的债务，由项目公司独立承担偿付义务。项目期满移交时，项目公司的债务不得移交给政府。

第六章　监督管理

第三十五条　各级财政部门应当会同行业主管部门加强对 PPP 项目的监督管理，切实保障项目运行质量，严禁以 PPP 项目名义举借政府债务。

财政部门应当会同相关部门加强项目合规性审核，确保项目属于公共服务领域，并按法律法规和相关规定履行相关前期论证审查程序。项目实施不得采用建设—移交方式。

政府与社会资本合资设立项目公司的，应按照《公司法》等法律规定以及 PPP 项目合同约定规范运作，不得在股东协议中约定由政府股东或政府指定的其他机构对社会资本方股东的股权进行回购安排。

财政部门应根据财政承受能力论证结果和 PPP 项目合同约定，严格管控和执行项目支付责任，不得将当期政府购买服务支出代替 PPP 项目中长期的支付责任，规避 PPP 项目相关评价论证程序。

第三十六条 各级财政部门应依托 PPP 综合信息平台，建立 PPP 项目库，做好 PPP 项目全生命周期信息公开工作，保障公众知情权，接受社会监督。

项目准备、采购和建设阶段信息公开内容包括 PPP 项目的基础信息和项目采购信息，采购文件，采购成交结果，不涉及国家秘密、商业秘密的项目合同文本，开工及竣工投运日期，政府移交日期等。项目运营阶段信息公开内容包括 PPP 项目的成本监测和绩效评价结果等。

财政部门信息公开内容包括本级 PPP 项目目录、本级人大批准的政府对 PPP 项目的财政预算、执行及决算情况等。

第三十七条 财政部驻各地财政监察专员办事处应对 PPP 项目财政管理情况加强全程监督管理，重点关注 PPP 项目物有所值评价和财政承受能力论证、政府采购、预算管理、国有资产管理、债务管理、绩效评价等环节，切实防范财政风险。

第三十八条 对违反本办法规定实施 PPP 项目的，依据《预算法》《政府采购法》及其实施条例、《财政违法行为处罚处分条例》等法律法规追究有关人员责任；涉嫌犯罪的，依法移交司法机关处理。

第七章 附 则

第三十九条 本办法由财政部负责解释。

第四十条 本办法自印发之日起施行。

62. 关于在公共服务领域深入推进政府和社会资本合作工作的通知

（财金〔2016〕90号）

【发文机关】财政部
【发文文号】财金〔2016〕90号
【发布日期】2016年10月11日
【实施日期】2016年10月11日
【时效性】现行有效

各省、自治区、直辖市、计划单列市财政厅（局），新疆生产建设兵团财务局：

为进一步贯彻落实党中央、国务院工作部署，统筹推进公共服务领域深化政府和社会资本合作（PPP）改革工作，提升我国公共服务供给质量和效率，巩固和增强经济持续增长动力，现将有关事项通知如下：

一、大力践行公共服务领域供给侧结构性改革。各级财政部门要联合有关部门，继续坚持推广PPP模式“促改革、惠民生、稳增长”的定位，切实践行供给侧结构性改革的最新要求，进一步推动公共服务从政府供给向合作供给、从单一投入向多元投入、从短期平衡向中长期平衡转变。要以改革实现公共服务供给结构调整，扩大有效供给，提高公共服务的供给质量和效率。要以改革激发社会资本活力和创造力，形成经济增长的内生动力，推动经济社会持续健康发展。

二、进一步加大PPP模式推广应用力度。在中央财政给予支持的公共服务领域，可根据行业特点和成熟度，探索开展两个“强制”试点。在垃圾处理、污水处理等公共服务领域，项目一般有现金流，市场化程度较高，PPP模式运用较为广泛，操作相对成熟，各地新建项目要“强制”应用PPP模式，中央财政将逐步减少并取消专项建设资金补助。在其他中央财政给予支持的公共服务领域，对于有现金流、具备运营条件的项目，要“强制”实施PPP模式识别论证，鼓励尝试运用PPP模式，注重项目运营，提高公共服务质量。

三、积极引导各类社会资本参与。各级财政部门要联合有关部门营造公平竞争环境，鼓励国有控股企业、民营企业、混合所有制企业、外商投资企业等各类型企业，按同等标准、同等待遇参与 PPP 项目。要会同有关行业部门合理设定采购标准和条件，确保采购过程公平、公正、公开，不得以不合理的采购条件（包括设置过高或无关的资格条件，过高的保证金等）对潜在合作方实行差别待遇或歧视性待遇，着力激发和促进民间投资。对民营资本设置差别条款和歧视性条款的 PPP 项目，各级财政部门将不再安排资金和政策支持。

四、扎实做好项目前期论证。在充分论证项目可行性的基础上，各级财政部门要及时会同行业主管部门开展物有所值评价和财政承受能力论证。各级财政部门要聚焦公共服务领域，根据《国务院办公厅转发财政部　发展改革委　人民银行关于在公共服务领域推广政府和社会资本合作模式指导意见的通知》（国办发〔2015〕42 号）规定，确保公共资金、资产和资源优先用于提升公共服务的质量和水平，按照政府采购法相关规定择优确定社会资本合作伙伴，切实防止无效投资和重复建设。要严格区分公共服务项目和产业发展项目，在能源、交通运输、市政工程、农业、林业、水利、环境保护、保障性安居工程、医疗卫生、养老、教育、科技、文化、体育、旅游等公共服务领域深化 PPP 改革工作，依托 PPP 综合信息平台，建立本地区 PPP 项目开发目录。

五、着力规范推进项目实施。各级财政部门要会同有关部门统筹论证项目合作周期、收费定价机制、投资收益水平、风险分配框架和政府补贴等因素，科学设计 PPP 项目实施方案，确保充分体现“风险分担、收益共享、激励相容”的内涵特征，防止政府以固定回报承诺、回购安排、明股实债等方式承担过度支出责任，避免将当期政府购买服务支出代替 PPP 项目中长期的支出责任，规避 PPP 相关评价论证程序，加剧地方政府财政债务风险隐患。要加强项目全生命周期的合同履约管理，确保政府和社会资本双方权利义务对等，政府支出责任与公共服务绩效挂钩。

六、充分发挥示范项目引领作用。各级财政部门要联合有关部门，按照“又快又实”“能进能出”的原则，大力推动 PPP 示范项目规范实施。要积极为项目实施创造条件，加强示范项目定向辅导，指导项目单位科学编制实施方案，合理选择运作方式，择优选择社会资本，详细签订项目合同，加强项目实施监管，确保示范项目实施质量，充分发挥示范项目的引领性和带动性。要积极做好示范项目督导工作，推动项目加快实施，在一定期限内仍不具备签约条件的，将不再作为示范项目实施。

七、因地制宜完善管理制度机制。各级财政部门要根据财政部 PPP 相关制度政策，结合各地实际情况，进一步建立健全本地区推广实施 PPP 模式的制度政策体系，细化对地市及县域地区的政策指导。要结合内部职能调整，进一步整合和加强专门力量，健全机构建设，并研究建立部门间的 PPP 协同管理机制，进一步梳理 PPP 相关工作的流程环节，明确管理职责，强调按制度管理、按程序办事。

八、切实有效履行财政管理职能。各级财政部门要会同行业主管部门合理确定公共服务成本，统筹安排公共资金、资产和资源，平衡好公众负担和社会资本回报诉求，构建 PPP 项目合理回报机制。对于政府性基金预算，可在符合政策方向和相关规定的前提下，统筹用于支持 PPP 项目。对于使用者付费项目，涉及特许经营权的要依法定程序评估价值，合理折价入股或授予转让，切实防止国有资产流失。对于使用者付费完全覆盖成本和收益的项目，要依据合同将超额收益的政府方分成部分及时足额监缴入国库，并按照事先约定的价格调整机制，确保实现价格动态调整，切实减轻公众负担。

九、简政放权释放市场主体潜力。各级财政部门要联合有关部门，加强项目前期立项程序与 PPP 模式操作流程的优化与衔接，进一步减少行政审批环节。对于涉及工程建设、设备采购或服务外包的 PPP 项目，已经依据政府采购法选定社会资本合作方的，合作方依法能够自行建设、生产或者提供服务的，按照《招标投标法实施条例》第九条规定，合作方可以不再进行招标。

十、进一步加大财政扶持力度。各级财政部门要落实好国家支持公共服务领域 PPP 项目的财政税收优惠政策，加强政策解读和宣传，积极与中国政企合作投资基金做好项目对接，基金将优先支持符合条件的各级财政部门示范项目。鼓励各级财政部门因地制宜、主动作为，探索财政资金撬动社会资金和金融资本参与 PPP 项目的有效方式，通过前期费用补助、以奖代补等手段，为项目规范实施营造良好的政策环境。

十一、充分发挥 PPP 综合信息平台作用。各级财政部门要通过 PPP 综合信息平台加快项目库、专家库建设，增强监管能力和服务水平。要督促项目实施单位，依托 PPP 综合信息平台，及时向社会公开项目实施方案、合同、实施情况等信息。要加强信息共享，促进项目对接，确保项目实施公开透明、有序推进，保证项目实施质量。

各级财政部门要高度重视，切实发挥好统筹协调作用，主动与有关部门沟通合作，合力做好公共服务领域深化 PPP 改革工作，更好地汇聚社会力量增加公共服务供给。

财政部

2016 年 10 月 11 日

63. 关于联合公布第三批政府和社会资本合作示范项目加快推动示范项目建设的通知

（财金〔2016〕91号）

【发文机关】财政部　教育部　科技部　工业和信息化部　民政部　人力资源社会保障部　国土资源部　环境保护部　交通运输部　水利部　农业部　商务部　文化部　卫生计生委　国家体育总局　国家林业局　国家旅游局　国家能源局　国家铁路局　中国民用航空局

【发文文号】财金〔2016〕91号

【发布日期】2016年10月11日

【实施日期】2016年10月11日

【时效性】现行有效

各省、自治区、直辖市、计划单列市财政厅（局）、教育厅（局）、科学技术厅（局）、工业和信息化厅（局、委）、民政厅（局）、人力资源社会保障厅（局）、国土资源厅（局）、环境保护厅（局）、交通运输厅（局、委）、水利厅（局）、农业厅（局）、商务厅（局）、文化厅（局）、卫生和计划生育委员会、体育局、林业局、旅游局、能源局、铁路监督管理局、民用航空局，新疆生产建设兵团财务局、教育局、科技局、工业和信息化委员会、民政局、人力资源社会保障局、国土资源局、交通局、水利局、农业局、商务局、卫生局：

为进一步推进政府和社会资本合作（以下简称PPP）工作取得实质性进展，发挥示范项目引领作用，调动社会资本参与积极性，财政部会同相关部门联合启动了第三批政府和社会资本合作示范项目申报筛选工作。现将评审结果及有关事宜通知如下：

一、经有关省、自治区、直辖市、计划单列市和部委推荐及专家评审，现确定北京市首都地区环线高速公路（通州—大兴段）等516个项目作为第三批PPP示范项目（详见附件），计划总投资金额11,708亿元。

二、示范项目所在省、自治区、直辖市、计划单列市财政部门和相关行业主管部门要高度重视，密切协作配合。按照国务院和财政部等部门出台的相关制度文件要求，依法择优选择社会资本，鼓励同等条件下优先选择民营资本；规范推进项目实施，落实示范项目责任制，建立对口联系和跟踪管理机制，确保示范项目实施质量。

三、各级财政部门要切实履行财政管理职能，积极为项目加快落地创造条件。要做好物有所值评价和财政承受能力论证工作，优化工作流程，提高效率；因地制宜给予前期费用补助、以奖代补等资金支持，协调推动示范项目与中国政企合作投资基金进行合作对接；会同有关部门统筹安排财政资金、国有资产等各类公共资产和资源，完善项目回报机制，激发社会资本参与热情。

四、各级财政部门要会同相关行业主管部门按照“又快又实”的示范项目管理要求，积极推动示范项目按期落地。第一批示范项目应于 2016 年底前完成采购，第二批示范项目应于 2017 年 3 月底前完成采购，逾期未完成采购的将调出示范项目名单；第三批示范项目原则上应于 2017 年 9 月底前完成采购。财政部将通过 PPP 综合信息平台加强对示范项目实施进度的动态跟踪，适时对外公布示范项目相关材料和信息，会同相关行业主管部门加强对示范项目的指导和监督。中央财政将对符合条件并完成采购的示范项目及时安排以奖代补资金。

五、PPP 项目用地应当符合土地利用总体规划和年度计划，依法办理建设用地审批手续。在实施建设用地供应时，不得直接以 PPP 项目为单位打包或成片供应土地，应当依据区域控制性详细规划确定的各宗地范围、用途和规划建设条件，分别确定各宗地的供应方式：

（一）符合《划拨用地目录》的，可以划拨方式供应；

（二）不符合《划拨用地目录》的，除公共租赁住房和政府投资建设不以营利为目的、具有公益性质的农产品批发市场用地可以作价出资方式供应外，其余土地均应以出让或租赁方式供应，及时足额收取土地有偿使用收入；

（三）依法需要以招标拍卖挂牌方式供应土地使用权的宗地或地块，在市、县国土资源主管部门编制供地方案、签订宗地出让（出租）合同、开展用地供后监管的前提下，可将通过竞争方式确定项目投资方和用地者的环节合并实施。

PPP 项目主体或其他社会资本，除通过规范的土地市场取得合法土地权益外，不得违规取得未供应的土地使用权或变相取得土地收益，不得作为项目主体参与土地收储和前期开发等工作，不得借未供应的土地进行融资；PPP 项目的资金来源与未来收益及清偿责任，不得与土地出让收入挂钩。

六、按照“能进能出”的示范项目管理原则，对不具备继续采取 PPP 模式实施条件的第一批和第二批部分示范项目予以调出，包括：天津新能源汽车公共充电设施网络项目、南京市垃圾处理设施项目、渭南市主城区集中供热项目和兰州市轨道交通 2 号线一期工程项目。

财政部 教育部 科技部 工业和信息化部 民政部
人力资源社会保障部 国土资源部 环境保护部 交通运输部
水利部 农业部 商务部 文化部 卫生计生委 国家体育总局
国家林业局 国家旅游局 国家能源局 国家铁路局 中国民用航空局
2016 年 10 月 11 日

64. 关于印发《地方政府一般债务预算管理办法》的通知

（财预〔2016〕154号）

【发文机关】财政部
【发文文号】财预〔2016〕154号
【发布日期】2016年11月9日
【实施日期】2016年11月9日
【时效性】现行有效

各省、自治区、直辖市、计划单列市财政厅（局）：

根据《中华人民共和国预算法》《国务院关于加强地方政府性债务管理的意见》（国发〔2014〕43号），我部制定了《地方政府一般债务预算管理办法》。现予印发，请认真贯彻执行。

财政部
2016年11月9日

地方政府一般债务预算管理办法

第一章 总 则

第一条 为规范地方政府一般债务预算管理，根据《中华人民共和国预算法》《国务院关于加强地方政府性债务管理的意见》（国发〔2014〕43号）等有关规定，制定本办法。

第二条 本办法所称地方政府一般债务（以下简称一般债务），包括地方政府一般债券（以下简称一般债券）、地方政府负有偿还责任的国际金融组织和外国政府贷款转贷债务（以下简称外债转贷）、清理甄别认定的截至2014年12月31日非地方政府债券形式的存量一般债务（以下简称非债券形式一般债务）。

第三条　一般债务收入、安排的支出、还本付息、发行费用纳入一般公共预算管理。

第四条　除外债转贷外，一般债务收入通过发行一般债券方式筹措。

省、自治区、直辖市政府为一般债券的发行主体，具体发行工作由省级财政部门负责。设区的市、自治州，县、自治县、不设区的市、市辖区政府（以下简称市县级政府）确需发行一般债券的，应当纳入本省、自治区、直辖市一般债务预算管理，由省、自治区、直辖市政府统一发行并转贷给市县级政府。经省政府批准，计划单列市政府可以自办发行一般债券。

第五条　一般债务收入应当用于公益性资本支出，不得用于经常性支出。

第六条　一般债务应当有偿还计划和稳定的偿还资金来源。

一般债务本金通过一般公共预算收入（包含调入预算稳定调节基金和其他预算资金）、发行一般债券等偿还。

一般债务利息通过一般公共预算收入（包含调入预算稳定调节基金和其他预算资金）等偿还，不得通过发行一般债券偿还。

第七条　非债券形式一般债务应当在国务院规定的期限内置换成一般债券。

第八条　加强地方政府债务管理信息化建设，一般债务预算收支纳入本级财政预算管理信息系统，一般债务管理纳入全国统一的管理信息系统。

第九条　外债转贷预算管理办法由财政部另行制定。

第二章　一般债务限额和余额

第十条　财政部在全国人民代表大会或其常务委员会批准的一般债务限额内，根据债务风险、财力状况等因素并统筹考虑国家调控政策、各地区公益性项目建设需求等，提出分地区一般债务限额及当年新增一般债务限额方案，报国务院批准后下达省级财政部门。

省级财政部门应当于每年10月底前，提出本地区下一年度增加举借一般债务和安排公益性资本支出项目的建议，经省、自治区、直辖市政府批准后报财政部。

第十一条　省级财政部门在财政部下达的本地区一般债务限额内，根据债务风险、财力状况等因素并统筹考虑本地区公益性项目建设需求等，提出省本级及所辖各市县当年一般债务限额方案，报省、自治区、直辖市政府批准后下达市县级财政部门。

市县级财政部门应当提前提出省级代发一般债券和安排公益性资本支出项目的建议，经本级政府批准后按程序报省级财政部门。

第十二条　省、自治区、直辖市应当在一般债务限额内举借一般债务，一般债务余额不得超过本地区一般债务限额。

省、自治区、直辖市发行一般债券偿还到期一般债务本金计划，由省级财政部门统筹考虑本级和各市县实际需求提出，报省、自治区、直辖市政府批准后按规定组织实施。

第三章　预算编制和批复

第十三条　增加举借一般债务收入，以下内容应当列入预算调整方案：

（一）省、自治区、直辖市在新增一般债务限额内筹措的一般债券收入；

（二）市县级政府从上级政府转贷的一般债务收入。

一般债务收入应当在一般公共预算收入合计线下反映，省级列入“一般债务收入”下对应的预算科目，市县级列入“地方政府一般债务转贷收入”下对应的预算科目。

第十四条 增加举借一般债务安排的支出应当列入预算调整方案，包括本级支出和转贷下级支出。一般债务支出应当明确到具体项目，纳入财政支出预算项目库管理，并与中期财政规划相衔接。

一般债务安排本级的支出，应当在一般公共预算支出合计线上反映，根据支出用途列入相关预算科目；转贷下级支出应当在一般公共预算支出合计线下反映，列入“债务转贷支出”下对应的预算科目。

第十五条 一般债务还本支出应当根据当年到期一般债务规模、一般公共预算财力等因素合理预计、妥善安排，并列入年度预算草案。

一般债务还本支出应当在一般公共预算支出合计线下反映，列入“地方政府一般债务还本支出”下对应的预算科目。

第十六条 一般债务利息和发行费用应当根据一般债务规模、利率、费率等情况合理预计，并列入一般公共预算支出统筹安排。

一般债务利息、发行费用支出应当在一般公共预算支出合计线上反映。一般债务利息支出列入“地方政府一般债务付息支出”下对应的预算科目，发行费用支出列入“地方政府一般债务发行费用支出”下对应的预算科目。

第十七条 增加举借一般债务和相应安排的支出，财政部门负责具体编制一般公共预算调整方案，由本级政府提请本级人民代表大会常务委员会批准。

第十八条 一般债务转贷下级政府的，财政部门应当在本级人民代表大会或其常务委员会批准后，及时将一般债务转贷的预算下达有关市县级财政部门。

接受一般债务转贷的市县级政府在本级人民代表大会或其常务委员会批准后，应当及时与上级财政部门签订转贷协议。

第四章 预算执行和决算

第十九条 省级财政部门统筹考虑本级和市县情况，根据预算调整方案、偿还一般债务本金需求和债券市场状况等因素，制定全省一般债券发行计划，合理确定期限结构和发行时点。

第二十条 省级财政部门发行一般债券募集的资金，应当缴入省级国库，并根据预算安排和还本计划拨付资金。

代市县级政府发行一般债券募集的资金，由省级财政部门按照转贷协议及时拨付市县级财政部门。

第二十一条 省级财政部门应当按照规定做好一般债券发行的信息披露和信用评级等相关工作。披露的信息应当包括一般公共预算财力情况、发行一般债券计划和安排支出项目方案、偿债计划和资金来源，以及其他按照规定应当公开的信息。

第二十二条 省级财政部门应当在发行一般债券后3个工作日内，将一般债券发行情况报财政部备案，并抄送财政部驻当地财政监察专员办事处（以下简称专员办）。

第二十三条　地方各级财政部门应当依据预算调整方案及一般债券发行规定的预算科目和用途，使用一般债券资金。确需调整支出用途的，应当按照规定程序办理。

第二十四条　省级财政部门应当按照合同约定，及时偿还全省、自治区、直辖市一般债券到期本金、利息以及支付发行费用。市县级财政部门应当按照转贷协议约定，及时向省级财政部门缴纳本地区或本级应当承担的还本付息、发行费用等资金。

第二十五条　市县级财政部门未按时足额向省级财政部门缴纳一般债券还本付息、发行费用等资金的，省级财政部门可以采取适当方式扣回，并将违约情况向市场披露。

第二十六条　预算年度终了，地方各级财政部门编制一般公共预算决算草案时，应当全面、准确反映一般债务收入、安排的支出、还本付息和发行费用等情况。

第五章　非债券形式一般债务纳入预算管理

第二十七条　县级以上地方各级财政部门应当将非债券形式一般债务纳入本地区一般债务限额，实行预算管理。

对非债券形式一般债务，应当由政府、债权人、债务人通过合同方式，约定在国务院规定的期限内置换成一般债券的时限，转移偿还义务。偿还义务转移给地方政府后，地方财政部门应当根据相关材料登记总预算会计账。

第二十八条　对非债券形式一般债务，债务人为地方政府及其部门的，应当在国务院规定的期限内置换成一般债券；债务人为企事业单位或个人，且债权人同意在国务院规定的期限内置换成一般债券的，地方政府应当予以置换，债权人不同意在国务院规定的期限内置换成一般债券的，不再计入地方政府债务，由债务人自行偿还，对应的一般债务限额由财政部按照程序予以调减。

第六章　监督管理

第二十九条　县级以上地方各级财政部门应当按照法律、法规和财政部规定，向社会公开一般债务限额、余额、期限结构、使用、偿还等情况，主动接受监督。

第三十条　县级以上地方各级财政部门应当建立和完善相关制度，加强对本地区一般债务的管理和监督。

第三十一条　专员办应当加强对所在地一般债务的监督，督促地方规范一般债务的举借、使用、偿还等行为，发现违反法律法规和财政管理规定的行为，及时报告财政部。

第三十二条　违反本办法规定情节严重的，财政部可以暂停相关地区一般债券发行资格。违反法律、行政法规的，依法追究有关人员责任；涉嫌犯罪的，移送司法机关依法处理。

第七章　附　　则

第三十三条　省、自治区、直辖市可以根据本办法制定实施细则。

第三十四条　本办法由财政部负责解释。

第三十五条　本办法自印发之日起施行。

65. 关于印发《地方政府专项债务预算管理办法》的通知

（财预〔2016〕155 号）

【发文机关】财政部
【发文文号】财预〔2016〕155 号
【发布日期】2016 年 11 月 9 日
【实施日期】2016 年 11 月 9 日
【时效性】现行有效

各省、自治区、直辖市、计划单列市财政厅（局）：

根据《中华人民共和国预算法》《国务院关于加强地方政府性债务管理的意见》（国发〔2014〕43 号），我部制定了《地方政府专项债务预算管理办法》。现予印发，请认真贯彻执行。

财政部
2016 年 11 月 9 日

地方政府专项债务预算管理办法

第一章　总　　则

第一条　为规范地方政府专项债务预算管理，根据《中华人民共和国预算法》《国务院关于加强地方政府性债务管理的意见》（国发〔2014〕43 号）等有关规定，制定本办法。

第二条　本办法所称地方政府专项债务（以下简称专项债务），包括地方政府专项债券（以下简称专项债券）、清理甄别认定的截至 2014 年 12 月 31 日非地方政府债券形式的存量专项债务（以下简称非债券形式专项债务）。

第三条　专项债务收入、安排的支出、还本付息、发行费用纳入政府性基金预算管理。

第四条　专项债务收入通过发行专项债券方式筹措。

省、自治区、直辖市政府为专项债券的发行主体，具体发行工作由省级财政部门负责。设区的市、自治州，县、自治县、不设区的市、市辖区政府（以下简称市县级政府）确需发行专项债券的，应当纳入本省、自治区、直辖市政府性基金预算管理，由省、自治区、直辖市政府统一发行并转贷给市县级政府。经省政府批准，计划单列市政府可以自办发行专项债券。

第五条　专项债务收入应当用于公益性资本支出，不得用于经常性支出。

第六条　专项债务应当有偿还计划和稳定的偿还资金来源。

专项债务本金通过对应的政府性基金收入、专项收入、发行专项债券等偿还。

专项债务利息通过对应的政府性基金收入、专项收入偿还，不得通过发行专项债券偿还。

第七条　专项债务收支应当按照对应的政府性基金收入、专项收入实现项目收支平衡，不同政府性基金科目之间不得调剂。执行中专项债务对应的政府性基金收入不足以偿还本金和利息的，可以从相应的公益性项目单位调入专项收入弥补。

第八条　非债券形式专项债务应当在国务院规定的期限内置换成专项债券。

第九条　加强地方政府债务管理信息化建设，专项债务预算收支纳入本级财政预算管理信息系统，专项债务管理纳入全国统一的管理信息系统。

第二章　专项债务限额和余额

第十条　财政部在全国人民代表大会或其常务委员会批准的专项债务限额内，根据债务风险、财力状况等因素并统筹考虑国家调控政策、各地区公益性项目建设需求等，提出分地区专项债务限额及当年新增专项债务限额方案，报国务院批准后下达省级财政部门。

省级财政部门应当于每年10月底前，提出本地区下一年度增加举借专项债务和安排公益性资本支出项目的建议，经省、自治区、直辖市政府批准后报财政部。

第十一条　省级财政部门在财政部下达的本地区专项债务限额内，根据债务风险、财力状况等因素并统筹考虑本地区公益性项目建设需求等，提出省本级及所辖各市县当年专项债务限额方案，报省、自治区、直辖市政府批准后下达市县级财政部门。

市县级财政部门应当提前提出省级代发专项债券和安排公益性资本支出项目的建议，经本级政府批准后按程序报省级财政部门。

第十二条　省、自治区、直辖市应当在专项债务限额内举借专项债务，专项债务余额不得超过本地区专项债务限额。

省、自治区、直辖市发行专项债券偿还到期专项债务本金计划，由省级财政部门统筹考虑本级和各市县实际需求提出，报省、自治区、直辖市政府批准后按规定组织实施。

第三章　预算编制和批复

第十三条　增加举借专项债务收入，以下内容应当列入预算调整方案：

（一）省、自治区、直辖市在新增专项债务限额内筹措的专项债券收入；

（二）市县级政府从上级政府转贷的专项债务收入。

专项债务收入应当在政府性基金预算收入合计线下反映，省级列入“专项债务收入”下对应的政府性基金债务收入科目，市县级列入“地方政府专项债务转贷收入”下对应的政府性基金债务转贷收入科目。

第十四条 增加举借专项债务安排的支出应当列入预算调整方案，包括本级支出和转贷下级支出。专项债务支出应当明确到具体项目，纳入财政支出预算项目库管理，并与中期财政规划相衔接。

专项债务安排本级的支出，应当在政府性基金预算支出合计线上反映，根据支出用途列入相关预算科目；转贷下级支出应当在政府性基金预算支出合计线下反映，列入“债务转贷支出”下对应的政府性基金债务转贷支出科目。

第十五条 专项债务还本支出应当根据当年到期专项债务规模、政府性基金财力、调入专项收入等因素合理预计、妥善安排，并列入年度预算草案。

专项债务还本支出应当在政府性基金预算支出合计线下反映，列入“地方政府专项债务还本支出”下对应的政府性基金债务还本支出科目。

第十六条 专项债务利息和发行费用应当根据专项债务规模、利率、费率等情况合理预计，并列入政府性基金预算支出统筹安排。

专项债务利息、发行费用支出应当在政府性基金预算支出合计线上反映。专项债务利息支出列入“地方政府专项债务付息支出”下对应的政府性基金债务付息支出科目，发行费用支出列入“地方政府专项债务发行费用支出”下对应的政府性基金债务发行费用支出科目。

第十七条 增加举借专项债务和相应安排的支出，财政部门负责具体编制政府性基金预算调整方案，由本级政府提请本级人民代表大会常务委员会批准。

第十八条 专项债务转贷下级政府的，财政部门应当在本级人民代表大会或其常务委员会批准后，及时将专项债务转贷的预算下达有关市县级财政部门。

接受专项债务转贷的市县级政府在本级人民代表大会或其常务委员会批准后，应当及时与上级财政部门签订转贷协议。

第四章 预算执行和决算

第十九条 省级财政部门统筹考虑本级和市县情况，根据预算调整方案、偿还专项债务本金需求和债券市场状况等因素，制定全省专项债券发行计划，合理确定期限结构和发行时点。

第二十条 省级财政部门发行专项债券募集的资金，应当缴入省级国库，并根据预算安排和还本计划拨付资金。

代市县级政府发行专项债券募集的资金，由省级财政部门按照转贷协议及时拨付市县级财政部门。

第二十一条 省级财政部门应当按照规定做好专项债券发行的信息披露和信用评级等相关工作。披露的信息应当包括政府性基金预算财力情况、发行专项债券计划和安排支出项目方案、偿债计划和资金来源，以及其他按照规定应当公开的信息。

第二十二条　省级财政部门应当在发行专项债券后3个工作日内，将专项债券发行情况报财政部备案，并抄送财政部驻当地财政监察专员办事处（以下简称专员办）。

第二十三条　地方各级财政部门应当依据预算调整方案及专项债券发行规定的预算科目和用途，使用专项债券资金。确需调整支出用途的，应当按照规定程序办理。

第二十四条　省级财政部门应当按照合同约定，及时偿还全省、自治区、直辖市专项债券到期本金、利息以及支付发行费用。市县级财政部门应当按照转贷协议约定，及时向省级财政部门缴纳本地区或本级应当承担的还本付息、发行费用等资金。

第二十五条　市县级财政部门未按时足额向省级财政部门缴纳专项债券还本付息、发行费用等资金的，省级财政部门可以采取适当方式扣回，并将违约情况向市场披露。

第二十六条　预算年度终了，地方各级财政部门编制政府性基金预算决算草案时，应当全面、准确反映专项债务收入、安排的支出、还本付息和发行费用等情况。

第五章　非债券形式专项债务纳入预算管理

第二十七条　县级以上地方各级财政部门应当将非债券形式专项债务纳入本地区专项债务限额，实行预算管理。

对非债券形式专项债务，应当由政府、债权人、债务人通过合同方式，约定在国务院规定的期限内置换成专项债券的时限，转移偿还义务。

偿还义务转移给地方政府后，地方财政部门应当根据相关材料登记总预算会计账。

第二十八条　对非债券形式专项债务，债务人为地方政府及其部门的，应当在国务院规定的期限内置换成专项债券；债务人为企事业单位或个人，且债权人同意在国务院规定的期限内置换成专项债券的，地方政府应当予以置换，债权人不同意在国务院规定的期限内置换成专项债券的，不再计入地方政府债务，由债务人自行偿还，对应的专项债务限额由财政部按照程序予以调减。

第六章　监督管理

第二十九条　县级以上地方各级财政部门应当按照法律、法规和财政部规定，向社会公开专项债务限额、余额、期限结构、使用、项目收支、偿还等情况，主动接受监督。

第三十条　县级以上地方各级财政部门应当建立和完善相关制度，加强对本地区专项债务的管理和监督。

第三十一条　专员办应当加强对所在地专项债务的监督，督促地方规范专项债务的举借、使用、偿还等行为，发现违反法律法规和财政管理规定的行为，及时报告财政部。

第三十二条　违反本办法规定情节严重的，财政部可以暂停相关地区专项债券发行资格。违反法律、行政法规的，依法追究有关人员责任；涉嫌犯罪的，移送司法机关依法处理。

第七章　附　　则

第三十三条　省、自治区、直辖市可以根据本办法制定实施细则。

第三十四条　本办法由财政部负责解释。

第三十五条　本办法自印发之日起施行。

66. 关于做好事业单位政府购买服务改革工作的意见

（财综〔2016〕53号）

【发文机关】财政部　中央编办
【发文文号】财综〔2016〕53号
【发布日期】2016年11月30日
【实施日期】2016年11月30日
【时效性】现行有效

各省、自治区、直辖市人民政府，国务院各部委、各直属机构：

推广政府购买服务是党中央、国务院做出的重要决策，对于创新公共服务提供方式，促进政府职能转变，提高公共服务质量和效率具有重要意义。事业单位是提供公共服务的重要力量，在促进经济社会发展、改善人民群众生活等方面发挥着重要作用，但也存在一些事业单位政事不分、事企不分，服务质量和效率不高等问题。为做好事业单位政府购买服务改革工作，通过政府购买服务改革支持事业单位分类改革和转型发展，增强事业单位提供公共服务能力，经国务院同意，现提出如下意见。

一、总体要求

（一）指导思想。全面贯彻党的十八大、十八届三中、四中、五中、六中全会和习近平总书记系列重要讲话精神，认真落实党中央、国务院决策部署，通过推进事业单位政府购买服务改革，推动政府职能转变，深化简政放权、放管结合、优化服务改革，改进政府提供公共服务方式，支持事业单位改革，促进公益事业发展，切实提高公共服务质量和水平。

（二）基本原则。一是坚持分类施策。依据现行政策，事业单位分为承担行政职能事业单位、公益一类事业单位、公益二类事业单位、生产经营类事业单位四类，按其类别及职能，合理定位参与政府购买服务的角色作用，明确相应要求。二是坚持问题导向。针对事业单位存在的问题，加快转变政府职能，创新财政支持方式，将政府购买服务作为推动事业单位改革发展的重要措施，强化事业单位公益属性，增强服务意识，激发内在活力。三是坚持公开透明。遵循公开、公平、公正原则推进事业单位政府购买服务改革，注重规范操作，鼓励竞争择优，营造良好的改革环境。四是坚持统筹协调。做好政府购买服务改革与事业单位分类改革有关经费保障、机构编制、人事制度、收入分配、养老保险等方面政策的衔接，形成改革合力。五是坚持稳妥推进。充分考虑事业单位改革的复杂性和艰巨性，对事业单位政府购买服务改革给予必要的支持政策，妥善处理改革发展稳定的关系，确保事业单位政府购买服务改革工作顺利推进。

（三）总体目标。到 2020 年年底，事业单位政府购买服务改革工作全面推开，事业单位提供公共服务的能力和水平明显提升；现由公益二类事业单位承担并且适宜由社会力量提供的服务事项，全部转为通过政府购买服务方式提供；通过政府购买服务，促进建立公益二类事业单位财政经费保障与人员编制管理的协调约束机制。

二、分类定位

（一）完全或主要承担行政职能的事业单位可以比照政府行政部门，作为政府购买服务的购买主体。部分承担行政职能的事业单位完成剥离行政职能改革后，应当根据新的分类情况执行相应的政府购买服务政策。不承担行政职能的事业单位不属于政府购买服务的购买主体，因履职需要购买辅助性服务的，应当按照政府采购法律制度有关规定执行。

（二）承担义务教育、基础性科研、公共文化、公共卫生及基层的基本医疗服务等基本公益服务，不能或不宜由市场配置资源的公益一类事业单位，既不属于政府购买服务的购买主体，也不属于承接主体，不得参与承接政府购买服务。有关行政主管部门应当加强对所属公益一类事业单位的经费保障和管理，强化公益属性，有效发挥政府举办事业单位提供基本公共服务的职能作用。

（三）承担高等教育、非营利医疗等公益服务，可部分由市场配置资源的公益二类事业单位，可以作为政府购买服务的承接主体。现由公益二类事业单位承担并且适宜由社会力量提供的服务事项，应当纳入政府购买服务指导性目录，并根据条件逐步转为通过政府购买服务方式提供。有关行政主管部门应当创造条件积极支持公益二类事业单位与其他社会力量公平竞争参与承接政府购买服务，激发事业单位活力，增强提供公共服务能力。

（四）生产经营类事业单位可以作为政府购买服务的承接主体，在参与承接政府购买服务时，应当与社会力量平等竞争。

（五）尚未分类的事业单位，待明确分类后按上述定位实施改革。

三、主要措施

（一）推行政府向公益二类事业单位购买服务。2020 年年底前，凡是公益二类事业单位承担并且适宜由社会力量提供的服务事项，应当将财政拨款改为政府购买服务，可以由其行政主管部门直接委托给事业单位并实行合同化管理。其中，采取直接委托购买服务项目，属于政府采购集中采购目录以内或者采购限额标准以上的，通过单一来源采购方式实施；已经采用竞争性购买方式的，应当继续实行。政府新增用于公益二类事业单位的支出，应当优先通过政府购买服务方式安排。积极推进采用竞争择优方式向事业单位购买服务，逐步减少向公益二类事业单位直接委托的购买服务事项。

（二）探索建立与政府购买服务制度相适应的财政支持和人员编制管理制度。实施政府向事业单位购买服务的行政主管部门，应当将相关经费预算由事业单位调整至部门本级管理。积极探索建立事业单位财政经费与人员编制协调约束机制，创新事业单位财政经费与人员编制管理，推动事业单位改革逐步深入。

（三）将现由事业单位承担并且适宜由社会力量提供的服务事项纳入政府购买服务指导性目录。各行政主管部门要结合政府购买服务指导性目录编制工作，细化由本部门事业单位承担并且适宜由社会力量提供的服务事项，报经同级财政、机构编制等部门审核后纳入部门指导性目录，作为政府向事业单位购买服务的依据。

（四）落实税收等相关优惠政策。购买主体应当结合政府向事业单位购买服务项目特点和相关经费预算，综合物价、工资、税费等因素，合理测算安排项目所需支出。事业单位承接政府购买服务取得的收入，应当纳入事业单位预算统一核算，依法纳税并享受相关税收优惠等政策。税后收入由事业单位按相关政策规定进行支配。

（五）加强合同履约管理。购买主体应当做好对项目执行情况的跟踪，及时了解掌握购买项目实施进度及资金运作情况，督促承接服务的事业单位严格履行合同，确保服务质量，提高服务对象满意度。承接服务的事业单位履行合同约定后，购买主体应当及时组织对合同履行情况进行检查验收。购买主体向承接主体支付购买服务资金，应当根据合同约定和国库集中支付制度规定办理。

（六）推进绩效管理。购买主体应当会同财政部门建立全过程预算绩效管理机制，依据确定的绩效目标开展绩效管理。购买主体要结合购买服务合同履行情况，推进政府购买事业单位服务绩效评价工作，将绩效评价结果作为确定事业单位后续年度参与承接政府购买服务的考量因素，健全对事业单位的激励约束机制，提高财政资金使用效益和公共服务提供质量及效率。积极探索推进第三方评价。

（七）强化监督管理。各级财政部门要将政府向事业单位购买服务工作纳入财政监督范围，加强监督检查与绩效评价相结合，加大监督力度，保障政府购买服务工作规范开展。参与承接政府购买服务的事业单位应当自觉接受财政、审计和社会监督。

（八）做好信息公开。各级政府部门向事业单位购买服务，应当按照《中华人民共和国政府采购法》《中华人民共和国政府信息公开条例》等相关规定，及时公开政府购买服务项目实施全过程相关信息，自觉接受社会监督。凡通过单一来源采购方式实施的政府向事业单位购买服务项目，要严格履行审批程序，需要事前公示的要按要求做好公示。积极推进政府向事业单位购买服务绩效信息公开。

四、工作要求

（一）落实工作责任。各省（区、市）财政、机构编制等部门要按照本意见要求，结合本地区实际制定事业单位政府购买服务改革工作实施方案，周密部署，认真组织做好本地区改革工作。各省（区、市）实施方案应于 2016 年 12 月底前送财政部、中央编办备案。各有关部门要做好本部门事业单位政府购买服务改革工作，指导推进本系统事业单位政府购买服务改革。

（二）扎实有效推进。2016年，财政部、中央编办将会同教育部、食品药品监管总局、中国残联在抓好典型项目政府购买服务改革试点工作中，认真探索政府向事业单位购买服务的有效做法和经验，及时研究完善相关政策；其他部门和地方要积极做好事业单位政府购买服务改革相关准备工作。2017年开始，各有关部门要根据本部门所属事业单位实际情况，推进事业单位政府购买服务改革，逐步增加公益二类事业单位实行政府购买服务的项目和金额；各省（区、市）要按照本地区改革实施方案，扎实推进事业单位政府购买服务改革，及时总结经验，完善政策，确保2020年年底前完成本意见确定的事业单位政府购买服务改革目标任务。

（三）加强调研督导。事业单位政府购买服务改革涉及面广、政策性强，社会普遍关注，直接关系事业单位人员切身利益，各地区、各部门要切实加强对改革工作的领导，深入基层调研指导，及时研究并妥善处理改革中遇到的矛盾和问题。财政、机构编制部门要加强改革工作沟通协调，组织做好改革工作督导、专题调研、政策培训和经验推广，确保改革工作平稳有序推进。

财政部　中央编办

2016年11月30日

67. 关于通过政府购买服务支持社会组织培育发展的指导意见

（财综〔2016〕54号）

【发文机关】财政部　民政部
【发文文号】财综〔2016〕54号
【发布日期】2016年12月1日
【实施日期】2016年12月1日
【时效性】现行有效

各省、自治区、直辖市人民政府，国务院各部委、各直属机构：

为落实党中央、国务院的决策部署，加快转变政府职能，创新社会治理体制，促进社会组织健康有序发展，提升社会组织能力和专业化水平，改善公共服务供给，根据《国务院办公厅关于政府向社会力量购买服务的指导意见》（国办发〔2013〕96号）精神，经国务院同意，现就通过政府购买服务支持社会组织培育发展提出如下意见。

一、总体要求

（一）指导思想。全面贯彻党的十八大、十八届三中、四中、五中、六中全会和习近平总书记系列重要讲话精神，围绕供给侧结构性改革，结合“放管服”改革、事业单位改革和行业协会商会脱钩改革，充分发挥市场机制作用，大力推进政府向社会组织购买服务，引导社会组织专业化发展，促进提供公共服务能力持续提升，发挥社会组织的独特优势，优化公共服务供给，有效满足人民群众日益增长的公共服务需求。

（二）基本原则。一是坚持深化改革。加快转变政府职能，正确处理政府和社会的关系，推进政社分开，完善相关政策，为社会组织发展创造良好环境，凡适合社会组织提供的公共服务，尽可能交由社会组织承担。二是注重能力建设。通过政府向社会组织购买服务引导社会组织加强自身能力建设，优化内部管理，提升社会组织服务能力和水平，充分发挥社会组织提供公共服务的专业和成本优势，提高公共服务质量和效率。三是坚持公开择优。通过公开公平、竞争择优方式选择社会组织承接政府购买服务，促进优胜劣汰，激发社会组织内在活力，实现健康发展。四是注重分类指导。遵循社会组织发展规律，区分社会组织功能类别、发展程度，结合政府购买服务需求，因地制宜，分类施策，积极推进政府向社会组织购买服务。

（三）主要目标。“十三五”时期，政府向社会组织购买服务相关政策制度进一步完善，购买服务范围不断扩大，形成一批运作规范、公信力强、服务优质的社会组织，公共服务提供质量和效率显著提升。

二、主要政策

（四）切实改善准入环境。社会组织参与承接政府购买服务应当符合有关资质要求，但不应对社会组织成立年限做硬性规定。对成立未满3年，在遵守相关法律法规、按规定缴纳税收和社会保障资金、年检等方面无不良记录的社会组织，应当允许参与承接政府购买服务。积极探索建立公共服务需求征集机制，充分发挥社会组织在发现新增公共服务需求、促进供需衔接方面的积极作用。有条件的地方可以探索由行业协会商会搭建行业主管部门、相关职能部门与行业企业沟通交流平台，邀请社会组织参与社区及社会公益服务洽谈会等形式，及时收集、汇总公共服务需求信息，并向相关行业主管部门反馈。有关部门应当结合实际，按规定程序适时将新增公共服务需求纳入政府购买服务指导性目录并加强管理，在实践中逐步明确适宜由社会组织承接的具体服务项目，鼓励和支持社会组织参与承接。

（五）加强分类指导和重点支持。按照党的十八届三中全会关于重点培育、优先发展行业协会商会类、科技类、公益慈善类、城乡社区服务类社会组织的要求，各地方和有关部门应结合政府购买服务需求和社会组织专业化优势，明确政府向社会组织购买服务的支持重点。鼓励各级政府部门同等条件下优先向社会组织购买民生保障、社会治理、行业管理、公益慈善等领域的公共服务。各地可以结合本地区实际，具体确定向社会组织购买服务的重点领域或重点项目。要采取切实措施加大政府向社会组织购买服务的力度，逐步提高政府向社会组织购买服务的份额或比例。政府新增公共服务支出通过政府购买服务安排的部分，向社会组织购买的比例原则上不低于30%。有条件的地方和部门，可以制定政府购买服务操作指南并向社会公开，为社会组织等各类承接主体参与承接政府购买服务项目提供指导。

（六）完善采购环节管理。实施购买服务的各级政府部门（购买主体）应充分考虑公共服务项目特点，优化政府购买服务项目申报、预算编制、组织采购、项目监管、绩效评价等工作流程，提高工作效率。要综合考虑社会组织参与承接政府购买服务的质量标准和价格水平等因素，合理确定承接主体。研究适当提高服务项目采购限额标准和公开招标数额标准，简化政府购买服务采购方式变更的审核程序和申请材料要求，鼓励购买主体根据服务项目需求特点选择合理的采购方式。对购买内容相对固定、连续性强、经费来源稳定、价格变化较小的公共服务项目，购买主体与提供服务的社会组织签订的政府购买服务合同可适当延长履行期限，最长可以设定为3年。对有服务区域范围要求、市场竞争不充分的服务项目，购买主体可以按规定采取将大额项目拆分采购、新增项目向不同的社会组织采购等措施，促进建立良性的市场竞争关系。对市场竞争较为充分、服务内容具有排他性并可收费的项目，鼓励在依法确定多个承接主体的前提下采取凭单制形式购买服务，购买主体向符合条件的服务对象发放购买凭单，由领受者自主选择承接主体为其提供服务并以凭单支付。

（七）加强绩效管理。购买主体应当督促社会组织严格履行政府购买服务合同，及时掌握服务提供状况和服务对象满意度，发现并研究解决服务提供中遇到的问题，增强服务对象的获得感。加强绩效目标管理，合理设定绩效目标及指标，开展绩效目标执行监控。畅通社会反馈渠道，将服务对象满意度作为一项主要的绩效指标，务实开展绩效评价，尽量避免增加社会组织额外负担。鼓励运用新媒体、新技术辅助开展绩效评价。积极探索推进第三方评价，充分发挥专业机构在绩效评价中的作用。积极探索将绩效评价结果与合同资金支付挂钩，建立社会组织承接政府购买服务的激励约束机制。

（八）推进社会组织能力建设。加强社会组织承接政府购买服务培训和示范平台建设，采取孵化培育、人员培训、项目指导、公益创投等多种途径和方式，进一步支持社会组织培育发展。建立社会组织负责人培训制度，将社会组织人才纳入专业技术人才知识更新工程。推动社会组织以承接政府购买服务为契机专业化发展，完善内部治理，做好社会资源动员和整合，扩大社会影响，加强品牌建设，发展人才队伍，不断提升公共服务提供能力。鼓励在街道（乡镇）成立社区社会组织联合会，联合业务范围内的社区社会组织承接政府购买服务，带动社区社会组织健康有序发展。

（九）加强社会组织承接政府购买服务信用信息记录、使用和管理。民政部门要结合法人库和全国及各地信用信息共享平台建设，及时收录社会组织承接政府购买服务信用信息，推进信用信息记录公开和共享。购买主体向社会组织购买服务时，要提高大数据运用能力，通过有关平台查询并使用社会组织的信用信息，将其信用状况作为确定承接主体的重要依据。有关购买主体要依法依规对政府购买服务活动中的失信社会组织追究责任，并及时将其失信行为通报社会组织登记管理机关，有条件的要及时在信用中国网站公开。

三、保障措施

（十）加强组织领导。各级财政、民政部门要把政府向社会组织购买服务工作列入重要议事日程，会同有关部门加强统筹协调，扎实推进。加强政府向社会组织购买服务工作的指导、督促和检查，及时总结推广成功经验。充分利用报纸、杂志、广播、电视、网络等各类媒体，大力宣传通过政府购买服务支持社会组织培育发展的有关政策要求，营造良好的改革环境。

（十一）健全支持机制。民政部门要会同财政等部门推进社会组织承接政府购买服务的培训、反馈、示范等相关支持机制建设，鼓励购买主体结合绩效评价开展项目指导。财政部门要加强政府购买服务预算管理，结合经济社会发展和政府财力状况，科学、合理安排相关支出预算。购买主体应当结合政府向社会组织购买服务项目特点和相关经费预算，综合物价、工资、税费等因素，合理测算安排项目所需支出。中央财政将继续安排专项资金，有条件的地方可参照安排专项资金，通过政府购买服务等方式支持社会组织参与社会服务。

（十二）强化监督管理。有关购买主体应当按照《中华人民共和国政府采购法》《中华人民共和国政府信息公开条例》等相关规定，及时公开政府购买服务项目相关信息，方便社会组织查询，自觉接受社会监督。凡通过单一来源采购方式实施的政府购买服务项目，要严格履行审批程序，该公示的要做好事前公示，加强项目成本核查和收益评估工作。民政等部门要按照职责分工将社会组织承接政府购买服务信用记录纳入年度检查（年度报告）、抽查审计、评估等监管体系。财政部门要加强对政府向社会组织购买服务的资金管理，确保购买服务资金规范管理和合理使用。有关部门要加强政府向社会组织购买服务的全过程监督，防止暗箱操作、层层转包等问题；加大政府向社会组织购买服务项目审计力度，及时处理涉及政府向社会组织购买服务的投诉举报，严肃查处借政府购买服务之名进行利益输送的各种违法违规行为。

财政部　民政部

2016 年 12 月 1 日

68. 关于印发《财政部政府和社会资本合作（PPP）专家库管理办法》的通知

（财金〔2016〕144 号）

【发文机关】财政部
【发文文号】财金〔2016〕144 号
【发布日期】2016 年 12 月 30 日
【实施日期】2016 年 12 月 30 日
【时效性】现行有效

各省、自治区、直辖市、计划单列市财政厅（局），财政部驻各省、自治区、直辖市、计划单列市财政监察专员办事处，新疆生产建设兵团财务局：

为加强政府和社会资本合作（PPP）专家信息共享，规范 PPP 专家库的组建、管理，充分发挥专家智力支持作用，保证 PPP 相关项目评审、课题研究、督导调研等活动的公平、公正、科学开展，依据有关法律法规及《财政部关于规范政府和社会资本合作（PPP）综合信息平台运行的通知》（财金〔2015〕166 号），我部制定了《财政部政府和社会资本合作（PPP）专家库管理办法》，现印发你们，请遵照执行。

财政部
2016 年 12 月 30 日

财政部政府和社会资本合作（PPP）专家库管理办法

第一条 为加强政府和社会资本合作（PPP）专家信息共享，规范 PPP 专家库的组建、管理，充分发挥专家智力支持作用，保证 PPP 相关项目评审、课题研究、督导调研等活动的公平、公正、科学开展，根据《财政部关于规范政府和社会资本合作（PPP）综合信息平台运行的通知》（财金〔2015〕166 号），制定本办法。

第二条　本办法适用于 PPP 专家的遴选、入库及 PPP 专家库的组建、使用、管理活动。

第三条　PPP 专家库管理遵循公开透明、绩效导向、动态调整的原则。PPP 专家库信息供全社会公开查询和使用。

第四条　财政部 PPP 中心（下称“PPP 中心”）在财政部 PPP 工作领导小组办公室指导下，负责 PPP 专家库的日常运行管理工作，主要包括：

（一）PPP 专家库的建设、维护与管理；

（二）PPP 专家库专家个人信息的收集、管理和保密；

（三）PPP 专家库专家的日常管理、联络服务与绩效评价；

（四）PPP 专家库信息的汇总、审核、更新、发布；

（五）其他相关工作。

第五条　基础专家库由国务院各部委推荐专家和 PPP 中心定向邀请专家两部分组成。基础专家库中专家可作为今后申请入库专家的推荐人和评委。

第六条　PPP 专家库实行开放申请制。在基础专家库的基础上，通过个人申请和定向邀请的方式扩展。

专家个人可在征得所在工作单位同意的前提下，自愿提出入库申请，经 1 位在库专家推荐和另外 3 位在库专家的匿名评审后，成为入库专家。申请人、推荐专家、各匿名评审专家应分属不同机构或单位。

PPP 中心可直接向目标专家发出邀请，受邀专家填写个人信息后并经 PPP 中心审核后成为入库专家。

第七条　入库专家应当具备以下基本条件：

（一）具备良好的职业道德和敬业精神，能够科学严谨、客观公正、廉洁自律、遵纪守法地履行职责，积极、独立地开展相关工作；

（二）大学本科（含）以上学历，本科学历工作满 13 年，研究生学历工作满 10 年；

（三）从事 PPP 领域相关工作满五年，具有高级专业技术职称或注册会计师、执业律师等相关资质或同等专业技术水平，熟悉 PPP 相关的法律、法规、规章及政策，具有较强的理论水平、实践经验和综合分析能力；

（四）无违法违纪或不良从业记录；

（五）原则上年龄在 65 周岁以下，身体健康，有时间和精力承担相应工作；

（六）法律法规规定的其他条件。

第八条　经审核符合本办法第七条规定的个人申请专家具有以下条件之一的，可以优先入库：

（一）在专业领域高水平期刊公开发表过 PPP 相关论文；

（二）在经济管理类高水平出版机构出版过 PPP 相关著作；

（三）深度参与或组织管理过 2 个以上 PPP 相关课题或项目；

（四）参与过财政部示范项目运作、评审或其他相关活动。

第九条　入库专家承担以下工作职责：

（一）受财政部及其直属单位委托，参与 PPP 相关政策制定、课题研究、示范项目评审、督导调研、案例编撰、宣传培训活动。

（二）受地方政府、社会资本方等委托，参与 PPP 项目相关方案设计、评估论证、人员培训等工作。

（三）审核个人申请专家的入库申请。

第十条 入库专家享有以下权利：

（一）决定是否接受本办法第九条规定的相关工作委托；

（二）获取开展相关工作所需的有关信息和材料；

（三）独立开展相关工作，独立提出专家意见；

（四）依法依约获取劳动报酬；

（五）对 PPP 工作及 PPP 专家库管理提出意见和建议；

（六）推荐优秀专家进入 PPP 专家库。

第十一条 入库专家应当履行以下义务：

（一）接受 PPP 专家库运行管理机构的管理；

（二）认真遵守有关法律法规规定，坚持客观、中立原则，不得弄虚作假；

（三）受托开展相关工作时，应按时保质完成工作，不得无故中途退出；

（四）严格执行保密制度，不得擅自披露在开展相关工作时获取的任何信息；

（五）遵守专家回避制度，接受本办法第十五条规定的回避条件或具体工作中相关方提出的正当回避要求；

（六）不得以 PPP 专家库专家名义为自身或者其他第三方谋取不正当利益；

（七）及时填写和更新个人信息，记录和反馈参加工作或活动的情况。

第十二条 入库专家有下列情形之一的，经 PPP 中心核实，将从专家库中清退，并在 PPP 中心官网予以公示：

（一）不能廉洁自律，私下接触所参与工作的利益相关方，收取有关业务单位或个人财物，或谋取其他好处的；

（二）徇私舞弊、弄虚作假，不能客观公正履行专家职责的；

（三）违反有关保密规定，泄露参与相关工作所获得的任何信息的；

（四）违反本办法第十五条关于回避的规定的；

（五）按照本办法第十六条规定，未能通过绩效考核的；

（六）以入库专家名义从事有损财政部或 PPP 中心形象的其他活动的；

（七）在其他活动中从事违法行为而受到行政处罚或被追究刑事责任的。

第十三条 按照本办法第十二条规定，专家被清退出库的，3 年内不得重新申请进入专家库。

第十四条 入库专家由于健康或其他自身原因，不能或不愿继续担任专家的，可以申请退出 PPP 专家库。

第十五条 存在下列情形之一的，入库专家应主动回避：

（一）相关工作涉及本人、配偶、直系亲属或本人所在单位直接参与或有其他利害关系的项目；

（二）本人、配偶、直系亲属与相关工作所涉及的单位发生过法律纠纷；

（三）其他可能影响公正评审的情况。

第十六条 PPP专家库实行动态调整。PPP中心根据入库专家的工作量、完成绩效、委托方评价等情况定期对入库专家进行绩效考核。考核结果作为是否清退出库的重要依据。

第十七条 专家入库期限一般为2年，专家入库期限届满后自动展期，每次展期为2年。因发生本办法第十二条规定的情形被清退出库的除外。

第十八条 专家库专家相关信息由PPP中心向社会公开。未经PPP中心许可，任何机构或个人不得泄露PPP专家库中非公开的信息。

第十九条 财政部PPP中心及其工作人员在专家库管理工作中，存在滥用职权、玩忽职守、徇私舞弊等违法违纪行为的，按照《公务员法》《行政监察法》《财政违法行为处罚处分条例》等国家有关规定追究相应责任；涉嫌犯罪的，依法移送司法机关处理。

第二十条 PPP专家库的组建、运行、管理以及专家参与相关工作的活动接受社会监督。任何单位和个人有权向有关行政监督部门和监察部门进行投诉和举报。

第二十一条 本办法由财政部负责解释。

第二十二条 本办法自印发之日起施行。

69. 关于印发《政府和社会资本（PPP）综合信息平台公开管理暂行办法》的通知

（财金〔2017〕1号）

【发文机关】财政部
【发文文号】财金〔2017〕1号
【发布日期】2017年1月23日
【实施日期】2017年3月1日
【时效性】现行有效

各省、自治区、直辖市、计划单列市财政厅（局），新疆生产建设兵团财务局，财政部驻各省、自治区、直辖市、计划单列市财政监察专员办事处：

为进一步贯彻落实《国务院办公厅转发财政部　发展改革委　人民银行关于在公共服务领域推广运用政府和社会资本合作模式指导意见的通知》（国办发〔2015〕42号）有关要求，加强和规范政府和社会资本合作（PPP）项目信息公开工作，促进PPP项目各参与方诚实守信、严格履约，保障公众知情权，推动PPP市场公平竞争、规范发展，我们研究起草了《政府和社会资本合作（PPP）综合信息平台信息公开管理暂行办法》，现印发你们，请遵照执行。

财政部
2017年1月23日

政府和社会资本合作（PPP）综合信息平台信息公开管理暂行办法

第一章　总　　则

第一条　为加强和规范政府和社会资本合作（PPP）信息公开工作，促进PPP项目各参与方诚实守信、严格履约，保障公众知情权，推动PPP市场公平竞争、规范发展，依据《中华人民共和国预算法》《中华人民共和国政府采购法》和《国务院办公厅转发财政部 发展改革委 人民银行关于在公共服务领域推广政府和社会资本合作模式指导意见的通知》（国办发〔2015〕42号）等有关规定，制定本办法。

第二条 中华人民共和国境内已纳入PPP综合信息平台的PPP项目信息公开，适用本办法。

第三条 PPP项目信息公开遵循客观、公正、及时、便利的原则。

第四条 地方各级财政部门（以下简称“财政部门”）会同同级政府有关部门推进、指导、协调、监督本行政区域范围内的PPP项目信息公开工作，结合当地实际具体开展以下工作：

（一）收集、整理PPP项目信息；

（二）在PPP综合信息平台录入、维护和更新PPP项目信息；

（三）组织编制本级政府PPP项目信息公开年度工作报告；

（四）根据法律法规规定和实际需要，在其他渠道同时公开PPP项目信息；

（五）与PPP项目信息公开有关的其他工作。

政府有关部门、项目实施机构、社会资本或PPP项目公司等PPP项目参与主体应真实、完整、准确、及时地提供PPP项目信息。

第二章 信息公开的内容

第五条 项目识别阶段应当公开的PPP项目信息包括：

（一）项目实施方案概要，包含：项目基本情况（含项目合作范围、合作期限、项目产出说明和绩效标准等基本信息）、风险分配框架、运作方式、交易结构（含投融资结构、回报机制、相关配套安排）、合同体系、监管架构、采购方式选择；

（二）经财政部门和行业主管部门审核通过的物有所值评价报告，包含：定性评价的指标及权重、评分标准、评分结果；定量评价测算的主要指标、方法、过程和结果（含PSC值、PPP值）等（如有）；物有所值评价通过与否的结论；

（三）经财政部门审核通过的财政承受能力论证报告，包含：本项目各年度财政支出责任数额及累计支出责任总额，本级政府本年度全部已实施和拟实施的PPP项目各年度财政支出责任数额总和及其占各年度一般公共预算支出比例情况；财政承受能力论证的测算依据、主要因素和指标等；财政承受能力论证通过与否的结论；

（四）其他基础资料，包括：新建或改扩建项目建议书及批复文件、可行性研究报告（含规划许可证、选址意见书、土地预审意见、环境影响评价报告等支撑性文件）及批复文件、设计文件及批复文件（如有）；存量公共资产建设、运营维护的历史资料以及第三方出具的资产评估报告，以及存量资产或权益转让时所可能涉及的员工安置方案、债权债务处置方案、土地处置方案等（如有）。

第六条 项目准备阶段应当公开的PPP项目信息包括：

（一）政府方授权文件，包括对实施机构、PPP项目合同的政府方签约主体、政府方出资代表（如有）等的授权；

（二）经审核通过的项目实施方案（含同级人民政府对实施方案的批复文件），包含：项目基本情况（含项目合作范围、合作期限、项目产出说明和绩效标准等基本信息），风险分配框架，运作方式，交易结构（含投融资结构、回报机制、相关配套安排），合同体系及核心边界条件；监管架构；采购方式选择；

（三）按经审核通过的项目实施方案验证的物有所值评价报告（如有）；

（四）按经审核通过的项目实施方案验证的财政承受能力论证报告（如有）。

第七条 项目采购阶段的信息公开应遵照政府采购等相关规定执行，应当公开的PPP项目信息包括：

（一）项目资格预审公告（含资格预审申请文件）及补充公告（如有）；

（二）项目采购文件，包括竞争者须知、PPP项目合同草案、评审办法（含评审小组组成、评审专家人数及产生方式、评审细则等）；

（三）补遗文件（如有）；

（四）资格预审评审及响应文件评审结论性意见；

（五）资格预审专家、评审专家名单、确认谈判工作组成员名单；

（六）预中标、成交结果公告；

（七）中标、成交结果公告及中标通知书；

（八）项目采购阶段更新、调整的政府方授权文件（如有），包括对实施机构、PPP项目合同的政府方签约主体、政府方出资代表（如有）等的授权；

（九）同级人民政府同意签署PPP项目合同的批复文件，以及已签署的PPP项目合同，并列示主要产出说明及绩效指标、回报机制、调价机制等核心条款。

第八条 项目执行阶段应当公开的PPP项目信息包括：

（一）项目公司（如有）设立登记、股东认缴资本金及资本金实缴到位情况、增减资情况（如有）、项目公司资质情况（如有）；

（二）项目融资机构名称、项目融资金额、融资结构及融资交割情况；

（三）项目施工许可证、建设进度、质量及造价等与PPP项目合同有关约定的对照审查情况；

（四）社会资本或项目公司的运营情况（特别是出现重大经营或财务风险，可能严重影响到社会资本或项目公司正常运营的情况）及运营绩效达标情况；

（五）项目公司绩效监测报告、中期评估报告、项目重大变更或终止情况、项目定价及历次调价情况；

（六）项目公司财务报告，包括项目收费情况，项目获得的政府补贴情况，项目公司资产负债情况等内容；

（七）项目公司成本监审、PPP项目合同的变更或补充协议签订情况；

（八）重大违约及履约担保的提取情况，对公众投诉的处理情况等；

（九）本级政府或其职能部门做出的对项目可能产生重大影响的规定、决定等；

（十）项目或项目直接相关方（主要是PPP项目合同的签约各方）重大纠纷、诉讼或仲裁事项，但根据相关司法程序要求不得公开的除外；

（十一）本级PPP项目目录、本级PPP项目示范试点库及项目变化情况、本级人大批准的政府对 PPP 项目的财政预算、执行及决算情况等。

第九条　项目移交阶段应当公开的 PPP 项目信息包括：

（一）移交工作组的组成、移交程序、移交标准等移交方案；

（二）移交资产或设施或权益清单、移交资产或权益评估报告（如适用）、性能测试方案，以及移交项目资产或设施上各类担保或权益限制的解除情况；

（三）项目设施移交标准达标检测结果；

（四）项目后评价报告（含对项目产出、成本效益、监管成效、可持续性、PPP 模式应用等进行绩效评价），以及项目后续运作方式。

第三章　信息公开的方式

第十条　PPP 项目信息公开的方式包括即时公开和适时公开。

第十一条　即时公开是指财政部门会同有关部门和项目实施机构等依据 PPP 项目所处的不同阶段及对应的录入时间要求，在 PPP 综合信息平台录入本办法规定的相关信息时即自动公开。即时公开的内容及要求详见本办法附表。

第十二条　适时公开是指在录入本办法规定的相关信息时不自动公开，而是由财政部门会同有关部门选择在项目进入特定阶段或达成特定条件后再行公开。除本办法另有规定外，项目识别、准备、采购阶段的信息，由财政部门会同有关部门选择在项目进入执行阶段后 6 个月内的任一时点予以公开；项目执行阶段的信息，由财政部门会同相关部门选择在该信息对应事项确定或完成后次年的 4 月 30 日前的任一时点予以公开。前述期限届满后未选择公开的信息将转为自动公开。适时公开的内容及要求详见本办法附表。

第十三条　依照本办法公开的 PPP 项目信息可在财政部政府和社会资本合作中心官方网站（www. cpppc. org）上公开查询。其中 PPP 项目政府采购信息应当在省级以上人民政府财政部门指定的政府采购信息发布媒体上同步发布。

第四章　监督管理

第十四条　财政部对全国 PPP 项目信息公开情况进行评价和监督，省级财政部门负责对本省 PPP 项目信息公开工作进行监督管理。下级财政部门未按照本办法规定真实、完整、准确、及时录入应公开 PPP 项目信息的，上级财政部门应责令其限期改正；逾期拒不改正或情节严重的，予以通报批评。

第十五条　政府有关部门、项目实施机构、社会资本或 PPP 项目公司等 PPP 项目信息提供方应当对其所提供信息的真实性、完整性、准确性、及时性负责。一经发现所提供信息不真实、不完整、不准确、不及时的，PPP 项目信息提供方应主动及时予以修正、补充或采取其他有效补救措施。如经财政部门或利益相关方提供相关材料证实 PPP 项目信息提供方未按照规定提供信息或存在其他不当情形的，财政部门可以责令其限期改正；无正当理由拒不改正的，财政部门可将该项目从项目库中清退。被清退的项目自清退之日起一年内不得重新纳入 PPP 综合信息平台。

第十六条　财政部门应会同政府有关部门在每年 2 月 28 日前完成上一年度本级政府实施的 PPP 项目信息公开年度工作报告，报送省级财政部门，并由省级财政部门在每年 3

月 31 日前汇总上报至财政部。报告内容应包括：

（一）即时和适时公开 PPP 项目信息的情况；

（二）PPP 项目信息公开工作存在的主要问题及改进情况；

（三）其他需要报告的事项。

第十七条 财政部门工作人员在 PPP 项目信息公开监督管理工作中存在滥用职权、玩忽职守、徇私舞弊等违法违纪行为的，按照《公务员法》《行政监察法》《财政违法行为处罚处分条例》等国家有关规定追究相应责任；涉嫌犯罪的，移送司法机关处理。

第十八条 公民、法人或者其他组织可以通过 PPP 综合信息平台对 PPP 项目信息公开情况提供反馈意见，相关信息提供方应及时予以核实处理。

第五章 附 则

第十九条 PPP 综合信息平台是指依据《关于规范政府和社会资本合作（PPP）综合信息平台运行的通知》（财金〔2015〕166 号）由财政部建立的全国 PPP 综合信息管理和发布平台，包含项目库、机构库、资料库 3 部分。

第二十条 PPP 项目信息公开涉及国家秘密、商业秘密、个人隐私、知识产权，可能会危及国家安全、公共安全、经济安全和社会稳定或损害公民、法人或其他组织的合法权益的，依照相关法律法规处理。

第二十一条 本办法自 2017 年 3 月 1 日起施行。

附表： **PPP 项目信息公开要求**

项目所处阶段	公开内容	公开方式	公开的时点	信息提供方
项目识别	项目概况、项目合作范围、合作期限、项目运作方式、采购社会资本方式的选择	即时公开	实施方案编制完成之日起 10 个工作日内	项目发起方
	交易结构（含投融资结构、回报机制、相关配套安排）、项目产出说明和绩效标准、风险分配框架、合同体系、监管体系	适时公开	进入项目执行阶段后 6 个月内	项目发起方
	物有所值定性评价指标及权重、评分标准、评分结果	即时公开	报告定稿之日起 10 个工作日内	
	物有所值评价通过与否的评价结论（含财政部门会同行业部门对报告的审核意见）	即时公开	实施方案批复文件下发后 10 个工作日内	
	审核通过的物有所值评价报告（含财政部门对报告的批复文件）	适时公开	进入项目执行阶段后 6 个月内	
	本项目以及年度全部已实施和拟实施的 PPP 项目财政支出责任数额及年度预算安排情况，以及每一年度全部 PPP 项目从预算中安排的支出责任占一般公共预算支出比例情况	即时公开	实施方案批复文件下发后 10 个工作日内	

续表

项目所处阶段	公开内容	公开方式	公开的时点	信息提供方
项目识别	财政承受能力论证的测算依据、主要因素和指标	即时公开	报告定稿之日起10个工作日内	
	通过财政承受能力论证与否的结论	即时公开	实施方案批复文件下发后10个工作日内	
	审核通过的财政承受能力论证报告（含财政部门对报告的批复文件）	适时公开	进入项目执行阶段后6个月内	
	新建或改扩建项目建议书及批复文件	适时公开	进入项目执行阶段后6个月内	实施机构
	可行性研究报告（含全套支撑性文件）及批复文件，设计文件及批复文件（如适用）	适时公开	进入项目执行阶段后6个月内	实施机构
	存量公共资产或权益的资产评估报告，以及存量资产或权益转让时所可能涉及的各类方案等（如适用）	适时公开	进入项目执行阶段后6个月内	实施机构
项目准备	政府方授权文件，包括对实施机构、PPP项目合同的政府方签约主体、政府方出资代表（如适用）等的授权	即时公开	授权后10个工作日内	项目所在地本级政府
	项目概况、项目合作范围、合作期限、项目运作方式、采购社会资本方式的选择	即时公开	进入采购程序后10个工作日内	实施机构
	交易结构（含投融资结构、回报机制、相关配套安排）、项目产出说明和绩效标准、风险分配框架、核心边界条件、合同体系、监管体系	适时公开	进入项目执行阶段后6个月内	实施机构
	政府对实施方案的审核批复文件	即时公开	批复文件下发后10个工作日内	实施机构
	审核通过的项目实施方案及修正案	适时公开	进入项目执行阶段后6个月内	实施机构
项目采购	项目资格预审公告（含资格预审申请文件）	即时公开	资格预审公告发布后10个工作日内	实施机构
	项目采购文件、补遗文件（如有）	适时公开	进入项目执行阶段后6个月内	实施机构
	资格预审评审报告及响应文件评审报告中专家组评审结论性意见，附资格预审专家和评审专家名单	适时公开	进入项目执行阶段后6个月内	采购监管机构
	确认谈判工作组成员名单	适时公开	进入项目执行阶段后6个月内	实施机构

续表

项目所处阶段	公开内容	公开方式	公开的时点	信息提供方
项目采购	预中标及成交结果公告；中标、成交结果公告及中标通知书；	即时公开	依法律规定及采购文件约定	实施机构、采购监管机构
	已签署的 PPP 项目合同	适时公开	进入项目执行阶段后 6 个月内	实施机构
	PPP 项目合同核心条款，应包括主要产出说明、绩效指标回报机制、调价机制	即时公开	项目合同经人民政府审核通过后 10 个工作日内	实施机构、项目公司
	本项目政府支出责任确认文件或更新调整文件（如适用），以及同级人大（或人大常委会）将本项目财政支出责任纳入跨年度预算的批复文件（如适用）	适时公开	进入项目执行阶段后 6 个月内	实施机构
	项目采购阶段调整、更新的政府方授权文件（如有）	即时公开	项目合同经人民政府审核通过后 10 个工作日内的附件依据相关法律规定公开	实施机构
项目执行	项目公司设立登记、股东认缴及实缴资本金情况、增减资（如适用）	即时公开	设立时及资本金到位后 10 个工作日内	项目公司
	融资额度、融资主要条件及融资交割情况	适时公开	对应事项确定或完成后次年的 4 月 30 日前	项目公司
	项目施工许可证、建设进度、质量及造价等与 PPP 项目合同的符合性审查情况	即时公开	依据 PPP 项目合同约定；如 PPP 项目合同未约定时，则在对应活动结束后次年的 4 月 30 日前予以公开	实施机构、项目公司
	社会资本或项目公司的年度运营情况及运营绩效达标情况	即时公开	依据 PPP 项目合同约定；如 PPP 项目合同未约定时，则在对应活动结束后次年的 4 月 30 日前予以公开	项目公司
	项目公司绩效监测报告、中期评估报告、项目重大变更或终止情况、项目定价及历次调价情况	即时公开	依据 PPP 项目合同约定；如 PPP 项目合同未约定时，则在对应活动结束后次年的 4 月 30 日前予以公开	实施机构

续表

项目所处阶段	公开内容	公开方式	公开的时点	信息提供方
项目执行	项目公司成本监审、所有的 PPP 合同修订协议或补充协议	适时公开	对应活动结束后次年的4月30日前	实施机构 项目公司
	项目公司财务报告相关内容，包括项目收费情况，项目获得的政府补贴情况，项目公司资产负债情况等	适时公开	对应活动结束后次年的4月30日前	项目公司
	重大违约及履约担保的提取情况，对公众投诉的处理情况等	即时公开	发生之日起10个工作日内	实施机构
	本级政府或其职能部门做出的对项目可能产生重大影响的规定、决定等	即时公开	规定及决定下发后10个工作日	实施机构
	项目或项目直接相关方重大纠纷、涉诉或涉仲情况	即时公开	除本办法另有规定外，发生后10个工作日内	项目公司
	本级 PPP 项目目录、本级 PPP 项目示范试点库及项目变化情况、本级人大批准的政府对 PPP 项目的财政预算、执行及决算情况等	即时公开	依法律规定（如有）公开或每季度公开	
项目移交	移交工作组的组成、移交程序、移交标准等移交方案	即时公开	移交方案确定后10个工作日内	实施机构
	移交资产或设施或权益清单、移交资产或权益评估报告（如适用）、性能测试方案	即时公开	清单或报告定稿或测试完成后10个工作日内	实施机构
	移交项目资产或设施上各类担保或权益限制的解除情况（如适用）	即时公开	对应解除完成后10个工作日内	实施机构、 项目公司
	项目设施移交标准达标检测结果	即时公开	达标检测结果出具后10个工作日内	实施机构
	项目后评价报告，以及项目后续运作方式	即时公开	后评估报告定稿或项目后续运作方式确定后10个工作日内	实施机构

70. 关于印发《政府和社会资本合作（PPP）咨询机构库管理暂行办法》的通知

（财金〔2017〕8号）

【发文机关】财政部
【发文文号】财金〔2017〕8号
【发布日期】2017年3月22日
【实施日期】2017年5月1日
【时效性】现行有效

各省、自治区、直辖市、计划单列市财政厅（局），新疆生产建设兵团财务局，财政部驻各省、自治区、直辖市、计划单列市财政监察专员办事处：

为规范政府和社会资本合作（PPP）咨询机构库的建立、维护与管理，促进PPP咨询服务信息公开和供需有效对接，推动PPP咨询服务市场规范有序发展，根据《国务院办公厅转发财政部　发展改革委　人民银行关于在公共服务领域推广政府和社会资本合作模式的指导意见》（国办发〔2015〕42号）、《财政部关于规范政府和社会资本合作（PPP）综合信息平台运行的通知》（财金〔2015〕166号），我们研究起草了《政府和社会资本合作（PPP）咨询机构库管理暂行办法》，现印发你们，请遵照执行。

财政部
2017年3月22日

政府和社会资本合作（PPP）咨询机构库管理暂行办法

第一条　为规范政府和社会资本合作（PPP）咨询机构库的建立、维护与管理，促进PPP咨询服务信息公开和供需有效对接，推动PPP咨询服务市场规范有序发展，根据《国务院办公厅转发财政部　发展改革委　人民银行关于在公共服务领域推广政府和社会资本合作模式的指导意见》（国办发〔2015〕42 号）、《财政部关于规范政府和社会资本合作（PPP）综合信息平台运行的通知》（财金〔2015〕166 号），制定本办法。

第二条　本办法所称 PPP 咨询机构库（以下简称机构库）指，依托全国 PPP 综合信息平台建立的，为 PPP 项目政府方提供咨询服务的咨询机构信息集合，包括但不限于咨询机构的名称、简介、主要人员、资质、业绩等。

第三条　本办法所称咨询服务是指与 PPP 项目相关的智力支持服务，包括但不限于 PPP 项目的实施方案编制、物有所值评价、财政承受能力论证、运营中期评估和绩效评价以及相关法律、投融资、财务、采购代理、资产评估服务等。

第四条　在财政部 PPP 工作领导小组办公室指导下，财政部政府和社会资本合作中心（以下简称 PPP 中心）负责机构库的建立、维护和管理，并通过全国 PPP 综合信息平台等指定渠道发布机构库信息。

第五条　机构库的建立、维护与管理遵循绩效导向、能进能出、动态调整、公开透明的原则。

第六条　纳入机构库的咨询机构应同时满足下列条件：

（一）为依法设立的，能够独立享有民事权利和承担民事义务的法人及其他组织，不包括分公司、办事处等；

（二）具备如下咨询服务业绩：作为独立或主要咨询方，已与全国 PPP 综合信息平台项目库（以下简称项目库）中至少 1 个项目的政府方签订咨询服务合同，实质性提供 PPP 咨询服务，且项目已进入准备、采购、执行或移交阶段；

（三）咨询机构有关信息已录入项目库；

（四）近两年内未发生本办法第十五条规定的行为。

第七条　各级财政部门应会同相关部门及时将本辖区内项目所涉咨询机构的统一社会信用代码等合法登记代码、名称、咨询服务内容、委托方、合同以及其他有关信息录入项目库。

第八条　PPP 中心原则上每半年公告一次符合本办法第六条规定的咨询机构名单。公告之日起 30 日内，名单内咨询机构可在完成机构库在线注册和信息提交后，自动纳入机构库。30 日内未完成在线注册和信息提交的咨询机构，纳入下一次公告。自第二次公告之日起 30 日内仍未完成在线注册和信息提交的咨询机构，不再纳入公告和机构库。

第九条　纳入机构库的咨询机构享有以下权利：

（一）应邀参与财政部及所属单位相关政策研究、宣传培训等活动；

（二）获得 PPP 中心的指导；

（三）提请项目库入库项目所属同级财政部门，在项目库内对本机构所服务项目的项目信息和机构信息进行更新完善。

第十条　纳入机构库的咨询机构应按本办法规定及时录入和更新机构库有关信息，同意机构库公开其中除国家秘密和商业秘密外的所有信息，并对信息的真实性、准确性、完整性和有效性负责。

咨询机构原则上应于每季度结束前，对上季度发生变化的信息进行更新。咨询机构名称、主要人员等重大信息发生变化的，应于发生变化之日起 30 日内进行更新。

第十一条　PPP 中心应逐步提升机构库信息采集和处理能力，及时公开机构库信息，完善咨询机构信息查询及检索功能，促进咨询服务供需双方有效对接。

第十二条 机构库信息仅供政府方选择咨询机构时参考。政府方选择咨询机构应当符合政府采购相关规定，可以选择未纳入机构库的咨询机构。

第十三条 委托纳入机构库的咨询机构提供咨询服务的政府方，在提交咨询服务合同并完成机构库实名注册后，可以对咨询机构的能力、服务质量等进行在线评价。

第十四条 PPP 中心负责定期检查机构库信息，要求已纳入机构库的咨询机构及时提交机构库管理和信息公开所需信息，并对信息存在问题的咨询机构进行质询。

第十五条 机构库实行动态管理。纳入机构库的咨询机构可向 PPP 中心提交书面申请自愿退出机构库。

纳入机构库的咨询机构有下列行为之一的，一经查实，PPP 中心将予以清退出机构库：

（一）通过捏造事实、隐瞒真相、提供虚假信息等不正当方式，骗取入库资格的；

（二）未经授权，擅自以财政部或者 PPP 中心名义开展虚假宣传，招揽、承接业务的；

（三）泄露国家秘密、商业秘密，以及未正式发布的法律法规规章草案、政策信息或研究成果的；

（四）连续 12 个月未在 PPP 综合信息平台更新 PPP 咨询服务业务开展情况的；

（五）同一项目中同时为政府和社会资本双方提供咨询服务的；

（六）为政府方提供咨询服务期间与潜在社会资本串通的；

（七）无相应能力承揽业务或未尽职履行造成重大失误、项目失败或搁置的；

（八）项目进入运营期后，由于咨询服务原因给公共服务供给带来不利影响的；

（九）拒绝接受 PPP 中心对机构库进行监督管理、对入库机构信息进行检查、质询的；

（十）其他违反法律、法规、规章和国家 PPP 政策，扰乱 PPP 咨询服务市场秩序的行为。

第十六条 对于自愿退出或经查实清退出机构库的咨询机构，PPP 中心应在收到书面退出申请或确认清退之日起 15 个工作日内予以公告。

退出机构库的咨询机构自公告之日起两年内，不得重新进入机构库。两年后提请再次入库的，本办法第六条所需咨询服务业绩应自退出公告之日起重新计算。

第十七条 已纳入机构库的咨询机构有本办法第十五条规定行为，且情节严重、影响恶劣或被追究法律责任的，PPP 中心应将其列入黑名单并予以公告，公告之日起 5 年内不得进入机构库。

第十八条 政府方与咨询机构可在咨询服务合同中明确咨询服务绩效考核要求，加强咨询服务质量管理。

鼓励咨询机构建立行业自律机制，明确服务标准，加强人员培训，开展绩效评价，共同维护咨询服务市场秩序，抵制行业内不正当竞争行为。

第十九条 PPP 中心、地方各级财政部门及相关工作人员在机构库管理过程中，存在违法违纪行为的，按照国家有关规定追究相应责任；涉嫌犯罪的，移送司法机关处理。

第二十条 本办法由财政部负责解释。

第二十一条 本办法自 2017 年 5 月 1 日起施行。

71. 关于印发《新增地方政府债务限额分配管理暂行办法》的通知

（财预〔2017〕35号）

【发文机关】财政部
【发文文号】财预〔2017〕35号
【发布日期】2017年3月23日
【实施日期】2017年3月23日
【时效性】现行有效

各省、自治区、直辖市、计划单列市财政厅（局）：

为规范新增地方政府债务限额管理，我们制定了《新增地方政府债务限额分配管理暂行办法》，现予印发。

财政部
2017年3月23日

新增地方政府债务限额分配管理暂行办法

第一章　总　　则

第一条　为健全地方政府债务限额管理机制，规范新增地方政府债务限额分配管理，发挥地方政府债务促进经济社会发展的积极作用，防范财政金融风险，根据《中华人民共和国预算法》《国务院关于加强地方政府性债务管理的意见》（国发〔2014〕43号）、《财政部关于对地方政府债务实行限额管理的通知》（财预〔2015〕225号）等规定，制定本办法。

第二条　新增地方政府一般债务限额、新增地方政府专项债务限额（以下均简称新增限额）分别按照一般公共预算、政府性基金预算管理方式不同，单独测算。

第三条 新增限额分配管理应当遵循立足财力水平、防范债务风险、保障融资需求、注重资金效益、公平公开透明的原则。

第二章 管理权限和程序

第四条 各省、自治区、直辖市、计划单列市新增限额由财政部在全国人大或其常委会批准的地方政府债务规模内测算，报国务院批准后下达地方。

第五条 省本级及市县新增限额由省级财政部门在财政部下达的本地区新增限额内测算，报经省级政府批准后，按照财政管理级次向省本级及市县级财政部门下达。

第三章 新增限额分配

第六条 新增限额分配选取影响政府债务规模的客观因素，根据各地区债务风险、财力状况等，并统筹考虑中央确定的重大项目支出、地方融资需求等情况，采用因素法测算。各客观因素数据来源于统计年鉴、地方财政预决算及相关部门提供的资料。

第七条 新增限额分配应当体现正向激励原则，财政实力强、举债空间大、债务风险低、债务管理绩效好的地区多安排，财政实力弱、举债空间小、债务风险高、债务管理绩效差的地区少安排或不安排。新增限额分配用公式表示为：

某地区新增限额＝[该地区财力×系数1＋该地区重大项目支出×系数2]×该地区债务风险系数×波动系数＋债务管理绩效因素调整＋地方申请因素调整

其中，系数1和系数2根据各地区财力、重大项目支出以及当年全国新增地方政府债务限额规模计算确定。用公式表示为：

系数1＝(某年新增限额－某年新增限额中用于支持重大项目支出额度)/($\sum_i$各地政府财力)

i＝省、自治区、直辖市、计划单列市

某地区政府财力＝某地区一般公共预算财力＋某地区政府性基金预算财力

系数2＝(某年新增债务限额中用于支持重大项目支出额度)÷($\sum_i$各地重大项目支出额度)

i＝省、自治区、直辖市、计划单列市

第八条 本办法第七条所称地区财力分别为一般公共预算财力和政府性基金预算财力，按照政府收支分类科目分项测算，部分收入项目结合每年政府收支分类科目变动作适当调整。公式表示为：

某地区一般公共预算财力＝本级一般公共预算收入＋中央一般公共预算补助收入－地方一般公共预算上解

某地区政府性基金预算财力＝本级政府性基金预算收入＋中央政府性基金预算补助收入－地方政府性基金预算上解

第九条 重大项目支出主要根据各地区落实党中央、国务院确定的“一带一路”、京津冀协同发展、长江经济带等国家重大战略以及打赢脱贫攻坚战、推进农业供给侧结构性改革、棚户区改造等重点方向的融资需求测算。

根据经济社会发展程度、基本公共服务保障程度等差异，各地区部分项目额度可以作适当调整。

第十条 债务风险系数反映地方政府举债空间和偿债风险，根据各地区上年度政府债务限额与标准限额等比较测算。

某地区地方政府债务标准限额 = 该地区可以用于偿债的财力状况 × 全国地方政府债务平均年限

全国地方政府债务平均年限是全国地方政府债券余额平均年限和非债券形式债务余额平均年限的加权平均值。用公式表示：

全国地方政府债务平均年限 =（地方政府债券余额 × 地方政府债券平均年限 + 非政府债券形式债务余额 × 非政府债券形式债务平均年限）÷ 地方政府债务余额

第十一条 为防范地方政府债务风险，避免债务过快增长和异常波动，保障年度间地方财政运行的稳定性，以全国人大批准的新增限额平均增长率为基准确定波动系数区间，即各地区新增限额增长率最高不超过波动系数区间上限，最低不低于波动系数区间下限。

第十二条 为促进地方加强政府债务管理，保障债权人合法权益，提高债务资金使用效益，财政部应当根据地方政府债务收支预算编制、项目管理、执行进度、存量债务化解等因素，加快开展地方政府债务管理绩效评估，根据管理绩效情况对该地区予以适当调整。

第十三条 为合理反映各地区公益性项目建设融资需求，各地区的新增限额不应超过本地区申请额。

第十四条 按本办法第六条至第十三条测算分地区新增限额后，对一般债务率、专项债务率超过风险警戒线标准的地区，在分配该地区新增限额总量不变的前提下，应当优化其一般债务、专项债务结构，防控地方政府债务风险。

第十五条 按照地方政府性基金收入项目分类发行专项债券的，在年度地方政府专项债务新增限额内，根据相关领域融资需求、项目期限、政府性基金收入项目规模等因素，测算确定分地区分类专项债务额度，报国务院批准后在下达分地区专项债务新增限额时单独列示。

第四章 附 则

第十六条 各级财政部门及其工作人员在新增地方政府债务限额分配管理工作中，存在违反本办法规定的行为，以及其他滥用职权、玩忽职守、徇私舞弊等违法违纪行为的，按照《预算法》《公务员法》《行政监察法》《财政违法行为处罚处分条例》等国家有关规定追究相应责任；涉嫌犯罪的，移送司法机关处理。

第十七条 省级财政部门可以参照本办法，综合考虑本地区各级政府融资需求、财政实力、项目管理、风险防控等情况，制定本地区新增限额分配管理的具体规定，报财政部备案。

第十八条 本办法由财政部负责解释，自公布之日起施行。

72. 关于进一步规范地方政府举债融资行为的通知

（财预〔2017〕50号）

【发文机关】财政部　发展改革委　司法部　人民银行　银监会　证监会
【发文文号】财预〔2017〕50号
【发布日期】2017年4月26日
【实施日期】2017年4月26日
【时效性】现行有效

各省、自治区、直辖市、计划单列市财政厅（局）、发展改革委、司法厅（局），中国人民银行上海总部、各分行、营业管理部、省会（首府）城市中心支行、副省级城市中心支行，各银监局、证监局：

2014年修订的《预算法》和《国务院关于加强地方政府性债务管理的意见》（国发〔2014〕43号）实施以来，地方各级政府加快建立规范的举债融资机制，积极发挥政府规范举债对经济社会发展的支持作用，防范化解财政金融风险，取得了阶段性成效。但个别地区违法违规举债担保时有发生，局部风险不容忽视。为贯彻落实党中央、国务院决策部署，牢牢守住不发生区域性系统性风险的底线，现就进一步规范地方政府举债融资行为有关事项通知如下：

一、全面组织开展地方政府融资担保清理整改工作

各省级政府要认真落实国务院办公厅印发的《地方政府性债务风险应急处置预案》（国办函〔2016〕88号）要求，抓紧设立政府性债务管理领导小组，指导督促本级各部门和市县政府进一步完善风险防范机制，结合2016年开展的融资平台公司债务等统计情况，尽快组织一次地方政府及其部门融资担保行为摸底排查，督促相关部门、市县政府加强与社会资本方的平等协商，依法完善合同条款，分类妥善处置，全面改正地方政府不规范的融资担保行为。上述工作应当于2017年7月31日前清理整改到位，对逾期不改正或改正不到位的相关部门、市县政府，省级政府性债务管理领导小组应当提请省级政府依法依规

追究相关责任人的责任。财政部驻各地财政监察专员办事处要密切跟踪地方工作进展，发现问题及时报告。

二、切实加强融资平台公司融资管理

加快政府职能转变，处理好政府和市场的关系，进一步规范融资平台公司融资行为管理，推动融资平台公司尽快转型为市场化运营的国有企业、依法合规开展市场化融资，地方政府及其所属部门不得干预融资平台公司日常运营和市场化融资。地方政府不得将公益性资产、储备土地注入融资平台公司，不得承诺将储备土地预期出让收入作为融资平台公司偿债资金来源，不得利用政府性资源干预金融机构正常经营行为。金融机构应当依法合规支持融资平台公司市场化融资，服务实体经济发展。进一步健全信息披露机制，融资平台公司在境内外举债融资时，应当向债权人主动书面声明不承担政府融资职能，并明确自2015年1月1日起其新增债务依法不属于地方政府债务。金融机构应当严格规范融资管理，切实加强风险识别和防范，落实企业举债准入条件，按商业化原则履行相关程序，审慎评估举债人财务能力和还款来源。金融机构为融资平台公司等企业提供融资时，不得要求或接受地方政府及其所属部门以担保函、承诺函、安慰函等任何形式提供担保。对地方政府违法违规举债担保形成的债务，按照《国务院办公厅关于印发地方政府性债务风险应急处置预案的通知》（国办函〔2016〕88号）、《财政部关于印发〈地方政府性债务风险分类处置指南〉的通知》（财预〔2016〕152号）依法妥善处理。

三、规范政府与社会资本方的合作行为

地方政府应当规范政府和社会资本合作（PPP）。允许地方政府以单独出资或与社会资本共同出资方式设立各类投资基金，依法实行规范的市场化运作，按照利益共享、风险共担的原则，引导社会资本投资经济社会发展的重点领域和薄弱环节，政府可适当让利。地方政府不得以借贷资金出资设立各类投资基金，严禁地方政府利用PPP、政府出资的各类投资基金等方式违法违规变相举债，除国务院另有规定外，地方政府及其所属部门参与PPP项目、设立政府出资的各类投资基金时，不得以任何方式承诺回购社会资本方的投资本金，不得以任何方式承担社会资本方的投资本金损失，不得以任何方式向社会资本方承诺最低收益，不得对有限合伙制基金等任何股权投资方式额外附加条款变相举债。

四、进一步健全规范的地方政府举债融资机制

全面贯彻落实依法治国战略，严格执行预算法和国发〔2014〕43号文件规定，健全规范的地方政府举债融资机制，地方政府举债一律采取在国务院批准的限额内发行地方政府债券方式，除此以外地方政府及其所属部门不得以任何方式举借债务。地方政府及其所属部门不得以文件、会议纪要、领导批示等任何形式，要求或决定企业为政府举债或变相为政府举债。允许地方政府结合财力可能设立或参股担保公司（含各类融资担保基金公司），构建市场化运作的融资担保体系，鼓励政府出资的担保公司依法依规提供融资担保服务，地方政府依法在出资范围内对担保公司承担责任。除外国政府和国际经济组织贷款转贷外，地方政府及其所属部门不得为任何单位和个人的债务以任何方式提供担保，不得承诺为其他任何单位和个人的融资承担偿债责任。地方政府应当科学制定债券发行计划，根据实际需求合理控制节奏和规模，提高债券透明度和资金使用效益，建立信息共享机制。

五、建立跨部门联合监测和防控机制

完善统计监测机制，由财政部门会同发展改革、人民银行、银监、证监等部门建设大数据监测平台，统计监测政府中长期支出事项以及融资平台公司举借或发行的银行贷款、资产管理产品、企业债券、公司债券、非金融企业债务融资工具等情况，加强部门信息共享和数据校验，定期通报监测结果。开展跨部门联合监管，建立财政、发展改革、司法行政机关、人民银行、银监、证监等部门以及注册会计师协会、资产评估协会、律师协会等行业自律组织参加的监管机制，对地方政府及其所属部门、融资平台公司、金融机构、中介机构、法律服务机构等的违法违规行为加强跨部门联合惩戒，形成监管合力。对地方政府及其所属部门违法违规举债或担保的，依法依规追究负有直接责任的主管人员和其他直接责任人员的责任；对融资平台公司从事或参与违法违规融资活动的，依法依规追究企业及其相关负责人责任；对金融机构违法违规向地方政府提供融资、要求或接受地方政府提供担保承诺的，依法依规追究金融机构及其相关负责人和授信审批人员责任；对中介机构、法律服务机构违法违规为融资平台公司出具审计报告、资产评估报告、信用评级报告、法律意见书等的，依法依规追究中介机构、法律服务机构及相关从业人员的责任。

六、大力推进信息公开

地方各级政府要贯彻落实中共中央办公厅、国务院办公厅《关于全面推进政务公开工作的意见》等规定和要求，全面推进地方政府及其所属部门举债融资行为的决策、执行、管理、结果等公开，严格公开责任追究，回应社会关切，主动接受社会监督。继续完善地方政府债务信息公开制度，县级以上地方各级政府应当重点公开本地区政府债务限额和余额，以及本级政府债务的规模、种类、利率、期限、还本付息、用途等内容。省级财政部门应当参考国债发行做法，提前公布地方政府债务发行计划。推进政府购买服务公开，地方政府及其所属部门应当重点公开政府购买服务决策主体、购买主体、承接主体、服务内容、合同资金规模、分年财政资金安排、合同期限、绩效评价等内容。推进政府和社会资本合作（PPP）项目信息公开，地方政府及其所属部门应当重点公开政府和社会资本合作（PPP）项目决策主体、政府方和社会资本方信息、合作项目内容和财政承受能力论证、社会资本方采购信息、项目回报机制、合同期限、绩效评价等内容。推进融资平台公司名录公开。

各地区要充分认识规范地方政府举债融资行为的重要性，把防范风险放在更加重要的位置，省级政府性债务管理领导小组要切实担负起地方政府债务管理责任，进一步健全制度和机制，自觉维护总体国家安全，牢牢守住不发生区域性系统性风险的底线。各省（自治区、直辖市、计划单列市）政府性债务管理领导小组办公室应当汇总本地区举债融资行

为清理整改工作情况，报省级政府同意后，于2017年8月31日前反馈财政部，抄送发展改革委、人民银行、银监会、证监会。

特此通知。

财政部　发展改革委　司法部　人民银行　银监会　证监会

2017年4月26日

73. 关于印发《地方政府土地储备专项债券管理办法（试行）》的通知

（财预〔2017〕62 号）

【发文机关】财政部　国土资源部
【发文文号】财预〔2017〕62 号
【发布日期】2017 年 5 月 16 日
【实施日期】2017 年 5 月 16 日
【时效性】现行有效

各省、自治区、直辖市、计划单列市财政厅（局）、各省级国土资源主管部门：

根据《中华人民共和国预算法》和《国务院关于加强地方政府性债务管理的意见》（国发〔2014〕43 号）等有关规定，为完善地方政府专项债券管理，逐步建立专项债券与项目资产、收益对应的制度，有效防范专项债务风险，2017 年先从土地储备领域开展试点，发行土地储备专项债券，规范土地储备融资行为，促进土地储备事业持续健康发展，今后逐步扩大范围。为此，我们研究制订了《地方政府土地储备专项债券管理办法（试行）》。

2017 年土地储备专项债券额度已经随同 2017 年分地区地方政府专项债务限额下达，请你们在本地区土地储备专项债券额度内组织做好土地储备专项债券额度管理、预算编制和执行等工作，尽快发挥债券资金效益。

现将《地方政府土地储备专项债券管理办法（试行）》印发给你们，请遵照执行。

财政部　国土资源部
2017 年 5 月 16 日

地方政府土地储备专项债券管理办法（试行）

第一章 总 则

第一条 为完善地方政府专项债券管理，规范土地储备融资行为，建立土地储备专项债券与项目资产、收益对应的制度，促进土地储备事业持续健康发展，根据《中华人民共和国预算法》和《国务院关于加强地方政府性债务管理的意见》（国发〔2014〕43号）等有关规定，制订本办法。

第二条 本办法所称土地储备，是指地方政府为调控土地市场、促进土地资源合理利用，依法取得土地，进行前期开发、储存以备供应土地的行为。

土地储备由纳入国土资源部名录管理的土地储备机构负责实施。

第三条 本办法所称地方政府土地储备专项债券（以下简称土地储备专项债券）是地方政府专项债券的一个品种，是指地方政府为土地储备发行，以项目对应并纳入政府性基金预算管理的国有土地使用权出让收入或国有土地收益基金收入（以下统称土地出让收入）偿还的地方政府专项债券。

第四条 地方政府为土地储备举借、使用、偿还债务适用本办法。

第五条 地方政府为土地储备举借债务采取发行土地储备专项债券方式。省、自治区、直辖市政府（以下简称省级政府）为土地储备专项债券的发行主体。设区的市、自治州，县、自治县、不设区的市、市辖区级政府（以下简称市县级政府）确需发行土地储备专项债券的，由省级政府统一发行并转贷给市县级政府。经省级政府批准，计划单列市政府可以自办发行土地储备专项债券。

第六条 发行土地储备专项债券的土地储备项目应当有稳定的预期偿债资金来源，对应的政府性基金收入应当能够保障偿还债券本金和利息，实现项目收益和融资自求平衡。

第七条 土地储备专项债券纳入地方政府专项债务限额管理。土地储备专项债券收入、支出、还本、付息、发行费用等纳入政府性基金预算管理。

第八条 土地储备专项债券资金由财政部门纳入政府性基金预算管理，并由纳入国土资源部名录管理的土地储备机构专项用于土地储备，任何单位和个人不得截留、挤占和挪用，不得用于经常性支出。

第二章 额度管理

第九条 财政部在国务院批准的年度地方政府专项债务限额内，根据土地储备融资需求、土地出让收入状况等因素，确定年度全国土地储备专项债券总额度。

第十条 各省、自治区、直辖市年度土地储备专项债券额度应当在国务院批准的分地区专项债务限额内安排，由财政部下达各省级财政部门，抄送国土资源部。

第十一条 省、自治区、直辖市年度土地储备专项债券额度不足或者不需使用的部分，由省级财政部门会同国土资源部门于每年8月底前向财政部提出申请。财政部可以在国务院批准的该地区专项债务限额内统筹调剂额度并予批复，抄送国土资源部。

第三章　预算编制

第十二条　县级以上地方各级土地储备机构应当根据土地市场情况和下一年度土地储备计划，编制下一年度土地储备项目收支计划，提出下一年度土地储备资金需求，报本级国土资源部门审核、财政部门复核。市县级财政部门将复核后的下一年度土地储备资金需求，经本级政府批准后于每年9月底前报省级财政部门，抄送省级国土资源部门。

第十三条　省级财政部门会同本级国土资源部门汇总审核本地区下一年度土地储备专项债券需求，随同增加举借专项债务和安排公益性资本支出项目的建议，经省级政府批准后于每年10月底前报送财政部。

第十四条　省级财政部门在财政部下达的本地区土地储备专项债券额度内，根据市县近3年土地出让收入情况、市县申报的土地储备项目融资需求、专项债务风险、项目期限、项目收益和融资平衡情况等因素，提出本地区年度土地储备专项债券额度分配方案，报省级政府批准后将分配市县的额度下达各市县级财政部门，并抄送省级国土资源部门。

第十五条　市县级财政部门应当在省级财政部门下达的土地储备专项债券额度内，会同本级国土资源部门提出具体项目安排建议，连同年度土地储备专项债券发行建议报省级财政部门备案，抄送省级国土资源部门。

第十六条　增加举借的土地储备专项债券收入应当列入政府性基金预算调整方案。包括：

（一）省级政府在财政部下达的年度土地储备专项债券额度内发行专项债券收入；

（二）市县级政府收到的上级政府转贷土地储备专项债券收入。

第十七条　增加举借土地储备专项债券安排的支出应当列入预算调整方案，包括本级支出和转贷下级支出。土地储备专项债券支出应当明确到具体项目，在地方政府债务管理系统中统计，纳入财政支出预算项目库管理。

地方各级国土资源部门应当建立土地储备项目库，项目信息应当包括项目名称、地块区位、储备期限、项目投资计划、收益和融资平衡方案、预期土地出让收入等情况，并做好与地方政府债务管理系统的衔接。

第十八条　土地储备专项债券还本支出应当根据当年到期土地储备专项债券规模、土地出让收入等因素合理预计、妥善安排，列入年度政府性基金预算草案。

第十九条　土地储备专项债券利息和发行费用应当根据土地储备专项债券规模、利率、费率等情况合理预计，列入政府性基金预算支出统筹安排。

第二十条　土地储备专项债券收入、支出、还本付息、发行费用应当按照《地方政府专项债务预算管理办法》（财预〔2016〕155号）规定列入相关预算科目。

第四章　预算执行和决算

第二十一条　省级财政部门应当根据本级人大常委会批准的预算调整方案，结合市县级财政部门会同本级国土资源部门提出的年度土地储备专项债券发行建议，审核确定年度土地储备专项债券发行方案，明确债券发行时间、批次、规模、期限等事项。

市县级财政部门应当会同本级国土资源部门、土地储备机构做好土地储备专项债券发行准备工作。

第二十二条　地方各级国土资源部门、土地储备机构应当配合做好本地区土地储备专项债券发行准备工作，及时准确提供相关材料，配合做好信息披露、信用评级、土地资产评估等工作。

第二十三条　土地储备专项债券应当遵循公开、公平、公正原则采取市场化方式发行，在银行间债券市场、证券交易所市场等交易场所发行和流通。

第二十四条　土地储备专项债券应当统一命名格式，冠以“××年××省、自治区、直辖市（本级或××市、县）土地储备专项债券（×期）——×年××省、自治区、直辖市政府专项债券（×期）”名称，具体由省级财政部门商省级国土资源部门确定。

第二十五条　土地储备专项债券的发行和使用应当严格对应到项目。根据土地储备项目区位特点、实施期限等因素，土地储备专项债券可以对应单一项目发行，也可以对应同一地区多个项目集合发行，具体由市县级财政部门会同本级国土资源部门、土地储备机构提出建议，报省级财政部门确定。

第二十六条　土地储备专项债券期限应当与土地储备项目期限相适应，原则上不超过5年，具体由市县级财政部门会同本级国土资源部门、土地储备机构根据项目周期、债务管理要求等因素提出建议，报省级财政部门确定。

土地储备专项债券发行时，可以约定根据土地出让收入情况提前偿还债券本金的条款。鼓励地方政府通过结构化创新合理设计债券期限结构。

第二十七条　省级财政部门应当按照合同约定，及时偿还土地储备专项债券到期本金、利息以及支付发行费用。市县级财政部门应当及时向省级财政部门缴纳本地区或本级应当承担的还本付息、发行费用等资金。

第二十八条　土地储备项目取得的土地出让收入，应当按照该项目对应的土地储备专项债券余额统筹安排资金，专门用于偿还到期债券本金，不得通过其他项目对应的土地出让收入偿还到期债券本金。

因储备土地未能按计划出让、土地出让收入暂时难以实现，不能偿还到期债券本金时，可在专项债务限额内发行土地储备专项债券周转偿还，项目收入实现后予以归还。

第二十九条　年度终了，县级以上地方各级财政部门应当会同本级国土资源部门、土地储备机构编制土地储备专项债券收支决算，在政府性基金预算决算报告中全面、准确反映土地储备专项债券收入、安排的支出、还本付息和发行费用等情况。

第五章　监督管理

第三十条　地方各级财政部门应当会同本级国土资源部门建立和完善相关制度，加强对本地区土地储备专项债券发行、使用、偿还的管理和监督。

第三十一条　地方各级国土资源部门应当加强对土地储备项目的管理和监督，保障储备土地按期上市供应，确保项目收益和融资平衡。

第三十二条　地方各级政府不得以土地储备名义为非土地储备机构举借政府债务，不得通过地方政府债券以外的任何方式举借土地储备债务，不得以储备土地为任何单位和个人的债务以任何方式提供担保。

第三十三条　地方各级土地储备机构应当严格储备土地管理，切实理清土地产权，按照有关规定完成土地登记，及时评估储备土地资产价值。县级以上地方各级国土资源部门应当履行国有资产运营维护责任。

第三十四条 地方各级土地储备机构应当加强储备土地的动态监管和日常统计，及时在土地储备监测监管系统中填报相关信息，获得相应电子监管号，反映土地储备专项债券运行情况。

第三十五条 地方各级土地储备机构应当及时在土地储备监测监管系统填报相关信息，反映土地储备专项债券使用情况。

第三十六条 财政部驻各地财政监察专员办事处对土地储备专项债券额度、发行、使用、偿还等进行监督，发现违反法律法规和财政管理、土地储备资金管理等政策规定的行为，及时报告财政部，抄送国土资源部。

第三十七条 违反本办法规定情节严重的，财政部可以暂停其地方政府专项债券发行资格。违反法律、行政法规的，依法追究有关人员责任；涉嫌犯罪的，移送司法机关依法处理。

第六章 职责分工

第三十八条 财政部负责牵头制定和完善土地储备专项债券管理制度，下达分地区土地储备专项债券额度，对地方土地储备专项债券管理实施监督。

国土资源部配合财政部加强土地储备专项债券管理，指导和监督地方国土资源部门做好土地储备专项债券管理相关工作。

第三十九条 省级财政部门负责本地区土地储备专项债券额度管理和预算管理、组织做好债券发行、还本付息等工作，并按照专项债务风险防控要求审核项目资金需求。

省级国土资源部门负责审核本地区土地储备规模和资金需求（含成本测算等），组织做好土地储备项目库与地方政府债务管理系统的衔接，配合做好本地区土地储备专项债券发行准备工作。

第四十条 市县级财政部门负责按照政府债务管理要求并根据本级国土资源部门建议以及专项债务风险、土地出让收入等因素，复核本地区土地储备资金需求，做好土地储备专项债券额度管理、预算管理、发行准备、资金监管等工作。

市县级国土资源部门负责按照土地储备管理要求并根据土地储备规模、成本等因素，审核本地区土地储备资金需求，做好土地储备项目库与政府债务管理系统的衔接，配合做好土地储备专项债券发行各项准备工作，监督本地区土地储备机构规范使用土地储备专项债券资金，合理控制土地出让节奏并做好与对应的专项债券还本付息的衔接，加强对项目实施情况的监控。

第四十一条 土地储备机构负责测算提出土地储备资金需求，配合提供土地储备专项债券发行相关材料，规范使用土地储备专项债券资金，提高资金使用效益。

第七章 附　则

第四十二条 省、自治区、直辖市财政部门可以根据本办法规定，结合本地区实际制定实施细则。

第四十三条 本办法由财政部会同国土资源部负责解释。

第四十四条 本办法自印发之日起实施。

74. 关于开展田园综合体建设试点工作的通知

（财办〔2017〕29号）

【发文机关】财政部
【发文文号】财办〔2017〕29号
【发布日期】2017年5月24日
【实施日期】2017年5月24日
【时效性】现行有效

各省、自治区、直辖市、计划单列市财政厅（局），新疆生产建设兵团财务局：

为贯彻落实中央农村工作会议和《中共中央　国务院关于深入推进农业供给侧结构性改革　加快培育农业农村发展新动能的若干意见》的部署与要求，推动农业现代化与城乡一体化互促共进，加快培育农业农村发展新动能，提高农业综合效益和竞争力，探索农业农村发展新模式，实现“村庄美、产业兴、农民富、环境优”的目标，财政部决定开展田园综合体建设试点工作。现就有关事项通知如下：

一、总体要求

（一）指导思想

认真贯彻党中央、国务院决策部署，深入推进农业供给侧结构性改革，适应农村发展阶段性需要，遵循农村发展规律和市场经济规律，围绕农业增效、农民增收、农村增绿，支持有条件的乡村加强基础设施、产业支撑、公共服务、环境风貌建设，实现农村生产生活生态“三生同步”、一二三产业“三产融合”、农业文化旅游“三位一体”，积极探索推进农村经济社会全面发展的新模式、新业态、新路径，逐步建成以农民合作社为主要载体，让农民充分参与和受益，集循环农业、创意农业、农事体验于一体的田园综合体。

（二）基本原则

——坚持以农为本。要以保护耕地为前提，提升农业综合生产能力，突出农业特色，发展现代农业，促进产业融合，提高农业综合效益和现代化水平；要保持农村田园风光，留住乡愁，保护好青山绿水，实现生态可持续；要确保农民参与和受益，着力构建企业、合作社和农民利益联结机制，带动农民持续稳定增收，让农民充分分享田园综合体发展成果。

——坚持共同发展。要充分发挥农村集体组织在乡村建设治理中的主体作用，通过农村集体组织、农民合作社等渠道让农民参与田园综合体建设进程，提高区域内公共服务的质量和水平，逐步实现农村社区化管理；要把探索发展集体经济作为产业发展的重要途径，积极盘活农村集体资产，发展多种形式的股份合作，增强和壮大集体经济发展活力和实力，真正让农民分享集体经济发展和农村改革成果。

——坚持市场主导。按照政府引导、企业参与、市场化运作的要求，创新建设模式、管理方式和服务手段，全面激活市场、激活要素、激活主体，调动多元化主体共同推动田园综合体建设的积极性。政府重点做好顶层设计、提供公共服务等工作，防止大包大揽。政府投入要围绕改善农民生产生活条件，提高产业发展能力，重点补齐基础设施、公共服务、生态环境短板，提高区域内居民特别是农民的获得感和幸福感。

——坚持循序渐进。要依托现有农村资源，特别是要统筹运用好农业综合开发、美丽乡村等建设成果，从各地实际出发，遵循客观规律，循序渐进，挖掘特色优势，体现区域差异性，提倡形态多元性，建设模式多样性；要创新发展理念，优化功能定位，探索一条特色鲜明、宜居宜业、惠及各方的田园综合体建设和发展之路，实现可持续、可复制、可推广。

二、重点建设内容

围绕田园综合体的建设目标和功能定位，重点抓好生产体系、产业体系、经营体系、生态体系、服务体系、运行体系等六大支撑体系建设。

（一）夯实基础，完善生产体系发展条件。要按照适度超前、综合配套、集约利用的原则，集中连片开展高标准农田建设，加强田园综合体区域内“田园＋农村”基础设施建设，整合资金完善供电、通信、污水垃圾处理、游客集散、公共服务等配套设施条件。

（二）突出特色，打造涉农产业体系发展平台。立足资源禀赋、区位环境、历史文化、产业集聚等比较优势，围绕田园资源和农业特色，做大做强传统特色优势主导产业，推动土地规模化利用和三产融合发展，大力打造农业产业集群；稳步发展创意农业，利用“旅游＋”“生态＋”等模式，开发农业多功能性，推进农业产业与旅游、教育、文化、康养等产业深度融合；强化品牌和原产地地理标志管理，推进农村电商、物流服务业发展，培育形成1～2个区域农业知名品牌，构建支撑田园综合体发展的产业体系。

（三）创业创新，培育农业经营体系发展新动能。积极壮大新型农业经营主体实力，完善农业社会化服务体系，通过土地流转、股份合作、代耕代种、土地托管等方式促进农业适度规模经营，优化农业生产经营体系，增加农业效益。同时，强化服务和利益联结，逐步将小农户生产、生活引入现代农业农村发展轨道，带动区域内农民可支配收入持续稳定增长。

（四）绿色发展，构建乡村生态体系屏障。牢固树立绿水青山就是金山银山的理念，优化田园景观资源配置，深度挖掘农业生态价值，统筹农业景观功能和体验功能，凸显宜居宜业新特色。积极发展循环农业，充分利用农业生态环保生产新技术，促进农业资源的节约化、农业生产残余废弃物的减量化和资源化再利用，实施农业节水工程，加强农业环境综合整治，促进农业可持续发展。

（五）完善功能，补齐公共服务体系建设短板。要完善区域内的生产性服务体系，通过发展适应市场需求的产业和公共服务平台，聚集市场、资本、信息、人才等现代生产要素，推动城乡产业链双向延伸对接，推动农村新产业、新业态蓬勃发展。完善综合体社区公共服务设施和功能，为社区居民提供便捷高效服务。

（六）形成合力，健全优化运行体系建设。妥善处理好政府、企业和农民三者关系，确定合理的建设运营管理模式，形成健康发展的合力。政府重点负责政策引导和规划引领，营造有利于田园综合体发展的外部环境；企业、村集体组织、农民合作组织及其他市场主体要充分发挥在产业发展和实体运营中的作用；农民通过合作化、组织化等方式，实现在田园综合体发展中的收益分配、就近就业。

三、试点立项条件

（一）功能定位准确。围绕有基础、有优势、有特色、有规模、有潜力的乡村和产业，按照农田田园化、产业融合化、城乡一体化的发展路径，以自然村落、特色片区为开发单元，全域统筹开发，全面完善基础设施。突出农业为基础的产业融合、辐射带动等主体功能，具备循环农业、创意农业、农事体验一体化发展的基础和前景。明确农村集体组织在建设田园综合体中的功能定位，充分发挥其在开发集体资源、发展集体经济、服务集体成员等方面的作用。

（二）基础条件较优。区域范围内农业基础设施较为完备，农村特色优势产业基础较好，区位条件优越，核心区集中连片，发展潜力较大；已自筹资金投入较大且有持续投入能力，建设规划能积极引入先进生产要素和社会资本，发展思路清晰；农民合作组织比较健全，规模经营显著，龙头企业带动力强，与村集体组织、农民及农民合作社建立了比较密切的利益联结机制。

（三）生态环境友好。能落实绿色发展理念，保留青山绿水，积极推进山水田林湖整体保护、综合治理，践行看得见山、望得到水、记得住乡愁的生产生活方式。农业清洁生产基础较好，农业环境突出问题得到有效治理。

（四）政策措施有力。地方政府积极性高，在用地保障、财政扶持、金融服务、科技创新应用、人才支撑等方面有明确举措，水、电、路、网络等基础设施完备。建设主体清晰，管理方式创新，搭建了政府引导、市场主导的建设格局。积极在田园综合体建设用地保障机制等方面做出探索，为产业发展和田园综合体建设提供条件。

（五）投融资机制明确。积极创新财政投入使用方式，探索推广政府和社会资本合作，综合考虑运用先建后补、贴息、以奖代补、担保补贴、风险补偿金等，撬动金融和社会资本投向田园综合体建设。鼓励各类金融机构加大金融支持田园综合体建设力度，积极统筹各渠道支农资金支持田园综合体建设。严控政府债务风险和村级组织债务风险，不新增债务负担。

（六）带动作用显著。以农村集体组织、农民合作社为主要载体，组织引导农民参与建设管理，保障原住农民的参与权和受益权，实现田园综合体的共建共享。通过构建股份合作、财政资金股权量化等模式，创新农民利益共享机制，让农民分享产业增值收益。

（七）运行管理顺畅。根据当地主导产业规划和新型经营主体发展培育水平，因地制宜探索田园综合体的建设模式和运营管理模式。可采取村集体组织、合作组织、龙头企业等共同参与建设田园综合体，盘活存量资源、调动各方积极性，通过创新机制激发田园综合体建设和运行内生动力。

（八）不予受理的情况。未突出以农为本，项目布局和业态发展上与农业未能有机融合，以非农业产业为主导产业；不符合产业发展政策；资源环境承载能力较差；违反国家土地管理使用相关法律法规，违规进行房地产开发和私人庄园会所建设；乡、村举债搞建设；存在大拆大建、盲目铺摊子等情况。

四、扶持政策

综合考虑各地发展建设基础、开展试点意愿、改革创新工作推进、试点代表性等因素，按照三年规划、分年实施的方式，2017 年，财政部确定河北、山西、内蒙古、江苏、浙江、福建、江西、山东、河南、湖南、广东、广西、海南、重庆、四川、云南、陕西、甘肃 18 个省份开展田园综合体建设试点，中央财政从农村综合改革转移支付资金、现代农业生产发展资金、农业综合开发补助资金中统筹安排，每个试点省份安排试点项目 1～2 个，各省可根据实际情况确定具体试点项目个数。在不违反农村综合改革和国家农业综合开发现行政策规定的前提下，试点项目资金和项目管理具体政策由地方自行研究确定。同时，各试点省份、县级财政部门要统筹使用好现有各项涉农财政支持政策，创新财政资金使用方式，采取资金整合、先建后补、以奖代补、政府与社会资本合作、政府引导基金等方式支持开展试点项目建设。经财政部年度考核评价合格后，试点项目可继续安排中央财政资金。对试点效果不理想的项目将不再安排资金支持。

同时，鼓励有条件的省份参照本通知精神开展省级田园综合体试点，每个省份数量控制在 1～2 个。如建设成效较好，符合政策要求，今后可逐步纳入国家级试点范围。

五、有关工作要求

（一）强化组织领导。各试点省份要建立健全财政部门牵头负责（重庆市试点工作由重庆市农业综合开发办公室牵头负责，下同），农村综合改革机构、农业综合开发机构分别具体组织并互相支持配合的工作机制，协调发挥好各职能部门的作用，细化工作任务，认真组织实施，确保试点工作开好头起好步。要加强与地方政府的沟通协调，引导和鼓励地方政府积极搭建田园综合体基础设施和产业政策平台。引导地方政府因地制宜选择田园综合体建设模式，建立运行顺畅的建设管理机制，为项目建设创造良好的发展环境。

（二）科学编制规划和年度实施方案。各有关地区要科学编制试点项目发展规划和年度实施方案，内容应包括拟建设田园综合体的基本情况、目标任务、区域功能布局、主要建设内容和任务；水土资源开发和生态环境保护；建设、管理和运营体制机制；投资估算与资金筹措方案；资源环境评估分析；政策保障措施等内容。

（三）严格试点项目管理。拟开展试点项目的县（市、区），要成立以县级人民政府主要领导任组长，财政部门及农村综合改革机构、农业综合开发机构牵头落实，发改、国土、环保、水利、农业、林业等有关部门参加的田园综合体建设领导小组，统筹组织试点项目的申报和实施工作；县级人民政府组织编制试点规划和实施方案，按规定程序报送省级财政部门。

（四）坚持省级竞争立项。田园综合体建设试点项目由省级财政部门统一组织以竞争立项的方式确定。要建立健全公开透明、客观公正、科学规范的项目竞争立项机制，择优选项。竞争立项结果应按照政府信息公开的要求，作为主动公开事项向社会公开。省级财政部门要根据竞争立项的结果，将试点规划和实施方案报财政部备案。

（五）加强资金监管和考核评价。各级财政部门及农村综合改革机构、农业综合开发机构要严格执行相关制度，确保资金安全有效使用。要加强项目实施和资金管理的跟踪问效和综合分析评价，根据有关政策对违规违纪问题进行处理。建立激励约束机制，实行动态管理，财政部将根据正式备案的试点规划和实施方案，对试点项目进行重点考核。对考核评价结果较好的试点省份予以连续扶持并加大投入力度，继续安排扩大试点范围；对试点工作开展不力的将取消试点资格。

（六）及时总结试点经验。开展田园综合体试点项目建设是一项全新的工作，各地要进一步加强调查研究，及时掌握和跟踪项目实施及运行情况，不断总结经验，针对存在的问题，及时完善相关政策措施，确保取得预期成效。财政部将会同中央有关单位和部门，对各地开展田园综合体的建设情况进行跟踪调研指导，总结经验，不断完善试点政策。

（七）材料报送及要求。试点省份财政部门应于 2017 年 6 月 30 日前，分别向财政部农业司（国务院农村综改办）、国家农发办报送田园综合体试点材料（附电子文档光盘）。在实施过程中有关具体工作及要求，另行通知。

在申报过程中，如有疑问，请及时与财政部联系。

财政部

2017 年 5 月 24 日

75. 关于坚决制止地方以政府购买服务名义违法违规融资的通知

（财预〔2017〕87号）

【发文机关】财政部
【发文文号】财预〔2017〕87号
【发布日期】2017年5月28日
【实施日期】2017年5月28日
【时效性】现行有效

各省、自治区、直辖市、计划单列市财政厅（局）：

《国务院办公厅关于政府向社会力量购买服务的指导意见》（国办发〔2013〕96号）印发后，各地稳步推进政府购买服务工作，取得了良好成效。同时，一些地区存在违法违规扩大政府购买服务范围、超越管理权限延长购买服务期限等问题，加剧了财政金融风险。根据《中华人民共和国预算法》《中华人民共和国政府采购法》《国务院关于实行中期财政规划管理的意见》（国发〔2015〕3号）、国办发〔2013〕96号文件等规定，为规范政府购买服务管理，制止地方政府违法违规举债融资行为，防范化解财政金融风险，现就有关事项通知如下：

一、坚持政府购买服务改革正确方向。推广政府购买服务是党的十八届三中全会决定明确的一项重要改革任务，有利于加快转变政府职能、改善公共服务供给、推进财政支出方式改革。政府购买服务所需资金应当在年度预算和中期财政规划中据实足额安排。实施政府购买服务改革，要坚持费随事转，注重与事业单位改革、行业协会商会与行政主管部门脱钩转制改革、支持社会组织培育发展等政策相衔接，带动和促进政事分开、政社分开。地方政府及其所属部门要始终准确把握并牢固坚持政府购买服务改革的正确方向，依法依规、积极稳妥地加以推进。

二、政府购买服务内容应当严格限制在属于政府职责范围、适合采取市场化方式提供、社会力量能够承担的服务事项，重点是有预算安排的基本公共服务项目。科学制定并适时完善分级分部门政府购买服务指导性目录，增强指导性目录的约束力。对暂时未纳入指导性目录又确需购买的服务事项，应当报财政部门审核备案后调整实施。

严格按照《中华人民共和国政府采购法》确定的服务范围实施政府购买服务，不得将原材料、燃料、设备、产品等货物，以及建筑物和构筑物的新建、改建、扩建及其相关的装修、拆除、修缮等建设工程作为政府购买服务项目。严禁将铁路、公路、机场、通讯、水电煤气，以及教育、科技、医疗卫生、文化、体育等领域的基础设施建设，储备土地前期开发，农田水利等建设工程作为政府购买服务项目。严禁将建设工程与服务打包作为政府购买服务项目。严禁将金融机构、融资租赁公司等非金融机构提供的融资行为纳入政府购买服务范围。政府建设工程项目确需使用财政资金，应当依照《中华人民共和国政府采购法》及其实施条例、《中华人民共和国招标投标法》规范实施。

三、严格规范政府购买服务预算管理。政府购买服务要坚持先有预算、后购买服务，所需资金应当在既有年度预算中统筹考虑，不得把政府购买服务作为增加预算单位财政支出的依据。地方各级财政部门应当充分考虑实际财力水平，妥善做好政府购买服务支出与年度预算、中期财政规划的衔接，足额安排资金，保障服务承接主体合法权益。年度预算未安排资金的，不得实施政府购买服务。购买主体应当按照批准的预算执行，从部门预算经费或经批准的专项资金等既有年度预算中统筹安排购买服务资金。购买主体签订购买服务合同，应当确认涉及的财政支出已在年度预算和中期财政规划中安排。政府购买服务期限应严格限定在年度预算和中期财政规划期限内。党中央、国务院统一部署的棚户区改造、易地扶贫搬迁工作中涉及的政府购买服务事项，按照相关规定执行。

四、严禁利用或虚构政府购买服务合同违法违规融资。金融机构涉及政府购买服务的融资审查，必须符合政府预算管理制度相关要求，做到依法合规。承接主体利用政府购买服务合同向金融机构融资时，应当配合金融机构做好合规性管理，相关合同在购买内容和期限等方面必须符合政府购买服务有关法律和制度规定。地方政府及其部门不得利用或虚构政府购买服务合同为建设工程变相举债，不得通过政府购买服务向金融机构、融资租赁公司等非金融机构进行融资，不得以任何方式虚构或超越权限签订应付（收）账款合同帮助融资平台公司等企业融资。

五、切实做好政府购买服务信息公开。各地应当将年度预算中政府购买服务总金额、纳入中期财政规划的政府购买服务总金额以及政府购买服务项目有关预算信息，按规定及时向社会公开，提高预算透明度。购买主体应当依法在中国政府采购网及其地方分网及时公开政府购买服务项目相关信息，包括政府购买服务内容、购买方式、承接主体、合同金额、分年财政资金安排、合同期限、绩效评价等，确保政府购买服务项目信息真实准确，可查询、可追溯。坚决防止借政府购买服务名义进行利益输送等违法违规行为。

各省级财政部门要充分认识规范政府购买服务管理、防范财政金融风险的重要性，统一思想，加强领导，周密部署，报经省级政府批准后，会同相关部门组织全面摸底排查本地区政府购买服务情况，发现违法违规问题的，督促相关地区和单位限期依法依规整改到位，并将排查和整改结果于 2017 年 10 月底前报送财政部。

特此通知。

财政部

2017 年 5 月 28 日

76. 关于深入推进农业领域政府和社会资本合作的实施意见

（财金〔2017〕50号）

【发文机关】财政部　农业部
【发文文号】财金〔2017〕50号
【发布日期】2017年5月31日
【实施日期】2017年5月31日
【时效性】现行有效

各省、自治区、直辖市、计划单列市财政厅（局）、农业（农牧、农机、畜牧、兽医、农垦、渔业）厅（局、委、办），新疆生产建设兵团财务局、农业局：

为贯彻落实《中共中央　国务院关于深入推进农业供给侧结构性改革　加快培育农业农村发展新动能的若干意见》《国务院办公厅关于创新农村基础设施投融资体制机制的指导意见》（国办发〔2017〕17号）、《国务院办公厅转发财政部　发展改革委　人民银行关于在公共服务领域推广政府和社会资本合作模式指导意见的通知》（国办发〔2015〕42号）精神，深化农业供给侧结构性改革，引导社会资本积极参与农业领域政府和社会资本合作（PPP）项目投资、建设、运营，改善农业农村公共服务供给，现提出意见如下：

一、总体要求

（一）指导思想

全面贯彻落实党中央、国务院关于农业、农村、农民问题的决策部署，牢固树立和贯彻落实新发展理念，适应把握引领经济发展新常态，以加大农业领域PPP模式推广应用为主线，优化农业资金投入方式，加快农业产业结构调整，改善农业公共服务供给，切实推动农业供给侧结构性改革。

（二）基本原则

——政府引导，规范运作。坚持农业供给侧结构性改革方向，深化对PPP模式的理解认识，加快观念转变，厘清政府与市场的边界，加大对农业农村公共服务领域推广运用

PPP 模式的政策扶持力度，强化绩效评价和项目监管，严格执行财政 PPP 工作制度规范体系，确保顺利实施、规范运作，防止变相举借政府债务，防范财政金融风险。

——明确权责，合作共赢。注重发挥市场在资源配置中的决定性作用，鼓励各类市场主体通过公开竞争性方式参与农业 PPP 项目合作，破除社会资本进入农业公共服务领域的隐性壁垒，营造规范有序的市场环境。在平等协商基础上订立合同，平衡政府、社会资本、农民、农村集体经济组织、农民合作组织等各方利益，明确各参与主体的责任、权利关系和风险分担机制，推动实现改善公共服务供给，拓展企业发展空间，增加人民福祉的共赢局面。

——因地制宜，试点先行。各地根据国家“三农”工作统一部署，结合地区实际和工作重点，分阶段、分类型、分步骤推进农业领域 PPP 工作。鼓励选择重点领域、重点项目先行试点探索，及时总结经验，完善相关政策，形成可复制、可推广的合作模式。

（三）工作目标

探索农业领域推广 PPP 模式的实施路径、成熟模式和长效机制，创新农业公共产品和公共服务市场化供给机制，推动政府职能转变，提高农业投资有效性和公共资源使用效益，提升农业公共服务供给质量和效率。

二、聚焦重点领域

重点引导和鼓励社会资本参与以下领域农业公共产品和服务供给：

（一）农业绿色发展。支持畜禽粪污资源化利用、农作物秸秆综合利用、废旧农膜回收、病死畜禽无害化处理，支持规模化大型沼气工程。

（二）高标准农田建设。支持集中连片、旱涝保收、稳产高产、生态友好的高标准农田建设，支持开展土地平整、土壤改良与培肥、灌溉与排水、田间道路、农田防护与生态环境保持、农田输配电等工程建设，支持耕地治理修复。

（三）现代农业产业园。支持以规模化种养基地为基础，通过“生产＋加工＋科技”，聚集现代生产要素、创新体制机制的现代农业产业园。

（四）田园综合体。支持有条件的乡村建设以农民合作社为主要载体、让农民充分参与和受益，集循环农业、创意农业、农事体验于一体的田园综合体。

（五）农产品物流与交易平台。支持农产品交易中心（市场）、生产资料交易平台、仓储基地建设，支持区域农产品公用品牌创建。

（六）“互联网＋”现代农业。支持信息进村入户工程、智慧农业工程、农村电子商务平台、智能物流设施等建设运营。

三、规范项目实施

（一）严格筛选项目。各级财政部门、农业部门要加强合作，依托全国 PPP 综合信息平台推进农业 PPP 项目库建设，明确入库标准，优先选择有经营性现金流、适宜市场化运作的农业公共设施及公共服务项目，做好项目储备，明确年度及中长期项目开发计划，确保农业 PPP 有序推进。

（二）合理分担风险。各地农业部门、财政部门要指导项目实施机构按照风险分担、利益共享的原则，充分识别、合理分配 PPP 项目风险。为保障政府知情权，政府可以参股项目公司，但应保障项目公司的经营独立性和风险隔离功能，不得干预企业日常经营决策，不得兜底项目建设运营风险。

（三）保障合理回报。各地农业部门、财政部门要指导项目实施机构根据项目特点构建合理的项目回报机制，依据项目合同约定将财政支出责任纳入年度预算和中期财政规划，按项目绩效考核结果向社会资本支付对价，保障社会资本获得稳定合理收益。鼓励农民专业合作社等新型农业经营主体参与 PPP 项目，并通过订单带动、利润返还、股份合作等模式进一步完善与农户的利益联结机制，建立长期稳定的合作关系，让更多农民分享农业 PPP 发展红利。

（四）确保公平竞争。各地农业部门、财政部门要指导项目实施机构依法通过公开、公平、竞争性方式，择优选择具备项目所需经营能力和履约能力的社会资本开展合作，保障各类市场主体平等参与农业 PPP 项目合作，消除本地保护主义和各类隐形门槛。鼓励金融机构早期介入项目前期准备，提高项目融资可获得性。

（五）严格债务管理。各地财政部门、农业部门要认真组织开展项目物有所值评价和财政承受能力论证，加强本辖区内 PPP 项目财政支出责任统计和超限预警，严格政府债务管理，严禁通过政府回购安排、承诺固定回报等方式进行变相举债，严禁项目公司债务向政府转移。

（六）强化信息公开。各地财政部门、农业部门要认真落实《政府和社会资本合作（PPP）综合信息平台信息公开管理暂行办法》（财金〔2017〕1 号）有关要求，做好 PPP 项目全生命周期信息公开工作，及时、完整、准确地录入农业 PPP 项目信息，及时披露识别论证、政府采购及预算安排等关键信息，增强社会资本和金融机构信心，保障公众知情权，接受社会监督。

（七）严格绩效监管。各地财政部门、农业部门要构建农业 PPP 项目的绩效考核监管体系和监督问责机制，跟踪掌握项目实施和资金使用情况，推动形成项目监管与资金安排相衔接的激励制约机制。

四、加大政策保障

（一）强化组织领导责任。地方人民政府要积极探索建立跨部门 PPP 工作领导协调机制，加强政府统一领导，明确部门职责分工，确保形成工作合力，推动项目顺利实施。

（二）优化资金投入方式。各级财政部门、农业部门要探索创新农业公共服务领域资金投入机制，进一步改进和加强资金使用管理，发挥财政资金引导撬动作用，积极推动金融和社会资本更多投向农业农村，提高投资有效性和公共资金使用效益。

（三）发挥示范引领作用。财政部与农业部联合组织开展国家农业 PPP 示范区创建工作。各省（区、市）财政部门会同农业部门择优选择 1 个农业产业特点突出、PPP 模式推广条件成熟的县级地区作为农业 PPP 示范区向财政部、农业部推荐。财政部、农业部将从中择优确定“国家农业 PPP 示范区”。国家农业 PPP 示范区所属 PPP 项目，将在 PPP 示范项目申报筛选和 PPP 以奖代补资金中获得优先支持。各地财政部门、农业部门要共同做好农业 PPP 示范区的申报工作，加强对示范区的经验总结和案例推广，推动形成一批可复制、可推广的成功模式。

（四）拓宽金融支持渠道。充分发挥中国 PPP 基金和各地 PPP 基金的引导作用，带动更多金融机构、保险资金加大对农业 PPP 项目的融资支持。加强与国家农业信贷担保体系的合作，鼓励各地设立农业 PPP 项目担保基金，为 PPP 项目融资提供增信支持。创新开发适合农业 PPP 项目的保险产品。开展农业 PPP 项目资产证券化试点，探索各类投资主体的合规退出渠道。

（五）完善定价调价机制。积极推进农业农村公共服务领域价格改革，探索建立污水垃圾处理农户缴费制度，综合考虑建设运营成本、财政承受能力、农村居民意愿，合理确定农业公共服务价格水平和补偿机制。建立健全价格动态调整和上下游联动机制，增强社会资本收益预期，提高社会资本参与积极性。

（六）加强项目用地保障。各地农业部门、财政部门要积极协调相关土地部门，在保障耕地占补平衡的基础上，在当地土地使用中长期规划中全面考虑农业 PPP 项目建设需求，并给予优先倾斜，为项目用地提供有效保障。

财政部　农业部

2017 年 5 月 31 日

77. 关于规范开展政府和社会资本合作项目资产证券化有关事宜的通知

（财金〔2017〕55号）

【发文机关】财政部
【发文文号】财金〔2017〕55号
【发布日期】2017年6月7日
【实施日期】2017年6月20日
【时效性】现行有效

各省、自治区、直辖市、计划单列市财政厅（局），新疆生产建设兵团财务局，中国人民银行上海总部、各分行、营业管理部、各省会（首府）城市中心支行，中国证监会各派出机构，中国银行间市场交易商协会，上海证券交易所、深圳证券交易所，中国证券业协会，中国证券投资基金业协会：

为贯彻落实《国务院办公厅转发财政部　发展改革委　人民银行关于在公共服务领域推广政府和社会资本合作模式指导意见的通知》（国办发〔2015〕42号），规范推进政府和社会资本合作（以下简称PPP）项目资产证券化工作，现就有关事宜通知如下：

一、分类稳妥地推动PPP项目资产证券化

（一）鼓励项目公司开展资产证券化优化融资安排。在项目运营阶段，项目公司作为发起人（原始权益人），可以按照使用者付费、政府付费、可行性缺口补助等不同类型，以能够给项目带来现金流的收益权、合同债权作为基础资产，发行资产证券化产品。项目公司应统筹融资需求、项目收益等因素，合理确定资产证券化产品发行规模和期限，着力降低综合融资成本。积极探索项目公司在项目建设期依托PPP合同约定的未来收益权，发行资产证券化产品，进一步拓宽项目融资渠道。

（二）探索项目公司股东开展资产证券化盘活存量资产。除PPP合同对项目公司股东的股权转让质押等权利有限制性约定外，在项目建成运营2年后，项目公司的股东可以以能够带来现金流的股权作为基础资产，发行资产证券化产品，盘活存量股权资产，提高资

产流动性。其中，控股股东发行规模不得超过股权带来现金流现值的50%，其他股东发行规模不得超过股权带来现金流现值的70%。

（三）支持项目公司其他相关主体开展资产证券化。在项目运营阶段，为项目公司提供融资支持的各类债权人，以及为项目公司提供建设支持的承包商等企业作为发起人（原始权益人），可以合同债权、收益权等作为基础资产，按监管规定发行资产证券化产品，盘活存量资产，多渠道筹集资金，支持PPP项目建设实施。

二、严格筛选开展资产证券化的PPP项目

（四）开展资产证券化的PPP项目应当运作规范、权属清晰。项目实施方案科学、合同体系完备、运作模式成熟、风险分配合理，并通过物有所值评价和财政承受能力论证。项目公司预期产生的现金流，能够覆盖项目的融资利息和股东的投资收益。拟作为基础资产的项目收益权、股权和合同债权等权属独立清晰，没有为其他融资提供质押或担保。

（五）发起人（原始权益人）应当分别符合相关要求。项目公司作为发起人（原始权益人）的，应当已落实融资方案，前期融资实际到账。项目公司、项目公司的股东作为发起人（原始权益人）申请通过发行主管部门绿色通道受理的，项目还应当成功运营2年以上，发起人（原始权益人）信用稳健，最近3年未发生重大违约或虚假信息披露，无不良信用记录。

三、完善PPP项目资产证券化工作程序

（六）依据合同约定自主开展资产证券化。政府方和社会资本方应在PPP合同中，通过适当的方式约定相关各方的资产证券化权利和义务，发起人（原始权益人）可按照合同约定自主决定开展资产证券化，向发行主管部门提交发行申请。PPP项目相关各方应按合同约定，配合接受尽职调查，提供相关材料，协助开展资产证券化产品的方案设计和信用评级等工作。

（七）择优筛选PPP项目开展资产证券化。优先支持水务、环境保护、交通运输等市场化程度较高、公共服务需求稳定、现金流可预测性较强的行业开展资产证券化。优先支持政府偿付能力较好、信用水平较高，并严格履行PPP项目财政管理要求的地区开展资产证券化。重点支持符合雄安新区和京津冀协同发展、“一带一路”、长江经济带等国家战略的PPP项目开展资产证券化。鼓励作为项目公司控股股东的行业龙头企业开展资产证券化，盘活存量项目资产，提高公共服务供给能力。

（八）择优推荐PPP项目资产证券化。省级财政部门可会同行业主管部门择优推荐资产证券化项目。PPP项目资产证券化发起人（原始权益人）可在向发行主管部门提交申请前，自主向省级财政部门和行业主管部门提出推荐申请。申请材料包括但不限于PPP项目实施方案、PPP合同、物有所值评价报告和财政承受能力论证报告、项目运营年报，以及项目资产证券化方案说明书、交易结构图、法律意见书等。省级财政部门可会同行业主管部门，按照有关监管规定和本通知要求，出具推荐意见并抄报财政部。

（九）进一步优化PPP项目资产证券化审核程序。发行主管部门应根据资产证券化业务规定，对申报的PPP项目进行审核和监管。对于各省级财政部门推荐的项目和中国政企合作支持基金投资的项目，中国银行间市场交易商协会、证券交易所、中国证券投资基金业协会等单位要研究建立受理、审核及备案的绿色通道，专人专岗负责，提高注册、备案、审核、发行和挂牌的工作效率。要根据PPP项目证券化开展情况，进一步完善资产证券化制度体系，指导有关单位研究完善自律规则及负面清单。

四、着力加强PPP项目资产证券化监督管理

（十）切实做好风险隔离安排。PPP项目资产证券化的发起人（原始权益人），要严格按照资产证券化规则与相关方案、合同约定，合理设计资产证券化产品的发行交易结构，通过特殊目的载体（SPV）和必要的增信措施，坚持真实出售、破产隔离原则，在基础资产与发起人（原始权益人）资产之间做好风险隔离。发起人（原始权益人）要配合中介机构履行基础资产移交、现金流归集、信息披露、提供增信措施等相关义务，不得通过资产证券化改变控股股东对PPP项目公司的实际控制权和项目运营责任，实现变相“退出”，影响公共服务供给的持续性和稳定性。资产证券化产品如出现偿付困难，发起人（原始权益人）应按照资产证券化合同约定与投资人妥善解决，发起人（原始权益人）不承担约定以外的连带偿付责任。

（十一）合理分担资产证券化的成本收益。PPP项目公司资产证券化的发行成本应当由项目公司按照合同约定承担，不得将发行成本转嫁给政府和社会资本方。鼓励PPP项目公司及其股东通过加强日常运营维护管理或者提供合理支持，为基础资产产生预期现金流提供必要的保障，PPP项目公司及其股东可综合采取担保、持有次级等多种方式进行增信，避免单一增信方式增加对项目公司或股东的负担。PPP项目公司通过发行资产证券化产品优化负债结构的，节省综合融资成本带来的超额收益，应按照合同约定进行分配。

（十二）切实防范刚性兑付风险。PPP项目所在地财政部门要会同行业主管部门加强项目全生命周期的合同履约管理，以PPP合同约定的支付责任为限，严格按照项目绩效评价结果进行支付（含使用者付费项目），保障社会资本方获得合理回报。资产证券化产品的偿付责任，由特殊目的载体（SPV）以其持有的基础资产和增信安排承担，不得将资产证券化产品的偿付责任转嫁给政府或公众，并影响公共服务的持续稳定供给。

（十三）充分披露资产证券化相关信息。金融机构、中介服务机构等应做好尽职调查，确保PPP项目资产证券化业务符合相关政策要求。PPP项目资产证券化的发起人（原始权益人）、管理人及其他信息披露义务人应当严格按照资产证券化业务相关规定，在PPP综合信息平台以及市场认可的信息披露网站，披露项目实施信息、资产证券化年度管理报告、收益分配报告等信息，确保项目实施和资产证券化业务公开透明、有序实施，接受社会和市场监督。

（十四）大力营造良好发展环境。建立多元化、可持续的资金保障机制，推动不动产投资信托基金（REITs）发展，鼓励各类市场资金投资PPP项目资产证券化产品。加大PPP项目资产证券化政策宣传培训力度，提高各方资产证券化业务操作能力。财政部、中国人民银行、中国证监会建立完善PPP项目资产证券化协同管理机制，加强沟通合作，实现 PPP 项目实施和风险监测信息共享。省级财政部门和中国人民银行、中国证监会当地派出机构要高度重视，认真组织实施，切实做好 PPP 项目资产证券化相关工作，推动 PPP 项目资产证券化持续健康发展。

财政部　中国人民银行　中国证监会

2017 年 6 月 7 日

78. 关于政府参与的污水、垃圾处理项目全面实施 PPP 模式的通知

（财建〔2017〕455 号）

【发文机关】财政部　住房城乡建设部　农业部　环境保护部
【发文文号】财建〔2017〕455 号
【发布日期】2017 年 7 月 1 日
【实施日期】2017 年 7 月 1 日
【时效性】现行有效

各省、自治区、直辖市、计划单列市财政厅（局）、住房城乡建设厅（委）、环境保护厅（局）、农业部门，新疆生产建设兵团财务局、建设局、环境保护局、农业局：

为贯彻落实党的十八大以来中央关于加快完善现代市场体系、加快生态文明制度建设相关战略部署，进一步规范污水、垃圾处理行业市场运行，提高政府参与效率，充分吸引社会资本参与，促进污水、垃圾处理行业健康发展，我们拟对政府参与的污水、垃圾处理项目全面实施政府和社会资本合作（PPP）模式，现将有关事项通知如下：

一、总体要求

（一）指导思想。全面贯彻党的十八大和十八届三中、四中、五中、六中全会精神，深入落实《中共中央关于全面深化改革若干重大问题的决定》中关于建立吸引社会资本投入生态环境保护的市场化机制有关要求，发挥市场机制决定性作用和更好发挥政府作用，提高政府参与效率，充分吸引社会资本投资参与，提升环境公共服务质量，深入推进供给侧改革。

（二）基本原则。以全面实施为核心，在污水、垃圾处理领域全方位引入市场机制，推进 PPP 模式应用，对污水和垃圾收集、转运、处理、处置各环节进行系统整合，实现污水处理厂网一体和垃圾处理清洁邻利，有效实施绩效考核和按效付费，通过 PPP 模式提升相关公共服务质量和效率。以因地制宜为基础，加大引导支持力度，强化按效付费机制，政府和社会资本双方按照市场机制原则协商确定 PPP 模式实现方式。以规范操作为抓手，

严格执行财政 PPP 工作制度规范体系，防止变相举借政府债务，防范财政金融风险，深入推进相关领域内 PPP 改革。以提升效率为导向，增强相关领域内项目融资能力，畅通社会资本进入渠道，提高项目管理水平。

（三）总体目标。政府参与的新建污水、垃圾处理项目全面实施 PPP 模式。有序推进存量项目转型为 PPP 模式。尽快在该领域内形成以社会资本为主，统一、规范、高效的 PPP 市场，推动相关环境公共产品和服务供给结构明显优化。

二、实施要求

（四）适用范围。政府以货币、实物、权益等各类资产参与，或以公共部门身份通过其他形式介入项目风险分担或利益分配机制，且财政可承受能力论证及物有所值评价通过的各类污水、垃圾处理领域项目，全面实施 PPP 模式。

（五）实施内容。符合全面实施 PPP 模式条件的各类污水、垃圾处理项目，政府参与的途径限于 PPP 模式。政府与社会资本间应签署 PPP 协议，明确权益分配和风险分担机制，并通过成立具有独立法人资格的 PPP 项目公司实现项目商业风险隔离。政府可以在符合 PPP 相关政策规定的前提下对项目给予必要的支持，但不得为项目融资提供担保，不得对项目商业风险承担无限责任，不得以任何方式承诺回购社会资本方的投资本金，不得以任何方式承担社会资本方的投资本金损失，不得以任何方式向社会资本方承诺最低收益。

（六）规范操作。确保污水、垃圾处理领域 PPP 项目质量，规范项目发起、识别、准备、采购、执行、移交各环节操作流程，严格执行《关于在公共服务领域推广政府和社会资本合作模式的指导意见》（国办发〔2015〕42 号）等相关规定。认真贯彻落实污水、垃圾处理领域各项行业管理规范、技术标准和相关税费政策。严格合同管理，相关合同文本中应明确有关绩效考核、按效付费条款，提高服务质量和效率。

（七）有序实施。各级财政和行业管理部门，应结合项目经济属性、受益范围和行业管理模式等情况合理确定介入项目的政府层级及部门。根据项目非竞争性和非排他性强度，合理确定公共资源介入程度。严格约束政府行为，削减行政审批，杜绝对市场运行的不当干预。大幅度减少政府对该领域内市场资源的直接配置，着力推动市场资源依据市场规则、市场价格和市场竞争实现效益最大化和效率最优化。

三、支持政策

（八）优化财政政策。大力支持污水、垃圾处理领域全面实施 PPP 模式工作，未有效落实全面实施 PPP 模式政策的项目，原则上不予安排相关预算支出。各级地方财政要积极推进污水、垃圾处理领域财政资金转型，以运营补贴作为财政资金投入的主要方式，也可从财政资金中安排前期费用奖励予以支持，逐步减少资本金投入和投资补助。加大对各类财政资金的整合力度，涉农资金整合中充分统筹农村污水、垃圾处理相关支持资金，扩大规模经济和范围经济效应，形成资金政策合力，优先支持民营资本参与的项目。

（九）完善行业管理。加强对污水、垃圾处理领域全面实施 PPP 模式相关工作的指导，科学编制并严格落实有关规划，督促相关项目加快落地实施。通过全面实施 PPP 模式，有力提升污水、垃圾处理能力建设和项目管理水平。区域流域环境治理总体方案内、外，以及城市、农村的污水、垃圾处理工作得到有效统筹协调，并同生态产业及循环经济发展、面源污染治理有效衔接。建设完善项目服务质量、运营成本、安全生产及环保指标监测与监管体系，建立形成基于绩效的 PPP 项目收益机制。

四、组织领导

（十）工作机制。污水、垃圾处理领域全面实施 PPP 模式工作以“中央引导、地方推进、市场配置资源、模式全面实施”为主线，建立中央规划部署、地方贯彻落实、多部门协调合作的工作机制。

（十一）地方责任。各级地方政府是污水、垃圾处理领域全面实施 PPP 模式工作的责任主体，要逐级建立工作机制，强化组织领导，加强对相关工作的考核。

五、其他

（十二）本通知自发布之日起施行。

财政部　住房城乡建设部　农业部　环境保护部

2017 年 7 月 1 日

79. 关于组织开展第四批政府和社会资本合作示范项目申报筛选工作的通知

（财金〔2017〕76号）

【发文机关】财政部　教育部　科技部　工业和信息化部　民政部　人力资源社会保障部　国土资源部　环境保护部　住房城乡建设部　交通运输部　水利部　农业部　商务部　文化部　国家体育总局　国家林业局　国家旅游局　国家铁路局　中国民用航空局

【发文文号】财金〔2017〕76号

【发布日期】2017年7月14日

【实施日期】2017年7月14日

【时效性】现行有效

各省、自治区、直辖市、计划单列市财政厅（局）、教育厅（委、局）、科学技术厅（局）、工业和信息化厅（局、委）、民政厅（局）、人力资源社会保障厅（局）、国土资源厅（局）、环境保护厅（局）、住房和城乡建设厅（建设、市政、市容、园林主管部门）、交通运输厅（局、委）、水利厅（局）、农业厅（局、委、办）、商务厅（局）、文化厅（局）、体育局、林业局、旅游委（局）、铁路监督管理局、民用航空局，新疆生产建设兵团财务局、教育局、科技局、工信委、民政局、人力资源社会保障局、国土资源局、建设局（环保局）、交通局、水利局、农业局、商务局，财政部驻各省、自治区、直辖市、计划单列市财政监察专员办事处：

为深入推进公共服务领域政府和社会资本合作（以下简称PPP）工作，加强示范引领和样板推广，带动更多PPP项目落地实施，充分发挥PPP在稳增长、促改革、调结构、惠民生等方面的积极作用，财政部会同行业部委联合启动第四批PPP示范项目申报筛选工作。现就有关事宜通知如下：

一、项目申报范围

第四批PPP示范项目申报筛选工作由财政部会同相关行业部委联合开展。项目申报筛选注重激发市场活力，激励先进地区，突出行业破冰和引领带动效应，优先支持民营企业参与的项目，优先支持国务院确定的推广 PPP 模式成效明显市县的项目，优先支持环境保护、农业、水利、消费安全、智慧城市和旅游、文化、教育、体育、养老等幸福产业的项目。鼓励规范运用 PPP 模式盘活存量公共服务资产，吸引社会资本参与运营，提高公共服务供给质量和效率。

二、项目申报条件

申报项目应同时满足以下条件，否则不予受理：

（一）项目属能源、交通运输、市政工程、农业、林业、水利、环境保护、保障性安居工程、商贸基础设施、养老、教育、科技、文化、体育、旅游等公共服务领域。

（二）项目已纳入全国 PPP 综合信息平台（http：//cpppc. org）项目库。

（三）新建、改建项目已纳入土地利用总体规划、城市总体规划和各类专项规划，并按规定完成立项、项目可行性研究、项目核准或备案、供地方案等前期工作。存量项目涉及国有资产、股权转让的，已按规定办理资产评估手续。

（四）项目已完成物有所值评价和财政承受能力论证，并至少进入采购阶段。

（五）项目应当建立完善的运营绩效考核机制，有经营性现金流，投资回报机制以使用者付费为主。

（六）含项目建设期在内的项目合作期限不低于 10 年。

（七）项目不得采用建设—移交（BT）方式实施，不得以任何方式承诺回购社会资本方的投资本金，不得以任何方式承担社会资本方的投资本金损失，不得以任何方式向社会资本方承诺最低收益。

（八）符合行业部委的支持方向和政策要求。

1. 市政领域项目，应当按照《住房城乡建设部等部门关于进一步鼓励和引导民间资本进入城市供水、燃气、供热、污水和垃圾处理行业的意见》（建城〔2016〕208 号）等文件精神贯彻实施。

2. 农业领域项目，应当按照《关于深入推进农业领域政府和社会资本合作的实施意见》（财金〔2017〕50 号）精神贯彻实施。

3. 旅游领域项目，应当符合《“十三五”旅游业发展规划》基本要求。优先支持旅游信息化提升工程；旅游厕所、旅游服务中心、旅游集散中心等旅游公共服务设施建设项目；特色旅游功能区、国家精品旅游带、国家旅游风景道、特色旅游目的地等重点领域旅游公共服务项目。

4. 铁路行业项目，应当按照《关于进一步鼓励和扩大社会资本投资建设铁路的实施意见》（发改基础〔2015〕1610 号）精神贯彻实施。

三、项目申报程序

项目按照所属层级分为两类，省级及以下地方项目（以下简称地方项目）和中央部委直属项目（以下简称中央项目），分别按以下程序申报：

地方项目由本级财政部门会同同级行业主管部门联合组织初选，通过初选的项目由省级财政部门统一汇总形成申报项目清单，并在全国 PPP 综合信息平台完成线上申报后，将书面申报报告及申报项目清单上报财政部。财政部驻当地财政监察专员办事处可结合工作安排参与项目初选工作。省级行业主管部门将本地区本行业申报项目清单抄报相关行业部委。

中央部委项目由相关行业部委会同财政部对口司局联合组织初选，通过初选的项目汇总形成申报项目清单，由各行业部委进行线上填报并书面报送财政部，完成线上填报即进入 PPP 综合信息平台项目库。行业部委在工作中评选的各地试点项目以及实施机构为地方各级单位的项目，按照地方项目进行申报，行业部委可出具推荐意见书。

每个省（区、市）申报项目数量原则上不超过 60 个，各行业部委申报项目数量不超过 5 个。各省（区、市）以及各相关行业部委应于 2017 年 8 月 25 日前，提交书面申报报告和申报项目清单，并同时完成线上申报，逾期不予受理。本次项目申报筛选不接受线下申报项目和材料。

四、项目评审程序

（一）项目汇总及形式审查。财政部 PPP 工作领导小组办公室会同 PPP 中心组织对申报项目进行汇总和形式审查，形成备选项目清单作为评审对象。

（二）项目评审分组。备选项目按照行业领域进行分组评审，分为：交通运输组，市政公用事业组，综合开发组，农林水利与环境保护组，幸福产业及其他组。

（三）评审专家组成。每个评审组由 7 名评审专家组成，包括行业专家 2 名，政策、财务、法律、咨询、学术专家各 1 名。评审专家采取 PPP 专家库随机抽取的方式，于集中封闭评审开始前 2 日确定。各行业部委和我部对口司局可各指派 1 名负责相关业务的处级干部，作为观察员身份参与项目评审，提供政策指导。

（四）项目名单确认及发布。项目评审结束后，按照每个项目评审组的评分从高到低顺序，综合考虑民营企业参与程度、国务院确定的推广 PPP 模式成效明显市县、环境保护和幸福产业等 3 类优先支持的项目类型和各组平均分，形成示范项目名单。示范项目名单形成后，原则上不再进行调整，由财政部会同各相关行业部委联合发布。

五、项目管理要求

（一）对于入选的示范项目，符合条件的将获得中央财政 PPP 项目以奖代补政策支持。

（二）对于不再具备继续按照 PPP 模式推进条件，以及违反国家有关政策的项目，将移出示范项目名单。

（三）对于入选的示范项目，将适时对外公布申报材料信息，主动接受社会监督。

（四）财政部将联合行业部门成立督导组，检查指导示范项目执行落实情况，促进 PPP 模式可持续发展。

财政部　教育部　科技部　工业和信息化部　民政部
人力资源社会保障部　国土资源部　环境保护部　住房城乡建设部
交通运输部　水利部　农业部　商务部　文化部　国家体育总局
国家林业局　国家旅游局　国家铁路局　中国民用航空局
2017 年 7 月 14 日

80. 关于运用政府和社会资本合作模式支持养老服务业发展的实施意见

（财金〔2017〕86 号）

【发文机关】财政部　民政部　人力资源社会保障部
【发文文号】财金〔2017〕86 号
【发布日期】2017 年 8 月 14 日
【实施日期】2017 年 8 月 14 日
【时效性】现行有效

各省、自治区、直辖市、计划单列市财政厅（局）、民政厅（局）、人力资源社会保障厅（局），新疆生产建设兵团财务局、民政局、人力资源社会保障局：

为贯彻《国务院关于印发“十三五”国家老龄事业发展和养老体系建设规划的通知》（国发〔2017〕13 号）、《国务院办公厅转发财政部　发展改革委　人民银行关于在公共服务领域推广政府和社会资本合作模式指导意见的通知》（国办发〔2015〕42 号）精神，落实着力推进幸福产业服务消费提质扩容工作部署，鼓励运用政府和社会资本合作（PPP）模式推进养老服务业供给侧结构性改革，加快养老服务业培育与发展，形成多层次、多渠道、多样化的养老服务市场，推动老龄事业发展，现提出以下意见：

一、总体要求

（一）指导思想。

全面贯彻党中央、国务院关于老龄事业、养老服务业发展的决策部署，践行新发展理念，着力推动政府和社会资本合作促进养老服务领域供给侧结构性改革，优化养老服务领域资金资源投入使用方式，发挥社会力量的主体作用，激发社会活力，提高养老服务供给效率和能力，促进多层次、多渠道、多样化的养老服务更加方便可及，努力使养老服务业成为扩大内需、增加就业、保障和改善民生、推动经济转型升级的重要力量。

（二）基本原则。

政府引导，市场驱动。坚持养老服务领域供给侧结构性改革方向，深入推广政府和社会资本合作科学理念，优化养老服务领域政府资金资源投入使用方向和方式，发挥引导带动作用，注重发挥市场在资源配置中的决定性作用，营造公平竞争的市场环境，鼓励各类市场主体参与养老服务 PPP 项目，充分调动社会资本特别是民间资本的积极性，逐步使社会力量成为养老服务领域的主体。

厘清边界，支持基础。针对养老服务的不同类型，坚持公共服务属性，合理界定政府和社会资本合作提供的养老服务边界，优先支持保障型基本养老和改善型中端养老服务发展，促进资源合理优化配置，加大投入力度，探索形成符合当前国情的养老服务供给模式，保障面向老年人的基础性养老服务供给。

强化监督，提质增效。完善运营监督机制，强化绩效评价和项目监管，推动养老服务行业标准化建设，严格执行财政 PPP 工作制度规范体系，促进养老服务业规范发展。坚持问题导向，强化薄弱环节，通过机制创新增加养老服务供给，提升养老服务水平，增进老年人福祉。

（三）工作目标。政府和社会资本合作提供养老服务的供给能力大幅提高、质量明显改善、结构更加合理，市场活力和社会创造力得到充分激发，多层次、多样化的养老服务市场初步形成。政府职能转变、“放管服”改革成效显著，群众满意度显著提高，养老服务业成为推动经济社会发展的新动能。

二、优先支持的重点养老服务领域

重点引导和鼓励社会资本通过 PPP 模式，立足保障型基本养老服务和改善型中端养老服务，参与以下养老服务供给：

（四）养老机构。

鼓励政府将现有公办养老机构交由社会资本方运营管理。支持机关、企事业单位将所属的度假村、培训中心、招待所、疗养院等，通过 PPP 模式转型为养老机构，吸引社会资本运营管理。鼓励商业地产库存高、出租难的地方，通过 PPP 模式将闲置厂房、商业设施及其他可利用的社会资源改造成养老机构。

（五）社区养老体系建设。

鼓励政府和社会资本在城乡社区内建设运营居家养老服务网点、社区综合服务设施，兴办或运营老年供餐、社区日间照料、老年精神文化生活等形式多样的养老服务。支持政府将所辖区域内的社区养老服务打包，通过 PPP 模式交由社会资本方投资、建设或运营，实现区域内的社区养老服务项目统一标准、统一运营。

（六）医养健融合发展。

鼓励养老机构与医疗卫生机构、健康服务机构开展合作，支持打造“以健康管理为基础、以养老服务为核心、以医疗服务为支撑”的全生命周期养老服务链，兴建一批养老为主题，附加康养、体育健身、医疗、教育、文化娱乐、互联网等现代服务业的“养老 +”综合新业态。

三、规范推进项目实施

（七）统筹论证养老服务项目可行性。

各级财政、民政、社会保障部门要加强合作，依托全国 PPP 综合信息平台，综合项目实施周期、收费定价机制、投资收益水平、风险分配基本框架、所需政府投入等因素，论证筛选出适宜采用 PPP 模式运作的养老服务项目，做好项目储备，确保工作有序推进。

（八）依法择优选择社会资本方。

合理设置参与条件，消除本地保护主义和隐形门槛。除本级政府所属尚未转型的融资平台公司、控股国有企业外，建立现代企业制度的境内外法人，均可作为养老服务项目的社会资本方。鼓励在养老服务项目建设、运营、管理等方面具有专业资质的社会资本方，通过兼并重组、输出服务技术和品牌等形式，发展跨区域、跨行业的综合性养老服务集团，推动养老服务向品牌化、连锁化、专业化和规模化方向发展。

（九）多渠道构建项目回报机制。

根据项目特点，建立政府付费、使用者付费和开发性资源补偿相结合的项目回报机制，鼓励政府统筹运用授权经营、资本金注入、土地入股、运营补贴、投资补助等方式，支持养老项目建设。允许社会资本配套建设符合规定的医院、康养中心、疗养院及附属设施等经营性项目，提高项目综合盈利能力。鼓励社会资本通过“互联网 +”等创新运营模式，降低项目成本，提高项目运营效率和投资回报水平。

（十）发挥示范引领带动作用。

鼓励各级财政、民政、社会保障部门优先选择一批有示范带动作用、需求长期稳定的养老服务项目开展试点，探索创新合作机制。推出一批养老服务业 PPP 示范项目，打造项目样板和标杆，有效发挥示范项目对全国养老服务项目的引领带动作用。加强案例总结和经验推广，探索养老服务业运用 PPP 模式的成熟路径。

四、积极提供政策保障

（十一）加强组织领导。

各级财政、民政、社会保障部门要切实提高思想认识，积极推动建立跨部门的工作协调机制，明确各自职责分工，抓好工作部署，落实工作责任，推动项目实施，及时研究解决合作项目建设运行中的重大问题。

（十二）落实现有优惠政策。

合理界定养老服务项目类型，PPP 项目依法登记为公益性或经营性养老机构，按规定享受现行投资、补贴、税收、土地等优惠政策，保障养老服务设施用地供应。严格执行养老服务领域行政事业性收费减免政策。

（十三）优化财政资金投入方式。

鼓励各级财政部门加大养老服务业财政资金投入，优化资金使用方式，推动财政资金支持重点从生产要素环节向终端服务环节转移，从补建设向补运营转变，支持养老领域 PPP 项目实施。对社会急需、项目发展前景好的养老服务项目，要通过中央基建投资等现有资金渠道予以积极扶持。鼓励各地建立养老服务业引导性基金，吸引民间资本参与，支持符合养老服务业发展方向的 PPP 项目。

（十四）创新金融服务方式。

鼓励金融机构通过债权、股权、设立养老服务产业基金等多种方式，支持养老领域

PPP 项目。积极支持社保资金、保险资金等用于收益稳定、回收期长的养老服务 PPP 项目。充分发挥中国 PPP 基金的引导带动作用，积极支持养老服务 PPP 项目。鼓励保险公司探索开发长期护理险、养老机构责任险等保险产品。

（十五）营造良好发展环境。

各级财政、民政、社会保障部门要因地制宜细化落实各项扶持政策，切实为社会资本进入养老领域，创造公平有序的市场环境和保障有力的政策支持体系。进一步加大对养老投入力度，加快养老资金整合，优化社会资本参与环境，提高社会资本进入养老领域的积极性。

财政部　民政部　人力资源社会保障部

2017 年 8 月 14 日

81. 关于规范政府和社会资本合作（PPP）综合信息平台项目库管理的通知

（财办金〔2017〕92号）

【发文机关】财政部
【发文文号】财办金〔2017〕92号
【发布日期】2017年11月10日
【实施日期】2017年11月17日
【时效性】现行有效

各省、自治区、直辖市、计划单列市财政厅（局），新疆生产建设兵团财务局：

为深入贯彻落实全国金融工作会议精神，进一步规范政府和社会资本合作（PPP）项目运作，防止PPP异化为新的融资平台，坚决遏制隐性债务风险增量，现将规范全国PPP综合信息平台项目库（以下简称“项目库”）管理有关事项通知如下：

一、总体要求

（一）统一认识。各级财政部门要深刻认识当前规范项目库管理的重要意义，及时纠正PPP泛化滥用现象，进一步推进PPP规范发展，着力推动PPP回归公共服务创新供给机制的本源，促进实现公共服务提质增效目标，夯实PPP可持续发展的基础。

（二）分类施策。各级财政部门应按项目所处阶段将项目库分为项目储备清单和项目管理库，将处于识别阶段的项目，纳入项目储备清单，重点进行项目孵化和推介；将处于准备、采购、执行、移交阶段的项目，纳入项目管理库，按照PPP相关法律法规和制度要求，实施全生命周期管理，确保规范运作。

（三）严格管理。各级财政部门应严格项目管理库入库标准和管理要求，建立健全专人负责、持续跟踪、动态调整的常态化管理机制，及时将条件不符合、操作不规范、信息不完善的项目清理出库，不断提高项目管理库信息质量和管理水平。

二、严格新项目入库标准

各级财政部门应认真落实相关法律法规及政策要求，对新申请纳入项目管理库的项目进行严格把关，优先支持存量项目，审慎开展政府付费类项目，确保入库项目质量。存在下列情形之一的项目，不得入库：

（一）不适宜采用 PPP 模式实施。包括不属于公共服务领域，政府不负有提供义务的，如商业地产开发、招商引资项目等；因涉及国家安全或重大公共利益等，不适宜由社会资本承担的；仅涉及工程建设，无运营内容的；其他不适宜采用 PPP 模式实施的情形。

（二）前期准备工作不到位。包括新建、改扩建项目未按规定履行相关立项审批手续的；涉及国有资产权益转移的存量项目未按规定履行相关国有资产审批、评估手续的；未通过物有所值评价和财政承受能力论证的。

（三）未建立按效付费机制。包括通过政府付费或可行性缺口补助方式获得回报，但未建立与项目产出绩效相挂钩的付费机制的；政府付费或可行性缺口补助在项目合作期内未连续、平滑支付，导致某一时期内财政支出压力激增的；项目建设成本不参与绩效考核，或实际与绩效考核结果挂钩部分占比不足 30%，固化政府支出责任的。

三、集中清理已入库项目

各级财政部门应组织开展项目管理库入库项目集中清理工作，全面核实项目信息及实施方案、物有所值评价报告、财政承受能力论证报告、采购文件、PPP 项目合同等重要文件资料。属于上述第（一）、（二）项不得入库情形或存在下列情形之一的项目，应予以清退：

（一）未按规定开展“两个论证”。包括已进入采购阶段但未开展物有所值评价或财政承受能力论证的（2015 年 4 月 7 日前进入采购阶段但未开展财政承受能力论证以及 2015 年 12 月 18 日前进入采购阶段但未开展物有所值评价的项目除外）；虽已开展物有所值评价和财政承受能力论证，但评价方法和程序不符合规定的。

（二）不宜继续采用 PPP 模式实施。包括入库之日起一年内无任何实质性进展的；尚未进入采购阶段但所属本级政府当前及以后年度财政承受能力已超过 10% 上限的；项目发起人或实施机构已书面确认不再采用 PPP 模式实施的。

（三）不符合规范运作要求。包括未按规定转型的融资平台公司作为社会资本方的；采用建设—移交（BT）方式实施的；采购文件中设置歧视性条款、影响社会资本平等参与的；未按合同约定落实项目债权融资的；违反相关法律和政策规定，未按时足额缴纳项目资本金、以债务性资金充当资本金或由第三方代持社会资本方股份的。

（四）构成违法违规举债担保。包括由政府或政府指定机构回购社会资本投资本金或兜底本金损失的；政府向社会资本承诺固定收益回报的；政府及其部门为项目债务提供任何形式担保的；存在其他违法违规举债担保行为的。

（五）未按规定进行信息公开。包括违反国家有关法律法规，所公开信息与党的路线方针政策不一致或涉及国家秘密、商业秘密、个人隐私和知识产权，可能危及国家安全、公共安全、经济安全和社会稳定或损害公民、法人或其他组织合法权益的；未准确完整填写项目信息，入库之日起一年内未更新任何信息，或未及时充分披露项目实施方案、物有所值评价、财政承受能力论证、政府采购等关键信息的。

四、组织实施

（一）落实责任主体。各省级财政部门要切实履行项目库管理主体责任，统一部署辖内市、区、县财政部门开展集中清理工作。财政部政府和社会资本合作中心（以下称“财政部 PPP 中心”）负责开展财政部 PPP 示范项目的核查清理工作，并对各地项目管理库清理工作进行业务指导。

（二）健全工作机制。各省级财政部门应成立集中清理专项工作组，制定工作方案，明确任务分工、工作要求和时间进度，落实专人负责，并可邀请专家参与。地方各级财政部门应当会同有关方面加强政策宣传和舆论引导，重要情况及时向财政部报告。

（三）明确完成时限。各省级财政部门应于 2018 年 3 月 31 日前完成本地区项目管理库集中清理工作，并将清理工作完成情况报财政部金融司备案。

（四）确保整改到位。对于逾期未完成清理工作的地区，由财政部 PPP 中心指导并督促其于 30 日内完成整改。逾期未完成整改或整改不到位的，将暂停该地区新项目入库直至整改完成。

财政部办公厅

2017 年 11 月 10 日

82. 财政部　国土资源部制定印发《土地储备资金财务管理办法》

（财综〔2018〕8号）

【发文机关】财政部　国土资源部
【发布文号】财综〔2018〕8号
【发布日期】2018－01－17
【实施日期】2018－02－01
【时效性】现行有效

各省、自治区、直辖市、计划单列市财政厅（局）、国土资源主管部门，新疆生产建设兵团财政局、国土资源局：

为规范土地储备管理行为，加强土地储备资金财务管理，根据《预算法》、《国务院办公厅关于规范国有土地使用权出让收支管理的通知》（国办发〔2006〕100号）、《国务院关于加强地方政府性债务管理的意见》（国发〔2014〕43号）等有关规定，我们制定了《土地储备资金财务管理办法》。现印发给你们，请遵照执行。执行中如有问题，请及时向财政部、国土资源部反映。

财政部　国土资源部
2018年1月17日

附件：

土地储备资金财务管理办法

第一章　总　　则

第一条　为规范土地储备行为，加强土地储备资金财务管理，根据《预算法》、《国务院办公厅关于规范国有土地使用权出让收支管理的通知》（国办发〔2006〕100 号）、《国务院关于加强地方政府性债务管理的意见》（国发〔2014〕43 号）等有关规定，制定本办法。

第二条 本办法适用于土地储备资金财务收支活动。

第三条 本办法所称土地储备资金是指纳入国土资源部名录管理的土地储备机构按照国家有关规定征收、收购、优先购买、收回土地以及对其进行前期开发等所需的资金。

第四条 土地储备资金实行专款专用、分账核算，并实行预决算管理。

第二章 土地储备资金来源

第五条 土地储备资金来源于下列渠道：

（一）财政部门从已供应储备土地产生的土地出让收入中安排给土地储备机构的征地和拆迁补偿费用、土地开发费用等储备土地过程中发生的相关费用；

（二）财政部门从国有土地收益基金中安排用于土地储备的资金；

（三）发行地方政府债券筹集的土地储备资金；

（四）经财政部门批准可用于土地储备的其他财政资金。

第六条 财政部门根据土地储备的需要以及预算安排，及时下达用于土地储备的各项资金。

第七条 土地储备专项债券的发行主体为省级人民政府。土地储备专项债券资金由财政部门纳入政府性基金预算管理，并由土地储备机构专项用于土地储备，具体资金拨付、使用、预决算管理严格执行财政部、国土资源部关于地方政府土地储备专项债券管理的规定。

第三章 土地储备资金使用范围

第八条 土地储备资金使用范围具体包括：

（一）征收、收购、优先购买或收回土地需要支付的土地价款或征地和拆迁补偿费用。包括土地补偿费和安置补助费、地上附着物和青苗补偿费、拆迁补偿费，以及依法需要支付的与征收、收购、优先购买或收回土地有关的其他费用。

（二）征收、收购、优先购买或收回土地后进行必要的前期土地开发费用。储备土地的前期开发，仅限于与储备宗地相关的道路、供水、供电、供气、排水、通讯、照明、绿化、土地平整等基础设施建设支出。

（三）按照财政部关于规范土地储备和资金管理的规定需要偿还的土地储备存量贷款本金和利息支出。

（四）经同级财政部门批准的与土地储备有关的其他费用。包括土地储备工作中发生的地籍调查、土地登记、地价评估以及管护中围栏、围墙等建设等支出。

第九条 土地储备机构用于征地和拆迁补偿费用以及土地开发费用支出，应当严格按照国家规范国有土地使用权出让收支管理的有关规定执行。

第四章 土地储备相关资金管理

第十条 土地储备机构所需的日常经费，应当与土地储备资金实行分账核算，不得相互混用。

第十一条　土地储备机构在持有储备土地期间，临时利用土地取得的零星收入（不含供应储备土地取得的全部土地出让收入，以下简称土地储备零星收入），包括下列范围：

（一）出租储备土地取得的收入；

（二）临时利用储备土地取得的收入；

（三）储备土地的地上建筑物及附着物残值变卖收入；

（四）其他收入。

第十二条　土地储备零星收入全部缴入同级国库，纳入一般公共预算，实行“收支两条线”管理。

第十三条　土地储备零星收入缴入同级国库时，填列政府收支分类科目 103 类“非税收入”07 款“国有资源（资产）有偿使用收入”99 项“其他国有资源（资产）有偿使用收入”科目。土地储备零星收入实行国库集中收缴，缴入同级国库的具体方式，按照省、自治区、直辖市、计划单列市财政部门规定执行。

第五章　土地储备资金收支预决算及绩效管理

第十四条　土地储备机构应当于每年第三季度参照本年度土地储备计划，按宗地或项目编制下一年度土地储备资金收支项目预算草案，经主管部门审核后，报同级财政部门审定。其中：属于政府采购和政府购买服务范围的，应当按照规定分别编制政府采购和政府购买服务预算。

第十五条　同级财政部门应当及时批复土地储备机构土地储备资金收支项目预算。

第十六条　土地储备机构应当严格按照同级财政部门批复的预算执行，并根据土地收购储备的工作进度，提出用款申请，经主管部门审核后，报同级财政部门审批，资金支付按照国库集中支付制度的有关规定执行。

第十七条　土地储备资金收支项目预算确需调剂的，应当按照国家有关预算调剂的规定执行。

第十八条　每年年度终了，土地储备机构应当按照同级财政部门规定，向主管部门报送土地储备资金收支项目决算草案，并详细提供宗地或项目支出情况，经主管部门审核后，报同级财政部门审核。

土地储备资金收支项目决算草案的审核，也可委托具有良好信誉、执业质量高的会计师事务所等相关中介机构实施。

第十九条　土地储备机构从财政部门拨付的土地出让收入中安排用于征地和拆迁补偿、土地开发等的支出，按照支出性质，分别填列政府收支分类科目支出功能分类 212 类“城乡社区支出”08 款“国有土地使用权出让收入及对应专项债务收入安排的支出”01 项“征地和拆迁补偿支出”和 02 项“土地开发支出”等相关科目。同时，分别填列支出经济分类科目 310 类“资本性支出”09 款“土地补偿”、10 款“安置补助”、11 款“地上附着物和青苗补偿”、12 款“拆迁补偿”，以及 310 类“资本性支出”05 款“基础设施建设”支出科目。

第二十条　土地储备机构从国有土地收益基金收入中安排用于土地储备的支出，按照支出性质，分别填列政府收支分类科目支出功能分类212类“城乡社区支出”10款“国有土地收益基金及对应专项债务收入安排的支出”01项“征地和拆迁补偿支出”和02项“土地开发支出”科目。同时，分别填列支出经济分类310类“资本性支出”09款“土地补偿”、10款“安置补助”、11款“地上附着物和青苗补偿”、12款“拆迁补偿”，以及310类“资本性支出”05款“基础设施建设”支出科目。

第二十一条 土地储备机构日常经费预决算管理，按照《预算法》和同级财政部门的规定执行。

第二十二条 土地储备资金会计核算办法，按照财政部规定执行。具体办法由财政部另行制定。

第二十三条 土地储备机构所在地财政部门会同国土资源主管部门应当组织实施对土地储备资金的绩效评价工作，按要求编制绩效目标，做好绩效目标执行监控，建立完善的绩效评价制度，并将绩效评价结果作为财政部门安排年度土地储备资金收支项目预算的依据。

第六章 监督检查

第二十四条 各级财政、国土资源管理部门应当加强对土地储备资金使用情况、土地储备零星收入缴入国库情况以及土地储备机构执行会计核算制度、政府采购制度等的监督检查，确保土地储备资金专款专用，督促土地储备机构及时足额缴纳土地储备零星收入，努力提高土地储备资金管理效率。

第二十五条 土地储备机构应当严格执行本办法规定，自觉接受财政部门、国土资源管理部门和审计机关的监督检查。

第二十六条 任何单位和个人违反本办法规定的，按照《财政违法行为处罚处分条例》等国家有关规定追究法律责任，涉嫌犯罪的，依法移送司法机关处理。

各级财政部门、国土资源管理部门在土地储备资金审批、分配工作中，存在违反本办法及其他滥用职权、玩忽职守、徇私舞弊等违法违纪行为的，按照《预算法》、《公务员法》、《行政监察法》、《财政违法行为处罚处分条例》等国家有关规定追究相应责任；涉嫌犯罪的，依法移送司法机关处理。

第七章 附 则

第二十七条 各省、自治区、直辖市及计划单列市财政部门应当会同国土资源管理部门根据本办法，结合本地区实际情况，制定具体实施办法，并报财政部、国土资源部备案。

第二十八条 本办法由财政部会同国土资源部负责解释。

第二十九条 本办法自2018年2月1日起施行。2007年6月12日财政部、国土资源部发布的《土地储备资金财务管理暂行办法》（财综〔2007〕17号）同时废止。

83. 关于做好2018年地方政府债务管理工作的通知

（财预〔2018〕34号）

【发文机关】财政部
【发布文号】财预〔2018〕34号
【发布日期】2018－02－24
【实施日期】2018－02－24
【时效性】现行有效

各省、自治区、直辖市、计划单列市财政厅（局）：

为贯彻落实党中央、国务院决策部署，按照推动高质量发展的要求，加强地方政府债务管理，发挥政府规范举债对经济社会发展的促进作用，有效防范化解地方政府债务风险，坚决打好防范化解重大风险的攻坚战，现就做好2018年地方政府债务管理工作通知如下：

一、高度重视地方政府债务管理工作

党中央、国务院高度重视地方政府债务管理工作。党的十九大报告指出，从现在到二〇二〇年是全面建成小康社会决胜期，要紧扣我国社会主要矛盾变化，突出抓重点、补短板、强弱项，特别是要坚决打好防范化解重大风险、精准扶贫、污染防治的攻坚战，使全面建成小康社会得到人民认可、经得起历史检验。中央经济工作会议要求，切实加强地方政府债务管理。全国金融工作会议明确，各级地方党委和政府要树立正确政绩观，严控地方政府债务增量，终身问责、倒查责任。国务院常务会议强调，严格规范地方政府举债行为，积极稳妥化解累积的债务风险，各地要落实属地责任，堵住“后门”，坚决遏制违法违规举债。

地方政府举债要与偿还能力相匹配，是必须遵循的经济规律。地方各级财政部门要全面贯彻党的十九大精神，坚持新发展理念，按照高质量发展的要求，牢固树立政治意识、大局意识、核心意识、看齐意识，严格落实属地管理责任，将防范化解地方政府债务风险作为当前财政管理工作的重中之重，依法健全规范的地方政府举债融资机制，既要开好“前门”，稳步推进政府债券管理改革，强化政府债券资金绩效管理，提高政府债券资金使用效益，发挥政府规范举债的积极作用，支持补齐民生领域短板，又要严堵“后门”，守住国家法律“红线”，坚守财政可持续发展底线，加大财政约束力度，硬化预算约束，坚决制止和查处各类违法违规或变相举债行为，促进经济社会健康持续发展。

二、依法规范地方政府债务限额管理和预算管理

（一）合理确定分地区地方政府债务限额。地方政府债务限额分配要充分体现立足财力水平、防范债务风险、保障融资需求、注重资金效益、公平公开透明的原则，不得超越财力实际将上级政府批准的地方政府债务限额过多留用本级或下达下级，实现不同地区地方政府债务限额与其偿债能力相匹配。

（二）加快地方政府债务限额下达进度。省级财政部门要提前做好各项工作准备，自收到经国务院批准后下达的分地区地方政府债务限额起，尽快提请完成本地区政府债务安排的法定审批程序，原则上于 1 个月之内下达各市县级政府，具备条件的地区应当尽量提前下达。

（三）用好地方政府债务限额。在严格执行法定限额管理的同时，鼓励各地区按照《财政部关于试点发展项目收益与融资自求平衡的地方政府专项债券品种的通知》（财预〔2017〕89 号）规定，积极利用上年末专项债务未使用的限额，结合项目对应的政府性基金收入、专项收入情况，合理选择重点项目试点分类发行项目收益与融资自求平衡的专项债券（以下简称项目收益专项债券），保障重点领域合理融资需求。

（四）落实全面实施绩效管理要求。建立健全“举债必问效、无效必问责”的政府债务资金绩效管理机制，推进实施地方政府债务项目滚动管理和绩效管理，加强债务资金使用和对应项目实施情况监控，引导各地按照轻重缓急顺序合理安排使用债务资金，地方政府债务资金只能用于公益性资本支出，不得用于经常性开支，要优先保障在建工程项目建设，提高债务资金使用绩效。

（五）推进地方政府债务领域信息公开。及时公开本地区地方政府债务限额、余额、期限、用途等信息。完善地方政府债券信息披露机制，发行一般债券应当重点披露本地区生产总值、财政收支、债务风险等财政经济信息，以及债券规模、利率、期限、具体使用项目、偿债计划等债券信息；发行专项债券应当重点披露本地区及使用债券资金相关地区的政府性基金预算收入、专项债务风险等财政经济信息，以及债券规模、利率、期限、具体使用项目、偿债计划等债券信息，发行项目收益专项债券还应当披露债券投向的公益性项目概况、投资规模及分年投资计划、建设资金来源、项目融资平衡方案、潜在风险评估等信息，以及由第三方专业机构出具的财务审计报告、信用评级报告、法律意见书等。

三、及时完成存量地方政府债务置换工作

（六）加快存量地方政府债务置换进度。各地应当尽早启动置换债券发行，确保在国务院明确的期限内完成全部非政府债券形式存量政府债务置换工作。债权人不同意在规定期限内置换为政府债券的，仍由原债务人依法承担偿债责任，对应的地方政府债务限额由中央统一收回；地方政府作为出资人的，在出资范围内承担有限责任。

涉及按规定核减（销）存量政府债务的，应当有可验证的合法书面凭据。涉及工程款

结算延期的，可以根据工程完成进度协商置换一部分对应的存量政府债务，后续工程建设通过财政预算资金或地方政府新增债券资金等统筹支持。

（七）强化置换债券资金管理。各地要督促本地区各级政府和相关单位对照《财政部关于做好2016年地方政府置换债券核查情况整改工作的函》（财预函〔2017〕31号）各项整改要求，规范使用置换债券资金，置换债券资金要严格用于偿还清理甄别认定的截至2014年末存量政府债务，严禁用于其他用途。

四、着力加强债务风险监测和防范

（八）健全地方政府性债务风险评估和预警机制。加强风险评估和预警结果应用，动态监测高风险地区债务风险状况并向本地区政府性债务领导小组报告，提请建立风险评估和预警结果对高风险地区的约束机制，督促高风险地区采取有效措施逐步化解风险，研究制定对高风险地区政府投融资行为的约束性措施。

（九）发挥地方政府财政重整计划作用。按照《国务院办公厅关于印发地方政府性债务风险应急处置预案的通知》（国办函〔2016〕88号）规定，督促相关高风险地区通过实施一系列增收、节支、资产处置等短期和中长期措施安排，使债务规模和偿债能力相一致，恢复财政收支平衡状态。

五、进一步强化地方政府债券管理

（十）加快实现地方政府债券管理与项目严格对应。坚持以健全市场约束机制为导向，依法规范地方政府债券管理。严格遵循地方政府举借的债务只能用于公益性资本支出的法律规定，地方政府债券发行必须一律与公益性建设项目对应，一般债券和专项债券发行信息披露时均要将债券资金安排明确到具体项目；债券资金使用要严格按照披露的项目信息执行，确需调整支出用途的，应当按照规定程序办理，保护投资者合法权益。

（十一）稳步推进地方政府专项债券管理改革。完善专项债券管理，在严格将专项债券发行与项目一一对应的基础上，加快实现债券资金使用与项目管理、偿债责任相匹配，以及债券期限与项目期限相匹配。继续推进发行土地储备和政府收费公路专项债券。合理扩大专项债券使用范围，鼓励地方按照《财政部关于试点发展项目收益与融资自求平衡的地方政府专项债券品种的通知》（财预〔2017〕89号）要求，创新和丰富债券品种，按照中央经济工作会议确定的重点工作，优先在重大区域发展以及乡村振兴、生态环保、保障性住房、公立医院、公立高校、交通、水利、市政基础设施等领域选择符合条件的项目，积极探索试点发行项目收益专项债券。

各地利用上年末地方政府专项债务未使用限额的部分试点发行项目收益专项债券的，应当按照财预〔2017〕89号文件要求，组织制定实施方案以及专项债券管理办法，报财政部备案后实施。

（十二）完善地方政府债券本金偿还机制。将防范地方政府债务风险和促进政府债券资金集约使用有机结合，既要根据公益性项目建设进展合理确定发债规模和期限，又要结合实际情况灵活创新地方政府债券本金偿还机制。在按照市场化原则保障债权人合法权益的前提下，地方政府发行政府债券时可以约定到期偿还、提前偿还、分年偿还等不同形式的本金偿还条款，避免偿债资金闲置，防范资金挪用风险。

（十三）大力发展地方政府债券市场。稳妥利用银行间市场、证券交易所市场发行地方政府债券，积极探索在商业银行柜台销售地方政府债券，推动地方政府债券投资主体多元化。完善地方政府债券市场化定价机制，各地要自觉增强市场化意识，严禁采取非市场化手段干预地方政府债券发行定价，充分发挥市场在地方政府债券发行中的决定性作用。鼓励各地通过政府购买服务等方式，引入第三方机构参与地方政府债券发行准备工作，提高地方政府债券管理专业化程度。

省级财政部门和财政部驻各地财政监察专员办事处要加强债务调研、核查和检查，发现问题的及时督促整改、严肃问责。

特此通知。

财政部

2018 年 2 月 24 日

84. 关于印发《试点发行地方政府棚户区改造专项债券管理办法》的通知

（财预〔2018〕28号）

【发文机关】财政部
【发布文号】财预〔2018〕28号
【发布日期】2018-03-01
【实施日期】2018-03-01
【时效性】现行有效

各省、自治区、直辖市、计划单列市财政厅（局），住房城乡建设厅（局、委）：

按照党中央、国务院有关精神和要求，根据《中华人民共和国预算法》《国务院关于加强地方政府性债务管理的意见》（国发〔2014〕43号）等有关规定，为完善地方政府专项债券管理，规范棚户区改造融资行为，坚决遏制地方政府隐性债务增量，2018年在棚户区改造领域开展试点，有序推进试点发行地方政府棚户区改造专项债券工作，探索建立棚户区改造专项债券与项目资产、收益相对应的制度，发挥政府规范适度举债改善群众住房条件的积极作用，我们研究制订了《试点发行地方政府棚户区改造专项债券管理办法》。现予以印发，请遵照执行。

财政部　住房城乡建设部
2018年3月1日

附件：

试点发行地方政府棚户区改造专项债券管理办法

第一章 总 则

第一条 为完善地方政府专项债券管理，规范棚户区改造融资行为，坚决遏制地方政府隐性债务增量，有序推进试点发行地方政府棚户区改造专项债券工作，探索建立棚户区改造专项债券与项目资产、收益相对应的制度，发挥政府规范适度举债改善群众住房条件的积极作用，根据《中华人民共和国预算法》、《国务院关于加强地方政府性债务管理的意见》（国发〔2014〕43号）等有关规定，制订本办法。

第二条 本办法所称棚户区改造，是指纳入国家棚户区改造计划，依法实施棚户区征收拆迁、居民补偿安置以及相应的腾空土地开发利用等的系统性工程，包括城镇棚户区（含城中村、城市危房）、国有工矿（含煤矿）棚户区、国有林区（场）棚户区和危旧房、国有垦区危房改造项目等。

第三条 本办法所称地方政府棚户区改造专项债券（以下简称棚改专项债券）是地方政府专项债券的一个品种，是指遵循自愿原则、纳入试点的地方政府为推进棚户区改造发行，以项目对应并纳入政府性基金预算管理的国有土地使用权出让收入、专项收入偿还的地方政府专项债券。

前款所称专项收入包括属于政府的棚改项目配套商业设施销售、租赁收入以及其他收入。

第四条 试点期间地方政府为棚户区改造举借、使用、偿还专项债务适用本办法。

第五条 省、自治区、直辖市政府（以下简称省级政府）为棚改专项债券的发行主体。试点期间设区的市、自治州，县、自治县、不设区的市、市辖区级政府（以下简称市县级政府）确需棚改专项债券的，由其省级政府统一发行并转贷给市县级政府。

经省政府批准，计划单列市政府可以自办发行棚改专项债券。

第六条 试点发行棚改专项债券的棚户区改造项目应当有稳定的预期偿债资金来源，对应的纳入政府性基金的国有土地使用权出让收入、专项收入应当能够保障偿还债券本金和利息，实现项目收益和融资自求平衡。

第七条 棚改专项债券纳入地方政府专项债务限额管理。棚改专项债券收入、支出、还本、付息、发行费用等纳入政府性基金预算管理。

第八条 棚改专项债券资金由财政部门纳入政府性基金预算管理，并由本级棚改主管部门专项用于棚户区改造，严禁用于棚户区改造以外的项目，任何单位和个人不得截留、挤占和挪用，不得用于经常性支出。

本级棚改主管部门是指各级住房城乡建设部门以及市县级政府确定的棚改主管部门。

第二章 额度管理

第九条 财政部在国务院批准的年度地方政府专项债务限额内，根据地方棚户区改造融资需求及纳入政府性基金预算管理的国有土地使用权出让收入、专项收入状况等因素，确定年度全国棚改专项债券总额度。

第十条　各省、自治区、直辖市年度棚改专项债券额度应当在国务院批准的本地区专项债务限额内安排，由财政部下达各省级财政部门，并抄送住房城乡建设部。

第十一条　预算执行中，各省、自治区、直辖市年度棚改专项债券额度不足或者不需使用的部分，由省级财政部门会同住房城乡建设部门于每年 8 月 31 日前向财政部提出申请。财政部可以在国务院批准的该地区专项债务限额内统筹调剂额度并予批复，同时抄送住房城乡建设部。

第十二条　省级财政部门应当加强对本地区棚改专项债券额度使用情况的监督管理。

第三章　预算编制

第十三条　县级以上地方各级棚改主管部门应当根据本地区棚户区改造规划和分年改造任务等，结合项目收益与融资平衡情况等因素，测算提出下一年度棚改专项债券资金需求，报本级财政部门复核。市县级财政部门将复核后的下一年度棚改专项债券资金需求，经本级政府批准后，由市县政府于每年 9 月底前报省级财政部门和省级住房城乡建设部门。

第十四条　省级财政部门会同本级住房城乡建设部门汇总审核本地区下一年度棚改专项债券需求，随同增加举借专项债务和安排公益性资本支出项目的建议，经省级政府批准后于每年 10 月 31 日前报送财政部。

第十五条　省级财政部门在财政部下达的本地区棚改专项债券额度内，根据市县近三年纳入政府性基金预算管理的国有土地使用权出让收入和专项收入情况、申报的棚改项目融资需求、专项债务风险、项目期限、项目收益和融资平衡情况等因素，提出本地区年度棚改专项债券分配方案，报省级政府批准后下达各市县级财政部门，并抄送省级住房城乡建设部门。

第十六条　市县级财政部门应当在省级财政部门下达的棚改专项债券额度内，会同本级棚改主管部门提出具体项目安排建议，连同年度棚改专项债券发行建议报省级财政部门备案，抄送省级住房城乡建设部门。

第十七条　增加举借的棚改专项债券收入应当列入政府性基金预算调整方案。包括：

（一）省级政府在财政部下达的年度棚改专项债券额度内发行专项债券收入。

（二）市县级政府使用的上级政府转贷棚改专项债券收入。

第十八条　增加举借棚改专项债券安排的支出应当列入预算调整方案，包括本级支出和转贷下级支出。棚改专项债券支出应当明确到具体项目，在地方政府债务管理系统中统计，纳入财政支出预算项目库管理。

地方各级棚改主管部门应当建立试点发行地方政府棚户区改造专项债券项目库，项目库信息应当包括项目名称、棚改范围、规模（户数或面积）、标准、建设期限、投资计划、预算安排、预期收益和融资平衡方案等情况，并做好与地方政府债务管理系统的衔接。

第十九条　棚改专项债券还本支出应当根据当年到期棚改专项债券规模、棚户区改造项目收益等因素合理预计、妥善安排，列入年度政府性基金预算草案。

第二十条 棚改专项债券利息和发行费用应当根据棚改专项债券规模、利率、费率等情况合理预计，列入政府性基金预算支出统筹安排。

第二十一条 棚改专项债券收入、支出、还本付息、发行费用应当按照《地方政府专项债务预算管理办法》（财预〔2016〕155 号）规定列入相关预算科目。

第四章 预算执行和决算

第二十二条 省级财政部门应当根据本级人大常委会批准的预算调整方案，结合市县级财政部门会同本级棚改主管部门提出的年度棚改专项债券发行建议，审核确定年度棚改专项债券发行方案，明确债券发行时间、批次、规模、期限等事项。

市县级财政部门应当会同本级棚改主管部门做好棚改专项债券发行准备工作。

第二十三条 地方各级棚改主管部门应当配合做好本地区棚改专项债券试点发行准备工作，及时准确提供相关材料，配合做好项目规划、信息披露、信用评级、资产评估等工作。

第二十四条 发行棚改专项债券应当披露项目概况、项目预期收益和融资平衡方案、第三方评估信息、专项债券规模和期限、分年投资计划、本金利息偿还安排等信息。项目实施过程中，棚改主管部门应当根据实际情况及时披露项目进度、专项债券资金使用情况等信息。

第二十五条 棚改专项债券应当遵循公开、公平、公正原则采取市场化方式发行，在银行间债券市场、证券交易所市场等交易场所发行和流通。

第二十六条 棚改专项债券应当统一命名格式，冠以“××年××省、自治区、直辖市（本级或××市、县）棚改专项债券（×期）——×年××省、自治区、直辖市政府专项债券（×期）”名称，具体由省级财政部门商省级住房城乡建设部门确定。

第二十七条 棚改专项债券的发行和使用应当严格对应到项目。根据项目地理位置、征拆户数、实施期限等因素，棚改专项债券可以对应单一项目发行，也可以对应同一地区多个项目集合发行，具体由市县级财政部门会同本级棚改主管部门提出建议，报省级财政部门确定。

第二十八条 棚改专项债券期限应当与棚户区改造项目的征迁和土地收储、出让期限相适应，原则上不超过 15 年，可根据项目实际适当延长，避免期限错配风险。具体由市县级财政部门会同本级棚改主管部门根据项目实施周期、债务管理要求等因素提出建议，报省级财政部门确定。

棚改专项债券发行时，可以约定根据项目收入情况提前偿还债券本金的条款。鼓励地方政府通过结构化设计合理确定债券期限。

第二十九条 棚户区改造项目征迁后腾空土地的国有土地使用权出让收入、专项收入，应当结合该项目对应的棚改专项债券余额统筹安排资金，专门用于偿还到期债券本金，不得通过其他项目对应的国有土地使用权出让收入、专项收入偿还到期债券本金。因项目对应的专项收入暂时难以实现，不能偿还到期债券本金时，可在专项债务限额内发行棚改专项债券周转偿还，项目收入实现后予以归还。

第三十条 省级财政部门应当按照合同约定，及时偿还棚改专项债券到期本金、利息以及支付发行费用。市县级财政部门应当及时向省级财政部门缴纳本地区或本级应当承担的还本付息、发行费用等资金。

第三十一条 年度终了，县级以上地方各级财政部门应当会同本级棚改主管部门编制棚改专项债券收支决算，在政府性基金预算决算报告中全面、准确反映当年棚改专项债券收入、安排的支出、还本付息和发行费用等情况。

第五章 监督管理

第三十二条 地方各级财政部门应当会同本级棚改主管部门建立和完善相关制度，加强对本地区棚改专项债券发行、使用、偿还的管理和监督。

第三十三条 地方各级棚改主管部门应当加强对使用棚改专项债券项目的管理和监督，确保项目收益和融资自求平衡。

地方各级棚改主管部门应当会同有关部门严格按照政策实施棚户区改造项目范围内的征迁工作，腾空的土地及时交由国土资源部门按照有关规定统一出让。

第三十四条 地方各级政府及其部门不得通过发行地方政府债券以外的任何方式举借债务，除法律另有规定外不得为任何单位和个人的债务以任何方式提供担保。

第三十五条 地方各级财政部门应当会同本级棚改主管部门等，将棚改专项债券对应项目形成的国有资产，纳入本级国有资产管理，建立相应的资产登记和统计报告制度，加强资产日常统计和动态监控。县级以上各级棚改主管部门应当认真履行资产运营维护责任，并做好资产的会计核算管理工作。棚改专项债券对应项目形成的国有资产，应当严格按照棚改专项债券发行时约定的用途使用，不得用于抵押、质押。

第三十六条 财政部驻各地财政监察专员办事处对棚改专项债券额度、发行、使用、偿还等进行监督，发现违反法律法规和财政管理、棚户区改造资金管理等政策规定的行为，及时报告财政部，并抄送住房城乡建设部。

第三十七条 违反本办法规定情节严重的，财政部可以暂停其发行棚改专项债券。违反法律、行政法规的，依法追究有关人员责任；涉嫌犯罪的，移送司法机关依法处理。

第三十八条 地方各级财政部门、棚改主管部门在地方政府棚改专项债券监督和管理工作中，存在滥用职权、玩忽职守、徇私舞弊等违法违纪行为的，按照《中华人民共和国预算法》《公务员法》《行政监察法》《财政违法行为处罚处分条例》等国家有关规定追究相应责任；涉嫌犯罪的，移送司法机关处理。

第六章 职责分工

第三十九条 财政部负责牵头制定和完善试点发行棚改专项债券管理办法，下达分地区棚改专项债券额度，对地方棚改专项债券管理实施监督。

第四十条 住房城乡建设部配合财政部指导和监督地方棚改主管部门做好试点发行棚改专项债券管理相关工作。

第四十一条 省级财政部门负责本地区棚改专项债券额度管理和预算管理、组织做好债券发行、还本付息等工作，并按照专项债务风险防控要求审核项目资金需求。

第四十二条 省级住房城乡建设部门负责审核本地区棚改专项债券项目和资金需求，

组织做好试点发行棚户区改造专项债券项目库与地方政府债务管理系统的衔接，配合做好本地区棚改专项债券发行准备工作。

第四十三条 市县级财政部门负责按照政府债务管理要求并根据本级试点发行棚改专项债券项目，以及本级专项债务风险、政府性基金收入等因素，复核本地区试点发行棚改专项债券需求，做好棚改专项债券额度管理、预算管理、发行准备、资金使用监管等工作。

市县级棚改主管部门负责按照棚户区改造工作要求并根据棚户区改造任务、成本等因素，建立本地区试点发行棚户区改造专项债券项目库，做好入库棚改项目的规划期限、投资计划、收益和融资平衡方案、预期收入等测算，做好试点发行棚户区改造专项债券年度项目库与政府债务管理系统的衔接，配合做好棚改专项债券发行各项准备工作，加强对项目实施情况的监控，并统筹协调相关部门保障项目建设进度，如期实现专项收入。

第七章 附　　则

第四十四条 省、自治区、直辖市财政部门可以根据本办法规定，结合本地区实际制定实施细则。

第四十五条 本办法由财政部会同住房城乡建设部负责解释。

第四十六条 本办法自 2018 年 3 月 1 日起实施。

85. 关于规范金融企业对地方政府和国有企业投融资行为有关问题的通知

（财金〔2018〕23号）

【发文机关】财政部
【发布文号】财金〔2018〕23号
【发布日期】2018－03－28
【实施日期】2018－03－28
【时效性】现行有效

各国有金融企业：

金融企业是支持地方经济社会发展的重要力量。当前，金融企业运营总体平稳良好，但在服务地方发展、支持地方基础设施和公共服务领域建设中仍然存在过于依靠政府信用背书，捆绑地方政府、捆绑国有企业、堆积地方债务风险等问题，加剧了财政金融风险隐患。为全面贯彻党的十九大精神，落实全国金融工作会议部署和要求，坚决打好防范化解重大风险攻坚战，促进金融企业稳健运行，进一步督促金融企业加强风险管控和财务管理，严格执行国有金融资本管理制度，现就有关事项通知如下：

一、【总体要求】国有金融企业应严格落实《预算法》和《国务院关于加强地方政府性债务管理的意见》（国发〔2014〕43号）等要求，除购买地方政府债券外，不得直接或通过地方国有企事业单位等间接渠道为地方政府及其部门提供任何形式的融资，不得违规新增地方政府融资平台公司贷款。不得要求地方政府违法违规提供担保或承担偿债责任。不得提供债务性资金作为地方建设项目、政府投资基金或政府和社会资本合作（PPP）项目资本金。

二、【资本金审查】国有金融企业向参与地方建设的国有企业（含地方政府融资平台公司）或PPP项目提供融资，应按照“穿透原则”加强资本金审查，确保融资主体的资本金来源合法合规，融资项目满足规定的资本金比例要求。若发现存在以“名股实债”、股东借款、借贷资金等债务性资金和以公益性资产、储备土地等方式违规出资或出资不实的问题，国有金融企业不得向其提供融资。

三、【还款能力评估】国有金融企业参与地方建设融资，应审慎评估融资主体的还款能力和还款来源，确保其自有经营性现金流能够覆盖应还债务本息，不得要求或接受地方政府及其部门以任何方式提供担保、承诺回购投资本金、保本保收益等兜底安排，或以其他方式违规承担偿债责任。项目现金流涉及可行性缺口补助、政府付费、财政补贴等财政资金安排的，国有金融企业应严格核实地方政府履行相关程序的合规性和完备性。严禁国有金融企业向地方政府虚构或超越权限、财力签订的应付（收）账款协议提供融资。

四、【投资基金】国有金融企业与地方政府及其部门合作设立各类投资基金，应严格遵守有关监管规定，不得要求或接受地方政府及其部门作出承诺回购投资本金、保本保收益等兜底安排，不得通过结构化融资安排或采取多层嵌套等方式将投资基金异化为债务融资平台。

五、【资产管理业务】国有金融企业发行银行理财、信托计划、证券期货经营机构资产管理计划、保险基础设施投资计划等资产管理产品参与地方建设项目，应按照“穿透原则”切实加强资金投向管理，全面掌握底层基础资产信息，强化期限匹配，不得以具有滚动发行、集合运作、分离定价特征的资金池产品对接，不得要求或接受地方政府以任何方式提供兜底安排或以其他方式违规承担偿债责任，不得变相为地方政府提供融资。国有金融企业在进行资产管理产品推介时，应充分说明投资风险，不得以地方政府承诺回购、保证最低收益等隐含无风险条件，作为营销手段。

六、【政策性开发性金融】政策性、开发性金融机构服务国家重大战略、支持经济社会薄弱环节时，应严格遵守国家法律和相关规定，严格按照市场化原则审慎合规授信，严格按照项目实际而不是政府信用提供融资，严格遵守业务范围划分规定。严禁为地方政府和国有企业提供各类违规融资，不得要求或接受地方政府出具任何形式明示或暗示承担偿债责任的文件，不得通过任何形式违法违规增加地方政府债务负担。

七、【合作方式】国有金融企业应将严格遵守国家地方政府债务管理法律法规和政策规定作为合规管理的重要内容，切实转变业务模式，依法规范对地方建设项目提供融资，原则上不得采取与地方政府及其部门签署一揽子协议、备忘录、会议纪要等方式开展业务，不得对地方政府及其部门统一授信。

八、【金融中介业务】国有金融企业为地方政府融资平台公司等地方国有企业在境内外发行债券提供中介服务时，应审慎评估举债主体财务能力和还款来源。对于发债企业收入来源中涉及财政资金安排的，应当尽职调查，认真核实财政资金安排的合规性和真实性。在债券募集说明书等文件中，不得披露所在地区财政收支、政府债务数据等明示或暗示存在政府信用支持的信息，严禁与政府信用挂钩的误导性宣传，并应在相关发债说明书中明确，地方政府作为出资人仅以出资额为限承担有限责任，相关举借债务由地方国有企业作为独立法人负责偿还。

九、【PPP】国有金融企业应以PPP项目规范运作为融资前提条件，对于未落实项目资本金来源、未按规定开展物有所值评价、财政承受能力论证的，物有所值评价、财政承受能力论证等相关信息没有充分披露的PPP项目，不得提供融资。

十、【融资担保】政府性融资担保机构应按照市场化方式运作，依法依规开展融资担保服务，自主经营、自负盈亏，不得要求或接受地方政府以任何形式在出资范围之外承担责任。

十一、【出资管理】国有金融企业应加强对股东资质的审查。国有金融企业股东应以自有资金入股国有金融企业，且确保资金来源合法，严禁虚假出资、出资不实或抽逃出资，严禁代持国有金融企业股权。除法律法规另有规定的以外，以非自有资金出资的股权不得享受股权增值收益，并按“实际出资与期末净资产孰低”原则予以清退。国有金融企业股东用金融企业股权质押融资，应遵守法律法规和相关监管规定，不得损害其他股东和金融企业的利益。

十二、【财务约束】国有金融企业应按照“实质重于形式”的原则，充足提取资产减值准备，严格计算占用资本，不得以有无政府背景作为资产风险的判断标准。

十三、【产权管理】国有金融企业应聚焦主业，严格遵守国有金融资产管理有关规定，做好与地方政府及其部门合作所形成股权资产的登记、评估、转让、清算、退出等工作。合理设置机构法人层级，压缩管理级次，降低组织结构复杂程度，原则上同类一级子公司只能限定为一家。

十四、【配合整改】对存在地方政府违法违规举债担保、变相举债等问题的存量项目，开发性、政策性金融机构等国有金融企业应积极主动配合有关方面，依法依规开展整改，在有效保障各方合法权益的基础上，稳妥有序化解存量债务风险。在配合整改的同时，国有金融企业不得盲目抽贷、压贷和停贷，防范存量债务资金链断裂风险。

十五、【绩效评价】财政部门对金融企业进行绩效评价时，如金融企业违法违规向地方政府、地方国有企业等提供融资，要求或接受地方政府及其部门以任何方式提供担保或承担偿债责任，被相关部门依法依规追究责任的，根据相关部门提供的处理处罚情况，对该金融企业下调评价等级。

十六、【监督检查】对财政部公开通报涉及地方政府违法违规举债担保行为的地方国有企业，国有金融企业应暂停或审慎提供融资和融资中介服务。财政部驻各地财政监察专员办事处根据本通知规定对国有金融企业及其分支机构进行监督检查，对相关违规行为及时予以制止和纠正，并依法进行处理。相关检查处理结果视情抄送有关金融监管部门。

十七、【其他】本通知自印发之日起执行。其他金融企业参照执行。

财政部

2018 年 3 月 28 日

86. 关于进一步加强政府和社会资本合作（PPP）示范项目规范管理的通知

（财金〔2018〕54号）

【发文机关】财政部
【发布文号】财金〔2018〕54号
【发布日期】2018-04-24
【实施日期】2018-04-24
【时效性】现行有效

各省、自治区、直辖市、计划单列市财政厅（局），新疆生产建设兵团财政局：

PPP示范项目在引导规范运作、带动区域发展、推动行业破冰、推广经验模式等方面发挥了积极作用。但从近期核查情况看，部分示范项目存在进展缓慢、执行走样等问题。为进一步强化示范项目规范管理，更好发挥引领带动作用，现就有关事项通知如下：

一、对核查存在问题的173个示范项目分类进行处置

（一）将不再继续采用PPP模式实施的包头市立体交通综合枢纽及综合旅游公路等30个项目，调出示范项目名单，并清退出全国PPP综合信息平台项目库（以下简称项目库）。

（二）将尚未完成社会资本方采购或项目实施发生重大变化的北京市丰台区河西第三水厂等54个项目，调出示范项目名单，保留在项目库，继续采用PPP模式实施。

（三）对于运作模式不规范、采购程序不严谨、签约主体存在瑕疵的89个项目，请有关省级财政部门会同有关方面抓紧督促整改，于6月底前完成。逾期仍不符合相关要求的，调出示范项目名单或清退出项目库。

地方各级财政部门要会同有关部门妥善做好退库项目后续处置工作：对于尚未启动采购程序的项目，调整完善后拟再次采用PPP模式实施的，应当充分做好前期论证，按规定办理入库手续；无法继续采用PPP模式实施的，应当终止实施或采取其他合规方式继续推进。对于已进入采购程序或已落地实施的项目，应当针对核查发现的问题进行整改，做到合法合规；终止实施的，应当依据法律法规和合同约定，通过友好协商或法律救济途径妥善解决，切实维护各方合法权益。

二、引以为戒，加强项目规范管理

（一）夯实项目前期工作。按国家有关规定认真履行规划立项、土地管理、国有资产审批等前期工作程序，规范开展物有所值评价和财政承受能力论证。不得突破10%红线新上项目，不得出现“先上车、后补票”、专家意见缺失或造假、测算依据不统一、数据口径不一致、仅测算单个项目支出责任等现象。

（二）切实履行采购程序。加强对项目实施方案和采购文件的审查，对于采用单一来源采购方式的项目，必须符合政府采购法及其实施条例相关规定。不得设置明显不合理的准入门槛或所有制歧视条款，不得未经采购程序直接指定第三方代持社会资本方股份。

（三）严格审查签约主体。坚持政企分开原则，加强PPP项目合同签约主体合规性审查，国有企业或地方政府融资平台公司不得代表政府方签署PPP项目合同，地方政府融资平台公司不得作为社会资本方。

（四）杜绝违法违规现象。坚守合同谈判底线，加强合同内容审查，落实项目风险分配方案，合同中不得约定由政府方或其指定主体回购社会资本投资本金，不得弱化或免除社会资本的投资建设运营责任，不得向社会资本承诺最低投资回报或提供收益差额补足，不得约定将项目运营责任返包给政府方出资代表承担或另行指定社会资本方以外的第三方承担。

（五）强化项目履约监管。夯实社会资本融资义务，密切跟踪项目公司设立和融资到位情况。不得以债务性资金充当项目资本金，政府不得为社会资本或项目公司融资提供任何形式的担保。落实中长期财政规划和年度预算安排，加强项目绩效考核，落实按效付费机制，强化激励约束效果，确保公共服务安全、稳定、高效供给。

三、切实强化信息公开，接受社会监督

（一）提升信息公开质量。通过PPP综合信息平台及时、准确、完整、充分披露示范项目关键信息，及时上传项目实施方案、物有所值评价报告、财政承受能力论证报告、采购文件等重要附件及相关批复文件，保障项目信息前后连贯、口径一致、账实相符。

（二）加强运行情况监测。及时更新PPP项目开发目录、财政支出责任、项目采购、项目公司设立、融资到位、建设进度、绩效产出、预算执行等信息，实时监测项目运行情况、合同履行情况和项目公司财务状况，强化风险预警与早期防控。

（三）强化咨询服务监督。全面披露参与示范项目论证、采购、谈判等全过程咨询服务的专家和咨询机构信息，主动接受社会监督。建立健全咨询服务绩效考核和投诉问责机制，将未妥善履行咨询服务职责或提供违法违规咨询意见的专家或咨询机构，及时清退出PPP专家库或咨询机构库。

四、建立健全长效管理机制

（一）落实示范项目管理责任。各省级财政部门为辖内示范项目管理的第一责任人，

负责健全本地区示范项目的专人负责、对口联系和跟踪指导机制，监督指导辖内市县做好示范项目规范实施、信息公开等工作，对示范项目实施过程中出现的重点、难点问题，及时向财政部报告。示范项目所属本级财政部门应会同行业主管部门加强项目前期论证、采购、执行、移交等全生命周期管理，监督项目各参与方切实履行合同义务，确保项目规范运作、顺利实施。财政部 PPP 中心负责全国 PPP 示范项目执行情况的统一指导和汇总统计。

（二）强化示范项目动态管理。地方各级财政部门要会同有关部门加强示范项目动态管理，确保项目执行不走样。对于项目名称、实施机构等非核心条件发生变更的，应及时向财政部 PPP 中心备案；对于项目合作内容、总投资、运作方式、合作期限等核心边界条件与入选示范项目时相比发生重大变化的，应及时向财政部 PPP 中心申请调出示范项目名单，并对项目实施方案，物有所值评价报告、财政承受能力论证报告、采购文件、项目合同等进行相应调整、变更。因项目规划调整、资金落实不到位等原因，不再继续采用 PPP 模式实施的，应及时向财政部 PPP 中心申请调出示范项目名单并退出项目库。

（三）开展示范项目定期评估。财政部 PPP 中心应定期组织第三方专业机构、专家等，开展示范项目执行情况评估。评估过程中发现示范项目存在运作不规范、实施情况发生重大变化或信息披露不到位等问题的，应及时调出示范项目名单或清退出项目库。其中已获得中央财政 PPP 项目以奖代补资金的，由省级财政部门负责追回并及时上缴中央财政。经评估效果良好的示范项目，由财政部 PPP 中心联合省级财政部门加强经验总结与案例推广。

财政部

2018 年 4 月 24 日

87. 关于《政府购买服务管理办法（征求意见稿）》向社会公开征求意见的通知

【发文机关】财政部
【发布文号】/
【发布日期】2018 - 06 - 26
【实施日期】2018 - 06 - 26
【时效性】现行有效

为落实政府购买服务改革有关工作部署，进一步健全政府购买服务制度，加强和规范政府购买服务管理，积极有序推进政府购买服务改革，我部起草了《政府购买服务管理办法（征求意见稿）》，现向社会公开征求意见。公众可以在 2018 年 7 月 25 日前，通过以下途径和方式提出意见：

1. 登录中国政府法制信息网（网址：http：//www. chinalaw. gov. cn），进入首页主菜单的“立法意见征集”栏目提出意见。

2. 通过中华人民共和国财政部网站（网址：http：//www. mof. gov. cn），进入首页“财政法规意见征集信息管理系统”提出意见。“财政法规意见征集信息管理系统”登录链接：

（http：//lisms. mof. gov. cn/lisms/action/loginAction. do？ loginCookie = loginCookie）

3. 通过信函方式将意见寄至：北京市西城区三里河南三巷三号财政部条法司（邮政编码 100820），并在信封上注明“政府购买服务管理办法征求意见”字样。

财政部
2018 年 6 月 26 日

附件：

政府购买服务管理办法
（征求意见稿）

第一章　总　　则

第一条　【目的】为规范和推广政府购买服务，促进转变政府职能，改善公共服务供给，推进现代财政建设，根据《中华人民共和国预算法》、《中华人民共和国政府采购法》、《中华人民共和国合同法》等规定，制定本办法。

第二条　【定义】本办法所称政府购买服务，是指把属于政府职责范围且适合通过市场化方式提供的服务事项，按照一定的方式和程序，交由符合条件的社会力量和事业单位承担，并由政府根据服务数量和质量及合同等约定向其支付费用的行为。

政府购买服务包括购买直接受益对象为社会公众的公共服务及直接受益对象为政府自身的履职所需辅助性服务，本办法主要规范政府购买公共服务，政府购买履职所需辅助性服务按照政府采购有关规定执行。

第三条　【原则】政府购买服务遵循以下基本原则：

（一）积极稳妥，有序实施。从实际出发，准确把握社会公共服务需求，充分发挥政府主导作用，探索多种有效方式，有序引导社会力量参与服务供给，形成改善公共服务的合力。

（二）科学安排，讲求绩效。坚持先有预算、后购买服务，政府购买服务资金应当从既有政府预算中安排，突出公共性和公益性，重点考虑、优先安排与改善民生密切相关、有利于转变政府职能的领域和项目，实施全过程绩效管理，切实提高财政资金使用效率。

（三）公开择优，以事定费。按照公开、公平、公正原则，坚持费随事转，通过公平竞争择优确定政府购买服务的承接主体，建立优胜劣汰的动态调整机制。

（四）改革创新，完善机制。坚持与事业单位改革、行业协会商会脱钩改革、社会组织培育发展相衔接，推进政事、政社分开，放宽市场准入，凡是社会能办好的，都交给社会力量承担，不断完善政府购买服务体制机制。

第二章　购买主体和承接主体

第四条　【购买主体】各级行政机关是政府购买服务的主体（以下简称购买主体）。

第五条　【参照执行】以下机关和单位也可以根据实际需要，参照本办法规定实施购买服务：

（一）中国共产党各级机关；

（二）各级人民代表大会及其常务委员会机关；

（三）中国人民政治协商会议各级委员会机关；

（四）各级监察机关；

（五）各级审判机关；

（六）各级检察机关；

（七）各民主党派的各级机关；

（八）按照事业单位分类改革政策规定，划为承担行政职能的事业单位；

（九）纳入行政编制管理的群团组织机关。

第六条　【工作流程】购买主体应当建立健全政府购买服务的规范化流程，加强项目预算管理、组织购买、履约监督、绩效管理等工作。

第七条　【承接主体】可以承接政府购买服务的主体（以下简称承接主体）包括：

（一）依法在民政部门登记成立的社会团体、基金会、社会服务机构等社会组织，以及经国务院批准免予登记但不由财政拨款保障的社会组织；

（二）依法在工商或行业主管部门登记成立的企业等从事经营活动的单位，以及会计师事务所、税务师事务所和律师事务所等社会中介机构；

（三）按事业单位分类改革的政策规定，划为公益二类的事业单位或从事生产经营活动的事业单位；

（四）具备服务提供条件和能力的个体工商户或自然人。

第八条　【基本条件】作为承接主体的组织机构应当具备以下基本条件：

（一）依法设立，具有独立承担民事责任的能力；

（二）治理结构健全，内部管理和监督制度完善；

（三）具有独立、健全的财务管理和资产管理制度，会计核算符合国家统一的会计制度要求；

（四）具备提供服务所必需的设施、人员和专业技术能力；

（五）前三年内在依法缴纳税收和社会保障资金、按要求履行信息公示义务方面无不良记录；

（六）前三年内无重大违法记录，未被列入严重违法失信名单（“黑名单”）；

（七）法律、行政法规规定的其他条件。

第九条　【具体条件】承接主体的具体条件，由购买主体根据第七条、第八条规定，结合购买服务项目具体需求确定。

购买主体不得以不合理的条件对承接主体实行差别待遇或者歧视待遇。

第十条　【不得参与政府购买服务的单位】公益一类事业单位、纳入事业编制管理且经费完全或主要由财政负担的群团组织，暂不作为政府购买服务的购买主体，也不作为政府购买服务的承接主体，不得参与承接政府购买服务。

第十一条　【尚未分类的事业单位】尚未确定分类的事业单位，待明确分类后相应实施政府购买服务改革。

第十二条　【与事业单位改革衔接】各级政府及其有关部门应当做好政府购买服务改革与事业单位分类改革有关类别调整、经费保障、机构编制、人事管理、收入分配、养老保险等方面政策制度的衔接，推动事业单位改革逐步深入。

事业单位承接政府购买服务的，应按照“费随事转”原则，相应调整财政支持方式，防止一边通过财政拨款养人办事，一边花钱购买服务。

第十三条 【行业协会商会】各级政府及其有关部门应当加强对行业协会商会通过公平竞争参与承接政府购买服务的指导和引导，提升其承接公共服务能力，推动行业协会商会与其行政主管机构脱钩和转型发展。

第三章 购买内容及指导目录

第十四条 【原则性要求】政府购买服务的内容为属于政府职责范围、适合采取市场化方式提供的服务事项。

第十五条 【描述性要求】教育、文化、法律、卫生、体育、健康、养老等领域的基本公共服务事项，要逐步加大政府购买服务力度，推动提供主体多元化、提供方式多样化。非基本公共服务事项，要扩大政府购买服务，引入竞争机制，推进市场化改革。政府新增或临时性、阶段性服务事项，适合采取市场化方式提供的，应当实行政府购买服务。

第十六条 【指导性目录】政府购买服务的具体范围和内容实行指导性目录管理。通过制定政府购买服务指导性目录，明确政府购买服务的范围、性质和种类。

第十七条 【分级分部门制定目录】政府购买服务指导性目录在中央和省两级实行分级管理、分部门编制，实施政府购买服务的部门具体负责编制本部门（垂直管理系统包含各级派出或分支机构）指导性目录，报同级财政部门审核同意后组织实施，并按规定向社会公开。省以下是否分级分部门制定政府购买服务指导性目录，由省级财政部门根据本地区情况确定。

第十八条 【目录调整】制定政府购买服务指导性目录，应当充分征求相关方面意见，并结合经济社会发展变化、政府职能转变及公众需求等情况，按程序及时进行动态调整。未经财政部门同意，部门不得自行调整和修改政府购买服务指导性目录。

第十九条 【目录内容】除法律法规另有规定外，应当纳入政府购买服务指导性目录的公共服务事项包括但不限于：

（一）基本公共服务。教育、就业、人才服务、社会救助、养老、扶贫济困、优抚安置、残疾人服务、食品药品安全、医疗、公共卫生、人口和计划生育、住房保障、科技推广、文化、体育、公共安全、交通运输、农业、水利、生态保护、环境治理、城市维护、公共信息等领域适合采取市场化方式提供的服务事项。

（二）社会管理性服务。社区治理、社会组织孵化培育、社会工作服务、法律援助、防灾救灾、人民调解、社区矫正、流动人口管理、安置帮教、志愿服务运营管理、公共公益宣传等领域适合采取市场化方式提供的服务事项。

（三）行业管理与协调性服务。行业规划、行业调查、行业统计分析、行业职业资格和水平测试管理、行业规范、行业标准制修订、行业投诉处理等领域适合采取市场化方式提供的服务事项。

（四）技术性服务。技术评审鉴定评估、检验检疫检测、监测服务、会计审计服务等领域适合采取市场化方式提供的服务事项。

第二十条 【目录细化】各级有关部门制定政府购买服务指导性目录，应当参照第十九条，结合本地区、本部门实际对纳入目录的内容进行必要的细化，增强目录的可操作性。

第二十一条　【目录实施】纳入政府购买服务指导性目录的服务事项，且已安排预算的，应当实施政府购买服务。未纳入指导性目录的服务事项，原则上不得购买；相关部门确需购买且已安排预算的，征得同级财政部门同意后方可实施购买服务，并应及时调整指导性目录。

第二十二条　【禁止购买内容】以下各项不得作为政府购买服务的内容并列入指导性目录：

（一）不属于政府职责范围的服务事项；

（二）应当由政府直接履职的行政管理性事项，包括但不限于行政决策、行政执行、行政监督等事项；

（三）《中华人民共和国政府采购法》及其实施条例规定的货物和工程；

（四）服务与工程打包的项目；

（五）融资行为；

（六）购买主体的人员聘用，属于《劳务派遣暂行规定》规范的以劳务派遣方式用工，以及设置公益性岗位等事项；

（七）由政府提供的效率效益明显高于通过市场提供的服务事项；

（八）法律法规规定的其他不得作为政府购买服务内容的事项。

以上第（二）至（八）项中，属于政府职责范围的事项，应当通过符合国家有关法律法规规定的规范方式实施。

第二十三条　【部门责任】有关部门应当加强对本系统政府购买服务工作的指导，准确把握购买内容，规范推进政府购买服务。

第四章　预算管理

第二十四条　【总体要求】各级财政部门在布置年度预算编制工作时，应当对政府购买服务支出管理工作提出明确要求。政府购买服务所需资金列入部门预算，从既有预算中统筹安排。

第二十五条　【先有预算、后购买服务】购买主体组织实施政府购买服务，应当先有预算、后购买服务，不得将实施政府购买服务作为申请增加本单位预算支出的依据。购买主体应当做好购买服务支出与年度预算、中期财政规划的衔接，确定购买服务项目时，应当确认涉及的财政支出已在年度预算和中期财政规划中安排。

第二十六条　【支出测算】购买主体应当充分发挥行业主管部门、行业组织和专业咨询评估机构、专家等专业优势，结合项目特点和相关经费预算，综合物价、工资、税费等因素，合理测算安排政府购买服务支出。

第二十七条　【预算编报】购买主体在编报年度部门预算时，应当反映政府购买服务支出情况，需要履行政府采购规定程序的项目，应当同时按规定编报政府采购预算。

第二十八条　【预算执行】实施政府购买服务的资金支付按照国库集中支付制度有关规定执行。年度预算执行中，实施政府购买服务涉及预算调剂的，按照预算管理有关规定办理。

第五章　承接主体确定方式

第二十九条　【总体要求】购买主体应当根据购买内容的供求特点、市场发育程度等因素，按照方式灵活、程序简便、公开透明、竞争有序的原则确定承接主体。

第三十条　【合同制项目承接主体确定方式】对于以合同制形式实施的政府购买服务项目，购买主体应当按照政府采购法及其实施条例等有关规定，采用公开招标、邀请招标、竞争性谈判、竞争性磋商、单一来源采购等方式确定承接主体，相关采购限额标准、公开招标数额标准、采购方式变更、采购计划编报等按照政府采购相关法律制度规定执行。其中，属于政府采购限额标准以下且集中采购目录以外的政府购买服务项目，由购买主体按照公平、效率原则自行确定项目的承接主体。

第三十一条　【凭单制项目承接主体确定方式】对于以凭单制形式实施的政府购买服务项目，购买主体应当通过依法依规设定资格条件或政府采购竞争择优方式，确定不少于三家服务供应机构同时作为承接主体，并向符合条件的服务对象发放购买凭单，由服务对象自主选择具体服务供应机构为其提供服务并以凭单支付。

第三十二条　【信用信息查询使用】购买主体选择项目承接主体时，要提高大数据运用能力，通过有关平台查询并使用相关服务供应机构的信用信息和信用报告，将其信用状况作为确定承接主体的重要参考。

第六章　合同及履约管理

第三十三条　【总体要求】购买主体按规定程序确定政府购买服务项目的承接主体后，应当与承接主体签订书面合同，明确服务对象，服务的内容、期限、数量、质量、价格等要求，相关绩效目标、指标和权重，以及资金结算方式、双方的权利义务事项和违约责任等内容；对于以凭单制形式实施的政府购买服务项目，购买主体也可以在购买公告中就相关事项作出明确规定。

第三十四条　【履约期限】政府购买服务应当与年度预算和中期财政规划相衔接，合同履行期限或项目实施期限一般为 1 年；对于购买内容相对固定、连续性强、经费来源稳定、价格变化幅度小的政府购买服务项目，合同履行期限或项目实施期限可适当延长，最长为 3 年。

第三十五条　【购买主体履约管理】购买主体应当加强政府购买服务项目履约管理，督促承接主体严格履行合同等约定，及时了解掌握购买项目实施进度，按照合同等约定和执行进度支付款项，并结合实际需求积极帮助承接主体做好与相关政府部门、服务对象的沟通、协调。

第三十六条　【承接主体项目管理】购买主体应当督促承接主体建立承接政府购买服务项目台账，记录相关文件、工作计划方案、项目和资金批复、项目进展和资金支付、工作汇报总结、重大活动和其它有关资料信息，接受和配合相关部门对资金使用情况进行监督检查及绩效评价。

第三十七条　【承接主体履约责任】承接主体应当按照与购买主体的约定履行提供服务的义务，认真组织实施项目，按时完成项目任务，保证服务数量、质量和效果，主动接受有关部门、服务对象及社会监督，严禁承接主体将服务项目交由其他服务供应机构实际承担的转包行为。

第三十八条　【承接主体资金管理】承接主体应当建立健全财务制度，严格遵守相关财政财务规定，加强自身监督，确保政府购买服务项目资金规范管理和使用，并按要求及时向购买主体提供资金的使用情况、项目执行情况、成果总结等材料。

第三十九条　【融资管理】承接主体利用政府购买服务合同向金融机构融资时，应当配合金融机构做好合规性管理，相关合同在购买内容和期限等方面应当符合政府购买服务有关法规制度规定，且不得含有购买主体对承接主体向金融机构融资的担保条款。

第七章　绩效管理

第四十条　【总体要求】政府购买服务应当全面实施绩效管理。购买主体及有关部门应当加强政府购买服务绩效管理，建立健全政府购买服务项目绩效目标设置与审核、绩效执行监控、绩效评价及结果运用的全过程绩效管理机制，不断提高政府购买服务质量和效益。

第四十一条　【强化绩效目标管理】购买主体应当科学设置绩效目标，包括政府购买服务数量、质量、时效、成本、效益和服务对象满意度等绩效指标，并在政府购买服务合同或购买公告中予以明确。财政部门应加强绩效目标审核。

第四十二条　【实施绩效执行监控】在项目实施期内，承接主体应当加强政府购买服务项目绩效执行监控，定期对绩效目标及指标实现程度进行跟踪分析，并将绩效执行监控结果报告购买主体。实际执行情况与绩效目标偏离的，应当及时予以纠正，确保绩效目标如期实现。

第四十三条　【开展绩效自评】实施期结束后，承接主体应当对政府购买服务项目绩效目标及指标实现情况开展绩效自评，填报绩效目标完成情况，分析未完成的原因，提出改进措施，并将绩效自评结果报告购买主体。

第四十四条　【全面开展绩效评价】购买主体负责组织实施政府购买服务项目绩效评价，建立由购买主体、服务对象及专业机构或专业人员组成的综合性绩效评价机制，积极推进第三方评价。

绩效评价指标设定应当按照定量优先、简便有效的原则，确实不能量化的，可以在定性分析的基础上，根据实际情况予以客观描述，以提高绩效评价质量。

绩效评价工作一般应根据项目特点和实施期限，对服务期内的服务实施情况定期进行绩效评价。在服务期限结束后，对政府购买服务项目全面开展绩效评价和履约验收。

第四十五条　【评价结果运用】购买主体应当建立承接政府购买服务的激励约束机制，积极探索将绩效评价结果与购买资金支付挂钩，评价结果作为以后年度选择承接主体的重要参考依据。

第四十六条　【重点绩效评价】财政部门可以根据需要，对部门政府购买服务整体工作开展绩效评价，或对部门实施的资金金额和社会影响大的政府购买服务项目开展重点绩效评价，评价结果作为资金安排、改进管理和完善政策的重要依据。

第八章 监督管理

第四十七条 【总体要求】建立健全政府购买服务监督管理机制，加强对政府购买服务的全过程监管，实现监管的常态化制度化。

第四十八条 【资金监督】财政、审计等有关部门应当加强对政府购买服务的监督，确保政府购买服务资金规范管理和合理使用。对截留、挪用和滞留资金以及其他违反本办法规定的行为，依照《中华人民共和国预算法》、《中华人民共和国政府采购法》、《财政违法行为处罚处分条例》等国家有关规定追究法律责任；涉嫌犯罪的，依法移交司法机关处理。

第四十九条 【购买主体职责】购买主体应当建立监督检查机制，加强对政府购买服务的全过程监督，积极配合有关部门将承接主体提供服务情况纳入年度报告、评估、执法等监管体系。

第五十条 【购买主体监督】购买主体发现承接主体偏离政府购买服务项目目标的行为，应当及时要求承接主体采取措施予以纠正，直至项目恢复正常实施。

第五十一条 【财政部门监督】财政部门发现购买主体使用财政资金不规范、购买服务程序不合规以及未履行自身监督职责的，应当依据具体情节，按照相关规定予以处理；发现承接主体未按照合同等约定实施项目的，应当及时通知购买主体并要求其督促承接主体采取措施予以纠正，直至项目恢复正常实施。

第五十二条 【信用记录和共享】购买主体应当配合社会组织、企业等服务供应机构的登记管理部门，建立服务供应机构承接政府购买服务行为信用记录，并将其信用信息纳入相关信用信息共享平台。

第五十三条 【激励和惩戒】建立守信联合激励、失信联合惩戒机制，对失信承接主体，视其情节轻重依法采取行政性约束和惩戒措施。对严重违法失信的承接主体，一经发现，依法给予行政处罚。

第九章 信息公开

第五十四条 【总体要求】实施政府购买服务，应当按照《中华人民共和国政府信息公开条例》、预算公开及政府采购信息公开等有关规定，公开相关信息，涉及国家秘密、商业秘密和个人隐私的信息除外。

第五十五条 【公开范围】各级政府及其有关部门应当在各自职责范围内，按照有关规定及时主动公开下列政府购买服务相关信息：

（一）行政法规、规章和规范性文件；

（二）指导性目录；

（三）凭单制政府购买服务项目的购买公告、符合资格条件的承接主体名单或范围；

（四）政府购买公共服务项目绩效目标、指标及评价结果；

（五）政府采购规定应当公开的相关信息。

第五十六条 【公开渠道】政府购买服务相关信息，应当由信息公开的责任主体在其门户网站上公开，并同时在中国政府采购网（中国政府购买服务信息平台）或其地方分网上公开。

第五十七条　【平台建设】各级财政部门及购买主体应当结合政府购买服务信息平台建设运行，切实加强政府购买服务信息公开及资金统计等工作。

第十章　附　　则

第五十八条　【政策解释】本办法由财政部会同有关部门负责解释。

第五十九条　【生效时间】本办法自　年 月　日起施行。《政府购买服务管理办法（暂行）》（财综〔2014〕96 号）同时废止。其他涉及政府购买服务管理的部门规章、规范性文件等有关规定与本办法不一致的，以本办法为准。

88. 关于贯彻落实《中共中央　国务院关于全面实施预算绩效管理的意见》的通知

（财预〔2018〕167号）

【发文机关】财政部
【发布文号】财预〔2018〕167号
【发布日期】2018－11－08
【实施日期】2018－11－08
【时效性】现行有效

党中央有关部门，国务院各部委、各直属机构，中央军委后勤保障部，武警各部门，全国人大常委会办公厅，政协全国委员会办公厅，高法院，高检院，各民主党派中央，有关人民团体，有关中央管理企业，各省、自治区、直辖市、计划单列市财政厅（局），新疆生产建设兵团财政局：

为深入贯彻落实《中共中央　国务院关于全面实施预算绩效管理的意见》（以下简称《意见》），加快建成全方位、全过程、全覆盖的预算绩效管理体系，提高财政资源配置效率和使用效益，增强政府公信力和执行力，现就有关事项通知如下：

一、充分认识全面实施预算绩效管理的重要意义

全面实施预算绩效管理是推进国家治理体系和治理能力现代化的内在要求，是深化财税体制改革、建立现代财政制度的重要内容，是优化财政资源配置、提升公共服务质量的关键举措，是推动党中央、国务院重大方针政策落地见效的重要保障。《意见》以习近平新时代中国特色社会主义思想为指导，全面贯彻党的十九大和十九届二中、三中全会精神，按照高质量发展要求，紧紧围绕统筹推进“五位一体”总体布局和协调推进“四个全面”战略布局，坚持以供给侧结构性改革为主线，聚焦解决当前预算绩效管理中存在的突出问题，对全面实施预算绩效管理进行统筹谋划和顶层设计，是新时期预算绩效管理工作的根本遵循。

全面实施预算绩效管理是政府治理方式的深刻变革，是一项长期的系统性工程，涉及

面广、难度大。各地区各部门要切实把思想认识行动统一到党中央、国务院决策部署上来，深刻学习领会《意见》的精神实质，准确把握核心内涵，进一步增强责任感和紧迫感，把深入贯彻落实《意见》要求、全面实施预算绩效管理作为当前和今后一段时期财政预算工作的重点，真抓实干、常抓不懈，确保全面实施预算绩效管理各项改革任务落到实处，不断提高财政资源配置效率和使用效益。

二、结合实际制定贯彻落实方案

各地区各部门要深入分析本地区本部门预算绩效管理工作实际，对照《意见》要求，准确查找存在的差距和突出问题，抓紧研究制定具体、有针对性、可操作的贯彻落实方案，明确下一步全面实施预算绩效管理的时间表和路线图，着力抓重点、补短板、强弱项、提质量，确保贯彻落实党中央、国务院决策部署不跑偏、不走样。各级财政部门要抓紧完善预算绩效管理制度办法，组织指导本级部门、单位和下级财政部门全面实施预算绩效管理工作，重点关注预算收支总量和结构，加强预算执行监管，推动财政预算管理水平明显提升。各部门各单位要切实履行预算绩效管理主体责任，健全预算绩效管理操作规范和实施细则，建立上下协调、部门联动、层层抓落实的工作责任制，将绩效管理责任分解落实到具体预算单位、明确到具体责任人，确保每一笔资金花得安全、用得高效。

到 2020 年底中央部门和省级层面要基本建成全方位、全过程、全覆盖的预算绩效管理体系，既要提高本级财政资源配置效率和使用效益，又要加强对下转移支付的绩效管理，防止财政资金损失浪费；到 2022 年底市县层面要基本建成全方位、全过程、全覆盖的预算绩效管理体系，做到“花钱必问效、无效必问责”，大幅提升预算管理水平和政策实施效果。

三、抓好预算绩效管理的重点环节

（一）预算编制环节突出绩效导向。将绩效关口前移，各部门各单位要对新出台重大政策、项目，结合预算评审、项目审批等开展事前绩效评估，评估结果作为申请预算的必备要件，防止“拍脑袋决策”，从源头上提高预算编制的科学性和精准性。加快实现本级政策和项目、对下共同事权分类分档转移支付、专项转移支付绩效目标管理全覆盖，加快设立部门和单位整体绩效目标。财政部门要严格绩效目标审核，未按要求设定绩效目标或审核未通过的，不得安排预算。

（二）预算执行环节加强绩效监控。按照“谁支出、谁负责”的原则，完善用款计划管理，对绩效目标实现程度和预算执行进度实行“双监控”，发现问题要分析原因并及时纠正。逐步建立重大政策、项目绩效跟踪机制，按照项目进度和绩效情况拨款，对存在严重问题的要暂缓或停止预算拨款。加强预算执行监测，科学调度资金，简化审核材料，缩短审核时间，推进国库集中支付电子化管理，切实提高预算执行效率。

（三）决算环节全面开展绩效评价。加快实现政策和项目绩效自评全覆盖，如实反映绩效目标实现结果，对绩效目标未达成或目标制定明显不合理的，要作出说明并提出改进措施。逐步推动预算部门和单位开展整体绩效自评，提高部门履职效能和公共服务供给质量。建立健全重点绩效评价常态机制，对重大政策和项目定期组织开展重点绩效评价，不断创新评价方法，提高评价质量。

（四）强化绩效评价结果刚性约束。健全绩效评价结果反馈制度和绩效问题整改责任制，形成反馈、整改、提升绩效的良性循环。各级财政部门要会同有关部门抓紧建立绩效评价结果与预算安排和政策调整挂钩机制，按照奖优罚劣的原则，对绩效好的政策和项目原则上优先保障，对绩效一般的政策和项目要督促改进，对低效无效资金一律削减或取消，对长期沉淀的资金一律收回，并按照有关规定统筹用于亟需支持的领域。

（五）推动预算绩效管理扩围升级。绩效管理要覆盖所有财政资金，延伸到基层单位和资金使用终端，确保不留死角。推动绩效管理覆盖“四本预算”，并根据不同预算资金的性质和特点统筹实施。加快对政府投资基金、主权财富基金、政府和社会资本合作（PPP）、政府购买服务、政府债务项目等各项政府投融资活动实施绩效管理，实现全过程跟踪问效。积极推动绩效管理实施对象从政策和项目预算向部门和单位预算、政府预算拓展，稳步提升预算绩效管理层级，逐步增强整体性和协调性。

四、加强绩效管理监督问责

（一）硬化预算绩效责任约束。财政部门要会同审计部门加强预算绩效监督管理，重点对资金使用绩效自评结果的真实性和准确性进行复核，必要时可以组织开展再评价。财政部驻各地财政监察专员办事处要发挥就地就近优势，加强对本地区中央专项转移支付绩效目标和绩效自评结果的审核。对绩效监控、绩效评估评价结果弄虚作假，或预算执行与绩效目标严重背离的部门和单位及其责任人要提请有关部门进行追责问责。

（二）加大绩效信息公开力度。大力推动重大政策和项目绩效目标、绩效自评以及重点绩效评价结果随同预决算报送同级人大，并依法予以公开。探索建立部门和单位预算整体绩效报告制度，促使各部门各单位从“要我有绩效”向“我要有绩效”转变，提高预算绩效信息的透明度。

（三）推动社会力量有序参与。引导和规范第三方机构参与预算绩效管理，加强执业质量全过程跟踪和监管。搭建专家学者和社会公众参与绩效管理的途径和平台，自觉接受社会各界监督，促进形成全社会“讲绩效、用绩效、比绩效”的良好氛围。

五、健全工作协调机制

（一）财政部门加强组织协调。各级财政部门要赋予部门和资金使用单位更多的管理自主权，强化预算绩效管理工作考核，充实预算绩效管理机构和人员力量，加大宣传培训力度，指导部门和单位提高预算绩效管理水平。完善共性绩效指标框架，组织建立分行业、分领域、分层次的绩效指标体系，推动绩效指标和评价标准科学合理、细化量化、可比可测，夯实绩效管理基础。加快推进绩效管理信息化建设，逐步完善互联互通的预算绩效“大数据”系统，为全面实施预算绩效管理提供重要支撑。加强与人大、监察、审计等机构的协调配合，健全工作机制，形成改革合力，确保全面预算绩效管理工作顺利实施。

（二）各部门完善内部工作机制。各部门各单位要按照预算和绩效管理一体化要求，结合自身业务特点，优化预算管理流程，完善内控制度，明确部门内部绩效目标设置、监控、评价和审核的责任分工，加强部门财务与业务工作紧密衔接。建立健全本行业、本领域核心绩效指标体系，明确绩效标准，规范一级项目绩效目标设置，理顺二级项目绩效目标逐级汇总流程，推动全面实施预算绩效管理工作常态化、制度化、规范化。

（三）推进配套改革。加强预算绩效管理与机构和行政体制改革、政府职能转变、深化放管服改革等有效衔接，统筹推进中期财政规划、政府收支分类、项目支出标准体系、国库现金管理、权责发生制政府综合财务报告制度等财政领域相关改革，抓紧修改调整与预算绩效管理要求不相符的规章制度，切实提高改革的系统性和协同性。

财政部

2018 年 11 月 8 日

89. 关于加强中国政企合作投资基金管理的通知

（财金函〔2018〕95号）

【发文机关】财政部
【发布文号】财金函〔2018〕95号
【发布日期】2018-11-08
【实施日期】2018-11-08
【时效性】现行有效

中国政企合作投资基金股份有限公司、中国政企合作投资基金管理有限责任公司：

为进一步加强中国政企合作投资基金管理，更好地发挥引导规范增信作用，并落实好《国务院关于2017年度中央预算执行和其他财政收支的审计工作报告》中有关问题的整改，现就有关事项通知如下：

一、你公司要强化责任担当，积极支持和服务国家重大战略、重点领域。要加大对健康、文化、科技、养老、教育、体育、旅游等公共服务行业投入；注重区域、领域均衡性，加大对西部偏远区域、东北省份的支持力度。要坚决贯彻落实打赢脱贫攻坚战决策部署，对贫困地区给予重点支持。积极探索与民营资本合作的模式、路径，对民营企业参与的政府和社会资本合作（PPP）项目要给予倾斜。不能只投大不投小、投发达地区不投欠发达地区、投国有企业参与的不投民营企业参与的PPP项目。

二、你公司要高度重视PPP规范管理工作。要不折不扣贯彻落实财政部等部门印发的政策文件，不断推动各方规范参与。要严控项目投资标准，投资满足融资结构合理、签约主体合规、建立按效付费机制、有一定经营性收益等条件的“真PPP”项目，做真股权、真融资、真风险管理。同时，要完善内部控制体系，建立健全投后管理体系，加强项目投后跟踪督导，确保项目运营安全。

三、中国政企合作投资基金管理有限责任公司（以下简称基金管理公司）要优化投资方式，提升投资运营水平。要形成切实有效的投资策略和投资模式，加快充实项目储备，不断优化项目投资决策程序，提高项目审批和资金拨付速度，加快投资进度。要加强与各股东单位、金融机构、咨询机构等的沟通协调，及时总结经验做法。

四、基金管理公司要做好资金统筹管理工作。要不断提高资金的利用效率，坚守投资规范 PPP 项目主业，尽可能地减少闲置资金规模，不能因规避风险而怠于推进 PPP 项目投资，不能为追求稳定回报而只开展低风险的固定收益类产品投资。要加强绩效考核，完善考核指标体系，PPP 项目区域领域均衡性、投资收益率等与主业相关的指标权重，原则上不低于 60%，固定收益类产品投资收益率指标权重，原则上不高于 20%。

五、中国政企合作投资基金股份有限公司（以下简称基金公司）要健全完善定期报告制度。要向财政部报告资产负债情况、投资损益情况、资金运营情况及其他可能影响投资者权益的重大情况。每季度前十个工作日内报告上一季度基金运行情况，包括评审决策项目情况、资金管理情况、风险控制情况、存在的问题和下一步的工作计划等。每年 1 月底之前，报送上年度工作总结和本年度工作计划。

六、你公司要落实绩效评价工作。评价内容包括但不限于政策目标实现程度、投资运营情况、全面风险管控情况、规范运作情况、年度目标任务完成情况。要尽快组织开展 2018 年度绩效评价工作，评价报告应于 2019 年 1 月 20 日前报送财政部，评价结果作为基金公司和基金管理公司全体员工 2018 年度薪酬依据。

七、你公司要切实抓好党建工作。要落实主体责任，坚定不移地执行党的路线、方针、政策和要求。严格遵守党的纪律，惩防并举，健全内控制度，完善内外部监督机制，将廉洁自律情况与职工年度考核挂钩。对发现的腐败和作风问题线索，要及时处置，严肃追责问责，并及时向财政部报告。

财政部

2018 年 11 月 8 日

90. 关于做好 2019 年中央财政普惠金融发展专项资金管理工作的通知

（财金函〔2019〕8 号）

【发文机关】财政部
【发布文号】财金函〔2019〕8 号
【发布日期】2019 - 03 - 06
【实施日期】2019 - 03 - 06
【时效性】现行有效

各省、自治区、直辖市、计划单列市财政厅（局），财政部驻各省、自治区、直辖市、计划单列市财政监察专员办事处，新疆生产建设兵团财政局：

《财政部关于印发 < 普惠金融发展专项资金管理办法 > 的通知》（财金〔2016〕85 号）实施以来，有关方面认真贯彻执行，切实加强普惠金融发展专项资金管理，在支持我国普惠金融发展、助力“双创”、改善公共服务等方面取得了积极成效。为贯彻落实中央经济工作会议和全国财政工作会议精神，更好推动经济高质量发展，做好“六稳”工作，切实提高普惠金融发展资金使用效益，现就有关事宜通知如下：

一、增强政策实效

（一）加大创业担保贷款贴息及奖补政策力度。认真贯彻落实《国务院关于做好当前和今后一个时期促进就业工作的若干意见》（国发〔2018〕39 号）精神，实施就业优先战略和更加积极的就业政策，确保当前和今后一个时期就业目标任务和就业局势持续稳定。自 2018 年 11 月 16 日起，中央财政创业担保贷款贴息的个人创业担保贷款，最高贷款额度由 10 万元提高至 15 万元；贴息的小微企业创业担保贷款，最高额度由 200 万元提高至 300 万元。各地可因地制宜适当放宽创业担保贷款申请条件，由此产生的贴息资金由地方财政承担。

（二）认真落实农村金融机构定向费用补贴政策。严格审核申请补贴机构的资格和材料真实性、准确性，确保对当年贷款平均余额、年均存贷比、涉农贷款和小微企业贷款占比等符合要求的新型农村金融机构给予补贴，确保补贴资金安排不超范围、不超标准、不超时限，坚决防止出现弄虚作假等问题。

（三）加强资金绩效管理。实施全过程绩效管理，强化绩效目标管理，科学合理细化绩效考核指标，突出问题导向，避免流于形式；做好绩效监控和绩效评价，着眼于多年度资金使用绩效和绩效变化分析；加强结果应用和公开，适时上报并公开年度绩效评价结果。各地资金执行情况和政策实施效果，将作为以后年度中央预算资金安排和政策调整的重要依据。

二、做好政策衔接

（一）为进一步发挥财政资金引导和放大效应，聚焦缓解民营和小微企业融资难、融资贵问题，自2019年起中央财政将调整资金使用方向，县域金融机构涉农贷款增量奖励政策不再执行。

（二）自2019年起中央财政不再安排政府和社会资本合作（PPP）项目以奖代补资金。2016－2018年度已安排的PPP项目以奖代补资金，省级财政部门应加强跟踪管理，会同项目实施单位和有关部门，为项目规范实施创造良好环境，打造一批管理水平高、产出绩效优、示范效应强的样板项目。对于已获得以奖代补资金的项目，若发现不符合示范项目要求，应及时上报调出示范项目名单，由省级财政部门负责追回以奖代补资金并及时上缴中央财政。

三、做好组织落实

（一）省级财政部门和财政部驻各地财政监察专员办事处（以下简称专员办）应高度重视普惠金融发展专项资金管理工作，夯实管理基础，确保数据真实。省级财政部门负责汇总审核辖区内创业担保贷款贴息及奖补、农村金融机构定向费用补贴专项资金申请材料，2019年3月31日前报送财政部和专员办。专员办对省级财政部门报送的专项资金申请材料进行审核，2019年4月30日前出具审核意见报送财政部，并抄送省级财政部门。

（二）省级财政部门应会同有关部门认真落实《关于进一步做好创业担保贷款贴息政策监测分析工作的通知》（财金〔2018〕107号）要求，组织开展创业担保贷款监测分析工作，强化创业担保贷款精准化管理水平，进一步推动创业担保贷款规范发展。

（三）对各级审计部门发现的问题，省级财政部门应高度重视，举一反三，完善制度，规范管理，结合实际情况对以前年度普惠金融发展专项资金安排情况适时开展检查，发现的配套资金落实不到位和以虚报冒领、重复申报、多头申报等手段骗取专项资金等问题，依照《中华人民共和国预算法》、《财政违法行为处罚处分条例》等有关法律法规进行严肃处理、处罚，重大情况及时向财政部报告。

（四）鼓励各地因地制宜探索创新，进一步发挥财政金融政策作用，有效引导金融资源“支小助微”，缓解民营和小微企业融资难、融资贵问题，推动实现经济结构优化和高质量发展。

本文自印发之日起执行。未涉及的内容，仍按《财政部关于印发<普惠金融发展专项资金管理办法>的通知》（财金〔2016〕85号）执行。

财政部

2019年3月6日

91. 关于推进政府和社会资本合作规范发展的实施意见

（财金〔2019〕10号）

【发文机关】财政部
【发布文号】财金〔2019〕10号
【发布日期】2019－03－07
【实施日期】2019－03－07
【时效性】现行有效

各省、自治区、直辖市、计划单列市财政厅（局），新疆生产建设兵团财政局，财政部驻各省、自治区、直辖市、计划单列市财政监察专员办事处：

在公共服务领域推广运用政府和社会资本合作（PPP）模式，引入社会力量参与公共服务供给，提升供给质量和效率，是党中央、国务院作出的一项重大决策部署。为贯彻落实中央经济工作会议和全国财政工作会议精神，有效防控地方政府隐性债务风险，充分发挥PPP模式积极作用，落实好"六稳"工作要求，补齐基础设施短板，推动经济高质量发展，现提出如下意见：

一、牢牢把握推动PPP规范发展的总体要求

近年来，各级财政部门会同有关方面大力推进PPP工作，在稳增长、促改革、惠民生方面发挥了积极作用，但也存在超出自身财力、固化政府支出责任、泛化运用范围等问题。各级财政部门要进一步提高认识，遵循"规范运行、严格监管、公开透明、诚信履约"的原则，切实防控地方政府隐性债务风险，坚决打好防范化解重大风险攻坚战，扎实推进PPP规范发展。

（一）规范运行。健全制度体系，明确"正负面"清单，明确全生命周期管理要求，严格项目入库，完善"能进能出"动态调整机制，落实项目绩效激励考核。

（二）严格监管。坚持必要、可承受的财政投入原则，审慎科学决策，健全财政支出责任监测和风险预警机制，防止政府支出责任过多、过重加大财政支出压力，切实防控假

借 PPP 名义增加地方政府隐性债务。

（三）公开透明。公平、公正、公开择优采购社会资本方。用好全国 PPP 综合信息平台，充分披露 PPP 项目全生命周期信息，保障公众知情权，对参与各方形成有效监督和约束。

（四）诚信履约。加强地方政府诚信建设，增强契约理念，充分体现平等合作原则，保障社会资本合法权益。依法依规将符合条件的 PPP 项目财政支出责任纳入预算管理，按照合同约定及时履约，增强社会资本长期投资信心。

二、规范推进 PPP 项目实施

（一）规范的 PPP 项目应当符合以下条件：

1. 属于公共服务领域的公益性项目，合作期限原则上在 10 年以上，按规定履行物有所值评价、财政承受能力论证程序；

2. 社会资本负责项目投资、建设、运营并承担相应风险，政府承担政策、法律等风险；

3. 建立完全与项目产出绩效相挂钩的付费机制，不得通过降低考核标准等方式，提前锁定、固化政府支出责任；

4. 项目资本金符合国家规定比例，项目公司股东以自有资金按时足额缴纳资本金；

5. 政府方签约主体应为县级及县级以上人民政府或其授权的机关或事业单位；

6. 按规定纳入全国 PPP 综合信息平台项目库，及时充分披露项目信息，主动接受社会监督。

（二）在符合上述条件的同时，新上政府付费项目原则上还应符合以下审慎要求：

1. 财政支出责任占比超过 5% 的地区，不得新上政府付费项目。按照“实质重于形式”原则，污水、垃圾处理等依照收支两条线管理、表现为政府付费形式的 PPP 项目除外；

2. 采用公开招标、邀请招标、竞争性磋商、竞争性谈判等竞争性方式选择社会资本方；

3. 严格控制项目投资、建设、运营成本，加强跟踪审计。

对于规避上述限制条件，将新上政府付费项目打捆、包装为少量使用者付费项目，项目内容无实质关联、使用者付费比例低于 10% 的，不予入库。

（三）强化财政支出责任监管。确保每一年度本级全部 PPP 项目从一般公共预算列支的财政支出责任，不超过当年本级一般公共预算支出的 10%。新签约项目不得从政府性基金预算、国有资本经营预算安排 PPP 项目运营补贴支出。建立 PPP 项目支出责任预警机制，对财政支出责任占比超过 7% 的地区进行风险提示，对超过 10% 的地区严禁新项目入库。

三、加强项目规范管理

各级财政部门要将规范运作放在首位，严格按照要求实施规范的 PPP 项目，不得出现以下行为：

（一）存在政府方或政府方出资代表向社会资本回购投资本金、承诺固定回报或保障最低收益的。通过签订阴阳合同，或由政府方或政府方出资代表为项目融资提供各种形式的担保、还款承诺等方式，由政府实际兜底项目投资建设运营风险的。

（二）本级政府所属的各类融资平台公司、融资平台公司参股并能对其经营活动构成实质性影响的国有企业作为社会资本参与本级PPP项目的。社会资本方实际只承担项目建设、不承担项目运营责任，或政府支出事项与项目产出绩效脱钩的。

（三）未经法定程序选择社会资本方的。未按规定通过物有所值评价、财政承受能力论证或规避财政承受能力10%红线，自行以PPP名义实施的。

（四）以债务性资金充当项目资本金，虚假出资或出资不实的。

（五）未按规定及时充分披露项目信息或披露虚假项目信息，严重影响行使公众知情权和社会监督权的。

对于存在本条（一）项情形，已入库项目应当予以清退，项目形成的财政支出责任，应当认定为地方政府隐性债务，依法依规提请有关部门对相关单位及个人予以严肃问责。

对于存在本条（二）至（五）项情形的，应在限期内进行整改。无法整改或逾期整改不到位的，已入库项目应当予以清退，涉及增加地方政府隐性债务的，依法依规提请有关部门予以问责和妥善处置。

四、营造规范发展的良好环境

各级财政部门要会同有关部门，多措并举，加强规范管理和分类指导，对重点领域、重点项目加大政策支持力度。

（一）鼓励民资和外资参与。加大对民营企业、外资企业参与PPP项目的支持力度，向民营企业推介政府信用良好、项目收益稳定的优质项目，并在同等条件下对民营企业参与项目给予优先支持。中央财政公共服务领域相关专项转移支付资金优先支持符合条件的民营企业参与的PPP项目。研究完善中国PPP基金绩效考核办法，将投资民营企业参与项目作为重要考核指标，引导中国PPP基金加大支持力度。各地在开展PPP项目时，不得对外资企业、中资境外分支机构参与设置歧视性条款或附加条件。提倡优质优价采购，应当根据采购项目需求特点，合理选择采购方式，进一步加强采购需求和履约验收管理，提高采购质量。

（二）加大融资支持。结合自身财力状况，因地制宜采取注入资本金、运营补贴等方式支持规范的PPP项目。引导保险资金、中国PPP基金加大项目股权投资力度，拓宽项目资本金来源。鼓励通过股权转让、资产交易、资产证券化等方式，盘活项目存量资产，丰富社会资本进入和退出渠道。

（三）聚焦重点领域。优先支持基础设施补短板以及健康、养老、文化、体育、旅游等基本公共服务均等化领域有一定收益的公益性项目。加快实施符合经济社会发展需要、决策程序完备、回报机制清晰、融资结构合理的项目。

（四）保障合理支出。符合条件的PPP项目形成的政府支出事项，以公众享受符合约定条件的公共服务为支付依据，是政府为公众享受公共服务提供运营补贴形成的经常性支出。各地要依法依规将规范的PPP项目财政支出纳入预算管理，重诺守约，稳定市场预期。

（五）加强信息披露。依托全国 PPP 综合信息平台，对 PPP 项目信息进行全流程公开披露、汇总统计和分析监测，完善项目库“能进能出”的动态调整机制，不以入库为项目合规“背书”，不以入库作为商业银行贷款条件。

（六）加强分类指导。对于在建项目，督促各方严格履约，保障出资到位，推动项目按期完工，避免出现“半拉子”项目。对于尚未开工的项目，督促各方严格按照要求加强合同条款审核，规范融资安排。对于进入采购阶段的项目，加强宣传推介和信息披露，吸引各类市场主体特别是民营企业和外资企业平等参与。同时，加强重大项目储备，扎实做好项目前期论证，推动形成远近结合、梯次接续的项目开发格局。

（七）强化 PPP 咨询机构库和专家库管理。咨询机构和专家要发挥专业作用，遵守职业操守，依法合规提供 PPP 项目咨询服务。对于包装不规范 PPP 项目增加隐性债务风险、出具咨询意见违反相关政策规定、收费标准偏离市场合理水平、对 PPP 项目实施造成消极影响和严重后果的咨询机构和专家，要按照规定严肃追究责任。

五、协同配合抓好落实

各级财政部门要提高站位，主动作为，加快推动建立协同配合、保障有力、措施到位的工作机制。

（一）加强部门协作，强化项目前期识别、论证和入库等环节的沟通协调与信息共享，扎实做好项目前期准备工作，夯实项目实施基础，推进科学决策。

（二）强化跟踪监测。加强对项目全生命周期的跟踪指导和监督检查，建立健全政策落实和项目实施督查机制。加大信息公开力度，主动接受审计监督和社会监督，推动项目规范有序实施。

（三）鼓励地方和部门因地制宜创新工作机制、加大政策扶持力度，加强经验总结和案例推广，工作推进中形成的经验做法和发现的重大问题，及时向财政部报告。

财政部

2019 年 3 月 7 日

92. 关于组织申报2019年城市黑臭水体治理试点城市的通知

（财办建〔2019〕71号）

【发文机关】财政部办公厅　住房城乡建设部办公厅　生态环境部办公厅
【发布文号】财办建〔2019〕71号
【发布日期】2019-05-09
【实施日期】2019-05-09
【时效性】现行有效

各省、自治区财政厅、住房和城乡建设厅、生态环境厅，各直辖市、计划单列市财政局、住房和城乡建设委（水务局）、生态环境局：

为落实党中央、国务院关于打赢污染防治攻坚战有关要求部署，2018年起，财政部、住房城乡建设部、生态环境部共同组织实施城市黑臭水体治理示范，中央财政分批支持部分治理任务较重的地级及以上城市开展城市黑臭水体治理，确保到2020年底全面达到党中央、国务院关于黑臭水体治理的目标要求，并带动其它地级及以上城市建成区实现黑臭水体消除比例达到90%以上的目标。按照示范工作安排，现组织申报2019年城市黑臭水体治理示范城市。有关要求通知如下：

一、支持方式及内容

财政部会同住房城乡建设部、生态环境部通过竞争性评审方式确定入围城市，重点向治理任务重、治理效果好且2018年没有城市入围示范的省份倾斜。中央财政对入围城市给予定额补助，对2019年入围城市，每个支持4亿元，资金分年拨付。入围城市按要求制定城市黑臭水体治理实施方案，明确总体和年度绩效目标，统筹使用中央财政资金及地方资金重点用于控源截污、内源治理、生态修复、活水保质、海绵体系建设以及水质监测能力提升等黑臭水体治理重点任务和环节，建立完善长效机制，确保按期完成治理任务。

二、示范城市选拔流程

（一）省级推荐。2019年，各省（自治区、直辖市、计划单列市）结合实际推荐治理任务重、基础工作扎实的城市（不含直辖市的市辖区县）申报，其中，已有城市入围第一批示范的省份可推荐1个城市，无示范城市入选的省份可推荐2个城市。拟推荐城市按要求制定城市黑臭水体治理实施方案。推荐文件及实施方案于2019年5月20日（实施方案仅需提供电子版）前报财政部、住房城乡建设部、生态环境部。

（二）基础性审核。财政部会同住房城乡建设部、生态环境部组织专家对地方申报材料进行基础性审核，确定参加竞争性评审的城市名单。

（三）竞争性评审。财政部会同住房城乡建设部、生态环境部组织专家开展竞争性评审，相关城市现场陈述工作方案并接受专家问询。评审组现场打分，确定并向社会公示入围城市。2019年支持20个城市。

三、有关要求

（一）先治多奖，激励约束。

为督促尽快完成治理任务，中央财政建立激励约束机制，分批支持部分重点城市，支持力度逐批递减。入围城市按照要求及工作方案，抓紧开展治理工作，每季度报送工作进展情况。财政部、住房城乡建设部、生态环境部将根据中央财政资金绩效管理有关规定，结合生态环境部、住房城乡建设部城市黑臭水体整治环境保护专项行动相关结果，对入围城市治理情况分年开展绩效评价，根据评价结果奖优罚劣。

（二）标本兼治，确保实效。

入围城市要遵循黑臭水体治理科学规律，既注重采取工程措施，削减污染入河，强化污染治理，又注重源头管控，加大生态修复力度。突出治理实效，还给老百姓清水绿岸、鱼翔浅底的景象，使人民群众具有获得感、幸福感。

（三）海绵理念，综合施策。

入围城市在开展黑臭水体治理时，做好与其它政策的统筹衔接，推广海绵城市建设理念，因地制宜推进城市海绵化改造，通过优化建设格局，恢复城市水系统的完整性连通性；建立统筹推进海绵城市建设、黑臭水体治理、地下综合管廊、生活垃圾分类等工作机制，突出综合效益，提升城市品质。

（四）创新模式，长“制”久清。

入围城市要结合实际创新投融资模式，视情况规范采取政府和社会资本合作（PPP）等模式，发挥好财政资金的撬动作用，带动社会资本参与城市黑臭水体治理。建立完善制度办法，明确河（湖）长在黑臭水体整治长“制”久清的主体作用，切实履行组织协调等责任，发现问题及时解决。明确污水垃圾处理设施和水体日常维护管理的单位、制度和责任人，并统筹使用财政补贴、收费等政策手段，形成城市水体运行维护的长效机制。

联系方式：

1. 财政部经济建设司 殷毅

电话：010－68552520（兼传真）

邮箱：jjstzc@ sina. com

2. 住房城乡建设部城市建设司 陈玮

电话：010－58933160 58933542（传真）

邮箱：hmcs@ mohurd. gov. cn

3. 生态环境部水环境管理司 王谦

电话：010－66556270

邮箱：ssyysc@ mee. gov. cn

财政部办公厅

住房城乡建设部办公厅

生态环境部办公厅

2019 年 5 月 9 日

93. 关于印发《城市管网及污水处理补助资金管理办法》的通知

（财建〔2019〕288号）

【发文机关】财政部　住房城乡建设部
【发文文号】财建〔2019〕288号
【发布日期】2019－06－13
【实施日期】2019－06－13
【时效性】现行有效

各省、自治区、财政厅、住房城乡建设厅，直辖市、计划单列市、财政局、建委，新疆生产建设兵团财政局、建设局：

为贯彻落实党中央国务院关于加强城市基础设施建设有关要求部署，根据《中华人民共和国预算法》和《国务院关于加强城市基础设施建设的意见》（国发〔2013〕36号）等相关法律法规和财政规章制度，我们制定了《城市管网及污水处理补助资金管理办法》。现予印发，请遵照执行。

附件：《城市管网及污水处理补助资金管理办法》

财政部
2019年6月13日

城市管网及污水处理补助资金管理办法

第一条　为了规范和加强城市管网及污水处理补助资金管理，提高财政资金使用效益，根据《中华人民共和国预算法》、《中共中央　国务院关于全面实施预算绩效管理的意见》、《国务院关于加强城市基础设施建设的意见》等相关法律法规和财政规章制度制定本办法。

第二条　本办法所称城市管网及污水处理补助资金（以下简称补助资金），是指中央财政安排支持城市管网建设、城市地下空间集约利用、城市污水处理设施建设、城市排水防涝及水生态修复的转移支付资金。

第三条　补助资金实行专款专用，专项管理。

第四条　补助资金由财政部会同住房城乡建设部负责管理。

财政部负责制定补助资金支出的标准和分配要素，根据住房城乡建设部报送的资金安排建议，确定补助资金年度规模和分配方案，并拨付资金，组织开展预算绩效管理工作，指导地方加强资金管理等

住房城乡建设部负责制定有关规划或实施方案，提出资金安排建议，指导督促地方做好相关实施工作等。

第五条　地方财政部门主要负责筹集并落实地方支持资金，将预算和绩效目标分解下达，做好全过程预算绩效管理，切实提高财政资金使用效益。

地方住房城乡建设部门负责实施方案编制论证并组织项目实施，按规定使用补助资金等，加强预算绩效管理等。

第六条　补助资金用于支持以下事项：

（一）海绵城市建设试点；

（二）地下综合管廊建设试点；

（三）城市黑臭水体治理示范；

（四）中西部地区城镇污水处理提质增效。

第七条　补助资金整体实施期限不超过 5 年，各支持事项根据党中央国务院有关部署要求，相应确定实施期限。

海绵城市建设及地下综合管廊建设试点每批次实施期限 3 年，到 2018 年底全部到期结束，2019、2020 年开展政策收尾有关工作；

城市黑臭水体治理示范 2018 年起分批启动，2020 年底全部到期结束；

中西部地区城镇污水处理提质增效 2018 年启动，2021 年底到期结束；

财政部每年编制年度预算前，会同住房城乡建设部对补助资金支持项目合规性、有效性进行评估评价。根据评估结果区分不同情形，按照预算管理相关规定，作出取消、调整、整合、继续执行等处理。

第八条　补助资金根据不同支持事项采取不同方式进行分配。

海绵城市、地下综合管廊建设试点，按照既定补贴标准对试点城市给予定额补助（海绵城市试点：直辖市 6 亿元/年、省会城市 5 亿元/年、其他城市 4 亿元/年；地下综合管廊试点：直辖市 5 亿元/年、省会城市 4 亿元/年、其他城市 3 亿元/年）。试点期满后，根据绩效评价结果，对每批次综合评价排名靠前及应用 PPP 模式效果突出的，按照定额补助总额的 10% 给予奖励。

黑臭水体治理示范通过竞争性评审等方式确定示范城市。财政部会同住房城乡建设部等部门共同印发申报通知，通过组织专家资料审核、现场公开评审，确定年度入围城市。中央财政对入围城市给予定额补助，根据入围批次，补助标准分别为 6 亿元、4 亿元、3 亿元。

中西部城镇污水处理提质增效根据住房城乡建设部组织中西部省份上报确定的3年建设任务投资额，按因素法分配资金，并按照相同投资额中西部0.7：1的比例，对西部地区给予倾斜。某省份年度获取资金额度＝年度资金总额×某省3年建设任务总投资额×中西部调节系数/Σ（中西部省份3年建设任务总投资额×中西部调节系数）

第九条　财政部根据党中央国务院有关部署，商住房城乡建设部等部门，确定年度重点支持领域及资金额度，并在全国人民代表大会批准预算后90日内将补助资金预算下达省级财政。预算下达文件需同时抄送财政部当地监管局。补助资金分配结果在预算下达文件形成后20日内向社会公开。

第十条　省级财政部门在收到补助资金预算后，应当在30日内正式分解下达本级有关部门和本行政区域县级以上各级政府财政部门，按规定将资金分配结果向社会公开，将资金分配结果报财政部备案并抄送财政部当地监管局。

第十一条　补助资金的支付应当按照国家有关财政管理制度的规定执行。属于政府采购管理范围的，应当按照国家有关政府采购的规定执行。属于引入社会资本管理范围的，应当按照国家有关政府和社会资本合作的规定执行。

第十二条　补助资金用于与支持事项直接相关的工程项目建设，严禁用于修建楼堂馆所、行政事业单位基本支出、购置交通工具和通讯设备及其他与支持事项非直接相关的支出。

第十三条　各级财政部门会同住房城乡建设等相关部门按照全面实施预算绩效管理的要求，科学合理确定绩效目标，实施全过程预算绩效管理，切实提高财政资金使用效益。财政部会同住房城乡建设部等相关部门依据财政专项资金绩效管理有关规定，组织实施对地方的绩效评价，绩效评价结果作为预算安排、政策调整和改进管理的依据。

第十四条　各级财政、住房城乡建设等相关部门按照职责分工，对下一级政府城市管网及污水处理补助资金使用及相关工作组织实施情况进行监督管理。

第十五条　补助资金审批管理各环节相关人员存在以下违法违纪行为的，按照《预算法》、《公务员法》、《监察法》、《财政违法行为处罚处分条例》等国家有关规定追究相应责任；涉嫌犯罪的，移送司法机关处理：

（一）违反竞争性程序等相关规定，干扰公平公开公正确定支持对象的；

（二）分配资金超出实施方案范围及标准的；

（三）未按规定程序申请、拨付、管理专项资金的；

（四）未按相关要求开展督促落实工作，或未按规定组织开展绩效评价工作的；

（五）其他滥用职权、玩忽职守、徇私舞弊等违法违纪行为的。

第十六条　各级财政部门要按照《中华人民共和国政府信息公开条例》及有关文件要求，及时做好预算公开相关工作。

第十七条　对年度末支出的补助资金，应按照财政部结转结余资金管理的有关规定执行。当年结转补助基金，全部结转到下年度安排使用。对结余资金和连续两年未用完的结转资金，预算尚未分配到部门和下级政府财政部门的，由本级政府财政部门在办理上下级财政结算时向上级政府财政部门报告，上级政府财政部门在收到报告后30日内办理发文收回结转结余资金；已分配到部门的，由该部门本级政府财政部门在年度终了后90日内收回统筹使用。

第十八条 财政部各地监管局按照工作职责和财政部要求，对属地补助资金进行监管。补助资金预算下达文件同时抄送财政部当地监管局。

第十九条 本办法自公布之日起施行。《财政部 住房城乡建设部关于印发<城市管网专项资金管理办法>的通知》（财建〔2016〕863号）、《财政部 住房城乡建设部关于印发<城市管网专项资金绩效评价暂行办法>的通知》（财建〔2016〕52号》同时废止。

（二）国家发展和改革委员会

94. 关于印发《传统基础设施领域实施政府和社会资本合作项目工作导则》的通知

（发改投资〔2016〕2231号）

【发文机关】国家发展和改革委员会
【发文文号】发改投资〔2016〕2231号
【发布日期】2016年10月24日
【实施日期】2016年10月24日
【时效性】现行有效

各省、自治区、直辖市及计划单列市发展改革委，新疆生产建设兵团发展改革委：

为进一步规范传统基础设施领域政府和社会资本合作（PPP）项目操作流程，现将《传统基础设施领域实施政府和社会资本合作项目工作导则》印发给你们，请积极采取有力措施，加大工作力度，切实做好各项工作。

国家发展改革委
2016年10月24日

抄送：财政部、国土资源部、环境保护部、住房城乡建设部、交通运输部、水利部、农业部、工商总局、林业局、旅游局、银监会、证监会、保监会、海洋局、铁路局、民航局、铁路总公司

传统基础设施领域实施政府和社会资本合作项目工作导则

第一章 总　　则

第一条 目的和依据

为进一步规范传统基础设施领域政府和社会资本合作（PPP）项目操作流程，根据《中共中央　国务院关于深化投融资体制改革的意见》（中发〔2016〕18 号）、《国务院关于创新重点领域投融资机制鼓励社会投资的指导意见》（国发〔2014〕60 号）、《国务院办公厅转发财政部　发展改革委　人民银行关于在公共服务领域推广政府和社会资本合作模式指导意见的通知》（国办发〔2015〕42 号）、《基础设施和公用事业特许经营管理办法》（国家发展改革委等部门令 2015 年第 25 号）、《国家发展改革委关于开展政府和社会资本合作的指导意见》（发改投资〔2014〕2724 号）等文件要求，制定本导则。

第二条 适用范围

按照国务院确定的部门职责分工，本导则适用于在能源、交通运输、水利、环境保护、农业、林业以及重大市政工程等传统基础设施领域采用 PPP 模式的项目。具体项目范围参见《国家发展改革委关于切实做好传统基础设施领域政府和社会资本合作有关工作的通知》（发改投资〔2016〕1744 号）。

第三条 实施方式

政府和社会资本合作模式主要包括特许经营和政府购买服务两类。新建项目优先采用建设—运营—移交（BOT）、建设—拥有—运营—移交（BOOT）、设计—建设—融资—运营—移交（DBFOT）、建设—拥有—运营（BOO）等方式。存量项目优先采用改建—运营—移交（ROT）方式。同时，各地区可根据当地实际情况及项目特点，积极探索、大胆创新，灵活运用多种方式，切实提高项目运作效率。

第四条 适用要求

各级发展改革部门应按照本导则明确的程序要求和工作内容，本着“简捷高效、科学规范、兼容并包、创新务实”原则，会同有关部门，加强协调配合，形成合力，共同促进本地区传统基础设施领域 PPP 模式规范健康发展。国家发展改革委将加强指导和监督，促进 PPP 工作稳步推进。

第二章 项目储备

第五条 加强规划政策引导

要重视发挥发展规划、投资政策的战略引领与统筹协调作用，按照国民经济和社会发展总体规划、区域规划、专项规划及相关政策，依据传统基础设施领域的建设目标、重点任务、实施步骤等，明确推广应用 PPP 模式的统一部署及具体要求。

第六条 建立 PPP 项目库

各级发展改革部门要会同有关行业主管部门，在投资项目在线审批监管平台（重大建设项目库）基础上，建立各地区各行业传统基础设施 PPP 项目库，并统一纳入国家发展改革委传统基础设施 PPP 项目库，建立贯通各地区各部门的传统基础设施 PPP 项目信息平台。入库情况将作为安排政府投资、确定与调整价格、发行企业债券及享受政府和社会资本合作专项政策的重要依据。

第七条　纳入年度实施计划

列入各地区各行业传统基础设施 PPP 项目库的项目，实行动态管理、滚动实施、分批推进。对于需要当年推进实施的 PPP 项目，应纳入各地区各行业 PPP 项目年度实施计划。需要使用各类政府投资资金的传统基础设施 PPP 项目，应当纳入 3 年滚动政府投资计划。

第八条　确定实施机构和政府出资人代表

对于列入年度实施计划的 PPP 项目，应根据项目性质和行业特点，由当地政府行业主管部门或其委托的相关单位作为 PPP 项目实施机构，负责项目准备及实施等工作。鼓励地方政府采用资本金注入方式投资传统基础设施 PPP 项目，并明确政府出资人代表，参与项目准备及实施工作。

第三章　项目论证

第九条　PPP 项目实施方案编制

纳入年度实施计划的 PPP 项目，应编制 PPP 项目实施方案。PPP 项目实施方案由实施机构组织编制，内容包括项目概况、运作方式、社会资本方遴选方案、投融资和财务方案、建设运营和移交方案、合同结构与主要内容、风险分担、保障与监管措施等。为提高工作效率，对于一般性政府投资项目，各地可在可行性研究报告中包括 PPP 项目实施专章，内容可以适当简化，不再单独编写 PPP 项目实施方案。

实施方案编制过程中，应重视征询潜在社会资本方的意见和建议。要重视引导社会资本方形成合理的收益预期，建立主要依靠市场的投资回报机制。如果项目涉及向使用者收取费用，要取得价格主管部门出具的相关意见。

第十条　项目审批、核准或备案

政府投资项目的可行性研究报告应由具有相应项目审批职能的投资主管部门等审批。可行性研究报告审批后，实施机构根据经批准的可行性研究报告有关要求，完善并确定 PPP 项目实施方案。重大基础设施政府投资项目，应重视项目初步设计方案的深化研究，细化工程技术方案和投资概算等内容，作为确定 PPP 项目实施方案的重要依据。

实行核准制或备案制的企业投资项目，应根据《政府核准的投资项目目录》及相关规定，由相应的核准或备案机关履行核准、备案手续。项目核准或备案后，实施机构依据相关要求完善和确定 PPP 项目实施方案。

纳入 PPP 项目库的投资项目，应在批复可行性研究报告或核准项目申请报告时，明确规定可以根据社会资本方选择结果依法变更项目法人。

第十一条　PPP 项目实施方案审查审批

鼓励地方政府建立 PPP 项目实施方案联审机制。按照“多评合一，统一评审”的要求，由发展改革部门和有关行业主管部门牵头，会同项目涉及的财政、规划、国土、价格、公共资源交易管理、审计、法制等政府相关部门，对 PPP 项目实施方案进行联合评审。必要时可先组织相关专家进行评议或委托第三方专业机构出具评估意见，然后再进行联合评审。

一般性政府投资项目可行性研究报告中的 PPP 项目实施专章，可结合可行性研究报告审批一并审查。

通过实施方案审查的 PPP 项目，可以开展下一步工作；按规定需报当地政府批准的，应报当地政府批准同意后开展下一步工作。未通过审查的，可在调整实施方案后重新审查；经重新审查仍不能通过的，不再采用 PPP 模式。

第十二条 合同草案起草

PPP 项目实施机构依据审查批准的实施方案，组织起草 PPP 合同草案，包括 PPP 项目主合同和相关附属合同（如项目公司股东协议和章程、配套建设条件落实协议等）。PPP 项目合同主要内容参考国家发展改革委发布的《政府和社会资本合作项目通用合同指南（2014 年版）》。

第四章 社会资本方选择

第十三条 社会资本方遴选

依法通过公开招标、邀请招标、两阶段招标、竞争性谈判等方式，公平择优选择具有相应投资能力、管理经验、专业水平、融资实力以及信用状况良好的社会资本方作为合作伙伴。其中，拟由社会资本方自行承担工程项目勘察、设计、施工、监理以及与工程建设有关的重要设备、材料等采购的，必须按照《招标投标法》的规定，通过招标方式选择社会资本方。

在遴选社会资本方资格要求及评标标准设定等方面，要客观、公正、详细、透明，禁止排斥、限制或歧视民间资本和外商投资。鼓励社会资本方成立联合体投标。鼓励设立混合所有制项目公司。社会资本方遴选结果要及时公告或公示，并明确申诉渠道和方式。

各地要积极创造条件，采用多种方式保障 PPP 项目建设用地。如果项目建设用地涉及土地招拍挂，鼓励相关工作与社会资本方招标、评标等工作同时开展。

第十四条 PPP 合同确认谈判

PPP 项目实施机构根据需要组织项目谈判小组，必要时邀请第三方专业机构提供专业支持。

谈判小组按照候选社会资本方的排名，依次与候选社会资本方进行合同确认谈判，率先达成一致的即为中选社会资本方。项目实施机构应与中选社会资本方签署确认谈判备忘录，并根据信息公开相关规定，公示合同文本及相关文件。

第十五条 PPP 项目合同签订

PPP 项目实施机构应按相关规定做好公示期间异议的解释、澄清和回复等工作。公示期满无异议的，由项目实施机构会同当地投资主管部门将 PPP 项目合同报送当地政府审核。政府审核同意后，由项目实施机构与中选社会资本方正式签署 PPP 项目合同。

需要设立项目公司的，待项目公司正式设立后，由实施机构与项目公司正式签署 PPP 项目合同，或签署关于承继 PPP 项目合同的补充合同。

第五章 项目执行

第十六条 项目公司设立

社会资本方可依法设立项目公司。政府指定了出资人代表的，项目公司由政府出资人代表与社会资本方共同成立。项目公司应按照 PPP 合同中的股东协议、公司章程等设立。

项目公司负责按 PPP 项目合同承担设计、融资、建设、运营等责任，自主经营，自负盈亏。除 PPP 项目合同另有约定外，项目公司的股权及经营权未经政府同意不得变更。

第十七条 项目法人变更

PPP 项目法人选择确定后，如与审批、核准、备案时的项目法人不一致，应按照有关规定依法办理项目法人变更手续。

第十八条 项目融资及建设

PPP 项目融资责任由项目公司或社会资本方承担，当地政府及其相关部门不应为项目公司或社会资本方的融资提供担保。项目公司或社会资本方未按照 PPP 项目合同约定完成融资的，政府方可依法提出履约要求，必要时可提出终止 PPP 项目合同。

PPP 项目建设应符合工程建设管理的相关规定。工程建设成本、质量、进度等风险应由项目公司或社会资本方承担。政府方及政府相关部门应根据 PPP 项目合同及有关规定，对项目公司或社会资本方履行 PPP 项目建设责任进行监督。

第十九条 运营绩效评价

PPP 项目合同中应包含 PPP 项目运营服务绩效标准。项目实施机构应会同行业主管部门，根据 PPP 项目合同约定，定期对项目运营服务进行绩效评价，绩效评价结果应作为项目公司或社会资本方取得项目回报的依据。

项目实施机构应会同行业主管部门，自行组织或委托第三方专业机构对项目进行中期评估，及时发现存在的问题，制订应对措施，推动项目绩效目标顺利完成。

第二十条 项目临时接管和提前终止

在 PPP 项目合作期限内，如出现重大违约或者不可抗力导致项目运营持续恶化，危及公共安全或重大公共利益时，政府要及时采取应对措施，必要时可指定项目实施机构等临时接管项目，切实保障公共安全和重大公共利益，直至项目恢复正常运营。不能恢复正常运营的，要提前终止，并按 PPP 合同约定妥善做好后续工作。

第二十一条 项目移交

对于 PPP 项目合同约定期满移交的项目，政府应与项目公司或社会资本方在合作期结束前一段时间（过渡期）共同组织成立移交工作组，启动移交准备工作。

移交工作组按照 PPP 项目合同约定的移交标准，组织进行资产评估和性能测试，保证项目处于良好运营和维护状态。项目公司应按 PPP 项目合同要求及有关规定完成移交工作并办理移交手续。

第二十二条 PPP 项目后评价

项目移交完成后，地方政府有关部门可组织开展 PPP 项目后评价，对 PPP 项目全生命周期的效率、效果、影响和可持续性等进行评价。评价结果应及时反馈给项目利益相关方，并按有关规定公开。

第二十三条 信息公开及社会监督

各地要建立PPP项目信息公开机制，依法及时、充分披露PPP项目基本信息、招标投标、采购文件、项目合同、工程进展、运营绩效等，切实保障公众知情权。涉及国家秘密的有关内容不得公开；涉及商业秘密的有关内容经申请可以不公开。

建立社会监督机制，鼓励公众对PPP项目实施情况进行监督，切实维护公共利益。

第六章 附 则

第二十四条 本导则由国家发展改革委负责解释。

第二十五条 本导则自印发之日起施行。

95. 关于推进传统基础设施领域政府和社会资本合作（PPP）项目资产证券化相关工作的通知

（发改投资〔2016〕2698 号）

【发文机关】国家发展改革委　中国证监会
【发文文号】发改投资〔2016〕2698 号
【发布日期】2016 年 12 月 21 日
【实施日期】2016 年 12 月 21 日
【时效性】现行有效

各省、自治区、直辖市、计划单列市发展改革委，新疆生产建设兵团发展改革委，中国证监会各派出机构，上海证券交易所、深圳证券交易所，中国证券业协会，中国证券投资基金业协会：

为贯彻落实《中共中央　国务院关于深化投融资体制改革的意见》（中发〔2016〕18 号）、《国务院关于创新重点领域投融资机制鼓励社会投资的指导意见》（国发〔2014〕60 号）等文件精神，推动政府和社会资本合作（PPP）项目融资方式创新，更好吸引社会资本参与，现就推进传统基础设施领域 PPP 项目资产证券化工作通知如下：

一、充分认识 PPP 项目资产证券化的重要意义

（一）PPP 项目资产证券化是保障 PPP 持续健康发展的重要机制。资产证券化是基础设施领域重要融资方式之一，对盘活 PPP 项目存量资产、加快社会投资者的资金回收、吸引更多社会资本参与 PPP 项目建设具有重要意义。各省级发展改革委与中国证监会当地派出机构及上海、深圳证券交易所等单位应加强合作，充分依托资本市场，积极推进符合条件的 PPP 项目通过资产证券化方式实现市场化融资，提高资金使用效率，更好地支持传统基础设施项目建设。

二、各省级发展改革部门应大力推动传统基础设施领域 PPP 项目资产证券化

（二）明确重点推动资产证券化的 PPP 项目范围。各省级发展改革委应当会同相关行

业主管部门，重点推动符合下列条件的PPP项目在上海证券交易所、深圳证券交易所开展资产证券化融资：一是项目已严格履行审批、核准、备案手续和实施方案审查审批程序，并签订规范有效的PPP项目合同，政府、社会资本及项目各参与方合作顺畅；二是项目工程建设质量符合相关标准，能持续安全稳定运营，项目履约能力较强；三是项目已建成并正常运营2年以上，已建立合理的投资回报机制，并已产生持续、稳定的现金流；四是原始权益人信用稳健，内部控制制度健全，具有持续经营能力，最近3年未发生重大违约或虚假信息披露，无不良信用记录。

（三）优先鼓励符合国家发展战略的PPP项目开展资产证券化。各省级发展改革委应当优先选取主要社会资本参与方为行业龙头企业，处于市场发育程度高、政府负债水平低、社会资本相对充裕的地区，以及具有稳定投资收益和良好社会效益的优质PPP项目开展资产证券化示范工作。鼓励支持"一带一路"建设、京津冀协同发展、长江经济带建设，以及新一轮东北地区等老工业基地振兴等国家发展战略的项目开展资产证券化。

（四）积极做好PPP项目管理和配合资产证券化尽职调查等工作。项目实施单位要严格执行PPP项目合同，保障项目实施质量，切实履行资产证券化法律文件约定的基础资产移交与隔离、现金流归集、信息披露、提供增信措施等相关义务，并积极配合相关中介机构做好PPP项目资产证券化业务尽职调查。各地发展改革部门和相关行业主管部门等要按职责分工加强监督管理，督促项目实施单位做好相关工作。

三、证券监管部门及自律组织应积极支持PPP项目资产证券化

（五）着力优化PPP项目资产证券化审核程序。上海证券交易所、深圳证券交易所、中国证券投资基金业协会应按照规定对申报的PPP项目资产证券化产品进行审核、备案和持续监管。证券交易所、中国证券投资基金业协会等单位应建立专门的业务受理、审核及备案绿色通道，专人专岗负责，提高国家发展改革委优选的PPP项目相关资产证券化产品审核、挂牌和备案的工作效率。

（六）引导市场主体建立合规风控体系。中国证监会系统相关单位应积极配合发展改革部门加大PPP项目资产证券化业务的宣传和培训力度，普及资产证券化业务规则及监管要求等相关知识，推动PPP项目相关责任方建立健全资产证券化业务的合规、风控与管理体系。

（七）鼓励中介机构依法合规开展PPP项目资产证券化业务。中国证监会鼓励支持相关中介机构积极参与PPP项目资产证券化业务，并督促其勤勉尽责，严格遵守执业规范和监管要求，切实履行尽职调查、保障基础资产安全、现金流归集、收益分配、信息披露等管理人职责，在强化内部控制与风险管理的基础上，不断提高执业质量和服务能力。

四、营造良好的政策环境

（八）共同培育和积极引进多元化投资者。国家发展改革委与中国证监会将共同努力，积极引入城镇化建设基金、基础设施投资基金、产业投资基金、不动产基金以及证券投资基金、证券资产管理产品等各类市场资金投资PPP项目资产证券化产品，推进建立多元化、可持续的PPP项目资产证券化的资金支持机制。中国证监会将积极研究推出主要投资于资产支持证券的证券投资基金，并会同国家发展改革委及有关部门共同推动不动产投资信托基金（REITs），进一步支持传统基础设施项目建设。

（九）建立完善沟通协作机制。国家发展改革委与中国证监会将加强沟通协作，及时共享PPP项目信息，协调解决资产证券化过程中存在的问题与困难。中国证监会、国家发展改革委及相关部门将共同推动建立针对PPP项目资产证券化的风险监测、违约处置机制和市场化增信机制，研究完善相关信息披露及存续期管理要求，确保资产证券化的PPP项目信息披露公开透明，项目有序实施，接受社会和市场监督。各省级发展改革委与中国证监会当地派出机构应当建立信息共享及违约处置的联席工作机制，推动PPP项目证券化产品稳定运营。

五、近期工作安排

请各省级发展改革委于2017年2月17日前，推荐1～3个首批拟进行证券化融资的传统基础设施领域PPP项目，正式行文报送国家发展改革委。国家发展改革委将从中选取符合条件的PPP项目，加强支持辅导，力争尽快发行PPP项目证券化产品，并及时总结经验、交流推广。

请中国证监会各派出机构、上海证券交易所、深圳证券交易所、中国证券业协会、中国证券投资基金业协会等有关部门单位做好支持配合工作，推动传统基础设施领域PPP项目资产证券化融资平稳健康发展，并依据传统基础设施领域PPP项目资产证券化执行情况，不断完善资产证券化备案及负面清单管理。

国家发展改革委　中国证监会

2016年12月21日

96. 关于印发《政府出资产业投资基金管理暂行办法》的通知

（发改财金规〔2016〕2800号）

【发文机关】国家发展改革委
【发文文号】发改财金规〔2016〕2800号
【发布日期】2016年12月30日
【实施日期】2017年4月1日
【时效性】现行有效

中央和国家机关有关部委、直属机构，各省、自治区、直辖市及计划单列市、新疆生产建设兵团发展改革委：

为全面贯彻党的十八大和十八届三中、四中、五中全会精神，优化政府投资方式，发挥政府资金的引导作用和放大效应，提高政府资金使用效率，吸引社会资金投入政府支持领域和产业，根据《公司法》《合伙企业法》《中共中央 国务院关于深化投融资体制改革的意见》（中发〔2016〕18号）、《国务院关于促进创业投资持续健康发展的若干意见》（国发〔2016〕53号）、《国务院关于创新重点领域投融资机制 鼓励社会投资的指导意见》（国发〔2014〕60号）等法律法规和有关文件精神，我们制定了《政府出资产业投资基金管理暂行办法》。现印发给你们，请认真贯彻执行。

国家发展改革委
2016年12月30日

政府出资产业投资基金管理暂行办法

第一章　总　　则

第一条　为促进国民经济持续健康发展，优化政府投资方式，发挥政府资金的引导作用和放大效应，提高政府资金使用效率，吸引社会资金投入政府支持领域和产业，根据《公司法》《合伙企业法》《中共中央　国务院关于深化投融资体制改革的意见》（中发〔2016〕18号）、《国务院关于促进创业投资持续健康发展的若干意见》（国发〔2016〕53号）、《国务院关于创新重点领域投融资机制　鼓励社会投资的指导意见》（国发〔2014〕60号）等法律法规和有关文件精神，制定本办法。

第二条　本办法所称政府出资产业投资基金，是指有政府出资，主要投资于非公开交易企业股权的股权投资基金和创业投资基金。

第三条　政府出资资金来源包括财政预算内投资、中央和地方各类专项建设基金及其他财政性资金。

第四条　政府出资产业投资基金可以采用公司制、合伙制、契约制等组织形式。

第五条　政府出资产业投资基金由基金管理人管理基金资产，由基金托管人托管基金资产。

第六条　政府出资产业投资基金应坚持市场化运作、专业化管理原则，政府出资人不得参与基金日常管理事务。

第七条　政府出资产业投资基金可以综合运用参股基金、联合投资、融资担保、政府出资适当让利等多种方式，充分发挥基金在贯彻产业政策、引导民间投资、稳定经济增长等方面的作用。

第八条　国家发展改革委会同地方发展改革部门对政府出资产业投资基金业务活动实施事中事后管理，负责推动政府出资产业投资基金行业信用体系建设，定期发布行业发展报告，维护有利于行业持续健康发展的良好市场秩序。

第二章　政府出资产业投资基金的募集和登记管理

第九条　政府向产业投资基金出资，可以采取全部由政府出资、与社会资本共同出资或向符合条件的已有产业投资基金投资等形式。

第十条　政府出资产业投资基金社会资金部分应当采取私募方式募集，募集行为应符合相关法律法规及国家有关部门规定。

第十一条　除政府外的其他基金投资者为具备一定风险识别和承受能力的合格机构投资者。

第十二条　国家发展改革委建立全国政府出资产业投资基金信用信息登记系统，并指导地方发展改革部门建立本区域政府出资产业投资基金信用信息登记子系统。中央各部门及其直属机构出资设立的产业投资基金募集完毕后20个工作日内，应在全国政府出资产业投资基金信用信息登记系统登记。地方政府或所属部门、直属机构出资设立的产业投资基金募集完毕后20个工作日内，应在本区域政府出资产业投资基金信用信息登记子系统登记。发展改革部门应于报送材料齐备后5个工作日内予以登记。

第十三条 政府出资产业投资基金的投资方向，应符合区域规划、区域政策、产业政策、投资政策及其他国家宏观管理政策，能够充分发挥政府资金在特定领域的引导作用和放大效应，有效提高政府资金使用效率。

第十四条 政府出资产业投资基金在信用信息登记系统登记后，由发展改革部门根据登记信息在30个工作日内对基金投向进行产业政策符合性审查，并在信用信息登记系统予以公开。对于未通过产业政策符合性审查的政府出资产业投资基金，各级发展改革部门应及时出具整改建议书，并抄送相关政府或部门。

第十五条 国家发展改革委负责中央各部门及其直属机构政府出资设立的产业投资基金材料完备性和产业政策符合性审查。地方各级发展改革部门负责本级政府或所属部门、直属机构政府出资设立的产业投资基金材料完备性和产业政策符合性审查。以下情况除外：

（一）各级地方政府或所属部门、直属机构出资额50亿元人民币（或等值外币）及以上的，由国家发展改革委负责材料完备性和产业政策符合性审查；

（二）50亿元人民币（或等值外币）以下超过一定规模的县、市地方政府或所属部门、直属机构出资，由省级发展改革部门负责材料完备性和产业政策符合性审查，具体规模由各省（自治区、直辖市）发展改革部门确定。

第十六条 政府出资产业投资基金信用信息登记主要包括以下基本信息：

（一）相关批复和基金组建方案；

（二）基金章程、合伙协议或基金协议；

（三）基金管理协议（如适用）；

（四）基金托管协议；

（五）基金管理人的章程或合伙协议；

（六）基金管理人高级管理人员的简历和过往业绩；

（七）基金投资人向基金出资的资金证明文件；

（八）其他资料。

第十七条 新发起设立政府出资产业投资基金，基金组建方案应包括：

（一）拟设基金主要发起人、管理人和托管人基本情况；

（二）拟设基金治理结构和组织架构；

（三）主要发起人和政府资金来源、出资额度；

（四）拟在基金章程、合伙协议或基金协议中确定的投资产业领域、投资方式、风险防控措施、激励机制、基金存续期限等；

（五）政府出资退出条件和方式；

（六）其他资料。

第十八条 政府向已设立产业投资基金出资，基金组建方案应包括：

（一）基金主要发起人、管理人和托管人基本情况；

（二）基金前期运行情况；

（三）基金治理结构和组织架构；

（四）基金章程、合伙协议或基金协议中确定的投资产业领域、投资方式、风险防控措施、激励机制等；

（五）其他资料。

第十九条　政府出资产业投资基金管理人履行下列职责：

（一）制定投资方案，并对所投企业进行监督、管理；

（二）按基金公司章程规定向基金投资者披露基金投资运作、基金管理信息服务等信息。定期编制基金财务报告，经有资质的会计师事务所审计后，向基金董事会（持有人大会）报告；

（三）基金公司章程、基金管理协议中确定的其他职责。

第二十条　基金管理人应符合以下条件：

（一）在中国大陆依法设立的公司或合伙企业，实收资本不低于1000万元人民币；

（二）至少有3名具备3年以上资产管理工作经验的高级管理人员；

（三）产业投资基金管理人及其董事、监事、高级管理人员及其他从业人员在最近3年无重大违法行为；

（四）有符合要求的营业场所、安全防范设施和与基金管理业务有关的其他设施；

（五）有良好的内部治理结构和风险控制制度。

第二十一条　基金应将基金资产委托给在中国境内设立的商业银行进行托管。基金与托管人签订托管协议，托管人按照协议约定对基金托管专户进行管理。政府出资产业投资基金托管人履行下列职责：

（一）安全保管所托管基金的全部资产；

（二）执行基金管理人发出的投资指令，负责基金名下的资金往来；

（三）依据托管协议，发现基金管理人违反国家法律法规、基金公司章程或基金董事会（持有人大会）决议的，不予执行；

（四）出具基金托管报告，向基金董事会（持有人大会）报告并向主管部门提交年度报告；

（五）基金公司章程、基金托管协议中规定的其他职责。

第二十二条　已登记并通过产业政策符合性审查的各级地方政府或所属部门、直属机构出资设立的产业投资基金，可以按规定取得中央各部门及其直属机构设立的政府出资产业投资基金母基金支持。

第二十三条　已登记并通过产业政策符合性审查的政府出资产业投资基金除政府外的其他股东或有限合伙人可以按规定申请发行企业债券，扩大资本规模，增强投资能力。

第三章　政府出资产业投资基金的投资运作和终止

第二十四条　政府出资产业投资基金应主要投资于以下领域：

（一）非基本公共服务领域。着力解决非基本公共服务结构性供需不匹配，因缺乏竞争激励机制而制约质量效率，体制机制创新不足等问题，切实提高非基本公共服务共建能力和共享水平。

（二）基础设施领域。着力解决经济社会发展中偏远地区基础设施建设滞后，结构性供需不匹配等问题，提高公共产品供给质量和效率，切实推进城乡、区域、人群基本服务均等化。

（三）住房保障领域。着力解决城镇住房困难家庭及新市民住房问题，完善住房保障供应方式，加快推进棚户区改造，完善保障性安居工程配套基础设施，有序推进旧住宅小区综合整治、危旧住房和非成套住房改造，切实增强政府住房保障可持续提供能力。

（四）生态环境领域。着力解决生态环境保护中存在的污染物排放量大面广，环境污染严重，山水林田湖缺乏保护，生态损害大，生态环境脆弱、风险高等问题，切实推进生态环境质量改善。

（五）区域发展领域。着力解决区域发展差距特别是东西差距拉大，城镇化仍滞后于工业化，区域产业结构趋同化等问题，落实区域合作的资金保障机制，切实推进区域协调协同发展。

（六）战略性新兴产业和先进制造业领域。着力解决战略性新兴产业和先进制造业在经济社会发展中的产业政策环境不完善，供给体系质量和效率偏低，供给和需求衔接不紧密等问题，切实推进看得准、有机遇的重点技术和产业领域实现突破。

（七）创业创新领域。着力解决创业创新在经济社会发展中的市场环境亟待改善，创投市场资金供给不足，企业创新动能较弱等问题，切实推进大众创业、万众创新。

投资于基金章程、合伙协议或基金协议中约定产业领域的比例不得低于基金募集规模或承诺出资额的60%。

国家发展改革委将根据区域规划、区域政策、产业政策、投资政策及其他国家宏观管理政策适时调整并不定期发布基金投资领域指导意见。

第二十五条 政府出资产业投资基金应投资于：

（一）未上市企业股权，包括以法人形式设立的基础设施项目、重大工程项目等未上市企业的股权；

（二）参与上市公司定向增发、并购重组和私有化等股权交易形成的股份；

（三）经基金章程、合伙协议或基金协议明确或约定的符合国家产业政策的其他投资形式。

基金闲置资金只能投资于银行存款、国债、地方政府债、政策性金融债和政府支持债券等安全性和流动性较好的固定收益类资产。

第二十六条 政府出资产业投资基金对单个企业的投资额不得超过基金资产总值的20%，且不得从事下列业务：

（一）名股实债等变相增加政府债务的行为；

（二）公开交易类股票投资，但以并购重组为目的的除外；

（三）直接或间接从事期货等衍生品交易；

（四）为企业提供担保，但为被投资企业提供担保的除外；

（五）承担无限责任的投资。

第二十七条 政府出资产业投资基金应在章程、委托管理协议等法律文件中，明确基金的分配方式、业绩报酬、管理费用和托管费用标准。

第二十八条　政府出资产业投资基金章程应当加强被投资企业的资金使用监管，防范财务风险。

第二十九条　基金一般应在存续期满后终止，确需延长存续期的，应报经政府基金设立批准部门同意后，与其他投资方按约定办理。

第四章　政府出资产业投资基金的绩效评价

第三十条　国家发展改革委建立并完善政府出资产业投资基金绩效评价指标体系。评价指标主要包括：

（一）基金实缴资本占认缴资本的比例；

（二）基金投向是否符合区域规划、区域政策、产业政策、投资政策及其他国家宏观管理政策，综合评估政府资金的引导作用和放大效应、资金使用效率及对所投产业的拉动效果等；

（三）基金投资是否存在名股实债等变相增加政府债务的行为；

（四）是否存在违反法律、行政法规等行为。

第三十一条　国家发展改革委每年根据评价指标对政府出资产业投资基金绩效进行系统性评分，并将评分结果适当予以公告。有关评价办法由国家发展改革委另行制定。金融机构可以根据评分结果对登记的政府出资产业投资基金给予差异化的信贷政策。

第三十二条　国家发展改革委建立并完善基金管理人绩效评价指标体系。评价指标主要包括：

（一）基金管理人实际管理的资产总规模；

（二）基金管理人过往投资业绩；

（三）基金管理人过往投资领域是否符合政府产业政策导向；

（四）基金管理人管理的基金运作是否存在公开宣传、向非合格机构投资者销售、违反职业道德底线等违规行为；

（五）基金管理人及其管理团队是否受到监管机构的行政处罚，是否被纳入全国信用信息共享平台失信名单；

（六）是否存在违反法律、行政法规等行为。

第三十三条　国家发展改革委每年根据评价指标对基金管理人绩效进行系统性评分，并将评分结果适当予以公告。有关评价办法由国家发展改革委另行制定。各级政府部门可以根据评分结果选择基金管理人。

第五章　政府出资产业投资基金行业信用建设

第三十四条　国家发展改革委会同有关部门加强政府出资产业投资基金行业信用体系建设，在政府出资产业投资基金信用信息登记系统建立基金、基金管理人和从业人员信用记录，并纳入全国信用信息共享平台。

第三十五条　地方发展改革部门会同地方有关部门负责区域内政府出资产业投资基金行业信用体系建设，并通过政府出资产业投资基金信用信息登记系统报送基金、基金管理人和从业人员有关信息。报送内容包括但不限于工商信息、行业信息、经营信息和风险信息等。

第三十六条 对有不良信用记录的基金、基金管理人和从业人员，国家发展改革委通过“信用中国”网站统一向社会公布。地方发展改革部门可以根据各地实际情况，将区域内失信基金、基金管理人和从业人员名单以适当方式予以公告。

发展改革部门会同有关部门依据所适用的法律法规及多部门签署的联合惩戒备忘录等对列入失信联合惩戒名单的基金、基金管理人和从业人员开展联合惩戒，惩戒措施包括但不限于市场禁入、限制作为供应商参加政府采购活动、限制财政补助补贴性资金支持、从严审核发行企业债券等。

第三十七条 国家发展改革委在“信用中国”网站设立政府出资产业投资基金行业信用建设专栏，公布失信基金、基金管理人和从业人员名单，及时更新名单目录及惩戒处罚等信息，并开展联合惩戒的跟踪、监测、统计和评估工作。

第六章 政府出资产业投资基金的监督管理

第三十八条 国家发展改革委会同地方发展改革部门严格履行基金的信用信息监管责任，建立健全政府出资产业投资基金信用信息登记系统，建立完善政府出资产业投资基金绩效评价制度，加快推进政府出资产业投资基金行业信用体系建设，加强对政府出资产业投资基金的监督管理。

第三十九条 对未登记的政府出资产业投资基金及其受托管理机构，发展改革部门应当督促其在20个工作日内申请办理登记。逾期未登记的，将其作为“规避登记政府出资产业投资基金”“规避登记受托管理机构”，并以适当方式予以公告。

第四十条 中央各部门及其直属机构出资设立的产业投资基金的基金管理人应当于每个会计年度结束后4个月内，向国家发展改革委提交基金及基金管理人的年度业务报告、经有资质的会计师事务所审计的年度财务报告和托管报告，并及时报告投资运作过程中的重大事项。

地方政府或所属部门、直属机构出资设立的产业投资基金的基金管理人应当于每个会计年度结束后4个月内，向本级发展改革部门提交基金及基金管理人的年度业务报告、经有资质的会计师事务所审计的年度财务报告和托管报告，并及时报告投资运作过程中的重大事项。

重大事项包括但不限于公司章程修订、资本增减、高级管理人员变更、合并、清算等。

第四十一条 发展改革部门通过现场和非现场“双随机”抽查，会同有关部门对政府出资产业投资基金进行业务指导，促进基金规范运作，有效防范风险。基金有关当事人应积极配合有关部门对政府出资产业投资基金合规性审查，提供有关文件、账簿及其他资料，不得以任何理由阻扰、拒绝检查。

第四十二条 对未按本办法规范运作的政府出资产业投资基金及其基金管理机构、托管机构，发展改革部门可以会同有关部门出具监管建议函，视情节轻重对其采取责令改正、监管谈话、出具警示函、取消登记等措施，并适当予以公告。

第四十三条　建立政府出资产业投资基金重大项目稽查制度，健全政府投资责任追究制度。完善社会监督机制，鼓励公众和媒体监督。

第四十四条　各级发展改革部门应当自觉接受审计、监察等部门依据职能分工进行的监督检查。各级发展改革部门工作人员有徇私舞弊、滥用职权、弄虚作假、玩忽职守、未依法履行职责的，依法给予处分；构成犯罪的，依法追究刑事责任。

第七章　附　　则

第四十五条　本办法由国家发展改革委负责解释。

第四十六条　政府出资产业投资基金投资境外企业，按照境外投资有关规定办理。

第四十七条　本办法自2017年4月1日起施行，具体登记办法由国家发展改革委另行制定。本办法施行前设立的政府出资产业投资基金及其受托管理机构，应当在本办法施行后两个月内按照本办法有关规定到发展改革部门登记。

97. 关于进一步做好收费公路政府和社会资本合作项目前期工作的通知

（发改办基础〔2016〕2851号）

【发文机关】国家发展改革委办公厅　交通运输部办公厅
【发文文号】发改办基础〔2016〕2851号
【发布日期】2016年12月30日
【实施日期】2016年12月30日
【时效性】现行有效

各省、自治区、直辖市及计划单列市、新疆生产建设兵团发展改革委、交通运输部厅（委、局）：

为推动收费公路领域开展政府和社会资本合作（Public - Private Partnership，简称PPP），2015年12月，交通运输部印发了《关于印发〈收费公路政府和社会资本合作操作指南（试行）〉的通知》（交办财审〔2015〕192号）（以下简称《指南》），提出了收费公路PPP项目操作的试行流程。今年10月，国家发展改革委印发了《关于印发〈传统基础设施领域实施政府和社会资本合作项目工作导则〉的通知》（发改投资〔2016〕2231号）（以下简称《导则》），进一步规范了传统基础设施领域PPP项目操作流程。为做好收费公路PPP项目前期工作，优化工作流程，加强行业管理，国家发展改革委和交通运输部将对收费公路PPP项目的前期工作管理作相应调整。现将有关事项通知如下：

一、对于2016年10月24日前已完成下列工作之一的项目，按过渡期项目进行管理，前期工作继续按《指南》有关规定执行。

（一）已完成社会资本方遴选的项目。

（二）已公开发布社会资本方招标公告的项目。

（三）交通运输部已出具资金安排意向函或出具委托咨询评估通知书的项目。

二、对于不属于上述情况的收费公路PPP项目，按《导则》有关规定执行。其中，已纳入交通运输部“十三五”发展规划和3年滚动计划的收费公路PPP项目具体操作流程如下：

（一）地方政府确定的项目实施机构在编制完成项目实施方案后，向发展改革部门提交项目可行性研究报告（含相关附件，下同）或项目申请报告履行项目审批（核准）程序。其中，需要交通运输部进行行业审查的项目，同步向交通运输部报送可行性研究报告或项目申请报告等相关材料，并在上报文件中提出政府支持方式。交通运输部按程序出具行业审查（核准）意见，对于符合国家投资政策和车购税资金安排规定的项目，将同时明确车购税资金的安排上限和支持方式。

（二）项目审批或核准后，项目实施单位根据审批或核准意见对项目实施方案进行完善，并按有关规定做好项目物有所值评估和财政承受能力论证。有关部门应对 PPP 项目实施方案进行联合评审。

（三）项目确定社会资本方并正式签署 PPP 项目合同后，由省级交通主管部门组织向交通运输部报送项目车购税资金申请函。对于所提材料通过交通运输部审查并且符合条件的项目，交通运输部将出具资金安排确认函，明确车购税资金具体安排数额。

（四）项目法人选择确定后，如与审批、核准时的项目法人不一致，应按照有关规定办理项目法人变更手续。

三、各级发展改革、交通运输部门要根据《导则》和本通知完善配套政策，确保收费公路 PPP 项目前期工作平稳有序推进，并及时反映实际操作过程中存在的问题和建议。对于地方规划的收费公路 PPP 项目，请按照《导则》要求，及时做好与本级人民政府或其委托单位的沟通协调工作，尽快明确各地方收费公路 PPP 项目前期工作管理办法。

国家发展改革委办公厅　交通运输部办公厅

2016 年 12 月 30 日

98. 关于印发《政府和社会资本合作（PPP）项目专项债券发行指引》的通知

（发改办财金〔2017〕730号）

【发文机关】国家发展改革委办公厅
【发文文号】发改办财金〔2017〕730号
【发布日期】2017年4月25日
【实施日期】2017年4月25日
【时效性】现行有效

各省、自治区、直辖市及计划单列市、新疆生产建设兵团发展改革委：

为贯彻落实《中共中央　国务院关于深化投融资体制改革的意见》（中发〔2016〕18号）、《国务院关于创新重点领域投融资机制鼓励社会投资的指导意见》（国发〔2014〕60号）、《国务院办公厅转发财政部　发展改革委　人民银行关于在公共服务领域推广政府和社会资本合作模式指导意见的通知》（国办发〔2015〕42号）等文件精神，创新融资机制，拓宽政府和社会资本合作（PPP）项目融资渠道，引导社会资本投资于PPP项目建设，扩大公共产品和服务供给，积极发挥企业债券融资对PPP项目建设的支持作用，现将我委制定的《政府和社会资本合作（PPP）项目专项债券发行指引》印发你们，请认真贯彻执行。

国家发展改革委办公厅
2017年4月25日

政府和社会资本合作（PPP）项目专项债券发行指引

为贯彻落实《中共中央　国务院关于深化投融资体制改革的意见》《国务院关于创新重点领域投融资机制鼓励社会投资的指导意见》《国务院办公厅转发财政部　发展改革委

人民银行关于在公共服务领域推广政府和社会资本合作模式指导意见的通知》等文件精神，创新投融资机制，拓宽政府和社会资本合作（PPP）项目融资渠道，扩大公共产品和服务供给，根据《公司法》《证券法》《企业债券管理条例》，制定本指引。

一、适用范围和支持重点

政府和社会资本合作（PPP）项目专项债券（以下简称“PPP项目专项债券”）是指，由PPP项目公司或社会资本方发行，募集资金主要用于以特许经营、购买服务等PPP形式开展项目建设、运营的企业债券。现阶段支持重点为：能源、交通运输、水利、环境保护、农业、林业、科技、保障性安居工程、医疗、卫生、养老、教育、文化等传统基础设施和公共服务领域的项目。

二、发行条件

（一）发行PPP项目专项债券募集的资金，可用于PPP项目建设、运营，或偿还已直接用于项目建设的银行贷款。

（二）PPP项目专项债券应符合《公司法》《证券法》《企业债券管理条例》和我委相关规范性文件的要求。其中，以项目收益债券形式发行PPP项目专项债券，原则上应符合我委印发的《项目收益债券管理暂行办法》的要求。

（三）PPP项目运作应规范、透明，已履行审批、核准、备案手续和实施方案审查程序。鼓励聘请具有相应行业甲级资质的中介机构为项目编制可行性研究报告。

（四）应建立以PPP项目合同为核心的合同体系，相关合同文件应合法、规范、有效，包含股东持股比例、项目运营收益来源和标准（包括但不限于项目运营收入、运营成本、财政补贴、税收优惠、提前终止补偿等）、项目风险分担模式等内容。

（五）PPP项目应能够产生持续稳定的收入和现金流，项目收益优先用于偿还债券本息。来源于政府付费和财政补贴的项目收益应按规定纳入中期财政规划和年度财政预算。

（六）传统基础设施领域的PPP项目应纳入传统基础设施领域政府和社会资本合作（PPP）项目库。

三、审核要求

（一）在相关手续齐备、偿债措施完善的基础上，PPP项目专项债券比照我委“加快和简化审核类”债券审核程序，提高审核效率。

（二）在偿债保障措施完善的情况下，允许企业使用不超过50%的债券募集资金用于补充营运资金（以项目收益债券形式发行PPP项目专项债券除外）。

（三）主体信用等级达到AA+及以上且运营情况较好的发行主体申请发行PPP项目专项债券，可适当调整企业债券现行审核政策要求：

1. 核定发债规模时不考察非金融企业债务融资工具的规模。

2. 发行人可根据实际情况自主选择是否设置市场化增信方式。

3. 以项目收益债券形式申请发行PPP项目专项债券，可不设置差额补偿机制，但应明确项目建设期利息偿付资金来源，并提供相应法律文件。

（四）鼓励上市公司及其子公司发行 PPP 项目专项债券。

（五）PPP 项目专项债券发行人可根据项目资金回流的具体情况科学设计债券发行方案，支持合理灵活设置债券期限、选择权及还本付息方式，债券存续期不得超过 PPP 项目合作期限。

（六）PPP 项目专项债券批复文件有效期不超过 2 年。债券发行时发行人自身条件和 PPP 项目基本情况应当未发生可能影响偿债能力的重大不利变化。

四、信息披露和投资者保护

（一）PPP 项目专项债券信息披露要求

1. 发行人和主承销商应在债券发行前，按要求对项目实施方案、PPP 项目合同、项目入库情况、建设运营情况及本期债券可能存在的风险等事项进行充分披露。

2. 发行人和主承销商应在债券存续期内，定期（原则上每个计息年度不少于两次）在中国债券信息网等相关媒体上公告或向投资者通报项目建设进度、项目合同履约情况、运营服务绩效评价结果等信息。

3. 债券存续期内，项目建设、运营情况发生重大变化或发行人发生对投资者有重大影响的事项，应按照规定或约定履行程序，并及时公告或通报。

（二）完善 PPP 项目专项债券投资者保护机制

1. 发行人应在募集说明书中约定投资者保护机制（例如，交叉违约条款、事先约束条款等），明确发行人或 PPP 项目本身发生重大事项时的应对措施。

2. 发行人应在募集说明书中约定加速到期条款，出现严重违约、不可抗力或 PPP 项目提前终止等可能损害投资者权益的重大不利情形时，经债券持有人大会讨论通过后，可提前清偿部分或全部债券本金。

99. 关于加快运用 PPP 模式盘活基础设施存量资产有关工作的通知

（发改投资〔2017〕1266 号）

【发文机关】国家发展改革委
【发文文号】发改投资〔2017〕1266 号
【发布日期】2017 年 7 月 3 日
【实施日期】2017 年 7 月 3 日
【时效性】现行有效

各省、自治区、直辖市及计划单列市发展改革委，新疆生产建设兵团发展改革委：

按照党中央、国务院工作部署，我委会同相关部门加快推广政府和社会资本合作（PPP）模式，取得了较好成效，在加强基础设施建设、促进民间投资等方面发挥了积极作用。但是，已实施 PPP 项目中新建项目多、存量项目少，不利于盘活存量资产、提高基础设施运营效率。根据《国务院关于创新重点领域投融资机制鼓励社会投资的指导意见》（国发〔2014〕60 号）等文件精神，为更好运用 PPP 模式盘活基础设施存量资产、形成良性投资循环，现就有关事项通知如下：

一、充分认识运用 PPP 模式盘活基础设施存量资产的重要意义

改革开放以来，经过长期投资建设，我国在能源、交通运输、水利、环境保护、农业、林业、重大市政工程等基础设施领域形成了大量优质存量资产。积极推广 PPP 模式，加大存量基础设施盘活力度、形成良性投资循环，有利于拓宽基础设施建设资金来源，减轻地方政府债务负担；有利于化解民营企业融资能力不足问题，更好地吸引民间资本进入基础设施领域，丰富民营企业投资方式；有利于吸引具有较强运营能力的社会资本，提高基础设施项目运营效率，降低运营成本；有利于推进国有企业混合所有制改革，促进各种所有制经济共同发展；有利于加快补齐基础设施短板，推进供给侧结构性改革。

二、分类实施，规范有序盘活基础设施存量资产

各地要根据当地实际情况和项目特点，积极探索、大胆创新，灵活运用 PPP 模式，规

范有序盘活基础设施存量资产。要精心编制项目实施方案，做好项目联审，提高决策水平。涉及新增投资建设的，应依法依规履行投资管理程序。项目决策后，应通过公开招标等竞争性方式公平择优选择具有相应运营能力和管理经验的社会资本方作为合作伙伴。项目运营期间，实施机构要加强绩效评价，切实提升运营效率。

对拟采取PPP模式的存量基础设施项目，根据项目特点和具体情况，可通过转让—运营—移交（TOT）、改建—运营—移交（ROT）、转让—拥有—运营（TOO）、委托运营、股权合作等多种方式，将项目的资产所有权、股权、经营权、收费权等转让给社会资本。

对已经采取PPP模式且政府方在项目公司中占有股份的存量基础设施项目，可通过股权转让等方式，将政府方持有的股权部分或全部转让给项目的社会资本方或其他投资人。

对在建的基础设施项目，也可积极探索推进PPP模式，引入社会资本负责项目的投资、建设、运营和管理，减少项目前期推进困难等障碍，更好吸引社会资本特别是民间资本进入。

运用PPP模式盘活基础设施存量资产，要在符合国有资产管理等相关法律法规制度的前提下，解放思想、勇于创新，优先推出边界条件明确、商业模式清晰、现金流稳定的优质存量资产，提升社会资本参与的积极性。支持社会资本方创新运营管理模式，充分挖掘项目的商业价值，在确保公共利益的前提下，提高合理投资回报水平。

三、规范管理，实现投资良性循环

运用PPP模式盘活基础设施存量资产回收的资金，除按规定用于必要的职工安置、债权债务处置等支出外，应主要用于新的基础设施和公用事业建设，重点支持补短板项目，形成新的优质资产。对再投资形成的新优质资产，条件成熟时可再次运用PPP模式盘活，引入社会资本方参与运营和管理。由此实现以PPP模式盘活优质存量资产，转让所得用于新建基础设施和公用事业项目，通过再投资形成新优质资产的良性循环。

运用PPP模式盘活基础设施存量资产时，要规范与社会资本方的合作行为，严禁利用PPP模式违法违规变相举债。

四、加强协同合作，保障基础设施存量资产盘活工作顺利实施

建立基础设施存量资产盘活协同工作机制，强化组织领导和统筹协调。各地发展改革部门要按照政府统一部署和职责分工，主动与行业管理、国有资产管理、财税、国土、环保、人力资源社会保障等部门加强衔接，形成合力，共同推进运用PPP模式盘活基础设施存量资产工作。

在运用PPP模式盘活基础设施存量资产时，要做好尽职调查、清产核资等前期工作，合理确定国有资产公允价值，既要防止国有资产流失，也要保障社会资本方合法权益。积极推动相关事业单位和国有企业改制工作，努力解决国有产权核实与界定、债权债务处理、人员分流安置等问题，保障基础设施存量资产盘活工作顺利开展。

对采用PPP模式盘活存量资产的基础设施项目，支持通过资产证券化、发行PPP项目专项债券等方式开展市场化融资，提高资产流动性，拓宽资金来源，吸引更多社会资本以不同方式参与。

五、总结经验，发挥示范项目的引领带动作用

各省级发展改革委要对本地区运用 PPP 模式盘活基础设施存量资产的工作情况进行全面梳理，及时总结经验，改进完善相关制度，推进工作顺利开展。要筛选出操作规范、成效明显、经验可复制可推广的项目，加大宣传力度，发挥示范作用。

请各省级发展改革委推荐本地区 3 ~ 5 个运用 PPP 模式盘活基础设施存量资产效果好的项目，于 2017 年 8 月 4 日前报我委。我委将从中遴选若干示范项目，组织推广。

国家发展改革委

2017 年 7 月 3 日

100. 关于鼓励民间资本参与政府和社会资本合作（PPP）项目的指导意见

（发改投资〔2017〕2059 号）

【发文机关】国家发展改革委
【发布文号】发改投资〔2017〕2059 号
【发布日期】2017 - 11 - 28
【实施日期】2017 - 11 - 28
【时效性】现行有效

各省、自治区、直辖市及计划单列市、新疆生产建设兵团发展改革委：

按照党中央、国务院关于深化投融资体制改革的意见等文件精神，为贯彻落实《国务院办公厅关于进一步激发民间有效投资活力促进经济持续健康发展的指导意见》（国办发〔2017〕79 号）要求，鼓励民间资本规范有序参与基础设施项目建设，促进政府和社会资本合作（PPP）模式更好发展，提高公共产品供给效率，加快补短板建设，充分发挥投资对优化供给结构的关键性作用，增强经济内生增长动力，现提出以下意见。

一、创造民间资本参与 PPP 项目的良好环境

不断加大基础设施领域开放力度，除国家法律法规明确禁止准入的行业和领域外，一律向民间资本开放，不得以任何名义、任何形式限制民间资本参与 PPP 项目。在制定 PPP 政策、编制 PPP 规划、确定 PPP 项目实施方案时，注重听取民营企业的意见，充分吸收采纳民营企业的合理建议。主动为民营企业服务，不断优化营商环境，构建“亲”“清”新型政商关系，为民间资本参与 PPP 项目创造更加公平、规范、开放的市场环境。对民间资本主导或参与的 PPP 项目，鼓励开通前期工作办理等方面的“绿色通道”。鼓励结合本地区实际，依法依规出台更多的优惠政策。

二、分类施策支持民间资本参与 PPP 项目

针对不同 PPP 项目投资规模、合作期限、技术要求、运营管理等特点，采取多种方式积极支持民间资本参与，充分发挥民营企业创新、运营等方面的优势。对商业运营潜力大、投资规模适度、适合民间资本参与的PPP项目，积极支持民间资本控股，提高项目运营效率。对投资规模大、合作期限长、工程技术复杂的项目，鼓励民营企业相互合作，或与国有企业、外商投资企业等合作，通过组建投标联合体、成立混合所有制公司等方式参与，充分发挥不同企业比较优势。鼓励民间资本成立或参与投资基金，将分散的资金集中起来，由专业机构管理并投资PPP项目，获取长期稳定收益。

三、鼓励民营企业运用PPP模式盘活存量资产

积极采取转让－运营－移交（TOT）、改扩建－运营－移交（ROT）等多种运作方式，规范有序盘活存量资产，吸引民间资本参与，避免项目规划选址、征地拆迁等比较复杂的前期工作由民营企业承担。盘活资产回收的资金主要用于补短板项目建设，形成新的优质资产，实现投资良性循环。对适宜采取PPP模式的存量项目，鼓励多采用转让项目的经营权、收费权等方式盘活存量资产，降低转让难度，提高盘活效率。对已经采取PPP模式的存量项目，经与社会资本方协商一致，在保证有效监管的前提下，可通过股权转让等多种方式，将政府方持有的股权部分或全部转让给民营企业。对在建的政府投资项目，积极探索、规范有序推进PPP模式，吸引民间资本参与。

四、持续做好民营企业PPP项目推介工作

依托全国投资项目在线审批监管平台建立的PPP项目库，对入库项目定期进行梳理，规范有序开展推介工作，适时选择回报机制明确、运营收益潜力大、前期工作成熟的PPP项目，向民营企业推介。重点推介以使用者付费为主的特许经营类项目，审慎推介完全依靠政府付费的PPP项目，以降低地方政府支出压力，防范地方债务风险。各地发展改革部门要与当地行业主管部门、工商联、行业协会等加强合作，通过多种方式推介优质项目、介绍典型案例，加大政策宣传解读和业务培训力度，帮助民营企业更好参与PPP项目。

五、科学合理设定社会资本方选择标准

严格按照《中华人民共和国招标投标法》和《中华人民共和国政府采购法》规定，通过公开招标等竞争性方式选择PPP项目的社会资本方。合理确定社会资本方资格，不得设置超过项目实际需要的注册资本金、资产规模、银行存款证明或融资意向函等条件，不得设置与项目投融资、建设、运营无关的准入条件。规范投标保证金设置，除合法合规的投标保证金外，不得以任何其他名义设置投标担保要求，推行以银行保函方式缴纳保证金。科学设置评标标准，综合考虑投标人的工程技术、运营水平、投融资能力、投标报价等因素。鼓励通过组建高质量的PPP项目特殊目的载体（SPV）等方式，整合各方资源，完善项目治理结构，提高专业化运作能力。支持民间资本股权占比高的社会资本参与PPP项目，调动民间资本积极性。同等条件下，优先选择运营经验丰富、商业运作水平高、创新创造能力强的民营企业。

六、依法签订规范、有效、全面的PPP项目合同

在与民营企业充分协商、利益共享、风险共担的基础上，客观合理、全面详尽地订立

PPP项目合同。明确各方责权利和争议解决方式，合理确定价格调整机制，科学设定运营服务绩效标准，有效设置排他性条款，保障项目顺利实施。PPP项目合同既要规范民营企业投资行为，确保项目持续稳定运行，也要保证当政府方不依法履约时，民营企业可以及时获得合理补偿乃至合法退出。要依据相关法律法规和合同约定，对PPP项目进行全生命周期监管。禁止政府和投资人签订承诺回购投资本金、承诺最低收益等条款，严禁利用PPP模式违法违规变相举债，严防地方政府隐性债务风险。

七、加大民间资本PPP项目融资支持力度

鼓励政府投资通过资本金注入、投资补助、贷款贴息等方式支持民间资本PPP项目，鼓励各级政府出资的PPP基金投资民间资本PPP项目。鼓励各类金融机构发挥专业优势，大力开展PPP项目金融产品创新，支持开展基于项目本身现金流的有限追索融资，有针对性地为民间资本PPP项目提供优质金融服务。积极推进符合条件的民间资本PPP项目发行债券、开展资产证券化，拓宽项目融资渠道。按照统一标准对参与PPP项目的民营企业等各类社会资本方进行信用评级，引导金融市场和金融机构根据评级结果等加大对民营企业的融资支持力度。

八、提高咨询机构的PPP业务能力

咨询机构要坚持“合法、合规、专业、自律”的原则，深入研究民间资本参与PPP项目咨询服务新要求，加强PPP项目策划、论证、建设、运营阶段管理能力建设，准确把握民间资本参与PPP项目的商业诉求，提高项目全过程咨询服务能力。健全行业自律管理体系，通过PPP咨询机构论坛等多种形式，加强同业交流与合作。制定和完善PPP咨询业务操作标准规范，着力解决PPP项目工程技术、招投标、投融资、项目管理、法律和财务等方面难题，为民间资本PPP项目提供优质高效的咨询服务。

九、评选民间资本PPP项目典型案例

各地在已经引入民间资本的PPP项目中，适时评选在项目运作规范、交易结构合理、运营持续稳定、商业模式创新、回报机制明确等方面具有参考示范价值的典型案例，总结经验、加强宣传，发挥示范效应。国家发展改革委将会同有关行业主管部门组织专家对各地报送的案例进行评审和筛选，挑选出若干典型案例进行宣传，优先推荐发行PPP项目资产证券化产品。对支持和鼓励民间资本参与PPP项目工作积极主动、典型案例多的地区，在安排PPP项目前期工作中央预算内投资时予以倾斜支持。

十、加强政府和社会资本合作诚信体系建设

建立健全PPP项目守信践诺机制，准确记录并客观评价政府方和民营企业在PPP项目实施过程中的履约情况。政府方要严格履行各项约定义务，做出履约守信表率，坚决杜绝“新官不理旧账”现象。民营企业也要认真履行合同，持续稳定提供高质量且成本合理的公共产品和服务。将PPP项目各方信用记录，纳入全国信用信息共享平台供各部门、各地区共享，并依法通过“信用中国”网站公示。将严重失信责任主体纳入黑名单，并开展联合惩戒。

鼓励民间资本参与 PPP 项目是贯彻落实党中央、国务院关于激发民间有效投资活力、促进经济持续健康发展的重要措施，是充分发挥投资对优化供给结构关键性作用的重要抓手。各地发展改革部门要高度重视，加强组织领导，努力破除制约民间资本参与 PPP 项目的困难和障碍，切实保障民间资本合法权益，推动民间资本 PPP 项目规范有序发展。

国家发展改革委

2017 年 11 月 28 日

101. 关于印发《政府和社会资本合作建设重大水利工程操作指南（试行）》的通知

（发改农经〔2017〕2119号）

【发文机关】国家发展改革委　水利部
【发文文号】发改农经〔2017〕2119号
【发布日期】2017年12月7日
【实施日期】2017年12月7日
【时效性】现行有效

各省、自治区、直辖市及计划单列市、新疆生产建设兵团发展改革委、水利（水务）厅（局），水利部各流域机构：

为进一步规范社会资本参与重大水利工程建设和运营操作流程，提升政府和社会资本合作质量和效果，我们编制了《政府和社会资本合作建设重大水利工程操作指南（试行）》。现印发给你们，供在工作中参考。实施中的重要情况和问题，请及时报告。

国家发展改革委　水利部
2017年12月7日

政府和社会资本合作建设重大水利工程操作指南（试行）

第一章　总　　则

第一条　为进一步规范社会资本参与重大水利工程建设运营，提升政府和社会资本合作（PPP）质量和效果，根据《中共中央　国务院关于深化投融资体制改革的意见》（中发〔2016〕18号）、《国务院关于创新重点领域投融资机制鼓励社会投资的指导意见》（国发〔2014〕60号）、《基础设施和公用事业特许经营管理办法》（国家发展改革委等部门令 2015 年第 25 号)、《国家发展改革委　财政部　水利部关于鼓励和引导社会资本参与重大水利工程建设运营的实施意见》（发改农经〔2015〕488 号）等文件要求，结合重大水利工程建设运营实际，制定本指南。

第二条　本指南用于指引政府负有提供责任、需求长期稳定和较适宜市场化运作、采用 PPP 模式建设运营的重大水利工程项目（以下简称水利 PPP 项目）操作，包括重点水源工程、重大引调水工程、大型灌区工程、江河湖泊治理骨干工程等。采用 PPP 模式建设的其他水利工程可参照做好相关工作。

除特殊情形外，水利工程建设运营一律向社会资本开放，原则上优先考虑由社会资本参与建设运营。

第三条　水利 PPP 项目实施程序主要包括项目储备、项目论证、社会资本方选择、项目执行等。

第四条　各参与方按照依法合规、诚信守约、利益共享、风险共担、合理收益、公众受益的原则，规范、务实、高效实施水利 PPP 项目。

第五条　地方各级发展改革、水行政主管部门会同有关部门统筹做好水利 PPP 项目实施协调工作，包括加强规划引导、指导项目策划、组织 PPP 实施方案评估论证、给予政策支持、开展项目实施监督与绩效评价等。

国家发展改革委、水利部按职责加强指导和监督。

第二章　项目储备

第六条　水利 PPP 项目需具备相关规划依据。地方各级水行政主管部门汇总整理本地区水利 PPP 项目，并依托投资项目在线审批监管平台（国家重大项目库），建立本地统一、共享的 PPP 项目库，及时向社会发布相关信息，做好项目储备、动态管理、滚动推进、实施监测等工作。

项目合作期低于 10 年及没有现金流，或通过保底承诺、回购安排等方式违法违规融资、变相举债的项目，不纳入 PPP 项目库。

第七条　对列入 PPP 项目库的水利 PPP 项目，计划当年推进实施的，需纳入本地 PPP 项目年度实施计划。使用各类政府投资资金的水利 PPP 项目，需纳入 3 年滚动政府投资计划。

第八条　水利 PPP 项目由项目所在地县级以上人民政府授权的部门或单位作为实施机构。项目实施机构在授权范围内负责水利 PPP 项目实施方案编制、社会资本方选择、项目合同签署、项目组织实施和合作期满项目移交等工作。

第三章　项目论证

第九条　水利 PPP 项目实施方式根据各项目情况合理选择，灵活运用。

对新建项目，其中经济效益较好，能够通过使用者付费方式平衡建设经营成本并获取合理收益的经营性水利工程，一般采用特许经营合作方式。社会效益和生态效益显著，向社会公众提供公共服务为主的公益性水利工程，可通过与经营性较强项目组合开发、授予与项目实施相关的资源开发收益权、按流域或区域统一规划项目实施等方式，提高项目综合盈利能力，吸引社会资本参与工程建设与管护。既有显著的社会效益和生态效益，又具有一定经济效益的准公益性水利工程，一般采用政府特许经营附加部分投资补助、运营补贴或直接投资参股的合作方式，也可按照模块化设计的思路，在保持项目完整性、连续性的前提下，将主体工程、配套工程等不同建设内容划分为单独的模块，根据各模块的主要功能和投资收益水平，相应采用适宜的合作方式。对已建成项目，可通过项目资产转让、改建、委托运营、股权合作等方式将项目资产所有权、股权、经营权、收费权等全部或部分转让给社会资本，规范有序盘活基础设施存量资产，提高项目运营管理效率和效益。对在建项目，也可积极探索引入社会资本负责项目投资、建设、运营和管理。

第十条 对拟采用PPP模式的政府或企业投资新建重大水利工程项目，要将项目是否适用PPP模式的论证纳入项目可行性研究或项目申请报告论证和决策。对拟采用PPP模式的已建成项目和在建项目，涉及新增投资建设的，应依法依规履行投资管理程序。要充分考虑项目的战略价值、功能定位、预期收益、可融资性以及管理要求，科学分析项目采用PPP模式的必要性和可行性。

当前，优先选择以使用者付费为主的特许经营项目和盘活存量资产的已建成项目，严格防范地方政府债务风险。

第十一条 政府采用直接投资、资本金注入方式参与的新建水利PPP项目，按政府投资项目进行审批，由具有相应审批权限的发展改革部门审批可行性研究报告。

企业使用自己筹措资金建设，以及使用自己筹措的资金并申请使用政府投资补助或贷款贴息等的新建水利PPP项目，按企业投资项目履行核准制，由相应的核准机关办理核准手续。

第十二条 纳入PPP项目库及年度实施计划的水利PPP项目，由实施机构组织编制PPP项目实施方案。实施方案可以单独编制，也可在项目可行性研究报告或项目申请报告中包括PPP项目实施专章。

第十三条 水利PPP项目实施方案编制需符合相关法律法规、技术标准和政策文件要求，与项目可行性研究报告或项目申请报告等相衔接，采用最新、统一的数据。主要包括以下内容：

1. 项目概况。工程主要任务、建设规模、经济技术指标、征地移民数量、项目投资以及其他需要说明的情况等。

2. 实施方式。根据项目类型、收费定价机制、投资收益水平、融资需求等情况，合理确定水利PPP项目合作方式和期限。

3. 社会资本方选择方案。根据项目合作方式，明确社会资本方在资质、资本金、企业信用、项目实施经验等方面的准入要求，以及遴选的原则、程序和方法。

4. 投融资和财务方案。分析项目的投融资结构、主要融资方式和财务方案，初步明确项目产品（供水、发电等）的议定价格，以及政府投资补助、运营补贴和其他承诺支持事项等。鼓励符合条件的项目建设运营主体通过IPO（首次公开发行股票并上市）、增发、资产证券化、企业债券、项目收益债券、公司债券、中期票据等市场化方式进行融资。鼓励各类投资基金、社保资金和保险资金按照市场化原则，创新运用债权投资计划、股权投资计划、项目资产支持计划等多种方式参与项目建设与运营。

5. 建设运营和移交方案。明确项目建设运营中的资产产权关系、责权利关系、建设运营要求、合作期限、服务标准和监管要求、收入来源及投资回报方式、项目移交安排等。

6. 合同体系和主要内容。提出政府和社会资本方合作的合同体系与主要内容，主要包括各方权利义务、资金投入与项目实施要求、投入回报机制、监管机制与违约责任等。

7. 风险识别与分担。分析识别合作周期内各阶段风险因素，遵循责权利对等和动态防控原则，在政府和社会资本方之间合理分配分担风险。原则上，项目建设、运营等商业风险由社会资本方承担，法律和政策调整风险由政府承担，自然灾害等不可抗力风险由双方共同承担。

8. 保障措施与监管架构。包括合作期内合同履约管理、行政监管、公众监督、退出机制等。

第十四条 水利 PPP 项目实施方案编制过程中，可视情况以发布公告等方式征询潜在社会资本方的意见和建议，引导社会资本方形成合理的收益预期，建立主要依靠市场的投资回报机制。涉及政府定价管理、投资补助、政府付费等事项的，应当征求相关主管部门的意见。

第十五条 水利 PPP 项目实施方案编制完成后，可由项目所在地发展改革部门和同级水行政主管部门牵头，按照“多评合一、统一评审”的要求，会同项目涉及的同级财政、规划、国土、价格、国有资产管理、公共资源交易管理、审计、法制等政府相关部门，对 PPP 项目实施方案进行联合评审。项目可行性研究报告或项目申请报告中包含 PPP 项目实施专章的，可结合项目审批或核准一并审查。

初审未通过的水利 PPP 项目，可进一步优化调整实施方案，重新报审。经重新报审仍不能通过的，原则上不再采用 PPP 模式。通过审查的水利 PPP 项目实施方案，应按程序报项目所在地政府审批。

第十六条 水利 PPP 项目实施机构依据经批准的实施方案，组织起草 PPP 项目合同草案。

（一）项目实施机构拟与中选社会资本方签署的 PPP 项目合同。主要确认双方的合作意向、内容和方式，约定项目公司组建、投资及实施主要事项，并明确项目实施机构与项目公司后续签署的项目合同生效后是否承继该合同。政府参股项目公司的，需约定政府持有股份享有的分配权益和股东代表在公司法人治理结构中的安排，如是否享有与其他股东同等权益，是否在利润分配顺序上予以优先安排，是否在特定事项上拥有否决权等。

（二）项目实施机构拟与项目公司签署的 PPP 项目合同。约定各方的责任、权利和义务，明确政府和社会资本合作的内容、期限、履约担保、分年度投资计划及融资方案、风险分担、项目建设和运营管理、回报方式、项目移交、违约处理、信息披露等事项。

根据水利 PPP 项目特点，PPP 项目合同通常包括以下关键条款和内容：(1) 项目股权和资产处置。在合作期内，未经项目公司董事会研究并经项目实施机构同意，项目公司不得变更公司股权及经营权，不得自行处置和出让、转让、拍卖、质押项目任何重要资产。为合作项目融资而抵押或担保项目资产的，对外抵押和担保期限不得超出合作期限。(2) 风险管理。针对不同阶段的主要风险因素，明确防控措施，通过加强工程建设和运营管理、优化资本结构、多元融资、建立项目最低需求照付不议机制、投资包干机制、完工担保机制、保险和专业机构增信机制等方式，最大限度控制、缓释和降低风险发生，减少风险损失。(3) 排他性约定。对区域供水项目，如有必要，可做出合作期间的排他性约定，同时，明确项目公司承担相应的供水普遍服务义务，保证向特许经营区域内所有愿意接受服务并愿意支付服务价格的人提供连续、充足和符合水质要求的供水服务。（4）回报机制。明确项目收入范围、计算及结算方法，项目收费定价或财政补贴的调整周期、条件、触发机制和程序等，约定项目具体产出标准和绩效考核指标，明确项目付费与绩效评价结果挂钩等要求。对有经营现金流的项目，区别风险情况，合理确定预期投资回报率，既保障社会资本合理收益，又要防止不合理让利或利益输送。相关财政支出事项，需足额纳入预算，按照规定程序批准后，及时支付资金。（5）债务性质。水利 PPP 项目融资及偿债责任由项目公司或社会资本方承担，当地政府及其相关部门不能违规提供担保。（6）退出机制。针对不可抗力、违约、主动退出等社会资本方各种中途退出情形，区别实行不同的退出方式，明确相应的预案和应急接管流程及赔偿、清算措施。（7）其他相关承诺。如政府承诺负责协调落实工程外部建设条件，保障项目无开发权争议，负责工程移民安置规划组织实施，依法进行监管等。项目公司承诺在合作期内服从政府有关部门的防汛抗旱调度、水资源统一管理，任何情况下均不得出现恶意停止运营服务、中断供水等重大违约和损害公众利益的行为等。

第四章　社会资本方选择

第十七条　项目实施机构可依法采用公开招标、邀请招标、竞争性谈判等方式，综合考虑投资能力、管理经验、专业水平、融资实力以及信用状况等因素，公开公平公正择优选择社会资本方作为水利 PPP 项目合作伙伴。其中，拟由社会资本方自行承担工程项目勘察、设计、施工、监理以及与工程建设有关的重要设备、材料等采购的，按照《中华人民共和国招标投标法》规定，必须通过招标的方式选择社会资本方。

第十八条　项目实施机构根据水利 PPP 项目实施方案和项目合同草案，准备社会资本方遴选的相关法律文本，包括资格预审文件、招标文件等。

在社会资本方资格要求及评标标准设定等方面，需客观、公正、详细、透明，禁止排斥、限制或歧视民间资本和外商投资。对于具有较好投资收益的项目，在招标约定收入计算及价格机制等条件下，可将不同投标人项目收益等利益分享承诺作为主要评标因素；对于需要政府投资补助或运营补贴等政策支持的项目，可将不同投标人对支持政策的需求要价作为主要评标因素。

第十九条　项目实施机构可根据需要组织资格预审，验证项目能否获得社会资本响应和实现充分竞争，并将资格预审结果提交项目主管部门。预审合格社会资本方数量不满足相关法律法规规定的，可依法调整实施方案确定的社会资本方选取方式。

第二十条　项目实施机构可根据需要，在招标文件中明确项目公司组建、投资及实施等主要事项，作为社会资本方投标时必须响应的内容。开标、评标后，实施机构可组织项目谈判小组，与评标委员会推荐排名第一的中标候选人，进行确认谈判；中标候选人提出的主要条款与招标文件、中标人的投标文件内容不一致的，可终止其谈判资格并没收投标保证金，然后与评标委员会推荐排名第二的中标候选人进行确认谈判，依次类推。

确认谈判完成后，项目实施机构与谈判确认的社会资本方签署确认谈判备忘录，并根据信息公开相关规定公示招标结果和拟与社会资本方签署的项目合同文本及相关文件，明确相关申诉渠道和方式。

第二十一条　项目实施机构按相关规定做好公示期间异议的解释、澄清和回复等工作。公示期满无异议的，由项目实施机构将项目合同报经当地政府或其授权的部门和单位审核同意后，与谈判确认的社会资本方正式签署水利 PPP 项目合同。

项目可行性研究报告或项目申请报告批复、核准时已明确项目法人的，可以根据社会资本方选择结果依法变更。

第五章　项目执行

第二十二条　社会资本方与项目实施机构签署水利 PPP 项目合同后，按约定在规定期限内成立项目公司，负责项目建设与运营管理。

项目公司可由社会资本方单独出资组建，也可由政府授权单位（不包括项目实施机构）与社会资本方共同出资组建，作为水利 PPP 项目的直接实施主体。

第二十三条　项目公司成立后，由项目实施机构与项目公司签署水利 PPP 项目合同，或签署关于承继此前 PPP 项目合同的补充合同。对项目合同与项目实施方案核心内容有重大变更的，项目实施机构需报项目实施方案批准机构审核同意后再签署。

第二十四条　项目公司按照项目合同，履行约定的义务和职责，依法开展项目建设、经营和管理活动，自主经营、自负盈亏。按约定和相关法律法规要求接受项目实施机构、政府相关部门的监管，定期报告项目进展情况。

项目实施机构、相关政府部门根据水利 PPP 项目合同和有关规定，对项目公司履行 PPP 项目建设与运行管理责任进行监管。

第二十五条　水利 PPP 项目合作期满后，如需继续合作的，原合作方有优先续约权。合同约定期满移交的，及时组织开展项目移交工作，由项目公司按照约定的形式、内容和标准，将项目资产无偿移交指定的政府部门。

除另有约定外，合同期满前 12 个月为项目公司向政府移交项目的过渡期，项目实施机构或政府指定的其他机构与社会资本方在过渡期内共同组建项目移交工作组，启动移交准备工作。移交工作组按合同约定的移交标准，组织进行资产评估和性能测试，确保项目处于良好状态。经评估和性能测试，项目状况符合约定的移交条件和标准的，项目公司按合同要求及有关规定完成移交工作并办理移交手续；项目状况不符合约定的移交条件和标准的，项目公司按要求出具移交维修保函，对相关设施进行恢复性修理、更新重置，在满足移交条件和标准后，及时办理移交手续。

第二十六条　水利 PPP 项目移交完成后，政府有关主管部门可组织对项目开展后评价，对项目全生命周期的效率、效果、影响和可持续性等进行评价。评价结果及时反馈给项目利益相关方，并按有关规定公开。

第二十七条　除涉及国家秘密、商业秘密外，地方政府相关部门依法公开水利 PPP 项目入库、社会资本方选择、项目合同订立、工程建设进展、运营绩效等信息。

第六章　附　　则

第二十八条　本指南由国家发展改革委、水利部负责解释。

第二十九条　本指南自印发之日起试行。相关法律、行政法规另有规定的，依照其规定。

102. 关于印发《必须招标的基础设施和公用事业项目范围规定》的通知

（发改法规规〔2018〕843号）

【发文机关】国家发展改革委
【发布文号】发改法规规〔2018〕843号
【发布日期】2018－06－06
【实施日期】2018－06－06
【时效性】现行有效

各省、自治区、直辖市人民政府，国务院各部委、各直属机构：

《必须招标的基础设施和公用事业项目范围规定》已经国务院批准，现印发你们，请按照执行。

附件：必须招标的基础设施和公用事业项目范围规定

国家发展改革委
2018年6月6日

附件：

必须招标的基础设施和公用事业项目范围规定

第一条 为明确必须招标的大型基础设施和公用事业项目范围，根据《中华人民共和国招标投标法》和《必须招标的工程项目规定》，制定本规定。

第二条 不属于《必须招标的工程项目规定》第二条、第三条 规定情形的大型基础设施、公用事业等关系社会公共利益、公众安全的项目，必须招标的具体范围包括：

（一）煤炭、石油、天然气、电力、新能源等能源基础设施项目；

（二）铁路、公路、管道、水运，以及公共航空和 A1 级通用机场等交通运输基础设施项目；

（三）电信枢纽、通信信息网络等通信基础设施项目；

（四）防洪、灌溉、排涝、引（供）水等水利基础设施项目；

（五）城市轨道交通等城建项目。

第三条 本规定自 2018 年 6 月 6 日起施行。

103. 18部门鼓励采用PPP等模式推动社会领域公共服务补短板强弱项提质量

（发改社会〔2019〕0160号）

【发文机关】财政部、国家发展改革委等18部门
【发布文号】发改社会〔2019〕0160号
【发布日期】2019－01－23
【实施日期】2019－01－23
【时效性】现行有效

各省、自治区、直辖市、新疆生产建设兵团有关部门、机构：

现将《加大力度推动社会领域公共服务补短板强弱项提质量　促进形成强大国内市场的行动方案》印发给你们，请认真贯彻执行。

国家发展改革委　中央宣传部　教育部　工业和信息化部
民政部　财政部　人力资源社会保障部　自然资源部
住房城乡建设部　农业农村部　商务部　文化和旅游部
国家卫生健康委　广电总局　体育总局　国家文物局
国家中医药局　中国残联
2019年1月23日

《加大力度推动社会领域公共服务补短板强弱项提质量促进形成强大国内市场的行动方案》

社会领域公共服务关乎民生，连接民心。补齐社会领域基本公共服务短板，增强非基本公共服务弱项，提升公共服务质量和水平，既有利于加强社会政策兜底保障、在发展中保障和改善民生，又有助于扩大公共服务有效供给、积极培育发展国内市场，对于新时代

满足人民日益增长的美好生活需要、高水平全面建成小康社会、促进社会公平正义都具有十分重要的意义。

近年来，社会领域公共服务投入不断加大，设施条件不断改善，但相对于群众多层次多样化需求，仍然存在供给不足、质量不高、发展不均衡等突出问题，托幼、上学、就医、养老等方面的服务质量和水平与群众期待还有不小差距，这既是现阶段社会主要矛盾的表现，又是供给侧结构性改革的重点，也是潜在的巨大国内市场。为加大力度推动社会领域公共服务补短板、强弱项、提质量，促进形成强大国内市场，特制定以下方案。

一、总体要求

（一）指导思想。

以习近平新时代中国特色社会主义思想为指导，全面贯彻落实党的十九大和十九届二中、三中全会精神，坚持新发展理念和以人民为中心的发展思想，按照高质量发展要求，对接脱贫攻坚、乡村振兴、科教兴国、健康中国、创新驱动等国家战略，贯彻“巩固、增强、提升、畅通”八字方针，深入推进公共服务供给侧结构性改革，牢牢抓住人民群众最关心最直接最现实的利益问题，正确处理基本与非基本、政府与市场、供给与需求的关系，着力补齐基本公共服务短板、增强非基本公共服务弱项、提升公共服务质量水平，切实兜牢基本民生保障网底，不断满足多样化民生需求，努力增进全体人民在共建共享发展中的获得感、幸福感、安全感，让改革发展成果更多更公平惠及全体人民。

（二）基本原则。

——补齐短板，保障基本。采取针对性更强、覆盖面更广、作用更直接、效果更明显的举措，优先补齐基本公共服务短板，促进公共服务资源向基层延伸、向农村覆盖、向边远地区和生活困难群众倾斜，推进基本公共服务均等化、普惠化、便捷化。

——补强弱项，扩大供给。政府在做好政策制定、规划引领、环境营造、监管服务的前提下，充分发挥市场和行业协会、商会等社会组织的作用，鼓励引导社会力量参与，扩大公共服务有效供给，推动非基本公共服务市场化、多元化、优质化。

——创新机制，提升质量。破除体制障碍，创新提供方式，优化资源配置，加强人才培养，加快与互联网深度融合，推进城乡区域基本公共服务制度统一，推动优质服务资源延伸下沉和提质扩容，促进公共服务更高质量更高水平发展。

——尽力而为，量力而行。将提升保障和改善民生水平建立在经济和财力可持续基础上，既要加大保障和改善民生工作力度，又要合理引导社会预期，不吊高胃口，不过度承诺，确保公共服务水平在发展中不断完善、稳步提升。

（三）主要目标。

到 2020 年，公共服务供给结构更加合理，社会力量参与更加积极，实施保障机制更加完善，服务质量与水平不断提升，公共服务对保障民生、促进就业、扩大消费的作用不断增强，基本实现基本公共服务能力全覆盖、质量全达标、标准全落实、保障应担尽担，实现非基本公共服务付费可享有、价格可承受、质量有保障、安全有监管。其中，教育现代化取得重要进展，劳动年龄人口平均受教育年限达到 10.8 年；覆盖城乡的基本医疗卫生制度基本建立，人均预期寿命提高到 77.3 岁；以居家为基础、社区为依托、机构为补充、医养相结合的养老服务体系更加完善，养老床位中护理型床位比例不低于30%；婴幼儿照护服务的政策法规和标准规范体系初步建立；现代公共文化服务体系基本建成，文化产业成为国民经济支柱性产业；旅游经济稳步增长，对国民经济的综合贡献度达到12%；群众身体素质稳步增强，人均体育场地面积达到1.8平方米；家政培训标准化程度进一步提升，行业规范化建设进一步巩固。到2022年，公共服务供给更加充足、资源布局不断优化、体制机制日趋完备、人才队伍发展壮大、服务质量明显提高，覆盖全民、普惠共享、城乡一体的基本公共服务体系不断健全，就近就便、高效快捷、便民利民的公共服务体验不断改善，政府保障基本、社会积极参与、全民共建共享的公共服务格局不断完善，社会关注的民生热点难点问题得到有效缓解，多样化可选择的公共服务资源更加丰富，潜力巨大的国内市场需求得到满足，广大群众的获得感、幸福感、安全感不断提升。

二、行动任务

（一）补齐基本公共服务短板，加快实现基本公共服务均等化。

1. 推进义务教育均衡发展。推进县域内城乡义务教育学校建设标准统一、教师编制标准统一、生均公用经费基准定额统一、基本装备配置标准统一和“两免一补”政策城乡全覆盖。继续加大对困难地区和薄弱学校支持力度，完善农村小规模学校（教学点）基本办学条件，落实对不足100人的小规模学校按100人标准拨付公用经费。加强乡镇寄宿制学校建设，为住宿学生配备宿舍、食堂、厕所、澡堂等基本生活设施，落实对寄宿制学校按寄宿生年生均200元标准增加公用经费补助。合理有序扩大县镇学校学位供给，到2020年基本消除大班额。加强学校非卫生厕所改造。巩固基本均衡发展成果，稳步推进县域义务教育优质均衡发展，到2022年全面实现全国县域义务教育基本均衡发展，约20%的县（市、区）实现义务教育优质均衡发展。

2. 提升贫困地区县域医疗卫生服务能力。改善农村医疗卫生保障条件，确保每个县（市、区）建好1-2所县级公立医院（含中医院），并以集中连片特殊困难地区和国家扶贫开发工作重点县为重点，改善基础设施和装备条件。力争到2020年，每千人口县级医疗机构床位数达到1.8张左右，能够满足县域居民常见病、多发病诊疗等需要。地方政府负责筹集资金，加强社区卫生服务中心（站）、乡镇卫生院和村卫生室的基础设施标准化建设。推动基层医疗卫生机构提供中医特色服务，充分发挥中医药“简、便、验、廉”优势。

3. 加强妇幼健康服务体系建设。重点支持床位不足或业务用房面积不达标的妇幼保健机构建设，力争省、地市、县三级都有一所政府举办、设施齐全的妇幼保健机构，强化省、地市、县三级危重孕产妇、新生儿救治能力和产前诊断筛查能力。支持儿科资源不足地区加强建设，统筹利用各种服务资源，鼓励有条件的妇幼保健机构扩展强化产科、儿科、中医科等服务功能，力争到2020年每千名儿童床位数增加到2.2张。

4. 提高医学应急救援和传染病等防治能力。依托大型综合性医院扩展补充紧急医学救援能力，配置医学救援设施设备，建立国家综合、航空、海（水）上紧急医学救援基地，构建全国分区域布局的海陆空立体化、专业化紧急医学救援网络，建立健全紧急医学救援体系。改革和完善疾病预防控制体系，加强综合性医院传染病、精神病诊疗能力和传染病医院建设，全面提升艾滋病、结核病等重大传染疾病防治能力。完善血站服务体系，加强血站及血液筛查实验室建设，保障血液安全供应。

5. 健全基本养老服务体系。继续加强公办养老机构建设，落实新建城区、居住（小）区按照人均不少于0.1平方米的标准配建养老服务设施，稳步提高护理型床位占比。推进公办养老机构入住综合评估制度，优先满足失能老年人的基本养老服务需求。实施特困人员供养服务设施和服务质量达标工程，提升特困人员供养服务机构托底保障能力。鼓励有条件的农村特困供养服务机构（农村敬老院），在满足特困人员集中供养需求的前提下，逐步为农村低保、低收入家庭和建档立卡贫困家庭中的老年人，提供低偿或无偿的集中托养服务。大力发展农村互助养老服务，统筹规划建设公益性养老服务设施，推动50%的乡镇建有1所农村养老服务机构。

6. 加强社会福利服务体系建设。在人口50万以上或孤儿200个以上的县（市、区）建设儿童福利机构和设施，为各级儿童福利机构配套“养治教康”方面服务设施，推动形成功能完备、服务规范的儿童福利服务设施网络。在各县（市、区）新建或依托现有资源建设县级未成年人保护设施，为困境儿童、农村留守儿童等提供临时监护照料。在精神卫生服务能力不足且尚无精神卫生福利设施的地市建设1所精神卫生福利设施，为精神障碍患者提供集中养护服务。在火葬区尚无设施的县（市、区）新建殡仪馆或公益性骨灰安放设施，对已达危房标准、设施设备陈旧的县（市、区）殡仪馆实施改扩建，对已达到强制报废年限或不符合国家环境保护标准的县（市、区）火化设备进行更新改造。

7. 提升公共就业创业服务水平。推进全方位公共就业服务，建立全国统一的公共就业创业服务平台，加大对贫困地区、农村地区公共就业创业服务倾斜力度。实施基层公共就业创业服务能力保障计划，开展公共就业服务人员能力提升专项培训，健全均等化、专业化、智能化的服务体系。制定实施公共就业创业服务设施、设备配置、人员配备、服务规范等指导性标准，统一公共就业创业服务体系视觉识别系统。加快推动公共就业创业服务数字化转型，打造集政策解读推送、业务办理咨询于一体的线上智能服务、线下自助服务体系。

8. 推动基本公共文化服务均等化。推动落实国家基本公共文化服务指导标准和省级实施标准，以县为单位实施。推动重点文化惠民工程资源整合和改革创新，加强广播电视传输覆盖等基础设施建设，推进数字广播电视户户通和应急广播体系建设，强化数字文化服务和流动文化服务，不断提高文化惠民工程的覆盖面和实施效果。继续支持全国爱国主义教育示范基地、博物馆、美术馆、公共图书馆、文化馆（站）等公共文化设施免费开放，促进高校博物馆、美术馆等文化设施向社会开放。充分利用现有城乡公共设施，统筹建设基层综合文化服务中心。以县级文化馆、图书馆为中心推进总分馆制建设，加强对农家书屋、农村电影放映工程的统筹管理，实现城乡社区公共文化服务资源整合和互联互通。

9. 推动公共体育设施建设和开放。继续加强县级公共体育场、全民健身中心、健身步道、体育健身公园、农民体育健身工程、社区多功能运动场、社会足球场等公共体育设施建设。合理利用公园、体育中心、闲置厂房、校舍操场、社区空置场所等，拓展公共体育设施场所。进一步完善管理机制，提升各类公共体育场馆免费或低收费开放服务水平，促进学校体育设施与公共体育设施的双向开放。

10. 健全完善残疾人公共服务体系。全面实施残疾儿童康复救助制度，有条件的地方可以对城乡贫困残疾人、重度残疾人基本型康复辅助器具配置给予补贴，实施残疾人精准康复服务行动，推进康复大学筹建。发展重度贫困残疾人托养照料服务，加快制定残疾托养、康复服务国家标准，加强对孤残儿童福利和流浪乞讨残疾人救助服务的支持力度，加大严重精神障碍患者救治帮扶力度，对一户多残、以老养残等特殊困难家庭予以帮扶。采取普通学校就读、特教学校就读、儿童福利机构特教班就读、送教上门等方式，落实“一人一案”，解决未入学残疾儿童少年义务教育问题。完善困难残疾人生活补贴和重度残疾人护理补贴制度，推动建立补贴标准动态调整机制。结合实施易地扶贫搬迁和农村危房改造工程，加大重度贫困残疾人家庭无障碍改造力度。

（二）补强非基本公共服务弱项，着力增强人民群众公共服务供给。

11. 增加托育服务有效供给。制定行业准入标准、管理规范和监管标准，明确婴幼儿照护服务对象、服务内容、从业要求、设施设备、技术流程等规范标准。充分调动各方面力量，在城市建成一批示范性婴幼儿照护服务机构，在农村和贫困地区进一步提升婴幼儿照护服务能力。利用社区中心、闲置校舍等存量资源建立婴幼儿看护中心，鼓励有条件的地方举办婴幼儿照护服务机构，提供日间照料服务。积极引导社会力量举办托育服务机构，鼓励家庭育儿知识传播、社区共享平台等托育服务新模式新业态探索发展，发展多元化托育服务体系。积极开展保育知识、技能等培训，推动高职院校设置相关专业，开展家庭科学育儿培训指导。加强对儿童生长发育、儿童营养、儿童心理、儿童运动等方面的综合干预，充分开发儿童潜能，促进儿童早期发展。

12. 扩大城乡普惠性学前教育资源。扩大公办优质学前教育资源覆盖面，充分利用各类资源发展公办园，规范城镇小区配套幼儿园建设。通过购买服务、财政奖补等多种方式支持优质普惠学前教育资源扩容。进一步完善普惠性民办园认定标准和扶持政策，通过购买服务、减免租金、综合奖补、教师交流培训等方式，支持普惠性民办园发展。到2020年，全国学前三年毛入园率达到85%，80%以上的在园幼儿享受到普惠性学前教育，本专科学前教育专业毕业生规模达到20万人以上，逐步提高公办园在园幼儿占比，全国原则上达到50%。积极支持多渠道投入学前教育。保障幼儿园教师地位待遇，落实学前教育资助制度，确保普惠性幼儿园的家庭经济困难儿童、孤儿和残疾儿童得到资助。大力发展农村学前教育，每个乡镇原则上至少办好一所公办中心园，鼓励以定向培养方式为贫困地区农村培养幼儿教师。

13. 促进社会办医加快发展。支持社会力量举办、运营高水平全科诊所，建立专业协作团队为居民提供医疗、公共卫生、健康管理等签约服务。支持社会力量深入专科医疗等细分服务领域，在眼科、骨科、口腔、妇产、儿科、肿瘤、精神、医疗美容等专科以及中医、康复、护理、体检等领域，加快打造一批具有竞争力的品牌服务机构。鼓励有实力的社会办医疗机构瞄准医学前沿，组建优势学科团队，提供以先进医疗技术为特色的医疗服务。督促各地落实社会办医疗机构跨部门全流程综合审批指引，精简优化审批流程。

14. 全面放开养老服务市场。到2022年，全面建成以居家为基础、社区为依托、机构为补充、医养相结合，功能完善、规模适度、覆盖城乡的养老服务体系，社区日间照料机构覆盖率大于90%，居家社区养老紧急救援系统普遍建立，“一刻钟”居家养老服务圈基本建成。推动民办养老机构发展，取消养老机构设立许可，支持境内外资本投资举办养老机构，落实同等优惠政策。深化非营利性养老机构登记制度改革，允许养老机构依法依规设立多个服务网点，实现规模化、连锁化、品牌化运营。鼓励民间资本对企业厂房、商业设施及其他可利用的社会资源进行整合和改造后用于养老服务。开展城企协同推进养老服务发展行动计划。

15. 加强老年人健康服务体系建设。建立和完善覆盖全人群全生命周期，包括预防、保健、治疗、康复、护理、安宁疗护的综合性、连续性的服务体系。以老年人健康为中心，优化老年医疗卫生资源配置，推动医疗机构与养老机构加强合作。推广老年人健康体检，到2022年，基本实现65岁以上老年人健康体检全覆盖。加强康复医院、护理院和综合性医院老年医学科建设，老年医疗服务需求强烈的地区，可依据现有医疗机构，以多种形式加强老年专业医疗机构能力建设。推动基层医疗卫生机构积极开展老年人医疗、康复、护理、家庭病床等服务，提高老年人医疗卫生服务的可及性。

16. 推进家政培训和就业服务。持续开展家政服务提质扩容行动。实施农民工学历和能力提升行动计划、巾帼家政服务专项培训工程，推进家政培训提升行动，搭建家政服务员和用工企业对接平台，开展订单、定向培训，提升家政服务能力。全面推进“百城万村”家政扶贫，引导中西部地区贫困县与中心城市劳务对接，促进建档立卡贫困劳动力就业。建立健全家政服务国家标准、行业标准和服务规范，建设包含家政服务员基本信息、从业经历和服务技能等内容的家政服务员档案数据库和家政企业数据库。

17. 推广城乡社区助餐服务。把社区助餐纳入国家积极应对人口老龄化中长期规划能力评价指标体系，着力解决空巢老人居家、社区养老的餐饮问题。建立健全社区助餐服务标准体系，不断提高服务效率，切实保障质量安全，丰富个性化产品，根据青年家庭、空巢老人家庭的饮食需要，推出定制化家政餐饮服务。提升餐饮企业社区助餐服务水平，鼓励餐饮企业通过电话送餐、互联网送餐等方式拓展服务范围，将服务下沉到社区，为社区居民提供生活便利。

18. 加强优秀传统文化保护传承利用。推动大运河文化保护传承利用，加强大运河文化带、革命文物等遗产保护利用设施建设。推动文化文物单位文化创意产品开发，打造优质、特色服务品牌。编制国家传统工艺振兴目录，选取并重点支持一批传统工艺项目。开展中华优秀传统文化传承重点工程和基地建设，到2020年建设100个左右中华优秀传统文化传承基地。推进“互联网+中华文明”行动计划，系统完整保存文物信息，推进资源开放共享。实施乡村文化繁荣兴盛重大工程，支持传统村落文物保护利用设施及配套基础设施建设，推动优秀农耕文化遗产合理适度利用。

19. 完善重点地区旅游基础设施。实施“三区三州”等深度贫困地区旅游基础设施改造升级行动计划，切实改善当地道路、步行道、停车场、供水供电、垃圾污水处理、消防安防、应急救援、游客信息等服务设施。推动全域旅游示范区创建单位加强旅游基础设施和公共服务设施建设，着力改善景区连接道路、停车场、污水垃圾处理设施，完善集散咨询服务体系、自驾游服务体系，规范旅游引导标识系统。

20. 加快有线电视网络整合发展和互联互通。推动完成全国有线网络整合，形成全国一张网。建立全国有线网络统一运营体系，统筹开展全国互联互通平台建设，建设国家级广电云数据中心，加大骨干网技术改造，完善接入网建设，完成双向化、宽带化、智能化改造，积极发展高清电视、超高清电视、互动电视等新业务，拓展综合信息服务和智能化应用等新业态，建设新型家庭信息中心，满足用户对于跨屏、跨域、跨网、跨终端的收视和信息需求。

21. 加快发展体育健身休闲运动和竞赛表演业。以举办 2022 年冬奥会和冬残奥会为契机，大力发展冰雪运动，加强冰雪人才培养，提升群众普及水平。加强足球、冰雪、水上、航空、山地户外等健身休闲运动场地设施建设，支持城市举办马拉松、自行车等大型群众性体育赛事。加快制定赛事审批取消后的服务管理办法，明确体育培训、赛事开展的基本条件、标准、规则、程序和各环节责任部门，推动大型赛事活动多部门联合“一站式”服务。

（三）充分发挥有效市场和有为政府作用，提升公共服务质量水平。

22. 提升教育服务内涵质量。建设“互联网 + 教育”支撑服务平台，促进信息技术与教育教学深度融合，推动优质教育资源覆盖各类学生。提高学前教育保教质量，遵循幼儿身心发展规律，坚持科学保教，纠正幼儿园“小学化”倾向。实施义务教育质量提升工程，优化教材和课程体系，完善质量监测制度，提高义务教育巩固水平。完善职业教育和培训体系，健全德技并修、工学结合的育人机制，深化产教融合、校企合作，推动产教融合型城市遴选和企业试点，吸引企业等社会力量建设一批具有辐射带动引领作用的高水平专业化产教融合实训基地。加快推进“双一流”建设，加大东部高水平大学对中西部地区高校的支持力度，继续支持中西部地区重点建设一批高水平本科学校。

23. 均衡发展优质医疗资源。围绕严重威胁群众健康的肿瘤、心脑血管等重点疾病，在全国建立若干高水平的国家医学中心和一批区域医疗中心，扩大优质医疗资源供给，集聚医教研产等各种创新要素，开展癌症等重大疾病科技攻关，在医学科研成果临床转化、攻克疑难复杂疾病、建立人才培养模式等领域发挥辐射带动作用。鼓励优质医疗资源通过组建专科联盟、建设分支机构、远程医疗协作、“互联网 + 医疗健康”等多种方式，辐射带动中西部地区医疗服务能力提升，逐步满足群众就近享有高水平医疗服务需求。

24. 提升养老服务质量。推进医养结合，为老年人提供患病期治疗、康复期护理、稳定期生活照料以及安宁疗护一体化的健康和养老服务。支持适合老年人的智能化产品、健康管理设备、健康养老移动应用软件（APP）等设计开发，开展智慧健康养老应用试点示范。加快建立全国统一的养老服务质量标准和评价体系，到 2020 年全面实施全国养老机构服务质量等级评定工作。

25. 提高公共文化服务效能。在商场、写字楼等各类场所嵌入文化消费内容。推动公共图书馆、文化馆（站）等公共文化机构实行错时开放。引入社会化机制，以政府购买服务等方式引导更多主体参与公共文化服务，定期开展全国性公共文化产品采购大会，实现供需对接。统筹整合公共数字文化工程，加强公共文化大数据采集、存储和分析处理，建设文化云平台，推动数字图书馆、数字文化馆、智慧博物馆等公共数字文化建设项目，加强文物保护单位及可移动文物数字保护展示利用和非物质文化遗产数据库及数字展示。

26. 加快智慧广电发展。加快大数据、云计算、人工智能等新一代信息技术在广播电视传输覆盖网中的应用，打造功能更加强大的主流媒体融合传播网、数字文化传播网、基础战略资源网，为用户提供融合新闻资讯、视听节目、社会服务、医疗健康、数字娱乐、教育培训、智能家居等多功能于一体的智慧广电数字生活服务，实现广播电视人人通、移动通、终端通。

27. 推进多种旅游业态发展。推动乡村旅游提质扩容，完善乡村旅游服务标准，做好典型案例梳理，召开现场会推广乡村旅游发展经验。探索名城名镇名村保护与可持续发展模式，完善城市商业区旅游服务功能，建设一批避暑避寒度假目的地，打造一二三产业融合发展的美丽休闲乡村，推动建设自驾车房车旅游营地，推广精品自驾游线路。实施全国红色旅游经典景区三期总体建设方案，增强红色旅游经典景区的教育功能和脱贫富民功能。推动中医药健康旅游，建设一批中医药健康旅游示范区和示范基地。

三、组织实施

（一）加强统筹协调。

建立健全工作协调推进机制，强化部门协同、上下联动、统筹协调。各有关部门要按照职责分工，加大对本领域公共服务工作的支持力度，细化制定配套制度和政策，加强对地方的监督和指导，推动各领域重点任务、保障措施有效落实。各级人民政府要强化主体责任，明确责任分工和完成时限，优化服务流程，提高质量效率，结合实际抓好贯彻落实，并及时向上级政府和有关部门报告进展情况。

（二）推进项目建设。

各地各有关部门要瞄准重点领域投资缺口，制定涵盖基本和非基本公共服务项目实施的专项行动计划，细化社会领域公共服务短板和弱项需求测算，依托国家重大建设项目库，分近期、中期、长期进行项目储备并确保滚动接续，在项目建设过程中，严格执行各类公共服务设施建设标准。各地要切实落实现有各项产业用地政策，经相应行业主管部门认定，投资主体依法依规使用旧厂房、仓库等存量房屋提供公共服务的，可享受在五年内继续按原用途和土地权利类型使用土地的过渡期政策。

（三）扩大资金投入。积极发挥政府投资引导带动作用，合理安排经费并及时下达资金，确保中央财政性资金优先支持基本公共服务领域补短板项目建设。鼓励地方政府依法合规采取政府和社会资本合作（PPP）等方式，吸引更多社会力量参与建设、运营和服务。加大金融支持力度，综合利用债券、保险、信贷、产业投资基金等方式，为社会领域公共服务项目融资提供支持。

（四）强化实施监管。

继续深入推进“放管服”改革，加大对储备项目的协调调度力度，加快推进项目前期工作和开工建设，推动在建项目顺利实施，确保工程质量安全，早日建成发挥效益，避免形成“半拉子”工程。各地在建设过程中，要根据财政承受能力和政府投资能力，严格项目条件审核，合理安排项目建设，严禁以政府投资基金、政府和社会资本合作（PPP）、政府购买服务等名义变相举债，防范地方政府隐性债务风险。

（五）加大人才培养。完善人才服务体制机制，结合实际推进实施工资待遇、技术等级评价、职称评定等激励政策。健全公共服务从业人员教育培训制度，定期组织职业培训和业务轮训，提高公共服务专业化水平。充分发挥高等院校、职业学校、科研院所作用，促进专业服务和管理人才培养，引导公共服务和管理人才向中西部地区和基层流动。探索公办与非公办公共服务机构在技术和人才等方面的合作机制，对非公办机构的人才培养、培训和进修等给予支持。

（六）实施考核评价。将公共服务机构、从业人员、服务对象诚信情况纳入信用记录，并共享至全国信用信息共享平台，同步在“信用中国”网站和国家企业信用信息系统公示，加强守信联合激励、失信联合惩戒。各有关部门要加强对地方落实本领域任务的监督检查，发展改革委将会同相关部门开展基本公共服务达标考核和城市公共服务水平评价，委托第三方开展社会满意度调查，加强事中事后监管，重大问题及时向党中央、国务院报告。

104. 关于做好《政府投资条例》贯彻实施工作的通知

（发改投资〔2019〕796 号）

【发文机关】国家发展改革委
【发布文号】发改法规规〔2019〕796 号
【发布日期】2019－05－06
【实施日期】2019－05－06
【时效性】现行有效

各省、自治区、直辖市及计划单列市、新疆生产建设兵团发展改革委：

《政府投资条例》（国务院令第 712 号，以下简称《条例》）已于近日颁布，于 2019 年 7 月 1 日起施行。《条例》是我国政府投资领域第一部行政法规，是长期以来我国政府投资实践的科学总结，是在贯彻新发展理念、建设现代化经济体系过程中的重要立法成果。这部法规的颁布和实施，对于依法规范政府投资行为、充分发挥政府投资作用、提高政府投资效益、激发社会投资活力，具有十分重要的意义。为了促进《条例》的贯彻实施工作，现就有关事项通知如下。

一、充分认识贯彻实施《条例》的重要性和紧迫性

《条例》专门规范政府投资行为，是继《企业投资项目核准和备案管理条例》之后投资领域又一部重要的行政法规。它解决了我国政府投资管理缺乏上位法，现有规章、规范性文件权威性不足、指导性不够、约束性不强的问题，对落实新形势下党中央、国务院关于投资工作的新要求、解决实践中的突出问题，作出有针对性的制度安排。加强《条例》的贯彻实施工作，有利于坚持市场化方向、进一步深化投融资体制改革，正确把握政府投资的功能定位、充分发挥市场在资源配置中的决定性作用；有利于贯彻高质量发展要求、依法做好防风险和补短板工作，更好发挥政府投资在优化基础设施供给结构、提升基础设施供给能力中的作用；有利于落实全面依法治国要求、将政府投资管理纳入法治轨道，推进政府投资职能、权限、程序、责任法定化，运用法治思维和法治手段提高政府投资工作能力；有利于规范政府投资资金和项目管理，依法推进资金统筹使用和项目科学决策、严格监管，切实提高政府投资效益。各级发展改革部门要充分认识贯彻实施《条例》的重大意义，认真组织做好学习、宣传和实施前的准备工作，并在实际工作中切实贯彻《条例》的各项规定。

二、加强《条例》培训和普法宣传

（一）各级发展改革部门要抓紧组织学法培训。发展改革部门作为投资主管部门，履行政府投资综合管理职责，必须率先学好《条例》。2019 年 7 月 1 日之前，国家发展改革委将对委机关和各省级发展改革委相关处室组织一次集中培训；各省级发展改革委负责对本机关和市、县两级发展改革部门投资管理相关岗位工作人员轮训一遍。各级发展改革部门要学用结合，广泛开展多种形式的学法活动，并在相关学习培训、考核和考试中将《条例》作为重要内容，不断提高依法履职能力，确保《条例》各项规定和要求得到严格执行。

（二）引导有关单位和企业加强法规学习。鼓励各级发展改革部门和承担相关领域政府投资资金与项目管理、项目建设实施、中介机构管理等工作的部门，通过学习交流、共同组织培训等形式，提高学习效果。使用政府投资资金的单位要认真学习、准确掌握《条例》有关规定，依法开展投资建设活动。各金融机构要重点学习《条例》关于政府投资资金筹措方面的规定，增强政府债务风险防范意识。有关行业协会要组织工程咨询（投资）、勘察、设计、监理、招标代理等单位和人员深入学法，依法规范投资中介服务活动。

（三）面向社会广泛开展普法宣传。落实“谁执法、谁普法”普法责任制，结合各类主体、群体实际，向广大企业和社会公众广泛讲解、宣传、普及《条例》有关法律知识。充分运用各类媒体和渠道，创新普法宣传方式方法，增强社会各界对《条例》内容的知晓度。将配套规章文件制定、重大项目决策建设、复杂问题化解等过程中的公开、公示、公众参与，和普法宣传有机结合起来，在普法中推动工作，在解决实际问题中增强普法效果。要把法规的解读解释贯穿于政府投资管理业务中，使各类企业准确理解政府投资的功能定位、激发社会投资活力；使政府投资项目参建单位自觉遵守投资建设法定程序；使社会公众依法支持国家建设、依法表达诉求建议、依法开展社会监督。

三、全面清理不符合《条例》的现行制度

（一）清理范围和主体。与政府投资相关的部门规章、地方政府规章、规范性文件，都应纳入清理范围。按照“谁制定、谁清理”的原则，由制订部门或牵头起草部门提出应予清理的制度规定和清理意见。与政府投资相关的地方性法规，由牵头起草部门或主要执法机关按程序提请本级人民政府向同级人大提出清理建议。

（二）清理内容和方式。对政府投资方向、资金筹措、投资方式、决策程序、投资计划、概算控制等方面违反《条例》的内容，一律要统一到上位法的规定上来。其中，有关规定的主要内容违反《条例》的，应当予以废止；个别条款与《条例》不一致的，应当进行修订。

（三）进度安排和要求。国家和各省级发展改革部门要于 2019 年 7 月 1 日之前，确定需要清理的部门规章、地方政府规章、规范性文件清单及清理意见；于 2019 年 12 月 31 日之前，完成修订、废止程序；自 2019 年 7 月 1 日之日起，政府投资管理规定与《条例》

规定和精神不一致的，一律停止执行，相关工作以《条例》规定为准。

四、加快《条例》配套制度建设

（一）制定规范履行项目决策职责的制度。国家发展改革委会同有关部门起草中央本级政府投资项目审批职责和程序规定，合理划分项目审批权限和审批环节，报国务院批准后印发实行。各省级发展改革委要牵头制订统一规范本级政府投资项目审批职责的规定，并于 2019 年 12 月 31 日之前将出台的文件报送国家发展改革委。

（二）完善政府投资计划管理制度。国家发展改革委和负责安排政府投资的国务院其他有关部门，要制定覆盖编制、批准、下达和监督实施的政府投资年度计划管理办法。国家发展改革委牵头研究制定本级各部门政府投资资金统筹衔接机制。各省级发展改革委要牵头制定本级政府投资年度计划管理制度，保障本级人民政府统筹安排、规范使用各类政府投资资金，相关制度文件于 2019 年 12 月 31 日之前报送国家发展改革委。

（三）结合贯彻《条例》需要完善其他配套制度。国家发展改革委会同有关部门研究确定可以简化报批文件和审批程序的项目范围，并在此基础上制定分类简化审批手续的具体办法。地方各级发展改革部门要围绕决策程序、资金安排、建设实施、信息共享、绩效管理、事中事后监管等方面有序完善工作机制和管理制度。

五、以贯彻《条例》为契机做好投融资体制改革相关工作

《条例》的出台既是投融资体制改革的重要成果，也为继续深化改革提供了法治保障。以《条例》为依据进一步完善政府投资体制，是当前和今后深化投融资体制改革的重要任务。各级发展改革部门要会同有关方面建立健全政府投资范围定期评估调整机制，不断优化投资方向和结构；优化政府投资安排方式，完善政策措施，发挥政府投资资金的引导和带动作用，激发社会投资活力；规范融资行为，严格依法依规筹措政府投资所需资金，切实防范债务风险；创新服务管理方式，加大投资项目在线审批监管平台应用力度，按照法定要求尽快完善平台功能，规范项目赋码、审批流程和扩展服务类别；加强政府投资项目建设管理，健全概算审批和调整、竣工验收等管理制度，推进监管执法队伍建设，强化事中事后监管机制和能力，不断提高和及时发挥政府投资效益。

各级发展改革部门要结合《条例》的贯彻实施，围绕政府投资资金统筹规范使用、项目有序合理安排、加强投资计划与预算衔接、提高项目建设效率等方面，不断推进制度创新、完善政策和提升管理等各项工作。在贯彻实施《条例》中遇到重大情况，请及时反馈国家发展改革委。

国家发展改革委
2019 年 5 月 6 日

105. 关于依法依规加强 PPP 项目投资和建设管理的通知

（发改投资规〔2019〕1098 号）

【发文机关】国家发展改革委
【发布文号】发改法规规〔2019〕1098 号
【发布日期】2019－06－21
【实施日期】2019－07－01
【时效性】现行有效

各省、自治区、直辖市及计划单列市发展改革委，新疆生产建设兵团发展改革委：

为了贯彻落实党中央、国务院关于基础设施补短板、防范化解地方政府隐性债务风险的决策部署，加强 PPP 项目投资和建设管理、提高 PPP 项目投资决策科学性，按照近日国务院颁布实施的《政府投资条例》（国务院令第 712 号），以及《企业投资项目核准和备案管理条例》（国务院令第 673 号）、《国务院办公厅关于保持基础设施领域补短板力度的指导意见》（国办发〔2018〕101 号）等规定，现就有关事项通知如下

一、全面、深入开展 PPP 项目可行性论证和审查

（一）PPP 项目涉及公共资源配置和公众利益保障，其建设的必要性、可行性等重大事项应由政府研究认可。按照国务院关于“加强 PPP 项目可行性论证，合理确定项目主要内容和投资规模”的要求，所有拟采用 PPP 模式的项目，均要开展可行性论证。通过可行性论证审查的项目，方可采用 PPP 模式建设实施。

（二）PPP 项目可行性论证既要从经济社会发展需要、规划要求、技术和经济可行性、环境影响、投融资方案、资源综合利用以及是否有利于提升人民生活质量等方面，对项目可行性进行充分分析和论证，也要从政府投资必要性、政府投资方式比选、项目全生命周期成本、运营效率、风险管理以及是否有利于吸引社会资本参与等方面，对项目是否适宜采用 PPP 模式进行分析和论证。

（三）实行审批制管理的 PPP 项目，在可行性研究报告审批通过后，方可开展 PPP 实

施方案审查、社会资本遴选等后续工作。实行核准制的 PPP 项目，应在核准的同时或单独开展可行性论证和审查。实行备案制的 PPP 项目，应单独开展可行性论证和审查。

二、严格依法依规履行项目决策程序

（四）PPP 项目要严格执行《政府投资条例》、《企业投资项目核准和备案管理条例》，依法依规履行审批、核准、备案程序。采取政府资本金注入方式的 PPP 项目，按照《政府投资条例》规定，实行审批制。列入《政府核准的投资项目目录》的企业投资项目，按照《企业投资项目核准和备案管理条例》规定，实行核准制。对于实行备案制的企业投资项目，拟采用 PPP 模式的，要严格论证项目可行性和 PPP 模式必要性。

（五）未依法依规履行审批、核准、备案及可行性论证和审查程序的 PPP 项目，为不规范项目，不得开工建设。不得以实施方案审查等任何形式规避或替代项目审批、核准、备案，以及可行性论证和审查程序。

（六）实施方案、招投标文件、合同的主要内容应与经批准的可行性研究报告、核准文件、备案信息保持一致。实施方案、招投标文件、合同或建设中出现以下情形的，应当报请原审批、核准、备案机关重新履行项目审核备程序：（1）项目建设地点发生变化；（2）项目建设规模和主要建设内容发生较大变化；（3）项目建设标准发生较大变化；（4）项目投资规模超过批复投资的 10%。

三、严格实施方案审核，依法依规遴选社会资本

（七）加强对 PPP 项目实施方案的审核，通过实施方案审核的 PPP 项目，方可开展社会资本遴选。鼓励各地建立 PPP 项目实施方案联审机制，各级发展改革部门要严格审查实施方案主要内容是否与经批复的可行性研究报告、项目核准文件、备案信息相一致。对建设内容单一、投资规模较小、技术方案简单的 PPP 项目，可将实施方案纳入可行性研究报告一并审核。

（八）公开招标应作为遴选社会资本的主要方式。不得排斥、限制民间资本参与 PPP 项目，消除隐性壁垒，确保一视同仁、公平竞争。招标文件的主要内容应与经批准的 PPP 项目实施方案保持一致。

四、严格执行国务院关于固定资产投资项目资本金制度的各项规定

（九）按照国务院有关规定，“投资项目资本金对投资项目来说是非债务性资金，项目法人不承担这部分资金的任何利息和债务；投资者可按其出资的比例依法享有所有者权益，也可转让其出资，但不得以任何方式抽回”。各行业固定资产投资项目资本金必须满足国务院规定的最低比例要求，防止过度举债融资等问题。

（十）PPP 项目的融资方式和资金来源应符合防范化解地方政府隐性债务风险的相关规定。不得通过约定回购投资本金、承诺保底收益等方式违法违规变相增加地方政府隐性债务，严防地方政府债务风险。

五、依法依规将所有 PPP 项目纳入全国投资项目在线审批监管平台统一管理

（十一）严格执行《政府投资条例》、《企业投资项目核准和备案管理条例》，除涉密

项目外，所有PPP项目须使用全国投资项目在线审批监管平台（以下简称“在线平台”）生成的项目代码分别办理各项审批手续。不得以其他任何形式规避、替代PPP项目纳入在线平台统一管理。

（十二）依托在线平台建立全国PPP项目信息监测服务平台，加强PPP项目管理和信息监测。对于通过项目审批、核准或备案，以及可行性论证、实施方案审查的PPP项目，要通过平台公开项目信息，实现全国PPP项目信息定期发布、动态监测、实时查询等功能，便于社会资本、金融机构等有关方面更好参与PPP项目。

（十三）全国PPP项目信息监测服务平台信息审核实行属地管理，原则上由项目实施主体所在地同级发展改革部门审核项目单位填报的项目信息。各级发展改革部门要采取在线监测、现场核查等方式，加强对PPP项目实施情况的监督检查。未录入全国PPP项目信息监测服务平台的项目为不规范项目。

（十四）落实《政府信息公开条例》（国务院令第492号）、《国务院办公厅关于推进重大建设项目批准和实施领域政府信息公开的意见》（国办发〔2017〕94号）等要求，依托在线平台，重点公开PPP项目的批准服务信息、批准结果信息、招标投标信息，以及施工、竣工等有关信息。

六、加强PPP项目监管，坚决惩戒违规失信行为

（十五）依照《政府投资条例》、《企业投资项目核准和备案管理条例》和本通知有关规定，加强PPP项目监管。政府应依法依规履行承诺，不得擅自变更合同约定的政府方责任和义务。根据PPP项目合同约定，加强对社会资本方履约能力全过程动态监管，防止因社会资本方超出自身能力过度投资、过度举债，或因公司股权、管理结构发生重大变化等导致项目无法实施。依照规定将存在严重失信行为的地方政府、社会资本，通过“信用中国”网站等平台向社会公示，由相关部门依法依规对其实施联合惩戒。

（十六）指导监督PPP咨询机构严格执行《工程咨询行业管理办法》（国家发展改革委令2017年第9号），通过在线平台履行法定备案义务、接受行业监督管理。指导监督PPP咨询机构资信评价工作，引导PPP咨询机构积极参与行业自律管理，指导有关方面通过充分竞争、自主择优选取PPP咨询机构。严禁通过设置“短名单”、“机构库”等方式限制社会资本方、金融机构等自主选择PPP咨询机构。对PPP咨询机构不履行备案程序和违反合同服务、关联回避、质量追溯、反垄断等规定，以及违反《政府投资条例》决策程序规定、咨询或评估服务存在严重质量问题影响项目决策实施的，要严格按照规定给予处罚。

各级发展改革部门要严格按照《政府投资条例》、《企业投资项目核准和备案管理条例》规定，并参照本通知要求，抓紧完善本地区PPP项目管理制度，确保与上位法保持一致。本通知自2019年7月1日起执行。原有政策规定与本通知内容不符的，以本通知为准。

国家发展改革委

2019年6月21日

（三）其他部委

106. 中国银监会关于印发《项目融资业务指引》的通知

（银监发〔2009〕71号）

【发文机关】中国银监会
【发文文号】银监发〔2009〕71号
【发布日期】2009年7月18日
【实施日期】2009年7月18日
【时效性】现行有效

机关各部门，各银监局，各政策性银行、国有商业银行、股份制商业银行，中国邮政储蓄银行：

为加强项目融资业务风险管理，促进项目融资业务健康发展，银监会制定了《项目融资业务指引》，现印发给你们，请遵照执行。

请各银监局将本通知转发至辖内银监分局和银行业金融机构。

2009年7月18日

项目融资业务指引

第一条 为促进银行业金融机构项目融资业务健康发展，有效管理项目融资风险，依据《中华人民共和国银行业监督管理法》《中华人民共和国商业银行法》《固定资产贷款管理暂行办法》以及其他有关法律法规，制定本指引。

第二条 中华人民共和国境内经国务院银行业监督管理机构批准设立的银行业金融机构（以下简称贷款人）开展项目融资业务，适用本指引。

第三条 本指引所称项目融资，是指符合以下特征的贷款：

（一）贷款用途通常是用于建造一个或一组大型生产装置、基础设施、房地产项目或其他项目，包括对在建或已建项目的再融资；

（二）借款人通常是为建设、经营该项目或为该项目融资而专门组建的企事业法人，包括主要从事该项目建设、经营或融资的既有企事业法人；

（三）还款资金来源主要依赖该项目产生的销售收入、补贴收入或其他收入，一般不具备其他还款来源。

第四条 贷款人从事项目融资业务，应当具备对所从事项目的风险识别和管理能力，配备业务开展所需要的专业人员，建立完善的操作流程和风险管理机制。

贷款人可以根据需要，委托或者要求借款人委托具备相关资质的独立中介机构为项目提供法律、税务、保险、技术、环保和监理等方面的专业意见或服务。

第五条 贷款人提供项目融资的项目，应当符合国家产业、土地、环保和投资管理等相关政策。

第六条 贷款人从事项目融资业务，应当充分识别和评估融资项目中存在的建设期风险和经营期风险，包括政策风险、筹资风险、完工风险、产品市场风险、超支风险、原材料风险、营运风险、汇率风险、环保风险和其他相关风险。

第七条 贷款人从事项目融资业务，应当以偿债能力分析为核心，重点从项目技术可行性、财务可行性和还款来源可靠性等方面评估项目风险，充分考虑政策变化、市场波动等不确定因素对项目的影响，审慎预测项目的未来收益和现金流。

第八条 贷款人应当按照国家关于固定资产投资项目资本金制度的有关规定，综合考虑项目风险水平和自身风险承受能力等因素，合理确定贷款金额。

第九条 贷款人应当根据项目预测现金流和投资回收期等因素，合理确定贷款期限和还款计划。

第十条 贷款人应当按照中国人民银行关于利率管理的有关规定，根据风险收益匹配原则，综合考虑项目风险、风险缓释措施等因素，合理确定贷款利率。

贷款人可以根据项目融资在不同阶段的风险特征和水平，采用不同的贷款利率。

第十一条 贷款人应当要求将符合抵质押条件的项目资产和/或项目预期收益等权利为贷款设定担保，并可以根据需要，将项目发起人持有的项目公司股权为贷款设定质押担保。

贷款人应当要求成为项目所投保商业保险的第一顺位保险金请求权人，或采取其他措施有效控制保险赔款权益。

第十二条 贷款人应当采取措施有效降低和分散融资项目在建设期和经营期的各类风险。

贷款人应当以要求借款人或者通过借款人要求项目相关方签订总承包合同、投保商业保险、建立完工保证金、提供完工担保和履约保函等方式，最大限度降低建设期风险。

贷款人可以以要求借款人签订长期供销合同、使用金融衍生工具或者发起人提供资金缺口担保等方式，有效分散经营期风险。

第十三条 贷款人可以通过为项目提供财务顾问服务，为项目设计综合金融服务方案，组合运用各种融资工具，拓宽项目资金来源渠道，有效分散风险。

第十四条 贷款人应当按照《固定资产贷款管理暂行办法》的有关规定，恰当设计账户管理、贷款资金支付、借款人承诺、财务指标控制、重大违约事项等项目融资合同条款，促进项目正常建设和运营，有效控制项目融资风险。

第十五条 贷款人应当根据项目的实际进度和资金需求，按照合同约定的条件发放贷款资金。贷款发放前，贷款人应当确认与拟发放贷款同比例的项目资本金足额到位，并与贷款配套使用。

第十六条 贷款人应当按照《固定资产贷款管理暂行办法》关于贷款发放与支付的有关规定，对贷款资金的支付实施管理和控制，必要时可以与借款人在借款合同中约定专门的贷款发放账户。

采用贷款人受托支付方式的，贷款人在必要时可以要求借款人、独立中介机构和承包商等共同检查设备建造或者工程建设进度，并根据出具的、符合合同约定条件的共同签证单，进行贷款支付。

第十七条 贷款人应当与借款人约定专门的项目收入账户，并要求所有项目收入进入约定账户，并按照事先约定的条件和方式对外支付。

贷款人应当对项目收入账户进行动态监测，当账户资金流动出现异常时，应当及时查明原因并采取相应措施。

第十八条 在贷款存续期间，贷款人应当持续监测项目的建设和经营情况，根据贷款担保、市场环境、宏观经济变动等因素，定期对项目风险进行评价，并建立贷款质量监控制度和风险预警体系。出现可能影响贷款安全情形的，应当及时采取相应措施。

第十九条 多家银行业金融机构参与同一项目融资的，原则上应当采用银团贷款方式。

第二十条 对文化创意、新技术开发等项目发放的符合项目融资特征的贷款，参照本指引执行。

第二十一条 本指引由中国银行业监督管理委员会负责解释。

第二十二条 本指引自发布之日起3个月后施行。

107. 基础设施和公用事业特许经营管理办法

（国家发展和改革委员会、财政部、住房和城乡建设部、
交通运输部、水利部、中国人民银行令第25号）

【发文机关】国家发展和改革委员会　财政部　住房和城乡建设部　交通运输部　水利部　中国人民银行

【发文文号】2015年第25号令

【发布日期】2015年4月25日

【实施日期】2015年6月1日

【时效性】现行有效

《基础设施和公用事业特许经营管理办法》业经国务院同意，现予以发布，自2015年6月1日起施行。

国家发展改革委主任：徐绍史
财政部部长：楼继伟
住房城乡建设部部长：陈政高
交通运输部部长：杨传堂
水利部部长：陈雷
人民银行行长：周小川
2015年4月25日

基础设施和公用事业特许经营管理办法

第一章　总　　则

第一条　为鼓励和引导社会资本参与基础设施和公用事业建设运营，提高公共服务质量和效率，保护特许经营者合法权益，保障社会公共利益和公共安全，促进经济社会持续

健康发展，制定本办法。

第二条　中华人民共和国境内的能源、交通运输、水利、环境保护、市政工程等基础设施和公用事业领域的特许经营活动，适用本办法。

第三条　本办法所称基础设施和公用事业特许经营，是指政府采用竞争方式依法授权中华人民共和国境内外的法人或者其他组织，通过协议明确权利义务和风险分担，约定其在一定期限和范围内投资建设运营基础设施和公用事业并获得收益，提供公共产品或者公共服务。

第四条　基础设施和公用事业特许经营应当坚持公开、公平、公正，保护各方信赖利益，并遵循以下原则：

（一）发挥社会资本融资、专业、技术和管理优势，提高公共服务质量效率；

（二）转变政府职能，强化政府与社会资本协商合作；

（三）保护社会资本合法权益，保证特许经营持续性和稳定性；

（四）兼顾经营性和公益性平衡，维护公共利益。

第五条　基础设施和公用事业特许经营可以采取以下方式：

（一）在一定期限内，政府授予特许经营者投资新建或改扩建、运营基础设施和公用事业，期限届满移交政府；

（二）在一定期限内，政府授予特许经营者投资新建或改扩建、拥有并运营基础设施和公用事业，期限届满移交政府；

（三）特许经营者投资新建或改扩建基础设施和公用事业并移交政府后，由政府授予其在一定期限内运营；

（四）国家规定的其他方式。

第六条　基础设施和公用事业特许经营期限应当根据行业特点、所提供公共产品或服务需求、项目生命周期、投资回收期等综合因素确定，最长不超过30年。

对于投资规模大、回报周期长的基础设施和公用事业特许经营项目（以下简称特许经营项目）可以由政府或者其授权部门与特许经营者根据项目实际情况，约定超过前款规定的特许经营期限。

第七条　国务院发展改革、财政、国土、环保、住房城乡建设、交通运输、水利、能源、金融、安全监管等有关部门按照各自职责，负责相关领域基础设施和公用事业特许经营规章、政策制定和监督管理工作。

县级以上地方人民政府发展改革、财政、国土、环保、住房城乡建设、交通运输、水利、价格、能源、金融监管等有关部门根据职责分工，负责有关特许经营项目实施和监督管理工作。

第八条　县级以上地方人民政府应当建立各有关部门参加的基础设施和公用事业特许经营部门协调机制，负责统筹有关政策措施，并组织协调特许经营项目实施和监督管理工作。

第二章　特许经营协议订立

第九条　县级以上人民政府有关行业主管部门或政府授权部门（以下简称项目提出部

门）可以根据经济社会发展需求，以及有关法人和其他组织提出的特许经营项目建议等，提出特许经营项目实施方案。

特许经营项目应当符合国民经济和社会发展总体规划、主体功能区规划、区域规划、环境保护规划和安全生产规划等专项规划、土地利用规划、城乡规划、中期财政规划等，并且建设运营标准和监管要求明确。

项目提出部门应当保证特许经营项目的完整性和连续性。

第十条 特许经营项目实施方案应当包括以下内容：

（一）项目名称；

（二）项目实施机构；

（三）项目建设规模、投资总额、实施进度，以及提供公共产品或公共服务的标准等基本经济技术指标；

（四）投资回报、价格及其测算；

（五）可行性分析，即降低全生命周期成本和提高公共服务质量效率的分析估算等；

（六）特许经营协议框架草案及特许经营期限；

（七）特许经营者应当具备的条件及选择方式；

（八）政府承诺和保障；

（九）特许经营期限届满后资产处置方式；

（十）应当明确的其他事项。

第十一条 项目提出部门可以委托具有相应能力和经验的第三方机构，开展特许经营可行性评估，完善特许经营项目实施方案。

需要政府提供可行性缺口补助或者开展物有所值评估的，由财政部门负责开展相关工作。具体办法由国务院财政部门另行制定。

第十二条 特许经营可行性评估应当主要包括以下内容：

（一）特许经营项目全生命周期成本、技术路线和工程方案的合理性，可能的融资方式、融资规模、资金成本，所提供公共服务的质量效率，建设运营标准和监管要求等；

（二）相关领域市场发育程度，市场主体建设运营能力状况和参与意愿；

（三）用户付费项目公众支付意愿和能力评估。

第十三条 项目提出部门依托本级人民政府根据本办法第八条规定建立的部门协调机制，会同发展改革、财政、城乡规划、国土、环保、水利等有关部门对特许经营项目实施方案进行审查。经审查认为实施方案可行的，各部门应当根据职责分别出具书面审查意见。

项目提出部门综合各部门书面审查意见，报本级人民政府或其授权部门审定特许经营项目实施方案。

第十四条 县级以上人民政府应当授权有关部门或单位作为实施机构负责特许经营项目有关实施工作，并明确具体授权范围。

第十五条 实施机构根据经审定的特许经营项目实施方案，应当通过招标、竞争性谈判等竞争方式选择特许经营者。

特许经营项目建设运营标准和监管要求明确、有关领域市场竞争比较充分的，应当通过招标方式选择特许经营者。

第十六条　实施机构应当在招标或谈判文件中载明是否要求成立特许经营项目公司。

第十七条　实施机构应当公平择优选择具有相应管理经验、专业能力、融资实力以及信用状况良好的法人或者其他组织作为特许经营者。鼓励金融机构与参与竞争的法人或其他组织共同制定投融资方案。

特许经营者选择应当符合内外资准入等有关法律、行政法规规定。

依法选定的特许经营者，应当向社会公示。

第十八条　实施机构应当与依法选定的特许经营者签订特许经营协议。

需要成立项目公司的，实施机构应当与依法选定的投资人签订初步协议，约定其在规定期限内注册成立项目公司，并与项目公司签订特许经营协议。

特许经营协议应当主要包括以下内容：

（一）项目名称、内容；

（二）特许经营方式、区域、范围和期限；

（三）项目公司的经营范围、注册资本、股东出资方式、出资比例、股权转让等；

（四）所提供产品或者服务的数量、质量和标准；

（五）设施权属，以及相应的维护和更新改造；

（六）监测评估；

（七）投融资期限和方式；

（八）收益取得方式，价格和收费标准的确定方法以及调整程序；

（九）履约担保；

（十）特许经营期内的风险分担；

（十一）政府承诺和保障；

（十二）应急预案和临时接管预案；

（十三）特许经营期限届满后，项目及资产移交方式、程序和要求等；

（十四）变更、提前终止及补偿；

（十五）违约责任；

（十六）争议解决方式；

（十七）需要明确的其他事项。

第十九条　特许经营协议根据有关法律、行政法规和国家规定，可以约定特许经营者通过向用户收费等方式取得收益。

向用户收费不足以覆盖特许经营建设、运营成本及合理收益的，可由政府提供可行性缺口补助，包括政府授予特许经营项目相关的其他开发经营权益。

第二十条　特许经营协议应当明确价格或收费的确定和调整机制。特许经营项目价格或收费应当依据相关法律、行政法规规定和特许经营协议约定予以确定和调整。

第二十一条　政府可以在特许经营协议中就防止不必要的同类竞争性项目建设、必要合理的财政补贴、有关配套公共服务和基础设施的提供等内容做出承诺，但不得承诺固定投资回报和其他法律、行政法规禁止的事项。

第二十二条　特许经营者根据特许经营协议，需要依法办理规划选址、用地和项目核准或审批等手续的，有关部门在进行审核时，应当简化审核内容，优化办理流程，缩短办理时限，对于本部门根据本办法第十三条出具书面审查意见已经明确的事项，不再作重复审查。

实施机构应当协助特许经营者办理相关手续。

第二十三条 国家鼓励金融机构为特许经营项目提供财务顾问、融资顾问、银团贷款等金融服务。政策性、开发性金融机构可以给予特许经营项目差异化信贷支持，对符合条件的项目，贷款期限最长可达30年。探索利用特许经营项目预期收益质押贷款，支持利用相关收益作为还款来源。

第二十四条 国家鼓励通过设立产业基金等形式入股提供特许经营项目资本金。鼓励特许经营项目公司进行结构化融资，发行项目收益票据和资产支持票据等。

国家鼓励特许经营项目采用成立私募基金，引入战略投资者，发行企业债券、项目收益债券、公司债券、非金融企业债务融资工具等方式拓宽投融资渠道。

第二十五条 县级以上人民政府有关部门可以探索与金融机构设立基础设施和公用事业特许经营引导基金，并通过投资补助、财政补贴、贷款贴息等方式，支持有关特许经营项目建设运营。

第三章 特许经营协议履行

第二十六条 特许经营协议各方当事人应当遵循诚实信用原则，按照约定全面履行义务。

除法律、行政法规另有规定外，实施机构和特许经营者任何一方不履行特许经营协议约定义务或者履行义务不符合约定要求的，应当根据协议继续履行、采取补救措施或者赔偿损失。

第二十七条 依法保护特许经营者合法权益。任何单位或者个人不得违反法律、行政法规和本办法规定，干涉特许经营者合法经营活动。

第二十八条 特许经营者应当根据特许经营协议，执行有关特许经营项目投融资安排，确保相应资金或资金来源落实。

第二十九条 特许经营项目涉及新建或改扩建有关基础设施和公用事业的，应当符合城乡规划、土地管理、环境保护、质量管理、安全生产等有关法律、行政法规规定的建设条件和建设标准。

第三十条 特许经营者应当根据有关法律、行政法规、标准规范和特许经营协议，提供优质、持续、高效、安全的公共产品或者公共服务。

第三十一条 特许经营者应当按照技术规范，定期对特许经营项目设施进行检修和保养，保证设施运转正常及经营期限届满后资产按规定进行移交。

第三十二条 特许经营者对涉及国家安全的事项负有保密义务，并应当建立和落实相应保密管理制度。

实施机构、有关部门及其工作人员对在特许经营活动和监督管理工作中知悉的特许经营者商业秘密负有保密义务。

第三十三条 实施机构和特许经营者应当对特许经营项目建设、运营、维修、保养过程中有关资料，按照有关规定进行归档保存。

第三十四条　实施机构应当按照特许经营协议严格履行有关义务，为特许经营者建设运营特许经营项目提供便利和支持，提高公共服务水平。

行政区划调整，政府换届、部门调整和负责人变更，不得影响特许经营协议履行。

第三十五条　需要政府提供可行性缺口补助的特许经营项目，应当严格按照预算法规定，综合考虑政府财政承受能力和债务风险状况，合理确定财政付费总额和分年度数额，并与政府年度预算和中期财政规划相衔接，确保资金拨付需要。

第三十六条　因法律、行政法规修改，或者政策调整损害特许经营者预期利益，或者根据公共利益需要，要求特许经营者提供协议约定以外的产品或服务的，应当给予特许经营者相应补偿。

第四章　特许经营协议变更和终止

第三十七条　在特许经营协议有效期内，协议内容确需变更的，协议当事人应当在协商一致基础上签订补充协议。如协议可能对特许经营项目的存续债务产生重大影响的，应当事先征求债权人同意。特许经营项目涉及直接融资行为的，应当及时做好相关信息披露。

特许经营期限届满后确有必要延长的，按照有关规定经充分评估论证，协商一致并报批准后，可以延长。

第三十八条　在特许经营期限内，因特许经营协议一方严重违约或不可抗力等原因，导致特许经营者无法继续履行协议约定义务，或者出现特许经营协议约定的提前终止协议情形的，在与债权人协商一致后，可以提前终止协议。

特许经营协议提前终止的，政府应当收回特许经营项目，并根据实际情况和协议约定给予原特许经营者相应补偿。

第三十九条　特许经营期限届满终止或提前终止的，协议当事人应当按照特许经营协议约定，以及有关法律、行政法规和规定办理有关设施、资料、档案等的性能测试、评估、移交、接管、验收等手续。

第四十条　特许经营期限届满终止或者提前终止，对该基础设施和公用事业继续采用特许经营方式的，实施机构应当根据本办法规定重新选择特许经营者。

因特许经营期限届满重新选择特许经营者的，在同等条件下，原特许经营者优先获得特许经营。

新的特许经营者选定之前，实施机构和原特许经营者应当制定预案，保障公共产品或公共服务的持续稳定提供。

第五章　监督管理和公共利益保障

第四十一条　县级以上人民政府有关部门应当根据各自职责，对特许经营者执行法律、行政法规、行业标准、产品或服务技术规范，以及其他有关监管要求进行监督管理，并依法加强成本监督审查。

县级以上审计机关应当依法对特许经营活动进行审计。

第四十二条 县级以上人民政府及其有关部门应当根据法律、行政法规和国务院决定保留的行政审批项目对特许经营进行监督管理，不得以实施特许经营为名违法增设行政审批项目或审批环节。

第四十三条 实施机构应当根据特许经营协议，定期对特许经营项目建设运营情况进行监测分析，会同有关部门进行绩效评价，并建立根据绩效评价结果、按照特许经营协议约定对价格或财政补贴进行调整的机制，保障所提供公共产品或公共服务的质量和效率。

实施机构应当将社会公众意见作为监测分析和绩效评价的重要内容。

第四十四条 社会公众有权对特许经营活动进行监督，向有关监管部门投诉，或者向实施机构和特许经营者提出意见建议。

第四十五条 县级以上人民政府应当将特许经营有关政策措施、特许经营部门协调机制组成以及职责等信息向社会公开。

实施机构和特许经营者应当将特许经营项目实施方案、特许经营者选择、特许经营协议及其变更或终止、项目建设运营、所提供公共服务标准、监测分析和绩效评价、经过审计的上年度财务报表等有关信息按规定向社会公开。

特许经营者应当公开有关会计数据、财务核算和其他有关财务指标，并依法接受年度财务审计。

第四十六条 特许经营者应当对特许经营协议约定服务区域内所有用户普遍地、无歧视地提供公共产品或公共服务，不得对新增用户实行差别待遇。

第四十七条 实施机构和特许经营者应当制定突发事件应急预案，按规定报有关部门。突发事件发生后，及时启动应急预案，保障公共产品或公共服务的正常提供。

第四十八条 特许经营者因不可抗力等原因确实无法继续履行特许经营协议的，实施机构应当采取措施，保证持续稳定提供公共产品或公共服务。

第六章 争议解决

第四十九条 实施机构和特许经营者就特许经营协议履行发生争议的，应当协商解决。协商达成一致的，应当签订补充协议并遵照执行。

第五十条 实施机构和特许经营者就特许经营协议中的专业技术问题发生争议的，可以共同聘请专家或第三方机构进行调解。调解达成一致的，应当签订补充协议并遵照执行。

第五十一条 特许经营者认为行政机关做出的具体行政行为侵犯其合法权益的，有陈述、申辩的权利，并可以依法提起行政复议或者行政诉讼。

第五十二条 特许经营协议存续期间发生争议，当事各方在争议解决过程中，应当继续履行特许经营协议义务，保证公共产品或公共服务的持续性和稳定性。

第七章 法律责任

第五十三条 特许经营者违反法律、行政法规和国家强制性标准，严重危害公共利益，或者造成重大质量、安全事故或者突发环境事件的，有关部门应当责令限期改正并依法予以行政处罚；拒不改正、情节严重的，可以终止特许经营协议；构成犯罪的，依法追究刑事责任。

第五十四条 以欺骗、贿赂等不正当手段取得特许经营项目的，应当依法收回特许经营项目，向社会公开。

第五十五条 实施机构、有关行政主管部门及其工作人员不履行法定职责、干预特许经营者正常经营活动、徇私舞弊、滥用职权、玩忽职守的，依法给予行政处分；构成犯罪的，依法追究刑事责任。

第五十六条 县级以上人民政府有关部门应当对特许经营者及其从业人员的不良行为建立信用记录，纳入全国统一的信用信息共享交换平台。对严重违法失信行为依法予以曝光，并会同有关部门实施联合惩戒。

第八章 附 则

第五十七条 基础设施和公用事业特许经营涉及国家安全审查的，按照国家有关规定执行。

第五十八条 法律、行政法规对基础设施和公用事业特许经营另有规定的，从其规定。

本办法实施之前依法已经订立特许经营协议的，按照协议约定执行。

第五十九条 本办法由国务院发展改革部门会同有关部门负责解释。

第六十条 本办法自 2015 年 6 月 1 日起施行。

108. 关于银行业支持重点领域重大工程建设的指导意见

（银监发〔2015〕43 号）

【发文机关】中国银监会　国家发展和改革委员会
【发文文号】银监发〔2015〕43 号
【发布日期】2015 年 8 月 10 日
【实施日期】2015 年 8 月 10 日
【时效性】现行有效

各银监局，各省、自治区、直辖市及计划单列市、新疆生产建设兵团发展改革委，各政策性银行、大型银行、股份制银行，邮储银行，金融资产管理公司，各协会：

为全面贯彻落实党中央、国务院关于稳增长、促改革、调结构、惠民生、防风险的各项工作要求，持续推进“一带一路”、京津冀协同发展、长江经济带建设等重大战略的实施，切实发挥银行业金融机构对国家重点领域重大工程项目建设的支持作用，促进经济金融健康可持续发展，现提出以下指导意见：

一、总体要求

（一）指导思想。全面贯彻落实党中央、国务院有关国家重大战略和重大工程项目建设的文件精神，以重点领域重大工程为核心，强化政银企社合作及信息共享，完善工作机制和信贷政策，加强信贷管理和金融创新，全面做好国家重大战略部署的金融服务工作。立足银行业金融机构定位和自身优势，主动对接、积极支持重大工程项目建设，确保重大政策有效落地、金融风险有效防范，推动经济发展提质增效。

（二）基本原则。坚持落实国家战略与商业可持续相结合，坚持推进政策落实与优化金融服务相结合，坚持促进转型升级与金融创新相结合，坚持服务实体经济与防范金融风险相结合。

二、优化信贷管理与政策

（三）健全工作机制。加强组织领导，明确管理层、牵头部门有关职责，强化全行统筹安排，切实落实政策要求，加大推进力度。完善项目管理机制，做好重大工程项目的信贷政策、业务授权、产品创新、资源配置等系统安排。定期收集、主动跟进重大项目建设信息，与项目开展及时、有效对接。

（四）完善差别化信贷政策。制定完善重大工程项目信贷政策，科学设定重大工程项目信贷准入门槛，完善项目评价方法和模型，综合考虑项目所属行业、所处区域及发展的可持续性等因素，实施精细化、差别化的分类管理。

（五）优化信贷流程。进一步提高信贷管理水平，优化重大工程项目的受理审批流程和信贷评审方式，对符合一定条件的重大工程项目开展预评审，提高审批效率。对时效性较强的重大工程项目，可优先安排审批。科学测算项目投资规模和未来现金流回报，根据项目建设和运营周期，合理确定融资业务品种、规模和期限。

（六）增强信贷投放能力。扩大信贷资产证券化基础资产范围，加快信贷资产流转，盘活信贷存量。在依法合规的前提下，用足贷款核销等政策空间，积极采用市场化手段，多渠道、批量化处置不良贷款，为新增贷款腾出空间。通过贷款重组、发放并购贷款等方式，推动低效企业兼并重组，提高存量资金使用效率。

（七）推行绿色信贷。践行可持续发展的绿色理念，加强能力建设，积极创新绿色金融产品和服务，强化重大工程项目的绿色低碳化建设和运营管理，有效防范项目的环境和社会风险。

（八）提供差异化金融服务。根据发展定位，有区别有侧重地进行重点支持。开发性、政策性金融机构要发挥中长期投融资优势，在业务范围内以财务可持续为前提为生态环保、农林水利、中西部铁路和公路、城市基础设施等重大工程提供期限合理、稳定、低成本的资金支持。全国性商业银行要积极发挥网络渠道、业务功能协同等优势，为重大工程项目和核心企业提供综合性金融服务，引领新兴行业发展。地方法人机构要注重发挥管理半径短、经营机制灵活等优势，创新金融产品和服务，围绕重大工程项目、核心企业的上下游配套行业探索特色化金融服务。金融资产管理公司、信托公司、企业集团财务公司和金融租赁公司等非银行金融机构要发挥业务优势和创新优势，提供专业化金融服务。

三、持续推进金融创新

（九）积极开展信贷创新。根据项目的不同特点，积极开展信贷产品和服务创新。鼓励实施银团贷款，为重大工程项目建设提供一揽子综合性金融服务。积极开展银行联合授信，有效满足项目资金需求。

（十）积极创新担保方式。按照《国务院关于创新重点领域投融资机制鼓励社会投资的指导意见》（国发〔2014〕60号）的有关精神，灵活运用排污权、收费权、特许经营权、购买服务协议预期收益、林权、集体土地承包经营权等进行抵质押贷款，不断创新担保方式。探索利用工程供水、供热、发电、污水垃圾处理等预期收益质押贷款，允许利用相关收益作为还款来源。

（十一）探索创新融资模式。加强融资模式创新研究，大力发展包括大型成套设备金融租赁等非信贷融资模式，满足重大项目建设融资需求。积极发挥信托功能，支持铁路发展基金募集。积极推进资产证券化，盘活重大项目信贷资产。

针对政府和社会资本合作（PPP）项目的特点，创新金融服务，拓展重大工程建设的融资渠道和方式。对已经建立现代企业制度、实现市场化运营，其承担的地方政府债务已纳入政府财政预算、得到妥善处置并明确公告今后不再承担地方政府举债融资职能的融资平台公司，对于其承担的重大工程项目建设或作为社会资本参与当地政府和社会资本合作项目建设，银行业金融机构可在依法合规、审慎测算还款能力和项目收益的前提下，予以信贷支持。

四、加强风险管理与防控

（十二）确保项目建设合规性。贷款发放与支付前，确保项目已正式取得投资、环保、土地、规划、安全生产等主管部门的审批（核准）文件；确保项目资本金足额到位并与贷款配套使用，确保项目实施进度与已投资额相匹配。

（十三）切实落实还款保障条件。按照自主经营，自担风险，自负盈亏，自我约束的商业化原则自主审贷，全面、深入评估项目风险，严格把关。审慎预测项目的未来收益和现金流，以其作为未来还款的主要保障，不得要求地方政府对重大工程项目融资承担还款责任，或提供任何形式的显性和隐性担保。

（十四）做好贷中贷后管理工作。严格按照贷款合同约定发放和使用贷款，坚持专款专用，防止贷款挪用。确定专门项目收入账户，加强对项目收入账户的监测和管理。定期对借款人和项目发起人的履约情况及信用状况、项目的建设和运营情况、宏观经济变化和市场波动情况、贷款担保的变动情况等进行监测分析，完善贷款质量监控制度，并对可能影响贷款安全的不利情形及时采取针对性措施。

（十五）推进风险管理体系建设。密切关注经济金融形势变化，加强风险监测和预警；全面了解客户和项目信息，强化项目全周期风险管理；合理运用担保以及项目收费权、合同收益权、保险权益转让等方式，完善风险缓释机制。防范外部风险与银行内生性风险的传染，防范银行机构表内风险与表外风险的传导。

五、强化监督指导与协作

（十六）确保项目建设可持续性。发展改革部门加强对重大工程项目的规划和指导，建设一批、核准一批、储备一批、谋划一批，提高项目投资的有效性和针对性。对于自身收益不足和经济性不强的重大项目，推动完善项目收益保障机制建设，提高项目经济性。

（十七）加强协调沟通。发展改革部门进一步健全项目清单，搭建重大工程项目信息平台，提高与银行业监管部门、银行业金融机构信息共享的时效性。

（十八）强化同业协作。各银监局要加强指导，推动当地银行业协会牵头，探索建立大额授信联合管理机制，强化银行间在项目规划、项目评审评级、授信额度核定、还款安排、贷款管理及风险化解等方面的合作协调，建立资源共享、运作顺畅、服务高效的同业合作机制，有效防范过度授信、多头授信及集团客户风险。

中国银行业监督管理委员会　国家发展和改革委员会

2015 年 8 月 10 日

109. 关于建立全国城市地下综合管廊建设信息周报制度的通知

（建城〔2016〕69号）

【发文机关】住房城乡建设部
【发文文号】建城〔2016〕69号
【发布日期】2016年4月14日
【实施日期】2016年4月14日
【时效性】现行有效

各省、自治区住房城乡建设厅，北京市住房和城乡建设委员会、市政市容管理委员会、规划委员会，天津市城乡建设委员会，上海市住房和城乡建设管理委员会，重庆市城乡建设委员会，新疆生产建设兵团建设局：

为贯彻《中共中央　国务院关于进一步加强城市规划建设管理工作的若干意见》（中发〔2016〕6号）文件要求，落实2016年国务院《政府工作报告》关于“开工建设城市地下综合管廊2000公里以上”的工作部署，全面、及时、准确掌握城市地下综合管廊规划建设工作进展，更好地为政府决策服务，我部决定自2016年4月起，建立全国城市地下综合管廊（以下简称“管廊”）建设进展周报制度。现将有关事项通知如下：

一、管廊建设进展信息报送的内容和范围

（一）报送内容：管廊建设的规划和工程建设情况。主要包括规划编制周进展情况，工程周进展情况（含新启动管廊项目基本信息，管廊项目前期工作进展情况，已开工管廊项目每周形成廊体长度、完成投资额、管线入廊等情况），具体内容见管廊建设进展信息报送平台，网址：GL. MOHURD. GOV. CN。

（二）报送范围：全国所有城市、县城。

二、管廊建设进展信息报送的主体

各城市、县城住房城乡建设主管部门为管廊建设进展信息报送单位（以下简称“信息

报送单位”），具体负责本行政区域（设区的市报送市本级，不包括所辖县级市及县）的数据汇总和信息报送工作，并对数据质量负责。

各省（自治区）住房城乡建设厅，北京市人民政府指定的部门、天津市城乡建设委员会、上海市住房和城乡建设管理委员会、重庆市城乡建设委员会、新疆生产建设兵团建设局（以下简称“省级住房城乡建设主管部门”）负责组织、指导、监督所辖市、县管廊建设进展信息报送工作，并对报送信息进行审核。

三、管廊建设进展信息报送的方式

我部负责建立管廊建设进展信息报送平台，报送平台实行部省市分级汇总、授权管理和使用。各省级住房城乡建设主管部门、市县信息报送单位具体负责人员可凭用户名和密码登录信息报送平台，按要求进行审核和填报。报送平台的具体登录方式及操作办法见《管廊建设进展信息报送操作手册》（另行印发）。我们将于近期开展报送操作培训，具体时间另行通知。

管廊建设进展信息周报制度自 2016 年 4 月 19 日起实行。各市县信息报送单位在每周二中午 12 时前报送上周（周一至周日）数据。周二为节假日的，信息报送时间顺延至节假日结束后的第二个工作日中午 12 时前。

四、有关工作要求

（一）实行专人报送制度。各省级住房城乡建设主管部门、市县信息报送单位要明确专人具体负责信息报送工作，并建立报送工作人员 A、B 角制度。填报首次周报信息前，要在报送平台上填写各省级住房城乡建设主管部门负责催报工作的处室分管同志、具体工作人员（含 A、B 角）和各市县信息报送单位分管领导、具体工作人员（含 A、B 角）的名单和联系方式（办公电话、手机、电子邮箱），并由省级住房城乡建设主管部门汇总，于 2016 年 4 月 26 日前以书面形式报我部城市建设司备案。

（二）加强报送信息质量管理。各市县信息报送单位要加强报送信息质量管理，报送信息必须及时、完整、准确，覆盖全行政区域。通过报送平台填报周报信息时，要根据本地工作进展情况同时填报和更新报送平台中有关管廊专项规划编制、五年项目滚动规划、年度建设计划和建设项目储备等信息。各省级住房城乡建设主管部门要切实加强对所辖市县工作的指导，明确专人具体负责每日数据催报和数据质量核查等工作，建立工作人员 A、B 角制度。对未按时报送、报送信息存在质量问题的，要立即督办，限时整改。

（三）强化报送工作督查。我部将定期对各市县数据报送质量和及时性进行排名，对于报送工作做的好的市县，在系统内予以表扬；对于报送工作组织不力、数据报送不及时、数据质量不高的市县，我部将派出工作组进行专项督查指导，并视情予以警告或通报批评。必要时，由我部负责同志对省级住房城乡建设主管部门负责同志进行约谈，并与省级人民政府分管负责同志进行沟通。

（四）做好报送保障工作。各地要加大对管廊建设进展信息报送工作的支持力度，配备必要的工作场所和设备，保证人员和办公经费，保障报送工作有序开展。

中华人民共和国住房和城乡建设部

2016 年 4 月 14 日

110. 关于银行业风险防控工作的指导意见

（银监发〔2017〕6号）

【发文机关】中国银监会
【发文文号】银监发〔2017〕6号
【发布日期】2017年4月7日
【实施日期】2017年4月7日
【时效性】现行有效

各银监局，机关各部门，各政策性银行、大型银行、股份制银行，邮储银行，外资银行，金融资产管理公司，其他会管金融机构：

为贯彻落实中央经济工作会议“把防控金融风险放到更加重要的位置”总体要求，银行业应坚持底线思维、分类施策、稳妥推进、标本兼治，切实防范化解突出风险，严守不发生系统性风险底线。现就银行业风险防控工作提出以下指导意见：

一、加强信用风险管控，维护资产质量总体稳定

（一）摸清风险底数。银行业金融机构要严格落实信贷及类信贷资产的分类标准和操作流程，真实、准确和动态地反映资产风险状况；建立健全信用风险预警体系，密切监测分析重点领域信用风险的生成和迁徙变化情况，定期开展信用风险压力测试。各级监管机构要重点关注逾期90天以上贷款与不良贷款比例超过100%、关注类贷款占比较高或增长较快、类信贷及表外资产增长过快的银行业金融机构，重点治理资产风险分类不准确、通过各种手段隐匿或转移不良贷款的行为。

（二）严控增量风险。银行业金融机构要加强统一授信、统一管理，严格不同层级的审批权限；加强授信风险审查，有效甄别高风险客户，防范多头授信、过度授信、给“僵尸企业”授信、给“空壳企业”授信、财务欺诈等风险。各级监管机构要重点治理放松授信条件、放松风险管理、贷款“三查”不到位等问题，对辖内银行业金融机构新发生的大额不良贷款暴露，要及时进行跟踪调查。

（三）处置存量风险。银行业金融机构要综合运用重组、转让、追偿、核销等手段加快处置存量不良资产，通过追加担保、债务重组、资产置换等措施缓释潜在风险；通过解

包还原、置换担保、救助核心企业、联合授信管理等方式，妥善化解担保圈风险；利用债权人委员会机制，按照“一企一策”原则制定风险处置计划；加强债权维护，切实遏制逃废债行为。

（四）提升风险缓释能力。银行业金融机构要加强资产质量迁徙趋势分析，增加利润留存，及时足额计提资产减值准备，增强风险缓释能力。各级监管机构要对银行业金融机构采取风险缓释措施有效性进行跟踪评估，对风险抵补能力不足的机构，应督促其限期整改；要引导银行业金融机构通过上市融资、增资扩股、发行新型资本工具等措施，提高损失吸收能力。

二、完善流动性风险治理体系，提升流动性风险管控能力

（五）加强风险监测。银行业金融机构要完善流动性风险治理架构，将同业业务、投资业务、托管业务、理财业务等纳入流动性风险监测范围，制定合理的流动性限额和管理方案；提高对重点分支机构、币种和业务领域的关注强度，采取有效措施降低对同业存单等同业融资的依赖度。

（六）加强重点机构管控。各级监管机构要锁定资金来源与运用明显错配、批发性融资占比高的银行业金融机构，实行“一对一”贴身盯防。督促同业存单增速较快、同业存单占同业负债比例较高的银行，合理控制同业存单等同业融资规模。

（七）创新风险防控手段。探索试点城商行、农商行流动性互助机制，发挥好信托业保障基金作用，构筑中小银行业金融机构流动性安全网。

（八）提升应急管理能力。银行业金融机构要加强负债稳定性管理，确保负债总量适度、来源稳定、结构多元、期限匹配；完善流动性风险应对预案，定期开展流动性风险压力测试；加强向央行的报告沟通，运用“临时流动性便利”等工具，满足流动性需求。

三、加强债券投资业务管理，密切关注债券市场波动

（九）健全债券交易内控制度。银行业金融机构要建立贯穿债券交易各环节、覆盖全流程的内控体系，加强债券交易的合规性审查和风险控制。坚持“穿透管理”和“实质重于形式”的原则，将债券投资纳入统一授信。

（十）强化业务集中管理。银行业金融机构应将直接债券投资以及通过特殊目的载体（SPV）、表外理财等方式开展的债券投资纳入统一监测范围，全面掌握资金真实投向和底层债券资产的基本信息、风险状况、交易变动等情况，实现准入集中、数据集中和退出集中管理。

（十一）严格控制投资杠杆。银行业金融机构要审慎开展委外投资业务，严格委外机构审查和名单管理，明确委外投资限额、单一受托人受托资产比例等要求，规范开展债券回购和质押融资，严格控制交易杠杆比率，不得违规放大投资杠杆。

（十二）加强风险监测防控。银行业金融机构要严格债券信用评级准入标准，做好债券投资久期管理。高度关注债券集中到期的企业、出现债券违约的企业，防控债券违约风险向信贷业务传导。各级监管机构要督促风险管理能力薄弱、债券投资占比高的银行合理控制持债余额。

四、整治同业业务，加强交叉金融业务管控

（十三）控制业务增量。银行业金融机构要完善同业业务内部管理架构，确保业务复杂程度与风险管理能力相匹配，审慎开展交叉金融业务。同业业务应由银行业金融机构总部统一管理、集中审批。制定统一的合作机构名单、产品投资目录，严禁与不在名单范围内的机构开展合作，严禁开展投资目录之外的业务。

（十四）做实穿透管理。银行业金融机构要建立交叉金融业务监测台账，准确掌握业务规模、业务品种、基础资产性质、风险状况、资本和拨备等相关信息。新开展的同业投资业务不得进行多层嵌套，要根据基础资产性质，准确计量风险，足额计提资本和拨备。

（十五）消化存量风险。银行业金融机构应全面排查存量同业业务，对多层架构、复杂程度高的业务要制定整改计划。对风险高的同业投资业务，要制定应对策略和退出时间表。

（十六）严查违规行为。各级监管机构要重点检查同业业务多层嵌套、特定目的载体投资未严格穿透至基础资产、未将最终债务人纳入统一授信和集中度风险管控、资本拨备计提不足等问题。

五、规范银行理财和代销业务，加强金融消费者保护

（十七）加强银行理财业务风险管控。银行业金融机构应当确保每只理财产品与所投资资产相对应，做到单独管理、单独建账、单独核算；不得开展滚动发售、混合运作、期限错配、分离定价的资金池理财业务；确保自营业务与代客业务相分离；不得在理财产品之间、理财产品客户之间或理财产品客户与其他主体之间进行利益输送。

（十八）规范银行理财产品设计。银行业金融机构应当按照“简单、透明、可控”的原则设计和运作理财产品，在资金来源、运用、杠杆率、流动性、信息披露等方面严格遵守监管要求；严控嵌套投资，强化穿透管理，切实履行自身投资管理职责，不得简单将理财业务作为各类资管产品的资金募集通道；严格控制杠杆，防范资金在金融体系内自我循环，不得使用自有资金购买本行发行的理财产品。

（十九）加强金融消费者保护。银行业金融机构应当按照风险匹配原则，严格区分公募与私募、批发与零售、自营与代客等不同产品类型，充分披露产品信息和揭示风险，将投资者分层管理落到实处。只有面向高资产净值、私人银行和机构客户发行的银行理财产品，可投资于境内二级市场股票、未上市企业股权等权益类资产。理财产品宣传及销售人员产品营销推介时，应真实、全面介绍产品的性质和特征，明确告知是本机构产品还是其他机构产品、是保本产品还是非保本产品、是有固定收益的产品还是没有固定收益的产品。不得误导客户购买与其风险承受能力不相匹配的理财产品，严格落实“双录”要求，做到“卖者尽责”基础上的“买者自负”，切实保护投资者合法权益。

（二十）审慎开展代销业务。银行业金融机构应当对代销业务实施严格谨慎管理。根据自身风险管理能力、合作机构风险评估情况、代销产品风险等级，合理确定代销业务品种和限额；银行业金融机构总部应对代销业务实行集中统一管理，对合作机构实行名单制管理，对拟代销产品应开展尽职调查，不得仅依据合作机构的产品审批资料作为产品审批

依据；银行业金融机构应明示代销产品的代销属性，不得将代销产品与存款或自身发行的理财产品混淆销售。

六、坚持分类调控、因城施策，防范房地产领域风险

（二十一）分类实施房地产信贷调控。认真落实中央经济工作会议精神，明确住房居住属性。坚持分类调控、因城施策，严厉打击“首付贷”等行为，切实抑制热点城市房地产泡沫，建立促进房地产健康发展的长效机制。

（二十二）强化房地产风险管控。银行业金融机构要建立全口径房地产风险监测机制。将房地产企业贷款、个人按揭贷款、以房地产为抵押的贷款、房地产企业债券，以及其他形式的房地产融资纳入监测范围，定期开展房地产压力测试。加强房地产业务合规性管理，严禁资金违规流入房地产领域。各级监管机构要重点关注房地产融资占比高、贷款质量波动大的银行业金融机构，以及房地产信托业务增量较大、占比较高的信托公司。

（二十三）加强房地产押品管理。银行业金融机构要完善押品准入管理机制，建立健全房地产押品动态监测机制，及时发布内部预警信息，采取有效应对措施。

七、加强地方政府债务风险管控，切实防范地方政府债务风险

（二十四）严格落实《预算法》。银行业金融机构要认真落实《预算法》和《国务院关于加强地方政府性债务管理的意见》（国发〔2014〕43号）要求，不得违规新增地方政府融资平台贷款，严禁接受地方政府担保兜底。

（二十五）规范新型业务模式。银行业金融机构要依法合规开展专项建设基金、政府与社会资本合作、政府购买服务等新型业务模式，明确各方权利义务关系，不得通过各种方式异化形成违规政府性债务。

（二十六）强化融资平台风险管控。各级监管机构要会同有关部门强化地方政府债务全口径监测，指导银行业金融机构配合推进融资平台转型，明晰债权债务关系，防范债权悬空风险。银行业金融机构要紧盯列入预警范围的潜在高风险地区，推动制定中长期债务风险化解规划，有效应对局部风险。

八、稳妥推进互联网金融风险治理，促进合规稳健发展

（二十七）持续推进网络借贷平台（P2P）风险专项整治。严格执行《网络借贷信息中介机构业务活动管理暂行办法》和备案登记、资金存管等配套制度，按照专项整治工作实施方案要求，稳妥推进分类处置工作，督促网络借贷信息中介机构加强整改，适时采取关、停、并、转等措施。

（二十八）重点做好校园网贷的清理整顿工作。网络借贷信息中介机构不得将不具备还款能力的借款人纳入营销范围，禁止向未满18岁的在校大学生提供网贷服务，不得进行虚假欺诈宣传和销售，不得通过各种方式变相发放高利贷。

（二十九）做好“现金贷”业务活动的清理整顿工作。网络借贷信息中介机构应依法合规开展业务，确保出借人资金来源合法，禁止欺诈、虚假宣传。严格执行最高人民法院关于民间借贷利率的有关规定，不得违法高利放贷及暴力催收。

九、加强外部冲击风险监测，防止民间金融风险向银行业传递

（三十）防范跨境业务风险。银行业金融机构要严格遵守外汇管理相关政策，加强跨境资金流动监测预警。提高跨境并表风险管理能力，加快健全环境与社会风险管理体系，确保国别风险准备金计提充足。加强境外合规管理，及时排查反洗钱和重点领域合规风险。提高银行及其客户科学分析外汇收支、币种结构、汇率波动走势和规律的能力，避免简单跟风变动可能带来的风险和损失。

（三十一）防范社会金融风险。各级监管机构应配合地方金融监管部门规范融资担保和小贷公司行业。落实国务院清理整顿各类交易场所要求，督促银行业金融机构开展专项排查，不得为违规交易所提供开户、托管、资金划转、代理买卖、支付清算、投资咨询等服务。

（三十二）严处非法集资风险。各级监管机构要加大对未经批准设立银行业金融机构的查处力度，严肃查处非法使用“银行”名称、违法吸收公众存款、违法发放贷款的行为。银行业金融机构严禁为非法集资提供任何金融服务，严禁内部员工违规参与各类集资活动，积极协助相关部门加强账户、信息监测，及时发现和报告异常交易，劝阻客户受骗参与非法集资。

十、维护银行业经营稳定，防止出现重大案件和群体事件

（三十三）加强案件风险防控。银行业金融机构要加强员工管理，有效防范内外勾结、利益输送等案件；加强重点环节管理，对授权卡、业务印章、空白凭证等物品管理全流程控制有效性进行评估；落实票据业务相关规定，规范业务操作，严禁与非法票据中介等机构开展业务合作；加大案件查处问责力度，切实做到发现一起、处理一起，做到“一案三问”“上追两级”，遏制案件多发频发态势；强化安全管理，加强安全防范设施建设，及时消除各类安全隐患。

（三十四）加强信息科技风险防控。银行业金融机构要全面强化网络信息安全管理，提高身份认证机制安全性；加大对新兴电子渠道风险的管理力度，完善灾备体系，制定完善应对预案；完善外包管理体系，降低外包风险，不得将信息科技管理责任外包。对发生严重信息科技风险事件的银行业金融机构，各级监管机构要及时采取必要的强制性监管措施。

（三十五）加强预期管理。银行业金融机构要主动发声，强化主动服务意识和沟通意识，提高信息披露频率和透明度。正确引导各方预期，提升各界对银行业的信心。积极研判社会舆情走势，重点关注可能导致声誉风险的各类隐患，提前准备应对预案，提升应对能力。

各级监管机构、各银行业金融机构要稳妥有序开展风险防控工作，把握好节奏平衡，防止在化解风险过程中产生新的风险。各银行业金融机构要履行风险防控主体责任，实行“一把手”负责制，制定可行性、针对性强的实施方案，细化责任分工，层层压实责任，把责任落实到具体的机构、部门和人员，对于重大违规和案件风险，要一查到底，对相关机构、违规人员和领导人员严格问责。各级监管机构要做到守土有责，及时开展工作督查，对自查整改不到位、存在违法违规问题的机构，要严肃问责。

各法人银行业金融机构应分别于 2017 年 7 月 20 日和 2018 年 1 月 20 日前，向监管机构报告本机构上半年和全年相关工作进展。各银监局应分别于 2017 年 7 月 31 日和 2018 年 1 月 31 日前，向银监会报告上半年和全年辖内银行业风险防控及督查工作情况。

111. 关于保险资金投资政府和社会资本合作项目有关事项的通知

（保监发〔2017〕41号）

【发文机关】中国保监会
【发文文号】保监发〔2017〕41号
【发布日期】2017年5月4日
【实施日期】2017年5月4日
【时效性】现行有效

各保监局，各保险集团（控股）公司、保险公司、保险资产管理公司中国保监会关于保险资金投资政府和社会资本合作项目有关事项的通知：

为深入贯彻落实《中共中央　国务院关于深化投融资体制改革的意见》（中发〔2016〕18号）和《国务院关于加快发展现代保险服务业的若干意见》（国发〔2014〕29号）精神，推动政府和社会资本合作（PPP）项目融资方式创新，支持保险资金更好地服务实体经济，根据《保险资金间接投资基础设施项目管理办法》（以下简称《管理办法》）等规定，现就保险资金投资PPP项目有关事项通知如下：

一、本通知所称保险资金投资PPP项目，是指保险资产管理公司等专业管理机构作为受托人，发起设立基础设施投资计划，面向保险机构等合格投资者发行受益凭证募集资金，向与政府方签订PPP项目合同的项目公司提供融资，投资符合规定的PPP项目。

二、投资计划投资的PPP项目，除满足《管理办法》第十一、十二条的有关规定外，还应当符合以下条件：

（一）属于国家级或省级重点项目，已履行审批、核准、备案手续和PPP实施方案审查审批程序，并纳入国家发展改革委PPP项目库或财政部全国PPP综合信息平台项目库。

（二）承担项目建设或运营管理责任的主要社会资本方为行业龙头企业，主体信用评级不低于AA+，最近两年在境内市场公开发行过债券。

（三）PPP项目合同的签约政府方为地市级（含）以上政府或其授权的机构，PPP项目合同中约定的财政支出责任已纳入年度财政预算和中期财政规划。所处区域金融环境和信用环境良好，政府负债水平较低。

（四）建立了合理的投资回报机制，预期能够产生持续、稳定的现金流，社会效益良好。

三、投资计划可以采取债权、股权、股债结合等可行方式，投资一个或一组合格的PPP项目。投资计划应当符合以下条件：

（一）经专业律师出具专项法律意见，认定投资的PPP项目运作程序合规，相关PPP项目合同规范有效。

（二）具有预期稳定现金流，可以覆盖投资计划的投资本金和合理收益，并设定明确可行、合法合规的退出机制。

（三）投资协议明确约定，在投资计划存续期间主要社会资本方转让项目公司股权的，须取得投资计划受托人书面同意。

四、保险资产管理公司等专业管理机构担任投资计划受托人，应当具备基础设施投资计划或不动产投资计划产品创新能力，切实履行勤勉尽责义务，综合评估投资风险和收益，加强风险管控和投后管理，确保投资计划合法合规，维护保险资金安全。

五、中国保监会建立外部专家风险评审机制，督促投资计划充分揭示和披露投资风险。投资计划涉及“一带一路”、京津冀协同发展、长江经济带、脱贫攻坚和河北雄安新区等符合国家发展战略的重大项目的，中国保监会建立专门的业务受理及注册绿色通道。

六、各保监局应当根据当地监管实际，研究、反映保险资金投资PPP项目的情况和问题，协调、推动和落实保险资金投资PPP项目的相关政策，形成上下联动的资金运用监管工作机制。

七、投资计划运作管理及其他相关事项，按照《管理办法》的有关规定执行。

八、本《通知》自公布之日起施行。

中国保监会

2017年5月4日

112. 关于加强中央企业 PPP 业务风险管控的通知

（国资发财管〔2017〕192 号）

【发文机关】国务院国有资产监督管理委员会
【发文文号】国资发财管〔2017〕192 号
【发布日期】2017 年 11 月 17 日
【实施日期】2017 年 11 月 17 日
【时效性】现行有效

各中央企业：

PPP（政府与社会资本合作）模式是我国基础设施和公共服务供给机制的重大创新，对于推进供给侧结构性改革、创新投融资机制、提升公共服务的供给质量和效率具有重要意义。

近年来，中央企业主动适应改革要求，努力拓展市场，积极探索开展 PPP 业务，在推动自身业务快速发展的同时，有力支持了地方经济发展，取得了良好成效。

为贯彻新发展理念，提高中央企业境内 PPP 业务经营管理水平，有效防范经营风险，实现规范有序可持续发展，现将有关工作要求通知如下：

一、坚持战略引领，强化集团管控

各中央企业要紧密围绕企业发展战略和规划，建立健全本企业 PPP 业务管控体系，稳妥开展 PPP 业务。

一是加强战略引领。立足企业功能界定与分类定位，结合企业战略和发展方向，充分考虑企业财务资源和业务能力，规划本企业 PPP 业务发展。PPP 业务较为集中的企业应编制 PPP 业务专项规划，优化 PPP 业务布局和结构。

二是完善全过程管控体系。建立健全 PPP 项目管理制度，从预算约束、事前可研决策、事中项目实施管理、事后投资评价等方面细化管控流程，构建权责明晰的管理机制，加强企业投资、财务、法务、审计等部门的协同配合，形成管控合力。

三是加强集团管控。明确集团对 PPP 业务管控的主体责任和各级子企业的具体管理责任，由集团总部（含整体上市的上市公司总部）负责统一审批 PPP 业务。

四是依法依规操作。加强投标管理及合同谈判，严格执行合规审查程序，切实防范

PPP 业务中的违法违规风险，妥善处理并及时报备重大法律纠纷案件。

二、严格准入条件，提高项目质量

各中央企业要将源头管控作为加强 PPP 业务管理的重中之重，细化 PPP 项目选择标准，优中选优，规范有序参与市场竞争，有效应对项目占用资金规模大、回报周期长带来的潜在风险。

一是聚焦主业。根据项目投资、建设、运营等环节特征准确界定集团主业投资领域，认真筛选符合集团发展方向、具备竞争优势的项目。将 PPP 项目纳入企业年度投资计划管理，严控非主业领域 PPP 项目投资。

二是坚持“事前算赢”原则，在项目决策前充分开展可行性分析，参考本企业平均投资回报水平合理设定 PPP 投资财务管控指标，投资回报率原则上不应低于本企业相同或相近期限债务融资成本，严禁开展不具备经济性的项目，严厉杜绝盲目决策，坚决遏制短期行为。

三是认真评估 PPP 项目中合作各方的履约能力。在通过财政承受能力论证的项目中，优先选择发展改革、财政等部门入库项目，不得参与付费来源缺乏保障的项目。

三、严格规模控制，防止推高债务风险

各中央企业要高度关注 PPP 业务对企业财务结构平衡的影响，综合分析本企业长期盈利能力、偿债能力、现金流量和资产负债状况等，量力而行，对 PPP 业务实行总量管控，从严设定 PPP 业务规模上限，防止过度推高杠杆水平。

一是纳入中央企业债务风险管控范围的企业集团，累计对 PPP 项目的净投资（直接或间接投入的股权和债权资金、由企业提供担保或增信的其他资金之和，减去企业通过分红、转让等收回的资金）原则上不得超过上一年度集团合并净资产的 50%，不得因开展 PPP 业务推高资产负债率。

二是集团要做好内部风险隔离，明确相关子企业 PPP 业务规模上限；资产负债率高于 85% 或近 2 年连续亏损的子企业不得单独投资 PPP 项目。

三是集团应加强对非投资金融类子企业的管控，严格执行国家有关监管政策，不得参与仅为项目提供融资、不参与建设或运营的项目。

四、优化合作安排，实现风险共担

各中央企业在 PPP 项目中应充分发挥项目各合作方在融资、建设、运营等方面的比较优势，合理确定股权比例、融资比例，努力降低综合融资成本，切实做好项目运营合作安排，实现合作共赢。

一是落实股权投资资金来源。各企业要严格遵守国家重大项目资本金制度，合理控制杠杆比例，做好拟开展 PPP 项目的自有资金安排，根据项目需要积极引入优势互补、协同度高的其他非金融投资方，吸引各类股权类受托管理资金、保险资金、基本养老保险基金等参与投资，多措并举加大项目资本金投入，但不得通过引入“名股实债”类股权资金或购买劣后级份额等方式承担本应由其他方承担的风险。

二是优化债权资金安排。积极与各类金融机构建立 PPP 业务合作关系，争取长期低成本资金支持，匹配好债务融资与项目生命周期。

三是规范融资增信。在 PPP 项目股权合作中，不得为其他方股权出资提供担保、承诺收益等；项目债务融资需要增信的，原则上应由项目自身权益、资产或股权投资担保，确需股东担保的应由各方股东按照出资比例共同担保。

四是做好运营安排，探索多元化的项目回报机制。结合企业发展需要，不断提高 PPP 项目专业化运营管理能力，对于尚不具备专业化运营管理能力的项目，通过合资合作、引入专业化管理机构等措施，确保项目安全高效运营。

五是积极盘活存量投资，完善退出机制。根据自身和项目需要，持续优化资金安排，积极通过出让项目股份、增资扩股、上市融资、资产证券化等多渠道盘活资产、收回资金，实现 PPP 业务资金平衡和良性循环。

五、规范会计核算，准确反映 PPP 业务状况

各中央企业应当根据《企业会计准则》相关规定规范 PPP 业务会计核算。

一是规范界定合并范围。根据股权出资比例、合作方投资性质、与合作方关联关系（如合营、担保、提供劣后级出资等），对项目融资、建设和运营的参与程度，风险回报分担机制，合作协议或章程约定等，按照“实质重于形式”原则综合判断对 PPP 项目的控制程度，规范界定合并范围；对确属无控制权的 PPP 项目，应当建立单独台账，动态监控项目的经营和风险状况，严防表外业务风险。

二是足额计提资产减值准备。定期对 PPP 项目长期股权投资、取得的收费权、股东借款等资产进行减值测试，重点关注实际运营情况与项目可研预期差距较大、合作方付款逾期等减值迹象，及时足额计提减值准备，防范资产价值不实。

三是规范核算项目收益。同时参与 PPP 项目投资、建设或运营的企业，应当合理划分和规范核算各阶段收益。

六、严肃责任追究，防范违规经营投资行为

各中央企业要切实承担起对 PPP 业务管控的主体责任，加强对全集团 PPP 业务的审计与监督检查，不断提高 PPP 业务投资经营管理水平。要对 PPP 业务经营投资责任实施规范化、科学化、全周期管理，完善决策事项履职记录。

对违反本通知要求，未履行或未正确履行投资管理职责造成国有资产损失以及其他严重不良后果的各级经营管理人员，要严肃追究责任，同时对 PPP 业务重大决策实施终身责任追究制度。

各中央企业要对照本通知要求，全面梳理已签约 PPP 项目，根据发现的风险和问题，及时完善制度，加强管控，提出应对措施。

对存在瑕疵的项目，要积极与合作方协商完善；对不具备经济性或存在其他重大问题的项目，要逐一制定处置方案，风险化解前，该停坚决停止，未开工项目不得开工。

国务院国有资产监督管理委员会

2017 年 11 月 17 日

113. 关于印发《土地储备管理办法》的通知

（国土资规〔2017〕17 号）

【发文机关】国土资源部　财政部　中国人民银行　中国银行业监督管理委员会
【发布文号】国土资规〔2017〕17 号
【发布日期】2018－01－03
【实施日期】2018－01－03
【时效性】现行有效

各省、自治区、直辖市、副省级城市国土资源主管部门、财政厅（局），新疆生产建设兵团国土资源局、财务局，中国人民银行上海总部、各分行、营业管理部、省会（首府）城市中心支行、副省级城市中心支行，各省、自治区、直辖市银监局：

为加强和规范土地储备管理，根据相关法律法规和国务院有关文件的规定，国土资源部、财政部、中国人民银行、中国银行业监督管理委员会联合修订了《土地储备管理办法》。现予印发，请遵照执行。

国土资源部　财政部　中国人民银行
中国银行业监督管理委员会
2018 年 1 月 3 日

土地储备管理办法

一、总体要求

（一）为贯彻落实党的十九大精神，落实加强自然资源资产管理和防范风险的要求，进一步规范土地储备管理，增强政府对城乡统一建设用地市场的调控和保障能力，促进土地资源的高效配置和合理利用，根据《国务院关于加强国有土地资产管理的通知》（国发〔2001〕15 号）、《国务院关于促进节约集约用地的通知》（国发〔2008〕3 号）、《国务院关于加强地方政府性债务管理的意见》（国发〔2014〕43号）、《国务院办公厅关于规范国有土地使用权出让收支管理的通知》（国办发〔2006〕100号），制定本办法。

（二）土地储备是指县级（含）以上国土资源主管部门为调控土地市场、促进土地资源合理利用，依法取得土地，组织前期开发、储存以备供应的行为。土地储备工作统一归口国土资源主管部门管理，土地储备机构承担土地储备的具体实施工作。财政部门负责土地储备资金及形成资产的监管。

（三）土地储备机构应为县级（含）以上人民政府批准成立、具有独立的法人资格、隶属于所在行政区划的国土资源主管部门、承担本行政辖区内土地储备工作的事业单位。国土资源主管部门对土地储备机构实施名录制管理。市、县级国土资源主管部门应将符合规定的机构信息逐级上报至省级国土资源主管部门，经省级国土资源主管部门审核后报国土资源部，列入全国土地储备机构名录，并定期更新。

二、储备计划

（四）各地应根据国民经济和社会发展规划、国土规划、土地利用总体规划、城乡规划等，编制土地储备三年滚动计划，合理确定未来三年土地储备规模，对三年内可收储的土地资源，在总量、结构、布局、时序等方面做出统筹安排，优先储备空闲、低效利用等存量建设用地。

（五）各地应根据城市建设发展和土地市场调控的需要，结合当地社会发展规划、土地储备三年滚动计划、年度土地供应计划、地方政府债务限额等因素，合理制定年度土地储备计划。年度土地储备计划内容应包括：

1. 上年度末储备土地结转情况（含上年度末的拟收储土地及入库储备土地的地块清单）；

2. 年度新增储备土地计划（含当年新增拟收储土地和新增入库储备土地规模及地块清单）；

3. 年度储备土地前期开发计划（含当年前期开发地块清单）；

4. 年度储备土地供应计划（含当年拟供应地块清单）；

5. 年度储备土地临时管护计划；

6. 年度土地储备资金需求总量。

其中，拟收储土地，是指已纳入土地储备计划或经县级（含）以上人民政府批准，目前已启动收回、收购、征收等工作，但未取得完整产权的土地；入库储备土地，是指土地储备机构已取得完整产权，纳入储备土地库管理的土地。

（六）国土资源主管部门应会同财政部门于每年第三季度，组织编制完成下一年度土地储备计划，提交省级国土资源主管部门备案后，报同级人民政府批准。因土地市场调控政策变化或低效用地再开发等原因，确需调整年度土地储备计划的，每年中期可调整一次，按原审批程序备案、报批。

三、入库储备标准

（七）储备土地必须符合土地利用总体规划和城乡规划。存在污染、文物遗存、矿产压覆、洪涝隐患、地质灾害风险等情况的土地，在按照有关规定由相关单位完成核查、评估和治理之前，不得入库储备。

（八）下列土地可以纳入储备范围：

1. 依法收回的国有土地；

2. 收购的土地；

3. 行使优先购买权取得的土地；

4. 已办理农用地转用、征收批准手续并完成征收的土地；

5. 其他依法取得的土地。

入库储备土地必须是产权清晰的土地。土地储备机构应对土地取得方式及程序的合规性、经济补偿、土地权利（包括用益物权和担保物权）等情况进行审核，不得为了收储而强制征收土地。对于取得方式及程序不合规、补偿不到位、土地权属不清晰、应办理相关不动产登记手续而尚未办理的土地，不得入库储备。

（九）收购土地的补偿标准，由土地储备机构与土地使用权人根据土地评估结果协商，经同级国土资源主管部门和财政部门确认，或地方法规规定的其他机构确认。

（十）储备土地入库前，土地储备机构应向不动产登记机构申请办理登记手续。储备土地登记的使用权类型统一确定为“其他（政府储备）”，登记的用途应符合相关法律法规的规定。

四、前期开发、管护与供应

（十一）土地储备机构负责理清入库储备土地产权，评估入库储备土地的资产价值。

（十二）土地储备机构应组织开展对储备土地必要的前期开发，为政府供应土地提供必要保障。

储备土地的前期开发应按照该地块的规划，完成地块内的道路、供水、供电、供气、排水、通讯、围挡等基础设施建设，并进行土地平整，满足必要的“通平”要求。具体工程要按照有关规定，选择工程勘察、设计、施工和监理等单位进行建设。

前期开发工程施工期间，土地储备机构应对工程实施监督管理。工程完成后，土地储备机构应按规定组织开展验收或委托专业机构进行验收，并按有关规定报所属国土资源主管部门备案。

（十三）土地储备机构应对纳入储备的土地采取自行管护、委托管护、临时利用等方式进行管护；建立巡查制度，对侵害储备土地权利的行为要做到早发现、早制止、早处理。对储备土地的管护，可以由土地储备机构的内设机构负责，也可由土地储备机构按照相关规定选择管护单位。

（十四）在储备土地未供应前，土地储备机构可将储备土地或连同地上建（构）筑物，通过出租、临时使用等方式加以利用。储备土地的临时利用，一般不超过两年，且不能影响土地供应。储备土地的临时利用应报同级国土资源主管部门同意。其中，在城市规划区内储备土地的临时使用，需搭建建（构）筑物的，在报批前，应当先经城市规划行政主管部门同意，不得修建永久性建筑物。

（十五）储备土地完成前期开发，并具备供应条件后，应纳入当地市、县土地供应计划，由市、县国土资源主管部门统一组织土地供应。供应已发证的储备土地之前，应收回并注销其不动产权证书及不动产登记证明，并在不动产登记簿中予以注销。

五、资金管理

（十六）土地储备资金收支管理严格执行财政部、国土资源部关于土地储备资金财务管理的规定。土地储备资金通过政府预算安排，实行专款专用。

（十七）土地储备机构应当严格按照规定用途使用土地储备资金，不得挪用。土地储备机构所需的日常经费，纳入政府预算，与土地储备资金实行分账核算，不得相互混用。

（十八）土地储备机构按规定编制土地储备资金收支项目预算，经同级国土资源主管部门审核，报同级财政部门审定后执行。年度终了，土地储备机构向同级财政部门报送土地储备资金收支项目决算，由同级财政部门审核或者由同级财政部门指定具有良好信誉、执业质量高的会计师事务所等相关中介机构进行审核。

（十九）土地储备资金应当建立绩效评价制度，绩效评价结果作为财政部门安排年度土地储备资金收支项目预算的依据。

（二十）土地储备专项债券资金管理执行财政部、国土资源部有关地方政府土地储备专项债券管理的规定。

六、监管责任

（二十一）信息化监管。国土资源部利用土地储备监测监管系统，监测监管土地储备机构业务开展情况。

列入全国土地储备机构名录的机构应按要求在土地储备监测监管系统中填报储备土地、已供储备土地、储备土地资产存量和增量、储备资金收支、土地储备专项债券等相关信息，接受主管部门监督管理。土地储备机构应按相关法律法规和规范性文件开展工作，违反相关要求的，将被给予警示直至退出名录。

（二十二）部门分工监管。各级国土资源主管部门及财政部门应按照职责分工，互相配合，保证土地储备工作顺利开展。

市县级国土资源主管部门应制定相关管理办法，监管土地储备机构、业务运行、资产管理及资金使用，定期考核，加强对土地储备机构的管理与指导；及时核准上传土地储备机构在土地储备监测监管系统中的信息，审核调整土地储备计划及资金需求，并配合财政部门做好土地储备专项债券额度管理及发行等相关工作。

省级国土资源主管部门负责制定本行政辖区内土地储备监管制度，对土地储备业务进行政策和业务指导，监管土地储备机构及本地区土地储备业务运行情况，审核土地储备机构名录、土地储备规模、资金及专项债券的需求，配合财政部门做好土地储备专项债券额度分配及发行等相关工作。

财政部门负责审核土地储备资金收支预决算、监督管理资金支付和收缴及土地储备专项债券发行、还本付息等工作。

（二十三）各级国土资源主管部门、财政部门、中国人民银行分支机构和银行业监督管理部门应建立符合本地实际的联合监管机制。按照职责分工，对储备土地、资产、资金、专项债券进行监督和指导。

七、其他要求

（二十四）各省、自治区、直辖市及计划单列市国土资源主管部门可依据本办法规定，结合当地实际，会同当地同级财政部门、人民银行及银行业监督管理部门制定具体实施办法。

（二十五）本办法由国土资源部会同财政部、中国人民银行及中国银行业监督管理委员会负责解释。

（二十六）本办法自发布之日起实施，有效期5年。《国土资源部　财政部　中国人民银行关于印发〈土地储备管理办法〉的通知》（国土资发〔2007〕277号）同时废止。

114. 关于印发商业银行委托贷款管理办法的通知

（银监发〔2018〕2号）

【发文机关】中国银监会
【发布文号】银监发〔2018〕2号
【发布日期】2018－01－05
【实施日期】2018－01－05
【时效性】现行有效

各银监局，各大型银行、股份制银行，邮储银行，外资银行：

现将商业银行委托贷款管理办法印发给你们，请遵照执行。

2018年1月5日

（此件发至有关地方法人银行业金融机构、外国银行分行）

商业银行委托贷款管理办法

第一章 总 则

第一条 为规范商业银行委托贷款业务经营，加强委托贷款业务管理，促进委托贷款业务健康发展，根据《中华人民共和国银行业监督管理法》《中华人民共和国商业银行法》等法律法规，制定本办法。

第二条 中华人民共和国境内依法设立的商业银行办理委托贷款业务应遵守本办法。

第三条 本办法所称委托贷款，是指委托人提供资金，由商业银行（受托人）根据委托人确定的借款人、用途、金额、币种、期限、利率等代为发放、协助监督使用、协助收回的贷款，不包括现金管理项下委托贷款和住房公积金项下委托贷款。

委托人是指提供委托贷款资金的法人、非法人组织、个体工商户和具有完全民事行为能力的自然人。

现金管理项下委托贷款是指商业银行在现金管理服务中，受企业集团客户委托，以委托贷款的形式，为客户提供的企业集团内部独立法人之间的资金归集和划拨业务。

住房公积金项下委托贷款是指商业银行受各地住房公积金管理中心委托，以住房公积金为资金来源，代为发放的个人住房消费贷款和保障性住房建设项目贷款。

第四条　委托贷款业务是商业银行的委托代理业务。商业银行依据本办法规定，与委托贷款业务相关主体通过合同约定各方权利义务，履行相应职责，收取代理手续费，不承担信用风险。

第五条　商业银行办理委托贷款业务，应当遵循依法合规、平等自愿、责利匹配、审慎经营的原则。

第二章　业务管理

第六条　商业银行应依据本办法制定委托贷款业务管理制度，合理确定部门、岗位职责分工，明确委托人范围、资质和准入条件，以及委托贷款业务流程和风险控制措施等，并定期评估，及时改进。

第七条　商业银行受理委托贷款业务申请，应具备以下前提：

（一）委托人与借款人就委托贷款条件达成一致。

（二）委托人或借款人为非自然人的，应出具其有权机构同意办理委托贷款业务的决议、文件或具有同等法律效力的证明。

商业银行不得接受委托人为金融资产管理公司和经营贷款业务机构的委托贷款业务申请。

第八条　商业银行受托办理委托贷款业务，应要求委托人承担以下职责，并在合同中作出明确约定。

（一）自行确定委托贷款的借款人，并对借款人资质、贷款项目、担保人资质、抵质押物等进行审查。

（二）确保委托资金来源合法合规且委托人有权自主支配，并按合同约定及时向商业银行提供委托资金。

（三）监督借款人按照合同约定使用贷款资金，确保贷款用途合法合规，并承担借款人的信用风险。

第九条　商业银行审查委托人资金来源时，应要求委托人提供证明其资金来源合法合规的相关文件或具有同等法律效力的相关证明，对委托人的财务报表、信用记录等进行必要的审核，重点加强对以下内容的审查和测算：

（一）委托人的委托资金是否超过其正常收入来源和资金实力。

（二）委托人在银行有授信余额的，商业银行应合理测算委托人自有资金，并将测算情况作为发放委托贷款的重要依据。

第十条　商业银行不得接受委托人下述资金发放委托贷款：

（一）受托管理的他人资金。

（二）银行的授信资金。

（三）具有特定用途的各类专项基金（国务院有关部门另有规定的除外）。

（四）其他债务性资金（国务院有关部门另有规定的除外）。

（五）无法证明来源的资金。

企业集团发行债券筹集并用于集团内部的资金，不受本条规定限制。

第十一条 商业银行受托发放的贷款应有明确用途，资金用途应符合法律法规、国家宏观调控和产业政策。资金用途不得为以下方面：

（一）生产、经营或投资国家禁止的领域和用途。

（二）从事债券、期货、金融衍生品、资产管理产品等投资。

（三）作为注册资本金、注册验资。

（四）用于股本权益性投资或增资扩股（监管部门另有规定的除外）。

（五）其他违反监管规定的用途。

第十二条 商业银行应按照“谁委托谁付费”的原则向委托人收取代理手续费。

第十三条 商业银行与委托人、借款人就委托贷款事项达成一致后，三方应签订委托贷款借款合同。合同中应载明贷款用途、金额、币种、期限、利率、还款计划等内容，并明确委托人、受托人、借款人三方的权利和义务。

第十四条 委托贷款采取担保方式的，委托人和担保人应就担保形式和担保人（物）达成一致，并签订委托贷款担保合同。

第十五条 商业银行应要求委托人开立专用于委托贷款的账户。委托人应在委托贷款发放前将委托资金划入该账户，商业银行按合同约定方式发放委托贷款。商业银行不得串用不同委托人的资金。

第十六条 商业银行应同委托人、借款人在委托贷款借款合同中明确协助监督使用的主要内容和具体措施，并按合同约定履行相应职责。

第十七条 商业银行应按照委托贷款借款合同约定，协助收回委托贷款本息，并及时划付到委托人账户。对于本息未能及时到账的，应及时告知委托人。

第十八条 委托贷款到期后，商业银行应根据委托贷款借款合同约定或委托人的书面通知，终止履行受托人的责任和义务，并进行相应账务处理；委托贷款到期后未还款的，商业银行应根据委托贷款借款合同约定，为委托人依法维权提供协助。

第三章 风险管理

第十九条 商业银行应严格隔离委托贷款业务与自营业务的风险，严禁以下行为：

（一）代委托人确定借款人。

（二）参与委托人的贷款决策。

（三）代委托人垫付资金发放委托贷款。

（四）代借款人确定担保人。

（五）代借款人垫付资金归还委托贷款，或者用信贷、理财资金直接或间接承接委托贷款。

（六）为委托贷款提供各种形式的担保。

（七）签订改变委托贷款业务性质的其他合同或协议。

（八）其他代为承担风险的行为。

第二十条　商业银行应对委托贷款业务与自营贷款业务实行分账核算，严格按照会计核算制度要求记录委托贷款业务，同时反映委托贷款和委托资金，二者不得轧差后反映，确保委托贷款业务核算真实、准确、完整。

第二十一条　委托贷款的借款人是商业银行存量授信客户的，商业银行应综合考虑借款人取得委托贷款后，信用风险敞口扩大对本行授信业务带来的风险影响，并采取相应风险管控措施。

第二十二条　商业银行应对委托贷款业务实行分级授权管理，商业银行分支机构不得未经授权或超授权办理委托贷款业务。

第二十三条　商业银行应制定统一制式的委托贷款借款合同。因业务需要使用非统一制式合同的，须经总行审查同意。

第二十四条　商业银行应建立健全委托贷款管理信息系统，登记资金来源、投向、期限、利率以及委托人和借款人等相关信息，确保该项业务信息完整、连续、准确和可追溯。

商业银行应及时、完整地在征信系统登记委托贷款相关信息。

第二十五条　商业银行应按照监管要求建立委托贷款业务统计制度，做好委托贷款业务的分类统计、汇总分析和数据报送。

第二十六条　商业银行应定期分析委托贷款业务风险，并组织开展业务检查。

第四章　监督管理

第二十七条　中国银监会按照本办法对商业银行委托贷款业务实施监督管理。

第二十八条　商业银行违反本办法办理委托贷款业务的，由银监会或其派出机构责令限期改正。逾期未改正，或其行为严重危及商业银行稳健运行、损害客户合法权益的，银监会或其派出机构可根据《中华人民共和国银行业监督管理法》第三十七条的规定采取相应的监管措施；严重违反本办法的，可根据《中华人民共和国银行业监督管理法》第四十六条的规定实施行政处罚。

第二十九条　商业银行发放委托贷款后，应严格按照相关监管统计制度要求，准确报送委托贷款明细信息。

第三十条　商业银行违反本办法第二十九条规定，未及时、准确向监管部门报送委托贷款业务信息的，由银监会或其派出机构责令限期改正。逾期未改正的，银监会或其派出机构可根据《中华人民共和国银行业监督管理法》第四十七条的规定实施行政处罚。

第五章　附　　则

第三十一条　银监会依法批准设立的具有贷款业务资格的其他金融机构办理委托贷款业务适用本办法。

第三十二条　本办法由银监会负责解释。

115. 关于加强保险资金运用管理支持防范化解地方政府债务风险的指导意见

（保监发〔2018〕6号）

【发文机关】中国保监会
【发布文号】保监发〔2018〕6号
【发布日期】2018－01－08
【实施日期】2018－01－08
【时效性】现行有效

各保险集团（控股）公司、保险公司、保险资产管理公司，各省（自治区、直辖市、计划单列市）政府性债务管理领导小组办公室：

党的十九大报告指出，要坚决打好防范化解重大风险等攻坚战。为深入学习贯彻党的十九大精神，落实全国金融工作会议和中央经济工作会议部署，强化保险机构责任意识，支持保险机构更加安全高效服务实体经济，防范化解地方债务风险，现提出如下指导意见。

一、积极支持依法合规开展投资

保险机构应当认真贯彻落实党中央、国务院关于金融支持实体经济的决策部署，充分发挥保险资金优势，为关系国计民生的各类基础设施项目和民生工程提供长期资金支持。保险机构应当严格执行《中华人民共和国预算法》《中华人民共和国担保法》和《国务院关于加强地方政府性债务管理的意见》（国发〔2014〕43号）等法律和规定，依法合规开展投资业务，鼓励保险机构购买地方政府债券，严禁违法违规向地方政府提供融资，不得要求地方政府违法违规提供担保。地方政府及其所属部门不得以文件、会议纪要、领导批示等任何形式，向保险机构违法违规或变相举债。除外国政府和国际经济组织贷款转贷外，地方政府及其所属部门不得对保险机构投资业务中任何单位和个人的债务提供任何方式的担保。

二、妥善配合存量债务风险处置

保险机构应当妥善处理涉及地方债务的存量投资业务，逐笔排查是否合法合规。属于违法违规行为的，保险机构应当严格按照国务院要求，积极配合有关部门和地方政府进行整改，依法妥善处置，并及时报告中国保监会。属于合法合规行为的，保险机构应当加强存续期风险监测。各省（自治区、直辖市、计划单列市）政府性债务管理领导小组办公室要加强工作组织协调，结合地方政府融资担保清理整改工作进展，及时按要求提供涉及保险机构的相关融资担保信息，积极支持保险机构妥善开展存量债务风险处置工作。财政部驻各地财政监察专员办事处要密切跟踪相关情况，发现问题及时书面报告财政部，抄送中国保监会。

三、切实规范投资融资平台公司行为

保险机构向融资平台公司提供债权投资的，应当对投资是否符合相关法律法规出具专项法律意见。融资平台公司作为融资主体的，其自有现金流应当覆盖全部应还债务本息，并向保险机构主动声明不承担政府融资职能，且 2015 年 1 月 1 日起其新增债务依法不属于地方政府债务。投资项目为公益性项目的，应当符合法律或国务院规定，且融资主体和担保主体不得同为融资平台公司。还款来源涉及财政性资金的，保险机构应当严格核实地方政府履行相关程序的合规性和完备性，并进一步综合区域经济和财政实力、拟投项目可行性等因素，充分评估地方政府的财政可承受力，审慎开展投资。保险机构要将融资平台公司视同一般国有企业，根据项目情况而不是政府信用独立开展风险评估，严格实施市场化融资。

地方各级政府要贯彻落实中共中央办公厅、国务院办公厅《关于全面推进政务公开工作的意见》等规定和要求，全面推进地方政府预决算、部门预决算信息公开，以及各类举债融资行为的信息公开，保障保险机构等主体知情权，回应社会关切。规范融资平台公司融资信息披露，严禁与地方政府信用挂钩的误导性宣传。

四、审慎合规开展创新业务

保险机构开展保险私募基金、股权投资计划、政府和社会资本合作（PPP）等保险资金运用创新业务，要遵循审慎合规原则，投资收益应当与被投资企业的经营业绩或股权投资基金的投资收益挂钩，不得要求地方政府或融资平台公司通过支付固定投资回报或约定到期、强制赎回投资本金等方式承诺保障本金和投资收益，不得为地方政府违法违规或变相举债提供任何形式的便利。鼓励地方政府和保险机构规范运用政府和社会资本合作（PPP）、政府投资基金等方式，支持经济社会发展的重点领域和薄弱环节。坚决制止地方政府以引入保险机构等社会资本名义，通过融资平台公司、政府投资基金等方式违法违规或变相举债上新项目、铺新摊子。

五、着力强化行业风险管理

保险业相关行业组织应当切实发挥行业平台作用，在基础设施投资计划等保险资产管理产品注册、登记相关工作中，依法加强对保险资金运用涉及的地方债务风险的监测，严格查验投资合规性。同时，加快探索建立行业性的区域信用风险评估框架，逐步健全行业性风险预警机制，及时向保险机构提示风险。各省（自治区、直辖市、计划单列市）政府性债务管理领导小组办公室要加快建立跨部门联合监测和防控机制，统计监测涉及保险机构的政府中长期支出事项以及向融资平台公司提供的债权投资情况，加强信息共享和数据校验，定期通报监测结果，支持保险机构完善风险管理体系。

六、严格落实市场主体责任

保险机构作为保险资金运用主体，要严格落实风险管理责任。保险机构违法违规向地方政府提供融资的，应当自行承担相应损失，并依规追究相关机构和人员责任。为保险资金运用提供服务的律师事务所、会计师事务所等中介服务机构及其有关人员，要遵守执业规范和职业道德，客观公正、勤勉尽责，独立发表专业意见。其未尽责履职，或出具的报告含有虚假记载、误导性陈述或者重大遗漏的，应当承担相应法律责任。

财政部中国保监会
2018 年 1 月 8 日

116. 关于做好《商业银行股权管理暂行办法》实施相关工作的通知

（银监办发〔2018〕48号）

【发文机关】中国银监会办公厅
【发布文号】银监办发〔2018〕48号
【发布日期】2018－02－02
【实施日期】2018－02－02
【时效性】现行有效

各银监局，各大型银行、股份制银行，邮储银行，外资银行：

为稳步推进《商业银行股权管理暂行办法》（以下简称《办法》）实施，加强商业银行股权管理，按照“依法合规、分类处置、稳妥推进、保持稳定”的原则，现就有关事项通知如下：

一、在《办法》施行前，未经批准单独或合计持有商业银行资本总额或股份总额百分之五以上的股东，应于《办法》施行之日起六个月内通过商业银行向银监会或其派出机构提出股东资格申请。提出申请但经审核不符合股东资格条件的，由银监会或其派出机构责令限期改正。限期未改正或未按时提出行政许可申请的，由银监会或其派出机构依照《商业银行法》第七十九条规定进行查处。

二、商业银行应按照《办法》第九条、第二十九条等规定准确识别主要股东，并于《办法》施行之日起三个月内将主要股东及其控股股东、实际控制人、关联方、一致行动人、最终受益人信息报送银监会或其派出机构。

三、在《办法》施行前成为商业银行主要股东，但不符合《办法》第十四条关于入股商业银行数量规定的，银监会或其派出机构应按照持股比例和持股数量只减不增的原则引导其逐步符合《办法》要求。持股比例和持股数量被动增加的除外。

四、商业银行对主要股东及其控股股东、实际控制人、关联方、一致行动人、最终受益人等主体的存量授信余额不符合《办法》第三十二条、第三十三条等规定的，应根据存量授信业务期限制定整改方案，在整改完成前，不得续作或新增授信业务。

五、商业银行公司章程不符合《办法》第二十八条规定的，应修改公司章程，并原则上于《办法》施行之日起一年内完成章程修改工作。

六、在《办法》施行前，单一投资人、发行人或管理人及其实际控制人、关联方、一致行动人控制的金融产品持有同一商业银行股份合计超过该商业银行股份总额的百分之五，或商业银行主要股东以发行、管理或通过其他手段控制的金融产品持有该商业银行股份的，原则上应于《办法》施行之日起一年内完成整改。

七、银监会及其派出机构负责直接监管的商业银行股权管理的规范工作，可根据《办法》

相关规定对商业银行报送的信息进行核查，对存在违法违规行为或限期未整改的股东或商业银行及相关责任人依法采取监管措施或进行处罚。

2018 年 2 月 2 日

117. 关于在旅游领域推广政府和社会资本合作模式的指导意见

（文旅旅发〔2018〕3号）

【发文机关】文化和旅游部　财政部
【发布文号】文旅旅发〔2018〕3号
【发布日期】2018-03-01
【实施日期】2018-03-01
【时效性】现行有效

各省、自治区、直辖市旅游发展委员会（旅游局），财政厅（局）：

政府和社会资本合作模式是完善公共服务供给机制的重要方向，是国家治理体系和治理能力现代化的重要内容。为更好鼓励运用政府和社会资本合作（PPP）模式改善旅游公共服务供给，现提出如下意见：

一、总体要求

全面贯彻党的十九大和十九届三中全会精神，以习近平新时代中国特色社会主义思想为指导，坚持稳中求进工作总基调，坚持新发展理念，按照高质量发展的要求，统筹推进“五位一体”总体布局和协调推进“四个全面”战略布局，坚持以旅游供给侧结构性改革为主线，紧扣人民日益增长的旅游美好生活需要和不平衡不充分的旅游业发展之间的矛盾，以全域旅游为导向，以优质旅游为目标，逐步加强旅游基础设施建设，持续提升旅游公共服务供给水平，着力发挥旅游业在精准扶贫中的重要作用，大力推动旅游业质量变革、效率变革、动力变革。

二、基本原则

——明确内涵，厘清外延。深化对PPP模式的理解认识，防止简单化和片面化倾向，把公共服务供给作为界定PPP模式的核心，厘清政府责任与市场机制的边界。

——夯实基础，全民受益。针对旅游业的不同类型，坚持公共服务属性，优化配置资源，保障旅游基础设施和公共服务供给，促进社会资本竞争和创新，确保公共利益最大化。

——加强引导，规范发展。将公共服务产品质量和群众满意度作为政府付费的重要依据。加大政策扶持力度，强化绩效评价和项目监管，确保项目顺利实施、规范运作，防止地方政府违法违规或变相举借债务，防范财政金融风险。

——运营为本，重诺履约。鼓励各类市场主体通过公开竞争性方式参与项目合作，明确各参与主体的责任、权利关系和风险分担机制，强化项目运营，树立契约理念，诚实守信，严格履约。

三、重点领域

通过在旅游领域推广政府和社会资本合作模式，推动项目实施机构对政府承担的资源保护、环境整治、生态建设、文化传承、咨询服务、公共设施建设等旅游公共服务事项与相邻相近相关的酒店、景区、商铺、停车场、物业、广告、加油加气站等经营性资源进行统筹规划、融合发展、综合提升，不断优化旅游公益性服务和公共产品供给，促进旅游资源保护和合理利用，完善旅游资源资产价值评估，更好地满足人民群众对旅游公共服务的需要，大力推动旅游业提质增效和转型升级。

重点包括但不限于以下领域：

（一）旅游景区。在依法合规的前提下，以国有自然、文化资源资产的科学保护和合理利用为导向，重点加强景区道路、环卫设施、游憩设施、标识系统等基础设施和安全设施建设，加强景区及周边环境的综合整治。优先支持开放型景区开展旅游 PPP 项目建设。

（二）全域旅游。以创建全域旅游示范区为导向，对一定区域内的厕所、咨询服务体系、旅游引导标识系统、旅游资源保护等与酒店、景区等经营性旅游资源进行整合开发建设。

（三）乡村旅游。以促进乡村优秀传统文化的保护与传承为导向，在现代农业庄园、田园综合体、农业观光园、农村产业融合示范园、精品民宿等经营性开发中对垃圾收集站、旅游标识标牌等进行统一规划与建设。

（四）自驾车旅居车营地。依托交通集散地、景区景点等建设自驾车旅居车营地，加强水、电、气、排污、垃圾处理等基础设施和自驾游服务中心、环卫设施等配套建设。

（五）旅游厕所。通过以商建厕、以商管厕、以商养厕等方式，鼓励社会资本方对一定区域内的厕所进行统一开发建设和运管管理。

（六）旅游城镇。以加强城市、乡镇、街区等特色旅游资源的保护为导向，鼓励社会资本方将特色旅游资源的科学保护、合理利用及相关配套经营性服务设施的建设运营等进行统筹规划、有机衔接。

（七）交通旅游。支持地方政府将交通项目和旅游资源的利用融合建设、一体发展，鼓励社会资本方参与旅游风景道、邮轮港口、游船码头、公共游艇码头、旅游集散中心、通景公路及相关配套服务设施的建设。

（八）智慧旅游。鼓励和支持政府和社会资本方采取 PPP 模式开展智慧旅游城市、智慧旅游景区、智慧旅游公共服务平台、旅游数据中心、旅游基础数据库等建设。

（九）健康旅游等新业态。鼓励政府和社会资本方将旅游资源的经营性开发项目与养老、体育、健康、研学等领域公共服务供给相衔接。

优先支持符合本意见要求的全国优选旅游项目、旅游扶贫贷款项目等存量项目转化为旅游 PPP 项目。

四、严格执行财政 PPP 工作制度

（一）严格筛选项目。各级旅游、财政部门要加强合作，依托全国 PPP 综合信息平台，科学论证筛选，优先选择有经营性现金流、适宜市场化运作、强化运营管理的旅游公共设施及公共服务项目，做好项目储备，明确年度及中长期项目开发计划，确保工作有序推进。

（二）确保公平竞争。各级旅游、财政部门要加强协作，指导项目实施机构依法通过公开、公平、竞争性方式，择优选择具备项目所需建设运营能力和履约能力的社会资本开展合作，保障各类市场主体平等参与旅游 PPP 项目合作，消除本地保护主义和各类隐形门槛。鼓励金融机构早期介入项目前期准备，提高项目融资可获得性。

（三）合理分担风险。各级旅游、财政部门要加强协作，指导项目实施机构按照风险分担、利益共享的原则，充分识别、合理分配和有效应对 PPP 项目风险。保障政府知情权，政府可以参股项目公司；保障项目公司的经营独立性和风险隔离功能，政府不得干预企业日常经营决策，不得违规兜底项目建设运营风险。

（四）保障合理回报。各级旅游、财政部门要加强协作，指导项目实施机构根据项目特点构建合理的项目回报机制，财政部门依据项目合同约定将财政支出责任纳入地方政府年度预算和中期财政规划，按项目绩效考核结果向社会资本支付对价，保障社会资本获得合理收益。

（五）严格债务管理。各地财政部门要认真组织开展项目物有所值评价和财政承受能力论证，加强本辖区内 PPP 项目财政支出责任统计和超限预警，严格政府债务管理，对政府参股及付费项目，加强建设、运营成本控制，严禁政府或政府指定机构回购社会资本投资本金或兜底本金；政府不得向社会资本承诺固定或最低收益回报；政府部门不得为项目债务提供任何形式担保；严禁存在其他违法违规举债担保行为。

（六）强化信息公开。各级旅游、财政部门要认真落实《政府和社会资本合作（PPP）综合信息平台信息公开管理暂行办法》（财金〔2017〕1 号）有关要求，做好 PPP 项目全生命周期信息公开工作，及时、完整、准确地录入旅游 PPP 项目信息，及时披露项目识别论证、政府采购及预算安排等关键信息，增强社会资本和金融机构信心，保障公众知情权，接受社会监督。

（七）加强绩效考核。各级旅游、财政部门要加强协作，共同推动建立旅游 PPP 项目绩效考核机制，跟踪掌握项目实施和资金使用情况，推动形成项目监管与资金安排相衔接的激励制约机制。

五、加大政策保障

（一）强化工作协同合作。两部门共同推动地方人民政府积极探索建立跨部门旅游

PPP 工作领导协调机制，加强政府统一领导，明确部门职责分工，强化培训引导，形成工作合力，推动项目顺利实施。

（二）建立优先推荐函制度。对于地方人民政府重点推荐的旅游 PPP 项目，省级旅游部门在充分征求省级财政部门意见的基础上，向国家旅游局报送推荐旅游 PPP 项目目录，每个省（区、市）不超过 2 个；由文化和旅游部、财政部组织专家论证后，择优选取并共同向社会推荐。

（三）优化资金投入方式。各级财政部门、旅游部门要探索创新旅游公共服务领域资金投入机制，进一步改进和加强资金使用管理，发挥财政资金引导撬动作用，推动金融和社会资本更多投向旅游领域，提高投资有效性和公共资金使用效益。积极鼓励民营资本参与 PPP 项目建设，不得设置限制条款或任意提高门槛。

（四）发挥典型带动作用。各地财政部门、旅游部门要共同做好旅游 PPP 项目申报的指导工作，加强对实施效果好、社会评价高的旅游 PPP 项目的经验总结和案例推广。

（五）拓宽金融支持渠道。充分发挥中国政企合作支持基金和中国旅游产业基金的股权投资引导作用，鼓励各地设立 PPP 项目担保基金，带动更多金融机构加大对旅游 PPP 项目的投融资支持。鼓励金融机构在符合当前监管政策的前提下创新 PPP 金融服务，可纳入开发性、政策性金融支持范畴，优化信贷流程，鼓励能够产生可预期现金流的旅游 PPP 项目通过发行债券和资产证券化等市场化方式进行融资。鼓励保险资金按照市场化原则，创新运用多种方式参与项目，创新开发适合旅游 PPP 项目的保险产品。

（六）建立动态评估调整机制。积极推进旅游公共服务领域价格改革，引导各地综合考虑建设运营成本、财政承受能力、居民意愿等因素，合理确定旅游服务价格水平和补偿机制，推动建立价格动态调整和上下游联动机制，增强社会资本收益预期，提高社会资本参与积极性。逐步建立完善科学的旅游资源论证评估和 PPP 项目绩效评价体系，动态掌握项目整体运营管理情况。

（七）合理安排旅游用地。落实好《国土资源部、住房和城乡建设部、国家旅游局关于支持旅游业发展用地政策的意见》（国土资规〔2015〕10 号）及相关涉旅用地政策，有条件的地区可优先支持旅游 PPP 项目开发建设。

对于文件执行之中遇到的问题，请各地及时向文化和旅游部、财政部报告。

文化和旅游部　财政部

2018 年 4 月 19 日

118. 关于规范金融机构资产管理业务的指导意见

（银发〔2018〕106 号）

【发文机关】中国人民银行　中国银行保险监督管理委员会　中国证券监督管理委员会 国家外汇管理局

【发布文号】银发〔2018〕106 号

【发布日期】2018 - 04 - 27

【实施日期】2018 - 04 - 27

【时效性】现行有效

近年来，我国资产管理业务快速发展，在满足居民和企业投融资需求、改善社会融资结构等方面发挥了积极作用，但也存在部分业务发展不规范、多层嵌套、刚性兑付、规避金融监管和宏观调控等问题。按照党中央、国务院决策部署，为规范金融机构资产管理业务，统一同类资产管理产品监管标准，有效防控金融风险，引导社会资金流向实体经济，更好地支持经济结构调整和转型升级，经国务院同意，现提出以下意见：

一、规范金融机构资产管理业务主要遵循以下原则：

（一）坚持严控风险的底线思维。把防范和化解资产管理业务风险放到更加重要的位置，减少存量风险，严防增量风险。

（二）坚持服务实体经济的根本目标。既充分发挥资产管理业务功能，切实服务实体经济投融资需求，又严格规范引导，避免资金脱实向虚在金融体系内部自我循环，防止产品过于复杂，加剧风险跨行业、跨市场、跨区域传递。

（三）坚持宏观审慎管理与微观审慎监管相结合、机构监管与功能监管相结合的监管理念。实现对各类机构开展资产管理业务的全面、统一覆盖，采取有效监管措施，加强金融消费者权益保护。

（四）坚持有的放矢的问题导向。重点针对资产管理业务的多层嵌套、杠杆不清、套利严重、投机频繁等问题，设定统一的标准规制，同时对金融创新坚持趋利避害、一分为二，留出发展空间。

（五）坚持积极稳妥审慎推进。正确处理改革、发展、稳定关系，坚持防范风险与有序规范相结合，在下决心处置风险的同时，充分考虑市场承受能力，合理设置过渡期，把握好工作的次序、节奏、力度，加强市场沟通，有效引导市场预期。

二、资产管理业务是指银行、信托、证券、基金、期货、保险资产管理机构、金融资产投资公司等金融机构接受投资者委托，对受托的投资者财产进行投资和管理的金融服务。金融机构为委托人利益履行诚实信用、勤勉尽责义务并收取相应的管理费用，委托人自担投资风险并获得收益。金融机构可以与委托人在合同中事先约定收取合理的业绩报酬，业绩报酬计入管理费，须与产品一一对应并逐个结算，不同产品之间不得相互串用。

资产管理业务是金融机构的表外业务，金融机构开展资产管理业务时不得承诺保本保收益。出现兑付困难时，金融机构不得以任何形式垫资兑付。金融机构不得在表内开展资产管理业务。

私募投资基金适用私募投资基金专门法律、行政法规，私募投资基金专门法律、行政法规中没有明确规定的适用本意见，创业投资基金、政府出资产业投资基金的相关规定另行制定。

三、资产管理产品包括但不限于人民币或外币形式的银行非保本理财产品，资金信托，证券公司、证券公司子公司、基金管理公司、基金管理子公司、期货公司、期货公司子公司、保险资产管理机构、金融资产投资公司发行的资产管理产品等。依据金融管理部门颁布规则开展的资产证券化业务，依据人力资源社会保障部门颁布规则发行的养老金产品，不适用本意见。

四、资产管理产品按照募集方式的不同，分为公募产品和私募产品。公募产品面向不特定社会公众公开发行。公开发行的认定标准依照《中华人民共和国证券法》执行。私募产品面向合格投资者通过非公开方式发行。

资产管理产品按照投资性质的不同，分为固定收益类产品、权益类产品、商品及金融衍生品类产品和混合类产品。固定收益类产品投资于存款、债券等债权类资产的比例不低于80%，权益类产品投资于股票、未上市企业股权等权益类资产的比例不低于80%，商品及金融衍生品类产品投资于商品及金融衍生品的比例不低于80%，混合类产品投资于债权类资产、权益类资产、商品及金融衍生品类资产且任一资产的投资比例未达到前三类产品标准。非因金融机构主观因素导致突破前述比例限制的，金融机构应当在流动性受限资产可出售、可转让或者恢复交易的15个交易日内调整至符合要求。

金融机构在发行资产管理产品时，应当按照上述分类标准向投资者明示资产管理产品的类型，并按照确定的产品性质进行投资。在产品成立后至到期日前，不得擅自改变产品类型。混合类产品投资债权类资产、权益类资产和商品及金融衍生品类资产的比例范围应当在发行产品时予以确定并向投资者明示，在产品成立后至到期日前不得擅自改变。产品的实际投向不得违反合同约定，如有改变，除高风险类型的产品超出比例范围投资较低风险资产外，应当先行取得投资者书面同意，并履行登记备案等法律法规以及金融监督管理部门规定的程序。

五、资产管理产品的投资者分为不特定社会公众和合格投资者两大类。合格投资者是指具备相应风险识别能力和风险承担能力，投资于单只资产管理产品不低于一定金额且符合下列条件的自然人和法人或者其他组织。

（一）具有2年以上投资经历，且满足以下条件之一：家庭金融净资产不低于300万元，家庭金融资产不低于500万元，或者近3年本人年均收入不低于40万元。

（二）最近1年末净资产不低于1000万元的法人单位。

（三）金融管理部门视为合格投资者的其他情形。

合格投资者投资于单只固定收益类产品的金额不低于30万元，投资于单只混合类产品的金额不低于40万元，投资于单只权益类产品、单只商品及金融衍生品类产品的金额不低于100万元。

投资者不得使用贷款、发行债券等筹集的非自有资金投资资产管理产品。

六、金融机构发行和销售资产管理产品，应当坚持“了解产品”和“了解客户”的经营理念，加强投资者适当性管理，向投资者销售与其风险识别能力和风险承担能力相适应的资产管理产品。禁止欺诈或者误导投资者购买与其风险承担能力不匹配的资产管理产品。金融机构不得通过拆分资产管理产品的方式，向风险识别能力和风险承担能力低于产品风险等级的投资者销售资产管理产品。

金融机构应当加强投资者教育，不断提高投资者的金融知识水平和风险意识，向投资者传递“卖者尽责、买者自负”的理念，打破刚性兑付。

七、金融机构开展资产管理业务，应当具备与资产管理业务发展相适应的管理体系和管理制度，公司治理良好，风险管理、内部控制和问责机制健全。

金融机构应当建立健全资产管理业务人员的资格认定、培训、考核评价和问责制度，确保从事资产管理业务的人员具备必要的专业知识、行业经验和管理能力，充分了解相关法律法规、监管规定以及资产管理产品的法律关系、交易结构、主要风险和风险管控方式，遵守行为准则和职业道德标准。

对于违反相关法律法规以及本意见规定的金融机构资产管理业务从业人员，依法采取处罚措施直至取消从业资格，禁止其在其他类型金融机构从事资产管理业务。

八、金融机构运用受托资金进行投资，应当遵守审慎经营规则，制定科学合理的投资策略和风险管理制度，有效防范和控制风险。

金融机构应当履行以下管理人职责：

（一）依法募集资金，办理产品份额的发售和登记事宜。

（二）办理产品登记备案或者注册手续。

（三）对所管理的不同产品受托财产分别管理、分别记账，进行投资。

（四）按照产品合同的约定确定收益分配方案，及时向投资者分配收益。

（五）进行产品会计核算并编制产品财务会计报告。

（六）依法计算并披露产品净值或者投资收益情况，确定申购、赎回价格。

（七）办理与受托财产管理业务活动有关的信息披露事项。

（八）保存受托财产管理业务活动的记录、账册、报表和其他相关资料。

（九）以管理人名义，代表投资者利益行使诉讼权利或者实施其他法律行为。

（十）在兑付受托资金及收益时，金融机构应当保证受托资金及收益返回委托人的原账户、同名账户或者合同约定的受益人账户。

（十一）金融监督管理部门规定的其他职责。

金融机构未按照诚实信用、勤勉尽责原则切实履行受托管理职责，造成投资者损失的，应当依法向投资者承担赔偿责任。

九、金融机构代理销售其他金融机构发行的资产管理产品，应当符合金融监督管理部门规定的资质条件。未经金融监督管理部门许可，任何非金融机构和个人不得代理销售资产管理产品。

金融机构应当建立资产管理产品的销售授权管理体系，明确代理销售机构的准入标准和程序，明确界定双方的权利与义务，明确相关风险的承担责任和转移方式。

金融机构代理销售资产管理产品，应当建立相应的内部审批和风险控制程序，对发行或者管理机构的信用状况、经营管理能力、市场投资能力、风险处置能力等开展尽职调查，要求发行或者管理机构提供详细的产品介绍、相关市场分析和风险收益测算报告，进行充分的信息验证和风险审查，确保代理销售的产品符合本意见规定并承担相应责任。

十、公募产品主要投资标准化债权类资产以及上市交易的股票，除法律法规和金融管理部门另有规定外，不得投资未上市企业股权。公募产品可以投资商品及金融衍生品，但应当符合法律法规以及金融管理部门的相关规定。

私募产品的投资范围由合同约定，可以投资债权类资产、上市或挂牌交易的股票、未上市企业股权（含债转股）和受（收）益权以及符合法律法规规定的其他资产，并严格遵守投资者适当性管理要求。鼓励充分运用私募产品支持市场化、法治化债转股。

十一、资产管理产品进行投资应当符合以下规定：

（一）标准化债权类资产应当同时符合以下条件：

1. 等分化，可交易。

2. 信息披露充分。

3. 集中登记，独立托管。

4. 公允定价，流动性机制完善。

5. 在银行间市场、证券交易所市场等经国务院同意设立的交易市场交易。

标准化债权类资产的具体认定规则由中国人民银行会同金融监督管理部门另行制定。

标准化债权类资产之外的债权类资产均为非标准化债权类资产。金融机构发行资产管理产品投资于非标准化债权类资产的，应当遵守金融监督管理部门制定的有关限额管理、流动性管理等监管标准。金融监督管理部门未制定相关监管标准的，由中国人民银行督促根据本意见要求制定监管标准并予以执行。

金融机构不得将资产管理产品资金直接投资于商业银行信贷资产。商业银行信贷资产受（收）益权的投资限制由金融管理部门另行制定。

（二）资产管理产品不得直接或者间接投资法律法规和国家政策禁止进行债权或股权投资的行业和领域。

（三）鼓励金融机构在依法合规、商业可持续的前提下，通过发行资产管理产品募集资金投向符合国家战略和产业政策要求、符合国家供给侧结构性改革政策要求的领域。鼓励金融机构通过发行资产管理产品募集资金支持经济结构转型，支持市场化、法治化债转股，降低企业杠杆率。

（四）跨境资产管理产品及业务参照本意见执行，并应当符合跨境人民币和外汇管理有关规定。

十二、金融机构应当向投资者主动、真实、准确、完整、及时披露资产管理产品募集信息、资金投向、杠杆水平、收益分配、托管安排、投资账户信息和主要投资风险等内容。国家法律法规另有规定的，从其规定。

对于公募产品，金融机构应当建立严格的信息披露管理制度，明确定期报告、临时报告、重大事项公告、投资风险披露要求以及具体内容、格式。在本机构官方网站或者通过投资者便于获取的方式披露产品净值或者投资收益情况，并定期披露其他重要信息：开放式产品按照开放频率披露，封闭式产品至少每周披露一次。

对于私募产品，其信息披露方式、内容、频率由产品合同约定，但金融机构应当至少每季度向投资者披露产品净值和其他重要信息。

对于固定收益类产品，金融机构应当通过醒目方式向投资者充分披露和提示产品的投资风险，包括但不限于产品投资债券面临的利率、汇率变化等市场风险以及债券价格波动情况，产品投资每笔非标准化债权类资产的融资客户、项目名称、剩余融资期限、到期收益分配、交易结构、风险状况等。

对于权益类产品，金融机构应当通过醒目方式向投资者充分披露和提示产品的投资风险，包括产品投资股票面临的风险以及股票价格波动情况等。

对于商品及金融衍生品类产品，金融机构应当通过醒目方式向投资者充分披露产品的挂钩资产、持仓风险、控制措施以及衍生品公允价值变化等。

对于混合类产品，金融机构应当通过醒目方式向投资者清晰披露产品的投资资产组合情况，并根据固定收益类、权益类、商品及金融衍生品类资产投资比例充分披露和提示相应的投资风险。

十三、主营业务不包括资产管理业务的金融机构应当设立具有独立法人地位的资产管理子公司开展资产管理业务，强化法人风险隔离，暂不具备条件的可以设立专门的资产管理业务经营部门开展业务。

金融机构不得为资产管理产品投资的非标准化债权类资产或者股权类资产提供任何直接或间接、显性或隐性的担保、回购等代为承担风险的承诺。

金融机构开展资产管理业务，应当确保资产管理业务与其他业务相分离，资产管理产品与其代销的金融产品相分离，资产管理产品之间相分离，资产管理业务操作与其他业务操作相分离。

十四、本意见发布后，金融机构发行的资产管理产品资产应当由具有托管资质的第三方机构独立托管，法律、行政法规另有规定的除外。

过渡期内，具有证券投资基金托管业务资质的商业银行可以托管本行理财产品，但应当为每只产品单独开立托管账户，确保资产隔离。过渡期后，具有证券投资基金托管业务资质的商业银行应当设立具有独立法人地位的子公司开展资产管理业务，该商业银行可以托管子公司发行的资产管理产品，但应当实现实质性的独立托管。独立托管有名无实的，由金融监督管理部门进行纠正和处罚。

十五、金融机构应当做到每只资产管理产品的资金单独管理、单独建账、单独核算，不得开展或者参与具有滚动发行、集合运作、分离定价特征的资金池业务。

金融机构应当合理确定资产管理产品所投资资产的期限，加强对期限错配的流动性风险管理，金融监督管理部门应当制定流动性风险管理规定。

为降低期限错配风险，金融机构应当强化资产管理产品久期管理，封闭式资产管理产品期限不得低于90天。资产管理产品直接或者间接投资于非标准化债权类资产的，非标准化债权类资产的终止日不得晚于封闭式资产管理产品的到期日或者开放式资产管理产品的最近一次开放日。

资产管理产品直接或者间接投资于未上市企业股权及其受（收）益权的，应当为封闭式资产管理产品，并明确股权及其受（收）益权的退出安排。未上市企业股权及其受（收）益权的退出日不得晚于封闭式资产管理产品的到期日。

金融机构不得违反金融监督管理部门的规定，通过为单一融资项目设立多只资产管理产品的方式，变相突破投资人数限制或者其他监管要求。同一金融机构发行多只资产管理产品投资同一资产的，为防止同一资产发生风险波及多只资产管理产品，多只资产管理产品投资该资产的资金总规模合计不得超过300亿元。如果超出该限额，需经相关金融监督管理部门批准。

十六、金融机构应当做到每只资产管理产品所投资资产的风险等级与投资者的风险承担能力相匹配，做到每只产品所投资资产构成清晰，风险可识别。

金融机构应当控制资产管理产品所投资资产的集中度：

（一）单只公募资产管理产品投资单只证券或者单只证券投资基金的市值不得超过该资产管理产品净资产的10%。

（二）同一金融机构发行的全部公募资产管理产品投资单只证券或者单只证券投资基金的市值不得超过该证券市值或者证券投资基金市值的30%。其中，同一金融机构全部开放式公募资产管理产品投资单一上市公司发行的股票不得超过该上市公司可流通股票的15%。

（三）同一金融机构全部资产管理产品投资单一上市公司发行的股票不得超过该上市公司可流通股票的30%。

金融监督管理部门另有规定的除外。

非因金融机构主观因素导致突破前述比例限制的，金融机构应当在流动性受限资产可出售、可转让或者恢复交易的10个交易日内调整至符合相关要求。

十七、金融机构应当按照资产管理产品管理费收入的10%计提风险准备金，或者按照规定计量操作风险资本或相应风险资本准备。风险准备金余额达到产品余额的1%时可以不再提取。风险准备金主要用于弥补因金融机构违法违规、违反资产管理产品协议、操作错误或者技术故障等给资产管理产品财产或者投资者造成的损失。金融机构应当定期将风险准备金的使用情况报告金融管理部门。

十八、金融机构对资产管理产品应当实行净值化管理，净值生成应当符合企业会计准则规定，及时反映基础金融资产的收益和风险，由托管机构进行核算并定期提供报告，由外部审计机构进行审计确认，被审计金融机构应当披露审计结果并同时报送金融管理部门。

金融资产坚持公允价值计量原则，鼓励使用市值计量。符合以下条件之一的，可按照企业会计准则以摊余成本进行计量：

（一）资产管理产品为封闭式产品，且所投金融资产以收取合同现金流量为目的并持有到期。

（二）资产管理产品为封闭式产品，且所投金融资产暂不具备活跃交易市场，或者在活跃市场中没有报价、也不能采用估值技术可靠计量公允价值。

金融机构以摊余成本计量金融资产净值，应当采用适当的风险控制手段，对金融资产净值的公允性进行评估。当以摊余成本计量已不能真实公允反映金融资产净值时，托管机构应当督促金融机构调整会计核算和估值方法。金融机构前期以摊余成本计量的金融资产的加权平均价格与资产管理产品实际兑付时金融资产的价值的偏离度不得达到5%或以上，如果偏离5%或以上的产品数超过所发行产品总数的5%，金融机构不得再发行以摊余成本计量金融资产的资产管理产品。

十九、经金融管理部门认定，存在以下行为的视为刚性兑付：

（一）资产管理产品的发行人或者管理人违反真实公允确定净值原则，对产品进行保本保收益。

（二）采取滚动发行等方式，使得资产管理产品的本金、收益、风险在不同投资者之间发生转移，实现产品保本保收益。

（三）资产管理产品不能如期兑付或者兑付困难时，发行或者管理该产品的金融机构自行筹集资金偿付或者委托其他机构代为偿付。

（四）金融管理部门认定的其他情形。

经认定存在刚性兑付行为的，区分以下两类机构进行惩处：

（一）存款类金融机构发生刚性兑付的，认定为利用具有存款本质特征的资产管理产品进行监管套利，由国务院银行保险监督管理机构和中国人民银行按照存款业务予以规范，足额补缴存款准备金和存款保险保费，并予以行政处罚。

（二）非存款类持牌金融机构发生刚性兑付的，认定为违规经营，由金融监督管理部门和中国人民银行依法纠正并予以处罚。

任何单位和个人发现金融机构存在刚性兑付行为的，可以向金融管理部门举报，查证属实且举报内容未被相关部门掌握的，给予适当奖励。

外部审计机构在对金融机构进行审计时，如果发现金融机构存在刚性兑付行为的，应当及时报告金融管理部门。外部审计机构在审计过程中未能勤勉尽责，依法追究相应责任或依法依规给予行政处罚，并将相关信息纳入全国信用信息共享平台，建立联合惩戒机制。

二十、资产管理产品应当设定负债比例（总资产/净资产）上限，同类产品适用统一的负债比例上限。每只开放式公募产品的总资产不得超过该产品净资产的140%，每只封闭式公募产品、每只私募产品的总资产不得超过该产品净资产的200%。计算单只产品的总资产时应当按照穿透原则合并计算所投资资产管理产品的总资产。

金融机构不得以受托管理的资产管理产品份额进行质押融资，放大杠杆。

二十一、公募产品和开放式私募产品不得进行份额分级。

分级私募产品的总资产不得超过该产品净资产的140%。分级私募产品应当根据所投资资产的风险程度设定分级比例（优先级份额/劣后级份额，中间级份额计入优先级份额）。固定收益类产品的分级比例不得超过3:1，权益类产品的分级比例不得超过1:1，商品及金融衍生品类产品、混合类产品的分级比例不得超过2:1。发行分级资产管理产品的金融机构应当对该资产管理产品进行自主管理，不得转委托给劣后级投资者。

分级资产管理产品不得直接或者间接对优先级份额认购者提供保本保收益安排。

本条所称分级资产管理产品是指存在一级份额以上的份额为其他级份额提供一定的风险补偿，收益分配不按份额比例计算，由资产管理合同另行约定的产品。

二十二、金融机构不得为其他金融机构的资产管理产品提供规避投资范围、杠杆约束等监管要求的通道服务。

资产管理产品可以再投资一层资产管理产品，但所投资的资产管理产品不得再投资公募证券投资基金以外的资产管理产品。

金融机构将资产管理产品投资于其他机构发行的资产管理产品，从而将本机构的资产管理产品资金委托给其他机构进行投资的，该受托机构应当为具有专业投资能力和资质的受金融监督管理部门监管的机构。公募资产管理产品的受托机构应当为金融机构，私募资产管理产品的受托机构可以为私募基金管理人。受托机构应当切实履行主动管理职责，不得进行转委托，不得再投资公募证券投资基金以外的资产管理产品。委托机构应当对受托机构开展尽职调查，实行名单制管理，明确规定受托机构的准入标准和程序、责任和义务、存续期管理、利益冲突防范机制、信息披露义务以及退出机制。委托机构不得因委托其他机构投资而免除自身应当承担的责任。

金融机构可以聘请具有专业资质的受金融监督管理部门监管的机构作为投资顾问。投资顾问提供投资建议指导委托机构操作。

金融监督管理部门和国家有关部门应当对各类金融机构开展资产管理业务实行平等准入、给予公平待遇。资产管理产品应当在账户开立、产权登记、法律诉讼等方面享有平等的地位。金融监督管理部门基于风险防控考虑，确实需要对其他行业金融机构发行的资产管理产品采取限制措施的，应当充分征求相关部门意见并达成一致。

二十三、运用人工智能技术开展投资顾问业务应当取得投资顾问资质，非金融机构不得借助智能投资顾问超范围经营或者变相开展资产管理业务。

金融机构运用人工智能技术开展资产管理业务应当严格遵守本意见有关投资者适当性、投资范围、信息披露、风险隔离等一般性规定，不得借助人工智能业务夸大宣传资产管理产品或者误导投资者。金融机构应当向金融监督管理部门报备人工智能模型的主要参数以及资产配置的主要逻辑，为投资者单独设立智能管理账户，充分提示人工智能算法的固有缺陷和使用风险，明晰交易流程，强化留痕管理，严格监控智能管理账户的交易头寸、风险限额、交易种类、价格权限等。金融机构因违法违规或者管理不当造成投资者损失的，应当依法承担损害赔偿责任。

金融机构应当根据不同产品投资策略研发对应的人工智能算法或者程序化交易，避免算法同质化加剧投资行为的顺周期性，并针对由此可能引发的市场波动风险制定应对预案。因算法同质化、编程设计错误、对数据利用深度不够等人工智能算法模型缺陷或者系统异常，导致羊群效应、影响金融市场稳定运行的，金融机构应当及时采取人工干预措施，强制调整或者终止人工智能业务。

二十四、金融机构不得以资产管理产品的资金与关联方进行不正当交易、利益输送、内幕交易和操纵市场，包括但不限于投资于关联方虚假项目、与关联方共同收购上市公司、向本机构注资等。

金融机构的资产管理产品投资本机构、托管机构及其控股股东、实际控制人或者与其有其他重大利害关系的公司发行或者承销的证券，或者从事其他重大关联交易的，应当建立健全内部审批机制和评估机制，并向投资者充分披露信息。

二十五、建立资产管理产品统一报告制度。中国人民银行负责统筹资产管理产品的数据编码和综合统计工作，会同金融监督管理部门拟定资产管理产品统计制度，建立资产管理产品信息系统，规范和统一产品标准、信息分类、代码、数据格式，逐只产品统计基本信息、募集信息、资产负债信息和终止信息。中国人民银行和金融监督管理部门加强资产管理产品的统计信息共享。金融机构应当将含债权投资的资产管理产品信息报送至金融信用信息基础数据库。

金融机构于每只资产管理产品成立后 5 个工作日内，向中国人民银行和金融监督管理部门同时报送产品基本信息和起始募集信息；于每月 10 日前报送存续期募集信息、资产负债信息，于产品终止后 5 个工作日内报送终止信息。

中央国债登记结算有限责任公司、中国证券登记结算有限公司、银行间市场清算所股份有限公司、上海票据交易所股份有限公司、上海黄金交易所、上海保险交易所股份有限公司、中保保险资产登记交易系统有限公司于每月 10 日前向中国人民银行和金融监督管理部门同时报送资产管理产品持有其登记托管的金融工具的信息。

在资产管理产品信息系统正式运行前，中国人民银行会同金融监督管理部门依据统计制度拟定统一的过渡期数据报送模板；各金融监督管理部门对本行业金融机构发行的资产管理产品，于每月 10 日前按照数据报送模板向中国人民银行提供数据，及时沟通跨行业、跨市场的重大风险信息和事项。

中国人民银行对金融机构资产管理产品统计工作进行监督检查。资产管理产品统计的具体制度由中国人民银行会同相关部门另行制定。

二十六、中国人民银行负责对资产管理业务实施宏观审慎管理，会同金融监督管理部门制定资产管理业务的标准规制。金融监督管理部门实施资产管理业务的市场准入和日常监管，加强投资者保护，依照本意见会同中国人民银行制定出台各自监管领域的实施细则。

本意见正式实施后，中国人民银行会同金融监督管理部门建立工作机制，持续监测资产管理业务的发展和风险状况，定期评估标准规制的有效性和市场影响，及时修订完善，推动资产管理行业持续健康发展。

二十七、对资产管理业务实施监管遵循以下原则：

（一）机构监管与功能监管相结合，按照产品类型而不是机构类型实施功能监管，同一类型的资产管理产品适用同一监管标准，减少监管真空和套利。

（二）实行穿透式监管，对于多层嵌套资产管理产品，向上识别产品的最终投资者，向下识别产品的底层资产（公募证券投资基金除外）。

（三）强化宏观审慎管理，建立资产管理业务的宏观审慎政策框架，完善政策工具，从宏观、逆周期、跨市场的角度加强监测、评估和调节。

（四）实现实时监管，对资产管理产品的发行销售、投资、兑付等各环节进行全面动态监管，建立综合统计制度。

二十八、金融监督管理部门应当根据本意见规定，对违规行为制定和完善处罚规则，依法实施处罚，并确保处罚标准一致。资产管理业务违反宏观审慎管理要求的，由中国人民银行按照法律法规实施处罚。

二十九、本意见实施后，金融监督管理部门在本意见框架内研究制定配套细则，配套细则之间应当相互衔接，避免产生新的监管套利和不公平竞争。按照“新老划断”原则设置过渡期，确保平稳过渡。过渡期为本意见发布之日起至2020年底，对提前完成整改的机构，给予适当监管激励。过渡期内，金融机构发行新产品应当符合本意见的规定；为接续存量产品所投资的未到期资产，维持必要的流动性和市场稳定，金融机构可以发行老产品对接，但应当严格控制在存量产品整体规模内，并有序压缩递减，防止过渡期结束时出现断崖效应。金融机构应当制定过渡期内的资产管理业务整改计划，明确时间进度安排，并报送相关金融监督管理部门，由其认可并监督实施，同时报备中国人民银行。过渡期结束后，金融机构的资产管理产品按照本意见进行全面规范（因子公司尚未成立而达不到第三方独立托管要求的情形除外），金融机构不得再发行或存续违反本意见规定的资产管理产品。

三十、资产管理业务作为金融业务，属于特许经营行业，必须纳入金融监管。非金融机构不得发行、销售资产管理产品，国家另有规定的除外。

非金融机构违反上述规定，为扩大投资者范围、降低投资门槛，利用互联网平台等公开宣传、分拆销售具有投资门槛的投资标的、过度强调增信措施掩盖产品风险、设立产品二级交易市场等行为，按照国家规定进行规范清理，构成非法集资、非法吸收公众存款、非法发行证券的，依法追究法律责任。非金融机构违法违规开展资产管理业务的，依法予以处罚；同时承诺或进行刚性兑付的，依法从重处罚。

三十一、本意见自发布之日起施行。

本意见所称“金融管理部门”是指中国人民银行、国务院银行保险监督管理机构、国务院证券监督管理机构和国家外汇管理局。“发行”是指通过公开或者非公开方式向资产管理产品的投资者发出认购邀约，进行资金募集的活动。“销售”是指向投资者宣传推介资产管理产品，办理产品申购、赎回的活动。“代理销售”是指接受合作机构的委托，在本机构渠道向投资者宣传推介、销售合作机构依法发行的资产管理产品的活动。

119. 关于进一步深化小微企业金融服务的意见

（银发〔2018〕162 号）

【发文机关】中国人民银行　中国银行保险监督管理委员会　中国证券监督管理委员会　国家发展改革委　财政部
【发布文号】银发〔2018〕162 号
【发布日期】2018 - 06 - 25
【实施日期】2018 - 06 - 25
【时效性】现行有效

为贯彻落实党中央、国务院关于改进小微企业等实体经济金融服务、推进降低小微企业融资成本的部署要求，强化考核激励，优化信贷结构，引导金融机构将更多资金投向小微企业等经济社会重点领域和薄弱环节，支持新动能培育和稳增长、保就业、促转型，加快大众创业万众创新，经国务院同意，现提出以下意见：

一、加大货币政策支持力度，引导金融机构增加小微企业信贷投放

（一）加大信贷资源向小微企业倾斜。继续实施稳健中性的货币政策，保持货币信贷总量合理稳定增长，为小微企业融资发展提供良好金融环境。综合运用公开市场操作、中期借贷便利等货币政策工具，为金融机构发放小微企业贷款提供流动性支持。将单户授信 500 万元及以下的小微企业贷款纳入中期借贷便利的合格抵押品范围。改进宏观审慎评估考核，增加小微企业贷款考核权重，引导金融机构加大对小微企业贷款投放，合理确定并有效降低融资成本。

（二）增加支小支农再贷款和再贴现额度共 1500 亿元。下调支小再贷款利率 0.5 个百分点。人民银行各分支机构要建立再贷款投放和小微企业贷款发放的正向激励机制，指导中小银行加强对单户授信 500 万元及以下小微企业贷款的台账管理，按一定条件给予再贷款支持，获得支持的小微企业贷款利率要有明显下降。要提高再贴现使用效率，优先办理小微企业票据再贴现，促进金融机构加大对小微企业的融资支持力度。

（三）盘活信贷资源 1000 亿元以上。在强化信息披露、提高透明度的前提下，支持银行业金融机构发行小微企业贷款资产支持证券，将小微企业贷款基础资产由单户授信 100 万元及以下放宽至 500 万元及以下。鼓励银行业金融机构发行小微企业金融债券，放宽发行条件，加强后续督导，确保筹集资金用于向小微企业发放贷款。对于发行小微企业贷款资产支持证券和小微企业金融债券的金融机构，人民银行给予适当支持。

二、建立分类监管考核评估机制，着力提高金融机构支持小微企业的精准度

（四）加强贷款成本监测考核。统筹考虑小微企业贷款“量”与“价”，充分发挥大中型商业银行的“头雁”效应，带动银行业金融机构切实降低小微企业贷款利率。人民银行、银保监会及其派出机构要以法人银行业金融机构为单位，加强对单户授信总额1000万元及以下小微企业贷款利率的监测和考核。对个别贷款利率定价明显高于当地同类机构平均水平、下降空间较大的银行，要适当强化监管工作要求；对成立不久、目前尚处于亏损状态的村镇银行，可差别化考虑。

（五）强化贷款投放监测考核。银行业金融机构要优先保障小微企业信贷资源，下放授信审批权限，加强对普惠金融重点领域的支持，聚焦小微企业中的薄弱群体，努力实现单户授信总额1000万元及以下小微企业贷款同比增速高于各项贷款同比增速，有贷款余额的户数高于上年同期水平。银行业金融机构通过发行小微企业贷款资产支持证券盘活的小微企业存量贷款，在考核小微企业贷款投放时可还原计算。

（六）严格落实收费减免政策。银行业金融机构要严格执行“七不准”“四公开”要求，强化落实“两禁两限”规定，禁止向小微企业贷款收取承诺费、资金管理费，严格限制收取财务顾问费、咨询费。进一步缩短融资链条，清理不必要的“通道”和“过桥”环节。

（七）改进信贷政策导向效果评估。重点引导银行业金融机构发放单户授信500万元及以下的小微企业贷款以及个体工商户经营性贷款、小微企业主经营性贷款。将金融机构持有小微企业金融债券和小微企业贷款资产证券化产品情况纳入信贷政策导向效果评估内容。

三、强化银行业金融机构内部考核激励，疏通内部传导机制

（八）实施内部资金转移优惠价格。成立普惠金融事业部的大中型商业银行要进一步完善成本分摊和收益分享机制，在精准核算的基础上动态调整内部资金转移价格，合理管控小微企业贷款的内部筹资成本。其他银行业金融机构要积极推行小微企业贷款内部资金转移价格优惠措施，提升业务条线和分支机构开展小微企业业务的积极性。

（九）实行差异化考核和支持。银行业金融机构要在分支行行长和领导班子考核中，结合实际充分考虑小微企业金融服务情况。要深化落实小微企业授信尽职免责办法；降低小微金融从业人员利润指标考核权重，增加贷款户数考核权重，提高从业人员积极性。对政策执行较好的分支行，要通过优化资源配置、安排专项激励费用、绩效考核倾斜、利润损失补偿等方式予以奖励。加强对贷款资金流向的监测，确保真正用于支持小微企业和实体经济。加强对小微金融从业人员的内控合规管理，严防道德风险。

四、拓宽多元化融资渠道，加大直接融资支持力度

（十）支持发展创业投资和天使投资。培育和壮大天使投资人群体，积极鼓励包括天使投资人在内的各类个人从事创业投资活动，增加对初创期小微企业的投入。完善创业投资、天使投资退出机制。明确创投基金所投企业上市解禁期与投资期限反向挂钩制度安排，更好促进早期小微企业资本形成。

（十一）强化多层次资本市场支持。持续深化新三板分层、交易制度改革，完善差异化的发行、信息披露等制度，提升新三板市场功能。推动公募基金等机构投资者进入新三板。规范发展区域性股权市场。稳妥推进资产证券化，有序拓宽小微企业融资渠道。

五、运用现代金融科技等手段，提高金融服务可得性

（十二）加大金融科技等产品服务创新。银行业金融机构要加强对互联网、大数据、云计算等信息技术的运用，改造信贷流程和信用评价模型，降低运营管理成本，提高贷款发放效率和服务便利度。支持开发性、政策性银行以转贷形式向银行业金融机构批发资金，建立单独的批发资金账户，实行台账管理，确保资金专门用于支持小微企业。创新开展知识产权、仓单、存货等抵质押融资业务。

（十三）优化小微企业贷款期限管理。银行业金融机构要加强对小微企业生产经营规模、周期特点、资金需求的分析测算，综合运用年审制贷款、循环贷款、分期偿还本金等方式减轻企业负担。在风险可控前提下，加大对小微企业的续贷支持力度。

（十四）推进小微企业应收账款融资专项行动。人民银行各分支机构要继续会同有关部门深入开展小微企业应收账款融资专项行动。引导供应链核心企业、商业银行与应收账款融资服务平台进行系统对接，推动政府采购人及时在政府采购网依法公开政府采购合同等信息，帮助小微供应商开展融资。鼓励银行业金融机构等资金提供方完善应收账款融资产品制度，优化业务流程，帮助更多小微企业获得应收账款融资。

（十五）发挥保险增信分险功能。稳步推动小微企业信用保证保险业务的发展，进一步总结完善“政府＋银行＋保险”模式的试点经验，因地制宜推广成熟做法。按照权责均衡、互利共赢的原则，构建合理的风险共担与利益分配机制，为小微企业提供综合性的优质服务。进一步深化银行和保险公司合作机制，优化小微企业银保合作业务流程，改善小微企业融资服务。

六、健全普惠金融组织体系，增强小微信贷持续供给能力

（十六）完善支持小微的银行业金融机构设置。大型银行要继续深化普惠金融事业部建设，向基层延伸普惠金融服务机构网点，加快落实“五专”经营机制。未设立普惠金融事业部的股份制银行，要结合自身业务特点，积极探索设立普惠金融事业部或普惠金融中心，增设扎根基层、服务小微的社区支行、小微支行。中国邮政储蓄银行要继续坚守服务小微的定位，提升基层支行信贷服务能力。推进民营银行常态化设立，引导地方性法人银行业金融机构坚持服务地方经济和小微企业的发展方向，继续下沉经营管理和服务重心，重点向县域和乡镇等地区延伸服务触角。

（十七）规范管理非存款类放贷组织。银保监会派出机构要积极推动地方政府相关部门，加强对小额贷款公司、典当行等非存款类放贷组织的规范管理，引导其合理控制小微企业贷款利率和服务费用。

七、增强财税政策支持力度，减少各类融资附加费用

（十八）加大财税优惠政策支持力度。加大金融机构小微企业贷款利息收入免征增值税优惠力度，从2018年9月1日至2020年底，将符合条件的小微企业和个体工商户贷款利息收入免征增值税单户授信额度上限，由100万元提高到500万元。对国家融资担保基金支持的融资担保公司要加强监管考核，支持小微企业融资的担保金额占比不低于80%，其中支持单户授信500万元及以下小微企业贷款及个体工商户、小微企业主经营性贷款的担保金额占比不低于50%，适当降低担保费率和反担保要求。

（十九）推动减少小微企业融资附加费用。各地发展改革、财税部门和人民银行、银保监会派出机构要配合当地市场监管部门落实国务院关于进一步清理规范涉企收费有关要求，规范小微企业融资相关的担保（反担保）费、评估费、公证费等附加手续收费行为，减轻小微企业融资负担。推动地方政府探索以政府采购、财政补贴等方式，降低小微企业融资附加费用支出。

八、优化营商环境，提升小微企业融资能力

（二十）引导提高小微企业自身信用水平。推动地方政府加快小微企业服务平台建设，为小微企业提供财务、税务、人力、法律等配套服务。引导小微企业聚焦主业，健全财务制度，守法诚信经营，不得伪造材料骗取贷款、补贴，合理选择融资方式，控制融资杠杆，实现可持续发展；加快转型升级，在培育核心技术、核心工艺、核心能力上下功夫，提高自身市场竞争力。

（二十一）完善小微企业信用信息共享机制。人民银行分支机构要积极推进小微企业信用体系建设，健全小微企业信用信息征集、评价与应用机制。充分发挥人民银行征信中心、征信机构作用，加强小微企业信用信息采集和服务，推动各级政府依托信用信息共享平台，强化公共信用信息的归集、共享、公开和开发利用。在此基础上，鼓励银行等金融机构开发适合小微企业的信用融资产品。要培育和规范征信、信用评级市场，支持征信、评级机构规范发展。

（二十二）推动建立联合激励和惩戒机制。小微企业融资优惠政策优先支持信用状况好的市场主体，被政府有关部门列入黑名单、重点关注名单中的小微企业不得享受。依法依规查处小微企业和金融机构内外勾结、弄虚作假、骗贷骗补等违法违规行为，记入机构及其法定代表人、主要负责人和相关责任人信用档案，失信问题严重的要纳入涉金融失信黑名单，并实施跨部门多层级失信联合惩戒。

（二十三）加强地方金融生态环境建设。人民银行、银保监会派出机构要推动地方政府规范民间借贷行为，严厉打击金融欺诈、恶意逃废债、非法集资等非法金融活动，将社会资金引导到小微企业融资需求上来。组织辖区内银行业金融机构开展针对小微企业的金融知识普及宣传活动，强化小微企业金融风险防范意识，提升金融工具运用能力。

请人民银行各省级分支机构会同当地银保监会、证监会派出机构及发展改革、财政部门将本意见迅速转发至辖区各有关单位及银行业金融机构，并做好贯彻落实工作。

中国人民银行　银保监会　证监会
发展改革委　财政部
2018年6月23日

120. 关于发布《政府和社会资本合作（PPP）项目资产证券化业务尽职调查工作细则》等系列自律规则的通知

【发文机关】中国证券投资基金业协会
【发布文号】/
【发布日期】2019－06－24
【实施日期】2019－06－24
【时效性】现行有效

各相关单位：

为进一步完善业务规则体系，规范和指导资产证券化业务的尽职调查工作，提高尽职调查工作质量，根据中国证监会《证券公司及基金管理公司子公司资产证券化业务管理规定》（以下简称《管理规定》）《证券公司及基金管理公司子公司资产证券化业务尽职调查工作指引》（以下简称《尽调指引》）《资产证券化业务风险控制指引》（以下简称《风控指引》）以及其他有关规定，中国证券投资基金业协会（以下简称“协会”）研究制定了《政府和社会资本合作（PPP）项目资产证券化业务尽职调查工作细则》等系列自律规则，经中国证监会同意及协会理事会审议通过，现予发布实施，请遵照执行。

一、此次发布PPP项目、企业应收账款、融资租赁债权等三类基础资产的尽职调查工作细则，后续按照“成熟一类制定一类”的原则制定、发布其他大类资产尽职调查工作细则。

二、本细则的规定是资产证券化业务尽职调查工作的最低要求，各相关机构可在此基础上制定更为细化、标准更高的制度。已登记私募基金管理人的私募基金产品投资标的涉及相关基础资产的，其尽职调查工作参照本细则执行。

三、对资产证券化业务的尽职调查工作应满足如下原则和标准：

（一）管理人应遵循全面性、审慎性、准确性原则开展资产证券化业务尽职调查工作；

（二）对业务参与人的尽职调查结论需支撑相关参与主体合法存续，具备相应业务资质，业务制度、风控制度健全，能够持续稳定展业；

（三）对基础资产的尽职调查结论需确保基础资产符合法律法规规定，权属明确，可以产生独立、可预测、持续、稳定的现金流且可特定化；

（四）重点关注基础资产涉及的交易合同，应确保其真实、合法、有效；同时，加强对现金流归集账户的核查力度，确保专项计划能够建立相对封闭、独立的基础资产现金流归集机制，保证现金流回款路径清晰明确，切实防范专项计划资产与其他资产混同以及被侵占、挪用等风险；

（五）通过充分的尽职调查工作，使专项计划的设立满足《管理规定》《尽调指引》《风控指引》以及各交易场所相关自律规则的要求。

四、管理人、原始权益人、资产服务机构、增信机构、托管人、资信评级机构、会计师事务所、律师事务所、资产评估机构、其他参与机构应严格履行尽职调查过程中相应的义务。原始权益人和除管理人以外的其他中介机构应按照合同约定，及时向管理人提供相关信息，并保证所提供信息真实、准确、完整。

五、管理人、原始权益人、资产服务机构、增信机构、托管人、资信评级机构、会计师事务所、律师事务所、资产评估机构、其他参与机构及其人员违反本细则、相关约定、承诺或者协会其他规定的，协会可采取口头提示、约见谈话等方式对其予以提醒。情节严重的，协会可相应采取谈话提醒、书面警示、要求限期改正、公开谴责、暂停备案、取消会员资格等纪律处分；对直接负责的主管人员和其他直接责任人员，协会可相应采取谈话提醒、书面警示、要求参加强制培训、行业内谴责、认定为不适当人选、暂停从业资格、取消从业资格等纪律处分。协会可视情况，将违规机构、人员移送监管机构处理。

各机构在执行本通知过程中发现的问题，请及时向协会报告（联系邮箱：zczqh@ amac. org. cn）。

附件 1：《PPP 项目资产证券化业务尽职调查工作细则》

附件 2：《企业应收账款资产证券化业务尽职调查工作细则》

附件 3：《融资租赁债权资产证券化业务尽职调查工作细则》

中国证券投资基金业协会

2019 年 6 月 24 日

后　记

本书选编了 2015～2019 年上半年非常重要的政府和社会资本合作（PPP）的政策法规。经过 2015 年、2016 年两年 PPP 政策的陆续出台，PPP 项目迎来了规范管理的发展新阶段。财政部于 2017 年下半年开始，按照全国金融工作会议的部署，对全国 PPP 项目库以及示范项目进行严格地清理整顿，目的旨在规范有序地开展 PPP 各项工作。2018 年下半年国家又陆续出台了多部政策法规，规范 PPP 项目的良性发展。PPP 项目经历了飞速发展到整顿规范、化解风险的过程。大力推广 PPP 发展模式、政策法规对 PPP 模式规范发展起到了至关重要的作用。

要保持 PPP 模式的健康可持续发展，需要多方面的政策法规支持，需要具体操作层面的规范发展。规范发展、推动立法已经成为推广 PPP 模式必要的政策前提。此书的出版，必将对 PPP 项目依法合规地健康发展起到一定的参考作用。受篇幅限制，编者经过精挑细选，尽量将有指导性的、具有代表性的相关政策法规纳入汇编。在汇编过程中，我们得到了多位专家的指导，在此表示衷心感谢。同时感谢编委会各位同仁的付出，这是群策群力的硕果；本书最终能够付梓成册，离不开中国财政经济出版社的大力支持，在此，一并表示感谢。

编者

2019 年 7 月 10 日